Nordspanien und der Jakobsweg

Marion Golder

DUMONT RICHTIG REISEN

Inhalt

Wissenswertes über Nordspanien

Wissenswertes für die Reise

Unterwegs in Nordspanien

Kapitel 1 Baskenland

Inhalt

Kapitel 3 Navarra und der Aragonesische Jakobsweg

Inhalt

Kapitel 5 Kastilien-León

Inhalt

Themen

Inhalt

Alle Karten auf einen Blick

Das Servieren der *sidra* ist eine wahre Kunst

Schon die Allerkleinsten nehmen aktiv an folkloristischen Darbietungen teil

Wissenswertes über Nordspanien

Das andere Spanien

Welten liegen zwischen den gängigen Vorstellungen vom heißen, trockenen Spanien und den sattgrünen Landschaften des Nordens, deren Reiz aus dem Wechselspiel zwischen Meer und Bergen besteht. Auf dem Gebiet der Kunst reicht das Spektrum von Höhlenmalereien über Perlen der Romanik bis hin zu moderner futuristischer Architektur.

Der Norden räumt mit vielen der landläufigen Spanien-Klischees auf: Die immerwährende Sonne Spaniens ist hier nicht zu Hause, dafür sorgen die regenschwangeren Wolken des Atlantiks für viel erfrischendes Grün. Nach schnittigen Machos à la Don Juan und glutäugigen Señoritas wird man sich hier auch vergeblich umschauen. Selbst der Flamenco, dessen Wurzeln tief im Süden des Landes liegen, ist vielen Nordspaniern vollkommen fremd. Viel vertrauter dagegen sind in weiten Teilen der Region die Klänge des Dudelsacks. Sogar der Nationalsport Stierkampf ist bei Weitem nicht so populär wie in anderen Landesteilen. In Spanien gelten die Nordspanier gemeinhin als zurückhaltender Menschenschlag. Jedoch auch im Norden wird nicht nur gearbeitet: Ausgehen und feiern wird hier ebenfalls großgeschrieben!

Ein Gedicht ist die Küche Nordspaniens, sie allein wäre schon eine Reise wert. Die Bandbreite reicht von deftiger Hausmannskost bis hin zu kulinarischen Höhenflügen. Entenmuscheln, Jakobsmuscheln, Langusten und Austern lassen selbst verwöhnte Gourmetherzen höher schlagen. Für den kleinen Appetit stehen die leckeren *pintxos,* kleine Häppchen, bereit. Zur guten Küche gesellt sich eine exzellente Auswahl an hervorragenden Weinen.

Vom Ansturm der Touristen blieb die Region, die von den Pyrenäen bis nach Galicien reicht, bis auf den Jakobsweg bislang weitgehend verschont. Selbst in der Hauptsaison hält sich das Gedrängel an den Stränden der rund 2000 km langen Küste in Grenzen. Vor allem Spanier verbringen hier ihren Sommerurlaub, sie schätzen die milden Temperaturen und die individuellen Unterkünfte in Landhäusern. Gesichtslose Hotelburgen sind hier noch Ausnahmeerscheinungen.

Der Norden ist mehr als eine Reise wert, denn um die vielen verborgenen Ecken und Winkel kennenzulernen bedarf es eigentlich mehrerer Besuche. Er setzt sich aus sieben Autonomen Regionen zusammen, von denen jede ihre Reize und Eigenarten hat.

Das kulturelle Band zwischen den Regionen des Nordens bildet seit Jahrhunderten der Pilgerweg zum Grab des Apostels Jakobus in Santiago de Compostela. Entlang des *camino* reihen sich wie an einer Perlenschnur einsame Kirchlein, majestätische Kathedralen und stattliche Klosterbauten auf.

Das Baskenland lässt mit seinen grünen Mittelgebirgslandschaften Erinnerungen an heimische Gefilde wie den Schwarzwald aufkommen. Die kontrastreiche Costa Vasca säumen beschauliche Fischerdörfer und Ferienorte. Die Grande Dame der Küste ist das elegante Seebad San Sebastián. Die einst verschmähte Industriestadt Bilbao setzt heute auf die moderne Architektur; den Auftakt für den rasanten Wandel der Stadt bildete der Bau des Guggenheim-Museums.

Kantabrien und Asturien bestechen durch ihre grüne, mitunter wild zerklüftete Küste und die sich im Hintergrund auftürmende Kantabrische Kordillere. Die höchsten Gipfel sind im

Wasser, Berge und viel Grün bestimmen die nordspanische Landschaft

Nationalpark Picos de Europa versammelt. Von der Kunstfertigkeit der Steinzeitmenschen zeugen Höhlenmalereien wie in Altamira. In abgeschiedenen Regionen, wie dem Parque Natural de Somiedo im Hinterland von Asturien, heulen noch Wölfe und streifen die letzten Braunbären Europas umher.

Navarra im Nordosten ist wie ein kleiner Kontinent. Die landschaftliche Szenerie erstreckt sich von den imposanten Pyrenäengipfeln über das fruchtbare Schwemmland des Ebros bis hin zur Halbwüste Bardenas Reales im Süden. Über den Schluchten ziehen Geierkolonien ihre Kreise. Pamplona, die Hauptstadt Navarras, ist berühmt für ihre Fiestas de Sanfermines, in deren Mittelpunkt das waghalsige Eintreiben der Stiere steht.

Die fruchtbare Hügellandschaft der Rioja wird überzogen von knorrigen Rebstöcken. Weinliebhaber sollten sich die Zeit nehmen, eine der traditionsreichen Bodegas zu besuchen. Typisch für das Bild der Rioja sind die Störche, die sich auf zahlreichen Kirchtürmen häuslich niedergelassen haben.

Kastilien-León, die Wiege Spaniens, prägt die Meseta, die Hochebene von Kastilien. Den Jakobspilgern, die sich ihren Weg durch schier endlose Getreidefelder und mitunter recht trostlose Dörfer bahnen, fordert die monotone Etappe einiges an Kräften ab. Die Kathedrale von Burgos besticht durch ihre filigrane Baukunst, wohingegen das Gotteshaus von Léon mit einem Meer von Licht und Farben aufwartet. Hinter der alten Römerstadt Astorga erheben sich die Montes de León: eine karge, archaische Landschaft mit urtümlichen Dörfern. Besonders schön präsentiert sie sich im Frühjahr, wenn die Heide in voller Blüte steht. Vom ›Dach‹ des Jakobswegs, dem Rabanalpass, bietet sich eine grandiose Aussicht auf die umliegende Bergwelt.

Über den Cebreiro-Pass führt der Weg ins saftig-grüne Hinterland von Galicien. In Santiago de Compostela, dem heiß ersehnten Ziel der Jakobspilger, dreht sich alles um die majestätische Kathedrale. Typisch für die galicische Küste sind die Steilküsten und die Rías, fjordähnliche Flussmündungen. Einen magischen Anziehungspunkt bildet das Kap Finisterre, das legendenumwobene Ende der Welt an der Costa da Morte.

Steckbrief Nordspanien

Daten und Fakten

Gebiet: Der Band Nordspanien behandelt die westlichen Pyrenäen bis zum Kap Finisterre, unter Berücksichtigung des Jakobswegs.
Namen der Autonomen Regionen: Asturien – *Principado de Asturias;* Baskenland – *Euskadi/País Vasco;* Galicien – *Galicia;* Kantabrien – *Cantabria;* Kastilien-León – *Castilla y León;* La Rioja – *La Rioja;* Navarra – *Navarra*
Flächen: Asturien: 10 565 km^2; Baskenland: 7261 km^2; Galicien: 29 434 km^2; Kantabrien: 5289 km^2; Kastilien-León: 94 193 km^2; La Rioja: 5045 km^2; Navarra: 10 421 km^2
Hauptstädte: Asturien – Oviedo; Baskenland – Vitoria-Gasteiz; Galicien – Santiago de Compostela; Kantabrien – Santander; Kastilien-León – Valladolid; La Rioja – Logroño, Navarra – Pamplona
Amtssprachen: Spanisch (Kastilisch), Baskisch und Galicisch
Einwohner:
Asturien: 1,12 Mio.; Baskenland: 2,1 Mio.; Galicien: 2,83 Mio.; Kantabrien: 550 000; Kastilien-León: 2,6 Mio.; La Rioja: 270 000; Navarra: 540 000
Bevölkerungswachstum: 0,1 % Gesamtspanien
Lebenserwartung: 79,7 Jahre Gesamtspanien (Männer 76,3 Jahre, Frauen 83 Jahre)
Analphabetenrate: 5,0 % Gesamtspanien
Währung: Euro
Zeitzone: MEZ
Landesvorwahl: 0034
Internet-Kennung: .es

Geografie

Der landschaftliche Reiz von Spaniens Norden liegt im Zusammenspiel von Meer und Gebirge. Die grüne, mitunter recht raue Atlantikküste erstreckt sich vom Baskenland über Kantabrien und Asturien nach Galicien. Steilwände und schroffe Klippen wechseln sich mit einsamen Buchten und goldgelben Sandstränden ab. Charakteristisch für die galicische Küste sind die Rías, tief eingeschnittene Flusstäler. Die wichtigsten Gebirgszüge Nordspaniens sind die westlichen Pyrenäen und die Kantabrische Kordillere, deren höchsten Erhebungen sich im Gebirgsmassiv der Picos de Europa finden. In Kastilien-León prägt das Hochland der nördlichen Meseta das Landschaftsbild. Die wichtigsten Flüsse sind der Ebro, der in der Kantabrischen Kordillere entspringt, und der Miño, der die Grenze zu Portugal bildet.

Geschichte

Der Norden Spaniens gehört zu den ältesten besiedelten Regionen Europas. Davon künden die Ausgrabungen von Atapuerca, die Überreste von Vorgängern der Neandertaler zutage brachten. Einmalige Zeugnisse aus der Steinzeit liefern die Höhlenmalereien von Altamira (15 000 v. Chr.). Von der Präsenz der Kelten zeugen die Überreste ihrer Wehrdörfer. Die Römer hinterließen in Lugo und Astorga mächtige Stadtmauern. Die maurische

Präsenz war im Norden ein kurzes Intermezzo, wenn auch die Einfälle der Mauren die Region immer wieder bedrohten. Die Schlacht von Covadonga 722 n. Chr. markierte den Auftakt der Rückeroberung des Landes. Im 9. Jh. entdeckte in Santiago de Compostela ein Eremit die Gebeine des Apostels Jakobus. Die bald darauf einsetzende Pilgerbewegung zum Grab des Apostels lieferte wichtige Impulse für die Reconquista. Mit der Einnahme von Granada im Jahr 1492 durch Isabella von Kastilien und Ferdinand von Aragón fand das Kapitel der Reconquista seinen Abschluss. Unter Karl V. und Philipp II. stieg Spanien zur führenden See- und Kolonialmacht auf. Im Jahr 1898 verlor Spanien im Kampf gegen die USA seine letzten überseeischen Kolonien. Im Spanischen Bürgerkrieg (1936–1939) hielten die Nordspanier, mit Ausnahme von Navarra, zur Republik. In der zentralistisch ausgerichteten Franco-Diktatur wurden Regionen wie das Baskenland oder Katalonien drangsaliert. Nach dem Ende der Diktatur 1975 leitete der spanische König die Demokratisierung des Landes ein.

Staat und Politik

Die Verfassung von 1978 legte als Staatsform die parlamentarische Erbmonarchie fest. Der König ist Staatsoberhaupt und Oberbefehlshaber der Streitkräfte, seine Aufgaben sind in erster Linie repräsentativ.

Unter der Diktatur Francos wurde das Land streng zentralistisch regiert, das Streben nach regionaler Selbstverwaltung wurde unterdrückt. Die neue Verwaltungseinteilung in 17 Autonome Regionen wurde zwischen 1979 und 1983 vorgenommen. Dennoch sorgt nach wie vor das Thema der Selbstbestimmung, insbesondere im Baskenland und Katalonien, für politischen Zündstoff.

Wirtschaft und Tourismus

Die Wachstumsraten für die spanische Volkswirtschaft lagen in den vergangenen 10 Jahren deutlich über dem EU-Schnitt, jetzt scheint der Zenit überschritten zu sein. Deutlich über dem EU-27-Schnitt liegen nach wie vor das Baskenland und Navarra, sie gehören nach dem Großraum Madrid zu den reichsten Regionen Spaniens. Schlusslicht unter den hier behandelten Regionen ist Kastilien-León.

Bezüglich der Erwerbstätigenstruktur nach Wirtschaftssektoren ähneln die Statistiken im Norden dem nationalen Durchschnitt. In der Landwirtschaft sind 4,6 % der Bevölkerung, in der Industrie 16,6 %, im Baugewerbe 13,1 % und 65,7 % im Dienstleistungssektor tätig. Das Pro-Kopf-Einkommen im Norden schwankt zwischen 28 700 € im Baskenland und 18 500 € in Galicien (Gesamtspanien 22 200 €). Ein Privathaushalt hat netto zwischen 900 € und 2300 € im Monat zur Verfügung. Die Arbeitslosenzahlen liegen zwischen 5 % in Navarra und 12 % in Galicien (Gesamtspanien 9,7 %). 4,5 Mio. Touristen verbringen ihren Urlaub in Nordspanien.

Bevölkerung und Religion

In den in diesem Band besprochenen Regionen Nordspaniens leben rund 10 Mio. Menschen, insgesamt hat Spanien 46 Mio. Einwohner. Die Bevölkerungsdichte liegt im Landesschnitt bei 89 Einw./km². Innerhalb von einer relativ kurzen Zeit hat sich Spanien vom Emigrations- zum Immigrationsland gewandelt, mittlerweile hat es einen Ausländeranteil von knapp 10 % an der Gesamtbevölkerung. Der Großteil der Emigranten kommt aus Lateinamerika und Afrika. Im Nordspanien sind 92 % der Bevölkerung Katholiken, 2 % Muslime, 1 % Protestanten, die restlichen 5 % teilen sich zwischen Agnostikern und anderen Religionsgruppen auf.

Natur und Umwelt

Das grüne Nordspanien, das mitunter Erinnerungen an heimische Gefilde wie den Schwarzwald hervorruft, bietet zwischen den westlichen Pyrenäen und dem einstigen Ende der Welt in Galicien ein breites Spektrum an unterschiedlichen Naturräumen. Der Bogen spannt sich von Hoch- und Mittelgebirgslandschaften über vielgestaltige Küsten bis hin zur Halbwüste.

Naturräume im Überblick

Einen besonderen Reiz macht in Nordspanien das stetige Wechselspiel zwischen der grünen Atlantikküste und den Bergen, die fast unmittelbar dahinter emporragen, aus. An der Nordküste des Atlantiks wechseln sich Sandstrände mit kleinen Buchten und steilen Klippen ab. Das Bild der galicischen Westküste prägen die Rías, tief eingezogene Mündungsbuchten, die die Küste zergliedern.

Zu den dominanten Gebirgszügen zählen die westlichen Pyrenäen in Aragón und Navarra und die Kantabrische Kordillere. Die Pyrenäen türmen sich auf einer Länge von rund 430 km zwischen Frankreich und Spanien als natürliche Grenze auf. An die 200 Gipfel des Faltengebirges, das im Tertiär vor 60–100 Millionen Jahren entstand, erreichen die 3000-Meter-Marke. Die Kantabrische Kordillere erstreckt sich über 480 km von Navarra bis nach Galicien. Die zentrale Gebirgskette der Picos de Europa bildet eine Klimascheide zwischen der grünen Atlantikküste und der kontinental geprägten kastilischen Hochebene, der Meseta. Ihr höchster Gipfel, der Torre de Cerredo, erreicht 2648 m.

Über 200 000 km² Fläche bedeckt die Meseta (von span. *la mesa* – der Tisch), deren Gipfelhöhen zwischen 600 bis 900 m schwanken. Berüchtigt ist die Meseta für ihre extremen Klimaunterschiede mit sehr heißen Sommern, die den Jakobspilgern einiges abverlangen, und den klirrend kalten Winter. Der Regen ist hier ein eher seltener Gast.

Über die fruchtbare Hügellandschaft der Rioja ziehen sich die niedrigen Weinstöcke bis zum Horizont. Ein scharfer Kontrast dazu bildet die Halbwüste von Bardenas Reales mit ihren bizarren Gesteinsformationen, die sich auf einer Fläche von 42 000 ha im Südosten von Navarra erstreckt.

Die große Lebensader des Nordens ist der Río Ebro, der zweitlängste Fluss Spaniens, der im Kantabrischen Gebirge entspringt. Im Einzugsgebiet des fruchtbaren Schwemmlandes sorgt er in Navarra und der Rioja für einen höchst ertragreichen Gemüseanbau. Ein weiterer wichtiger Strom ist der Miño, der nördlich von Lugo entspringt und auf seinen letzten 70 km die Grenze zwischen Spanien und Portugal bildet, bevor er in den Atlantik bei A Guarda mündet.

Landschaften der Autonomen Regionen

Das hier behandelte Gebiet Nordspaniens umfasst sieben Autonome Regionen, von denen jede ihren ganz besonderen landschaftlichen Reiz hat.

Baskenland

Das Baskenland liegt im Nordosten der Iberischen Halbinsel an der Grenze zu Frankreich. Die reizvolle Costa Vasca bietet ein Wechselspiel von beschaulichen Buchten und ausgedehnten Stränden, unterbrochen durch stark zerklüftete Abschnitte, z. B. zwischen Zumaia und Deba. Bei Zumaia tauchen bei Ebbe vertikal geschichtete, zackige Felsplatten aus dem Meer empor, dabei handelt es sich um ein spektakuläres geologisches Phänomen names Flysch.

Das baskische Bergland, das sich von der spanisch-französischen Grenze bis zum oberen Ebro erstreckt, verbindet das Kantabrische Gebirge mit den Pyrenäen. Die grüne Berglandschaft im Landesinneren prägt ein Mittelgebirgscharakter. Der höchste Gipfel des Baskenlandes ist der Pico de Aitzkorri mit 1544 m. Die Hauptstadt des Baskenlands, Vitoria-Gasteiz, liegt auf einer ausgedehnten Hochebene. Das größte und am stärksten industrialisierte Ballungsgebiet bildet die Hafenstadt Bilbao.

Navarra

Das einstige Königreich und heutige Autonome Region Navarra erstreckt sich von den westlichen Pyrenäen bis ins obere Ebrotal und vereint auf einer Fläche von 10 421 km² eine erstaunliche Vielzahl von reizvollen und sehr kontrastreichen Naturräumen. Die imposante Bergwelt der Pyrenäen von Navarra erreicht ihren höchsten Punkt mit dem 2142 m hohen Gipfel Mesa de los Tres Reyes, in den landschaftlich reizvollen Tälern von Hecho, Ansó, Roncal und Salazar finden sich grüne Bergwiesen und einsame Pyrenäendörfer. Ganze Geierkolonien kreisen über den tief eingeschnittenen Schluchten Foz de Lumbier und Foz de Arbayún. Zu Füßen der Pyrenäen und seiner Ausläufer breitet sich der Stausee von Yesa, das sogenannte Meer der Pyrenäen aus. 1959 angelegt, begruben die Wassermassen des Río Aragóns etliche Dörfer und fruchtbares Ackerland unter sich. Um den Stausee herum stehen heute noch mehrere Geisterdörfer, deren Bewohner abwanderten, da ihnen damals mit dem Bau des Stausees die Lebensgrundlage entzogen wurde. Im Süden von Navarra liegt der Naturpark Bardenas Reales, eine menschenleere Halbwüste, deren eigenwillige, bizarre Gesteinsformationen die Besucher fesselt. Nur wenige Kilometer weiter südlich sorgt der Río Ebro für einen florierenden Gemüseanbau. Im Zentrum von Navarra bettet sich Pamplona auf eine kleine Hochebene oberhalb des Río Arga. In unmittelbarer Umgebung beginnen die Ausläufer der Pyrenäen.

La Rioja

Im Westen schließt sich die Region La Rioja an, das bekannteste Weinanbaugebiet Spaniens und nach den Balearen mit 5045 km² die kleinste Autonome Region des Landes. Sie umfasst den westlichen Teil des Ebrobeckens und reicht bis zu den Ausläufern des Iberischen Randgebirges. Die hügelige Weinlandschaft mit Höhen zwischen 400 und 600 m dehnt sich dies- und jenseits des Río Ebro aus und wird im Norden durch die Sierra Cantabría, im Süden durch die Sierra Demanda begrenzt, wobei die Rioja Alavesa im Norden bereits zum Baskenland gehört.

Benannt wurde die Region nach dem Río Oja, einem Seitenarm des Ebro. Die wichtigsten Städte reihen sich am fruchtbaren Ebro-Ufer auf: darunter Logroño, die Hauptstadt der Rioja, die Bischofsstadt Calahorra und die Weinmetropole Haro. In der Rioja Alta im Süden der Autonomen Region prägt das Iberische Randgebirge mit den Gebirgszügen der Sierra de Urbión (2142 m), der Sierra Cebollera (2228 m) und der Sierra de la Demanda (2271 m) das Landschaftsbild.

Kastilien-León

Kastilien-León, das einstige Königreich, das über viele Jahrhunderte die Geschicke des Landes bestimmte, erstreckt sich über Teile des kastilischen Hochlands und wird hauptsächlich durch das Iberische Randgebirge, das Zentralgebirge und das Kantabrische Gebirge begrenzt. Mit 94 000 km² ist es die größte Autonome Region Spaniens.

Der vorliegende Band folgt dem Jakobsweg: Die Pilger mühen sich durch die monotone, aber dennoch faszinierende Landschaft der Meseta; die Karstlandschaft der Sierra de las Mamblas, das bukolische Tal des Río Arlanza und die Geierschlucht von Yecla erfreuen das Herz naturliebender Wanderer.

Weiter gegen Westen bauen sich hinter Astorga die Montes de León auf; großartige Panoramablicke bieten sich vom Dach des Jakobswegs, dem Rabanal-Pass (1540 m). Danach führt der Weg hinab in das fruchtbare Bierzo-Becken, das durch die umliegenden Gebirgszüge von kalten Winden abgeschirmt wird. Dank des vorteilhaften Mikroklimas gedeihen hier hervorragend Obst, Gemüse und Wein.

In der Nähe von Ponferrada liegt die außergewöhnliche Berglandschaft Las Medúlas, sie entstand durch Menschenhand. Die Römer bauten hier im großen Stil Gold ab, indem sie die Berge unterspülten.

Kantabrien und Asturien

Die Autonomen Gemeinschaften Kantabrien und Asturien erstrecken sich zwischen dem Golf von Biskaya im Norden und dem Kantabrischen Gebirge im Süden. Nur wenige Kilometer trennen die saftig grüne Küste vom Zentralmassiv des Kantabrischen Gebirges, den Picos de Europa. Das Gebiet wurde 1918 als erster Nationalpark Spaniens ausgewiesen. 1995 wurde der Picos de Europa auf eine Fläche von 64 660 ha erweitert und ist somit nicht nur der älteste, sondern auch der größte Nationalpark Spaniens. Das imposante Faltengebirge, das durch das Zusammenstoßen der Iberischen Halbinsel mit der afrikanischen Platte entstanden ist, kennzeichnet eine ausgeprägte Karstlandschaft, deren Gipfelpanorama sich mit 200 Bergen, die über 2000 m emporragen, sehen lassen kann. Im Zentralmassiv der Picos de Europa geben sich die höchsten Gipfel ein Stelldichein: Torrecerredo (2646 m), Naranjo de Bulnes (2519 m) und Pico Tesorero (2570 m). Wilde Gebirgsflüsse schufen imposante Schluchten wie die bei Wanderern beliebte Garganta de Cares.

Die Costa Verde, die grüne Küste am Golf von Biskaya, zieht sich über Kantabrien, Asturien bis nach Galicien. Sie verdankt ihr erfrischend grünes Kleid dem Regenreichtum der Region. Das Relief der mitunter stark zerklüfteten Küste prägen wilde Klippen, idyllische Strandbuchten und ausgedehnte Sandstrände. Santander, die Hauptstadt von Kantabrien, kann mit wahren Bilderbuchstränden aufwarten. Oviedo, die Metropole von Asturien, liegt dagegen im Landesinneren. Südöstlich liegt die Beckenlandschaft, Cuenca Central Asturiana. In der einst blühenden Bergbauregion wurden vor allem Steinkohle und Eisenerze abgebaut, mittlerweile sind die meisten Minen stillgelegt worden. In den Metropolen der Schwerindustrie, den Küstenstädten Gijón und Áviles, ist der Strukturwandel im vollem Gange: Die einstigen Moloche haben ihr Erscheinungsbild positiv gewandelt, neue Attraktionen wie das Aquarium von Gijón locken Besucher an. Tief im Südwesten von Asturien liegt der Naturpark Somiedo, wo ausgedehnte Eichen- und Buchenwälder und einige Bergseen das Landschaftsbild prägen. Die Region ist einer der letzten Refugien für Braunbären in Europa.

Galicien

Im äußersten Nordwesten Spaniens befindet sich Galicien. In dieser Region vermuteten einst schon die Griechen das Ende der Welt. Homer glaubte, dass hier abends die Sonne ins Meer versinke, um am nächsten Morgen im Osten wieder aufzugehen. Das überwiegend ländlich geprägte Galicien besticht durch seine Mischung von Wasser, Bergen und sattem Grün, sein dünn besiedeltes Bergland besteht aus einem stark erodierten Granitmassiv. Die höchste Erhebung ist mit 2127 m die Peña Trevinca, die durchschnittlichen Höhen liegen jedoch unter 500 m. Der bedeutendste Fluss Galiciens ist der wasserreiche Miño. Sein wichtigster Zufluss, der Río Sil, formte einen tief eingeschnittenen Canyon in der abgelegenen Region Ribera Sacra und ist eine Oase für Naturfreunde.

Die Küsten werden vom Golf von Biskaya und vom Atlantik umspült. Die Gesamtlänge der Küste beläuft sich auf 1659 km, d. h. sie nimmt rund ein Drittel der spanischen Küste ein. Charakteristisch für Galicien sind die Steilküsten und die tief ins Land reichenden, trichterförmigen Meeresarme, die an die nor-

Braunbären

Thema

Noch vor wenigen Jahren galt die Lage der Braunbären in Nordspanien als sehr kritisch, doch mittlerweile hat sich die Situation entspannt. Insbesondere im Kantabrischen Gebirge stellte sich Zuwachs ein, die Initiativen zum Schutz der Bären beginnen zu greifen. Dennoch ist Meister Petz vor seinem einzigen Feind, dem Menschen, bislang nicht gefeit.

Im Norden Spaniens leben rund 180 Braunbären, die sich auf drei Populationen verteilen. Die kleinste Population mit ca. 15–18 Bären findet sich in den Pyrenäen im spanisch-französischen Grenzraum. 2004 erschoss ein französischer Jäger das letzte Braunbärweibchen, das ursprünglich aus den Pyrenäen stammte. Im Jahr 2006 wurden Braunbären aus Slowenien eingeführt, um den Bärenbestand in den Pyrenäen vor dem Aussterben zu retten.

Das größte Rückzugsgebiet der spanischen Braunbären ist die Kantabrische Kordillere: Im Naturpark von Somiedo in Asturien tummeln sich schätzungsweise 140 Tiere. Im rund 200 km weiter östlich gelegenen Naturpark Saja-Besaya in Kantabrien leben noch ungefähr 20 Exemplare. Die entlegenen, dünn besiedelten Bergregionen mit ihren ausgedehnten Eichen-, Buchen- und Kastanienwäldern bilden ideale Rückzugsräume für die bedrohten Tiere. Der Bestand in der Kantabrischen Kordillere hat sich, dank diverser Initiativen zum Schutz der Bären, in den letzten Jahren positiv entwickelt, und auch illegale Abschüsse, Fallen und Giftköder gehen dank der in den letzten Jahren geleisteten Aufklärungsarbeit und der erhöhten Präsenz der Ranger zurück.

Für den Menschen bedeutet der Braunbär in der Regel keine Gefahr, denn er ergreift fast immer die Flucht. Fälle, in denen Bärenmütter, die Junge führen, sich von Wanderern oder Pilzsuchern bedroht fühlen und aggressiv werden, sind sehr selten.

Die Kantabrischen Braunbären gehören zu den Europäischen Braunbären, verfügen jedoch über eine leicht abweichende genetische Struktur. Von Haus aus sind Braunbären Einzelgänger. Im Winter ziehen sie sich in ihre Höhlen zurück und verfallen in einen Halbschlaf. Die jungen Bären kommen in der Zeit der Winterruhe zur Welt. Die Jungbären verbringen anderthalb Jahre bei ihrer Mutter und lernen in dieser Zeit alles, was sie zum Überleben benötigen.

Bären sind Allesfresser, wobei sie sich vorwiegend vegetarisch ernähren. Auf der Suche nach Nahrung streifen sie durch riesige Areale. Auf ihrem Speiseplan stehen u. a. Beeren, Früchte, Honig, Fische, Insekten, Nagetiere bis hin zu Huftieren. Auch Aas wird nicht verschmäht. Wenn Bären Schafe oder Ziege reißen, liegt die Ursache häufig darin, dass der Mensch massiv in den natürlichen Lebensraum der Bären eingegriffen hat. Um den Bärenhunger zu stillen, riefen die Schutzorganisationen Euronatur und Fapas Pflanzaktionen unter dem Motto »Früchte für Bären« ins Leben. Einen Rückschlag für Bären, Geier, Wölfe und andere Wildtiere bedeutet die EU-Verordnung, die im Zuge der BSE-Krise vorschreibt, Aas nicht mehr auf Luderplätzen zu entsorgen. Tierschützer machen sich für Ausnahmeregelungen stark, um den Bestand der Wildtiere nicht zu gefährden.

wegischen Fjorde erinnern. Bei den Rías handelt es sich um vom Meer überflutete Flusstäler. In ihrem Schutz entstanden große Hafenstädte wie Vigo oder A Coruña, sie bieten auch ideale Voraussetzungen für den boomenden Industriezweig der Aquakulturen. Unterschieden werden die Rías Baixas und die Rías Altas. Die Rías Altas im Norden erstrecken sich von Ribadeo bis A Coruña, die Rías Baixas dehnen sich vom Cabo Fisterra bis zur portugiesischen Grenze aus. Das Relief der Küste der beiden Rías unterscheidet sich stark: Die Rías Baixas laufen sanft ins Meer, der Küstenverlauf der Rías Altas ist wesentlich steiler. Die höchsten Kliffe Europas finden sich in den Rías Altas bei San Andrés de Teixido, sie fallen hier bis zu 620 m tief ins Meer ab. Zwischen die Rías Altas und die Rías Baixas schiebt sich die berühmt-berüchtigte Todesküste Costa da Morte, sie breitet sich vom Cabo Fisterra bis nach Malpica de Bergantiños aus. Nomen est omen: Das Meer fordert hier seine Opfer, immer wieder zerschellen Schiffe an der schroffen Küste. Das letzte große Unglück ereignete sich 2002 als der Öltanker Prestige vor dem Cabo Touriñan versank und ein ökologisches Desaster hinterließ.

Flora

Die unterschiedlichen Ökosysteme sorgen in Nordwestspanien für eine abwechslungsreiche Pflanzen- und Tierwelt. Geprägt wird die Flora durch das Klima, die Höhenlagen, die Böden und insbesondere die Eingriffe des Menschen in die Natur. Nordspaniens Vegetation präsentiert sich in weiten Teilen eher mitteleuropäisch als mediterran. Die Pyrenäen erweisen sich mit mehr als 3000 Pflanzenarten, darunter über 100 endemische Arten, als eine wahre botanische Schatztruhe. Zu den Endemiten gehören u. a. die Pyrenäen-Lilie, der Pyrenäen-Steinbrech und die Ramondia. Das Baumkleid der Pyrenäen besteht vor allem aus Stileichen, Buchen, Weißtannen und Schwarzkiefern. Um Weidefläche für das Vieh zu schaffen, entstanden auf Kosten des Nadelwaldes Almen, die sich im Frühjahr in Blütenmeere verwandeln. Seit auch in den Pyrenäen die Almwirtschaft immer weiter zurückgeht, werden viele Almen jedoch von Heidekraut und Stechginster überwuchert.

Noch üppiger ist der Reichtum an Pflanzenarten im Kantabrischen Gebirge, da hier atlantisch-mitteleuropäische, alpine und mediterrane Arten aufeinandertreffen. Bis auf die Nadelbäume ähnelt der Baumbestand dem in den Pyrenäen. In den Picos de Europa, dem Zentralmassiv des Kantabrischen Gebirges, wachsen über 35 Orchideenarten, darunter u. a. Bienenragwurz, Pyramidenorchis, Zungenstengel und Puppenorchis.

Bereits im Mittelalter wurde im heutigen Bundesland Kastilien-Léon die Hochebene, die Meseta, weitgehend entwaldet, um Platz zu schaffen für den Anbau von Getreide und Weideflächen für die Schafzucht. Bei der Fahrt entlang der Küste Nordspaniens fällt auf, dass die ursprünglichen Mischwälder, bestehend aus Eichen, Birken, Stechpalmen und Haselnusssträuchen, so gut wie verschwunden sind. Neben Wiesen und Äckern prägen schnell wachsende Monokulturen für die Holz- und Papierindustrie das Bild. Eukalyptus- und Kiefernplantagen dominieren die Szenerie, was ökonomisch sehr rentabel, unter ökologischen Gesichtspunkten allerdings äußerst bedenklich ist. Die Eukalyptusbäume entziehen den Böden die Nährstoffe und brennen bei Waldbränden genauso wie Kiefern wie Streichhölzer.

Fauna

Da Spanien vom übrigen Europa durch die Pyrenäen und das Mittelmeer getrennt ist, überlebte eine Vielzahl einheimischer Tiere und Reptilien, die in den anderen europäischen Ländern bereits ausgestorben sind. In den Gebirgen leben Wildschweine, Wildkatzen, Pardelluchse, Rehe und Gemsen, Steinböcke sind hier hingegen kaum noch vorhanden. In einigen entlegenen Landstrichen finden sich noch Braunbärpopulationen. Das größte Rückzugsgebiet für die Bären liegt im Parque Natural de Somiedo im Hinterland von Asturien.

Vor allem in Kastilien-León und in Galicien sind noch Wölfe anzutreffen, dank der Landflucht und der damit verbundenen Regeneration des Waldes konnte sich der Bestand wieder etwas erholen. Eine Besonderheit sind die kleinwüchsigen, kraftvollen und äußerst trittsicheren Asturcones, halbwilde Pferde, die vor allem noch in der Sierra del Sueve in Asturien und in der Serra da Capelada in Galicien auf den Bergweiden grasen.

Für Vogelfreunde hat Nordspanien sehr viel zu bieten, zu den einheimischen Vertretern kommen noch die Zugvögel, die auf ihrem Weg nach Afrika in Spanien Station einlegen oder überwintern. In den Pyrenäen und im Kantabrischen Gebirge ziehen Greifvögel wie Gänse-, Bart- und Schmutzgeier ihre Kreise. Am leichtesten lassen sich Gänsegeier sichten, die in großen Kolonien in den Schluchten von Lumbier und Arbayún in Navarra sowie in der Schlucht von Yecla in Kastilien-León leben. Die Steinadler leben in Paaren und beanspruchen riesige Territorien für sich, mit etwas Glück können sie in den Pyrenäen geortet werden. Eine gute Adresse, um Seevögel zu beobachten, ist der Nationalpark Atlantische Inseln. Auf den Islas Cies tummeln sich Möwen, Kormorane, Fischreiher und Trottellummen, sowie etliche Zugvögel.

Die Atlantikküste ist für ihren Reichtum an Fisch und Meeresfrüchten berühmt, aufgrund der jahrzehntelangen Überfischung sind jedoch viele Arten, wie der rote Thunfisch oder die Sardelle, in ihrem Bestand stark gefährdet oder vom Aussterben bedroht.

Umweltprobleme

Das Umweltbewusstsein ist in den letzten Jahren in ganz Spanien gewachsen. Längst gehören Wasserknappheit und globale Erwärmung auch hier zu den alltäglichen Schlagzeilen in den Medien. Im Vergleich zu den südlicheren Gefilden leiden die meisten Regionen des Nordens noch nicht unter Wasserknappheit, der Kampf um die Verteilung des knappen Gutes ist jedoch bereits im vollen Gange. Ein wahrhaft pharaonisches Projekt sah vor, mittels eines Kanals Wasser vom Ebro nach Murcia und Valencia abzuleiten. Dieses Vorhaben, das das ökologische Gleichgewicht des Flusses und seines Deltas – eines der wichtigsten Vogelschutzgebiete Europas – bedrohte, wurde vorerst von der sozialdemokratischen Regierung gekippt.

Für hitzige Debatten sorgen seit Jahrzehnten der Bau des Stausees von Itoiz und die Erweiterung des Stausees von Yesa in Navarra. Die Gegner dieses Vorhabens wehren sich gegen die Zerstörung der Flora und Fauna der Landschaft und die Vernichtung ganzer Dörfer. Viele der Umweltschutzorganisationen weisen nicht zu Unrecht auf das große Einsparpotenzial beim Wasserverbrauch hin, gehören die Spanier doch diesbezüglich zu den Europameistern. Etliche Umweltaktivisten fordern eine empfindliche Erhöhung des Wasserpreises, um den Wasserverbrauch zu senken.

In den letzten Jahren suchten immer wieder verheerende Waldbrände Galicien heim, ein Paradox, wenn man bedenkt, dass es die regenreichste Region Spaniens ist. Meistens handelt es sich um Brandstiftungen. Die Feuersbrünste dehnen sich im rasenden Tempo aus, da die dominierenden Monokulturen – Eukalyptusbäume und Nadelbäume – sehr leicht entflammbar sind. Dahinter stecken vielfach Spekulationen um Bauland oder das Ziel neue Anbauflächen zu gewinnen. Abhilfe soll ein Gesetz schaffen, das vorsieht, dass das abgebrannte Land 30 Jahre lang nicht bau- oder landwirtschaftlich genutzt werden darf.

Galicien war in den letzten Jahren auch immer wieder Schauplatz von Tankerunglücken. 2002 sorgte die Havarie des Öltankers Prestige vor der Costa da Morte für die bislang größte Umweltkatastrophe Spaniens. 64 000 Tonnen giftiges Schweröl verseuchten Strände von Portugal bis Südwestfrankreich, mehr als 250 000 Seevögel verendeten. Mittlerweile sind die sichtbaren Spuren des Desasters beseitigt, die langfristigen Folgen für das Ökosystem jedoch nicht berechenbar.

Playa del Camello in Santander: die Form des
Felsen gab dem »Kamelstrand« seinen Namen

Wirtschaft und Soziales

Nach der Krise von Schwerindustrie, Bergbau und Schiffsbau in den 1970er- und 1980er-Jahren ist der Wandel der einzelnen Regionen Nordspaniens zu modernen Dienstleistungsgesellschaften weitgehend geglückt. In der Landwirtschaft spielt vor allem der Wein- und Gemüseanbau eine wichtige Rolle. Ein Sorgenkind ist die Fischerei, dagegen befinden sich die modernen Aquakulturen im Aufwind.

Für das Jahr 2008 geht die spanische Zentralbank von einem Wirtschaftswachstum von 2,4 % aus, 2007 lag die Rate noch bei 3,8 %. Vor allem eine Krise in der Bauwirtschaft und im Immobiliensektor ist für diesen Rückgang verantwortlich. Deutlich über dem EU-27-Schnitt liegen nach wie vor das Baskenland und Navarra, sie gehören nach dem Großraum Madrid zu den reichsten Regionen Spaniens. Schlusslicht unter den hier behandelten Regionen ist Kastilien-León.

Landwirtschaft

In der Landwirtschaft Nordspaniens spielt der Weinbau eine gewichtige Rolle. Zweifellos das bekannteste und größte Weinanbaugebiet des Nordens ist La Rioja. Über 2000 Bodegas stellen zumeist hochkarätige Rotweine her, doch auch in Navarra, Kastilien-León und Galicien werden gute Tropfen produziert. Der Río Ebro bildet die Grundlage für einen florierenden Gemüseanbau (in La Rioja, Navarra und Aragón). Das fruchtbare Schwemmland bringt guten Spargel, Artischocken, Salatherzen, Paprika und Tomaten hervor. Eine Spezialität des Städtchens Padrón in Galicien sind die kleinen Pimientos de Padrón (grüne Paprika). Auf gut 6500 ha Fläche werden in Asturien Äpfel angepflanzt, sie werden zum großen Teil zum Nationalgetränk, der *sidra*, weiterverarbeitet.

Die Kornkammer des Nordens ist die Meseta, auf dem schier endlosen Hochland wird im großen Stil Getreide angebaut. Von großer Bedeutung für viele Regionen des Nordens ist die Vieh- und Milchwirtschaft (Navarra, Kantabrien, Asturien und Galicien). Meist handelt es sich um Familienbetriebe oder kleinere, mittelständische Betriebe. Die Auswahl an hervorragenden Käsesorten ist kaum überschaubar.

Fischerei und Aquakulturen

Die Fischerei bildete lange Zeit das wirtschaftliche Rückgrat der Küste Nordspaniens. Heute präsentiert sich die Lage für die Fischer jedoch wenig erfreulich: Der Fischfang ging in den letzten Jahren stetig zurück. Die Überfischung, vor allem durch die industrielle Fischerei und ihre Fangtechniken, ließen die Bestände immer mehr schrumpfen. Viele Fischarten sind mittlerweile so dezimiert, dass sie trotz der stark eingeschränkten Fangquoten vom Aussterben bedroht sind. Die gestiegenen Energiekosten und die Konkurrenz aus dem Ausland minimieren zusätzlich die Einkünfte der Fischer. Hinzu kommen die Existenznöte, die hervorgerufen werden durch Umweltkatastrophen wie die Havarie des Öltankers Prestige im Jahr 2002 vor der Küste Galiciens.

Im Gegensatz dazu haben sich die modernen Aquakulturen mittlerweile längst zu einem wichtigen Wirtschaftsfaktor entwickelt, bereits ein Drittel des Fischbedarfs werden durch sie gedeckt. Die fjordähnlichen Mündungstrichter, die galicischen Rías, bieten ideale Bedingungen für die Aufzucht von Weichtieren. Spitzenreiter sind die Miesmuscheln, die aufgrund ihrer Qualität sogar mit einer kontrollierten Herkunftsbezeichnung, ähnlich wie im Weinbau, ausgezeichnet wurden. Jedes Jahr werden in Galicien um die 250 000 Tonnen Miesmuscheln geerntet, damit ist die Region zum wichtigsten Miesmuschelproduzenten Europas aufgestiegen. Außerdem werden auch Herz-, Venus- und Jakobsmuscheln und sogar Austern erfolgreich gezüchtet. In riesigen meerwassergespeisten Becken zieht man in Galicien delikate Steinbutte und nimmt auf diesem Gebiet eine Vorreiterrolle ein.

Alte und neue Industriezweige

Die wirtschaftlichen Zugpferde der industriellen Entwicklung Nordspaniens waren lange Zeit die Schwerindustrie, die Metallverarbeitung und die Werften. In den 70er-Jahren gerieten diese Industriezweige in eine schwere Krise, die einherging mit der Entlassung von Tausenden von Arbeitnehmern. Besonders stark betroffen waren große Hafenstädte wie Vigo oder A Coruña und der Großraum von Bilbao.

Der Bergbau blickt in Nordspanien auf eine lange Geschichte zurück. Bereits die Römer bauten Edelmetalle und Erze ab. Vor allem in Asturien, Kantabrien und Kastilien-León spielte der Abbau von Steinkohle, Eisenerz und Zink noch bis vor wenigen Jahrzehnten eine gewichtige Rolle. Viele der Gruben sind mittlerweile aufgrund ihrer mangelnden Rentabilität geschlossen worden, entsprechend schnellten die Arbeitslosenzahlen in diesen Regionen in die Höhe. Noch immer liegt ihre Wirtschaftswachstumsrate hinter den anderen Gebieten des Nordens zurück, doch auch hier zeigen sich mittlerweile die Erfolge des seit den 1970er- und 1980er-Jahren in die Wege geleiteten Strukturwandels.

In den 1980er- und 1990er-Jahren wurde ein umfassender Umstrukturierungsprozess im Baskenland in Gang gesetzt. Drei Faktoren trugen zur Regeneration der Wirtschaft bei: die Verbesserungen im Bereich der Infrastruktur, vor allem dank der EU-Förderungen, die Schaffung eines günstigen Investitionsklimas durch Steuervorteile und die Direktinvestitionen der Banken. So steht der Großraum Bilbao wirtschaftlich heute auf mehreren Füßen. Neben den traditionellen Industriezweigen entwickelte sich die Region zum Standort für die Luft- und Raumfahrttechnik, den IT-Bereich und den Maschinenbau. Zum Symbol des Aufbruchs wurde das 1997 eröffnete Guggenheim-Museum, das den Tourismus in der Region ankurbelte.

Die chemische Industrie verfügt in Nordspanien über wichtige Standorte in Bilbao und Vitoria-Gasteiz im Baskenland und in Torrelavega in Kantabrien. Der Automobilkonzern VW unterhält in Pamplona ein großes Werk, der französische Autohersteller Citroën ist seit 1958 in Vigo engagiert. In A Coruña sitzt der Textilgigant Inditex, der mittlerweile sogar den schwedischen Konzern Hennes & Mauritz von der ersten Position im hart umkämpften Modemarkt verdrängt hat. Eine wichtige Rolle spielt im Norden auch die Zelluloseindustrie, so erklären sich die riesigen, ökologisch bedenklichen Monokulturen von Eukalyptusbäumen.

Tourismus im Aufwind

Hinsichtlich des Tourismus geht es mittlerweile in Nordspanien aufwärts. Das spanische Tourismusamt pries die Region in den letzten Jahren intensiv unter dem Motto »das grüne Spanien« an. Vor allem der internationale Tourismus wird umworben, denn noch viel zu wenig bekannt sind im reisefreudigen Ausland die vielen reizvollen Ecken der Küste und des bergigen Hinterlandes sowie das kulturelle Erbe der Region. Solche Ausmaße und auch Auswüchse wie an der Mittelmeerküste, den Balearen und den Kanaren wird der Tourismus hier Gott sei Dank jedoch wohl nie erreichen, schreckt noch das instabile Wetter und der raue Atlantik etliche Sonnenhungrige ab. Die merklich kühleren Temperaturen am Atlantik schätzen dagegen viele Spanier. Beliebt bei einheimischen Touristen und zusehends auch bei den ausländischen Gästen sind die charmanten, individuellen Unterkünfte auf dem Land sowie die ausgesprochen gute Küche des Nordens.

Tanzone: ein ursprüngliches Fischerdorf an der Costa Verde

Von jeher ist das touristische Zugpferd im Norden der Jakobsweg, seit einigen Jahren liegt die Wallfahrt voll im Trend. Der Hype wurde nicht zuletzt ausgelöst durch zahlreiche Promipilger, die ihre Erfahrungen auf der Wanderschaft schriftlich niedergelegt haben.

Dank dem Zuspruch durch die Pilger wurden sogar Herbergen neu eröffnet und fast verlassenen Dörfern neues Leben eingehaucht. Wichtige Impulse für den Tourismus im Norden gab die Eröffnung des Guggenheim-Museums in Bilbao 1997. Der spektakuläre Museumsbau des Architekten Frank O. Gehry übertraf alle Erwartungen, mittlerweile haben sich die Besucherzahlen auf 2 Millionen im Jahr eingependelt.

Probleme des Arbeits- und Wohnungsmarkts

Der Arbeitsmarkt hat sich in den letzten Jahren in ganz Spanien erfreulich entwickelt, die Arbeitslosenzahlen haben sich dem europäischen Schnitt angenähert. In einigen Regionen in Nordspanien, wie im Baskenland und Navarra, herrschen mit Arbeitslosenquoten von 4,1 % bzw. 5 % nahezu paradiesische Verhältnisse. Jedoch hat jeder dritte Arbeitnehmer in Spanien mittlerweile nur noch einen befristeten Arbeitsvertrag. Im Volksmund heißen die Verträge *contrato de basura* (Müllvertrag). Prozentual besonders stark betroffen sind junge Arbeitnehmer und Frauen. Viele von ihnen erwerben aufgrund der kurzzeitigen Beschäftigungsverhältnisse kein Recht auf Arbeitslosenunterstützung.

Die Einstiegsgehälter sind meist sehr gering und so richten sich viele junge Spanier mehr oder weniger freiwillig im ›Hotel Mama‹ ein. In der Mentalität der meisten Spanier ist es fest verankert, sich Eigentum zu erwerben, d. h. eine Wohnung oder ein Haus zu kaufen. Dafür verschuldet sich mancher bis ins Rentenalter hinein. Aufgrund des rasanten Anstiegs der Preise auf dem Immobilienmarkt in den letzten Jahren schaffen viele Spanier es jedoch mittlerweile nicht mehr, die nötige Anschubfinanzierung aufzubringen. Der Mietmarkt ist relativ beschränkt, und die Preise ebenfalls recht hoch. Deshalb bleiben die jungen (und nicht mehr ganz so jungen) Leute zunächst lieber im Elternhaus, sparen die Miete und können Rücklagen anlegen für den zukünftigen Kauf einer Wohnung.

Geschichte

Der Norden Spaniens zählt zu den ältesten Siedlungsgebieten Europas. Viele Kulturen, darunter die Iberer, die Kelten, die Römer, die Westgoten und die Mauren, prägten das Land bis zum Mittelalter. In der Neuzeit wurde Spanien zur Weltmacht und musste Bürgerkrieg und Diktatur erleiden. In der heutigen Demokratie nehmen die einzelnen Autonomen Regionen eine erstarkte Position ein.

Frühe Kulturen

Der Norden Spaniens zählt zu den ältesten Siedlungsgebieten Europas. Im Grabungsareal von Atapuerca in der Nähe von Burgos brachten in den letzten Jahren die Paläontologen immer wieder neue Sensationsfunde zutage, so z. B. 2007 einen gut 1,2 Mio. Jahre alten Backenzahn. In vielen Höhlen Nordspaniens finden sich bemerkenswerte Wandmalereien, die Hinweise auf das Leben in der Altsteinzeit liefern.

Etwa um 1100 v. Chr. traten die Iberer auf den Plan; ob sie tatsächlich aus Nordafrika kamen, ist unter Historikern umstritten. Sie verfügten über Kenntnisse in der Metallverarbeitung und dem Ackerbau.

Von 900 bis 600 v. Chr. zogen die Kelten in mehreren Wellen über die Pyrenäen und ließen sich vor allem im Norden und Westen der Halbinsel nieder. Von ihrer Präsenz zeugen noch die Überreste einiger wehrhafter Siedlungen *(castros)* in Asturien und Galicien. Gemeinsam mit den Iberern bildeten sie das Volk der Keltiberer.

Unter den Römern

Die Karthager brachten im 3. Jh. v. Chr. weite Teile der Iberischen Halbinsel unter ihre Kontrolle. Sie dominierten als führende See- und Handelsmacht den westlichen Mittelmeerraum, diese Position wurde ihnen jedoch bald von den Römern streitig gemacht. Im Zweiten Punischen Krieg (218–201 v. Chr.) triumphierten die Römer über die Karthager und brachten danach fast die gesamte Iberische Halbinsel unter ihre Kontrolle. Die Keltiberer leisteten erbitterten Widerstand, der erst in der Schlacht von Numantia (133 v. Chr.) gebrochen wurde. Die rebellischen Basken, Asturer und Kantabrer konnten jedoch erst unter Kaiser Augustus unter Kontrolle gebracht werden.

Aus den römischen Militärlagern gingen Städte wie León, Lugo oder Pamplona hervor. Unter römischer Regie wurde die Infrastruktur ausgebaut, viele der alten Römertrassen nutzten später die Jakobspilger. Dank ausgetüftelter Bewässerungsmethoden (Aquädukte) gelang es, die landwirtschaftliche Produktion zu steigern.

Die Westgoten

Zu Beginn des 5. Jh. fiel das gewaltige römische Imperium wie ein Kartenhaus in sich zusammen, und germanische Stämme wie die Westgoten, die Alanen, die Vandalen und die Sueben fielen im Zuge der Völkerwanderung in Iberien ein. Die Sueben gründeten in Galicien ein Königreich, bis sie 585 von den Westgoten verdrängt wurden. Letztlich dehnten die Westgoten ihre Herrschaft über die

Die Höhlenmalereien von Altamira entstanden vor über 15 000 Jahren

ganze Iberische Halbinsel aus. Von Toledo aus regierten sie als kleine Oberschicht das Land, das Verhältnis zur hispanoromanischen Bevölkerung war lange angespannt. Die Lage besserte sich erst, als sie unter König Rekkared im Jahr 587 zum römisch-katholischen Glauben übertraten. Der Invasion der Mauren ab 711 konnten die Westgoten nur wenig entgegensetzen, denn Thronstreitigkeiten und Fehden unter den führenden Adelsfamilien hatten ihr Reich innerlich zerrüttet.

Spanien unter dem Halbmond

Unter dem berberischen Feldherrn Tariq ibn Ziyad überquerten die Mauren erstmals 711 die Straße von Gibraltar. In der Folge gelang es ihnen innerhalb kürzester Zeit, fast die gesamte Iberische Halbinsel einzunehmen. Die Zentren der Macht lagen im heutigen Andalusien, die höchste Blütezeit erlebte das muslimische Spanien zur Zeit des Kalifats von Córdoba (929–1031). Die Toleranz gegenüber der christlichen und jüdischen Bevölkerung trug wesentlich zum Entstehen der Hochkultur bei, es bestand ein reger Austausch zwischen den drei Kulturen auf dem Gebiet der Wissenschaften, der Philosophie und der Künste. Nach dem Zerfall des Kalifats, der durch innere Auseinandersetzungen hervorgerufen wurde, zerfiel das Herrschaftsgebiet der Muslime in Kleinkönigreiche (*taifas*).

Die Reconquista

Vom Norden Spaniens ging die Reconquista aus, die Rückeroberung des Landes durch die Christen. Als Auftakt gilt die legendäre Schlacht von Covadonga, in der das Westgotenheer im Jahr 722 den ersten Sieg über die Muslime erzielte. Wenig später gründete Westgotenkönig Don Pelayo das Königreich von Asturien als Nachfolge des Westgotenreiches.

Im 8. und 9. Jh. dehnten die Könige von Asturien ihr Herrschaftsgebiet über Galicien, Kantabrien und León aus. König Alfonso III.

der Große (866–910) stieß mit seinen Truppen bis zum Duero vor und verlegte die Hauptstadt des neuen Königreiches Asturien-León von Oviedo nach León. Im Osten errichtete Karl der Große 785 die fränkische Mark als Bollwerk gegen die Muslime, aus der später die Grafschaft von Barcelona hervorging. 905 entstand das Königreich von Navarra, zu dem das Baskenland gehörte.

In der zweiten Hälfte des 10. Jh. gelang es Almansor (der Siegreiche), dem Feldherrn des schwachen Kalifen Hisham II., wiederholt in die christlichen Königreiche des Nordens, Asturien-León, Navarra, Aragón und Katalonien, einzufallen. 997 zerstörten seine Truppen Santiago de Compostela, wie durch ein Wunder blieben jedoch die Gebeine des Apostels Jakobus unversehrt.

Das Königreich von Asturien-Léon wurde 1037 von Fernando I. von Kastilien erobert. Fortan beherrschte das neue Königreich Kastilien-León die Geschicke Nord- und Zentralspaniens. König Alfonso VI. gelang es 1085, den Mauren Toledo, die alte Hauptstadt der Westgoten, zu entreißen. Ein Schlüsseldatum in der langen Geschichte der Reconquista ist das Jahr 1212: In der Schlacht von Las Navas de Tolosa unterlagen die Mauren den christlichen Truppen. In der Folge gelang es König Ferdinand III. von Kastilien und León ganz Andalusien bis auf das Königreich der Nasriden von Granada einzunehmen.

Ferdinand von Aragón und Isabella von Kastilien legten mit ihrer Hochzeit 1469 den Grundstein zur Vereinigung der beiden wichtigsten Königreiche. Sie regierten gleichberechtigt in Personalunion und trieben den Glaubenskrieg gegen die Muslime voran. 1492 nahmen sie das Königreich der Nasriden von Granada ein. Das Kapitel der Reconquista fand damit seinen Abschluss. Von den Katholischen Königen wurden die Juden und die Muslime vor die Wahl gestellt, den christlichen Glauben anzunehmen, oder das Land innerhalb von drei Monaten zu verlassen. Die Inquisition wachte jedoch mit Adlersaugen über die zweifelhaften Neuchristen, viele landeten im Kerker oder auf dem Scheiterhaufen.

Aufstieg und Fall eines Imperiums

Christoph Kolumbus entdeckte im geschichtsträchtigen Jahr 1492 im Auftrag der Katholischen Könige die Neue Welt und legte damit den Grundstein für den Aufstieg Spaniens zur Weltmacht. Die spanische Krone fiel als Folge geschickter Heiratspolitik an die Habsburger.

Unter der Herrschaft von Karl V. (1516–1556) und seinem Sohn Philipp II. (1556–1598) stieg Spanien zur führenden Kolonial- und Seemacht auf. Jedoch schon unter Philipp II. begann die Großmacht zu bröckeln: Die schier unermesslichen Reichtümer, die sich durch die Ausbeutung der Kolonien über das Land ergossen, wurden von den Kriegen verschluckt, der Staatshaushalt geriet in Schieflage, die Inflation nahm stetig zu.

Ein erster herber Verlust für Spanien war der Abfall der nördlichen Niederlande unter Wilhelm von Oranien (1581). England, das die Niederlande unterstützte, triumphierte 1588 im Ärmelkanal über die als unbesiegbar geltende Armada und besiegelte damit das Ende der spanischen Vorherrschaft zur See.

Als der letzte spanische Habsburger Karl II. ohne Erbfolger starb, meldeten sowohl die Bourbonen als auch die Habsburger ihre Thronansprüche an. Daraufhin entbrannte der Spanische Erbfolgekrieg (1701–1714), in den fast ganz Europa verwickelt war. Im Frieden von Utrecht wurde 1714 den Bourbonen die spanische Krone zugesprochen. Aus dieser Linie stammt auch der heutige spanische König Juan Carlos I.

Der spanische Staat wurde nun nach französischem Vorbild straff zentralistisch regiert, die Privilegien der Provinzen aufgehoben, was vor allem im Baskenland auf wenig Gegenliebe stieß. Der herausragende Herrscher der Bourbonen Karl III. (1759–1788) regierte im Geist des aufgeklärten Absolutismus und reformierte die Wirtschaft und die Verwaltung. Die neue Zuversicht verflog jedoch rasch unter dem unfähigen Karl IV. Er überließ das Regieren seiner Frau María Luisa de Parma und ihrem Günstling Godoy, der mit

Frankreich paktierte. Einen Volksaufstand gegen Godoy nutzte 1808 Napoleon I., um in Spanien einzumarschieren. Das Volk erhob sich gegen die Fremdherrschaft und kämpfte in Guerillataktik gegen die Invasoren. Nach sechs Jahren gelang es, mit Schützenhilfe von England, die Franzosen wieder zu vertreiben.

Der vom Volk zunächst herbeigesehnte König Ferdinand VII. kehrte aus dem Exil zurück. Er hob die liberale Verfassung von Cádiz (1812) auf und regierte sein Land im totalitären Stil. Nach seinem Tod entbrannten die Karlistenkriege zwischen seiner Tochter Isabella II. und den konservativen Kräften, die seinen Bruder Karl favorisierten. Die politische Lage war höchst instabil, die Kluft zwischen Konservativen und Liberalen, Zentralisten und Föderalisten, Royalisten und Republikanern, Arm und Reich spaltete das Land immer tiefer. Schon in der ersten Hälfte des 19. Jh. hatte das spanische Kolonialreich zu wanken begonnen, die letzten Kolonien Kuba, Puerto Rico und die Philippinen verlor Spanien 1898 im Krieg gegen die USA.

Vor dem Bürgerkrieg

Im ersten Weltkrieg blieb Spanien neutral. 1923 putschte sich der General Primo de Rivera mit der Billigung von König Alfonso XIII. an die Macht. Er setzte die Verfassung außer Kraft und errichtete eine Militärdiktatur. Seine Reformversuche liefen ins Leere, die Weltwirtschaftkrise stürzte das Land in eine noch tiefere Krise. 1930 trat Rivera zurück.

1931 wurde die Zweite Republik (1931–1936) ausgerufen, woraufhin König Alfonso XIII. sein Land verließ. Der Regierung der Zweiten Republik gelang es nicht, die Kluft zwischen den extremen Lagern der Rechten und der Linken, die die innere Ordnung und Sicherheit bedrohte, zu kitten. Die Reformversuche scheiterten an der Opposition der konservativen Kräfte, Streiks und politische Morde waren an der Tagesordnung. 1936 wurde das Parlament aufgelöst, aus den Neuwahlen ging die Volksfront, ein Bündnis der Linksparteien, als Sieger hervor. Die politische Lage spitzte sich jedoch weiter zu und die Polarisierung der Gesellschaft mündete schließlich in den Spanischen Bürgerkrieg (1936–1939).

Der Spanische Bürgerkrieg

Der Aufstand der Nationalen unter der Führung von General Franco gegen die Republik kostete über eine halbe Million Menschen das Leben, Hunderttausende flohen ins Exil. Der Bürgerkrieg hinterließ ein Trauma, das bis heute nicht überwunden ist. Das faschistische Italien und Hitler-Deutschland unterstützten General Franco, der Norden des Landes stand, mit Ausnahme von Navarra, auf der Seite der Republik. Besonders hart wurde dafür das Baskenland bestraft: Die Stadt Gernika, Symbol des baskischen Freiheitswillens, wurde von der deutschen Fliegerstaffel Legion Condor 1937 in Schutt und Asche gelegt.

Entscheidend für den Ausgang des Bürgerkrieges war die Schlacht am Ebro von Juli bis November 1938, aus der die Truppen Francos siegreich hervorgingen. Mit der Einnahme von Madrid am 1. April 1939 endete der Spanische Bürgerkrieg.

Das Franco-Regime

Franco etablierte nach seinem Sieg ein autoritäres Regime mit einer straff organisierten Einheitspartei, der Falange. Er regierte streng zentralistisch, die Regionen im Norden wurden kurzgehalten. In diese Zeit der Repression fällt die Gründung der baskischen Untergrundorganisation ETA (1959). Die wichtigsten Stützen der Diktatur bildeten das Militär, die katholische Kirche und die Großgrundbesitzer. Die Guardia Civil verfolgte Regimegegner und erstickte jegliche Opposition im Keim.

Im zweiten Weltkrieg bleib das ausgeblutete Spanien offiziell neutral, doch die Blaue Division, ein Verband von rund 18 000 Freiwilligen, beteiligte sich am Russlandfeldzug der deutschen Wehrmacht.

Wirtschaftlich lag das Land noch Jahre nach dem Bürgerkrieg am Boden, erst Ende der 50er-Jahre, als die Wirtschaft liberalisiert und die außenpolitische Isolation durchbrochen wurde, erreichte man wieder den Stand der Vorkriegsproduktion. Im Austausch für wirtschaftliche Hilfe konnten die USA 1953 Militärbasen in Spanien einrichten. So bahnte sich in den 60er-Jahren ein Wirtschaftswunder an. Es basierte auf dem Ausbau der Industrie, den Devisen aus dem aufblühenden Tourismus und den Geldern, die spanische Gastarbeiter nach Hause überwiesen.

Der Weg zur Demokratie

Franco regelte noch zu Lebzeiten seine Nachfolge: Er bestimmte 1969 Juan Carlos, den Enkel von König Alfonso XIII., zu seinem Nachfolger. Nach dem Tod des Diktators im November 1975 wurde Juan Carlos zum König ausgerufen. Franco war der Überzeugung, dass er in seinem Sinne die Geschicke des Landes fortführen würde, der junge Monarch bereitete jedoch gemeinsam mit dem von ihm ernannten Ministerpräsidenten Adolfo Súarez die Demokratisierung *(transición)* des Landes vor. 1977 fanden die ersten freien Parlamentswahlen seit 1936 statt, aus der Adolfo Súarez und seine Partei Union des Demokratischen Zentrums (UCD) siegreich hervorgingen. In der Verfassung, die 1978 verabschiedet wurde, definierte sich Spanien als parlamentarische Monarchie. Das Baskenland, Katalonien und Galicien erhielten Autonomiestatute. 1981 rettete der König die junge spanische Demokratie, indem er den Putschversuch des Colonel Tejero und seiner Gefolgsleute mit Entschiedenheit abwehrte.

Das demokratische Spanien

Von 1982 bis 1996 wurde Spanien von der Sozialistischen Arbeiterpartei Spaniens (PSOE) unter der Regie des Ministerpräsidenten Felipe González geführt. Meilensteine seiner Politik waren der in den eigenen Reihen nicht unumstrittene NATO-Beitritt 1982 und vor allem die Aufnahme seines Landes in die Europäische Gemeinschaft 1986. Politische Skandale und die hohe Arbeitslosenquote von 25 % beendeten schließlich die 14-jährige Regierungszeit der Sozialdemokraten und sorgten 1996 für einen Wahlsieg der konservativen Partei (PP) unter der Führung von José María Aznar.

Unter der konservativen Regierung erlebte Spanien zunächst einen wirtschaftlichen Höhenflug, die Einführung des Euro 2002 führte jedoch zu einer Preisexplosion, vor allem die Immobilienpreise kletterten ins Unermessliche. Harsche Kritik brachte Aznar das unprofessionelle Krisenmanagement bei der Ölkatastrophe ein, die der havarierte Tanker Prestige 2002 vor der galicischen Küste verursachte, sowie die aktive Unterstützung der USA im Irakkrieg (2003). Am 11. März 2004, drei Tage vor den Parlamentswahlen, erschütterte ein terroristischer Anschlag die Hauptstadt Madrid, der 191 Menschen das Leben kostete. Die Regierung Aznar machte sofort die ETA verantwortlich, die Ermittlungen legten jedoch offen, dass es sich um einen islamistischen Terroranschlag handelte. Die Wahlen endeten in einem Fiasko für die PP, die Sozialdemokaten (PSOE) trugen den Wahlsieg davon. Ob der Terroranschlag letztlich entscheidend war für das Wahlergebnis, darüber kann nur spekuliert werden.

Der neue spanische Ministerpräsident José Luis Zapatero löste sein Wahlversprechen ein und zog umgehend die spanischen Truppen aus dem Irak zurück. Zudem setze er einige gesellschaftliche Veränderungen durch: Die Politik gegenüber illegalen Einwanderern wurde liberalisiert, in Fernsehspots wird Gewalt gegen Frauen und Kinder angeprangert, das Ehescheidungsverfahren wurde vereinfacht und radikal verkürzt und gleichgeschlechtliche Ehen juristisch anerkannt. Gerade die beiden zuletzt genannten Maßnahmen führten zu harscher Kritik von konservativer und kirchlicher Seite.

ETA – Sackgasse Terrorismus

Thema

Die baskische Untergrundorganisation ETA (*Euskadi Ta Asktasuna* – Baskenland und Freiheit) kämpft mit Waffengewalt und Terror für die Unabhängigkeit des Baskenlandes. Bei Anschlägen kamen bislang mehr als 850 Menschen ums Leben, eine Ende des Terrors ist nicht in Sicht.

Die Gründung der ETA fällt in die Zeit der Diktatur Francos. Im Spanischen Bürgerkrieg 1936–1939 hatten die Basken mehrheitlich auf der Seite der Republik gekämpft, nach der Machtübernahme von General Franco sahen sie sich zahlreichen Repressalien ausgesetzt. In diesem politischen Klima formierte sich 1953 in Bilbao die radikale Studentengruppe Ekin (Handeln), aus der 1959 die ETA hervorging. Die ETA sieht sich als linksstehende Befreiungsorganisation. Ihr Ziel ist die Schaffung eines unabhängigen baskischen Staates, der das Baskenland, Navarra sowie das französische Baskenland umfassen soll.

Den Auftakt für die bis heute anhaltende Serie von blutigen Terroranschlägen bildete 1968 die Ermordung des berüchtigten Polizeikommissars Melitón Manzanas González. Für diesen Anschlag wurden 1970 16 ETA-Mitglieder verurteilt, neun von ihnen zum Tode (das Todesurteil wurde aufgrund des nationalen und internationalen Drucks nicht vollstreckt). Drei Jahre später sprengte die ETA das Auto des Ministerpräsidenten und designierten Franco-Nachfolgers Luis Carrero Blanco in die Luft – eine Aktion, die Franco-Gegner durchaus begrüßten.

Ihre Sympathiepunkte hat die ETA jedoch längst eingebüßt. Sie wird heute von der Mehrheit der Spanier und Basken als terroristische Organisation betrachtet. Viele der Forderungen, für die die Basken kämpften, erfüllte das Autonomiestatut von 1979: Neben weitgehender Selbstverwaltung und der Anerkennung des Baskischen als gleichberechtigter Amtssprache räumt eine fast vollständige Steuerautonomie der baskischen Regierung große Handlungsspielräume ein.

Das Thema der Loslösung von Spanien ist nach wie vor virulent, die gemäßigte baskische Partei PNV versucht, dieses Ziel politisch zu erreichen. Die ETA hält dagegen am Terror fest. Seit den 80er-Jahren richten sich ihre Anschläge sogar gezielt gegen Zivilisten.

Die Terrorismusbekämpfung wurde allerdings selbst in der Demokratie nicht immer mit rechtsstaatlichen Mitteln verfolgt. Zwischen 1983 und 1987 agierte ein staatliches Kommando namens GAL gegen die ETA, das auch vor Attentaten, Entführungen und Folterung nicht zurückschreckte. Die Glaubwürdigkeit der PSOE-Regierung wurde mit diesem Skandal aufs Tiefste erschüttert.

Im Juli 1997 löste die kaltblütige Ermordung eines Stadtrats der konservativen Partei PP eine Welle von landesweiten Demonstrationen aus. 6 Millionen Spanier gingen auf die Straße und skandierten »Basta ya« (»Es reicht«). 2002 verbot das spanische Parlament den politischen Arm der ETA, Herri Batasuna.

Immer wieder kam es zwischen Regierung und ETA zu Verhandlungen und Waffenstillständen. Die letzte große Hoffnung auf eine friedliche Lösung platzte 2007. Nach einem Anschlag auf dem Madrider Flughafen kündigte Ministerpräsident Zapatero den Dialog mit der ETA auf, worauf diese einen 15-monatigen Waffenstillstand für beendet erklärte.

Zeittafel

850 000 v. Chr.	In Atapuerca werden 1994 die Überreste der ältesten Hominiden Europas entdeckt.
15 000–10 000 v. Chr.	Höhlenmalereien und Felsritzungen, u. a. in Altamira und der Cueva de Tito Bustillo, geben Hinweise auf das Leben in der Altsteinzeit.
900–600 v. Chr.	Die Kelten dringen über die Pyrenäen ins Gebiet des heutigen Spanien vor und vermischen sich mit den Iberern zu den Keltiberern.
218–201 v. Chr.	Im zweiten Punischen Krieg triumphieren die Römer über die Karthager und nehmen in der Folge die gesamte Iberische Halbinsel ein.
500 n. Chr.	Zerfall des Römischen Reichs. Im Zuge der Völkerwanderung fallen Alanen, Vandalen, Sueben und Westgoten in Spanien ein.
507–711	Die Westgoten etablieren sich und regieren von Toledo aus ihr Reich.
711	Die Mauren fallen erstmals in Spanien ein und besetzen in den folgenden Jahren nahezu die gesamte Iberische Halbinsel.
722	Die Schlacht von Covadonga in Asturien bildet den Auftakt für die christliche Rückeroberung des Landes.
732	Karl Martell stoppt das weitere Vordringen der Mauren in der Schlacht von Tours und Poitiers.
778	Die Basken besiegen in der Schlacht von Roncesvalles die Nachhut Karls des Großen.
um 813–830	Fund der Gebeine des Apostels Jakobus in Santiago de Compostela.
844	In der Schlacht von Clavíjo erscheint der Apostel den christlichen Truppen und verhilft ihnen zum Sieg gegen die Mauren.
997	Der maurische Feldherr Almansor fällt immer wieder in den Norden ein und zerstört 997 Santiago de Compostela.
1469	Heirat von Isabella von Kastilien und Ferdinand von Aragón, ab 1479 gemeinsame Regentschaft der Katholischen Könige.
1492	Mit dem Fall von Granada endet die Reconquista. Ausweisung der

spanischen Juden, die sich nicht zum christlichen Glauben bekehren lassen. Kolumbus entdeckt Lateinamerika.	
Der Habsburger Karl wird zum König von Spanien gekrönt. Unter seinem Sohn Philipp II. etabliert sich das Land als Kolonialmacht.	**1516–1556**
Ignatius von Loyola gründet den Jesuitenorden.	**1534**
Untergang der spanischen Armada.	**1588**
Im spanischen Erbfolgekrieg unterliegen die Habsburger den Bourbonen.	**1701–1713**
Kampf gegen die napoleonischen Truppen.	**1808–1814**
Spanien verliert seine letzten Kolonien.	**1898**
Viele junge Spanier, allen voran die Galicier, wandern aufgrund der wirtschaftlichen Not nach Lateinamerika aus.	**Ende 19. Jh.**
Spanischer Bürgerkrieg. General Franco triumphiert über die Truppen der Republik. 1937 zerstört die deutsche Legion Condor die baskische Stadt Gernika.	**1936–1939**
Franco-Diktatur. Ende der 1950er-Jahre entsteht die baskische Untergrundbewegung ETA.	**1939–1975**
Übergang zur Demokratie (*transición*). Spanien wird eine parlamentarische Monarchie, mit König Juan Carlos an der Spitze.	**1975–1982**
Die PSOE unter Felipe González gewinnt die Wahlen.	**1982**
Spanien wird Mitglied der EU.	**1986**
Die Havarie des Tankers Prestige verursacht eine Ölpest an der galicischen Küste.	**2002**
Terroranschlag der Al-Qaida in Madrid. Der Sozialdemokrat José Luis Zapatero (PSOE) gewinnt die Wahlen.	**2004**
Expo in Zaragoza zum Thema »Wasser und dauerhafte Entwicklung«	**2008**

Gesellschaft und Alltagskultur

Die Nordspanier entsprechen nicht den gängigen Klischees, die über Spanien im Umlauf sind. Ihre Mentalität unterscheidet sich nicht allzu sehr von der der Mitteleuropäer. Flamenco ist vielen Nordspaniern genauso fremd wie uns, und auch der Stierkampf ist bei Weitem nicht so populär wie in anderen Landesteilen. Dennoch verstehen es auch die Nordspanier, ausgelassen zu feiern!

Alltags- und Lebensrhythmus

Das Leben in Nordspanien ähnelt mittlerweile in vielen Aspekten dem der Länder Mitteleuropas. Sicherlich gehen die Nordspanier einige Dinge noch gelassener an, aber die sprichwörtliche *Mañana*-Mentalität, die Dinge endlos aufzuschieben, war hier noch nie beheimatet. Und auch um die Pünktlichkeit ist es im Norden Spaniens nicht allzu schlecht bestellt, länger als ein akademisches Viertel wartet man selten.

Viel Zeit nimmt man sich fürs Essen. Vor allem am Wochenende wird gerne im Kreise der Familie oder mit Freunden gespeist, vorzugsweise in einer typische Landgaststätte oder bei einem Picknick. In den meisten Familien wird unter der Woche nicht mehr so ausführlich gekocht, wie das noch bis vor wenigen Jahren der Fall war; die Doppelbelastung vieler Frauen durch Beruf und Familie ist einfach zu groß.

So ist auch die lange Mittagspause, die Siesta, immer mehr umstritten, zumal im Norden keine klimatische Notwendigkeit dafür besteht. Durch die lange Mittagspause (14–16/17 Uhr) zieht sich der Tag recht lange hin, viele Spanier kommen erst gegen 19 oder 20 Uhr nach Hause, was viele als eine Belastung für das Familienleben ansehen. Mittlerweile haben in den größeren Städten einige Betriebe bereits auf die allgemeine Siesta-Müdigkeit reagiert und die Mittagspause verkürzt.

Häufig treffen sich die Spanier nach der Arbeit und ziehen mit Freunden oder Arbeitskollegen durch die Tapabars. Die Jugend ist sehr ausgehfreudig, das Wochenende wird spätestens am Freitagabend eingeläutet, die Clubs und Diskotheken haben bis in die frühen Morgenstunden geöffnet. Leider hat der Alkoholkonsum Jugendlicher in letzter Zeit teilweise besorgniserregende Ausmaße angenommen.

Familie und andere Lebensformen

Die Großfamilie, die unter einem Dach lebt, gehört in Spanien längst der Vergangenheit an. Dennoch ist der Zusammenhalt in vielen spanischen Familien nach wie vor groß und bügelt so manche Lücke im Sozialsystem aus. Geheiratet wird heute im Schnitt erst mit 30 Jahren. Gerne wird dabei im großen Stil gefeiert, 150 bis 300 Gäste bei einer Hochzeit sind keine Seltenheit. Paare bekommen heute meist nur noch ein oder höchstens zwei Kinder. Spanien hat damit eine der niedrigsten Geburtenraten in ganz Europa – für den Nachwuchs des Landes sorgen in erster Linie die Migrantenfamilien.

Die Familienpolitik kann sich in Spanien nicht mit Lorbeeren schmücken. Das minimale Kindergeld von 24 € im Monat können nur die absoluten Geringverdiener beantragen, d. h. 89 % der Eltern erhalten kein Kindergeld. Eine gesetzliche Neuregelung sieht pro Kind eine einmalige Zahlung von € 2500 vor. Mütter und Väter haben einen gesetzlichen Anspruch auf 16 Wochen Elternzeit. Die meisten Frauen arbeiten bis kurz vor der Geburt, um diese Zeit dann anschließend ganz ihrem Baby widmen zu können. Längeren Erziehungsurlaub nehmen nur wenige Eltern in Anspruch, da sie kein Erziehungsgeld erhalten. Entsprechend groß ist der wirtschaftliche Druck, schnell wieder zu arbeiten. Positiv ist sicherlich, dass es mittlerweile vor allem in den Städten ein recht gutes Netz von staatlichen und privaten Betreuungsmöglichkeiten für Kinder gibt; so wurden die Omas und Opas in den letzten Jahren entlastet.

Die sozialdemokratische Regierung unter Ministerpräsident Zapatero erließ im Jahr 2005 ein Gesetz, nach dem auch gleichgeschlechtliche Paare die Ehe zivilrechtlich eingehen können und damit in rechtlicher Hinsicht heterosexuellen Paaren gleichgestellt sind. Somit verfügt das Land in dieser Hinsicht über eine der liberalsten Gesetzgebungen in Europa. Harsch kritisiert wurde der Erlass vonseiten der katholischen Kirche und in konservativen Kreisen, ebenso wie das im gleichen Jahr abgeänderte Scheidungsrecht. Bei der sogenannte Express-Scheidung entfällt das Trennungsjahr, die Scheidung kann innerhalb von drei Monaten vollzogen werden. Die Scheidungsrate in Spanien gehört mittlerweile zu den höchsten in Europa. So steigt auch die Zahl der Alleinerziehenden und der Singlehaushalte stetig an.

Die Emanzipation der Frauen

Die Frauen in Nordspanien treten enorm selbstbewusst auf. Die traditionellen drei Ks, Kinder, Küche und Kirche, bestimmten noch das Leben der Großmütter, heute haben die Frauen andere Lebensentwürfe. Die Männer sind in der Regel längst nicht mehr die alleinigen Versorger der Familien und die klassischen Machos, eine Spezies, die immer noch nicht ganz ausgestorben ist, haben mittlerweile kein leichtes Spiel mehr. Die letzten männlichen Domänen sind längst gefallen: Es gibt Frauen, die in der Armee dienen, als Polizistinnen, Pilotinnen, Busfahrerinnen oder Stierkämpferinnen arbeiten. Sei einigen Jahren haben Frauen auch führende Positionen in Wirtschaft und Politik inne.

Die Berufsausbildung nimmt einen wichtigen Stellenwert ein. An den Universitäten sind über 50 % Frauen eingeschrieben, und in der Regel schließen sie ihr Studium mit besseren Abschlüssen ab als ihre männlichen Kommilitonen. Wie andernorts auch, müssen die spanischen Frauen einen Spagat zwischen Familie und Beruf meistern – viele klagen über die Doppelbelastung.

Die jungen spanischen Männer werden weit mehr als früher üblich in den Haushalt und die Erziehung einbezogen, dennoch lastet das Gros der Arbeit immer noch auf den Schultern der Frauen. Und noch immer gibt es auch bei den Gehältern beachtliche Unterschiede: Die Frauen verdienen im Schnitt 19 % weniger als Männer, wobei diese Quote dem EU-Durchschnitt entspricht.

Einwanderungsland

Innerhalb von wenigen Jahrzehnten hat sich Spanien vom Auswanderungs- zum Einwanderungsland gewandelt. Der Grund ist der rasante wirtschaftliche Aufschwung des Landes seit dem EU-Beitritt 1986. Während in den 60er- und 70er-Jahren noch Tausende von Spaniern als Gastarbeiter ihr Land verließen, um in den Industrienationen Europas ein Auskommen für ihre Familien zu finden, suchen heute vor allem Lateinamerikaner und Afrikaner ihr Glück in Spanien. Für die Ernteeinsätze, beispielsweise bei der Weinernte in der Rioja, werden auch Polen und Rumänen unter Vertrag genommen. Innerhalb von kürzester Zeit ist der Ausländeranteil auf 10 % angestiegen. Hinzu kommt die große Dunkelziffer der illegalen Einwanderer.

Auf den Spuren der Jakobspilger

Die Initialzündung für die berühmte Wallfahrt nach Santiago de Compostela lieferte ein Wunder: Geleitet von einer Lichterscheinung und himmlischen Gesängen entdeckte der Eremit Pelagius zu Beginn des 9. Jh. die Gebeine des Apostels Jakobus des Älteren (span. Santiago). Über den Gebeinen des Apostels erhebt sich heute die majestätische Kathedrale von Santiago de Compostela.

Im Mittelalter entwickelte sich Santiago de Compostela neben Rom und Jerusalem zum wichtigsten Pilgerziel der Christenheit. Für die Popularität des Apostels Jakobus sorgte die Legende um die Schlacht von Clavijo im Jahr 844. Laut der Überlieferung soll der Apostel eine drohende Niederlage der christlichen Truppen unter König Ramiro I. gegen eine Übermacht von Mauren abgewendet haben, indem er hoch zu Ross mit seinem Schwert den Muslimen gleich reihenweise die Köpfe abschlug. Somit empfahl sich Santiago als Schutzpatron der Reconquista, der Schlachtruf der Christen lautete fortan *Santiago matamoros,* Jakobus der Maurentöter. Die Pilgerfahrt nach Santiago de Compostela stärkte den Glaubenseifer der Christen und gab entscheidende Impulse für die Rückeroberung des Landes. Außerdem belebte er die Wirtschaft und sorgte für einen regen kulturellen Austausch.

Scharen von Pilgern brachen aus ganz Europa zum Grab des Apostels ins ferne Galicien auf. Ein dicht gestricktes Jakobswegnetz leitete sie über die Pyrenäen ins Land des Apostels – allein der Weg durch Spanien misst an die 800 km! Die meisten Pilger wählten den *camino francés* (französischer Weg), der durch die heutigen Regionen Aragón, Navarra, La Rioja und Kastilien-León nach Galicien führt. Viele der Pilger setzten ihre Tour bis zum Kap Finisterre fort – ein besonderer Nervenkitzel, wurde doch im Mittelalter dort das Ende der Welt vermutet. Hilfreiche Dienste leistete ihnen unterwegs der Codex Calixtinus (um 1150): Neben den Berichten von der Vita und den Wundern des Apostels, lieferte das Werk handfeste Tipps für die Reisenden. So wird darin beispielsweise vor verschlagenen Wirten oder vor Wegstrecken, auf denen Diebe lauern, gewarnt.

Die Motivation für die mittelalterlichen Pilger, die strapaziöse Reise ins Ungewisse anzutreten, lag in erster Linie in der religiösen Heilssuche. Die Erfüllung eines Gelübdes, die Hoffnung auf einen Gnadenerweis oder einen Sündenerlass trieben sie voran. Die Wundertätigkeit der Reliquien des Apostels stand außer Frage.

Gang und gäbe waren ›Berufspilger‹, die stellvertretend für reiche oder gebrechliche Gläubige die Reise antraten. Ein anderes Phänomen bildeten die Strafwallfahrer: Zur Buße ihrer Sünden wurden Straffällige von weltlichen oder kirchlichen Instanzen zur Wallfahrt verdonnert. Falsche Pilger, die sogenannten Muschelbrüder, mischten sich unter die echten Pilger, um den Status als Pilger auszunutzen und kostenlos Unterkünfte und Mahlzeiten zu bekommen.

Im Laufe der langen Geschichte des Jakobswegs gab es immer wieder Höhen und Tiefen. Insbesondere in der Reformationszeit bröckelte das Interesse an der Wallfahrt stark

Thema

ab, Luther und seine Anhänger hinterfragten kritisch die Apostellegende und den katholischen Reliquienkult mit einem spöttischen: »Wer ist der wahre Jakob?« Als ein Förderer des Jakobuskultes erwies sich der Diktator Franco. Er scheute sich auch nicht davor, den Apostel in seinem »Kreuzzug gegen die gottlose Republik« zu instrumentalisieren.

Bis heute übt die Wallfahrt nach Santiago de Compostela eine magische Anziehungskraft aus, in den letzten Jahren entstand sogar ein regelrechter Hype um den *camino,* ausgelöst durch ›Promipilger‹ wie Hape Kerkeling, Shirley MacLaine oder Paulo Coelho. Doch was bewegt heutige Pilger, die beschwerliche Reise im Zeichen der Jakobsmuschel anzutreten und in einfachen Pilgerherbergen in Stockbetten zu nächtigen? Neben den religiösen Gründen spielt sicherlich die Suche nach dem Sinn des Lebens eine zentrale Rolle. Der Ausbruch aus dem Alltag oder einer Lebenskrise dürften weitere Beweggründe sein. Viele Pilger suchen auch schlicht die sportliche Herausforderung der langen, anstrengenden Wanderung oder genießen die Schönheiten der Landschaft und der romanischen Kunst- und Bauwerke entlang der Strecke.

Als echter Pilger gilt, wer die letzten 100 km zu Fuß bzw. die letzten 200 km mit dem Rad bewältigt hat. Die zurückgelegten Kilometer werden in Santiago anhand des Pilgerbüchleins, span. *credencial,* überprüft, das in den Herbergen, Kirchen und Klöstern abgestempelt wird. Als Beleg für die vollbrachte Wallfahrt bekommen die Pilger die *compostelana,* die Pilgerurkunde, in Santiago de Compostela ausgehändigt.

Jakobspilger suchen physische Herausforderung und spirituelle Erleuchtung

In den Städten Nordspaniens verkaufen Schwarzafrikaner auf Decken Raubkopien von CDs oder DVDs, die Latinos bieten Textilien aus ihren Ländern an. Taucht eine Polizeistreife auf, wird alles in rasantem Tempo zusammengeräumt, wenn die Luft wieder rein ist, geht das Katz-und-Maus-Spiel von vorne los.

Um ins vermeintlich gelobte Land zu kommen, riskieren viele Afrikaner in armseligen Booten ihr Leben; vor den Küsten Südspaniens und der Kanaren spielen sich täglich menschliche Dramen ab. Bisher hielten sich rassistische Übergriffe in Spanien noch in Grenzen, aber es herrscht in großen Bevölkerungsteilen ein ›unwohles‹ Gefühl, vor allem im Hinblick auf muslimische Immigranten.

Glaube und Aberglaube

Spanien galt lange Zeit als das Bollwerk der katholischen Kirche. Besonders eng waren die Bande zwischen Staat und Kirche während des Franco-Regimes. Der Diktator legitimierte den Aufstand gegen die Republik, indem er ihn als Kreuzzug für den Katholizismus und gegen den gottlosen Kommunismus deklarierte. Er legte sich sogar den Titel *caudillo por la gracia de dios* (Führer durch Gottes Gnaden) zu. Die katholische Religion erhob er zur Staatsreligion, sie war einer der wichtigsten Eckpfeiler seiner Macht. Bis heute stellt diese enge Liaison mit der Diktatur für die katholische Kirche nach Ansicht liberaler Historiker eine schwere Hypothek dar.

Die Verfassung von 1978 garantierte die Religionsfreiheit und verankerte das Prinzip der Trennung von Staat und Kirche. Finanziert wird die katholische Kirche vom spanischen Staat auf Grundlage eines Vertrages mit dem Heiligen Stuhl. Zudem können die Steuerpflichtigen wählen, ob sie 0,7 % ihres Steueraufkommens für die Kirche oder andere soziale Einrichtungen entrichten.

Heute gehören noch rund 90 % der Spanier per Taufe der katholischen Kirche an. Andere große Religionsgruppen sind kaum vorhanden, vor allem der Atheismus greift jedoch als Weltanschauung um sich. Muslime und Protestanten stellen nicht mehr als Splittergruppen dar. Von den Katholiken gehen heute nur noch 15 % regelmäßig in die Kirche. Dafür füllen sich die Kirchen bei Hochzeitsfeiern, Taufen und Kommunionen.

Viele Stadt- und Dorffeste sind verbunden mit religiösen Feierlichkeiten. Die Semana Santa ist bei Einheimischen und Touristen gleichermaßen beliebt. Prozessionszüge mit reich geschmückten *pasos,* tonnenschwere Tragegestelle, die das Leiden Christi und der Jungfrau Maria versinnbildlichen, werden stundenlang durch die Straßen getragen. Im Norden Spaniens weicht der Pathos des Südens einer getragenen Atmosphäre.

Doch all dies kann nicht darüber hinwegtäuschen, dass der Einfluss der Kirche auf die Gesellschaft und insbesondere auf die Jugend dahinschmilzt. Für heftige Debatten sorgte die fast unverhohlene Parteinahme der Amtskirche für die Konservative Partei (PP) im Zuge des Wahlkampfs für die Parlamentswahlen 2008. Der Grund dafür sind die Reformen, die der sozialdemokratische Ministerpräsident José Luis Zapatero seit seiner Amtsübernahme im Jahr 2004 in die Wege geleitet hat: Der Amtskirche sind die gesetzliche Gleichstellung homosexueller Paare sowie die Erleichterung von Scheidungsverfahren ein Dorn im Auge. Die Fronten sind verhärtet – für weiteren Zündstoff werden so heikle Themen wie Sterbehilfe, die Finanzierung der Kirche oder die Stellung des Religionsunterrichts sorgen.

Vor allem im äußersten Nordwesten Spaniens, in Galicien, besteht ein interessantes Nebeneinander von kirchlicher Tradition und uralten, heidnischen Ritualen. Ein gutes Beispiel dafür sind die für Galicien so typischen Maisspeicher: Sie werden bekrönt von einem christlichen Kreuz und einer pyramidenförmigen *fica*, einem keltischen Fruchtbarkeitssymbol. So sichert man sich nach allen Seiten ab. Vor der Kirche Nosa Se ora de la Barca in Muxia verfügt ein Steinkoloss angeblich über Heilkräfte. Förderlich für die Fruchtbarkeit soll für Frauen das Bad in den Wellen des Atlantiks an der Praia de la Lan-

Stiftskirche in Santillana del Mar: einst eins der mächtigsten Klöster Nordspaniens

zada sein. Immer noch viele Galicier vertrauen auf den Rat der modernen *meigas* (Hexen). Überall werden Amulette angeboten, die für die Abwehr des bösen Blicks sorgen sollen. An diesen übersinnlichen Kräften zweifeln zwar viele moderne Galicier, aber ganz ausschließen lässt es sich schließlich auch nicht …

Sprache und Sprachenpolitik

Spanien ist ein Land mit vielen Sprachen und Dialekten. Die Landessprache ist das Spanische bzw. Kastilische (*español, castellano*), das von den allermeisten Spaniern beherrscht wird. Daneben existieren als regionale, offiziell anerkannte Amtssprachen Baskisch (*euskera*), das im Baskenland sowie in Navarra gesprochen wird, Galicisch (*galego*) in Galicien und Katalanisch (*catalán*) in Katalonien. Die Weltsprache Spanisch entwickelte sich, ebenso wie das Katalanische und das Galicische, aus dem gesprochenen Latein, dem sogenannten Vulgärlatein. Von rund 350 Mio. Menschen wird Spanisch in mehr als 20 Ländern als Muttersprache gesprochen, damit ist es – nach Mandarin-Chinesisch, Hindi und Englisch – die am vierthäufigsten gesprochene Sprache der Welt. In der spanischen Sprache existieren zahlreiche Arabismen, sie sind ein Erbe der Präsenz der Mauren auf der Iberischen Halbinsel.

Die regionalen Sprachen

Viele Rätsel gibt den Wissenschaftlern die **baskische Sprache** auf – ebenso wie die Herkunft des baskischen Volkes. Einigkeit besteht darüber, dass es sich um eine nicht-indogermanische Sprache handelt. Die meisten Sprachforscher tendieren zu der Meinung, dass die Sprache mit keiner anderen Sprache verwandt ist, es sich also um eine isolierte Sprache handelt. Jedoch sind nach wie vor viele Theorien im Umlauf, die das Baskische mit anderen Sprachen, wie beispielsweise dem Kaukasischen, in Verbindung bringen. Baskisch wird heute in Spanien von 580 000 und im französischen Baskenland von 80 000 Menschen gesprochen. Es teilt sich auf in sieben Hauptdialekte, die sich nochmals in 27 Subdialekte unterteilen lassen. Um die Verständigung zu erleichtern, wurde 1968 eine einheitliche Sprache und Schrift entwickelt, das *Euskara Batua* (geeintes Baskisch).

Die **galicische Sprache** weist eine sehr enge Verwandtschaft mit dem Portugiesischen auf und wird von 3,5 Mio. Galiciern gesprochen. Die ältesten schriftlichen Zeugnisse des Galicischen gehen auf das 12. Jh. zurück. Im 19. Jh. sorgte die Dichterin Rosalía de Castro (1837–1885), die ›Stimme Galiciens‹, mit ihrer Poesie für eine Wiedergeburt der galicischen Sprache.

Das **Katalanische** weist enge Verwandtschaft mit dem Okzitanischen auf, das in Südfrankreich noch gesprochen wird. Insgesamt beherrschen 6 Mio. Katalanen diese Sprache.

Noch nicht den Status einer Amtssprache hat das **Asturische** (*asturianu*), das auch als Bable bezeichnet wird. Lange Zeit wurde dieses Idiom als Dialekt der spanischen Sprache angesehen. Sprachforscher konnten jedoch nachweisen, dass sich das Asturische direkt aus dem Vulgärlatein entwickelte. Aus diesem Grund fordern heute die Anhänger des asturischen Regionalismus auch die Anerkennung des Asturischen als eigenständige Sprache.

Sprache als Politikum

Die Regionalsprachen waren und sind in Spanien ein Politikum! Der Diktator Franco, selbst ein gebürtiger Galicier, verbot ihren Gebrauch. Damals hieß es: »Sprich christlich«, was soviel hieß wie »Sprich *castellano*«. Die Politik Francos war zentralistisch ausgerichtet, regionale Nationalismen wollte er ausmerzen, das Sprachenverbot diente so als Mittel zum Zweck. Nach dem Ende der Diktatur wurde die Sprachenpolitik in der Verfassung von 1978 und in den Autonomiestatuten neu geregelt. Die Sprache spielt nach wie vor eine zentrale Rolle für die Identität in den Regionen, wird aber sehr oft auch benutzt, um sich vom spanischen Nationalstaat abzugrenzen. In den Schulen werden heute Spanisch und die jeweilige Amtssprache mehr oder weniger gleichberechtigt angeboten. Im Baskenland können die Kinder die Sprache wählen, die meisten optieren dafür, beide Sprachen zu lernen. Aus Galicien sind Klagen zu hören, dass das *Galego* nicht an allen Schulen gelehrt wird. In Katalonien hingegen wird das Spanische immer mehr in die Ecke gedrängt.

Lehrer und andere Beamte müssen nachweisen, dass sie über Kenntnisse in den jeweiligen Regionalsprachen verfügen. In den betroffenen Regionen werden kostenlose Sprachkurse angeboten. Fernseh- und Radiostationen senden in den Regionalsprachen, und zahlreiche Presseerzeugnisse und Bücher erscheinen darin.

Feiertage und Feste

Die Spanier verstehen sich aufs Feste feiern. So ist auch der Festkalender in Nordspanien randvoll und kaum noch zu überblicken. Etliche der Fiestas blicken auf eine jahrhundertealte Tradition zurück. Meist entspringen sie einem religiösen Anlass, was jedoch fröhliches Feiern und allerlei weltliches Treiben keineswegs ausschließt. Natürlich gibt es auch eine ganze Reihe Feste, die rein profaner Natur sind. In ihnen manifestiert sich der Stolz auf die eigene Stadt oder das eigene Dorf, den eigenen Heiligen und die eigene Madonna. Die Feste bieten eine gute Gelegenheit, die ›Seele‹ der Nordspanier besser kennenzulernen.

Romerías

Besonderer Beliebtheit erfreuen sich in Nordspanien die *romerías*, volkstümliche Wallfahrten, die zu abseits gelegenen Kapellen oder Einsiedeleien führen. Häufig liegen die Wallfahrtsorte, die *santuarios*, idyllisch in den Bergen oder thronen auf einer vom Atlantik umspülten Landzunge. Fast ausnahmslos sind die Wallfahrtsorte einer bestimmten Madonna gewidmet, die sich durch ihre Gnadenerweise hoher Beliebtheit erfreut.

Von ihren Dörfern brechen die traditionsbewussten Pilger zu Fuß auf, einige kommen aber auch ganz profan im Pkw oder im Reisebus. Im Zentrum der *romería* stehen die Pilgermesse und die sich anschließende Prozession. Danach sorgen opulente Picknicks für das leibliche Wohl. Nicht selten wird auch richtig aufgekocht, in Galicien gibt es zu diesen Anlässen häufig einen gehaltvollen Fischeintopf oder *pulpo a feria*, Krake auf Jahrmarktsart. Tanz- und Musikgruppen sorgen für den festlichen Rahmen. Zu den schönsten *romerías* zählen im Baskenland die Wallfahrten zur Ermita de San Juan de Gaztelugatxe am 24. Juni und zur Jungfrau von Aranzazu vom 1. bis 9. September und in Galicien die *romería* zur Ermita de Santa Tecla am zweiten Augustwochenende, bei der Trachtengruppe traditionelle Tänze aufführen.

Semana Santa

Die imposanten Prozessionen in der Karwoche werden von religiösen Bruderschaften, den *hermandades,* organisiert. Auf tonnenschweren, mit Blumen und Kerzen geschmückten Tragegestellen, den *pasos*, werden der gekreuzigte Christus und die leidende Jungfrau María stundenlang durch die Straßen getragen. Den Zug begleiten die *nazarenos*, Mitglieder der Bruderschaften, die zum Zeichen ihrer Buße ein Gewand mit langen, spitzen Kapuzen tragen und ihre Gesichter verhüllen. Feierliche, getragene Musik untermalt die Prozessionen.

Unter die Haut gehen besonders die gespenstisch stillen Karfreitagsprozessionen, zu denen die meisten Büßer als Zeichen der Trauer pechschwarze Gewänder tragen. Im Norden prägen feierlicher Ernst und eine nach innen gekehrte Inbrunst und Buße die Prozessionen, den überschäumenden religiösen Pathos des Südens trifft man hier nicht an. Besonders eindrucksvoll sind die Prozessionen in Burgos und León.

Patronatsfeste

Alle Dörfer und Städte in Nordspanien feiern Patronatsfeste, die *fiestas patronales*. Anlass ist der Gedenktag des Heiligen, dessen Namen die Kirche trägt. Meist ziehen sich die Patronatsfeste über mehrere Tage hin und bilden die Hauptfeste des Jahres. Auf das festliche Hochamt in der Kirche folgt oft eine Prozession, in der die Statue des Patrons der Menge präsentiert wird. Danach schließt sich das Volksfest an. Vielfach gehören zum Rahmen der Fiestas Stierkämpfe (*corridas de toros*), Umzüge mit Großkopfpuppen (*cabezudos*), unter denen sich fast immer Bildnisse der Katholischen Könige Isabella von Kastilien und Ferdinand von Aragón befinden, Böllerschüsse, Musik- und Tanzdarbietungen, sportliche Wettkämpfe und Jahrmärkte.

Archaisches aus dem Baskenland

Bei vielen Festen im Baskenland spielt der sogenannte Landsport, *herri kirolak* (span. *deporte rural*), einen gewichtige Rolle. Stämmige Muskelpakete heben bis zu 300 kg schwere Steinbrocken in die Luft, und Baumstämme werden im aberwitzigen Tempo zu Kleinholz zerhackt. Kraft und Geschicklichkeit ist auch beim Milchkannenwettlauf gefragt. Zu den insgesamt 16 archaischen Dis-

Feiertage

Gesetzliche Feiertage

1. Januar – Neujahr
6. Januar – Dreikönigstag
19. März – Josefstag
Karfreitag
1. Mai – Tag der Arbeit
15. August – Mariä Himmelfahrt
12. Oktober – Tag der Entdeckung Amerikas
1. November – Allerheiligen
6. Dezember – Verfassungstag, spanischer Nationalfeiertag
8. Dezember – Mariä Empfängnis
25. Dezember – Weihnachten

Regionale Feiertage

Gründonnerstag
Ostermontag
Fronleichnam
24. Juni – Johannistag
29. Juni – Peter und Paul
25. Juli – Jakobstag

ziplinen gehören außerdem: Wettsensen, Strohballenwerfen, Ochsenlenken und Seilziehen. Am Rande fiebern die Zuschauer mit ihren Favoriten mit, für zusätzlichen Nervenkitzel sorgen die geleisteten Wetteinsätze.

Die Ruderregatten, die in den Sommermonaten an der Küste stattfinden, haben mit dem Landsport gemein, dass sie aus dem Arbeitsleben, d. h. aus der Fischerei, hervorgegangen sind. Auf dem Land sind auch die Wettkämpfe der Schafsböcke populär. Bei vielen Patronatsfesten oder *romerías,* wie dem Festtag der Jungfrau der Ermita de la Antigua (2. Juli) bei Zumarraga, werden die traditionsreichen Tänze *espatadantza* (Schwertertanz) und *aurresku* (Königstanz) vorgeführt. Letzterer wird von *irrinchis*, gellenden Schreien, begleitet, bei denen sich die Tänzer bis zur Ekstase steigern.

Galiciens bunter Festreigen

Bei den Festen der Galicier mischen sich Glaube und Aberglaube munter miteinander. Im Fischerstädtchen Muxía pilgern die Wallfahrer Mitte September zur Kirche Nosa Señora de la Barca. Viele Pilger vertrauen dabei nicht nur auf die Gnade der Jungfrau, sondern messen auch einem Steinkoloss vor der Kirche magische Kräfte zu. Allerlei kuriose Geschichten verbinden sich mit der Kirche San Andrés de Teixido in der Serra da Capelada. So heißt es z. B. wer nicht zu Lebzeiten San Andrés seine Ehre erwiesen habe, werde sich als Toter in ein Tier verwandeln, um so unter erschwerten Bedingungen die Wallfahrt anzutreten.

Von Mai bis Juni finden in Galicien die *curros*, das Eintreiben und die Brandmarkung der Wildpferde, statt – ein Event ohne religiösen Hintergrund, bei dem natürlich auch das Volksfest nicht fehlt. Am 1. Sonntag im August wird die Ortschaft Catoira zur Wikinger-Hochburg: Das ausgelassene, feuchtfröhliche Fest fußt auf einer historischen Begebenheit. Um den 25. Juli, dem Tag des Apostels Santiago, läuft Santiago de Compostela mit einem großen Festprogramm zu Höchstform auf.

Sieben kleine Trommler in Fiesta-Laune

Auf den Festen der Galicier dürfen auf keinen Fall die Dudelsackspieler fehlen, häufig stimmen sie die fröhliche *muñeira,* den Tanz der Müllerin im 6/8-Takt an. Außerdem wartet die Region mit vielen Weinfesten wie in Ribadavia oder Cambados auf. So gut wie jeder kulinarischen Spezialität huldigen die Galicier mit einem Fest, die Palette reicht vom Tintenfisch über die Languste bis hin zur Paprikaschote.

Feuchtfröhliche Rioja

Die kleinste Region, La Rioja, steht beim Feste feiern nicht zurück. Das spektakulärste Fest ist zweifellos die ausgelassene Batalla del Vino (Schlacht des Weins) am 29. Juni bei Haro, bei der die Kontrahenten sich gegenseitig bespritzen und mit gut 20 000 Litern Wein überschütten. Im September nach der Weinlese reiht sich ein Fest an das nächste; das größte Weinfest, die Fiestas de San Mateo, steigt in Logroño am 21. September. In Santo Domingo de la Calzada wird am 12. Mai der gleichnamige Heilige, der den Jakobspilgern durch die Ausbesserung der Wege und dem Bau von Brücken das Leben erleichterte, mit einem großen Fest die Ehre erwiesen. Das Dörfchen Anguiano in der Rioja Alta ist berühmt für seine waghalsigen Stelzenläufer, die *zancos.* Sie geben jedes Jahr am 22. Juli der Schutzpatronin Magdalena auf ihrer Prozession das Geleit.

Stiertreiben in Navarra

Vom 6. bis 14. Juli herrscht in Pamplona der Ausnahmezustand, dann ehrt die Fiesta de Sanfermines den Stadtpatron San Fermin mit einer Prozession. Im Mittelpunkt der feuchtfröhlichen Fiesta stehen jedoch die *encierros,* das waghalsige Stiertreiben, bei dem die Läufer Kopf und Kragen riskieren. Am Nachmittag schlägt die Stunde der professionellen Toreros in der Arena.

Ein großes Rahmenprogramm sorgt während der Fiesta für Kurzweil. Im März findet die Javierada, die bekannteste Wallfahrt von Navarra statt. Tausende Pilger strömen von Pamplona und anderen Orten zum Castillo de Javier, in dem der heilige Franz Xaver, der Mitbegründer des Jesuitenordens, 1506 das Licht der Welt erblickte.

Tanz und Musik in Asturien und Kantabrien

In der zweiten Septemberhälfte versinkt Oviedo, die Hauptstadt von Asturien, im Festtaumel. Das Highlight der 15-tägigen Fiesta de San Mateo ist der große Umzug am *Diá de América* mit heißen lateinamerikanischen Rhythmen zu Ehren der asturianischen Amerika-Emigranten. Festlich-royal geht es bei der Verleihung der Prinz-von-Asturien-Preise am 2. Oktober in Oviedo zu, wenn der Thronfolger Felipe de Asturias seine prestigeträchtigen Auszeichnungen überreicht.

Das Nationalgetränk, die *sidra,* fließt Anfang September bei der *Fiesta de la Sidra* in Nava in Strömen und Ende August beim *Festival de la Sidra Natural* in Gijón.

Ganz im Zeichen der Kanuten steht Ribadesella im August, das Rennen auf dem Río Sella zieht die Aufmerksamkeit der Medien auf sich. In Santander, der Metropole von Kantabrien, steigt im August das *Festival Internacional de Música y Danza,* ein hochkarätiges internationales Musik- und Tanzfestival. Der Coso Blanco, ein farbenprächtiger Umzug mit zahlreichen Musikkapellen, zieht Anfang Juli in Castro Urdiales zahlreiche Feierfreudige an. Den Abschluss der Fiesta bildet ein spektakuläres Feuerwerk. Eine große Prozession zu Ehren der Patronin La Folia von San Vicente de la Barquera, bei der die Fischer und Seeleute ihrer Schutzpatronin mit Lobliedern huldigen, findet auf dem Meer und zu Lande statt. Am ersten Wochenende im Juni erinnert das Mittelalterfest Justas Medievales in Hospital de Óbrigo an die legendären Heldentaten des Ritters Don Suero de Quiñónes.

Karwoche in Kastilien-León

Mit großer Feierlichkeit und viel Hingabe wird in Kastilien-León die Karwoche gefeiert. Ganz Covarrubias, ein Städtchen südlich von Burgos, feiert am zweiten Juliwochenende ein farbenprächtiges Mittelalterfest, auf dem Theateraufführungen die Historie des Ortes auferstehen lassen.

Architektur, Kunst und Kultur

Vor allem architektonisch gibt es für die Besucher Nordspaniens viel zu entdecken. Entlang des Jakobswegs finden sich zahlreiche romanische Kirchen und Klöster, aber auch himmlische gotische Kathedralen wie in León oder Burgos. In den letzten Jahren setzte der Norden auch in Bezug auf die moderne Architektur Akzente, die Nase vorn hatte Bilbao mit der Eröffnung des Guggenheim-Museums.

Architektur

Wo man auch hinkommt in Nordspanien, überall trifft man auf Zeugnisse der reichhaltigen bauwerklichen Geschichte der Region.

Die Dörfer der Kelten

Über die Pyrenäen gelangten die Kelten ab 900 v. Chr. auf die Iberische Halbinsel. Sie besiedelten vor allem den Norden und den Westen des Landes. Ihre wehrhaften Dörfer, die von Mauern und Palisaden geschützten *castros*, errichteten sie meist auf Anhöhen, um das umliegende Land zu kontrollieren. Zu den eindrucksvollsten Hinterlassenschaften der Kelten gehört das *castro* auf dem Monte de Santa Tecla hoch über der Mündung des Río Miño. Das Dorf bestand aus einem Labyrinth von mit Stroh bedeckten Hütten, die einen runden oder ovalen Grundriss hatten.

Das römische Erbe

Im Norden Spaniens hatten die Römer kein leichtes Spiel, denn hier wehrten sich Basken, Asturier und Kantabrer mit dem Mut der Verzweiflung gegen die neuen Herren im Land. Zu den Relikten aus der Römerzeit gehören die imposanten, gut erhaltenen Stadtmauern von Lugo und Astorga. Auch das Wahrzeichen des einstigen römischen Handelshafens A Coruña, der Turm des Herkules, geht in seiner Grundstruktur auf die Römerzeit zurück.

Relikte der Westgoten

Die Westgoten orientierten sich bei dem Bau ihrer Kirchen an der römischen Baukunst und ließen sich beim Dekor von der byzantinischen Formensprache inspirieren. Interessanterweise verwendeten sie bereits Hufeisenbögen, bevor die Mauren auf der Iberischen Halbinsel Einzug hielten. Nur wenige Bauten aus der Westgotenzeit haben den Lauf der Zeit überdauert. Südlich von Burgos bettet sich das westgotische Kirchlein Santa María de Lara aus dem 7. Jh. einsam in die Berglandschaft. Akkurat gearbeitete Reliefbänder mit stilisierten Pflanzen- und Tiermotiven schmücken den Kirchenbau. Ein floraler Fries ziert auch das ebenfalls im 7. Jh. erbaute Kirchlein Santa Comba de Bande bei Orense.

Kleinode der Präromanik

Die Kirchen aus der Zeit der Präromanik (9./10. Jh.) konzentrieren sich um Oviedo, die Hauptstadt von Asturien. Sie stehen allesamt als Welterbe unter dem Schutz der Unesco. Die Kirchenbauten zeichnen elegante Proportionen aus, die nach dem Schema einer dreischiffigen Basilika aufgebaut sind und rechteckige Apsiden aufweisen. Originell gestaltete Steingitterfenster lassen das Licht in die Kirchenräume eindringen. Das Innere war ursprünglich farbig ausgestaltet, als Dekor taucht immer wieder das typische Kordelmotiv auf. Reliefs zeigen figürliche Motive wie in der einstigen Palastkirche San Miguel de

Lillo auf dem Monte Naranco. Unterhalb davon liegt die ebenfalls bemerkenswerte Kirche Santa María del Naranco.

Einflüsse islamischer Baukunst

Der Norden Spaniens fiel im Zuge der Rückeroberung recht rasch wieder unter christliche Vorherrschaft, weshalb sich die maurische Kultur nicht etablieren konnte. Dennoch finden sich in der Architektur und in der Kunst Einflüsse islamischer Formensprache wieder. Sie wurden importiert von den Mozarabern, Christen die unter muslimischer Herrschaft im Süden gelebt hatten. Sie entwickelten den mozarabischen Stil, der Elemente der islamischen mit der westgotischen und frühromanischen Kunst verband. Typische Merkmale dieser Architektur sind Apsiden, die den Gebetsnischen der Moscheen ähneln, sowie Hufeisenbögen. Als Paradebeispiele der mozarabischen Kunst gelten die Kirche San Miguel de Escalada in der Provinz León, das Kloster San Millán de Suso in der Rioja und die Kirche Santiago de Peñalba in der Nähe von Ponferrada.

Auch die Mudéjardes, Muslime, die in den von den Christen zurückeroberten Gebieten verblieben und geduldet wurden, hinterließen in der Kunst ihre Spuren. Der Mudejaréstil kombiniert die islamische Kunst mit der christlichen Kunst des 12.–14. Jh. von der Spätromanik bis zur Spätgotik. Die Christen schätzten die Baukunst der Mudéjardes und gaben bei ihnen Kirchen- und Klosterbauten in Auftrag. Typisch sind Ziegelsteine als Baumaterial, die glasierten *azulejos* (Kacheln), die holzgeschnitzten, kassettierten Artesonadodecken sowie *yeserías,* Zierwerk aus Stuck. Die Backstein-Kirchen San Tirso und San Lorenzo im Städtchen Sahagún am Jakobsweg sind herrliche Beispiel für die Mudejaré-Baukunst.

Die Welt der Romanik

Die Romanik fand in vielen Teilen Spaniens aufgrund der maurischen Besatzung nicht statt. Anders im schon früh zurückeroberten Norden: Der Jakobsweg ist das Schatzkästlein romanischer Kunst in Spanien schlechthin. Romanische Kirchen, Klöster und Kathedralen reihen sich hier wie an einer Perlenschnur aneinander.

Typisch für die romanische Baukunst sind Rundbögen, kompaktes Mauerwerk sowie kleine Fenster mit Alabasterscheiben. Die Sakralbauten wurden in der Regel über dem Grundriss des lateinischen Kreuzes errichtet und mit Kreuzgrat-, Kreuzrippen- oder Tonnengewölben überdacht.

Besucher romanischer Kirchen zieht vor allem die fantasievolle Bauplastik in den Bann. Die Kirche San Martín in Frómista schmücken 315 kunstvoll gestaltete Sparrenköpfe, darunter furchterregende Fratzen, Tierköpfe, Gaukler und Phallusmänner. Im Kreuzgang von Santo Domingo de Silos finden sich wunderbare romanische Reliefs, die an Elfenbeinschnitzereien erinnern.

Die Krypta der Stiftskirche San Isidoro in León gilt als die Sixtinische Kapelle der Romanik, sie glänzt durch ihre fantastisch erhaltenen Fresken. Ein absolutes Highlight der Romanik stellt näturlich die Kathedrale von Santiago de Compostela dar, deren frühromanisches Kirchenschiff und expressiver Figurenschmuck des Pórtico de la Gloria erhalten geblieben sind.

Von der Gotik zur Renaissance

Die Gotik (13.–15. Jh.) war das große Zeitalter der Kathedralen, ihr Höhendrang kann als Verkörperung des Strebens zu Gott verstanden werden. Zahlreiche technische Neuerungen wie das Kreuzrippengewölbe, der Spitzbogen sowie Strebepfeiler und Strebebögen ermöglichten die Ausrichtung gen Himmel.

Zu den Glanzleistungen der spanischen Gotik zählen die Kathedralen von Burgos und León. Erstere besticht durch ihre filigrane Bauweise, während das Gotteshaus von León dank der prachtvollen, gotischen Buntglasfenster von einem Meer von Licht und Farben durchzogen wird.

Die Isabellinische Gotik, die nach der Königin Isabella von Kastilien benannt wurde, zeichnet sich durch überbordendes Dekor aus und ist vergleichbar mit der Flamboyant-Gotik. Eines der schönsten Beispiele für diesen Stil findet sich in der Klosterkirche Cartuja de Miraflores bei Burgos.

Eine Spielvariante der Renaissance ist in Spanien der platereske Stil, der sich durch seine Freude am Dekor auszeichnet. Der Name leitet sich von der Silberschmiedekunst (*platero* = Silberschmied) ab. Die Fassade des ehemaligen Klosters San Marcos in León ist ein Paradebeispiel für die Dekorfülle des plateresken Stils.

Moderne Architektur

Der Bau des Guggenheim-Museum in Bilbao, das der Stararchitekt Frank O. Gehry konzipierte, sorgte weltweit für Furore. Das fantasievolle Gebilde aus Titan, Stein und Glas verwandelte die wirtschaftlich angeschlagene Industriestadt mit einem Mal in ein Mekka für Architektur- und Kunstliebhaber. Seitdem setzt Bilbao auf die moderne Architektur, die Stadt befindet sich in stetem Wandel, internationale Stararchitekten wie Zaha Hadid, Arata Isozaki, Rafael Moneo, Norman Foster und Santiago Calatrava wurden von der Stadt und privaten Auftraggebern unter Vertrag genommen.

Ein weiterer Museumsneubau, die Casa Domus, sorgte in A Coruña für Aufsehen. Das Museum, das sich mit der menschlichen Existenz beschäftigt, ist ein Werk des japanischen Architekten Arata Isozaki. Wie ein aufgeblähtes Segel thront der mit Schieferplatten verkleidete Bau auf einer Anhöhe.

Der renommierte spanische Architekt Rafael Moneo setzte beim Bau vom Kongress- und Kulturpalast in San Sebastián auf klare Formen, die einen interessanten Kontrapunkt zur umliegenden Architektur aus der Gründerzeit bilden. Die ›gestrandeten‹ Glaskuben geben die Kulisse für das berühmte Filmfestival der Stadt ab.

Zahlreiche Bodega-Besitzer nutzen mittlerweile die moderne Architektur als Marketing-Zugpferd. Frank O. Gehry kreierte im Auftrag der Kellerei Marqués de Riscal in Elciego die Stadt des Weins, zu der ein spektakulärer Hotelbau mit bizarrer Dachlandschaft gehört. Der spanische Stararchitekt Santiago Calatrava schuf die hypermoderne neue Weinkellerei der Bodega Ysios in Laguardia. Das wellenförmig geschwungene Dach ist eine Referenz an das Kantabrische Gebirge, das sich im Hintergrund erhebt.

Malerei und Bildhauerei

Die ersten Kunstzeugnisse Nordspaniens stammen aus der Zeit des Magdalénien (15 000–9000 v. Chr.). In den Karsthöhlen von Kantabrien, Asturien und dem Baskenland wurden farbige Wand- und Deckenmalereien entdeckt, die zu den ältesten bekannten künstlerischen Schöpfungen der Menschheitsgeschichte gehören. Doch der Norden Spaniens hat auch moderne Kunst hervorgebracht.

Pablo Picasso lebte mit seiner Familie einige Jahre in A Coruña. Sein wohl berühmtestes Gemälde *Guernica* legt Zeugnis ab von der Bombardierung der baskischen Stadt 1937 durch das NS-Luftwaffengeschwader Legion Condor. Es ist in Madrid ausgestellt; Versuche, das Gemälde im Baskenland zu präsentieren, wurden bisher mit dem Hinweis auf konservatorische Gründe abgelehnt.

Unter den Künstlern des Nordens sticht der facettenreiche baskische Maler Ignacio Zuloaga y Zabaleta (1870–1945) hervor. Er gehörte der 1898er-Generation an, die versuchte das Land nach dem schmerzhaften Verlust der letzten spanischen Kolonien neu zu positionieren. Häufig hielt er im Stil des dramatischen Realismus auf seinen Gemälden Menschen aus dem Volk fest. Etliche seiner Werke sind im Museo de Bellas Artes in Bilbao zu sehen. In Zumaia befindet sich im ehemaligen Wohnhaus des Künstlers das Museo Ignacio Zuloaga, das einen Überblick über sein Werk gibt.

Der baskische Bildhauer Eduardo Chillida (1924–2002) machte sich durch seine monumentalen Eisenskulpturen international einen Namen. Unter seiner Regie entstand in Hernani ganz in der Nähe von San Sebastían das Museo Chillida-Leku. Auf dem 12 ha großen Grundstück platzierte er seine gewaltigen Kunstwerke unter freiem Himmel. Seiner Heimatstadt San Sebastián vermachte Chillida ein faszinierendes Schauspiel: Die in den Felsen am Ende der Concha-Bucht eingelassene Skulptur »Peine del Viento« (Windkamm) erzeugt mit der Gischt der Brandung eine poetische Klangkulisse.

Der ebenfalls im Baskenland geborene Bildhauer Jorge Oteiza (1908–2003) gilt als einer der Pioniere der abstrakten Kunst in Spanien. Seine kantigen Skulpturen in der Wallfahrtskirche Nuestra Señora de Aránzazu im Baskenland sorgten für Kontroversen. Eisenskulpturen des Künstlers finden sich u. a. in Gijón und San Sebastían. In Navarra widmet sich in der kleinen Ortschaft Alzuza das Museo Oteiza dem Schaffen des Künstlers.

Der engagierte baskische Bildhauer Agustín Ibarrola (geb. 1930) setzt sich öffentlich für ein Ende des Terrors der ETA ein. Im Tal von Oma in der Nähe von Gernika kreierte er einen Ort voller Magie: Er bemalte 500 Bäume mit rätselhaften Zeichen und Symbolen, die aus bestimmten Blickwinkeln ein Zusammenspiel ergeben. In der Hafenstadt Llanes in Asturien türmen sich an einer Mole die »Cubos de la Memoria«, farbenfroh bemalte Wellenbrecher.

Musik

Der Jakobsweg brachte zahlreiche Pilgerlieder hervor, mit denen sich die Pilger die Zeit auf ihrem langen Weg nach Santiago de Compostela vertrieben. Bis heute singen noch viele Pilger beim Einzug in Santiago das »Ultreya«, ein mittelalterliches Pilgerlied aus dem 12. Jh. Das wohl bekannteste Jakobslied ist das in vielen Ländern gesungene Lied über den Bruder Jakob. Mittlerweile gibt es eine recht gute Auswahl an CDs, auf denen die mittelalterlichen Jakobsgesänge zusammengestellt wurden.

Völlig überraschend stürmten die Benediktinermönche von Santo Domingo mit ihren gregorianischen Gesängen vor einigen Jahren die Charts. Für die Popularität der uralten religiösen Gesänge unter Jugendlichen sorgten erstaunlicherweise einige Diskotheken, die in den frühen Morgenstunden die Schließung mit den Mönchsgesängen ankündigten. Der Funke sprang über, es entstand ein regelrechter Hype um die gregorianischen Choräle. Mittlerweile hat sich der Rummel wieder etwas gelegt, worüber die Mönche nicht allzu traurig sind. Ein Tipp für Fans religiöser Musik des Mittelalters sind auch die mozarabischen Gesänge, die zur Liturgie der damals unter islamischer Vorherrschaft lebenden Christen gehörten.

Angesagt in Nordspanien ist die Folkloremusik. Dazu gehört vor allem in Galicien, Asturien und Kantabrien die *gaita,* der Dudelsack. In ganz Nordspanien erfreut sich die keltische Musik, in deren Mittelpunkt die *gaita* steht, großer Beliebtheit. Zu den erfolgreichsten Bands gehört die galicische Gruppe Milladoiro. Zu den Musikern, die zwar fest in der traditionellen galicischen Musik verwurzelt sind, aber auch neue Wege suchen, gehören Berrogüetto, Carlos Núñez und Susana Seivane.

Bekannt für seine Experimentierfreude ist vor allem der Dudelsackspieler und Flötist José Ángel Hevia aus Asturien. Seine Musik ist geprägt durch keltische und orientalische Rhythmen und afrikanische Gesänge. Mit seinem Titel »Busindre reel« konnte er sich 1999 sogar in den Popcharts platzieren und schaffte den internationalen Durchbruch.

Im Baskenland erlebte die Txalaparta, eine Art archaisches Xylofon, als Sinnbild der baskischen Identität eine regelrechte Renaissance. Zwei bis vier Spieler stehen sich gegenüber und halten in jeder Hand einen ca. 50 cm langen und 4 cm dicken Holzstab, mit denen sie den Rhythmus senkrecht auf die Hölzer übertragen. Ursprünglich diente die Txalaparta der Nachrichtenübermittlung in den Bergen, so wurde beispielsweise der Aufruf zum Kampf, die Bekanntgabe von Todesfällen oder die Einladung zum *Sidra*-Trinken durch unterschiedliche Rhythmen übermittelt. Die Zwillingsschwestern Maika und Sara Gómez gehören zu den besten Txalapartaris. Sie bereichern den ursprünglichen Rhythmus mit innovativen Variationen und Improvisationen.

Die rätselhaft bemalten Bäume des baskischen Bildhauers Agustín Ibarrola

Populär ist auch die Trikitixa, ein diatonisches Akkordeon, das im Baskenland häufig in Verbindung mit Gesang und Tamburin gespielt wird. Der Trikitixa-Musiker Kepa Junkera erhielt für sein Album »K« 2004 den Grammy Latino für das beste Folkalbum.

Zu den erfolgsreichsten Popbands in Spanien gehört die Gruppe La Oreja de Van Gogh, die 1996 in San Sebastián gegründet wurde.

Literatur

Die Regionen des Nordens haben zahlreiche bemerkenswerte Dichter hervorgebracht.

Aus der Rioja stammte der Dichter und Priester Gonzalo de Berceo (um 1195–1264), der sich vor allem der Marien- und Heiligendichtung widmete. Er gilt als der erste bekannte Dichter, der sein Werk in kastilischer Sprache abfasste.

Für Jakobswegreisende empfiehlt sich die hochinteressante Lektüre des mittelalterlichen Pilgerführers »Codex Calixtinus« (12. Jh.) von Aimeric Picaud, der in modernen Überarbeitungen erhältlich ist. Der Codex diente neben der religiösen Erbauung auch als praktischer Reiseführer für die Pilger.

Zu den bekanntesten galicischen Dichterinnen der Neuzeit zählen Rosalía de Castro (1837–1870) und Emilia Pardo Bazán (1885–1921). De Castro schrieb ihre melancholischen Gedichte in galicischer Sprache, sie kreisen um die Liebe, den Tod und harte Frauenschicksale. Die Feministin Emilia Pardo Bazán gilt als Wegbereiterin des Naturalismus in der spanischen Literatur.

Der Übergang vom 19. zum 20. Jh. markierte für Spanien einen Wendepunkt in der neueren Geschichte. Im Krieg gegen die USA verlor das Land 1898 seine letzten überseeischen Kolonien. Eine Gruppe von Philosophen und Literaten, die *generación del 98*,

beschäftigte sich mit diesem nationalen Trauma und stellte Überlegungen zur geistigen Erneuerung des Landes an. Sie propagierten eine Hinwendung zu Europa bei gleichzeitiger Rückbesinnung auf die Werte der eigenen Nation. Zu den wichtigsten Vertretern dieser Bewegung gehörten auch etliche Autoren wie Unamuno, Baroja, Azorín, Maetzu und Valle Inclán, deren Wurzeln in Nordspanien liegen.

In der Franco-Zeit schrieb der Galicier Camilo José Cela (1916–2002) seinen packenden Roman »La familie de Pascual Duarte« (dt. »Pascual Duartes Familie«, 1949), der ihm zum Durchbruch verhalf. Sein Werk kennzeichnet ein schonungsloser Realismus, immer wieder hatte er Probleme mit der Zensur des Franco-Regimes.

Der baskische Dichter und Romanautor Bernardo Atxaga (geb. 1951) gilt als einer der bedeutendsten zeitgenössischen Autoren des Baskenlandes. Sein 2003 erschienener Roman »El hijo des acordeonista« (dt. »Der Sohn des Akkordeonspielers«, 2006) ist bislang sein persönlichstes und politischstes Werk; es handelt von zwei Freunden, die in einem kleinen Dorf aufwachsen und als Studenten in den Bannkreis der ETA geraten.

Aus der Provinz León stammt der Autor Julio Llamazares (geb. 1955). In seinem 1988 erschienenen Roman »La lluvia amarilla« (dt. »Der gelbe Regen«, 1991) erzählt er die Geschichte des Greises Andrés, der als Letzter mit seiner Hündin in einem verlassenen Pyrenäendorf ausharrt und über den Tod, die Einsamkeit und das Vergessen sinniert.

Der Galicier Manuel Rivas (geb. 1957) erlangte internationalen Erfolg mit dem Roman »O lapis do carpinteiro« (dt. »Der Bleistift des Zimmermanns«, 2000), der von einer Liebe im Spanischen Bürgerkrieg erzählt.

Film

Die spanische Filmszene hat einiges zu bieten: Fast schon zu den Klassikern zählen die Filme von Saura, Buñuel und Trueba. Pedro Almodóvar, der aktuell wohl bekannteste spanische Filmregisseur, begann seine Karriere in der kulturellen Aufbruchbewegung der 80er-Jahre. Bereits Mitte der 1990er trat im spanischen Kino wieder eine neue Generation auf den Plan: Alejandro Amenábar, Julio Médem, Fernando León de Aranoa, Alex de la Iglesias, Isabel Coixet oder Icíar Bollaín gehören zur *neuva ola,* der neuen Welle.

Die Krise der spanischen Werftindustrie nahm der Regisseuer Fernando León de Aranoa zum Thema für seinen sozialkritischen Film »Los lunes la sol« (»Montags in der Sonne«) von 2002. Er handelt von einer Gruppe arbeitsloser Werftarbeiter aus Vigo und ihrer Probleme. Der Regisseur Montxo Armendáriz aus Navarra widmet sich vor allem Themen, die in seiner Heimat angesiedelt sind. 2005 verfilmte er den Erfolgsroman von Bernardo Atxagas *Obabkoak.* Der Film handelt von der Studentin Lourdes, die das abgelegene Bergdorf Obaba besucht und allerlei Seltsames erlebt.

Essen und Trinken

Nordspanien gilt zu Recht als ein Eldorado für Liebhaber der Gourmetküche. Jedoch auch die bodenständige, ländliche Küche braucht sich nicht zu verstecken, ganz zu schweigen von den leckeren *pintxos,* köstliche kleine Schlemmereien, die sich appetitanregend auf den Theken der Bars türmen.

Essensrhythmus

Die Uhren ticken in Spanien anders, das spiegelt sich natürlich auch im Essensrhythmus wieder. Morgens wird meist nur ein rasches Frühstück eingenommen. In den Hotels öffnet der Frühstückssaal in der Regel erst ab 7.30 oder 8 Uhr seine Pforten. Das Mittagessen kommt in Spanien gegen 14 Uhr auf den Tisch, zum Abendessen geht es um 21 oder 22 Uhr. Allerdings haben sich die Hotels in den größeren Städten und Urlaubsorten auf ihre ausländischen Gäste eingestellt und servieren das Abendessen häufig schon ab 20 oder 20.30 Uhr. Eisern halten am spanischen Rhythmus noch die Paradores, die staatlichen geführten Luxushotels, fest – vor 21 Uhr bleibt der Speisesaal geschlossen.

Frühstück

Auf das Frühstück *(desayuno)* legen die meisten Spanier nicht allzu viel Wert. Meist reicht ein *café solo* (Espresso), ein *cortado* (Espresso mit Milch) oder ein *café con leche* (Milchkaffee) aus. Liebend gerne nehmen Spanier ihren Kaffee in einer Bar zu sich. Dazu bestellen sie eine *tostada con mantequilla* oder *con mermelada* (getoastetes Brötchen mit Butter oder Marmelade) oder ein Croissant. Etwas Besonderes sind die *churros*, Teigkringel, die in heißem Fett ausgebacken werden. Gerne werden die fetten Kringel auch eingetunkt in eine extrem dickflüssige Schokolade – mächtig, aber lecker.

Die großen Hotels fahren meist ein reichhaltiges Frühstücksbuffet auf. In den einfacheren Hotels und Pensionen fällt das Frühstück aber häufig noch traditionell spanisch, also bescheiden, aus.

Pinchos, raciones und *bocadillos*

Vormittags, aber auch gerne abends, stärken sich die Spanier mit kleinen Appetithäppchen. Die nordspanische Version der Tapas heißt *pinchos* oder baskisch *pintxos* (Spießchen). Zumeist lädt man sich die aufgespießten Leckereien einfach auf einen Teller, der Wirt zählt bei der Abrechnung einfach die Spießchen. Die *pincho*-Kultur ist äußerst vielfältig: Sie reicht von Hackfleischbällchen, über eingelegte Sardellen, Garnelen, Kroketten, Blutwurst bis hin zu belegten Brötchen. Zu den Klassikern unter den *pinchos* zählt die *tortilla española* (Kartoffelomelett). Für den größeren Hunger gibt es in den Bars auch die *raciones,* beispielsweise ein Teller mit luftgetrocknetem Schinken, würzigem Manchego-Käse oder gefüllten Paprika. Häufig bestellen die Spanier verschiedene *raciones* und tauschen sie untereinander aus. Für den Hunger zwischendurch bieten viele Bars auch belegte Brötchen *(bocadillos)* an, mit Käse *(on queso)* oder Schinken *(con jamón)*.

Mittagessen

Ausgiebig wird in Spanien zu Mittag gegessen, besonders an den Wochenenden. Meist besteht das Essen aus drei Gängen, zum Hauptgang werden kaum Beilagen serviert. Unter der Woche essen viele berufstätige Spanier mittags in einfacheren Restaurants die günstigen Tagesgerichte *(menú del dia)*.

Abendessen

Auch das Abendessen *(cena)* besteht meist aus drei Gängen, wobei leichtere Hauptgänge vorgezogen werden. Um den Magen nicht zu arg zu strapazieren, wird auf Eintöpfe oder Paella verzichtet. Alternativ geht es auf *pincho*-Tour, in vielen Städten gibt es regelrechte *pincho*-Meilen, in den sich eine Bar an die nächste reiht. Man zieht von Bar zu Bar und trinkt zu den Häppchen ein Gläschen Wein *(copa de vino)* oder ein Bier *(cerveza)*.

Lokalitäten

In gehobenen Speiselokalen werden die Gäste vom Kellner an ihren Platz geführt, in einfacheren Restaurants kann man sich seinen Tisch selbst wählen. In Spanien ist es nicht üblich, sich an einen Tisch dazuzusetzen, dies gilt als ausgesprochen unhöflich. Die Kellner bringen immer eine Rechnung pro Tisch, es ist am einfachsten, wenn Sie es selbst übernehmen, die Rechnung auseinanderzudividieren. Die Spanier selbst machen sich nicht die Mühe, alles genau auszurechnen, sie teilen die Rechnung einfach durch die Personenzahl. Zu beachten ist auch, dass in vielen Restaurants die Mehrwertsteuer *(IVA)* von 7 % nicht im Preis enthalten ist und erst auf der Rechnung erscheint. Allerdings sind die Restaurants verpflichtet, auf ihren Speisekarten zu vermerken, ob die Mehrwertsteuer inklusive ist oder nicht *(IVA incluido, IVA no incluido)*.

Typisch für Asturien und das Baskenland sind die *sidrerías,* auch *chigres* genannt, in denen sich alles um den Apfelwein dreht. Sie bieten in der Regel Bodenständiges aus der Region an, mitunter auch leckere Gerichte auf der Basis von Apfelwein.

Asadores sind meist gepflegte Lokale, die mit Köstlichkeiten aus dem Holzofen wie Lamm *(cordero)* oder Spanferkel *(cochinillo)*aufwarten. *Marisquerías* lassen die Herzen der Liebhaber von Meeresfrüchten und Fisch höher schlagen. In einer *taberna* oder einem *mesón* darf man bodenständige Küche erwarten. Häufig werden hier auch preisgünstige Mittagsmenüs angeboten.

Höchster Beliebtheit erfreuen sich in Spanien die Bars, vergleichbar mit unseren Eckkneipen. Traditionell trinkt man hier sein Gläschen Wein oder Bier an der Theke im Stehen, dazu gibt es *pinchos, raciones* oder *bocadillos.* In den Bars kann man auch Kaffee trinken und frühstücken. Vielfach findet man auch eine Kombination zwischen Restaurant und Bar. Im Speisesaal *(comedor)* sind die Tische eingedeckt, hier wird vom Gast erwartet, dass er mindestens ein Hauptgericht bestellt. Die Tapas gibt es nur im Barbereich.

Köstlichkeiten

Das Niveau der Küche in Nordspanien ist ausgesprochen gut. Der Bogen spannt sich von solider Hausmannskost bis hin zur Gourmetküche. Viele der namhaften spanischen Spitzenköche schwingen hier ihre Kochlöffel. Im Baskenland verbringen die Männer ihre Freizeit in Kochclubs. Basis für die gute Küche sind die guten Ausgangsprodukte, die es hier in Hülle und Fülle gibt. Ein großer Pluspunkt für die Küche des Nordens sind die fangfrischen Fische und Meeresfrüchte, die der Atlantik liefert.

Fisch und Meeresfrüchte

Im Hinterland erfreuen sich Forellen *(truchas)* großer Beliebtheit. Bei *trucha a la Navarra* geht eine luftgetrockneter Schinken *(jamón serrano)* eine wohlschmeckende Liaison mit der Forelle aus Navarra ein. Die Basken gelten als Meister des *bacalaos*, des getrockneten Stockfischs. Der einstige Armenfisch ist mittlerweile zur Rarität geworden. Eine Spezialität ist der *bacalao a la Vizacaina* mit getrockneten Tomaten und Schinkenwürfeln.

Weitere Köstlichkeiten des Meeres aus dem Baskenland sind die *kokotxas de mer-*

luza en salsa verde (Seehechtbäckchen mit einer grünen Sauce) sowie der *marmitako a la vasca*, ein Thunfischeintopf mit Kartoffeln und Paprikaschoten.

Kantabrien ist bekannt für seine *anchoas* (Anchovis) und seine *sardinas* (Sardinen). Höchster Beliebheit erfreut sich in Galicien der *pulpo* (Tintenfisch), die populärste Variante ist der *pulpo a feira* (Tintenfisch zum Fest). Die Tentakel werden mit einer Schere in mundgerechte Stücke geschnitten und mit Kartoffeln serviert, darüber kommen reichlich Paprikapulver, Meersalz und Olivenöl. Zu den kulinarischen Highlights im äußersten Nordwesten zählen Jakobs-, Enten-, Mies-, und Schwertmuscheln – auf Spanisch *vieiras, percebes, mejillones und navajas*.

Deftiges aus der Fleischküche

Im nordspanischen Hinterland werden auch Fleischliebhaber verwöhnt. In den *asadores* kommt Deftiges wie *cordero* (Lamm), *codillo* (Schweinehaxe) oder *cochinillo* (Spanferkel) aus dem Holzofengrill. Generell wird alles vom Schwein verputzt, sogar die *orejas de cerdo* (Schweineohren). Gerne essen die Spanier auch *pollo* (Huhn) und *conejo* (Kaninchen), die meist mit viel Knoblauch versehen werden. Zu den Wildgerichten zählen *jabalí* (Wildschwein), *ciervo* (Hirsch) und *perdiz* (Rebhuhn). Eine Spezialität von Burgos ist *morcilla con arroz*, Blutwurst mit Reis, die in der Pfanne kurz angebraten wird. In Asturien wird die in ganz Spanien bekannte *chorizo* (Paprikawurst) in *sidra* zubereitet – heiß und fettig, dennoch einfach köstlich. Typisch für Galicien sind die *empanadas*, mit Fleisch, Fisch oder Gemüse gefüllte Teigtaschen.

Eintöpfe und Suppen

Die Spanier lieben bodenständige, kräftige Eintöpfe *(cocidos, potaje)*, die Basis sind meist Kichererbsen und Kartoffeln, hinzu kommen *morcilla* (Blutwurst) und *chorizo* (Paprikawurst). Der bekannteste Eintopf des Nordens ist die *fabada asturiana*, ein mächtiger Sattmacher auf der Basis von weißen Bohnen und allerlei Schweinereien. Weniger bekannt, aber nicht minder gehaltvoll ist der *cocido maragato*, der in der Region um Astorga serviert wird. Er kommt einem Drei-Gänge-Menü gleich: Erst wird die Schlachtplatte verzehrt, dann die Kichererbsen und das Gemüse und zum Abschluss die Brühe. In Galicien kommt man um den *caldo gallego* nicht herum, einen Eintopf mit Steckrübenblättern. Zu den Klassikern der kastilischen Küche zählt die *sopa castellana*, eine Brot- und Knoblauchsuppe. In Galicien werden *sopas de mariscos* (Meeresfrüchtesuppen) kredenzt.

Alles Käse

Der Norden ist eine Fundgrube für Käsefreunde! Viele Käsesorten tragen eine kontrollierte Herkunftsbezeichnung, wie es bei den Weinen üblich ist. Wer pikanten Käse mag, sollte den *queso de Cabrales* probieren, der Edelschimmelkäse aus den Picos de Europa reift in Kalksteinhöhlen heran. Köstlich schmeckt auch der *Roncal*, ein Hartkäse aus Navarra. Der *Idiazábal*, ein milder Hartkäse aus dem Baskenland, wird aus der Milch des Lacha-Schafs gewonnen. Cremig-mild zergeht der galicische *Tetilla*-Kuhmilchkäse auf der Zunge. Eine pikantere Note zeichnet den *San Simón* aus, er kommt ebenfalls aus Galicien, und wird über Birkenholz geräuchert. In den Bergen der Rioja wird der *Camerano*, ein Ziegenfrischkäse, mithilfe von Weidenkörben hergestellt.

Süße Verführer

In Nordspanien hat man es gerne süß – für den mitteleuropäischen Gaumen mitunter zu süß. Für ihre süßen Versuchungen sind die Klöster berühmt, in denen die Nonnen nach uralten Rezepturen in den Backstuben himmlisches Gebäck zubereiten. Santiago de Compostela ist bekannt für seine *Tarta de Santiago*, den berühmten Mandelkuchen. Etwas weniger gehaltvoll ist die *cuajada,* ein Schafsmilchjoghurt aus dem Baskenland, der mit Honig gesüßt wird. Aushängeschild der Konditoreien im baskischen Vitoria sind die *trufas*, Schokoladentrüffel.

Zu den Dessertklassikern, die im ganzen Land gegessen werden, zählen *flan* (Karamelpudding), *natillas* (Cremespeise), *leche frita* (frittierte Milch) und *arroz con leche* (Milchreis).

Wein und andere Alkoholika

In Nordspanien liegen die bekanntesten Weinanbauregionen Spaniens. Der Anbau und die Herstellung der Weine werden vom *Consejo Regulado* (Kontrollrat) überwacht, die Herkunftsbezeichnung *(Denominación de Origen D. O.)* der jeweiligen Anbauregionen ist geschützt. In aller Munde sind die Rioja-Weine, die in Eichenholzfässern reifen und zur Weltspitze der Rotweine zählen. Navarra ist vor allem für die sehr frischen Roséweine *rosados de Navarra* bekannt, aber auch die Rotweine aus Navarra brauchen sich nicht zu verstecken. Unter Kennern längst keine unbekannte Größe mehr sind die Rotweine aus der Region Ribera de Duero in Kastilien-León. Wer Weißweine vorzieht, ist gut beraten mit den feinen Weinen aus Rueda, sie werden aus der Verdejo-Traube gekeltert. Die kleine Weinanbauregion *El Bierzo* bringt gute Rot- und Weißweine hervor. Aus Galicien kommt der frische, aromareiche *Albariño*, ein Weißwein der um Cambados in den Rías Baixas angebaut wird. Eine weitere galicische Weinhochburg ist Ribadavia, hier wird der Ribeiro-Wein, ein wohlschmeckender Weißwein produziert.

In Asturien ist das Nationalgetränk die *sidra*. In den *sidrerías* wird der Apfelwein kunstvoll in hohem Bogen von der Flasche ins Glas geschüttet – ein Spektakel, das man sich nicht entgehen lassen sollte. Aus Navarra kommt der *Pacharán*, ein Schlehenlikör, der mit Anis versetzt wird. Wer Höherprozentiges vorzieht, greift auf einen *orujo*, einen Tresterschnaps, zurück. Ein uralter Brauch ist in Galicien die *queimada*: Zur Feuerzangenbowle wird ein Schwur gesprochen, der die bösen Geister in die Flucht schlagen soll.

Frische Produkte sind oberstes Gebot in der Küche Nordspaniens

Kulinarisches Lexikon

Im Restaurant

Ich möchte einen Tisch reservieren.	Quisiera reservar una mesa.
Die Speisekarte, bitte.	El menú, por favor.
Weinkarte	carta de vinos
Die Rechnung, bitte.	La cuenta, por favor.
Vorspeise	entrada/primer plato
Suppe	sopa
Hauptgericht	plato principal
Nachspeise	postre
Beilagen	guarnición
Tagesgericht	plato del día
Gedeck	cubierto
Messer	cuchillo
Gabel	tenedor
Löffel	cuchara
Glas	vaso
Flasche	botella
Salz/Pfeffer	sal/pimienta
Zucker/Süßstoff	azúcar/sacarina
Öl/Essig	aceite/vinagre
Olivenöl	aceite de oliva
Kellner/Kellnerin	camarero/camarera

Zubereitung

a la plancha	gegrillt
al ajillo	in Knoblauchsoße
al horno	im Ofen geschmort
ahumado/-a	geräuchert
asado/-a	gebraten/gegrillt
a la parilla	gegrillt
crudo/-a	roh
empanado/-a	paniert
frito/-a	frittiert
guisado/-a	geschmort
hervido/-a	gekocht

Snacks und Suppen

bocadillo	belegtes Brötchen
caldo de pollo	Hühnersuppe
chorizo	Paprika-Schweinswurst
cocido, puchero	Eintopf
crema de verduras	Gemüsecremesuppe
croquetas	Kroketten
embutidos	Wurstwaren
fabada	Asturischer Bohneneintopf
huevos fritos	Spiegeleier
jamón serrano	luftgetrockneter Schinken
lomo	luftgetrocknete Lende
morcilla	Blutwurst
pan	Brot
panecillo	Brötchen
perro caliente	Hotdog
pinchos/pintxos	aufgespießte Appetithäppchen
queso	Käse
revuelto	Rührei
sopa castellana	kastilische Knoblauchsuppe
tortilla española	Kartoffelomelette

Fisch und Meeresfrüchte

atún	Thunfisch
almejas	Venusmuscheln
bacalao	Stockfisch
boquerones	Sardellen
cangrejo	Krebs
gambas	Garnelen
langostinos	Riesengarnelen
lenguado	Seezunge
merluza	Seehecht
navajas	Pfahlmuscheln
ostras	Austern
percebes	Entenmuscheln
rape	Seeteufel
trucha	Forelle
mariscos	Meeresfrüchte
mejillones	Miesmuscheln
pescado	Fisch
vieira	Jakobsmuschel

Fleisch und Geflügel

albóndigas	Hackfleischbällchen
aves	Geflügel
cabrito/choto	Zicklein

carne	Fleisch
carne de pollo	Hühnchenfleisch
carne de ternera	Kalbfleisch
carne de vaca	Rindfleisch
carne en salsa	Fleischstücke in Soße
cerdo	Schweinefleisch
chuletas de cerdo	Schweinekoteletts
ciervo	Hirsch
cochinillo	Spanferkel
codillo	Schweinshaxe
conejo	Kaninchen
cordero	Lamm
jabalí	Wildschwein
pato	Ente
pavo	Truthahn
pechuga de pollo	Hähnchenbrust
salchicha	Würstchen
solomillo	Lende

Gemüse und Beilagen

aceitunas	Oliven
aguacate	Avocado
ajo	Knoblauch
alcachofa	Artischocke
arroz blanco	weißer Reis
berenjena	Aubergine
calabaza	Kürbis
cebolla	Zwiebel
col	Kohl
ensalada	Salat
espárragos	Spargel
espárragos trigueros	grüner Spargel
espinaca	Spinat
fideos	Fadennudeln
garbanzos	Kichererbsen
guisantes	Erbsen
hinojo	Fenchel
judías verdes	grüne Bohnen
lechuga	grüner Blattsalat
lentejas	Linsen
patatas	Kartoffeln
patatas fritas	Pommes frites
pepino	Gurke
pimiento	Paprikaschote
puré de patatas	Kartoffelbrei
remolacha	rote Bete
setas	Pilze
verdura	Gemüse
zanahoria	Möhre

Nachspeisen und Obst

almendras	Mandeln
arroz con leche	Milchreis mit Zimt und Zucker
cereza	Kirsche
flan	Karamelpudding
fresa	Erdbeere
galleta	Keks
helado	Eiscreme
higo	Feige
limón	Limone
manzana	Apfel
melocotón	Pfirsich
melón	(Honig-)Melone
naranja	Apfelsine
natillas	Cremespeise
pasas	Rosinen
pastel	Kuchen
piña	Ananas
sandía	Wassermelone
uva	Weintraube

Getränke

agua mineral (con/sin gas)	Wasser (mit/ohne Kohlensäure)
batido	Milchshake
café	Kaffee
café solo	Espresso
café con leche	Kaffee mit Milch
cortado	Espresso mit Milch
fino	Sherry
cerveza	Bier
cava	Sekt
leche	Milch
orujo	Tresterschnaps
pacharán	Schlehenlikör
rón	Rum
vino blanco/tinto/rosado	Weiß-/Rot-/Rosé-wein
zumo	Saft

Grüntöne in allen Nuancen: Landschaft bei Oviedo

Wissenswertes für die Reise

Nordspanien im Internet

Websites der nationalen und regionalen Tourismusbehörden

www.spain.info: Die offizielle Website des Spanischen Touristenamts bietet Informationen zu Reiserouten, einzelnen Orten, Natur- und Nationalparks. Außerdem finden sich die Öffnungszeiten von Sehenswürdigkeiten, Hinweise auf kulturelle Veranstaltungen sowie Hotel- und Restaurantadressen.

www.paisvascoturismo.net: Website der baskischen Tourismusbehörde mit praktischen Informationen zur Reisegestaltung.

www.turismo.navarra.es: Gut aufgebaute Homepage von Navarra mit vielen Tipps und Hintergrundinformationen.

www.turismodecantabria.com: Seite über Kantabrien mit Infos zu Routen, Sehenswürdigkeiten, Unterkünften und zur Geschichte der Region.

www.infoasturias.com: Touristische Hinweise zur Region Asturien. Es werden auch einige Wanderrouten vorgestellt, allerdings sind diese Seiten nur auf Spanisch.

www.lariojaturismo.com: Offizielle Website von La Rioja. Hier findet sich auch eine Auflistung der Bodegas, die ihre Pforten für Besucher öffnen.

www.turismocastillayleon.com: Homepage der Autonomen Gemeinschaft Kastilien-León.

www.turgalicia.es: Der Internetauftritt Galiciens sticht durch gute Aufbereitung und eine Vielzahl nützlicher Informationen hervor.

Informationen zum Jakobsweg

www.caminosantiago.com: Umfangreiche, nicht-kommerzielle Homepage gespickt mit vielen Interessanten Hintergrundinformationen und praktischen Tipps sowie einem Verzeichnis der Unterkünfte entlang des *Camino.* Zahlreiche, gut sortierte, nützliche Links beispielsweise zu den Jakobsweggesellschaften, die die Pilgerausweise ausstellen.

www.jacobeo.net: Die von Journalisten zusammengestellte spanische Website bietet hilfreiche Informationen zu den einzelnen Etappen, Wegbeschreibungen mit Kilometerangaben und Karten samt Höhenprofil. Zudem ein Forum zum Thema Jakobsweg.

www.caminodesantiago.org: Überblicksinformationen zum *Camino* und weiterführende Links. Die Tipps sind allgemein gehalten.

Landeskunde, Politik und Kultur

www.la-moncloa.es: Offizielle Seite der Regierung Spaniens.

www.lacasareal.es: Offizielle Seite des Spanischen Königshauses.

www.spainbusiness.de: Die Website des Spanischen Außenhandelsinstituts enthält Informationen über wirtschaftliche und landeskundliche Eckdaten Spaniens.

www.artehistoria.jcyl.es: Spanische Website für kunsthistorisch Interessierte; selbst zum kleinsten romanischen Kirchlein finden sich hier Informationen.

Fremdenverkehrsämter

Die Niederlassungen des Spanischen Fremdenverkehrsamtes verschicken kostenlos Informationsmaterial zu Nordspanien. Insbesondere stehen zahlreiche Publikationen, die den Jakobsweg betreffen, zur Verfügung. Zu den einzelnen Regionen gibt es Landkarten und handliche Broschüren, die einen knappen Überblick über das Gebiet bieten.

In Deutschland

Turespaña Berlin
Kurfürstendamm 63, 5. OG, 10707 Berlin
Tel. 030 882 65 43, Fax 030 882 66 61
berlin@tourspain.es

Turespaña Düsseldorf
Grafenberger Allee 100 (Kutscherhaus)
40237 Düsseldorf

Tel. 0211 680 39 81, Fax 0211 680 39 85
dusseldorf@tourspain.es

Turespaña Frankfurt am Main
Myliusstr. 14, 60323 Frankfurt/Main
Tel. 069 72 50 38, Fax 069 72 53 13
frankfurt@tourspain.es

Turespaña München
Schuberstr. 10, 80051 München
Tel. 089 530 74 60, Fax 089 53 07 46 20
munich@tourspain.es

Prospektbestellung
Tel. 06123 991 34, Fax 06123 991 51 34

In Österreich

Turespaña Wien
Walfischgasse 8, 1010 Wien 1
Tel. 01 512 95 80, Fax 01 512 95 81
viena@tourspain.es

In der Schweiz

Turespaña Zürich
Seefeldstr. 19, 8008 Zürich
Tel. 044 253 60 50, Fax 044 252 62 04
zurich@tourspain.es

Diplomatische Vertretungen

Deutsches Konsulat Bilbao
Calle San Vicente 8, 13°, Edificio Alba
48001 Bilbao (Baskenland)
Tel. 944 23 85 85, boogen@boogen.com

Deutsches Konsulat San Sebastian
Calle Fuenterrrabía 15, 3° izq.
2005 San Sebastián (Baskenland)
Tel. 943 42 10 10, hkssn@pabloschroeder.com

Deutsches Konsulat Muriedas
Av. de Bilbao 39, 39600 Muriedas (Kantabrien)
Tel. 942 25 05 43

Österreichisches Konsulat Bilbao
Calle Club 8, bajo, 48930 Las Arenas (Bilbao, Baskenland), Tel. 944 64 07 63
Cons.austria.bilbao@corzac.com

Schweizer Konsulat Bilbao
Calle de Telésforo Aranzadi 3, 3° B
48008 Bilbao (Baskenland)
Tel. 944 70 43 60, Fax 944 70 44 84
markus.schaub@es.rhenus.com

Karten

Straßenkarten

Die zuverlässigsten Straßenkarten sind die Michelin-Karten; eine Ausgabe, die den gesamten Norden Spaniens umfasst, liegt nicht vor. So empfiehlt es sich, die Karten zu den einzelnen Regionen (1:250 000 und 1:400 000) oder die Gesamtkarte der Iberischen Halbinsel (1:1 000 000) zu erstehen. Fragen Sie in der Buchhandlung auf jeden Fall nach Karten mit dem aktuellsten Erscheinungsdatum, da das Straßennetz in Nordspanien in den letzten Jahren stark erweitert wurde.

Der spanische Verlag Grupo Anaya (www.anaya.es) hat zu Nordspanien die gut brauchbare Karte »España Norte« (1:400 000) herausgeben, sie ist in den spanischen Buchhandlungen erhältlich.

Wander- und Radfahrkarten

Zum Jakobsweg erhalten Wanderer und Radfahrer relativ gute Beschreibungen mit Kartenskizzen vom Spanischen Fremdenverkehrsamt, ansonsten geben die dort erhältlichen Broschüren in der Regel eher Anhaltspunkte als genaue Routenbeschreibungen.

Häufig besser sortiert sind die Fremdenverkehrsämter, Buchhandlungen oder Wander- und Radfahrgeschäfte vor Ort. Der Verlag Editorial Alpina publiziert Wanderkarten von den Gebirgsregionen im Maßstab 1:25 000 und 1:50 000.

Topografische Karten

Das Centro Nacional de Información Geográfica (CNIG) gibt die Mapa Topográfico Nacional de España in den Maßstäben 1:50 000 und 1:25 000 heraus. Beide können vor Ort in großen Buchläden oder in den Verkaufsstellen des CNIG (Adressen unter www.cnig.es) erstanden oder vor der Reise über den Buchhandel bezogen werden. Als Wanderkarten sind sie nur bedingt geeignet.

Lesetipps

Sachbücher

Bottineau, Yves: Der Weg der Jakobspilger. Geschichte, Kunst und Kultur der Wallfahrt nach Santiago de Compostela. Bergisch Gladbach 1997. Das ausführliche, eher wissenschaftliche Standardwerk zum Jakobsweg empfiehlt sich für Leser, die sich intensiver mit der Geschichte der Wallfahrt nach Santiago de Compostela auseinandersetzen möchten.

Herbers, Klaus: Jakobsweg – Geschichte und Kultur einer Pilgerfahrt. München 2006. Das Taschenbuch aus der Reihe Wissen des Beck-Verlags verschafft kurz und knapp einen guten Überblick über die Geschichte und die Bedeutung des Jakobswegs.

Wegner, Ulrich: Der Jakobsweg. Auf der Route der Sehnsucht nach Santiago de Compostela. Freiburg 2000. Der Bildband glänzt durch fundiertes Wissen, das auf unterhaltsame Weise präsentiert wird.

Belletristik

De Castro, Rosalía: An den Ufern des Sar. Frankfurt am Main 1987. Viele Gedichte von Galiciens großer Dichterin werden getragen von der Beschreibung der Natur, der Melancholie und der Vergänglichkeit.

Diemar, Claudia: Der Apostel und die silberne Artischocke – Legenden aus Spaniens Norden. Wien 2005. Das Buch enthält kurzweilige Essays zu Nordspanien von der Kochleidenschaft der baskischen Männer bis zum Jakobsfest in Santiago de Compostela.

González, Bea: Der bittere Geschmack der Zeit. München 2000. Der Roman über das Schicksal von vier Frauengenerationen spielt in Galicien. Eindrucksvoll schildert die Autorin, wie die Frauen ihr Hotel und das Leben in der spanischen Provinz meistern.

Hemingway, Ernest: Fiesta. Reinbek bei Hamburg 1999. Der Romanklassiker setzte Pamplona und der Fiesta de San Fermín ein literarisches Denkmal.

Kerkeling, Hape: Ich bin dann mal weg. Meine Reise auf dem Jakobsweg. München 2006. Das locker-flockig geschriebene Tagebuch des Entertainers über seine Pilgerreise nach Santiago de Compostela entpuppte sich als absoluter Bestseller. Sympathisch an den mitunter schnoddrigen Beschreibungen ist die Selbstironie des Autors.

Nooteboom, Cees: Der Umweg nach Santiago. Frankfurt am Main 1996. Der große niederländische Erzähler dokumentiert in diesem sensiblen Reisebericht seine Leidenschaft für Spanien. Das Buch begleitet ihn von Barcelona bis nach Santiago de Compostela.

Hörtipps

Amancio Prada: A Rosalía de Castro. Fonomusic 1975. Die Vertonung der Gedichte der galicischen Dichterin ist ein musikalischer Ohrenschmauss.

Coro de Monjes del Monasterio Santo Domingo de Silos: Las mejores obras del canto gregoriano. Santo Domingo de Silos 1994. Die Mönche stürmten mit ihren gregorianischen Gesängen sogar die Charts.

J. A. Senador: La llama y la sombra, el Camino de Santiago y el romancero español. Beringia 2000. Alte, angenehm melodische Balladen zum Jakobsweg.

Nordspanien als Reiseziel

Der Norden der Iberischen Halbinsel hält für den Urlauber, der die gängigen Spanienvorstellungen im Kopf hat, so manch eine Überraschung parat. Die spanische Sonne ist hier oben kein Dauergast. Nordspanienreisende sollten vielmehr wetterfest sein. Der Regen ist hier keine Rarität wie anderorts in Spanien. V. a. in Galicien scheint er sich als Stammgast eingenistet zu haben. Dafür empfängt der Norden seine Gäste mit sattgrünen Landschaften. Die Szenerie reicht von abwechslungsreichen Küsten mit steilen Klippen, ausgedehnten Sandstränden und verschwiegenen Buchten bis hin zu faszinierenden Berglandschaften. Außerhalb der spanischen Hauptreisezeit im August sind viele Strände fast menschenleer. Etliche Regionen bergen echte Geheimtipps, der internationale Massentourismus hat sich hier noch nicht breit gemacht. Bislang verbringen in erster Linie Spanier oder Franzosen ihren Urlaub im Norden der Halbinsel.

Von den baulichen Auswüchsen der Mittelmeerküste blieb die Atlantikküste im Norden bisher weitgehend verschont. Das Nachtleben braucht sich auch im Norden nicht zu verstecken, jedoch das Remmidemmi einiger Urlaubsorte der spanischen Mittelmeerküste oder am Ballermann in Mallorca sucht man hier vergeblich. Auf den vielen Festen, die noch nicht für den Tourismus aufgepeppt wurden, lässt sich hier oben noch ein Stück ursprüngliches Spanien erleben. Längst hat sich auch außerhalb der Landesgrenzen herumgesprochen, dass der Norden ein Eldorado für Feinschmecker ist. Die berühmten Häppchen, die Tapas, laufen hier unter dem Begriff *pintxos.* Weinliebhaber haben die Qual der Wahl angesichts der vielen guten Tropfen, die hier produziert werden.

Die Herzen der Kunstinteressierten werden angesichts der zahlreichen romanischen Kirchen, der uralten Klöster und der schmucken Kathedralen in Nordspanien höherschlagen. Moderne Akzente setzen das Guggenheim-Museum in Bilbao und die futuristischen Bodega-Bauten in der Rioja.

Jakobsweg

Seit Hunderten von Jahren zieht es Pilger in den äußersten Nordwesten Spaniens. Die meisten Pilger wählen den klassischen Weg, den *Camino Francés,* der sich durchs Landesinnere von den Pyrenäen bis nach Santiago de Compostela zieht. Nur wenige entscheiden sich für die ebenfalls sehr reizvolle Tour entlang der Atlantikküste. Das Netz an Pilgerherbergen, *refugios,* ist hier bei Weitem nicht so dicht wie entlang des *Camino Francés* und auch um die Ausschilderung ist es z. T. etwas mager bestellt.

Der *Camino Francés* ist dagegen recht gut ausgeschildert und verläuft teilweise parallel zur Straße, sodass es für Reisende, die nicht den ganzen Weg zu Fuß bestreiten möchten, gut möglich ist, Teilstücke des Weges zu fahren. Im Reiseführer Dumont aktiv »Wandern auf dem Spanischen Jakobsweg« wird der 750 km lange Wanderweg detailliert beschrieben.

Was ist sehenswert?

Entlang des Jakobswegs reihen sich wie an einer Perlenschnur stimmungsvolle romanische Kirchen und Klöster. Zu den Highlights zählen das unter einem Felsüberhang thronende Kloster San Juan de la Peña und das Kloster von Leyre mit seiner archaischen Krypta. Romanik vom Feinsten bietet auch der Kreuzgang des Klosters Santo Domingo de Silos südlich von Burgos.

Zu den wichtigsten Orten am Pilgerweg zählen die geschichtsträchtigen Städte Pamplona, Logroño, Burgos und León. In der Rioja lohnt sich ein Abstecher in das beschauliche Weinstädtchen Laguardia und in das benachbarte Örtchen El Ciego, in dem Frank O. Gehry ein futuristisches Hotel errichtete, das zur Traditionskellerei Marqués de Riscal gehört. Das Ziel der Pilger, die Stadt Santiago de Compostela, glänzt durch sein intaktes städtebauliches Ensemble, in dessen Mitte sich die prachtvolle Kathedrale mit dem Grabmal des Apostels erhebt.

Den Auftakt für eine Reise durch Nordspanien bildet häufig die einst von Touristen verschmähte Industriestadt Bilbao. Die Stadt, die sich immer noch im Wandel befindet, begann ihren kulturellen Aufstieg mit dem Bau des Guggenheim-Museums. International renommierte Architekten geben sich hier mittlerweile die Klinke in die Hand, sodass für Kunst- und Architekturfans kein Weg mehr an Bilbao vorbeiführt.

Eine der schönsten Städte der Atlantikküste ist zweifellos die Grande Dame San Sebastían, die mit vielen Jugendstilbauten und einer feinsandigen, weit geschwungenen Bucht aufwartet. Nicht weit entfernt, nahe der Ortschaft Hernani, zieht der Skulpturengarten von Eduardo Chillida die Besucher in seinen Bann.

In Asturien finden sich Zeugnisse aus der frühen Geschichte der Menschheit. Höhlenmalereien und Ritzungen wie in Altamira (Höhlennachbau) oder in der Cueva de Tito Bustello in Ribadesella geben Anhaltspunkte über das Leben unserer Vorfahren. Oviedo, die Hauptstadt Asturiens, wartet mit den einzigartigen frühromanischen Kirchen Santa María del Naranco und San Miguel de Lillo auf.

In Galicien ist das keltische Erbe noch sehr präsent, u. a. in ehemaligen Keltensiedlungen, wie Monte Santa Tecla oder Castro de Baroña. Zu den schönsten Städten der Region zählt neben Santiago de Compostela zweifellos Pontevedra.

Nordspanien für Naturliebhaber

Die Attraktivität des Nordens der Iberischen Halbinsel liegt v. a. in der Verbindung von Meer und Gebirge. In Kantabrien und Asturien türmen sich die Berge fast unmittelbar hinter der Küste auf. Zu den wichtigsten Gebirgszügen des spanischen Nordens zählen die Pyrenäen und die Kantabrische Kordillere, die in dem Hochgebirgsmassiv Picos de Europa gipfelt. Liebhaber der Berge finden hier ein gutes Netz von Wanderwegen vor, die zumeist deutlich gekennzeichnet sind. Für Entdecker empfehlen sich abgelegene Naturparks wie der Parque Natural de Somiedo tief im Hinterland von Asturien, einer der letzten Rückzugsräume für Braunbären. Südwestlich von Ponferrada liegt die ehemalige römische Goldmine Las Médulas, von der nur eine bizarr ausgespülte Gebirgslandschaft zurückblieb.

Ebenso faszinierend wie die Bergwelt präsentiert sich die grüne, höchst abwechslungsreiche Atlantikküste. Das wechselhafte Klima des Nordens, die Kühle des Atlantiks und die mitunter gefährliche Brandung sorgten bislang dafür, dass die Küste nicht zur internationalen Feriendestination ausgebaut wurde. In Galicien bestimmen die *rías,* tief eingeschnittene Mündungsbuchten, die Szenerie. Die vorgelagerten Atlantischen Inseln (Parque Nacional de las Islas Atlánticas) glänzen durch herrliche Dünenstrände. Ein Naturschauspiel bietet die schroffe Todesküste: Das Kap Finisterre galt im Mittelalter als das Ende der Welt, viele Jakobspilger suchten den Nervenkitzel und verlängerten ihre Tour bis dorthin.

Strandurlaub

Die Wasserqualität ist an der Atlantikküste fast durchweg gut. Im Sommer erreichen die Wassertemperaturen um die 20 °C. Meiden sollte man die Strände in unmittelbarer Umgebung von Industriestädten wie Bilbao, Aviles oder Gijón. Wer auf Nummer sicher gehen möchte, kann sich das Verzeichnis der Strände, die mit der blauen Umweltflagge ausgezeichnet wurden, im Internet unter www.blueflag.org anschauen. Beachten sollte man auch die Tücken des Atlantiks, wie den beachtlichen Tidenhub, den hohen Wellengang und die mitunter gefährlichen Strömungen. Kinder sollte man immer im Auge behalten.

Angesichts der Vielzahl feinsandiger Buchten in Nordspanien fällt es schwer, eine Auswahl zu treffen. Die baskische Küste bietet herrliche Strände an den Küstenorten Hondarribia, Zumaia und Lekeitio. Bei Surfern ist die Playa de Laida bei der Ortschaft Mundaka angesagt, sie gilt als einer der Hotspots der Szene. Ganz in der Nähe findet sich die goldgelbe Strandoase Playa de Laga. Im etwas geschichtslosen Zarautz liegt der längste Strand des Baskenlandes, der auch bei Surfern und Wellenreitern hoch im Kurs steht. In Kantabrien wartet Santander mit weitläufigen Traumstränden auf. Feinsandige Abschnitte finden sich um das Naturschutzgebiet Dunas de Liencres, Comillas und San Vicente de la Barquera.

Die Costa Verde in Asturien empfängt die Besucher mit gepflegten Stränden wie der Playa de la Marina in Ribasella oder den herrlichen, versteckten Plätzen an der Playa de Lastres und Playa de la Griega bei Lastres. In der Umgebung von Cudillero bettet sich die Playa de la Concha de Artedo in eine wunderschöne Bucht ein.

In Galicien finden sich in den tief eingeschnittenen Flussmündungen, den *rías,* etliche traumhafte Strände, die durch ihre Lage vor dem rauen Atlantik etwas geschützter sind. Beliebte Strände liegen bei den Urlaubsorten O Grove, Cambados, Sanxeno und Baiona. Auf der Westspitze der Halbinsel Serra de Barranza findet sich der längste Dünenstrand Galiciens, die Praia de Ladeira. Zu den schönsten Stränden Nordspaniens zählt die Praia da Rodas auf der vorgelagerten Insgelgruppe Islas Ciés. Ein besonderes Naturschauspiel bietet die Praia de As Catedrais in der Umgebung von Ribadeo, bei Ebbe tauchen dort imposante Felsentore auf. Allerdings ist die Strömung in dieser Ecke nicht ungefährlich.

Vorschläge für Rundreisen mit dem Mietwagen

Die wohl bekannteste Tour durch Nordspanien folgt der klassischen Jakobswegroute, dem *Camino Francés.* An dieser Stelle wird eine Tour auf dem *Camino* vorgestellt, die mit dem Mietwagen nachgefahren werden kann. Sie beinhaltet die wichtigsten kunsthistorischen Sehenswürdigkeiten und enthält auch einige Wandervorschläge.

Auf dem Jakobsweg

1. Tag: Fluganreise nach Bilbao. Architektur- und Kunstliebhaber sollten sich das Guggenheim-Museum anschauen und am besten einen zusätzlichen Tag in Bilbao einplanen. Auf den Spuren der Jakobspilger geht es weiter in die alte Königsstadt Pamplona. Zu den kunsthistorischen Glanzlichtern zählt der gotische Kreuzgang der Kathedrale. Im Gedenken an Ernest Hemingway sollte man sich einen Kaffee im traditionsreichen Kaffeehaus Iruña auf dem Hauptplatz gönnen.

2. Tag: Eine reizvolle kleine Wanderung (ca. 45 Min.) geht durch die Gänsegeierschlucht Foz de Lumbier. Mit dem Auto führt der Weg entlang des Stausees von Yesa, auch ›Meer der Pyrenäen‹ genannt, zum Kloster von Leyre mit seiner archaischen Krypta und weiter zum abenteuerlich unter einem Felsvorhang gelegenen Kloster San Juan de la Peña.

3. Tag: Das einsame Kirchlein Eunate gibt den Kunsthistorikern bis heute Rätsel auf! Ein paar Kilometer weiter in der Ortschaft Puente de la Reina, vereinen sich zwei Pilgerrouten. Noch immer versieht die prachtvolle, mittelalterliche Brücken über den Río Arga ihren Dienst. Weiter geht es durch das Weinanbaugebiet der Rioja. Es lohnt sich, einen Abstecher ins stimmungsvolle Weinstädtchen Laguardia zu unternehmen sowie ins Nachbardorf Elciego, in dem Frank O. Gehry für die Kellerei Bodega del Marqués de Riscal ein futuristisches Hotel schuf. Die Bodega bietet auch Touren durch die Kellerei an. Am späten Nachmittag erreicht man die quirlige Stadt Logroño.

4. Tag: In Santo Domingo de la Calzada gackern munter zwei schneeweiße Hühner in ihrem Käfig mitten in der Kathedrale, hinter diesem Kuriosum verbirgt sich eine Pilgerlegende. Eine Wanderung (1 Std. 30 Min.) führt von der Ermita de Valdefuentes nach San Juan de Ortega. Alternativ können die Ausgrabungen von Atapuerca besucht werden. Ziel des heutigen Tages ist Burgos.

5. Tag: Burgos wartet mit einer prächtigen gotischen Kathedrale und einer schmucken Altstadt auf. Am Stadtrand finden sich die sehenswerten Klöster Miraflores und Santa María de las Huelgas.

6. Tag: Südlich von Burgos liegt das berühmte Kloster von Silos mit seinem einzigartigen romanischen Kreuzgang. Ganz in der Nähe befindet sich die eindrucksvolle Schlucht von Yecla, für ihre Durchquerung benötigt man ca. 25 Min. Ein besonderes Kleinod ist das mittelalterliche Örtchen Covarrubias mit seinen Fachwerkbauten und einer imposanten Stiftskirche. Einsam bettet sich in die Karstlandschaft das westgotische Kirchlein Quitanillas de la Viñas.

7. Tag: Durch die schier endlose Weite der Meseta gelangt man nach Frómista zur romanischen Martinskirche. Für kunsthistorisch Interessierte lohnt es sich, einen Abstecher zur mozarabischen Kirche San Miguel de Escalada zu unternehmen. Am Nachmittag erreichen Sie die ehemalige Königsstadt León.

8. Tag: In León verzaubert die Kathedrale durch ihre prächtigen Glasfenster. Romanik vom Feinsten bietet die Stiftskirche San Isidoro. Vorbei an der einstigen Pilgerherberge, dem heutigen Parador San Marcos, geht die Fahrt weiter nach Astorga. Hinter Astorga führt die Strecke bergauf zur Passhöhe Cruz de Ferro, wo die Pilger einen Stein und damit symbolisch ihre Lasten ablegen. Unterwegs sollte man nicht versäumen, in den ursprünglichen Dörfern wie Castrillo de los Polvazares einen Stopp einzulegen. Unterhalb der Passhöhe führt von Foncebadón ein reizvoller Weg durch Heidekraut zum Cruz de Ferro (45 Min.). Ziel der heutigen Etappe ist Ponferrada mit seiner trutzigen Templerburg.

9. Tag: Ein Abstecher von Ponferrada führt in die ehemalige, römische Goldmine las Médulas. In Villafranca del Bierzo steht die kleine Jakobskirche mit ihrem Vergebungsportal, Pilger die den Weg aus gesundheitlichen Gründen nicht mehr fortführen können, erhalten hier die Vergebung ihrer Sünden. Auf dem Cebreiro-Pass liegt eine urwüchsige Ortschaft mit Hütten, deren Bauweise auf die Zeit der Kelten zurückgeht. Von Renche geht es weiter über einen stimmungsvollen Abschnitt des Jakobswegs (1 Std. 30 Min.) zum mächtigen Barockkloster von Samos.

10. Tag: Über Portomarín führt der Weg weiter nach Santiago de Compostela, dem Ziel der Jakobspilger. Höhepunkt der Stadtbesichtigung ist sicherlich die prächtige Jakobuskathedrale. Schlendern Sie über die hübschen Plätze der Altstadt und statten Sie dem quirligen Markt einen Besuch ab. Auch den Panoramablick auf die Kathedrale und die Altstadt von der Parkanlage Parque da Alameda sollte man genießen.

11. Tag: Zeit in Santiago! Bummeln Sie in Ruhe durch die Gassen der Altstadt. Juweliergeschäfte bieten reizvolle Mitbringsel wie schönen Silber- und Gagatschmuck. Kunstliebhaber sollten auf jeden Fall das reich ausgestattete Museum der Kathedrale besuchen. Ein weiteres lohnendes Museum ist das Pilgermuseum, das die Geschichte der Wallfahrt aufrollt. Ein weiterer Tipp ist die Pilgermesse in der Kathedrale, sie findet täglich um 12 Uhr statt. Mit etwas Glück kann man abends eine *tuna,* eine studentische Musikgruppe, auf der Praza do Obradoiro erleben.

12. Tag: Ein Ausflug führt zum Kap Finisterre, das im Mittelalter als das Ende der Welt galt, und bis heute von vielen Pilgern aufgesucht wird. Unterwegs lohnt sich ein Stopp im beschaulichen Fischerort Muros, der Duft von Fisch und Meeresfrüchten lockt hier in die Tavernen. In Carnota erwartet die Besucher ein Mega-Maisspeicher, der auf eine stolze Länge von 35 m kommt. Der 7 km lange Traumstrand von Carnota lädt zu einem Spaziergang ein.

13. Tag: Rückflug von Santiago de Compostela. Wenn man die Tour noch um einen Tag verlängern möchte, um sich Pontevedra anzuschauen, bietet sich alternativ an, von Porto zurückzufliegen.

Entlang der Atlantikküste

Eine schöne Option den grünen Norden Spaniens kennenzulernen, ist die Tour entlang der Atlantikküste, die durch drei Regionen führt: das Baskenland, Kantabrien und Asturien.

1. Tag: Längst ist Bilbao keine graue Maus mehr! Das futuristische Guggenheim-Museum, eine architektonische Ikone der Neuzeit, wartet mit interessanten Wechselausstellungen auf. Ein Spaziergang führt vorbei an der Brücke von Santiago de Calatrava in die Altstadt von Bilbao. Im Mündungsbereich des Río Nervión liegt die spektakuläre Stahlbrücke Puente Colgante.

2. Tag: Die baskische Küste bietet etliche Naturschönheiten wie das Kap San Juan de Gaztelugatxe, auf dem eine kleine Wallfahrtskapelle thront. Das Städtchen Gernika, das im Spanischen Bürgerkrieg durch die deutsche Legion Condor zerstört wurde, ist das alte Herz des Baskenlandes. In der Umgebung bietet sich eine Wanderung zum Bosque de Oma ein, den der Künstler Augustín Ibarolla originell gestaltete.

3. Tag: Über das verträumte Fischer-und Badeörtchen Lekeitio geht es weiter nach Zumaia, dessen Strände Itzurún und Algorri ein fantastisches Naturschauspiel bieten – ein geologisches Phänomen namens Flysch. Ein Abstecher führt ins Hinterland zum Kloster San Ignacio de Loyola. Zurück an der Küste lohnt es sich, durch die mittelalterlichen Gassen von Getaria zu schlendern.

4. Tag: San Sebastían glänzt durch seine weit geschwungene Bucht und etliche Bauten aus der Belle-Époque-Zeit. Die Stadt ist die Gourmethochburg Spaniens! Wenige Kilometer entfernt findet sich bei Hernani der interessante Skulpturenpark des Künstlers Eduardo Chillida.

5. Tag: Gegen Westen geht es auf der Autobahn nach Santander, für eine Pause unterwegs bieten sich die Küstenorte Castro de Urdiales oder Laredo an. Mondän präsentiert sich das Seebad Santander, die goldgelben Strände der Stadt sind ein Gedicht.

6. Tag: Romantisch verträumt wirkt dagegen das Städtchen Santillana del Mar. Zahlreiche Adelspaläste reihen sich auf dem Weg zur romanischen Stiftskirche auf. Ganz in der Nähe liegt die Höhle von Altamira, deren Nachbau einen Einblick in das Leben der Steinzeitmenschen gibt. In Comillas schuf der Architekt Antoni Gaudí ein kurioses Anwesen namens El Capricho. San Vicente de la Barquera bietet sich als Stützpunkt für die Erkundung der Picos de Europa in Kantabrien an.

7. Tag: Durch die Schlucht von Hermida führt der Weg in die kantabrischen Picos de Europa. Hinter Potes schmiegt sich das Kloster Santo Toribio de Liébana in die Berglandschaft. In Fuente Dé führt eine Seilbahn hinauf zum Mirador del Cable. Hier bieten sich zahlreiche Möglichkeiten, kleine und größere Wanderungen zu unternehmen.

8. Tag: Weiter entlang der Küste lohnt es sich, einen Stopp bei den Brandungshöhlen bei Buelna einzulegen. Der Ferienort Llanes verfügt über einen hübschen Ortskern und bunt bemalte Wellenbrecher des Künstler Ibarolla. Das schmucke Städtchen Ribadesella glänzt mit einer eleganten Strandpromenade. Interessant ist die Höhle Cueva de Tito Bustillo, an deren Wände die Steinzeitmenschen zahlreiche Malereien und Gravuren hinterließen.

9. Tag: Ein Highlight ist die Tour in die asturischen Picos de Europa. Von Covadonga ging im Mittelalter die Reconquista des Landes aus. Oberhalb betten sich idyllisch in die Berglandschaft die Gletscherseen Enol und Ercina. Eine der spektakulärsten Wanderungen führt durch die Garganta de Cares.

10. Tag: Vor den Toren von Oviedo liegen auf einer Anhöhe die beiden Kirchen Santa María del Naranco und San Miguel de Lillo, Perlen aus der Zeit der Präromanik. Die Schatzkammer der Kathedrale birgt Kostbarkeiten wie das Cruz de la Victoria. Nicht versäumen sollten Sie die Calle Gascona, die Apfelweinmeile von Oviedo.

11. Tag: Eine Wander- oder Radtour führt entlang des Bärenwegs, 20 km westlich von Oviedo durch eindrucksvolle Schluchten. Alternativ bietet sich eine Tour um das Cabo de Peñas an, dessen über 100 m hohe Klippen steil ins Meer abfallen. Im malerischen Fischerort Cudillero können Sie die Reise Revue passieren lassen.

12. Tag: Rückflug vom Flughafen Aeropuerto de Asturias.

Wie können Reiseveranstalter helfen?

Der renommierte Studienreiseveranstalter Studiosus Reisen München (Tel. 089 50 06 00, www.studiosus.com) bietet Reisen mit und ohne Wanderungen entlang des Jakobswegs an sowie eine Wandertour entlang der Küste Nordspanien und durch Galicien. Ein Spezialist für Tourismus in Nordspanien ist Alegroreisen (Tel. 030 98 60 63 14, www.alegroreisen.com). Im Angebot sind sowohl Touren für Individualreisende mit Mietwagen als auch Gruppenreisen durch den grünen Norden, darunter auch Weintouren durch die Rioja und Navarra. Eine reizvolle Radreise entlang der Küste von Bilbao bis Oviedo organisiert das Unternehmen Terranova-Touristik (Tel. 069 69 30 54, www.terranova-touristik.de), übernachtet wird in stilvollen Hotels.

Reisen mit Kindern

Nordspanien kann gut mit Kindern bereist werden. Die Spanier sind sehr kinderfreundlich und reagieren recht gelassen, falls der Nachwuchs mal etwas lauter wird. Kinder werden in Spanien überallhin mitgenommen, sie bleiben auch deutlich länger auf. So ist es nicht ungewöhnlich, dass Eltern abends ihre Kinder um 21 oder 22 Uhr mit ins Restaurant nehmen. Kinderteller stehen eher selten auf der Speisekarte, aber die meisten Wirte servieren auf Nachfrage Kinderportionen. Die Hotels bieten in der Regel an, für einen relativ geringen Aufpreis ein Extrabett für Kinder aufzustellen.

Reisen mit Handicap

In den letzten Jahren hat sich in Spanien vieles zugunsten der Behinderten verbessert. An der Umsetzung eines Behindertengleichstellungsgesetzes wird gearbeitet, die Maßnahmen sollen alle bis 2012 realisiert sein. Dazu gehört beispielsweise, dass alle Züge der Renfe rollstuhlgerecht umgestaltet werden. (Infos über Bahnhöfe, die Assistenz für Behinderte bieten, und behindertengerechte Zugverbindungen: Tel. 902 24 05 05, www.renfe.es/gsf/index.html). Viele der städtischen Busse haben ausfahrbare Rampen für Rollstuhlfahrer, diese fehlen noch weitgehend bei den Überlandbussen.

Öffentliche Gebäude, neue Restaurants, Hotels und Geschäfte sind verpflichtet, Zugänge für Rollstuhlfahrer zu schaffen. Allerdings gibt es einige Ausnahmen von dieser Regelung. Barrieren für Rollstuhlfahrer sind in Nordspanien bislang v. a. einige Treppen, die zu Kirchen oder Klöstern führen, während das Gros der Museen und alle Aquarien behindertengerecht angelegt sind. Über die Zugänglichkeit der Monumente informieren die lokalen Tourismusämter.

Einreisebestimmungen

Ausweispapiere: Spanien gehört zu den Schengenstaaten, d. h. die Grenzkontrollen für Reisende aus Deutschland und Österreich entfallen, seit 2007 trifft dies auch für die Schweiz zu. Allerdings ist es Pflicht, sich in Spanien ausweisen zu können. Personalausweis (Schweiz: Identitätskarte) oder Pass werden benötigt beim Check-in am Flughafen, beim Ausleihen eines Mietwagens und in Hotels. Die Ausweispapiere sollten mindestens noch drei Monate gültig sein. Im Falle ihres Verlusts wendet man sich an die nächste Polizeistation, hilfreich ist es, vor der Reise eine Kopie der Dokumente zu machen. Die Aufenthaltsdauer für EU-Bürger ist in Spanien unbegrenzt, Schweizer ohne Visum können sich bis zu drei Monate im Land aufhalten. Die spanische Botschaft in Bern (Kalcheggweg 24, 3000 Bern 16, Tel. 031 350 52 52) stellt für Schweizer, die länger als drei Monate bleiben möchten, ein Visum aus.

Zollbestimmungen: Innerhalb der EU dürfen Waren für den persönlichen Gebrauch unbegrenzt mitgeführt werden. Es gelten folgende Richtlinien: Es dürfen 3200 Zigaretten, 400 Zigarillos, 200 Zigarren oder 3 kg Tabak, 10 l Spirituosen, 20 l weinhaltige Getränke, 90 l Wein oder 110 l Bier zollfrei eingeführt werden. Für Reisende aus der Schweiz gelten folgende Obergrenzen: 200 Zigaretten, 100 Zigarillos, 50 Zigarren oder 250 g Tabak, 2 l Wein, 1 l alkoholische Getränke, 500 g Kaffee, 60 ml Parfüm oder 250 ml Eau de Toilette. Geschenke sind bis zu 175 € bzw. 300 sfr zollfrei.

Mitnahme von Haustieren: Der EU-Heimtier-Ausweis ist für Hunde, Katzen und Frettchen vorgeschrieben. Die letzte Tollwutimpfung muss vermerkt sein (mindestens einen Monat, maximal ein Jahr alt). Außerdem müssen die Tiere mit einem Mikrochip oder einer Tätowierung identifiziert werden können. Tiere bis 6 kg Gewicht (inkl. Tragebox) können in der Regel von den Haltern mit ins Flugzeug genommen werden. Größere Tiere werden im Frachtraum befördert. In den meisten Hotels sind Hunde nicht zugelassen. In Restaurants dürfen Hunde aus hygienischen Gründen nicht mitgenommen werden, normalerweise können sie aber mit, wenn das Restaurant über eine Terrasse verfügt.

Anreise

Mit dem Flugzeug

Es existieren viele unterschiedliche Flugverbindungen von D, A und CH nach Nordspanien. In erster Linie werden die Flughäfen von Bilbao und Santiago de Compostela angeflogen. Für Reisende auf dem Jakobsweg bietet sich ein Gabelflug an, d. h. Hinflug nach Bilbao und Rückflug von Santiago de Compostela evtl. mit Zwischenlandung in Madrid oder Barcelona. Eine gute Option ist der Rückflug von Porto (in Portugal), da von hieraus häufiger Direktflüge nach Deutschland angeboten werden. Auch kleinere Flughäfen in Nordspanien (s. u.) werden bedient, dies ist aber in der Regel mit Zwischenstopp in Madrid oder Barcelona verbunden.

Flughäfen in Nordspanien

Aktuelle Informationen über Flughäfen, Flugverbindungen und Anbindung an die nächste Stadt finden sich unter www.aena.es.

Aeropuerto de A Coruña: 8 km südl. von A Coruña bei Culleredo.

Aeropuerto de Asturias: in der Nähe der Küste, 14 km westl. von Avilés, 40 km westl. von Gijón, 47 km nordwestl. von Oviedo.

Aeropuerto de Bilbao (Bilbo): ca. 10 km nördl. von Bilbao.

Aeropuerto de León: 6 km nordwestl. von León bei Virgen del Camino.

Aeropuerto de Logroño-Agoncillo: ca. 10 km östl. von Logroño bei Agoncillo.

Aeropuerto de Pamplona: 6 km südwestl. von Pamplona bei Noáin.

Aeropuerto de San Sebastían (Donostia): 22 km östl. von San Sebastián bei Hondarribia.

Aeropuerto de Santander: 5 km südl. von Santander bei Camargo.

Aeropuerto de Santiago de Compostela: 12 km östl. von Santiago bei Lavacolla.

Aeropuerto de Vigo: 9 km südöstl. von Vigo.

Aeropuerto de Vitoria-Gasteiz: 8 km nordwestl. von Vitoria-Gasteiz bei Antezana.

Aeropuerto de Zaragoza: 10 km westl. von Zaragoza.

Mit der Bahn

Die umweltfreundliche Bahnanreise erfolgt in der Regel mit Hochgeschwindigkeitszügen von Deutschland über Frankreich. In Paris muss man vom Bahnhof Gare du Nord bzw. Gare de l'Est zum Gare de Montparnasse wechseln, von dort fahren die Züge weiter zur spanisch-französischen Grenze bei Hendaye/Irún. Wegen der unterschiedlichen Schienenbreite in Spanien und Frankreich muss man in der Grenzstation Hendaye/Irún umsteigen. Von Frankfurt am Main benötigt man bis Irún mindestens 17 Std.

Mit dem Europabus

Die **Deutsche Touring** GmbH (Europabusse, Hauptsitz: Am Römerhof 17, 60486 Frankfurt am Main, Tel. 01805 79 03 03, www.deutsch-touring.com) bietet von verschiedenen deutschen Städten Fahrten an. Zu den wichtigsten Zielen, die in Nordspanien angesteuert werden zählen: Bilbao, San Sebastián, Burgos, León, Santiago de Compostela, Pontevedra und Vigo. Gerne werden die Busse von den Spaniern, die in Deutschland leben, genutzt. Die Busse sind komfortabel, dennoch zieht sich die Reise über viele Stunden hin, je nach Ausgangspunkt zwischen 18 und 25 Stunden.

Von verschiedenen Städten in der Schweiz (u. a. Basel, Zürich, Genf, Luzern, St. Gallen, Lausanne) fährt das Unternehmen **Alsa Eggmann** (www.alsa-eggmann.ch, Info und Reservierung Tel. 0900 57 37 47) nach u. a. Bilbao, San Sebastián, Oviedo, A Coruña und Santiago de Compostela.

Mit dem Pkw

Je nach Abreiseort eignen sich unterschiedliche Fahrtstrecken. Für Reisende aus dem Norden und Westen Deutschlands ist die Route über Paris, Orléans, Tours, Biarritz und Bordeaux nach San Sebastián die günstigste. Von Süddeutschland, der Schweiz und Österreich empfiehlt sich die Fahrt durch das Rhônetal via Montpellier, Toulouse und Bayonne nach San Sebastián.

Bei der Reiseplanung ist zu bedenken, dass die Autobahnen in Frankreich und in Spanien **gebührenpflichtig** sind. Alternativ bieten sich sowohl in Frankreich als auch in Spanien gut ausgebaute National- oder Landstraßen an. Aufgrund der langen Fahrtstrecke empfiehlt es sich, eine Zwischenübernachtung in Frankreich einzuplanen. Von Berlin bis Bilbao sind es 1967 km, von Frankfurt am Main 1485 km und von München 1702 km.

Die **Grüne Versicherungskarte** ist zwar in Spanien nicht Pflicht, kann sich aber bei Kontrollen dennoch als nützlich erweisen.

Die Automobilclubs ADAC und ÖAMTC unterhalten zwei **24-Stunden-Notrufnummern** in Spanien: Barcelona: Tel. 935 08 28 28, Madrid: Tel. 915 93 00 41. Notrufnummer des TCS: Tel. 0041 22 417 22 20.

Verkehrsmittel in Nordspanien

Auto

Mautgebühren *(peáje)*: Autobahnen *(autopista)* sind in Spanien gebührenpflichtig. Alternativ kann man auf die Nationalstraßen ausweichen. Die Nutzung der vierspurigen Schnellstraßen *(autovía)* ist kostenlos.

Tanken: Die Mietwagen fahren zumeist mit Eurosuper (95 Oktan, *gasolina sin plomo)* oder Diesel *(gasoleo A)*. 1 l kostete im Sommer 2008 ca. 1,23 bzw. 1,27 €. Sparfüchse können sich auf der Internetseite www.elpreciodelagasolina.com die preisgünstigsten Tankstellen raussuchen.

Höchstgeschwindigkeiten: Innerhalb der Ortschaften liegt die Höchstgeschwindigkeit bei 50 km/h, auf den Landstraßen bei 90–100 km/h, auf den Schnellstraßen *(autovías)* bei 100 km/h und auf den Autobahnen *(autopistas)* bei 120 km/h.

Promillegrenze: 0,5.

Weitere Verkehrsregeln: Telefonieren mit dem Handy ohne Freisprechanlage ist verboten. Außerdem besteht **Anschnallpflicht** sowohl auf den Vorder- als auch auf den Rücksitzen. Es ist in Spanien Pflicht, zwei **Warndreiecke** und eine **Signalweste** mitzuführen. Es ist verboten, im Falle eines Unfalls ohne Signalweste die Fahrbahn zu betreten.

Strafgebühren: Bei Geschwindigkeitsübertretungen und anderen Verkehrsdelikten ist mit empfindlich hohen Strafgebühren zu rechnen. Sie müssen direkt vor Ort bezahlt werden, anderenfalls wird das Auto beschlagnahmt.

Unfallaufnahme: Für die Unfallaufnahme ist zunächst nur der allgemeine Notruf Tel. 112 zu wählen, von dort aus wird alles Weitere organisiert. Ansonsten ist auf dem Land die Guardia Civil (Tel. 069) zuständig und in den Städten die Policia Municipal (Tel. 092). Ist man mit einem Mietwagen unterwegs, ist es dringend angeraten, sich bei einem Unfall oder einer Panne umgehend mit seiner Mietwagenfirma in Verbindung setzen.

Parken: Wichtig ist es, in einem geparkten Auto nichts offen liegen zu lassen, da dies Langfinger anlockt. In den größeren Städten empfiehlt es sich, aufgrund der Parkplatznot direkt eine Parkhaus *(parking)* anzusteuern. Das international übliche Schild mit dem weißen P auf blauem Grund weist auf Parkhäuser hin. Blaue Markierungen zeigen an, dass diese überwachten Parkplätze gebührenpflichtig sind, Tickets sind an den Automaten erhältlich. Mitunter trifft man auch auf offizielle oder private Parkanweiser.

Kreisverkehr: Erhöhte Aufmerksamkeit erfordert der Kreisverkehr, da viele Fahrer sich nicht ordnungsgemäß verhalten. Die Vorfahrt herrscht in der Regel immer im Kreisverkehr. In Ausnahmefällen haben die Verkehrsteilnehmer, die in den Kreisverkehr einbiegen, Vorfahrt, wenn ein Verkehrsschild darauf hinweist. Falls zwei Spuren im Kreis vorhanden sind, nur die rechte Spur wählen, wenn man bei der nächsten Ausfahrtsmöglichkeit abzweigen möchte.

Linksabbiegen von Land- oder Nationalstraßen: Linksabbieger werden häufig zunächst nach rechts auf eine Abzweigespur geleitet, eine Schleife führt zurück zur Hauptstraße, die dann direkt überquert wird.

Abschleppen durch Privatfahrzeuge ist verboten.

Fahrweise: Die Spanier verhalten sich in der Regel recht fair im Straßenverkehr. Auf den Straßen geht es etwas entspannter und weniger aggressiv zu als bei uns. Natürlich gibt es auch hier schwarze Scharfe, die sich nicht an die Verkehrsregeln halten und rücksichtslos fahren. Die Unfallhäufigkeit ist in Spanien relativ hoch, seit der Einführung eines mit dem in Deutschland vergleichbaren Punktesystems ist sie etwas gefallen.

Mietfahrzeuge

Ein Mietwagen ist die beste Möglichkeit Nordspanien zu erkunden, v. a. auch die entlegenen Ortschaften und Naturparks. Für das Mieten eines Pkws oder eines Motorrads ab 125 ccm ist der mindestens ein Jahr alte, nationale Führerschein erforderlich. Der Fahrer muss mindestens 21 Jahre alt sein. Einen Kleinwagen erhält man ab ca. 40–60 € am Tag bzw. 160–230 € in der Woche mit Vollkasko und unbegrenzter Kilometerzahl. In der Hochsaison, d. h. im Juli und August steigen die Preise. Für die Bezahlung wird in der Regel eine Kreditkarte verlangt.

Erkundigen Sie sich nach der Höhe der Selbstbeteiligung *(franquicia)* im Schadensfall. Zumeist entfällt bei Vollkasko *(todo riesgo)* die Selbstbeteiligung. Hier gibt es unterschiedliche Konditionen, die sich im Preis niederschlagen. Preisvergleiche lohnen sich! Häufig ist es sogar preisgünstiger, von zu Hause aus einen Pkw zu mieten. Ein Vorteil ist, dass der Mietvertrag auf Deutsch abgefasst ist. Der Gerichtsstand bei Rechtsstreitigkeiten ist dann in der Regel D, A oder die CH. Autovermietungen *(alquiler de coches)* sind in den spanischen Flughäfen und den größeren Busbahnhöfen vertreten.

Prüfen Sie bei der Abholung des Mietwagens das Fahrzeug auf Mängel und darauf, ob ein Verbandskasten, Warndreiecke, Sicherheitsweste und ein funktionstüchtiges Reserverad vorhanden sind. Fragen Sie nach einer Notfalltelefonnummer und einem Verzeichnis von Filialen des Anbieters. Der Pkw wird mit vollem Tank übergeben und muss bei der Rückgabe wieder vollgetankt abgegeben werden. Bei einem Unfall oder einer Autopanne ist es Pflicht, sich umgehend mit dem Autovermieter in Verbindung zu setzen. Die Mietfirmen arbeiten im Schadensfall mit Vertragswerkstätten zusammen!

Busse

Überlandbusse: Nordspanien verfügt über ein gut ausgebautes Busnetz, häufig sind die Frequenzen und die Anbindung besser als mit dem Zug. Sehr gute Verbindungen bestehen zwischen den größeren Städten, bei kleineren Ortschaften und entlegenen Zielen (z. B. Naturparks) ist es naturgemäß schwieriger. Erkundigen Sie sich vorab nach den Rückfahrtmöglichkeiten. Im Sommer verkehren deutlich mehr Busse, im restlichen Jahr werden die Fahrpläne ausgedünnt. In den größeren Ortschaften gibt es zentrale Busbahnhöfe *(estación de autobuses)*, ansonsten fahren die Busse von einer einfachen Haltestelle ab.

Es empfiehlt sich, in der Hauptsaison, an Feiertagen und Brückenwochenende die Tickets rechtzeitig vor der Abreise zu kaufen, da nur so viele Passagiere zugelassen werden, wie Sitzplätze vorhanden sind. Mitunter werden bei starker Nachfrage auch zusätzliche Busse eingesetzt. Bei den Bussen gibt es den Unterschied zwischen *directo* (Bus nimmt die kürzeste Strecke zwischen zwei Orten und hält unterwegs selten) und *ruta* (Bus hält an vielen Ortschaften auf der Strecke).

Infos und Fahrpläne: Die aktuellen Busfahrpläne sind bei den verschiedenen Anbietern in den Busbahnhöfen erhältlich. Informationen erteilen auch die örtlichen Tourismusinformationsbüros und in der Regel auch die Hotelrezeptionen. Außerdem finden sich die Busfahrpläne auch in den lokalen Zeitungen. In kleinen Dörfern erhält man in der nächsten Bar oder im Rathaus Auskunft. Die meisten Strecken in Nordspanien bedienen die Busfirma Alsa und ihre Tochtergesellschaften. Hinzukommen etliche kleinere Busunternehmen, die lokal operieren. An den Wochenenden verkehren weit weniger Busse als an den Werktagen! Hotlines und Internetadressen einiger Busgesellschaften:

Alsa: Tel. 902 42 22 42, www.alsa.es
Arriva: Tel. 981 58 85 11
Bizkaibus: Tel. 902 22 22 65, web.bizkaia net/herri_lanak/Bizkaibus/ca_index.asp
Castromil: Tel. 902 29 29 00
Castromil-Monobus: Tel. 981 55 57 60
Conda: Tel. 948 82 10 26, www.conda.es, www.condasa.com
Continental Auto: Tel. 902 33 04 00, www.continentalauto.es
Garcia: Tel. 942 89 16 40
Interbus: www.interbus.com
Iparbus Herribus: Tel. 943 49 18 01, www.iparbus.com
Jiménez: Tel. 947 26 69 30
La Estellesa: Tel. 948 22 22 23, www.laestellesa.com
Monbus: Tel. 902 29 29 00, www.monbus.es

Pesa: Tel. 902 10 12 10, www.pesa.net
Socitransa: Tel. 988 41 03 16, 988 59 02 10, www.socitransa. com
Tafallesa: Tel. 948 22 28 86

Stadtbusse: Größere Städte sowie die meisten Ferienortschaften verfügen über ein innerstädtisches Busnetz. Eine Einzelfahrt kostet in der Regel rund 1,50 €. Günstiger sind die Mehrfahrtentickets *(bono-bús)*, die in den Tabakläden *(estancos)* oder an einigen Kiosken verkauft werden.

Züge

In Nordspanien verkehren Züge der staatlichen Zuggesellschaft Renfe, hinzukommen die privaten Betreiber FEVE und Euskotren. Die **Renfe** (Fahrpläne, Preise, Ticketkauf: Tel. 902 24 02 02, www.renfe.es) fährt die Küstenstädte wie Bilbao, San Sebastián, Santander, Gijón und El Ferrol an, allerdings fehlen die Querverbindungen! So empfiehlt es sich, für eine Bahnreise entlang der Küste auf die privaten Betreiber FEVE oder **EuskoTren** (Tel. 902 54 32 10, www.euskotren.es) zurückzugreifen oder alternativ auf die häufig flotteren Busse umzusteigen.

Tickets sind in den Bahnhöfen, den Stadtbüros der Renfe oder über das Internet erhältlich. Wer schon vorab in Deutschland ein Zugticket der Renfe erstehen möchte, kann dies über Iberotours tun (Immermannstr. 23, 40210 Düsseldorf, Tel. 0211 864 15 20, Fax 0211 864 15 29, www.iberotours.de). Das Tarifsystem ist recht unübersichtlich! Die Preise richten sich nach dem Komfortstandard und der Schnelligkeit des Zugs. Wobei die günstigen *trenes de cercanía* oder *trenes regionales* in jedem Kuhdorf halten. Fragen Sie beim Kauf nach Ermäßigungen *(descuentos,* in der Regel für Senioren ab 65 Jahren und für Gruppen) sowie nach günstigen Zügen oder einer schnellen Verbindung. Preiswerter wird es, wenn Hin- und Rückfahrtticket *(ida y vuelta)* zusammen gelöst werden. Generell sind die Züge weit günstiger als in D, A und CH.

Die spanische Schmalspurbahn **FEVE** (Asturien Tel. 985 98 23 81, 985 98 23 80, Baskenland Tel. 944 25 06 15, Galicien Tel. 981 37 04 01, Kantabrien Tel. 942 20 95 22, 942 20 95 66, Kastilien-León Tel. 987 27 12 10, www.feve.es) verkehrt zwischen Bilbao im Baskenland und El Ferrol in Galicien. Der Rhythmus ist gemütlich, es gibt nur wenige schnelle Verbindungen. Ursprünglich beförderte die FEVE das Eisenerz und die Kohle der Bergwerke zu den Hafenstädten, in den 1970er-Jahren wurde im Zuge der Krise der Montanindustrie das Schienennetz überholt und auf Personenverkehr umgestellt.

Taxis

Die Taxipreise sind im Vergleich zu anderen europäischen Städten mäßig, Taxameter sind Pflicht. Man kann Taxis auf der Straße anhalten, freie Wagen sind am grün erleuchteten *Libre*-Zeichen auf dem Dach zu erkennen. Trinkgelder an Taxifahrer sind nicht üblich, werden aber gern angenommen

Transcantábrico: Das Aushängeschild der FEVE ist der nostalgische Luxuszug Transcantábrico, eine originelle, exklusive Reiseform für Bahnliebhaber! Die 8-tägige Tour mit sieben Übernachtungen startet in León und endet in Santiago de Compostela (oder umgekehrt). Der Transcantábrico legt Stationen in so reizvollen Städten wie León, Bilbao, Santander und Santillana de Mar oder Luarca ein. Ein Ausflug mit dem Bus führt in die Bergwelt der Picos de Europa. Der Preis für die Tour (ca. 2500 € für ein DZ im Suite-Abteil; 3500 € für ein EZ im Suite-Abteil) beinhaltet die Übernachtung im Zug, die Verpflegung sowie geführte Ausflüge. Buchungen unter www.transcantabrico.feve.es oder über City Reisebüro Udo Hell GmbH, Rathausstraße 24, 66914 Waldmohr, Tel. 06373 81 17 23, Fax 06373 81 17 99, www.bahnurlaub.de.

Hotels, Pensionen, Gasthäuser und Privatzimmer

Die Hotels werden entsprechend den internationalen Standards mit ein bis fünf Sternen ausgezeichnet. Die höchste Auszeichnung schmückt ein 5-Sterne-Haus mit dem Zusatz GL für *Gran Lujo* (Großer Luxus). Zu den einfachen Unterkünften zählen die Pensionen *(pensión)* und die Gasthäuser *(hostal, fonda),* sie werden je nach Ausstattung mit ein bis drei Sternen klassifiziert. Außerdem werden vielfach auch private Unterkünfte *(habitación)* angeboten. Verzeichnisse der Unterkünfte erhalten sie zu der jeweiligen Autonomen Region von den Turespaña-Büros (s. S. 62).

Paradores

Die staatlich geführten Paradores gehören zu den großen Aushängeschildern der spanischen Hotellerie. Zumeist handelt es sich dabei um Luxusunterkünfte, untergebracht in historischen Gemäuern wie ehemaligen Burgen, Klöstern oder Pilgerherbergen. Sie sind mit drei bis fünf Sternen ausgezeichnet.

Besonders schön sind in Nordspanien die Paradores in Santo Domingo de la Calazada, León und Santiago de Compostela. Das Standarddoppelzimmer kostet 103–225 €. Buchungen können über die *central de reservas* vorgenommen werden: Calle Requena 3, 28013 Madrid, Tel. 902 54 79 79, Fax 902 52 54 32, www.parador.es.

Hotel El Peregrino in Puente la Reina: rustikales Interieur mit modernem Design

Agroturismo

Der ländliche Tourismus *(turismo rural)* ist in Nordspanien schwer in Mode! Es gibt ein dichtes Netz von Landhäusern und ländlichen Hotels bis hin zu edlen Herrenhäusern. In der Regel sind diese Unterkünfte sehr liebevoll und mit viel Geschmack eingerichtet. Die Herrenhäuser sind feudale Unterkünfte mit besonderem Charme und Komfort. Die meisten der Landhäuser bieten Frühstück oder Halbpension an. Einige richten sich aber auch an Selbstversorger, d. h. eine Küche steht den Gästen zur Verfügung.

In der Hauptsaison empfiehlt sich eine rechtzeitige Reservierung. Der günstigste Preis für ein Doppelzimmer in einem Landhaus liegt bei 30 €, in den Herrenhäusern ist mit 90–120 € für ein Doppelzimmer zu rechnen. Über die Turespaña-Büros (s. S. 62) erhalten Sie Kataloge mit den ländlichen Unterkünften und Herrenhäusern der jeweiligen Autonomen Region.

Camping und Berghütten

Nordspanien ist gut mit Campingplätzen *(camping)* ausgestattet. Sie werden entsprechend ihrer Ausstattung und Lage in die Kategorien eins bis drei unterteilt. Einige Plätze sind das ganze Jahr über geöffnet, andere nur in der Karwoche und den Sommermonaten. Etliche Plätze vermieten auch zumeist einfach ausgestattete Holzbungalows. Die Kosten belaufen sich in etwa auf 5 € je Person, Pkw und Zelt. Für Stellplätze für Caravans werden rund 10 € verlangt. Wildes Campen ist offiziell verboten! Ein aktuelles Verzeichnis mit den Campingplätzen schicken Ihnen die Turespaña-Büros (s. S. 62) zu.

In den Gebirgsregionen Nordspaniens gibt es für Wanderer die Möglichkeit, in Berghütten *(refugio)* Unterkunft zu finden. Ein Verzeichnis steht auf der Website der spanischen Föderation für den Wander- und Klettersport: www.fedme.es.

Pilgerherbergen entlang des Jakobswegs
Für die Übernachtung in Pilgerherbergen ist es Pflicht, den Pilgerpass vorzuweisen. Die Herbergen werden von kirchlichen Einrichtungen, religiösen Bruderschaften oder von Privatleuten betrieben. Die Preise liegen zwischen 5 und 6 € pro Person, vielfach ist es den Pilgern überlassen, eine Spende zu entrichten, mitunter sind die Herbergen auch gratis. Ein Verzeichnis der Pilgerherbergen findet sich unter www.caminosantiago.com.

Jugendherbergen

Jugendherbergen heißen auf Spanisch *albergues juveniles*. Die Vorlage des internationalen Jugendherbergsausweises ist notwendig, um dort übernachten zu können. Eine Altersbegrenzung gibt es in Spanien nicht, in der Regel muss man jedoch ab 26 Jahren einen Aufschlag bezahlen. Das Niveau der Jugendherbergen ist recht unterschiedlich. Einige sind nicht das ganze Jahr über geöffnet. Für Übernachtung mit Frühstück ist mit 10–20 € zu rechnen. Buchungen können beim Spanischen Jugendherbergsverband auch übers Internet vorgenommen werden: Red Española de Albergues Juveniles, Calle Castello 24, 2800 Madrid, Tel. 915 22 70 07, Fax 915 22 80 67, www.reaj.com.

Preisangaben

Die Preise, die sie im Reiseteil dieses Buchs finden, beziehen sich – falls nicht anders angegeben – auf eine Übernachtung ohne Frühstück für zwei Personen im Doppelzimmer (DZ) inkl. Mehrwertsteuer.

Abenteuersport

Das Angebot an Abenteuersport ist breit gefächert und reicht von Gleitschirmfliegen *(parapente)* über Bungee-Jumping *(puenting)* und Höhlenerforschungen *(espeleogía)* hin zu Klettertouren in Schluchten *(decenso en cañones)* oder Bergtouren *(montanismo).*

Golf

Golf ist auch in Nordspanien immer mehr im Kommen, mittlerweile gibt es rund 54 Plätze, die höchste Konzentration an Golfplätzen findet sich in Kantabrien. Viele davon stehen auch Besuchern offen, die Benutzung einiger Plätze ist allerdings abhängig von einer Mitgliedschaft. Die Greenfee für Gäste hängt mitunter von der Saison und dem Wochentag ab. Einen guten Überblick über die Golfplätze und ihre Ausstattung bietet in deutscher und englischer Sprache die Website www.golfspain.com.

Kanu fahren

Etliche Flüsse in Nordspanien eignen sich für Touren mit dem Kanu. Einer der Treffpunkte für Kanuten ist der Rio Sellas in Asturien. Jedes Jahr im August findet hier ein internationaler Wettbewerb statt. Ausgangspunkt ist die Ortschaft Arriondas, den Endpunkt der Tour bildet das nette Küstenstädtchen Ribadesella. In beiden Ortschaften können Kanus ausgeliehen werden. Genauere Informationen sind über das Tourismusamt in Ribadesella erhältlich (s. S. 206).

Pelota

Ein populärer Sport im Baskenland ist das Pelotaspiel (*pelota* = Ball). Das enorm temporeiche Rückschlagspiel wird zwischen Einzelspielern oder Mannschaften mit bis zu zehn Spielern ausgetragen. Dabei wird der Ball mit einem löffelartigen Schlägerkorb, der *chistera,* oder mit der bloßen Hand gegen eine groß dimensionierte Schlagwand gespielt. Der zurückspringende Ball muss nach einmaligem Aufspringen auf dem Boden vom Gegner wieder an die Wand zurückgeschlagen werden.

Durchaus üblich ist bei Pelotaspielen der Abschluss von Wetten. Der Besuch eines Pelotaspiels ist lohnenswert und kann zu den besonderen Erlebnissen auf einer Tour durch das Baskenland.

Rad fahren

Der Radsport ist in Nordspanien sehr populär. Die spanischen Liebhaber des Radsports sind in Vereinen organisiert und planen am Wochenende ihre anspruchsvollen Touren. Im normalen Stadtbild ist das Netz an Radwegen noch recht dünn, aber es werden vermehrt Radwege geschaffen. Unter den Städten ist San Sebastián die Radfahrerhochburg mit herrlich angelegten Wegen entlang der ausgedehnten Bucht La Concha.

Stillgelegte Eisenbahntrassen, die *vías verdes,* sind ideale Strecken für Radsportler, ein Überblick bietet die Website www.viasverdes.com. Vermehrt sind Mountainbiker auf dem Jakobsweg anzutreffen, nicht immer zur Freude der Wanderpilger. Sportlich ambitionierte Radler kommen in den Picos de Europa auf ihre Kosten. Die lokalen Tourismusämter geben Informationen über Radstrecken und Fahrradverleiher.

Reiten

In Nordspanien finden sich etliche Reitzentren *(centros de equitación, clubs hípicos).* Häufig bieten auch die ländlichen Unter-

Auf der Pferderennbahn in San Sebastián

künfte, die *casas rurales,* Reitausflüge an. Informationen über Reitmöglichkeiten erteilen die lokalen spanischen Fremdenverkehrsämter. Organisierte Touren bietet das Schweizer Unternehmen Pegasus Reiterreisen an: EQUITOUR AG, Herrenweg 60, 4123 Allschwil, Tel. 061 303 31 01, Fax 061 303 31 00, www.reiterreisen.com.

Pferdefreunde können im Sommer auch bei diversen Rennen auf der Pferderennbahn in San Sebastián mitfiebern und mitwetten (Arrapide Pasealekua 11, Zubieta, Tel. 943 37 31 80, www.hipodromoa.com).

Surfen und Wellenreiten

Die rund 600 km lange nordspanische Atlantikküste bietet für Surfer und Wellenreiter recht kontinuierlich eine steife Brise. Die Hotspots des Wassersports finden sich v. a. im Baskenland, zu den derzeit beliebtesten Surferdestinationen zählen Mundaka (s. S. 113) und Zarautz (s. S. 145).

Wandern

Nordspanien ist ein Eldorado für Wanderer. Die Wege sind relativ gut ausgeschildert. Informationen über Wandertouren publizieren das spanische Fremdenverkehrsamt (s. S. 62) und die spanische Föderation für den Wander- und Klettersport (FEDME, Calle Floridablanca 84, 08015 Barcelona, Tel. 934 26 42 67, Fax 93 42 62 75, www.fedme.es). Die Broschüre »Wandern in Euskadi« kann man beziehen über www.paisvascoturismo.net, die Website der baskischen Tourismusbehörde.

Im Zentrum des Interesses ausländischer Besucher steht der klassische Jakobsweg, der *Camino Francés.* Reizvoll und weniger überlaufen ist der Jakobsweg entlang der Küste, allerdings ist die Infrastruktur, was Pilgerherbergen und Ausschilderung anbelangt, bei Weitem nicht so gut. Zu den beliebtesten Wandergebieten in Nordspanien zählen zweifellos die Picos de Europa, in denen auch geübte Bergsportler und Kletterer gut aufgehoben sind (s. S. 180).

Kulinarische Spezialitäten

Die Palette der kulinarischen Spezialitäten ist in Nordspanien kaum überschaubar: Aus Santiago de Compostela bieten sich als Mitbringsel die berühmte *tarta de Santiago* (Mandelkuchen) oder ein milder *queso de tetilla* (Brüstchenkäse) an, eine weitere Käsespezialität ist der geräucherte Don Simon. Asturien ist berühmt für seinen pikanten Blauschimmelkäse, *queso de Cabrales,* der in Höhlen heranreift. Kulinarische Spezialitäten der Rioja und des Baskenlandes sind hochwertige Spargelkonserven oder in Gläsern aufbewahrter Thunfisch. Kastilien-León ist bekannt für seine guten Wurstwaren. Zumeist werden die Produkte auch vakuumverpackt *(al vacío)* angeboten und lassen sich so problemlos mitführen. Naschkatzen kommen in Vitoria auf ihre Kosten, die Stadt ist berühmt für ihre leckeren Schokoladentrüffel.

Weinliebhaber haben in Nordspanien die Qual der Wahl. Die Rioja ist v. a. bekannt für ihre hochwertigen Rotweine, die in Eichenfässern reifen. Aus Galicien kommt der leicht fruchtige Albariño-Weißwein, der hervorragend zu Fisch und Meeresfrüchten passt. In Asturien und auch im Baskenland wird der *sidra,* ein Apfelwein hergestellt. Die Region Navarra wartet ebenfalls mit exzellenten Weinen auf, eine Spezialität der Region ist der *pacharán,* ein Schlehenlikör, der mit Anis versetzt wird. Guter Tresterschnaps, *orujo,* wird in Kantabrien hergestellt.

Kunsthandwerk

In Nordspanien findet der Besucher ein breit gefächertes Angebot an Kunsthandwerk. Aus Camariñas kommen die kunstvoll angefertigten Klöppelspitzen, sie werden auch anderorts angeboten, beispielsweise in Santiago de Compostela. Vigo ist bekannt für seine Korbflechtereien. In Asturien und Kantabrien werden handgeschnitzte Holzschuhe *(albarcas)* feilgeboten, die früher bei der Arbeit auf dem Feld zum Einsatz kamen. Vielerorts in Galicien wird die Keramik der Firma Sargadelos (s. S. 357) verkauft, die Farbe Blau dominiert das schlichte Dekor. Weitere Zentren für die Herstellung von Keramik sind die Ortschaft Navarette (La Rioja) und Buño (Galicien).

In der Rioja werden die typischen ledernen Weinbeutel *(botas)* angeboten. Weit verbreitet sind in Galicien Amulette aus den unterschiedlichsten Materialien, wie die geschlossene Hand, die *figa,* sie soll gegen den bösen Blick schützen. Und natürlich fehlen in den Souvenirgeschäften nicht die *meigas,* die galicischen Hexen. Mitunter sind diese Puppen allerdings recht kitschig und z. T. sogar mit einem eingebauten Bewegungsmelder versehen.

Mode und Schmuck

Edle Designermode bieten spanische Labels wie Adolfo Domingues oder Verino. Günstige junge Mode hat die galicische Kette Zara. In fast allen größeren Städten in Nordspanien ist auch die größte spanische Kaufhauskette Corte Inglés vertreten. Im Bereich der Mode vertritt die Kette eher die klassische Linie. Ein Modeklassiker aus Nordspanien ist die Baskenmütze, sie wird v. a. in den Hutgeschäften im Baskenland und in Navarra angeboten.

Nordspanien ist auch das Zentrum der spanischen Schuhindustrie, entsprechend breit gefächert ist das Angebot. Die Preise sind nach wie vor etwas günstiger als bei uns, die Qualität ist sehr gut und der Zuschnitt durchaus auch für mitteleuropäische Füße angenehm. Interessant ist zudem das Angebot an anderen Lederwaren wie Handtaschen oder Jacken. Allerdings sind die Preise mittlerweile fast identisch mit denen in unseren Breitengraden.

Origineller Schmuck wird insbesondere in den unzähligen Juweliergeschäften in Santiago de Compostela feilgeboten. Beliebt ist der Silberschmuck sowie Schmuckstücke aus Gagat (Pechkohle), das begehrteste Motiv ist dabei natürlich die Jakobsmuschel. Auch der Apostel Jakob selbst steht als Schnitzarbeit oder in Silber gegossen bei Mitbringselsuchenden hoch im Kurs.

Wochenmärkte

Fast in jedem Ort in Nordspanien gibt es einen Wochenmarkt *(mercadillo)*. Ein solcher Markt ist in der Regel ein idealer Schauplatz, um in das bunte, spanische Leben einzutauchen. Die Touristeninformationen vor Ort geben Auskunft darüber, wann und wo die Märkte stattfinden.

Die Markthändler bieten neben Obst, Gemüse, Käse- und Wurstwaren oft auch Kleidung und Hausrat an. Hinzu kommen CDs und DVDs (meist Raubkopien) sowie allerlei anderer Tand. Allerdings darf man sich von diesem Angebot nicht allzu viel Hochwertiges erwarten. Kunsthandwerkliches findet sich von Ausnahmen abgesehen nicht an den Marktständen.

Feilschen

Anders als z. B. in Nordafrika ist es in Spanien im Allgemeinen nicht üblich, in Geschäften oder auf Märkten zu handeln!

Queso de tetilla: **eine galicische Käsespezialität im Brustformat**

Nachtleben

Nordspanien ist sicherlich nicht unbedingt bekannt als Urlaubsdestination für Nachtschwärmer und Vergnügungssüchtige. Dennoch ist es um die Ausgehkultur nicht schlecht bestellt, ein gutes Angebot für Nachtschwärmer findet sich v. a. in den größeren Städten sowie in einigen Urlaubsorten an der Küste wie beispielsweise in Sanxenxo in der Nähe von Pontevedra. Dagegen werden in den ländlichen Regionen die Bürgersteige für spanische Verhältnisse schon recht früh hochgeklappt.

Insbesondere in Universitätsstädten wie Santiago, Pamplona, Burgos und León herrscht an den Wochenenden ein reges studentisches Nachtleben. Die Clubs öffnen häufig erst gegen 23/24 Uhr, richtig Stimmung kommt so gegen 2 Uhr nachts auf, meist kehren die Jugendlichen erst am nächsten Morgen nach Hause zurück. Zum Frühstück stärkt man sich unterwegs mit *churros con chocolate* (Brandteiggebäck und heiße Schokolade). Der Sonntag wird weitgehend verschlafen und somit zur Regeneration genutzt.

Tapabars

Im Norden laufen die Tapas unter dem Begriff *pincho* oder *pintxo* (Spieß), da die kleinen Appetithäppchen mit einem Zahnstocher aufgespießt werden. In Nordspanien gibt es regelrechte *pincho*-Meilen wie in San Sebastián, Bilbao, Pamplona, Burgos, Logroño oder León. Eine Bar reiht sich dort an die nächste. Die Spanier haben kein Sitzfleisch, sie ziehen von Lokal zu Lokal. Vielfach quillen an den Wochenenden die Bars regelrecht über, so wird das Glas Wein und der *pincho* über die Köpfe hinweg vor die Tür gereicht, für diejenigen, die drinnen keinen Platz mehr gefunden haben.

Feste und kulturelle Veranstaltungen

Im Rampenlicht der Cineasten steht alljährlich San Sebastián: In der zweiten Septemberhälfte richtet die Stadt das traditionsreiche Internationale Filmfestival aus (s. S. 137).

Weit über die Grenzen Spaniens hinaus bekannt ist die Fiesta de San Fermín, die vom 6.–14. Juli in Pamplona stattfindet. Begleitet wird das legendäre Stierrennen von einem umfangreichen Kulturprogramm (s. S. 229).

Im Baskenland lohnt es sich, die Feste auf dem Land zu besuchen, Attraktionen sind die archaischen Wettkämpfe wie Steinheben oder Wettsägen. Ein umfangreiches Kulturprogramm bietet die *semana grande,* das große Stadtfest von Bilbao: neben Stierkämpfen gibt es auch Konzerte sowie Theater- und Sportveranstaltungen (s. S. 107). Feuchtfröhliche Atmosphäre herrscht am 29. Juni bei der Weinschlacht in Haro in der Rioja (s. S. 264).

Typisch für Galicien sind die *rapas das bestas:* Die halbwilden Pferde werden von den Bergen und Hügeln herabgetrieben, um ihnen die Mähnen zu stutzen und die Fohlen mit Brandzeichen zu versehen (s. S. 359). Hinzu kommt eine Vielzahl von kulinarischen Festen, die beispielsweise den Austern, den Miesmuscheln oder den Langusten gewidmet sind.

Zahlreich sind die Wallfahrten und Patronatsfeste, das bekannteste ist sicherlich das ausgelassene Jakobusfest um den 25. Juli in Santiago de Compostela. Interessant ist in vielen Städten und Ortschaften auch die Karwoche, die *Semana Santa,* während der auf großen Prozessionen tonnenschwere Gestelle *(pasos)* mit der Jungfrau Maria und Christusfiguren stundenlang durch die Straßen getragen werden. Besonders eindrucksvoll sind die Umzüge in León und Burgos. In Nordspanien kennzeichnet die Osterzeit eine feierliche, ernste Stimmung, im Süden Spaniens regieren dagegen religiöser Pathos und Überschwang der Gefühle!

Erscheinungsbild

Kurze Hosen sind für Männer in den Augen der Spanier unangebracht, ebenso wie Birkenstockschuhe und unrasierte Beine bei Frauen. In Kirchen werden mittlerweile kurze Hosen und Tops toleriert, dennoch wäre es angebracht, sich diesbezüglich zurückzuhalten.

Frauen allein unterwegs

In Nordspanien ist es kein Problem für Frauen allein zu reisen. Die Nordspanier sind in der Regel eher zurückhaltend. Falls man sich jedoch mit einer unerwünschten Anmache konfrontiert sieht, hilft meist eine klare Ansage, wie *basta ya* (es reicht) oder *déjame en paz* (lass mich in Frieden).

Freie Tische

Die Spanier sind sehr gesellig, in den Bars kommt man v. a. an der Theke leicht ins Gespräch. Nicht üblich dagegen ist es, sich im Restaurant an einen Tisch hinzuzusetzen, selbst wenn noch mehrere Plätze frei sind.

Geduld

Hat man es in Spanien mit den Behörden zu tun, braucht man v. a. eins – viel Geduld *(paciencia)*. Ungeduldiges Verhalten wird nicht goutiert, damit erreicht man eher das Gegenteil. Freundlichkeit zahlt sich in der Regel eher aus! Insbesondere für ein gutes Essen nehmen sich die Spanier sehr gerne sehr viel Zeit.

Öffnungszeiten

Das Gros der **Geschäfte** öffnet Mo–Fr 9.30/10–14 und 16.30/17–20 Uhr, Sa nachmittag ist oft geschlossen. Große Kaufhäuser und Einkaufsmärkte haben Mo–Sa durchgehend geöffnet. **Markthallen** sind in der Regel Mo–Sa 8/9–14 Uhr geöffnet. **Apotheken** öffnen normalerweise Mo–Fr 8.30/9–13 und 17–19 Uhr. Die **Postämter** sind Mo–Fr 9–13/14 und 16–18 Uhr geöffnet, Sa sind sie meist nur am Vormittag offen. Die **Museen** sind in der Regel 10–13 und 16–19 Uhr geöffnet. Größere Museen haben durchgängige Öffnungszeiten. Montag ist häufig Ruhetag, viele Museen sind auch So nachmittags geschlossen.

Rauchen

In öffentlichen Gebäuden ist es seit 2006 verboten zu rauchen. In einigen Flughäfen gibt es Raucherräume. Ab einer bestimmten Größe müssen Restaurants, Bars und Cafés eine rauchfreie Zone ausweisen. Die Besitzer kleinerer Lokale können selbst entscheiden, ob sie ihre Restauration für Raucher oder Nichtraucher öffnen. Raucherlokale haben Schilder an der Tür: *Se permite fumar* (Rauchen erlaubt).

Umgangsformen

Statt eines Händedrucks ist es in Spanien üblich, sich auf jede Wange einen Kuss zu geben. Männer begrüßen sich untereinander auch häufig mit einem Handschlag oder einem leichten Schulterklopfen. Allgemein verbreitet ist in Spanien das Duzen, selbst auf Behörden, bei Banken oder in Geschäften.

Zeit

In Nordspanien gilt die Mitteleuropäische Zeit (MEZ). Sommer- und Winterzeit beginnen zu denselben Terminen wie bei uns. Die Uhr muss also nicht verstellt werden.

Reisekasse und Reisebudget

Geld

Spanien gehört zur Euro-Zone. 1 Euro = 1,61 sfr (Stand Sommer 2008).

EC-/Maestro-Karte: Von den meisten Geldautomaten der Banken kann man mit der EC-/Maestro-Karte und der PIN-Nummer Geld abheben. Das Menü ist auch in Deutsch abgefasst. Die Gebühren belaufen sich auf ca. 2,5 %. In vielen Geschäften und an Tankstellen kann man mit der EC-/Maestro-Karte gebührenfrei bezahlen, z. T. wird dazu ein Ausweis verlangt.

Kreditkarten: Autovermieter, Tankstellen, Hotels, größere Restaurants und Geschäfte akzeptieren Kreditkarten. Visa, Mastercard und American Express sind die gängigsten.

Reiseschecks: Nur wenige Hotels akzeptieren noch Reiseschecks, die Kommisson beträgt rund 2 %. Ebenso nehmen nicht mehr alle Banken Reiseschecks an. Personalausweis oder Pass müssen vorgelegt werden!

Banken: In Banken sind die Warteschlangen häufig recht lang. Sie öffnen in der Regel Mo–Fr 8.30–14.30 Uhr, teilweise Sa 9–13 Uhr.

Sperrung von EC- und Kreditkarten bei Verlust oder Diebstahl*:

00 49-11 61 16

oder 00 49-304 05 04 05 09
(* Gilt nur, wenn das ausstellende Geldinstitut angeschlossen ist, Übersicht: www.116116.eu)

Weitere Sperrnummern:
- MasterCard: 00 49-69-79 33 19 10
- VISA: 00 49-69-79 33 19 10
- American Express: 00 49-69-97 97 10 00
- Diners Club: 00 49-69-66 16 61 23

Bitte halten Sie Ihre Kreditkartennummer, Kontonummer und Bankleitzahl bereit!

Preisniveau

Das Preisniveau in Nordspanien ist mit dem mitteleuropäischen vergleichbar. In den Pensionen ist ein Doppelzimmer meist schon ab 40 € zu bekommen. Die Restaurants sind dagegen noch einen Tick teurer als daheim: Für ein dreigängiges Menü in einem gepflegten Lokal sollte man 20–40 € veranschlagen. In den Gourmettempeln Nordspaniens sind für mehrgängige Degustationsmenüs ca. 70–115 € zu bezahlen. In einfachen Restaurants finden sich auch Tagesgerichte ab 12–15 €. Kleine *pinchos* kosten 2–4 €, für größere *raciones* (Portionen) werden 6–12 € verlangt. Günstig ist nach wie vor der Wein: Für ein Glas Wein werden in der Regel 2–4 € berechnet. Für ein Bier oder einen Café sind 1,50–2 € zu berappen.

Die Preise für Museumseintritte liegen bei 2,50–5 €, einige Museen sind auch gratis. Die Aquarien kosten um die 10 €. Die Eintritte in städtische oder staatliche Museen sind teilweise für EU-Bürger frei. Ermäßigungen erhalten Studenten, Rentner und Arbeitslose gegen Vorlage des entsprechenden Ausweises. Kinder unter 6 Jahren zahlen normalerweise keinen Eintritt, Kinder zwischen 6 und 12 Jahren zahlen nur die Hälfte.

Trinkgeld

Trinkgeld wird in Spanien generell diskret auf dem Tisch liegen gelassen. Häufig wird in einfachen Restaurants und Bars der Betrag einfach aufgerundet. In gepflegten Lokalen gilt die Faustregel, je nach Zufriedenheit 5–10% Trinkgeld *(propina)* zu geben.

Insbesondere im Hotel sollte man die Zimmermädchen mit Trinkgeld bedenken, am besten hinterlegt man es gleich am ersten Tag (0,50–1 € pro Tag). Auch die Kofferträger in den Hotels freuen sich über ein Trinkgeld, ebenso wie Gästeführer und Reiseleiter.

Klima

Die Küste wird vom atlantischen Klima geprägt: Die Winter sind recht mild, im Sommer pendelt sich das Thermometer bei 25–30 °C ein. Die Atlantikbrise sorgt für angenehme Frische. Im Winter und Frühjahr fallen die meisten Regenfälle, es kann aber auch im Sommer regnen. Zumeist handelt es sich in der warmen Jahreszeit aber nur um kurze Schauer.

In den Hochlagen der Pyrenäen und der Kantabrischen Kordillere herrschen alpine Wetterverhältnisse. Kontinentales Klima prägt Kastilien-León sowie die südlichen Gefilde von Navarra und der Rioja: Die Sommer sind erbarmungslos heiß und trocken, in den Wintermonaten herrscht eisige Kälte. Selbst im Frühjahr kann es in den Hochlagen, z. B. in Burgos, noch empfindlich kalt werden.

Reisezeit

Ideal für eine Nordspanienreise sind die Sommermonate von Juni bis September. Als Bademonate gelten Juli und August: Die Wassertemperaturen des Atlantiks liegen dann bei 15–18 °C. Im August nehmen sich die meisten Spanier Urlaub, so ist es in diesem Monat überall recht voll. Die Sommermonate eignen sich auch, um die Pyrenäen oder die Kantabrischen Kordillere zu erkunden. Doch selbst im Sommer muss in der Bergwelt mit plötzlichen Wetterumschwüngen gerechnet werden.

Viele Jakobspilger ziehen das späte Frühjahr und den frühen Herbst vor, da die Sommermonate zu überlaufen sind. Hinzu kommt, dass dann die drückende Hitze, v. a in der Meseta, den Wanderern zu schaffen macht.

Kleidung und Ausrüstung

In Spanien hat sich vieles gelockert, was die Kleidung anbelangt. Dennoch wird Wert darauf gelegt, dass in besseren Hotels, gediegenen Restaurants oder bei Abendveranstaltungen wie Theater- oder Konzertbesuchen, das Outfit dem Ambiente entspricht.

Im Frühjahr und Herbst ist es ratsam, bei der Kleidungsauswahl die Zwiebeltechnik anzuwenden, d. h. T-Shirts mit Pullover und Jacke zu kombinieren. Auf jeden Fall sollte in dieser Zeit etwas wärmere Kleidung im Gepäck nicht fehlen. Für den Hochsommer empfiehlt es sich, leichte Sommerkleidung einzupacken. Da es jedoch in den Abendstunden abkühlt, sollte man immer auch eine wärmende Jacke mitnehmen. Auf jeden Fall gehört in den Koffer oder den Rucksack zu jeder Jahreszeit ein Regenschirm oder ein Regencape!

Elektrizität

Das spanische Stromnetz ist auf 220 Volt Wechselstrom eingestellt. Die Stromstecker entsprechen fast flächendeckend der EU-Norm, nur in ganz seltenen Fällen ist noch ein Adapter vonnöten.

Klimadaten Burgos

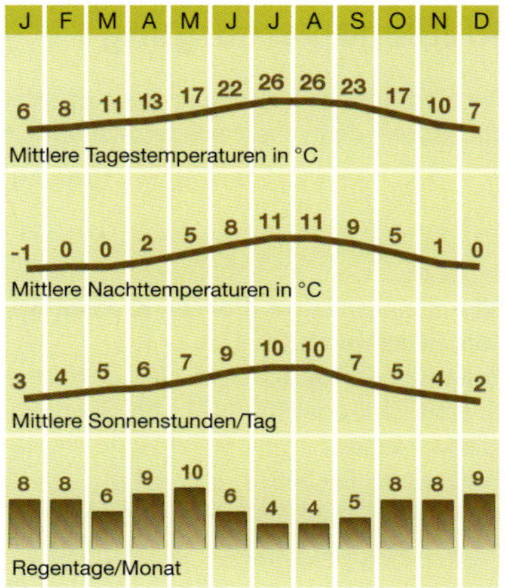

Krankenversicherungsschutz

Mit der neuen Europäischen Krankenversicherungskarte (EHIC) werden Mitglieder der gesetzlichen Krankenversicherungen in den öffentlichen Krankenhäusern in Spanien kostenfrei behandelt. Falls Sie sich als Kassenpatient in einem teuren Privatkrankenhaus versorgen lassen, können Probleme bei der Kostenerstattung auftreten. Niedergelassene Ärzte bestehen in der Regel auf Barbezahlung. Die Kosten werden gegen Vorlage der Rechnung zu Hause von ihrer Kasse erstattet. Die Rückerstattung erfolgt nur bis zur Höhe der heimischen Gebührensätze. Die Kosten für einen Rücktransport übernimmt die gesetzliche Krankenversicherung nicht.

Der Abschluss einer Auslandskrankenversicherung ist ratsam. Es empfiehlt sich dabei, sich genau über die Leistungen zu informieren. Privat Versicherte bezahlen die Ausgaben für ihre Behandlung vor Ort, gegen die Vorlage der Rechnung werden die Kosten von der privaten Krankenkasse übernommen. Weitere Infos unter www.travelmed.de.

Ärztliche Versorgung

Die medizinische Versorgung ist in Spanien gut. Ob ein deutschsprachiger Arzt vor Ort praktiziert, lässt sich über die Konsulate in Erfahrung bringen.

Notruf

Allgemeiner Notruf (Polizei, Krankenwagen, Feuerwehr): Tel. 112
Polizeilicher Notruf: Tel. 062 (auf dem Land: Guardia Civil) oder Tel. 092 (in der Stadt: Policia Municipal)
Feuerwehr: Tel. 085
ADAC: Tel. 935 08 28 28 (Barcelona) oder Tel. 915 93 00 41 (Madrid)

Kliniken

Pamplona: Clíncia Universitaria de Navarra, Av. Pio XII 57, Tel 948 19 46 00.
Burgos: Cruz Roja Española Hospital de Burgos, Cruz Roja s/n, Tel. 947 22 15 00.
León: Hospital de León, Altos de Navas s/n, Tel. 987 22 48 25.
Santiago de Compostela: Complejo Hospitalario Universitario de Santiago de Compostela, Travesia Choupana s/n, Tel. 981 95 00 00.

Apotheken

In Nordspanien gibt es ein dichtes Netz von Apotheken *(farmacias)*. Die Medikamente sind in der Regel weit günstiger als bei uns. Etliche Medikamente, die bei uns rezeptpflichtig sind, erhält man in Spanien ohne Weiteres in der Apotheke.

Sicherheit

In Nordspanien ist es um die Sicherheit vergleichsweise gut bestellt. Dennoch ist es ratsam, einige Vorsichtsmaßnahmen zu beachten: Autos, die zum Parken abgestellt werden, sollten besser leer geräumt werden, um Diebe nicht in Versuchung zu führen. Wertgegenständen können in den Hotels der gehobenen Kategorie im Safe deponiert werdeni.

Die Handtasche sollte man quer über die Schulter tragen und vor den Körper halten. Recht sicher ist die Aufbewahrung des Geldes in einem Brustbeutel oder einem Geldgürtel. Diebstähle können bei der nächsten Polizeidienststelle *(comisaria)* angezeigt werden, so können Sie die Anzeige bei der Reisegepäckversicherung vorlegen.

Internetzugang

In Nordspanien gibt es in den Städten und an den Stränden der Ferienorte ein gutes Netz von Internetcafés. In größeren Hotels stehen in der Eingangslobby häufig Computer mit Internetzugang zur Verfügung, die Gebühren sind im Vergleich zu den Internetcafés mitunter recht hoch. Etliche Hotels der gehobenen Kategorie bieten für Gäste, die mit dem Laptop unterwegs sind, einen Internetanschluss direkt im Zimmer an.

Post

Das Porto für Postkarte und Standardbrief bis 20 g beträgt 0,60 € (Stand Sommer 2008). Briefmarken *(sellos)* sind auf der Post *(oficina de correos*, meist Mo–Fr 9–13/14, Sa 9–12/13 Uhr) und in den Tabakläden *(estanco)* erhältlich. Letztere empfehlen sich, auf der Post sind die Warteschlangen oft ziemlich lang. Die Post ins Ausland wirft man in die Briefkästenschlitze mit der Aufschrift *extranjero.*

Fernsehen und Radio

Fernseher gehören in Spanien zur Standardausrüstung der Hotels und auch vieler Pensionen. Etliche Hotels verfügen über Satellitenfernsehen, zumeist empfängt man so auch deutsche Privatsender wie RTL oder ProSieben.

Die Deutsche Welle sendet im Radio unter der Frequenz 6075 kHz rund um die Uhr.

Telefonieren

Die internationale **Vorwahl für Spanien** ist die 0034. Die einstigen Ortsvorwahlnummern sind mittlerweile fester Bestandteil der Rufnummern und müssen immer mitgewählt werden. Alle Telefonnummern sind neunstellig. Festnetznummern beginnen mit 9, Handynummern mit 6 und Hotline-Nummern (z. B. Bahn, Flughäfen etc.) mit 902.

Die internationale **Vorwahlnummer** für Telefonate von Spanien nach **Deutschland** lautet 0049, nach **Österreich** 0043 und in die **Schweiz** 0041. Danach folgen die nationale Ortsvorwahl ohne Null und die Telefonnummer des Gesprächsteilnehmers.

Von 22 bis 8 Uhr sowie am Wochenende gilt ein ermäßigter Tarif. Die **Telefonzellen** nehmen sowohl Münzen an (bei Auslandsgesprächen mindestens 2 €) als auch **Telefonkarten** *(tarjeta telefónica)*, erhältlich in Tabakläden ab 5 €. Bei manchen Telefonkarten muss ein Code freigerubbelt werden, nach der Wahl der Zugangsnummer des Telefonkartenanbieters gibt man diesen Code an und kann dann die gewünschte Telefonnummer wählen. In den größeren Städten und Ferienorten kann man von **Telefonläden** *(locutorio)* – häufig sind sie gekoppelt mit Internetcafés – relativ günstig telefonieren. Recht hoch sind die Gebühren für das Telefonieren in den Hotels.

Handybenutzer zahlen für Gespräche ins europäische Ausland seit 2008 maximal 0,52 € pro Minute, für eingehende Anrufe maximal 0,23 € pro Minute. Die Gebühren sollen schrittweise weiter gesenkt werden. Für Handytelefonate innerhalb Spaniens zahlt man 25 % Aufpreis auf die nationalen Gebühren (immer die Landesvorwahl 0034 mitwählen).

Deutschsprachige Telefonauskunft in Spanien: 118 41.

Zeitungen und Zeitschriften

Deutschsprachige Zeitungen und Zeitschriften finden sich mitunter an einigen Kiosken in den größeren Städten Nordspaniens.

Sprachführer

Aussprecheregeln

In der Regel wird Spanisch so ausgesprochen wie geschrieben. Treffen zwei **Vokale** aufeinander, so werden beide einzeln gesprochen (z. B. E-uropa). Die **Betonung** liegt bei Wörtern, die auf Vokal, n oder s enden, auf der vorletzten Silbe, bei allen anderen auf der letzten Silbe. Liegt sie woanders, wird ein Akzent gesetzt (z. B. teléfono).

Konsonanten:

c	vor a, o, u wie k, z. B. casa; vor e, i wie englisches th, z. B. cien
ch	wie tsch, z. B. chico
g	vor e, i wie deutsches ch, z. B. gente
h	wird nicht gesprochen
j	wie deutsches ch, z. B. jefe
ll	wie deutsches j, z. B. llamo
ñ	wie gn bei Champagner, z. B. niña
qu	wie k, z. B. porque
y	am Wortende wie i, z. B. hay; sonst wie deutsches j, z. B. yo
z	wie englisches th, z. B. azúcar

Allgemeines

guten Morgen/Tag	buenos días
guten Tag (ab 12 Uhr)	buenas tardes
guten Abend/ gute Nacht	buenas noches
auf Wiedersehen	adiós
Entschuldigung	perdón
hallo/grüß dich	hola/¿Qué tal?
bitte	de nada/por favor
danke	gracias
ja/nein	si/no
Wie bitte?	¿Perdón?

Unterwegs

Haltestelle	parada
Bus/Auto	autobús/coche
Ausfahrt/-gang	salida
Tankstelle	gasolinera
rechts	a la derecha
links	a la izquierda
geradeaus	todo recto
Auskunft	información
Telefon	teléfono
Postamt	correos
Bahnhof/Flughafen	estación/aeropuerto
Stadtplan	mapa de la ciudad
alle Richtungen	todas las direcciones
Eingang	entrada
geöffnet	abierto/-a
geschlossen	cerrado/-a
Kirche	iglesia
Museum	museo
Strand	playa
Brücke	puente
Platz	plaza/sitio

Zeit

Stunde	hora
Tag	día
Woche	semana
Monat	mes
Jahr	año
heute	hoy
gestern	ayer
morgen	mañana
morgens	por la mañana
mittags	al mediodía
abends	a la noche
früh	temprano
spät	tarde
Montag	lunes
Dienstag	martes
Mittwoch	miércoles
Donnerstag	jueves
Freitag	viernes
Samstag	sábado
Sonntag	domingo

Notfall

Hilfe!	¡Socorro!
Polizei	policía
Arzt/Zahnarzt	médico/dentista
Apotheke	farmacia
Krankenhaus	hospital
Unfall	accidente
Schmerzen	dolores
Panne	avería

Übernachten

Hotel	hotel
Pension	pensión
Einzelzimmer	habitación individual
Doppelzimmer	habitación doble
mit/ohne Bad	con/sin baño
Toilette	servicio
Dusche	ducha
mit Frühstück	con desayuno
Halbpension	media pensión
Gepäck	equipaje
Rechnung	cuenta

Einkaufen

Geschäft/Markt	tienda/mercado
Kreditkarte	tarjeta de crédito
Geld	dinero
Geldautomat	cajero (automático)
Bäckerei	panadería
Lebensmittel	víveres
teuer	caro/-a
billig	barato/-a
Größe	talla
bezahlen	pagar

Zahlen

1	uno	17	diecisiete
2	dos	18	dieciocho
3	tres	19	diecinueve
4	cuatro	20	veinte
5	cinco	21	veintiuno
6	seis	30	treinta
7	siete	40	cuarenta
8	ocho	50	cincuenta
9	nueve	60	sesenta
10	diez	70	setenta
11	once	80	ochenta
12	doce	90	noventa
13	trece	100	cien
14	catorce	150	ciento cincuenta
15	quince	1000	mil
16	dieciséis		

Die wichtigsten Sätze

Allgemeines

Sprechen Sie Deutsch/Englisch?	¿Habla Usted alemán/inglés?
Ich verstehe nicht.	No entiendo.
Ich spreche kein Spanisch.	No hablo español.
Ich heiße …	Me llamo …
Wie heißt Du/heißen Sie?	¿Cómo te llamas/se llama?
Wie geht es Dir/Ihnen?	¿Cómo estás/está Usted?
Danke, gut.	Muy bien, gracias.
Wie viel Uhr ist es?	¿Qué hora es?

Unterwegs

Wie komme ich zu/nach …?	¿Cómo se llega a …?
Wo ist …?	¿Dónde está …?
Könnten Sie mir bitte … zeigen?	¿Me podría enseñar …, por favor?

Notfall

Können Sie mir bitte helfen?	¿Me podría ayudar, por favor?
Ich brauche einen Arzt.	Necesito un médico.
Hier tut es mir weh.	Me duele aqui.

Übernachten

Haben Sie ein freies Zimmer?	¿Hay una habitación libre?
Wie viel kostet das Zimmer pro Nacht?	¿Cuánto vale la habitación al día?
Ich habe ein Zimmer bestellt.	He reservado una habitación.

Einkaufen

Wie viel kostet …?	¿Cuánto vale …?
Ich brauche …	Necesito …
Wann öffnet/schließt …?	¿Cuándo abre/cierra …?

Metallskulpturen auf dem Jakobsweg: »Hochebene von El Perdón, wo der Weg des Windes sich mit dem Weg der Sterne vereint«

Unterwegs in Nordspanien

San Juan de Gaztelugatxe:
Einsiedelei auf einer schmalen Landzunge

Kapitel 1

Baskenland

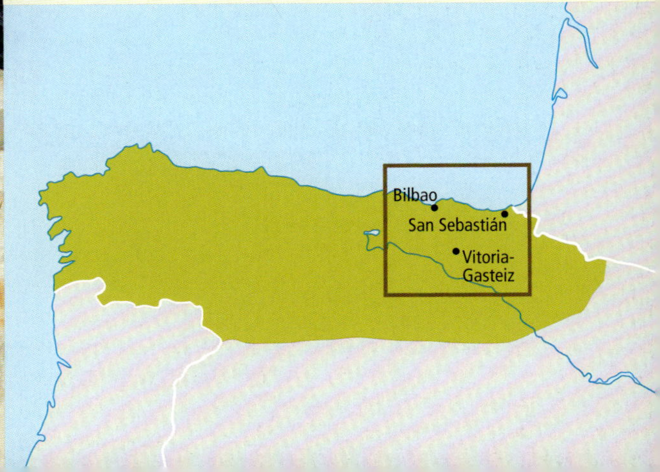

Auf einen Blick: Baskenland

Zwischen Tradition und Moderne

»Ein Baske ist weder ein Franzose noch ein Spanier, er ist ein Baske.« Diese Feststellung von Victor Hugo (1843) unterstreicht die Eigenständigkeit der Region. Um die Herkunft des baskischen Volkes und seiner Sprache, des *euskera,* ranken sich viele Theorien.

Das kontrastreiche Landschaftsbild des Baskenlandes prägt üppiges Grün, verantwortlich dafür ist der *txirimiri,* der typische, feine Regen des Baskenlandes. Die Küste dehnt sich rund 200 km am **Golf von Bizkaia** aus, sie ist reich an Steilküsten und wird gegliedert durch fjordähnliche Flussmündungen. Feine, weite Sandstrände wechseln sich mit versteckten Buchten ab. Zu den Kleinoden der baskische Küste zählen die Fischer- und Badeorte **Hondarribia, Getaria, Lekeitio, Elantxobe** sowie die Surferhochburg **Mundaka.**

Das Bergland, das sich teilweise bis zu den Küsten hin erstreckt, hat Mittelgebirgscharakter und erinnert an heimische Gefilde wie den Schwarzwald. Typisch sind die baskischen *baseríos,* Gehöfte, die meist einzeln stehen und heute vielfach Gästezimmer anbieten.

Nicht verschwiegen werden soll an dieser Stelle, dass das Baskenland zu den am stärksten industrialisierten Regionen Spaniens zählt. So finden sich teilweise selbst im Hinterland in den Ortschaften riesige Industriebetriebe und Lagerhallen, die einen eigentümlichen Kontrast zur Landschaft bilden. Fabrikschlote dominierten lange Zeit auch das Stadtbild von **Bilbao.** Heute ist Bilbao eine Stadt im Wandel, nach der Krise der Schwerindustrie und der Werften in den 1970er- und 80er-Jahren herrscht Aufbruchstimmung. Die Initialzündung war die Eröffnung des Guggenheim-Museums 1997, sie katapultierte die einst viel geschmähte Industriestadt in den Rang einer europäischen Kulturmetropole.

Auf eine ganz andere Geschichte blickt **San Sebastián** zurück, der spanische Königshof und die Aristokratie verbrachten einst ihre Sommerfrische in dem mondänen Seebad. Es ist nach wie vor eine gut besuchte Stadt, nur das Publikum ist bunter geworden.

Die Hauptstadt des Baskenlandes, **Vitoria-Gasteiz,** findet sich in einer Ebene im Landesinneren. Um die abseits der touristi-

schen Reiserouten liegende Stadt hat sich ein Gürtel von tristen Wohn- und Industrievierteln gebildet. Der erste Eindruck wird jedoch in der ansprechenden Altstadt wieder zurechtgerückt.

Highlights

1 **Bilbao:** Eine Stadt im Wandel: Den Auftakt bildete das Guggenheim-Museum. Zahlreiche international renommierte Architekten arbeiten weiter am neuen Erscheinungsbild der Stadt (s. S. 96).

2 **San Sebastián:** Die eleganteste Stadt des Nordens glänzt durch die Lage an einer lang gestreckten Bucht, edle Strandpromenaden und Jugendstilbauten (s. S. 124).

3 **Museo Chillida-Leku:** Im Jahr 2000 eröffnete der baskische Bildhauer Eduardo Chillida (1924–2002) für seine monumentalen Stahl- und Eisenskulpturen in Hernani ein selbst konzipiertes Museum (s. S. 139).

Empfehlenswerte Routen

Tour über den Monte Jaizkibel nach Hondarribia: Östlich von San Sebastián führt eine aussichtsreiche Bergstraße über den Monte Jaizkibel (584 m) nach Hondarribia (s. S. 144).

Küstenstraße von Zarautz nach Zumaia: Die Route führt direkt am Meer entlang und bietet fantastische Blicke auf die felsige Küste und unverbaute Sandstrände (s. S. 146).

Bergstrecke von Oñati zum Kloster Arántzazu: Von Oñati geht es bergauf zum Kloster Arántzazu, das mitten in die fantastische Bergwelt eingebettet liegt (s. S. 155).

Reise- und Zeitplanung

Wer wettermäßig auf Nummer sicher gehen möchte, reist in der Hauptsaison, im Sommer, ins Baskenland. Schöne, ruhigere Reisezeiten sind das späte Frühjahr und der Herbst. Der Regenschirm sollte jedoch immer in den Koffer, denn der *txirimiri* macht vor keiner Jahreszeit halt. Im Küstenbereich dominiert das atlantische Klima, das heißt viel Feuchtigkeit, dafür aber das ganze Jahr über angenehm milde Temperaturen. Selbst im Hochsommer klettert das Thermometer selten über 25 °C. In den Bergregionen im Landesinnern fällt im Winter Schnee und die Temperaturen liegen häufig unterhalb des Gefrierpunktes. Selbst im Sommer wird es abends recht frisch.

Um das Baskenland in aller Ruhe genießen zu können, sollten zwei Wochen eingeplant werden. Zwei Tage sollten für Bilbao und das Guggenheim-Museum eingerechnet werden. In der eleganten Stadt San Sebastían empfiehlt es sich, zwei Tage zu verbringen, ein halber Tag davon entfällt auf den Besuch des Chillida-Leku-Museums in Hernani.

Richtig Reisen-Tipps

Txikiteo: Hinter dem baskischen Zungenbrecher verbirgt sich eine lukullische Tour von Bar zu Bar. Leckere Appetithäppchen türmen sich auf den Theken, dazu gibt es *txakolin,* baskischen Weißwein. In Bilbao sind die *Siete Calles* das Eldorado des *txikiteo* (s. S. 107).

Der beseelte Wald von Oma: Ein Wald voller Magie! Der baskische Künstler Augustín Ibarrola verwandelte rund 500 Bäume im *bosque animado* von Oma in farbenfrohe Kunstwerke (s. S. 120).

Rad fahren in San Sebastián: Die Stadt hat in den letzten Jahren den Ausbau der Fahrradwege forciert. So lässt es sich wunderbar entlang der schicken Strandpromenade von San Sebastián radeln (s. S. 137).

Wanderung entlang der Steilküste von Zumaia nach Deba: Die 4-stündige Tour führt vorbei an einladenden Stränden und bietet herrliche Ausblicke auf die zerklüftete Küstenlandschaft und das Meer (s. S. 151).

1 Bilbao und Umgebung

Cityplan S. 98

Das neuralgische Zentrum der baskischen Provinz Bizkaia ist die Hauptstadt Bilbao und ihr Großraum. Der Tourismus machte lange Zeit einen großen Bogen um das ›spanische Ruhrgebiet‹. Heute bietet sich ein anderes Bild: Bilbao wandelte sich mit Eröffnung des Guggenheim-Museums zum touristischen Zugpferd für das gesamte Baskenland.

Gerade mal 14 km trennen **Bilbao** (bask. Bilbo) vom Kantabrischen Meer und dem Hafen im Bereich des Mündungsdeltas des Río Nervión. Nach wie vor spielen der Hafen und die Industrie eine wichtige Rolle für die Stadt. Bilbao ist aber auch eine traditionsreiche Universitätsstadt und Bischofssitz. Die Bilbainos nennen ihre Stadt *el bocho*, das Nadelöhr, was sich auf die eingezwängte Lage im Tal des Río Nervión bezieht. Im Stadtgebiet drängen sich mittlerweile 380 000 Einwohner, so dass Bilbao mit 406 Einwohnern pro km² die am dichtesten besiedelte Stadt Spaniens ist.

Die Keimzelle Bilbaos bildete eine kleine Fischersiedlung. Im Jahr 1300 gründete Don Diego López de Haro, der Herrscher über die Region Bizkaia (span. Vizcaya), offiziell die Stadt und förderte sie durch die Verleihung zahlreicher Privilegien. Wirtschaftlichen Auftrieb bekam der Ort mit der Einrichtung des Consulado de Bilbao im Jahr 1511, diese Institution regelte den lukrativen Woll- und Tuchhandel mit Flandern. Der Hafen und die Schiffswerft boomten dank der Ausfuhr von Wolle und dem aufblühenden Walfischfang.

Im Zuge der Industrialisierung in der zweiten Hälfte des 19. Jh. begann man mit dem Abbau von Eisenerz in den Minen der umliegenden Berge. Der Hafen entwickelte sich zu einem der größten und meist frequentierten Häfen Europas. Dank der üppigen Eisen- und Holzvorkommen wurde die Stadt auch zu einem bedeutenden Zentrum für den Schiffsbau. Bilbao mauserte sich zum wichtigsten Industriestandort Spaniens. Nach der Phase der Depression zur Zeit des Spanischen Bürgerkrieges (1936–1939) und der Nachkriegszeit war Bilbao erneut eines der großen Flaggschiffe des wirtschaftlichen Aufschwungs in Spanien. Aus allen Landesteilen strömten Arbeitsuchende herbei.

Das Blatt wendete sich Ende der 1970er-Jahre mit der Krise in der Stahl- und Metallindustrie sowie im Schiffbau. Doch heute blickt Bilbao dank des mutig vorangetriebenen Strukturwandels und des *efecto Guggenheim* (s. S. 102) wieder hoffnungsvoll in die Zukunft.

Abandoibarra

Cityplan: S. 98; **Reiseatlas:** S. 6, F 3

In **Abandoibarra** ist heute die Kunst der Motor, so gut wie nichts erinnert daran, dass hier einst die Schlote der Hochöfen loderten, die Werft auf Hochtouren arbeitete und sich die Container stapelten. Auf einer Fläche von 348 500 m² erfindet sich Bilbao neu. Aushängeschilder sind das Guggenheim-Museum und der Palacio Euskalduna de Congresos y de la Música. Die hochmoderne neue Straßenbahn **EuskoTran** verbindet das Viertel mit der Altstadt von Bilbao.

Meeresmuseum

2003 öffnete das **Museo Marítimo Ría de Bilbao** 1 seine Pforten. Geschickt wurden beim Bau die Überbleibsel einer ehemaligen

Werft in den Außenbereich des Museums integriert. Die Säle im Innern sind in Schiffsform angelegt, thematisch setzen sie sich mit der Entstehung der Ría, der Entwicklung der Hafen- und Handelsstadt sowie der Werftindustrie auseinander. Das Augenmerk ziehen vor allem die verschiedenen Schiffsmodelle auf sich (Muelle Ramón de la Sota 1, www.museomaritimobilbao.org, Di–So 10–20 Uhr, 5 €).

Kongress- und Musikpalast Euskalduna

An der Stelle, wo sich bis in die 1980er-Jahre die Werft Astilleros de Euskalduna befand, erhebt sich heute der 1999 eingeweihte **Palacio Euskalduna de Congresos y de la Música** **2**. Die Architekten Federico Soriano und Dolores Palacios konzipierten den Bau wie ein vor Anker liegendes Schiff, darauf spielt auch die Verkleidung mit Kortenstahl an, der im Schiffsbau verwandt wird. Das Auditorium, das Platz für 2200 Musikliebhaber bietet, ist in Bilbao die erste Adresse für Opern- und Konzertaufführungen. Der Palacio Euskalduna ist auch der Sitz des Sinfonieorchesters von Bilbao.

Kunst und Architektur

Das moderne **Einkaufszentrum Zubiarte** **3** und das **Luxushotel Sheraton** **4** sind ebenso Teil des architektonischen Konzepts des neuen Abandoibarra wie die Wohnhäuser und Bürogebäude, die z. T. noch im Entstehen sind. Unter diesen beeindruckt besonders der elegante Entwurf des Architekten Cesar Pelli: ein gläserner, dreieckiger **Büroturm** für den Stromerzeuger **Iberdrola** **5**.

Am Flussufer ist im Parque de Ribera der **Paseo de la Memoria** **6** entstanden, Skulpturen namhafter Bildhauer wie Louise Bourgeois, Eduardo Chillida, Jorge Oteiza, Salvador Dalí und Markus Lüpertz verwandeln die Promenade in ein Freilichtmuseum.

Guggenheim-Museum

Am linken Ufer des Río Nervión entfaltet sich nun voller Energie und Dynamik, wie ein lebendiges Wesen, das **Museo Guggenheim** **7**. Organisch geformte Baukörper, edel mit Titan verhüllt, scheinen sich aufzufalten oder miteinander zu verschmelzen. Der Museumsbau des Kanadiers Frank O. Gehry verkörpert einen Bruch mit allen bisher geltenden baulichen Konventionen. Der Stararchitekt erhob das Unorthodoxe zu seinem Markenzeichen.

Mit der Autorin unterwegs

Einkaufen mit allen Sinne

Appetitlich, fast schon kunstvoll, werden die Gaumenfreuden im **Mercado de la Ribera,** der Markthalle von Bilbao, drapiert. Neben den farbenfrohen Obst- und Gemüseständen verblüfft mich jedes Mal aufs Neue die unglaublich reichhaltige Auswahl an Fisch und Meeresfrüchten (s. S. 103).

Kaffeehauskultur

Liebhaber traditioneller Kaffeehäuser werden in Bilbao fündig! Zu meinen Favoriten zählen das orientalisches Flair verströmende **Café Iruña** und das **Café La Granja,** beide im Stadtteil Ensanche. In der Altstadt kehre ich gerne im **Café Boulevard** ein, ein Art-déco-Café beim Teatro Arriaga, freitagabends steht hier Tango auf dem Programm. Bekannt für seine leckeren *pinxtos* (Häppchen) ist das **Café Bilbao** auf der Plaza Nueva (s. S. 107).

Schwindelerregende Ausblicke

Elegant und leicht spannt sich die **Puente Colgante** (1893), die älteste Hängebrücke der Welt, über die weite Mündung des Río Nervión. Jüngst wurde das Meisterwerk der Ingenieurskunst von der Unesco zum Welterbe deklariert. Die Überquerung der Brücke ist allerdings nur für Schwindelfreie zu empfehlen (s. S. 109).

Renaissance auf Schienen

Die flotte Straßenbahnverbindung zwischen der Altstadt und dem Guggenheim-Museum mit der **EuskoTran** verläuft parallel zum Río Nervión und wird von Einheimischen und Touristen gleichermaßen geschätzt (s. S. 109).

Bilbao: Cityplan

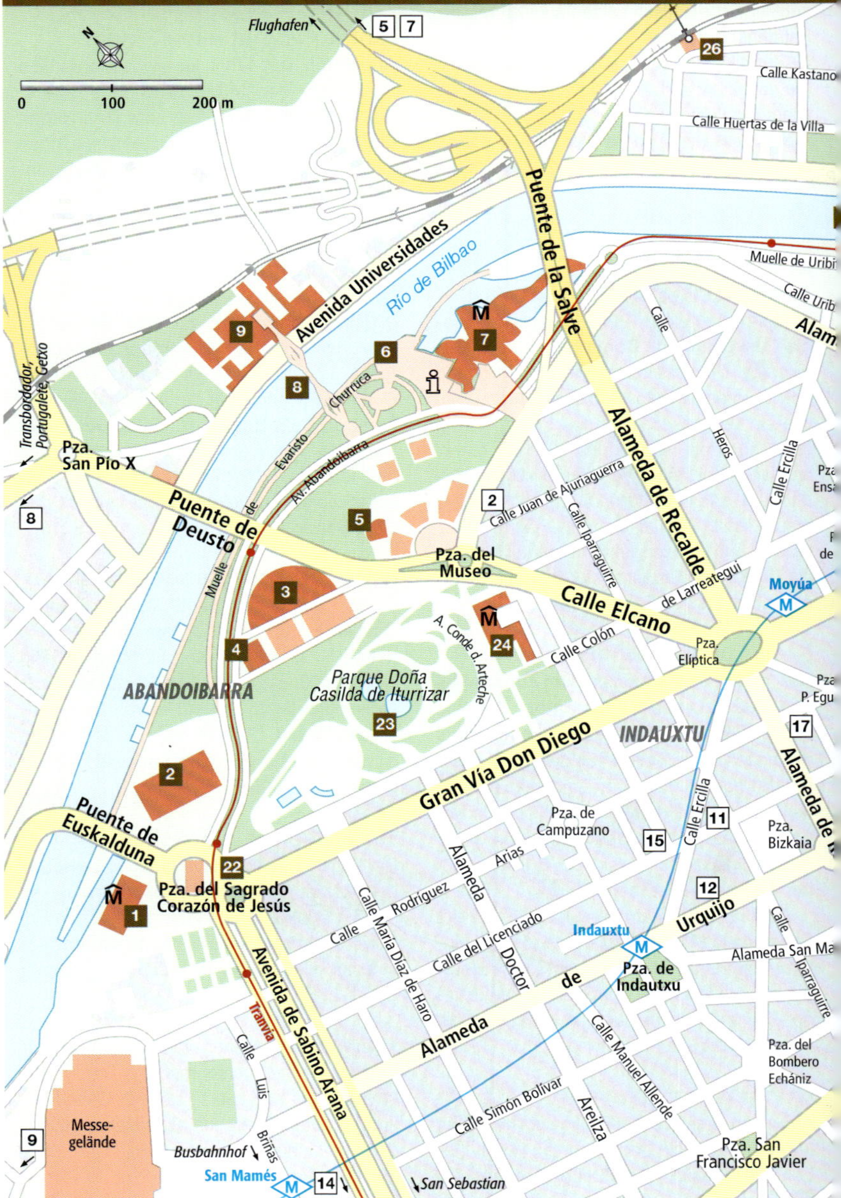

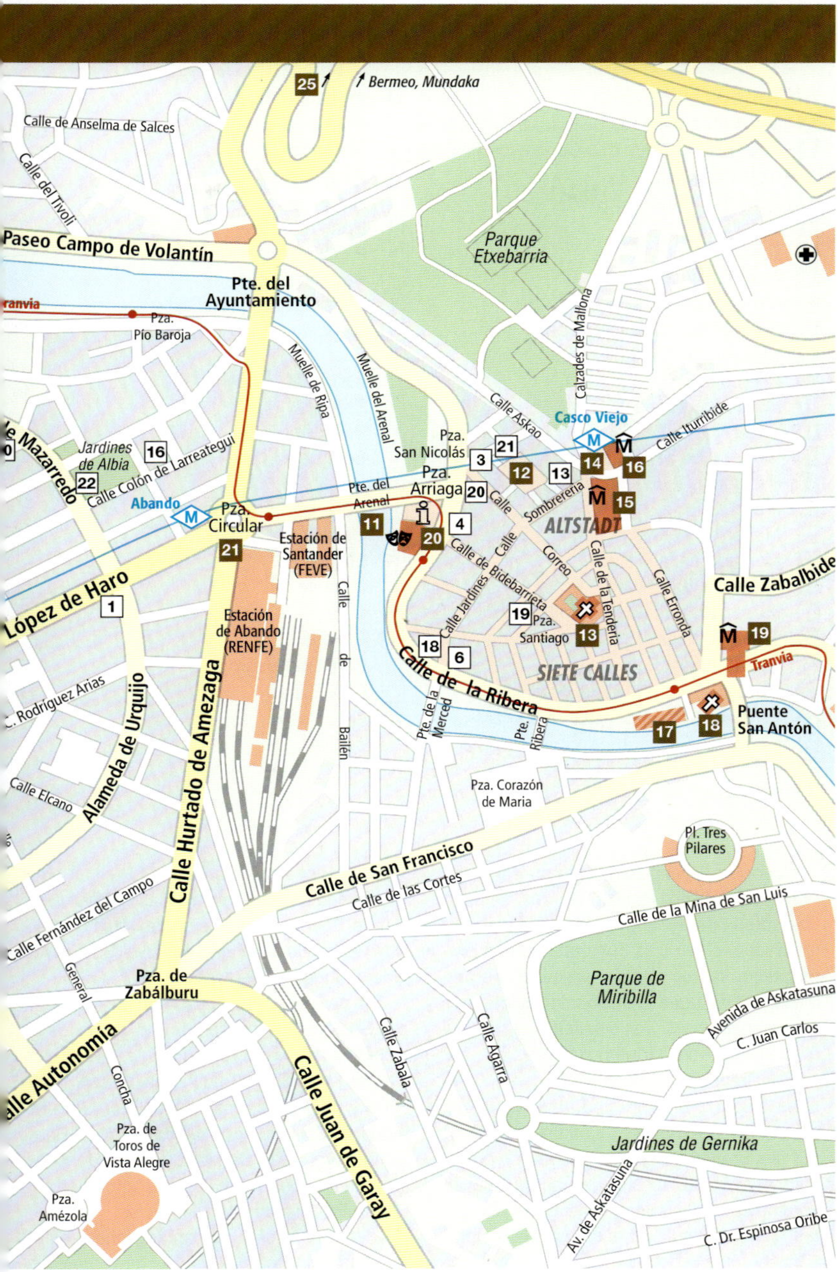
25
Bermeo, Mundaka
Calle de Anselma de Salces
Calle del Tívoli
Paseo Campo de Volantín
Parque Etxebarria
Pte. del Ayuntamiento
Tranvia
Pza. Pío Baroja
Muelle de Ripa
Muelle del Arenal
Calzadas de Mallona
Calle Askao
Casco Viejo
Calle Iturribide
Mazarredo
Jardines de Albia
16
22
Calle Colón de Larreategui
Pza. San Nicolás
21
3
12
13
14
16
Pte. del Arenal
Pza. Arriaga
20
Calle Sombrereria
15
Abando
Pza. Circular
11
4
ALTSTADT
21
Estación de Santander (FEVE)
Calle Correo
Calle de Bidebarrieta
Calle Jardines
Calle de la Tenderia
Calle Erronda
Calle Zabalbide
López de Haro
1
Estación de Abando (RENFE)
Calle de Bailén
19
Pza. Santiago
13
19
18
6
Calle de la Ribera
SIETE CALLES
Tranvia
C. Rodríguez Arias
Alameda de Urquijo
Calle Hurtado de Amezaga
Pte. de la Merced
Pte. Ribera
17
18
Puente San Antón
Calle Elcano
Pza. Corazón de Maria
Pl. Tres Pilares
Calle de San Francisco
Calle de las Cortes
Calle Fernández del Campo
Calle de la Mina de San Luis
General
Pza. de Zabálburu
Parque de Miribilla
Avenida de Askatasuna
C. Juan Carlos
Calle Zabala
Calle Agarra
Calle Autonomía
Concha
Calle Juan de Garay
Pza. de Toros de Vista Alegre
Jardines de Gernika
Pza. Amézola
Av. de Askatasuna
C. Dr. Espinosa Oribe

Bilbao: Cityplan

Sehenswürdigkeiten

1 Museo Marítimo Ría de Bilbao
2 Palacio Euskalduna de Congresos y de la Música
3 Centro Comercial Zubiarte
4 Hotel Sheraton
5 Torre Iberdrola
6 Paseo de la Memoria
7 Museo Guggenheim
8 Puente Padre Pedro Arrupe
9 Universidad Deusto
10 Puente Zubizuri
11 Puente del Arenal
12 Plaza Nueva
13 Catedral de Santiago
14 Plaza Miguel de Unamuno
15 Museo Vasco
16 Museo de Pasos de Semana Santa
17 Mercado de la Ribera
18 Iglesia de San Antón
19 Museo Diocesano de Arte Sacro
20 Teatro Arrriaga
21 Plaza Circular
22 Plaza del Sagrado Corazón de Jesús
23 Parque de Doña Casilda de Iturrizar
24 Museo de Bellas Artes
25 Basílica de Begoña
26 Plaza del Funicular

Übernachten

1 Hotel López de Haro
2 Mirohotel
3 Tryp Arenal
4 Hotel Petit Palace Arana
5 Hotel Artexte
6 Pension Iturrienea Ostatua
7 Pension Artetxe
8 Pension Plaza San Pedro
9 Albergue Bilbao Atepetxea

Essen und Trinken

10 Zortziko
11 Serantes
12 Serantes II
13 Víctor
14 Rogelio
15 Oteiza
16 Maider
17 Lepanto
18 Gatz
19 Rio-Oja
20 Café Boulervard
21 Café Bilbao
22 Café Iruña

Über den Zugang zum Museum wacht der Publikumsliebling Puppy, ein mit Blumen übersätes Hündchen, bestehend aus nicht rostendem Eisen und Substrat. Da das Blumenkleid immer wieder erneuert werden muss, hält die überdimensionale Skulptur des amerikanischen Künstlers Jeff Koons eine ganze Schar von Gärtnern auf Trab.

Eine Treppe führt hinab ins gläserne, 60 m hohe Atrium, den Dreh- und Angelpunkt des Museums. Um dieses Raumkunstwerk sind auf drei Etagen die unkonventionellen arrangiert. Auch in den Ausstellungsräume Galerien kommuniziert der Raum mit der Kunst. Ein gutes Beispiel dafür ist die riesige Skulptur »Snake«, eine begehbare Schlange aus Stahl, die von Richard Serra eigens für einen entsprechend proportionierten Raum angefertigt wurde. Ebenso verhält es sich mit den Werken von Jenny Holzer, Fujiko Nakaya, Sol LeWitt oder Francesco Clemente.

Die permanente Sammlung bietet ein breites Spektrum an moderner und zeitgenössischer Kunst. Vertreten sind u. a. Alexander Calder, Marc Chagall, Juan Gris, Wassily Kandinsky, Joan Miró, Emil Nolde, Egon Schiele, Eduardo Chillida, Andy Warhol, Richard Rauschenberg, Jean Dubuffet, Willem de Kooning, Jeff Koons, Mark Rothko, Antoni Tapies, Georg Baselitz und Anselm Kiefer.

Mittlerweile sind die anfänglichen, nicht ganz grundlosen Kritiken leiser geworden, die

die Ausstellungskonzeption bemängelten und das Fazit zogen, dass die Architektur des Guggenheim-Museum die Kunst im Inneren in den Schatten stellt. Vom Erfolg des Museums zeugen die Besucherzahlen, die sich bei rund 2 Mio. im Jahr eingependelt haben (Av. Abandoibarra 2, www.guggenheim-bilbao.es, Di–So 10–20, Juli/Aug. Mo–So 10–20 Uhr, 10,50 €, Sonderausstellungen teurer; deutschsprachige Broschüren und Audioguides; das Restaurant gehört dem Starkoch Martín Berasetgui, www.restauranteguggenheim.com).

Brücken

Neue Brücken setzen weitere interessante Akzente im Stadtbild. Die **Puente Padre Pedro Arrupe** 8 spannt den Bogen zwischen dem Guggenheim-Museum und der katholischen **Eliteuniversität Deusto** 9, deren Bibliotheksneubau von Rafael Moneo entworfen wurde. Wie ein aufgespanntes, blütenweißes Segel verbindet etwas weiter flussaufwärts die **Zubizuri-Fussgängerbrücke** 10 die Ufer des Nervión. Der baskische Name des Bauwerks von Santiago Calatrava bedeutet übersetzt weiße Brücke. Den Fluss entlang gelangt man über den Ribera-Park und die **Puente del Arenal** 11 in den alten Teil der Stadt.

Altstadt

Cityplan: S. 98; **Reiseatlas:** S. 6, F 3
In der **Altstadt** schlägt das Herz von Bilbao, der kleine Mikrokosmos bietet ansprechende Plätze, schmucke Gotteshäuser, kleine Ge-

Louise Bourgeois' gigantische Spinnenskulptur vor dem Guggenheim-Museum trägt den den Titel »Mama«

Efecto Guggenheim

Thema

Totgesagte leben bekanntlich länger. Nach dem Niedergang der Stahl- und Metallindustrie sowie der Krise im Schiffsbau in den 1970er- und 80er-Jahren legte sich bleischwer die wirtschaftliche Depression über Bilbao. Doch Mitte der 1990er-Jahre ging ein Ruck durch die Stadt, ein tief greifender Struktur- und Imagewandel wurde in Angriff genommen.

In der einst so vom Wachstum verwöhnten Industrie- und Hafenstadt war die Arbeitslosigkeit zu Beginn der 1990er-Jahre auf satte 25 % hochgeschnellt. Vom Banken- und Versicherungswesen ging dann die Initiative für die Umwandlung in eine moderne Dienstleistungsstadt aus. Bilbao legte das ehrgeizige Stadterneuerungsprogramm ›Rias 2000‹ auf und förderte die Entstehung von Technologieparks. Saniert wurde neben brachliegenden Industrieflächen auch der buchstäblich zum Himmel stinkende Fluss Nervión.

Durch ein gründliches Facelifting erfuhr die heruntergekommene Altstadt mit ihrem äußerst zwielichtigen Ruf einen Imagewandel. Der Flughafen erhielt das neue Terminal La Paloma, die elegante Handschrift des spanischen Stararchitekten Santiago Calatrava ist unverkennbar. Wo sich einst die Docks des alten Hafens befanden, erhebt sich heute der schicke Kongress- und Opernpalast Euskalduna. Der international renommierte Architekt Norman Foster übernahm die Gestaltung der neuen Metro-Stationen. Längs des Río Nervión nahm eine hochmoderne Straßenbahnlinie ihren Betrieb auf. Einen neuen Akzent im Stadtbild schuf Santiago Calatrava mit der filigranen strahlend weißen Zubizuri-Brücke (Weiße Brücke) über den Río Nerivón.

Der größte Fischzug gelang Bilbao jedoch mit dem Guggenheim-Museum. Die Stadt warf Mitbewerber wie die renommierten Kunst- und Kulturmetropolen Salzburg und Venedig aus dem Rennen. Der sensationelle Museumsbau des kanadisch-amerikanischen Architekten Frank O. Gehry, der mit vielen architektonischen Konventionen bricht, übertraf mit 1,3 Mio. Besuchern bereits im Eröffnungsjahr 1997 alle Erwartungen. Mittlerweile haben sich die Besucherzahlen auf 2 Mio. im Jahr eingependelt, die Anzahl an Übernachtungen in Bilbao hat sich fast verdoppelt.

Alles spricht vom *efecto Guggenheim,* den Bewohnern Bilbaos gab er ein neues Selbstverständnis, das auf dem Vertrauen in die Zukunft und dem Stolz auf ihre Stadt basiert. Das Ende der Fahnenstange ist noch längst nicht erreicht: Neue Projekte unter der Regie namhafter Architekten wie Arata Isozaki, Cesar Pelli, Rafael Moneo und Philippe Starck stehen an.

Die größte Baustelle betreut die aus dem Irak stammende Stararchitektin Zaha Hadid. Mit ihrem Team verwandelt sie das heruntergekommene Industrie- und Wohnviertel Zorrozaure in ein urbanes Gesamtkunstwerk. Das 800 000 m^2 große Areal erstreckt sich auf einer Halbinsel im Río Nervión, die rund 20 Gehminuten vom Guggenheim-Museum entfernt liegt. Hier entstehen neben neuen Wohnbauten und Büros auch ein Sporthafen, ein Aquarium, eine Mehrzweckhalle, eine Basketballhalle und eine Parkanlage.

Voller Elan und Energie setzt Bilbao auf die Zukunft. Das einstige Aschenputtel wird in Zukunft neben dem Guggenheim-Museum mit einer Vielzahl weiterer architektonischer Glanzlichter aufwarten können.

schäfte, eine opulente Markthalle und in den *Siete Calles* (Sieben Straßen) jede Menge Bars und Kneipen. Einen guten Ausgangspunkt für einen Alstadtbummel bildet die **Plaza Nueva** 12. Der in sich geschlossene Platz wird von 64 stattlichen Arkaden gesäumt.

Kathedrale

Nur ein paar Schritte entfernt, am Ende der Calle Correo erhebt sich die **Catedral de Santiago** 13 (Di–Sa 10–13.30, 16–19 Uhr). Das Name der Kirche erinnert daran, dass Bilbao eine Station für die Pilger bildet, die sich für den Küstenweg nach Santiago de Compostela entschieden haben. In der zweiten Hälfte des 16. Jh. suchte eine gewaltige Feuersbrunst das gotische Gotteshaus heim, im Zuge des Wiederaufbaus erhielt die Kathedrale ihre elegante Renaissancepfeilerhalle. In dem relativ schmucklosen Gotteshaus setzen das elegante Kreuzrippengewölbe und das filigrane Triforium die Akzente.

Baskisches Museum und Prozessionsmuseum

Ein Abstecher führt zur **Plaza Miguel de Unamuno** 14, ein Denkmal erinnert an den großen spanischen Philosophen und Dichter Miguel de Unamuno (1864–1936), der in Bilbao das Licht der Welt erblickte.

Auf dem Platz findet sich außerdem das **Museo Vasco** 15 (bask. Euskal Museoa), das im ehemaligen Jesuitenkloster untergebracht ist. Die breit gefächerte Sammlung zur baskischen Kulturgeschichte reicht von archäologischen Funden bis hin zu kunstgeschichtlichen und volkskundlichen Exponaten. Ein großes Reliefmodell verschafft einen geografischen Überblick über das Baskenland. Themenschwerpunkte des Museums bilden die die Fischerei, die Landwirtschaft, die Weberei und die Eisenverhüttung. Im Augenblick wird die Museumskonzeption neu überdacht, was längst überfällig war angesichts der nicht mehr ganz zeitgemäßen Präsentation (Plaza Miguel de Unamuno 4, www.euskal-museoa.org, Di–Sa 11–17, So 11–14 Uhr, 3 €, Do Eintritt frei).

Eine Ecke weiter findet sich in der Calle Iturribide das **Museo de Pasos de Semana Santa** 16. Hier werden die prächtigen Prozessionsgestelle präsentiert, die an Ostern, geschmückt mit den jeweiligen Madonnen- und Christusstatuen, durch die Straßen von Bilbao getragen werden. Die religiösen Bruderschaften, die die Prozessionszüge organisieren, stellen ihre traditionellen Büßergewänder und Standarten vor (Calle Iturribide 3, Di–Sa 10.30–13.30, 16–19, So/Fei 10.30–13.30 Uhr, 2 €, Erläuterungen auf Englisch).

Am Río Nervión

Zurück in Richtung Kathedrale führt der Weg zum Fluss über das Schlemmerparadies **Siete Calles** (s. S. 107). Am Río Nervión liegt der **Mercado de la Ribera** 17 vor Anker, die Markthalle wurde 1929 in Form eines Schiffes mit neoklassizistischem Zierwerk erbaut (s. S. 107). In unmittelbarer Nachbarschaft liegt die spätgotische **Kirche San Antón** 18, die sich an der Stelle der einstigen Burg erhebt. Die Perle des Gotteshauses ist der prächtige platereske Retabel von Guillot de Beaugrant (Mo–Fr 18.30–20 Uhr).

Etwas weiter östlich liegt gegenüber dem Atxuri-Bahnhof das **Museo Diocesano de Arte Sacro** 19. Den passenden Rahmen für das Diözesanmuseum bildet das ehemalige Konvent der Dominikanerinnen (16. Jh.). Die umfangreiche Sammlung religiöser Kunst spannt den Bogen von der Romanik bis zur Gegenwart. Hervorzuheben sind die qualitätsvollen Gold- und Silberschmiedearbeiten (Plaza de la Encarnación 9 B, Di–Sa 10.30–13.30, 16–19, So 10.30–13.30 Uhr, 2 €, Do Eintritt frei).

Parallel zum Fluss, entlang der Calle de la Ribera, gelangt man zum 1890 erbauten **Teatro Arriaga** 20. Die Architekten ließen sich für den Theaterbau vom Pariser Opernhaus inspirieren. Namenspate war der baskische Komponist und Geigenspieler Juan Crisóstomo de Arriaga (1806–1826), der mit gerade mal 13 Jahren seine erste Oper »Los esclavos felices« komponierte. Den ›spanischen Mozart‹ raffte mit nur 20 Jahren eine Tuberkuloseerkrankung dahin. Von der Plaza Arriaga führt die Brücke Puente del Arenal hinüber in die Neustadt Ensanche.

El Ensanche

Cityplan: S. 98; **Reiseatlas:** S. 6, F 3
Die Neustadt **El Ensanche** breitet sich am linken Ufer des Río Nervión aus. Ihre Hauptschlagader ist die **Gran Vía,** das Zentrum des modernen Bilbao. Der offizielle Straßenname, Gran Vía de Don Diego López de Haro, geht auf den Stadtgründer zurück. Gleich zu Beginn auf der **Plaza Circular** 21 erhebt sich auf einer Säule zwischen modernen Bürobauten sein Denkmal. Den Endpunkt des 1,5 km langen Boulevards markiert die **Plaza del Sagrado Corazón de Jesús** 22. Auf der Avenida trifft das großbürgerliche Flair der Jahrhundertwende auf die Moderne mit ihren hochaufragenden Banken- und Versicherungspalästen. Die Gran Vía ist auch die wichtigste Einkaufsmeile der Stadt, neben den Kaufhäusern finden sich hier schicke Modegeschäfte, edle Juweliere, traditionsreiche Hotels, angesagte Bars und Restaurants. Erholung vom Trubel bietet der im Geist der Romantik angelegten **Parque de Doña Casilda de Iturrizar** 23. Der Park wartet mit einem herrlichen Baumbestand, einem Rosengarten, einem Musikpavillion und hübschen Brunnenanlagen auf.

Museum der schönen Künste

Am südöstlichen Ende des Parks liegt der Zugang zum **Museo de Bellas Artes** 24, einer der besten Pinakotheken des Landes. Der gläserne Erweiterungsbau der 1970er-Jahre schuf Raum für moderne und zeitgenössische Kunst sowie für Wechselausstellungen. Hier werden u. a. Werke von Tàpies, Oteiza, Chillida, Saura, Bacon und Lüpertz präsentiert.

Ein Verbindungsgang führt zum alten Gebäude, das den Bogen spannt von der Kunst des 12. Jh. bis zur vorletzten Jahrhundertwende. Neben den prominent präsentierten spanischen Künstlern wie Goya, Velázquez, El Greco, Ribera und Zurbarán finden sich Werke von flämischen, italienischen und französischen Meistern. Das obere Stockwerk widmet sich vor allem den baskischen Künstlern wie Zuloaga, Regoyos, Arteta, Echevarría und Iturrino (Di–Sa 10–20, So/Fei 10–14 Uhr, 5,50 €, Mi Eintritt frei).

Bilbao von oben

Cityplan: S. 98; **Reiseatlas:** S. 6, F 3

Begoña-Basilika

Hoch über der Altstadt wacht die Virgen de Begoña, die Schutzpatronin von Bilbao. Von der **Basílica de Begoña** 25 aus bietet sich ein Panoramablick über die Stadt. Der Kirchenbau im Stil der Gotik geht ursprünglich auf das frühe 16. Jh. zurück. Im Innern findet sich eingebettet in einen silbernen Schrein das Bildnis der Virgen de Begoña (13. Jh.). Ihr widmet der Fußballverein Atlétic Bilbao seine Triumphe. In der Beliebtheitsskala bei Hochzeitspaaren steht die Basilika ganz oben.

Am bequemsten erreicht man die Basilika mit dem Aufzug, der hinter der Kirche San Nicolás hinauffährt (Calle Esperanza Ascao). Von der Plaza de Miguel de Unamuno führen Treppen nach oben, für die sie ca. 20 Min. veranschlagen sollten.

Artxanda-Hügel

Eine weitere Möglichkeit, Bilbao und das Guggenheim-Museum von oben zu betrachten, bietet die Anhöhe **Artxanda Mendia** (span. Monte Archanda). Eine betagte Zahnradbahn, die die Schweizer Firma Von Rou 1915 errichtete, befördert die Passagiere von der **Plaza del Funicular** 26 in gerade mal 3 Min. 226 m weit nach oben. Ausgesprochen populär ist der Aussichtspunkt bei den Einheimischen, das lässt sich anhand der zahlreichen Restaurants ermessen, die ein gutes Preis-Leistungs-Verhältnis bieten.

Oficina de Turismo: Plaza Ensanche 11, 48009 Bilbao, Tel. 944 79 57 60, Fax 944 79 57 61, www.bilbao.net, Mo–Sa 9–14, 16–19.30 Uhr; Av. Abandoibarra 2, beim Guggenheim-Museum, Mo–Sa 10–15, 16–19, So/Fei 10–15, Winter Di–Fr 11–14.30, 15.30–18, Sa 11–15, 16–19, So/Fei 11–14 Uhr; Plaza Arriaga s/n (unter dem Theater Arriaga), Mo–Fr 11–14, 17–19.30, Sa 9.30–14, 17–19.30, So/Fei 9.30–14, Sommer tgl. 9.30–14, 16–19.30 Uhr; im Flughafen, Ankunftshalle, Tel. 944 71 03 01, Mo–Fr 7.30–23, Sa/So 8.30–23 Uhr; **Infotelefon:** 944 71 03 01, Mo–Fr 7.30–23, Sa/So 8.30–23 Uhr. Kostenlose Broschüre mit aktuellen Veranstaltungshinweisen in allen Büros erhältlich.

Bilbao Iniciativas Turísticas: Paseo Arenal 1, Tel. 944 79 57 60, Fax 944 79 57 61, Mo–Fr 9–14, 16–19.30 Uhr.

Internet: www.bilbaoweb.com.

Hotel López de Haro 1: Calle Obispo Orueta 2, Tel. 944 23 55 00, Fax 944 23 45 00, www.hotellopezdeharo.com. Eine der Topadressen Bilbaos überzeugt mit elegantem Ambiente, aufmerksamem Personal. und einem sehr empfehlenswerten Restaurant (Menü 28–38 €). DZ 128–288 €.

Mirohotel 2: Alameda Mazarredo 77, Tel. 946 61 18 80, Fax 944 25 51 82, www.miro

Das Café Iruña: seit 1903 eine Institution in El Ensanche

Ermäßigungen
Die **BilbaoCard** ist in den Touristenbüros erhältlich: für 1 Tag 6 €, für 2 Tage 10 €, für 3 Tage 12 €. Mit ihr reduziert sich der Eintritt in den Museen. Die öffentlichen Verkehrsmittel, einige Geschäfte, Restaurants, Bars und Clubs gewähren ebenfalls Preisnachlässe. Eine Auflistung aller Ermäßigungen findet sich unter www.bilbao.net.

hotelbilbao.com. Das angenehm minimalistisch-funktionale Design stammt vom Katalanen Antonio Miró. Nur wenige Schritte vom Guggenheim-Museum. DZ 107–185 €.

Tryp Arenal 3: Calle Los Fueros 2, Tel. 944 15 31 00, Fax 944 15 63 95, www.solmelia.com. Zentral gelegenes Hotel in der Altstadt mit freundlich, im klassischen Stil ausgestatteten Zimmern. DZ 117-139 €.

Hotel Petit Palace Arana 4: Calle Bidebarrieta 2, Tel. 944 15 64 11, Fax 944 16 12 05, www.hthoteles.com. 64-Zimmer-Hotel nahe des Arriaga-Theaters. Das Gebäude versprüht historischen Charme, die Zimmer sind geschmackvoll, modern eingerichtet. Internetanschluss in allen Räumen. DZ 112 €.

Hotel Artetxe 5: Ctra. Enekuri–Artxanda, km 7, Tel. 944 74 77 80, Fax 944 74 60 20, www.hotelartetxe.com. Ehemaliges Landhaus mit Blick über Bilbao. Zimmer mit ländlich rustikaler Eichenholzeinrichtung und Holzbalken an der Decke. DZ 54–90 €.

Pension Iturrienea Ostatua 6: Calle Santa María 14, 1. Etage, Tel. 944 16 15 00, Fax 944 15 89 29. Zentrale, gemütliche Altstadtpension mit 21 Zimmern, die mit Liebe zum Detail eingerichtet sind. DZ 60 €.

Pension Artetxe 7: Camino de Berriz 95, Tel. 944 74 77 80. Empfehlenswerte Pension in einem ehemaligen Bauernhaus, gehört zum Hotel Artetxe (s. o.). DZ 50–60 €.

Pension Plaza San Pedro 8: Calle Luzarra 7, Tel. 944 76 31 26, Fax 944 76 38 95. Familiär geführte Pension in der Nähe der Deusto-Universität. DZ 48–55 €.

Albergue Bilbao Atepetxea 9: Ctra. Bilbao–Castrejana s/n, Tel. 944 27 00 54, albergue.bilbao.net. Topmodern ausgestattete Jugendherberge in der Nähe des Busbahnhofs. Mit der Buslinie 58 besteht eine gute Verbindung ins Stadtzentrum. Internetzugang. Pro Pers. 12 €, EZ 18 €.

Zortziko 10: Alameda de Mazarredo 17, Tel. 944 23 97 43, Fax 944 23 56 87, www.zortziko.es, So/Mo geschl. Eines der großen Aushängeschilder der baskischen Kochkunst. Im eleganten Speisesaal werden vom qualifizierten Personal Köstlichkeiten wie Lachsfilet auf Dill-Weinschaum oder geräucherte Anchovis mit Paprika-Tomaten-Gemüse serviert. 3 Gänge à la carte 50–70 €.

Serantes 11: Calle Licenciado Poza 16, Tel. 944 21 21 29. Durch die meist sehr gut besuchte Bar geht's zum Restaurant, das spezialisiert ist auf fangfrischen Fisch und Meeresfrüchte. **Serantes II** 12**,** ein Ableger des Lokals, findet sich in der Alameda de Urquijo 51. 3 Gänge à la carte ab 49 €.

Víctor 13: Plaza Nueva 2, Tel. 944 15 16 78, Fax 944 15 01 18, www.restaurantevictor.com, So geschl. Familiär geführtes kleines Lokal mit üppiger Tapatheke mitten in der Altstadt. Guten Ruf genießt der *bacalao* (Stockfisch), empfehlenswert sind auch die hausgemachten Desserts. 3 Gänge à la carte 31–53 €.

Rogelio 14: Ctra. Basurto–Castrejana 7, Tel. 944 27 30 21, So geschl. Geradlinige, einfache Küche auf der Basis frischer Saisonprodukte. Erstklassiges Weinangebot. 3 Gänge à la carte 30 €.

Oteiza 15: Calle Licenciado Poza 27, Tel. 944 14 41 33, Sa mittags, So/Mo abends geschl. Einer der besten *asadores* der Stadt, das exzellente Fleisch aus dem Holzofen wird auf den Punkt zubereitet. 3 Gänge à la carte 45 €.

Maider 16: Calle Colón de Larreategui 5, Tel. 944 24 89 90. Auf Fisch und Meeresfrüchte spezialisiertes Lokal. Günstiges Tagesgericht um 10 €, 3 Gänge à la carte um 30 €.

Lepanto 17: Plaza de Pedro Eguilor 2, Tel. 944 16 62 56. Appetitliche Häppchen gibt es an der Theke, im 1. Stock liegt das Restaurant. Tagesgericht 10 €, 3 Gänge à la carte 35 €.

Gatz 18: Calle Santa Maria, 10, Tel. 944 15 48 61, So abends geschl. Mitten in der Alt-

stadt, bekannt für seine kreative *pintxo*-Küche. Tapa 1,50 €, *ración* 7–10 €.
Rio-Oja 19: Calle El Perro 4, Tel. 944 15 08 71, Mo geschl. Beliebte Tapabar mit Restaurantbereich. Die etwas größeren Tapas werden in kleinen Kasserollen serviert. Tapa 5–7 €.
Café Boulevard 20: Paseo del Arenal 1, Tel. 944 24 90 59. Das 1871 gegründete Art-déco-Café ist das älteste Kaffeehaus Bilbaos. Namhafte Schriftsteller wie Miguel de Unamuno gingen hier ein und aus.
Café Bilbao 21: Plaza Nueva N-6. Café mit Terrasse mitten in der Altstadt. Reichhaltiges Angebot an *pintxos* und *raciones.*
Café Iruña 22: Jardines de Albia-Berástegui 5, Tel./Fax 944 23 70 21. Das traditionsreiche Kaffeehaus geht auf das Jahr 1903 zurück. Die Wände ziert andalusisches Kacheldekor. Es gibt auch warme Küche.
Weitere Cafés siehe **www.cafesdebilbao.net.**

Mercado de la Ribera 17: Calle Ribera/Pasarela Conde de Mirasol, www.mercadodelaribera.com, Mo–Fr 8–14, 16.30–19, Sa 8–14.30 Uhr. 186 Händler bieten auf einer Fläche von 10 000 m² verteilt auf drei Ebenen baskische Köstlichkeiten feil.
Flohmarkt: Plaza Nueva, So morgens. Händler bieten Briefmarken, Münzen, gebrauchte Bücher und CDs sowie allerlei Kurioses an.
Vinoteca de Manu Martín: Calle Tivoli 6. Die Weinhandlung zählt zu den besten Bilbaos.
Pastlería Arrese: Gran Vía 24. In dieser Konditorei ist es schwierig angesichts der köstlichen Trüffel zu widerstehen.
Power Records: Calle Vilarias 5. Wer sich für baskische Musik interessiert, wird hier fündig.

Die **Calle Licenciado Poza** in der Neustadt bildet das Epizentrum des Nachtlebens in Bilbao.
Café La Granja: Plaza Circular 3, Tel. 944 23 08 13. Nostalgisches Café mit samtroten Sitzbänken, das sich abends in einen Treffpunkt für Nachtschwärmer verwandelt.
Kafe Antzoika: Calle San Vicente 2, Tel. 944 24 46 25. Angesagter Club! Das umfunktionierte Theater dient mittags als Restaurant, abends gibt es Cocktails und Livekonzerte.

Richtig-Reisen–Tipp: Txikiteo

Das Schlemmerparadies Bilbaos nennt sich **Siete Calles,** es sind die ›Sieben Straßen‹ des Zentrums, in denen sich die leckersten Tapabars der Stadt finden: Somera, Artekale, Tendería, Belostikale, Carnicería Vieja, Barrenkale und Barrenkale Barrena. Hier geben sich die Bilbaínos ihrer Lieblingsbeschäftigung, dem *txikiteo*, hin. Im Kreise ihrer Freunde, der *cuadrilla*, ziehen sie von Bar zu Bar.

Der hiesige Weißwein, der *txakolin* (span. *chacolí*), wird knapp bemessen in einfache Trinkgläser eingeschenkt, nur so ist der stetige Wechsel von Bar zu Bar zu überstehen. Zum Wein gönnt man sich eins der appetitlichen Häppchen, die sich verführerisch auf den Theken türmen. In südlicheren Gefilde Spaniens sind die kleinen Leckereien unter dem Begriff *tapas* in aller Munde, hier laufen sie unter dem Namen *pintxos* (Spieße). Die zahllosen, kleinen Köstlichkeiten wie Sardellen, Oliven, Schinken, oder Kroketten werden mit Hilfe von kleinen Spießchen oder Zahnstochern fixiert, anhand der Spieße verliert der Wirt nicht den Überblick über die konsumierten *pintxos.*

Um die Rechnung gibt es – wie in ganz Spanien – unter den Freunden Scheingefechte. Aber es gleicht sich am Ende doch irgendwie wieder aus: Einmal zahlt der eine, die nächste Rechnung übernimmt der andere.

Azkena: Calle Ibánez de Bilbao 26, Tel. 678 61 87 18. Disco-Pub mit Livemusik.

Karneval: Februar. In Bilbao wird besonders ausgelassen gefeiert – bis am Aschermittwoch mit dem *entierro der la sardina (*Begräbnis der Sardine) alles vorbei ist.
Semana Coral Vizcaina: Februar. Das Treffen der Chöre ist ein Erlebnis, besonders die melancholisch angehauchten Lieder spiegeln die Volksseele wider. Interessant auch die baskische, fröhlich schrille Jodelvariante.
Semana Grande (bask. Aste Nagusia): Start 1. Sa nach dem 15. Aug. Acht Tage lang steht

Karneval in Bilbao: Partystimmung erfasst die ganze Stadt

Bilbao Kopf: Das wichtigste Fest der Stadt bietet Stierkämpfe, Umzüge, Konzert-, Theater- und Sportveranstaltungen sowie Feuerwerke. **Teatro Arriaga:** Plaza Arriaga s/n, Tel. 944 310 310, www.teatroarriaga.com. Schauspiel, Ballett, Konzerte und Opern. **Kongress- und Musikpalast Euskalduna:** Avda. Abandoibarra 4, Tel. 944 03 50 00, www.euskalduna.net. Geboten werden in erster Linie klassische Konzerte und Opern. **Cine Capitol:** Villarías 10, Tel. 944 31 03 10, www.ccoliseo.com. Das Kino mit 4 Sälen liegt in der Nähe der Plaza Circular.

Alquimoto: Calle Anselma de Salces 9, Tel. 944 01 25 63, www.alquimoto.com. Das Fachgeschäft verleiht Fahrräder für 11 €/Tag und Mopeds/Motoräder ab 29 €.

Flüge: Aeropuerto Internacional de Bilbao-Loiu/Sondika, über Autovía BI 631 11 km nordöstlich des Zentrums, Tel. 944 53 23 86, www.aena.es. Vom Flughafen fährt Bizkaibus Linie 3247 ins Zentrum (6.20–24 Uhr, alle 20–30 Min.) Von den Haltestellen Gran Vía 79, Plaza Moyúa und Alameda Recalde 11 fährt die Linie zurück zum Flughafen (5.20–22.20 Uhr, alle 20–30 Min.).
Bahn: Abando-Bahnhof, Hurtado de Amezaga 1, RENFE-Züge u. a. nach Madrid, Barcelona, San Sebastián, Burgos, La Coruña, Logroño oder Zaragoza; Santander-Bahnhof, Calle Bailén 3 (in der Nähe des Abando-Bahnhofs), Tel. 944 23 22 66, FEVE-Verbindung u. a. nach Santander, León und Santiago de Compostela; Atxuri-Bahnhof, Calle Atxuri 6, Tel. 944 33 80 08, 944 33 95 00. Nahverkehrsverbindungen mit EUSKO-TREN u. a. nach Gernika, Bermeo und Deba.
Bus: Busbahnhof, Calle Gurtubay 1, Tel. 944 39 50 77, www.termibus.es. Unterschiedliche Busgesellschaften bedienen u. a. Linien nach Santander, San Sebastián, Logroño, Pamplona, Burgos, León, Vitoria-Gasteiz, Madrid und Barcelona.
Metro: www.metrobilbao.net. Die 1996 fertiggestellte, 28 km lange Metronetz (2 Linien) wurde vom britischen Stararchitekten Sir Norman Foster konzipiert. Hingucker bilden v. a. die wie transparente Schneckenhäuser

wirkenden Zugänge, die im Volksmund *fosteristos* genannt werden. Haltestellen sind u. a. Casco Viejo (Altstadt, Plaza de Unamuno), San Mamés (Busbahnhof), Abando (Estación de RENFE und FEVE), Plaza Moyúa (Museo de Bellas Artes, Guggenheim, Flughafenbus). Einfache Fahrt ab 1,30 €.

Straßenbahn: www.euskotren.es/euskotran. Seit 2002 verbindet die Straßenbahn EuskoTran, die von Basurto bis Atxuri parallell zum Fluss Nervión verläuft, u. a. die Altstadt mit dem Guggenheim-Museum.

Zahnradbahn: Plaza del Funicular–Artxanda-Anhöhe, Tel. 944 45 49 66, www.bilbao.net/funicularArtxanda/jsp/home.jsp, Mo–Sa 7.15–22, So/Fei 8.15–22, Sommer bis 23 Uhr, Abfahrt alle 15 Min., einfache Fahrt 0,85 €.

Umgebung von Bilbao

Reiseatlas: S. 6, F 2/3

Hängebrücke bei Portugalete

Technik und Ästhetik vereint die älteste Hängebrücke der Welt! Nach wie vor versieht die 1893 eingeweihte Schwebefähre ihren Dienst. Den Entwurf für dieses technische Bravourstück lieferte der Ingenieur und Architekt Alberto Palacio, ein Schüler von Gustave Eiffel. 14 km vom Stadtzentrum entfernt verbindet die **Puente Colgante** die Ortschaften Portugalete und Getxo, die durch die Flussmündung von Bilbao getrennt sind. Es handelt sich um eine 45 m hohe und 160 m lange Stahlgitterkonstruktion, die auf zwei Masten ruht. An dieser Konstruktion hängt eine an Drahtseilen befestigte Transportbarke, die sowohl Personen als auch Fahrzeuge transportiert. Per Aufzug ist die Fußgängerbrücke im oberen Teil der Brücke zu erreichen, wer nicht schwindelfrei ist, sollte davon allerdings lieber absehen. 2006 erhob die Unesco die Puente Colgante von Bilbao zum Welterbe .

Algorta und Plentzia

Verglichen mit dem westlichen Ufer des Nervióndeltas ist der Bereich östlich der *ría* attraktiver, d. h. weniger industriell erschlossen. Nicht weit entfernt von der Puente Colgante liegt die gepflegte, zum Gemeindebezirk von Getxo gehörende Ortschaft **Algorta,** die aus einem Fischerdorf hervorgegangen ist. Sonnenhungrige Großstädter sorgen an den Wochenenden für Umsatz in den zahlreichen Restaurants und Bars. Der beliebte Badeort **Plentzia** (span. Plencia) glänzt mit familienfreundlichen, ausgedehnten Stränden

Kaian Plentzia: Aretaza, 38, 48620 Plentzia, Tel. 946 77 54 70, Fax 946 77 02 85 www.kaianplentzia.com. Haus in Hafennähe mit 7 hellen Zimmern. Im Restaurant wird feine baskische Küche geboten (3 Gänge à la carte 33–56 €). DZ 80–123 €.

Algortako Sagardotegia: Konporte 3, Getxo-Algorta, Tel. 944 60 41 77, So–Di abends. geschl. Die rustikale *sidrería* liegt 5 Minuten von der Metrostation entfernt. Fleisch und Fisch vom Grill. Tagesmenü 10 €.

Strände: Im Sommer zieht es die Bilbainos zu ihren Hausstränden, z. B. zur **Playa Ereaga** in Algorta. Beliebt bei Surfern sind die Strände der Ortschaft Sopelana wie die **Playa Arrietara** und **die Playa Atxiabirri.** Der Treffpunkt für die Nudisten ist die **Playa Barinatxe.** In Plentzia locken die **Playa de Plencia** und **Playa de Gorliz,** letzter wird umgeben von einem Pinienwald, der sich für ein schattiges Picknick anbietet.

Tauchen: Plentzia Sub, Labasture 14-4 C, Plentzia, Tel. 607 40 31 54, Fax 944 21 02 54, www.plentziasub.com. Verleih von Ausrüstung sowie Tauchkurse und -exkursionen.

Bahn: Regelmäßige Verbindungen mit RENFE vom Abando-Bahnhof in Bilbao nach Portugalete, der Bahnhof liegt in der Nähe des Westendes der Schwebefähre.

Metro: Linie L1 fährt über Areeta (Haltestelle rund 500 m vom östlichen Pfeiler der Hängebrücke), Algorta und Sopelana nach Plentzia.

Schwebefähre: Tel. 944 80 10 12, 944 63 88 54, www.puente-colgante.com, Fußgänger 0,30 €, PKW 1,10 €.

Küste und Hinterland der Provinz Bizkaia

Karte S. 112

Einen Kontrast zum Großraum von Bilbao bietet die abwechslungsreiche Küste der Provinz Bizkaia, an der sich eine reizvolle Straße entlangschlängelt. Am Atlantik wartet die grüne, wilde Landschaft mit feinen Sandstränden auf. Im Hinterland laden die sanften Hügel des Biosphärenreservats Urdaibai Naturfreunde zum Wandern ein.

Die Postkartenansicht der Region präsentiert das romantisch auf einer Felsnase gelegene Kap von Gaztelugatxe, das von einer Seefahrerkapelle bekrönt wird. Für einen längeren Aufenthalt bieten sich das beschauliche Städtchen Lekeitio oder die Surferhochburg Mundaka an.

15 km abseits der Küste liegt die Kleinstadt Gernika, die ›Heilige Stadt‹ der Basken. In die Geschichtsbücher ist Gernika eingegangen durch den verheerenden Bombenangriff der deutschen Legion Condor im Spanischen Bürgerkrieg (s. S. 116). Von Gernika aus lohnt sich ein Ausflug zum ›beseelten Wald‹ von Oma, den der engagierte Künstler Augustin Ibarrolla in ein Kunstwerk verwandelte (s. S. 120).

San Juan de Gaztelugatxe und das Kap Matxixako

Karte: S. 112

Folgt man der reizvollen, schmalen Küstenstraße BI 3101 Richtung Osten erreicht man wenige Kilometer hinter **Bakio,** einem beliebten Urlaubsort der Bilbainos, die stimmungsvoll auf einer kleinen Felsnase thronende Seefahrerkapelle **San Juan de Gaztelugatxe** 1 (11. Jh.). Im Innern häufen sich die Votivgaben, die die Fischer für ihre Errettung in Seenot der Christusstatue von San Juan de Gaztelugatxe darbringen. Die Glocke der Kapelle warnte früher die Seeleute vor heraufziehenden Stürmen. Erreichbar ist die Einsiedelei nur über eine optisch attraktive, aber steile Steintreppe (231 Stufen), die die Verbindung zum Festland bildet. Oben angelangt liegen einem die wildromantischen, windgepeitschten Klippen der Steilküste zu Füßen. Ein Ort voller Magie, eine Anstrengung die sich wirklich lohnt!

Eine Ecke weiter bietet sich der kleine Abstecher von der Küstenstraße zum **Cabo Matxixako** 2 (span. Machichaco) an, auf dessen Spitze sich ein Leuchtturm erhebt. Vom Kap bieten sich herrliche Ausblicke auf die zerklüftete Küste.

Hostal Gaztelu-Begi: Calle San Pelaio 86, 48130 Bakio, Tel. 946 19 49 24, 650 36 09 37, Dez. geschl. Das rustikale Hostal verfügt über gerade mal 6 Zimmer. Angeschlossen ist ein kleines Restaurant mit Blick auf die Kapelle von San Juan de Gatzelugatxe (3 Gänge à la carte 25-40 €). DZ 52 €.

Enepri Bar-Restaurante: Calle San Pelaio 89, Bakio, Tel. 946 19 40 65. Das Enepri befindet sich beim Besucherparkplatz von San Juan de Gatzelugatxe. Es ist ein beliebtes Ausflugslokal mit gepflegter baskischer Küche. Hauptgericht 15–25 €.

Wallfahrt zur Ermita de San Juan de Gaztelugatxe: 24. Juni. Typisch als Wegzehrung der Pilger an diesem Festtag sind die süßen Kringel *rosquillas de San Juan*.

Bermeo

Karte: S. 112

Das Meer bestimmt nach wie vor die Geschicke von **Bermeo** 3 (17 900 Einw.). Die von Hügeln unterteilte Stadt besitzt den größten Fischereihafen an der Kantabrischen Küste. Von großer Bedeutung für die Stadt ist die Konservenindustrie, der Tourismus spielt nur eine untergeordnete Rolle.

Im Wappen erinnert ein Wal an die enorme Bedeutung die einst der Walfischfang für Bermeo hatte. Bereits im Mittelalter brachen Segelschiffe von der ganzen baskischen Küste zur Walfischjagd nach Neufundland und Grönland auf. Ein Unternehmen mit hohem Risikofaktor! Häufig gerieten die Schiffe auf ihrer langen Reise zu den Fanggebieten in Seenot. Mit einfachen Wurfharpunen versuchten die Fischer von kleinen Booten aus den Kolossen den Garaus zu machen – und kamen dabei oft genug selbst ums Leben. Ihre Blütezeit erlebte die Walfangindustrie im 17. und 18. Jh. Heiß begehrt war vor allem der Waltran, der durch das Kochen des Specks gewonnen wurde, er diente bis ins 19. Jh. als Lampenöl und Schmierstoff. Im 18. und 19. Jh. stand das Fischbein der Wale hoch im Kurs für die Herstellung von Korsetts und Reifröcken. Ambra, eine wachsartige Substanz aus dem Verdauungstrakt des Pottwals, fand bei der Parfümherstellung und in der pharmazeutischen Industrie Verwendung.

Wieder lebendig wird die Geschichte des Walfischfangs durch die neuste Attraktion im Hafen von Bermeo: Im originalgetreuen **Nachbau des Walfischfangbootes Aita Guria** aus dem 17. Jh. erhält der Besucher faszinierende Einblicke in die Lebensumstände an Bord. (Tel. 946 17 91 54, www.aitaguria.bermeo.org, Di–Sa 10.30–14, 16.30–19, So/Fei 11–14 Uhr, 5 €, Führungen auf Spanisch, Englisch und Französisch).

Rund um den Fischfang und den harten Alltag der Fischer geht es auch im **Museo del Pescador,** untergebracht im einzig erhalten gebliebenen Wehrturm der Stadt, dem **Torre Ericilla** aus dem 15. Jh. (Calle Torronteroko enparantza 1, Tel. 946 88 11 71, www.bizkaia.net/museodelpescador, Di–Sa 10–14, 16–19, So 10–14.15 Uhr, 3 €).

Die geschichtsträchtigste Kirche der Stadt, **Santa Eufemia** (15. Jh.), erhebt sich über den alten Hafen. In dem gotischen Gotteshaus schworen einst die Könige und Landesherren auf die Einhaltung der *fueros,* der Vorrechte der Provinz Bizkaia. Ein Muss ist der Bummel zum **alten Hafen.** Die attraktiv hergerichtete Hafenmeile säumen bunte, 4–5-stöckige Fischerhäuser. Volkstürmliche Bars und Fischrestaurants sorgen für das leibliche Wohl. Das idyllische Bild rundet der 2006 eingeweihte kleine Sporthafen ab.

Mit der Autorin unterwegs

Surfer-Hotspot

Mundaka ist in der Szene bekannt für seine bis zu 400 m lange Linkswelle. Surfer finden hier super Bedingungen für den Tanz auf der Welle (s. S. 113).

Schlemmen in alten Gemäuern

Die Küche des edel-rustikalen **Gasthofs Baserri Maitea** lässt mit ihren Kreationen Genießerherzen höher schlagen. Lassen Sie Platz fürs Dessert, z. B. Schokoladensoufflé mit selbst gemachtem Eukalyptuseis (s. S. 118)!

Wohnen wie ein Burgfräulein ...

... nur viel bequemer, das bietet das mit allem Komfort ausgestattete **Castillo de Arteaga** in der Nähe von Gernika (s. S. 119).

Ruhe genießen

Wer Abgeschiedenheit schätzt, der wird sich in dem winzigen Fischerort **Elantxobe** wohlfühlen. Nicht weit entfernt findet sich die **Playa de Laga,** die zu den schönsten Stränden der Bizkaiaküste zählt (s. S. 120).

Perle der Bizkaiaküste

Im beschaulichen, alten Seebad **Lekeitio** kann man an der kleinen Hafenmeile den Fischern beim Netzeflicken über die Schulter schauen (s. S. 121).

Küste der Provinz Bizkaia

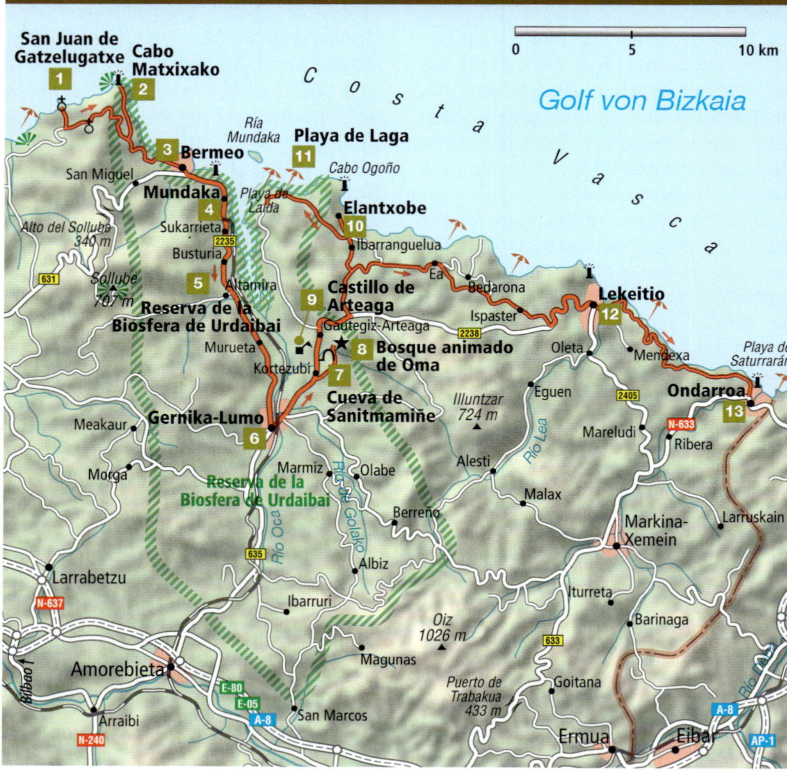

Oficina de Turismo: Calle Askatasun Bidea 2, 48370 Bermeo, Tel. 946 17 95 54, Fax 946 17 91 59, www.bermeo.org.

Hotel Txaraka: Calle Almike Auzoa s/n, Tel. 946 88 55 58, Fax 946 68 81 64. Der Hotelbau im Stil der 1970er-Jahre und die Rezeption lassen zunächst nichts Gutes erwarten. Desto größer ist die Überraschung angesichts der freundlichen Zimmer. Das Hotel liegt ca. 15 Gehminuten vom Hafen. Kein Restaurant, eigene Parkplätze. DZ 70–80 €.
Torre Ercilla: Calle Talaranzko 14-1, Tel. 946 18 75 98, Fax 946 88 42 31, torrecilla@euskalnet.net. Zentral gelegene Pension mit ordentlich eingerichteten Zimmern. DZ 50–70 €.

Agroturismo
Artiketxe: Artike 16 (ca. 1 km südwestl. von Bermeo), Tel. 946 88 23 12, Fax 946 88 56 29. Das Gehöft bietet Platz für 12 Gäste. Die Einrichtung der Zimmer ist solide, wenn auch ein wenig nüchtern. DZ 35–40 €.

Jokin: Calle Eupeme 13, Tel. 946 88 40 89, So abends geschl. Fischrestaurant mit schlichter Einrichtung, dafür guter Blick über den alten Hafen. Im Eingangsbereich befindet sich eine Bar mit leckerer Tapatheke. 3 Gänge à la carte 35–43 €.
Asador Almiketxu: Calle Almike Auzoa 8 (ca. 2 km südwestl. von Bermeo), Tel. 946 88 09 25, www.almiketxu.com, Mo, Winter auch Di–

Do abends geschl. Zu den Spezialitäten des gemütlichen Landgasthofs mit Terrasse gehörten Fleisch aus dem Holzkohleofen und gerillter Fisch. Der Käsekuchen mit frischen Feigen ist ein Gedicht. 3 Gänge à la carte 28–44 €.
Asador Cofradía San Pedro: Calle Muelle Erroxape s/n, Tel. 946 88 35 64. Volkstümliches Lokal nahe der Fischhalle beim Hafen, bekannt für seine gute, preisgünstige Fischküche. Die Tapatheke wartet mit allerlei *tortilla*-Varianten und lecker belegten Brötchen auf. Standardmenü 12 €, Meeresfrüchtemenü 28 €.

Fiestas de Bermeo: 7.–10. Sept. Die Patronatsfeste erreichen ihren Höhepunkt am 8. Sept. dem Festtag der Jungfrau Nuestra Señora de Albóniga und am 9. Sept. dem Festtag der Fischer.

Bootsausflüge/Sportfischerei: Hegaluze, am alten Hafen, Tel. 677 25 60 92, www.hegaluze.com.
Ausflüge im Segelboot: Matxitxako Nautika, Calle Nardiz tar Benantzio 15, Tel. 946 88 05 99, 678 84 41 28, www.matxitxako.net.
Segelschule: Uhinunategi kaia, Tel. 686 65 68 75. Kurse für Anfänger und Könner.
Tauchschule: Nardiz tar Benanzio 1, Tel. 944 27 77 59, 656 70 52 26.

Mundaka

Karte: S. 112
In **Mundaka** 4 (span. Mundaca) dreht sich alles um Wind und Wellen. Die Ortschaft, die an der breiten Mündung des Río Oca liegt, zählt zu den Top-Surfspots in Europa.

In der Nebensaison herrscht in Mundaka (1850 Einw.) ein gemütlicher Rhythmus, im Sommer und Herbst bringen Surfer und andere Urlauber die Ortschaft etwas auf Trab. Mittelpunkt des beschaulichen Städtchens ist der großzügige Platz vor der gotischen **Pfarrkirche Santa María** (15. Jh.). Links von der Kirche lädt eine hübsch angelegter Weg mit schönen Ausblicken auf die Flussmündung und das Meer zum Flanieren ein. Ein paar Meter weiter liegt der wirklich winzige **alte Hafen.**

Die schönste Perspektive für Fotografen bietet sich gleich nach der Ortseinfahrt, hier fällt der Blick auf das einsam auf einem Felsen gelegene **Kirchlein Santa Catalina.** Bei der Weiterfahrt in Richtung Gernika lohnt es sich ebenfalls, einen Stopp beim Aussichtspunkt oberhalb von Mundaka einzulegen.

Oficina de Turismo: Kepa Duna Kalea (in Hafennähe), 48360 Mundaka, Tel. 946 17 72 01, Fax 946 17 72 01, www.mundaka.org, unregelmäßig geöffnet.

Hotel Atalaya: Itxaropen Kalea 1, Tel. 946 17 70 00, Fax 946 87 68 99, www.hotel-atalaya-mundaka.com. Die kleine Unterkunft ist geschmackvoll im klassisch englischen Stil ausgestattet. Zum 15-Zimmer-Hotel gehört eine Cafetería mit schöner Terrasse. Das zeichnet sich durch freundlichen Service aus. Eigener Parkplatz. DZ 102–113 €.
Hotel El Puerto: Portu Kalea 1, Tel. 946 87 67 25, Fax 946 87 61 58, www.hotelelpuerto.com. Direkt beim kleinen Hafen gelegen verfügt das ehemalige Fischerhaus über gerade mal 11 Zimmer. Sie sind modern und komfortabel eingerichtet. DZ 65–81 €.
Hotel Mundaka: Florentino Larrínaga Kalea 9, Tel. 946 87 67 00, Fax 946 87 61 58, www.hotelmundaka.com. Das Hotel in der Altstadt bietet Internetzugang. Die Zimmer sind ansprechend funktional eingerichtet. DZ 54–76 €.
Hotel Kurutziaga Jauregia: Kurtzio Kalea 1, Tel. 946 87 69 25, Fax 94 617 70 12, www.kurutziagajauregia.com. Familiär geführtes, charmantes Hotel mit 23 gemütlich eingerichteten Zimmern. Zentral in der Altstadt an einem hübschen Platz gelegen. DZ 50–72 €.
Camping
Portu-Ondo: Ctra. Mundaka–Gernika (ca. 1 km südl. von Mundaka), Tel. 946 87 77 01, Fax 946 87 78 28, www.campingportuondo.com, ganzjährig geöffnet. Der bei Surfern beliebte Platz oberhalb eines kleinen Strands bietet Restaurants, Supermarkt und Pool. Pro Pers. 5 €, Parzelle mit Stromanschluss 13 €.

Asador Portu-Ondo: Barrio Portuondo 1, Tel. 946 87 60 50. Untergebracht in ehemaligem Landhaus mit toller Terrasse oberhalb der Playa de Laida. Mit Tapabereich und rustikalem Speisesaal im ersten Stock. Beim gleichnamigen Campingplatz gelegen. Menü 35–46 €.

Campeonato Billabong Pro Mundaka: Okt. Alljährlich treffen sich an der Playa de Laida die Surfprofis, um Punkte für die Surfweltmeisterschaft zu sammeln.
Fiesta de San Pedro: Um den 29 Juni. Fest zu Ehren des Patrons der Fischer.
Nuestra Señora de la Asunción: 15. Aug. Patronatsfest zu Ehren Mariä Aufnahme in den Himmel.

Baden & Surfen: Die **Playa de Laida** auf der gegenüberliegenden Seite der Flussmündung ist in der Surferszene bekannt für ihre Linkswelle, die die beachtliche Länge von 400 m erreichen kann. Verantwortlich für den Aufbau der Welle ist eine große Sandbank. Für nicht ganz so routinierte Surfer und Badegäste empfiehlt sich die benachbarte **Playa de Laga** (s. S. 120).
Mundaka Surf Shop: Calle Txorrokopunta 8, Tel. 946 87 67 21, www.mundakasurfshop.com. Surfbrettverleih und -kurse.
Barrika Surf Taldea: Calle Joseba Deuna 2, Kontakt über Javi Bizkarguenaga, Tel. 617 467 564, 946 87 68 41, www.barrikasurftaldea.com. Die Surfschule bietet ganzjährig Kurse an,
Mundaka Kayak: Barrio Arketa s/n, Tel. 619 71 48 03, 660 05 98 93. Die Schule bietet Kayakkurse an.

Fähre: Mundaka–Playa de Laida, Juni–Sept. tgl. 9–20 Uhr. Außerhalb der Sommermonate muss die Anfahrt mit dem Auto über Gernika in Kauf genommen werden (ca. 23 km).

Biosphärenreservat Urdaibai

Karte: S. 112
1984 erklärte die Unesco das Gebiet um den tiefen Einschnitt der Ría Mundaka, das rund 23 000 ha umfasst, zur **Reserva de la Biósfera de Urdaibai** 5. Hier an der Mündung des Río Oca mischen sich Süß- und Salzwasser und bilden so die wichtigste Feuchtlandschaft des Baskenlands.

Neben der typischen Marschlandschaft, den Steilküsten und den Stränden gehören zu den Ökosystemen von **Urdaibai** ausgedehnte Eichenwälder. Für viele Zugvögel ist die Region eine willkommene Station auf ihrer Reise nach Afrika, einige von ihnen richten sich hier ihr Winterquartier ein. Vogelliebhaber können Fischreiher, Königsreiher, Störche, Brachvögel und Kormorane beobachten. In den Steineichenwäldern finden Wildschweine, Steinmarder, Ginsterkatzen und Eichelhäher Schutz.

Patronato de Reserva de la Biosfera de Urdaibai: Palacio Udetxea, Ctra. Gernika–Lumo s/n, 48300 Gernika, beim Parque de los Pueblos de Europa, Tel. 946 25 72 25, Fax 946 25 71 53, www.euskadi.net/urdaibai, Mo–Do 8.30–13.30, 15–17.30, Fr 8.30–14.30, Sommer Mo–Fr 8.30–14.30 Uhr.

Asador Zaldua: Calle Sabino Arana 10, Sukarrieta/Pedernales, Tel. 946 87 08 71, www.asadorzaldua.com. Das gepflegte rustikale Restaurant bietet lokale Küche zu ordentlichen Preisen, zu empfehlen sind die Speisen aus dem Holzofengrill und die Fischgerichte. Im Sommer sitzt man wunderbar auf der Terrasse. Degustationsmenü 35 €.

Aixerreku: Calle Landako Baserria 11, Altamira auzoa, Busturia, Tel./Fax 946 87 02 44, aixerreku.com. Das Unternehmen bietet ökologische Wanderungen und Vogelbeobachtungstouren an.
Wandern: Von Sukarrieta, 2 km südlich von Mundaka, führt der gut markierte Rundwanderweg GR 98,1 durch das Biosphärenreservat (8,3 km, 2,5 Std, 325 m Höhenunterschied, mittlerer Schwierigkeitsgrad). Die Krönung der Wanderung ist der Blick vom Gipfel des Katillotxu auf die Mündung des Río Oca. Genauere Informationen finden sich im Prospekt ›Wandern in Euskadi‹ (s. S. 79).

Im Biosphärenreservat Urdaibai: Smaragdeidechse auf der Jagd

Gernika

Karte: S. 112

Gernika 6 (span. Guernica, 16 000 Einw.) liegt von der Küste rund 15 km landeinwärts. Die Straße folgt dem tief eingeschnittenen, breiten Mündungsarm des Río Oca und führt durch eine herrlich grüne, sanfte Hügellandschaft. Einst war Gernika der Mittelpunkt des Baskenlandes und nach wie vor spielt die Stadt eine zentrale Rolle für die nationale Identiät der Basken.

Ein Blick in die Geschichte erklärt, warum die Basken sie als ›Heilige Stadt‹ bezeichnen: Schon im 10. Jh. traf sich hier unter der uralten Eiche von Gernika die Versammlung der Ältesten, um Rat zu halten und Recht zu sprechen. Diese Tradition erhielt sich bis ins 19. Jh. Außerdem legten unter der ›tausendjährigen‹ Eiche die kastilischen und später die spanischen Könige den Schwur auf die *fueros* (Sonderrechte) ab, die dem Baskenland eine weitgehende Eigenständigkeit sicherten. Im Gegenzug bekamen die Herrscher von den Basken die Gefolgschaft zugesichert. König Alfonso XII. (1875–1885) hob diese Sonderrechte der baskischen Provinzen 1877 auf.

Zu seiner traurigen Berühmtheit gelangte Gernika durch den Luftangriff der deutschen Legion Condor am 26. April 1937, der die Stadt in Schutt und Asche legte. Es handelte sich um einen Freundschaftsdienst Hitlers für Franco und gleichzeitig einen Test für die Effizienz der NS-Luftwaffe. Unter dem Eindruck der Ereignisse schuf Pablo Picasso noch im gleichen Jahr für die Weltausstellung in Paris sein großformatiges Gemälde »Guernica«, das die Schrecken des Krieges schonungslos bloßstellte (s. S. 116).

Stadtrundgang

In der geschäftigen Stadt, die aufgrund des Flächenbombardements von 1937 wenig an historischer Bausubstanz zu bieten hat, führt

Gernika – Sinnbild für die Schrecken der Kriege

Von 1936 bis 1939 tobte in Spanien der Bürgerkrieg. Den Putschisten unter Führung von General Franco leistete das Hitlerregime Schützenhilfe. Die deutsche Legion Condor übersäte im Jahr 1937 die wehrlose Stadt Gernika mit einem Bombenhagel und richtete ein verheerendes Blutbad unter der Zivilbevölkerung an.

Der 26. April 1937 war ein sonniger Frühlingstag in Gernika. Es war Montag, der Markttag. In der damals 7000 Seelen zählenden baskischen Stadt herrschte ein reges Treiben. Bis nachmittags um halb fünf das Geläut der Kirchenglocken die Menschen warnte: Das NS-Luftwaffengeschwader der deutschen Legion Condor attackierte die Stadt. Die Piloten übersäten Gernika mit Spreng-, Splitter- und Brandbomben in nicht enden wollenden Angriffswellen. Mit Maschinengewehren und Granaten machten Tiefflieger Jagd auf die flüchtende Bevölkerung. Übrig blieb ein Inferno, ein Meer von Schutt und Asche. Die genaue Zahl der Opfer konnte nie ermittelt werden, da sich in dieser Zeit viele Flüchtlinge in der Stadt aufhielten.

Für das Naziregime war die Bombardierung Gernikas eine Art Generalprobe für den Zweiten Weltkrieg. Hermann Göring, der damalige Oberbefehlshaber der Luftwaffe, gab in den Nürnberger Prozessen zu, dass Spanien für ihn eine willkommene Gelegenheit bot, die Schlagkraft der jungen Luftwaffe zu testen. Zudem erhielt die Kriegsführung eine neue, perfide Dimension: Bombenangriffe galten bis dato in erster Linie strategisch relevanten Zielen, Gernika war das erste Opfer der modernen Kriegsführung. Flächenbombardements dieser Art zielten darauf ab, die Zivilbevölkerung zu demoralisieren und ihren Widerstandswillen zu brechen.

Hitler unterstützte mit der Vernichtung Gernikas General Franco im Spanischen Bürgerkrieg (1936–1939) gegen die republikanischen Truppen der Regierung. Francos Intention war es, die ›widerspenstigen‹ Basken, die mehrheitlich auf der republikanischen Seite standen, in ihre Schranken zu weisen. Die beiden Ziele, die für die Militärs in Gernika von strategischer Relevanz hätten sein können, eine kleine Waffenfabrik und eine Brücke am Ortseingang blieben intakt. Der Grund für den Bombenangriff auf die weit von der Frontlinie entfernte Stadt lag im Symbolcharakter, den Gernika für die nationale Identität der Basken einnimmt. Für viele Basken grenzt es schon fast an ein Wunder, dass die berühmte Eiche von Gernika unbeschädigt blieb, unter der bereits im Mittelalter die spanischen Könige den Schwur auf die Freiheitsrechte *(fueros)* der Basken abgelegt hatten.

In der langen Regierungszeit von Franco (1939–1975) war die Bombardierung von Gernika ein absolutes Tabuthema. Die Propaganda der Diktatur verstieg sich sogar dazu, zu behaupten, dass die ›roten Separatisten‹ die Stadt selbst zerstört hätten. Heute engagiert sich Gernika gemeinsam mit anderen Städten, denen ein ähnliches Schicksal widerfahren ist, für Frieden und Versöhnung. Die Geschichte der ›heiligen Stadt‹ der Basken ist somit auch die Geschichte eines Kampfes gegen das Vergessen.

Der spanische Künstler Pablo Picasso hielt das Schreckensszenario von Gernika noch im selben Jahr auf einer großformatigen Leinwand (3,49 m x 7,77 m) fest. Das in Schwarz-

Thema

Weiß-Schattierungen gehaltene Ereignisbild, mit dem der Künstler die Weltöffentlichkeit auf das ungeheuerliche Geschehen in Gernika aufmerksam machen wollte, ist ein Aufschrei, eine Anklage gegen den blinden Zerstörungswahn des Krieges.

Im Mittelpunkt des Gemäldes stehen die Opfer, für die es kein Entrinnen gibt, sie sind dem Terror ohnmächtig ausgeliefert. Das Gemälde ist wie ein Triptychon aufgebaut: Auf der linken Seite trauert eine Mutter voller Verzweiflung um ihr totes Kind, darüber der stolze spanische Stier, im Zentrum ein niedergestreckter, toter Soldat mit zerbrochnen Schwert und ein Pferd, das sich vor Schmerzen windet, in der rechten Bildhälfte reißt eine Frau die Arme wehklagend in die Höhe.

Für die Pariser Weltausstellung von 1937 hatte Picasso den Auftrag für ein Gemälde von der republikanischen Regierung erhalten, unter dem Schock der Ereignisse von Gernika entstand das wohl berühmteste Antikriegsbild. In seinem Testament verfügte Picasso, dass das Gemälde erst nach Spanien zurückkehren könne, wenn Franco nicht mehr an der Regierung sei und wieder demokratische Verhältnisse in seinem Heimatland herrschten. So hing das Gemälde jahrzehntelang im Museum of Modern Art in New York. Erst im Jahr 1981 kehrte »Guernica« nach Spanien zurück, heute hängt es – sehr zum Leidwesen der Basken – im Museum Centro de Arte Reina Sofia in Madrid. Viele Basken würden das Gemälde lieber im Guggenheim-Museum in Bilbao sehen. Nicht mal für eine Ausstellung wurde das Gemälde ins Baskenland verliehen, begründet wurde dies mit konservatorischen Bedenken.

Picassos Antikriegsbild ›Guernica‹: eins der meist zitierten Bilder der Welt

in der Regel der erste Weg der Besucher zur geschichtsträchtigen Eiche bei der **Casa de Juntas.** In dem neoklassizistischen Gebäude traf sich bis 1877 die baskische Generalversammlung, die Volksvertretung des Baskenlandes. Seit 1980 hat das Baskenland wieder ein eigenes Parlament, das seinen Sitz in der Hauptstadt Vitoria-Gasteiz hat. Heute dient die Casa de Juntas als Sitz des Parlaments der Region Bizkaia.

Ein Rundtempel neben der Casa de Juntas schützt die Überreste der berühmten baskischen Eiche, **Arbola Zaharra** (Alter Baum). Im Hof wurde von einem Spross dieses Baumes 2005 eine neue Eiche gepflanzt.

Ganz in der Nähe findet sich der 1991 eingeweihte **Parque de los Pueblos de Europa,** der die unterschiedlichen Ökosysteme des Baskenlandes präsentiert (10–19, Sommer bis 21 Uhr). Vom Park führt eine kleine Brücke über die Calle Allende Salazar Etorbidea zu den Skulpturen von Eduardo Chillida »Gure Aitaren Etexa« (Haus des Vaters,1988) und Henry Moore »Large Figure in a Shelter« (1986), die sich beide mit dem Thema des Friedens und der Versöhnung auseinandersetzten. Ein paar Schritte weiter findet sich eine **Keramikreplik des Guernica-Gemäldes von Pablo Picasso,** die vom Rathaus von Gernika in Auftrag gegeben wurde.

Der Platz um das Rathaus, in dessen Zentrum sich die Statue des Stadtgründers Graf Don Tello erhebt, wurde nach dem Spanischen Bürgkrieg im Stil des 18. Jh. neu kreiert. Gegenüber vom Rathaus, im ehemaligen Justizpalast, befindet sich das Museum des Friedens. Das Anliegen des **Museo de la Paz** ist es, die ›Kultur des Friedens‹ zu fördern, ausgehend von der tragischen Erfahrung der Bombardierung der Stadt im Spanischen Bürgerkrieg (Foru Plaza 1, www.museodelapaz.org, Di–Sa 10–14, 16–19, Juli/Aug. 10–19, So 10–14 Uhr, 4 €).

Vorbei an der **Pfarrkirche Santa María** (15. Jh.), zu deren Kostbarkeiten eine wohlklingende Orgel (1889) der deutschen Orgelbaufirma Walcker aus Ludwigsburg zählt, gelangt man zum **Euskal Herria Museoa.** Das Museum des Baskenlandes gibt einen umfassenden Einblick in die Geschichte und Kultur der Region von den Ursprüngen bis in die Gegenwart (Calle Allende Salazar 5, Di–Sa 10–14, 16–19, So 11–15 Uhr, 3 €, letzter Do im Monat Eintritt frei, Erklärungen leider nur auf spanisch und baskisch).

Tapeo
In der **Calle Industria** im Zentrum gibt es zahlreiche Tapabars. Die **Cervecería Gernika** (Calle Industria 12, Tel. 946 25 07 78) bietet außer Tapas an der langen Theke, im Speisesaal ein günstiges Menü für 25 € an.

i **Oficina de Turismo:** Artekalea 8 (gegenüber vom Rathausplatz), 48300 Gernika-Lumo, Tel. 946 25 58 92, Fax. 94 625 32 12, www.gernika-lumo.net, Mo–Sa 10–14, 16–19 (Juli/Aug. 10–19), So 10–14 Uhr. Das Touristenbüro bietet auch geführte Stadttouren und Audioguides sowie ein Kombiticket für die oben erwähnten Museen an (*billete único* 5,25 €).

Hotel Gernika: Calle Carlos Gangoiti 17, Tel. 946 25 03 50, Fax 946 25 58 74, www.hotel-gernika.com. Am Ortsende, an der Straße in Richtung Bermeo gelegen, keine 10 Min. zu Fuß vom Zentrum entfernt. Solides Hotel, die Zimmer sind ordentlich eingerichtet. Lobby, Bar und Cafetería wirken etwas sehr nüchtern. Eigenes Parkhaus. DZ 86 €.
Hotel Boliña: Calle Barrenkalle 3, Tel. 946 25 03 00, Fax 946 25 03 04, www.hotelbolina.net. In der Nähe der Touristeninformation im Herzen von Gernika gelegen. Solide Zimmer, angeschlossen ist ein Restaurant (Degustationsmenü 35 €). DZ 42–52 €.

Baserri Maitea: Calle Atxondoa s/n, Forua (ca. 1,5 km nördl. von Gernika), Tel. 946 25 34 08, www.baserrimaitea.com, 20. Nov.–5. Jan. sowie So abends (Nov.–April So–Do abends) geschl. Ein Tipp für Genießer: baskische Küche vom Feinsten in einem Landhaus aus dem 18. Jh. Hauptgericht 15–20 €, Degustationsmenü 45 €.

Zimela: Calle Carlos Ganoiti 57, Tel. 946 25 10 12, www.restaurantezimela.com, Okt.–Mai So abends geschl. Das Restaurant an der Ausfahrt in Richtung Bermeo gilt als eines der besten der Stadt. Beliebt für Feierlichkeiten und Geschäftsessen. Gehobene baskische Küche. 3 Gänge à la carte 42–45 €.
Zallo Barri: Calle Juan Kaltzada 79, Tel. 946 25 18 00, So-Mi abends geschl. Modernes Lokal im minimalistischen Stil eingerichtet, dennoch nicht unterkühlt. Interessante Küchenkreationen. 3 Gänge à la carte 30–40 €.

Fiesta de San Roque: 14.–18. Aug. Der Patron von Gernika, der heilige Rochus, wird mit viel Tanz und Musik gefeiert.
Jornadas Internacionales de Cultura y Paz: In den beiden letzten Aprilwochen werden die Internationalen Tage der Kultur und des Friedens begangen.

Bahn: Bahnhof, Plaza Geltoki, Tel. 946 25 11 82. EUSKO-TREN bedient die Linie Bilbao–Gernika–Bermeo, Abfahrt ca. alle halbe Stunde
Bus: Busbahnhof, Loiazaga Kalea (ca. 100 m südlich des Bahnhofs, vom Ausgang links). Das Unternehmen Bizkaibus, Tel. 944 54 05 44, fährt u. a. nach Bilbao und Bermeo (ca. alle halbe Stunde).

Umgebung von Gernika

Karte: S. 112

Santimamiñe-Hähle

In der Tropfsteinhöhle **Cueva de Santimamiñe** 7 bevölkern Bisons, Bären, Hirsche, Ziegen und Pferde die Wände. Die Qualität und die Vielfältigkeit der Malereien erinnern an die der Höhle von Altamira. Experten datieren die Felszeichnungen auf die Magdalénien-Zeit (15 000–10 000 v. Chr.). Kinder entdeckten 1916 die Höhle zufällig beim Spielen. Die *sala de pinturas* mit ihren spektakulären Felszeichnungen wurde schon vor einigen Jahren aus konservatorischen Gründen für die Öffentlichkeit gesperrt. Freigegeben waren Bereiche der Höhle, die durch ihre gewaltigen Stalaktiten und Stalagmiten beeindruckten. Mittlerweile ist die Höhle komplett geschlossen, es ist aber durchaus möglich, dass Teilbereiche der Höhle wieder zugänglich gemacht werden. Über den letzten Stand der Dinge gibt das Tourismusbüro in Gernika Auskunft (S. S. 118).

Burg von Arteaga

Die heutge stattliche Burganlage **Castillo de Arteaga** 9, ungefähr 2 km nördlich von Kortezubi, geht auf das 19. Jh. zurück. Die Geschichte der Burg lässt sich jedoch bis ins 13. Jh. zurückverfolgen. 1856 veranlasste das französische Kaiserpaar die Rekonstruktion des Kastells. Für das Unternehmen beauftragten sie den französischen Hofarchitekten Couvrechet. Eugenia de Montijo, die Gemahlin Kaiser Napoleon III., war eine gebürtige Spanierin und mütterlicherseits mit dem Adelsgeschlecht der Arteaga verwandt. So war sie in den Besitz des Burgterrains gelangt.

Heute beherbergt das Kastell ein Luxushotel und ein Restaurant für gehobene Ansprüche. Auf der Terrasse im Innenhof lässt es sich wunderbar Kaffee trinken.

Castillo de Arteaga: Calle Gaztelubide 7, 48314 Gautegiz-Arteaga, Tel. 946 27 04 40. Fax 946 27 03 40, www.castillodearteaga.com. Die Gemächer wurden individuell und geschmackvoll hergerichtet. Sehr begehrt bei Hochzeitspaaren ist die pompöse Suite Principal. Zum Luxus-Burghotel gehört ein stilvolles, fürstliches Speiselokal (So abends geschl., Menü 43 €). DZ 140–172 €, Suite 235–345 €.
Agroturismo
Txopebenta: Basetxeta Auzoa, Gautegiz-Arteaga, Tel. 946 62 54 23, Fax 946 25 49 23, www.toprural.com/txopebenta. Das Landhaus zum Wohlfühlen ist eine Topadresse. Eine gute Alternative zur nicht ganz so guten Hotelauswahl in Gernika. DZ 45–56 €.

Cueva de Santimamiñe/Bosque animado de Oma: Mit dem **Pkw** sind die beiden beieinander liegenden Ausflugsziele über die BI 638 in Richtung Lekeitio zu errei-

Richtig Reisen-Tipp: Der beseelte Wald von Oma

Im **Tal von Oma** 8 verwandelt sich ein Spaziergang durch einen schlichten Pinienwald in eine Begegnung mit einer anderen Welt, einen Ausflug in einen Zauberwald.

Gegenüber dem Lokal Lezika (Anfahrt s. S. 120) führt ein beschilderter Weg leicht bergab ins weite Tal von Oma, eine Steigung führt rechts hinauf zum *bosque animado* (beseelten Wald), der nach ungefähr 25 Min. erreicht ist. Ein steiler Pfad (ca. 10 Min.), der bei feuchtem Wetter aufgrund der Wurzeln und des Bodens recht glitschig sein kann, führt hinauf zu einer Anhöhe, rechts geht ein breiter, bequemer Forstwirtschaftsweg zurück zum Ausgangspunkt (insgesamt ca. 6 km, gut 1 Std.). Wer den steilen Anstieg meiden möchte, kann den gleichen Weg durch das Tal von Oma zurückgehen.

Der baskische Maler und Bildhauer Augustín Ibarrola (geb. 1930) schuf hier 1987 einen Ort von ganz besonderer Magie, der die menschliche Fantasie beflügelt. Auf rund 500 Bäumen finden sich geheimnisvolle Zeichen, die Stämme tragen bunte Klekse, Streifen, geometrische Muster und Umrisslinien von menschlichen Gestalten. Die richtigen Standpunkte sind für den Betrachter mit im Boden eingelassen Pfeilen gekennzeichnet, von dort aus fügen sich die einzelnen Bilder zum beabsichtigten Gesamtarrangement zusammen. Der Besucher wird zum Nachdenken und zum Perspektivenwechsel angeregt. Die Intention des Künstlers ist es, Kunst und Natur auf ungewohnte Art neu und überraschend kommunizieren zu lassen. Bei der Bewertung scheiden sich allerdings – wie so oft bei moderner Kunst – auch im *bosque animado de Oma* die Geister.

Dass Ibarrolas Kunstwerke wiederholt Opfer von Vandalismus wurden, hat jedoch nichts mit Kunstkritik zu tun. ETA-Anhänger besprühten mehrfach die Baumstämme des Bosque von Oma mit ihren Parolen. Im Hafen von Llanes (Asturien) konnte eine Bombe, die die »Cubos de la Memoria« (Gedächtniskuben, s. S. 203) – eines der letzten Werke des Künstlers – zerstört hätte, gerade noch rechtzeitig entschärft werden.

Hintergrund für die Attacken der ETA ist das Engagement des Künstlers für ein friedliches Baskenland. Ibarrola ist Mitbegründer des Forums »Basta ya« (»Es reicht«), das sich gegen den Terrorismus der ETA und für ein friedliches Baskenland einsetzt.

chen. Nach 3 km nimmt man bei Kortezubi den ausgeschilderten Abzweig nach rechts Richtung Cueva de Santimamiñe. Das Ausflugslokal Lezika erreicht man nach ca. 2,5 km. Am Ende des großen Parkplatzes liegt der Zugang der Höhle von Santimamiñe. Der **Bus,** der alle 2 Std. von Gernika nach Lekeitio fährt hält in Kortezubi (sicherheitshalber Rücksprache mit dem Fahrer halten), alternativ kann man auch bis zur nächsten Ortschaft Arteaga fahren und von dort aus zum *bosque animado de Oma* hinauflaufen (ca. 2 km).

Elantxobe

Abseits von jeglichem Trubel liegt in einer kleinen geschützten Bucht das winzige Dorf **Elantxobe** 10 (span. Elanchove). Die Häuser des beschaulichen Fischerorts staffeln sich abenteuerlich an die Abhänge des 300 m hohen Cabo Ogoño. Ein steiles Sträßchen führt hinab zur gerade mal 450 Seelen zählenden Ortschaft mit ihren überschaubaren Fischereihafen. Im Wasser tummeln sich bunte Fischer- und kleine Segelboote.

Pension Itsasmin Ostatua: Calle Nagusia 32, 48310 Elantxobe, Tel. 946 27 61 74, Fax 946 27 62 93, www.itsasmin.com. Pension mit 12 zweckmäßig eingerichteten Zimmern, z. T. mit Meerblick. DZ ab 48 €.

Baden & Surfen: Hinter dem Cabo Ogoño sorgt der unverbaute, idyllisch gelegene Sandstrand **Playa de Laga** 11 für

Badefreuden. Bei Surfern und Kitern steht die Playa de Laida mit ihrem starken Wellengang hoch im Kurs, sie befindet sich noch ein paar Kilometer weiter westlich im Mündungsbereich des Río Oca (s. S. 114).

Lekeitio

Karte: S. 112; **Reiseatlas:** S. 7, B 3
Das verträumte Fischerstädtchen **Lekeitio** 12 (span. Lequeitio, 7300 Einw.) mauserte sich im 19. Jh. zum gefragten Seebad. Maßgeblich für diese Entwicklung war die Entscheidung der Königin Isabella II., ihre Sommerfrische in Lekeitio zu verbringen. Somit machte die kleine Stadt zeitweise sogar San Sebastián den Rang als königliches Seebad streitig. Unter den vielen illustren Gästen des Städtchens findet sich die letzte Habsburger Kaiserin, die schöne Zita, die hier mit ihren Kindern einige Jahre im Exil zubrachte.

Die Zeiten, als die Hautevolee hier verkehrte, gehören allerdings längst der Vergangenheit an, was die Beliebtheit Lekeitios als Urlaubsort aber nicht groß beeinträchtigt. Verständlich angesichts der schmucken Altstadt am Fuße des Monte Calvario: Die gepflasterten Gassen, die beschaulichen Plätze und die stattlichen, wappengeschmückten Häuser laden zum Verweilen ein. Für viel Flair sorgt auch der kleine **Sport- und Fischereihafen,** entlang der Promenade reihen sich einladende Restaurants mit ihren Terrassen aneinander. Wer sich hier niederlässt, kann in Ruhe beobachten, wie die Frauen am Strand die Fischernetze reparieren.

Dominiert wird der Ort von der mächtigen, spätgotischen **Kirche Santa María de la Asunción** (1488–1508). Der Blickfang der Kirche ist der mit Blattgold überzogene, bunte Altaraufsatz, den der Bildhauer Juan García de Crisal im 16. Jh. im Stil der Spätgotik schuf. In seinen Dimensionen wird das kostbare Retabel nur von den Altarwänden der Kathedralen von Sevilla und Toledo übertroffen. Die Figuren, die sich nach oben hin vergrößern, geben Szenen aus dem Leben der Jungfrau Maria und Christus wieder, das zentrale Motiv ist die Krönung Mariens. Neben dem hübschen Stadtbild ist ein weiteres Plus von Lekeitio seine ansprechende Lage an einer lang gestreckten Bucht. Geschützt wird diese durch die vorgelagerte Felseninsel **Isla de Garraitz,** die bei Ebbe sogar zu Fuß zu erreichen ist.

Oficina de Turismo: Gamarra Kalea 1 (bei der Kirche am Hafen), 48280 Lekeito, Tel. 946 84 40 17, Fax 946 84 41 67, www.lekeitio.com, Mo–Sa 10.30–13.30, 16–19, So 10.30–14.30, Sommer tgl. 10–14, 16–20 Uhr.

Hotel Aparthotel Zubieta: Portal de Atea s/n (am Ortsrand in Richtung Ondaretta), Tel. 946 84 30 30, Fax 946 84 10 99, www.hotelzubieta.com. Ein Hotel im ›Grünen‹, liebevoll und gemütlich eingerichtet bietet der alte Fachwerkbau eine Unterkunft zum Wohlfühlen. Großes Manko ist die Lage direkt neben einem Sägewerk, deshalb kann das Hotel nur für einen Aufenthalt am Wochenende empfohlen werden. DZ 84–97 €.
Hotel Emperatriz Zita: Calle Santa Elena Etorbidea s/n, Tel: 946 84 26 55, www.aisiahoteles.com. Komfortables Haus oberhalb des Stadtstrands, die Zimmer sind mit nostalgischem Charme eingerichtet, ebenso das Restaurant (Tel. 946 24 35 36, Mittagsmenü 17 €). Angeschlossen ist ein Talassotherapie-Bereich. Tipp: Zimmer mit Blick über die Bucht buchen. DZ 65–80 €.
Agroturismo
Natxiondo Landa: Ctra. Gernika–Lekeitio, Ispaster (ca. 7 km westl. von Lekeitio), Tel. 946 24 31 87, www.natxiondo.com. Geschmackvoll im rustikalen Stil möbliertes Hotel in einem ehemaligen Landhaus aus dem 18. Jh. Ruhige Lage mitten in der Natur. DZ 67–77 €.
Kurtxia: Kurtzxiaga Auzoa 11, Ispaster (ca. 7 km westl. von Lekeitio), Tel. 946 84 06 07, Mobil 616 94 56 62, www.nekatur.net. Gepflegtes Haus, sympathisch eingerichtete Zimmer und Aufenthaltsräume. DZ 45-54 €.
Itxas Ertz Landetxea: Likona Auzoa 8 bis, Mendexa (4 km südöstl. von Leikeitio), Tel. 94

624 31 77, www.nekatur.net. Relativ neues Haus in ruhiger Lage oberhalb des Meeres, 1,5 km bis zur Playa de Karraspio. DZ 46 €.

Camping

Leagi: Calle Barrio Leagi s/n, Mendexa (ca. 3 km südl. von Lekeitio), Tel. 946 84 23 52, www.campingleagi.com, ganzjährig geöffnet. Der Platz im Grünen bietet u. a. voll eingerichtet Holzbungalows. Pro Pers. ca. 5 €, Parzelle 10–13 €, Holzhäuser für 4–5 Pers. 60–95 €.

Endai: Ctra. Lekeitio–Ondarroa (3 km östlich von Lekeitio), Tel. 946 84 24 69, www.campingseuskadi.com/endai. Der kleine Campingplatz hat nur von Mitte Juni bis Mitte Sept. geöffnet. Pro Pers. 3 €, Zelt ca. 3 €.

Restaurante Egaña Jatetxea: Antiguako Ama 2, Tel. 946 84 01 03, Mo und Febr. geschl. Familienbetrieb, der sich auf regionaltypische Speisen spezialisiert hat, sehr empfehlenswert sind die Fischgerichte. 3 Gänge à la carte 20–30 €.

Kaia: Txatxa Kaia s/n, Tel. 946 84 02 84. Das Restaurant mit Terrasse und Hafenblick bringt Fischkreationen mit Pfiff auf den Tisch. Spezialmenü 28 €.

Goitiko: Idependentzia s/n. Neben dem Rathaus serviert das populäre Lokal mit Terrasse seine preisgünstigen Gerichte. Menü 10–24 €.

Fiesta de San Pedro: 29. Juni – 1. Juli. Nach der Messe am 29. Juni beginnt die Prozession zu Ehren des Patrons der Fischer. Sie startet von der Kirche Santa María und bewegt sich Richtung Hafen. Im Anschluss findet der traditionelle Kaxarranka-Tanz auf dem Kirchplatz statt: Ein Fischer im schwarzen Frack tanzt auf der Truhe der Fischerbruderschaft, die von acht Seeleuten getragen wird.

Fiesta de San Antonlines: 1.–8. Sept. Hauptfest der Ortschaft, einer der Höhepunkte ist die Fiesta de los Gansos am 5. Sept., bei der Gänse durch die Ortschaft getrieben werden.

Baden & Surfen: Attraktiv sind für die Urlauber zwei Strände: die **Playa de Isuntza,** der Stadtstrand in Hafennähe, und

die gut 500 m lange **Playa de Karraspio** östlich der Mündung des Río Lea.

Bus: Etwa stdl. nach Gernika, nach San Sebastían 4 x tgl.

Ondarroa

Karte: S. 112

Die geschäftige, dicht bebaute Industrie- und Hafenstadt **Ondarroa** 13 (span. Ondárroa, 9400 Einw.) liegt an der Mündung des Río Artibai, unmittelbar an der Grenze der Provinz Bizkaia zur Nachbarregion Gipuzkoa.

Die Playa de Saturrarán in Ondarroa markiert die Grenze zwischen den Provinzen Bizkaia und Gipuzkoa

Tonangebend ist in Ondarroa die Fischerei und die Konservenindustrie. Der Tourismus spielt wirtschaftlich gesehen trotz durchaus ansehnlicher Strände bisher nur eine untergeordnete Rolle.

Aus dem Stadtblick ragt, einer Festung gleich, die auf einem Felsen errichtete, gotische **Pfarrkirche Santa María** (15. Jh.) empor. Das neue architektonische Wahrzeichen der Stadt verkörpert seit 1995 die elegant über den Río Artibai geschwungene **Bogenbrücke,** ein Werk des bekannten Architekten Santiago Calatrava.

Von der Grenzlage zeugt bis heute der aus dem 15. Jh. stammende Wehrturm **Torre Likona,** in dem die Mutter von Ignacio de Loyola, Gründer des Jesuitenordens, das Licht der Welt erblickte. Auf einer Anhöhe wacht die **Ermita de Nuestra Señora de la Antigua** über die Stadt und ihren Hafen.

Oficina de Turismo: Kalea Kanttoipe 3, 48700 Ondarroa, Tel. 946 83 19 51, Fax 946 83 30 98, www.ondarroa.net.

Baden & Surfen: Östlich der Ortschaft liegt zwischen Felsen eingebettet der schöne, rund 300 m lange Sandstrand **Playa de Saturrarán.** In den kleinen Buchten weiter im Osten wird FKK praktiziert.

2 San Sebastián und Umgebung

Cityplan S. 126

Ein Hauch von Belle Époque schwebt noch immer über San Sebastián, der Grande Dame der Atlantikküste. Hauptattraktion des einstigen Seebads ist seine herrliche Lage in der lang gestreckten, muschelförmigen Strandbucht La Concha. Südlich der Stadt bilden zwei interessante Museen neue Anziehungspunkte für Touristen.

Eingefasst wird die Bucht von **San Sebastián** (180 000 Einw.) von den beiden Hausbergen: Monte Igueldo im Westen und Monte Urgull im Osten, ihr vorgelagert ist die kleine Insel Santa Clara. Die ehemals beim spanischen Königshof wie bei Aristokratie und Großbürgertum sehr beliebte Sommerresidenz, die übrigens von den Basken **Donostia** genannt wird, glänzt noch immer mit eleganten Promenaden und noblen Herrenhäusern. Heute gibt die Königsfamilie Mallorca den Vorzug, dennoch zieht es im Sommer viele Hauptstädter ins klimatisch milde San Sebastián, darunter etliche gut Betuchte, die hier ihre Villen unterhalten oder in den noblen Hotels der Stadt absteigen. Eine Erklärung für das im spanischen Schnitt recht hohe Preisniveau in der Hauptstadt von Gipuzkoa, deren nostalgisches Flair oft mit Biarritz verglichen wird.

Nach wirklich historischer Bausubstanz sucht man fast vergeblich, denn verheerende Feuersbrünste suchten die heutige Altstadt in ihrer langen Geschichte immer wieder heim. Dennoch strotzt der alte Stadtkern unterhalb des Monte Igueldo nur so vor Vitalität. Vor den Eingängen der *pintxo*-Bars versammeln sich Trauben von Menschen, nur zu verständlich angesichts der leckeren, kleinen Köstlichkeiten, die sich auf den Theken türmen. Viele der traditionsreichen, privaten Männer-Koch-Clubs unterhalten hier ihre eigens angemieteten Lokale (s. S. 133). Nirgendwo auf der Welt ist die Dichte an Michelin-Sternen so hoch wie in der Gourmetmetropole Spaniens.

Donostia Card

Die *tarjeta turística* ist erhältlich in der Touristeninformation. Sie ist 3 Tage lang gültig, der Kostenpunkt liegt bei 10 €. Mit der Karte können die städtischen Busse kostenlos benutzen. Bei Bootstouren oder Fahrten mit dem Touristenbus *DonostiTour* sowie dem Bähnchen *Tren Txu-Txu* werden ermäßigte Preise geboten. Einige Museen sind frei mit der Karte, andere geben Preisnachlässe. Eine Auflistung aller Ermäßigungen findet sich auf der Website der Stadtverwaltung www.donostia.org unter ›Turismo‹>›Empresas Turística‹>›Tarjeta Turística‹.

Geschichte

Prosperierende Hafenstadt

König Sancho der Weise von Navarra förderte San Sebastián durch die Verleihung der Stadtrechte im Jahr 1174. Dies geschah nicht ganz ohne Eigennutz, denn Sancho der Weise benötigte für sein Königreich dringend einen Zugang zum Meer.

Im Laufe der Jahre entwickelte sich San Sebastián unter den Königen von Navarra und später unter den Königen von Kastilien zu einem prosperierenden **Handels- und Fischereihafen.** Vor allem der Walfang spielte eine gewichtige Rolle, die Flotte stieß bis nach Neufundland vor. Durch die Ausfuhr von Wolle unterhielt die Stadt Handelskontakte mit England, Frankreich und Flandern.

Pilger und Krieger

Die Nähe zu Frankreich und die Lage am Pilgerweg nach Santiago de Compostela wirkten sich insgesamt günstig auf das weitere Gedeihen der Küstenstadt aus. Lagen die Länder im Krieg miteinander, wurde die Stadt allerdings immer wieder von Franzosen belagert. Das Jahr 1813 wurde zum Schicksalsjahr für Donostia: Die vereinigten englischen, portugiesischen und spanischen Streitkräfte legten im Zuge der Befreiungskämpfe gegen Napoleon die Stadt in Schutt und Asche. Danach wurde die heutige **Altstadt** komplett im Schachbrettmuster neu aufgebaut.

Sommerhauptstadt Spaniens

Ab 1845 stieg San Sebastián zur Sommerresidenz des spanischen Königshofs auf. Königin Isabel II. war die Vorreiterin, ihre Ärzte rieten ihr aufgrund eines Hautausschlags zu Meerbädern und ihre Wahl fiel auf San Sebastián. Die Blütezeit der Belle Époque verbindet man mit Königin María Cristina, die ihren ganzen Hofstaat in den Sommermonaten in den **Palacio Miramar** verlegte. Es entstanden vornehme Promenaden, noble Villenviertel, feine Hotels, prächtige Theater und exklusive Clubs.

Im Verlauf des Ersten Weltkriegs suchten viele europäische Aristokraten in der Stadt Zuflucht. San Sebastián entfaltete sich zu einem kosmopolitischen Zentrum Europas. Im **Casino,** das damals weltberühmt war, verkehrten Persönlichkeiten wie Mata Hari, Leo Trotzki und Maurice Ravel. So dauerte die Belle Époque in San Sebastián noch etwas länger als andernorts.

Mit der Autorin unterwegs

Meer, Wind und Eisen

Poesie pur – ein Ort, um die Seele baumeln zu lassen! Wind und Wellen umtosen die fest im Fels verankerten **eisernen Windkämme** von Eudardo Chillida am westlichen Ende der La-Concha-Bucht (s. S. 125).

Lichterspiele

San Sebastián bei Nacht hat einiges zu bieten! Effektvoll angestrahlt werden nicht nur die **Brücken** und die prunkvollen **Gebäude der Gründerzeit.** Einen neuen Akzent setzte der Stararchitekt Rafael Moneo mit dem **Kursaal-Kongresszentrum** (1999), die nächtliche Illumination bringt die Glaskuben erst zu ihrer vollen Geltung (s. S. 129).

Blick aus der Vogelperspektive

Schon die Fahrt hinauf zum **Monte Igueldo** mit der Coca-Cola-Zahnradbahn ist ein kleines Erlebnis. Oben angelangt liegen einem die Stadt und das Meer zu Füßen (s. S. 132).

Meisterliche Kochkunst

Der große Altmeister der spanischen Kochkunst ist Juan Mari Arzak, er setzte mit seiner avantgardistischen Küche neue Maßstäbe. Das **Restaurant Arzak** gilt nach wie vor als eine der Topadressen. Wer nicht ganz so tief in den Geldbeutel greifen möchte, muss trotzdem nicht auf kulinarische Genüsse verzichten. Ich empfehle Ihnen die Leckereien, die sich auf den Theken der **Altstadtbars** türmen (s. S. 136).

Promenaden und Strände

Cityplan: S. 126; **Reiseatlas:** S. 7, C 3,

Von West nach Ost führt der gut 7 km lange Spaziergang entlang der eleganten **Strandpromenade.** Den Auftakt bildet Chillidas eiserner ›Windkamm‹ unterhalb des Monte Igueldo, das Finale der Surfertreff an der Playa de Zurriola.

Kunst und Natur

Der »Dichter des Eisens« – wie der Bildhauer Eduardo Chillida (1924–2002) genannt wurde – hinterließ seiner Heimatstadt mit dem **Peine del Viento** 1 (Windkamm) ein faszinieren-

San Sebastián: Cityplan

Punta Martinakozolua
Punta del Castillo o Zurriola
Paseo Nuevo
Monte Urgull
Cementerio de los Ingleses
Plaza de la Trinidad
Plaza Zuloaga
Plaza de Kaimingaintxo
Calle de Mari
Calle Mayor
Calle de Inigo
Mercado
Paseo de Salamanca
ALTSTADT
Alameda del Boulevard
Boulevard Zumardia
Hernani
Plaza de Guipuzkoa
Pte. de la Zurriola
Av. de la Zurriola
Playa de la Zurriola
Paseo de R. Maria Lili
San Ignacio
Gran Via
GROS
Plaza de Euskadi
Miracruz
Irún, Hondarribia
Pte. Sta. Catalina
Av. de la Libertad
Playa de la Concha
Plaza de Cervantes
Loiola
CENTRO
Río Urumea
Mercado Central Atotxa
Mercado San Martín
Paseo de la Concha
Zubieta
San Martín
Pte. M. Cristina
Paseo del Duque de Mandas
Autoverleih Hertz
Urdaneta
Estación del Norte (RENFE)
Cuesta de Aldapeta
Parque Basoerdi
Easo
Urbieta
Prim
Paseo del Arbol de Guernica
Paseo del Urumea
EGIA
SAN ROQUE
Estación de Amara (EUSKOTREN)
Eguia
Busbahnhof, KutxaEspacio
Bilbao

San Sebastián: Cityplan

Sehenswürdigkeiten

1 Peine del Viento
2 Monumento de la Reina Maria Cristina
3 Palacio Miramar
4 Casa Real de Baños
5 Casino/Ayuntamiento
6 Real Club Náutico
7 Puerto deportivo
8 Acuario-Palacio del Mar
9 Museo Naval
10 Construcción Vacía
11 Puente de la Zurriol
12 Teatro Victoria Eugenia
13 Hotel María Christina
14 Puente Santa Catalina
15 Puente Maria Cristina
16 Palacio de Congresos del Kursaal
17 Plaza de la Constitución
18 Iglesía de Santa María
19 Catedral del Buen Pastor
20 Iglesía de San Vicente
21 Museo San Telmo
22 El Torreón
23 Castillo de Santa Cruz de la Mota

Übernachten

1 Hotel Villa Soro de Ategorrieta
2 Hotel ABBA de Londres y de Inglaterra
3 Hotel Europa
4 Hotel Parma
5 Pension Alemana
6 Pension Chomin
7 Pension Donostiarra
8 Agroturismo Maddiola
9 Agroturismo Kanpoeder
10 Agroturismo Zelai Eder
11 Camping Igueldo

Essen und Trinken

12 Arzak
13 Akelarre
14 Nicolasa
15 La Cepa
16 Latrastienda
17 Bodegón Alejandro
18 Gandarias Taberna
19 La Perla
20 Itxaropena
21 Bernardo Etxea
22 Ganbara

des Kunstwerk. Tonnenschwere Zangenarme wurden 1977 nach umfangreichen statischen und geologischen Studien in die Felsen am Fuße des Monte Igueldo eingelassen. Scheinbar natürlich wachsen sie aus dem Gestein hervor und bieten mit der Gischt der Brandung ein Schauspiel der Elemente: Kunst im Einklang mit der Natur.

Playa de Ondarreta

Wandert man weiter nach Osten, gelangt man zur **Playa de Ondarreta** mit dem gleichnamigen Villenviertel. In diesem Abschnitt findet sich ein **Denkmal** 2 zu Ehren der **Königin Maria Cristina.** Sie ließ sich auf der Felszunge zwischen den Stränden Ondarreta und La Concha 1893 im englischen Cottage-Stil ihren **Palast Miramar** 3 erbauen, heute bildet er den Rahmen für kulturelle Veranstaltungen und offizielle Empfänge. Ein Spaziergang durch die gepflegte **Parkanlage** (tgl. 10–17, Sommer 9–21 Uhr) führt zum eleganten **Paseo de la Concha.** Wahre Kunstwerke sind die Laternen und auch die Balustrade ist eine Augenweide.

Playa de la Concha und Hafen

Nostalgischen Charme versprüht das einstige **Königliche Badehaus** 4, in dem heute Thalassotherapie angeboten wird. Unterhalb davon erstreckt sich die **Playa de la Concha.** Am Ende der Flaniermeile setzt das einst weltberühmte **Casino** 5 von San Sebastián Akzente. Die glamourösen Tage des Glücksspiels fanden 1925 unter Primo de Rivera ein jähes Ende, heute dient das Casino ganz profan als Rathaus.

Vorbei am **Königlichen-Nautik-Club** 6, gestaltet wie ein vor Anker liegendes Schiff, gelangt man zum kleinen **Fischerei- und Sporthafen** 7. Der große Handelshafen von San Sebastián befindet sich im benachbarten Pasaia.

Aquarium und Schiffsmuseum

Am Ende des Hafens liegen in fast unmittelbarer Nachbarschaft das neu gestaltete Aquarium und das Museum für Schifffahrtsgeschichte. Das **Aquarium-Palacio del Mar** 8, zählt in Europa zu den modernsten seiner Art. Die Attraktion des bereits 1928 gegründeten Aquariums ist ein 40 m langer gläserner Tunnel. Die Besucher tauchen gewissermaßen in die Unterwasserwelt ein und befinden sich so auf Augenhöhe mit Haien und Rochen. In einem anderen Becken kann mithilfe von Kameras die Welt der kleinsten Meereslebewesen erforscht werden. Das Streichelaquarium ermöglicht es, harmlose Meeresbewohner zu berühren. In den verschiedenen Aquarien tummeln sich über 5000 unterschiedliche Arten. Eine Abteilung des Museums widmet sich der Geschichte des Fischfangs. Gleich im Foyer empfängt den Besucher ein 14 m langes Walfischskelett (Calle Karlos Blasco de Imaz Plaza 1, www.aquariumss.com, Juli/Aug. tgl. 10–21, Ostern–Juni, Sept. tgl. 10–20, sonst Mo–Fr 10–19, Sa/So/Fei 10–20 Uhr, 10 €).

Das **Museo Naval** 9 zeigt die enge Verbindung der Basken zum Meer auf. Detailreich wird die Entwicklung des Schiffsbaus, des Fischfangs, des Seehandels und die Geschichte berühmter baskischer Seefahrer vorgestellt (Puerto del Muelle 24, Tel. 943 43 00 51, um.gipuzkoakultura2.net, Di–Sa 10–13.30, 16–19.30, So/Fei 11–14 Uhr, 1,20 €).

Am Monte Urgull

Entlang dem Paseo Nuevo, der den Monte Urgull umrundet, setzt sich der Spaziergang mit Meerblick fort. Unterwegs lohnt es sich, die Arbeit des baskischen Bildhauers Jorge Oteiza **Construcción Vacía** 10 (Leere Konstruktion) zu betrachten, eine großformatige Eisenskulptur, das Gegenstück zum Werk seines Kollegen Chillida, mit dem er jahrzehntelang verfeindet war.

Río Urumea und Playa de Zurriola

An der Mündung des Flusses Urumea stellt die pompöse Jugendstilbrücke **Puente de la Zurriola** 11 die Verbindung zum Stadtviertel Gros und zum Paseo de la Zurriola her. Rechter Hand erhebt sich das legendäre **Theater Victoria Eugenia** 12 und Donostias erste Hoteladresse das **Hotel María Christina** 13, das die Herzen der Nostalgiker höher schlagen lässt. Entlang der beiden Ufer des Río Urumea finden sich herrschaftliche Häuser aus der Gründerzeit und mit der **Puente Santa Catalina** 14 und der **Puente Maria Cristina** 15 noch zwei prachtvolle Brückenbauten.

Direkt hinter der Zurriola-Brücke bildet das **Kursaal-Kongresszentrum** 16 seit 1999 einen interessanten Kontrastpunkt im gründerzeitlich geprägten Stadtbild. Verantwortlich hierfür ist der spanische Stararchitekt Rafael Moneo, die beiden leicht geneigten, postmodernen Glaskuben dienen als Kongresspalast und Konzertsaal. Inspirationsquelle für den Architekten, so heißt es, waren die ins Meer vorspringenden Berge San Sebastiáns. Die nächtliche Illumination setzt die beiden ›gestrandeten Felsen‹ stimmungsvoll in Szene. Unterhalb erstreckt sich die **Playa de Zurriola** bis zur Landzunge von Monpás.

Altstadt

Cityplan: S. 126; **Reiseatlas:** S. 7, C 3

Am Fuß des Monte Urgull erstreckt sich der alte Kern von San Sebastián zwischen dem Hafen und der Mündung des Río Urumea. Nach dem verheerenden Brand von 1813 wurde die Altstadt schachbrettartig neu aufgebaut. Dreh- und Angelpunkt ist die klassizistisch strenge **Plaza de la Constitución** 17. Früher fanden hier die Stierkämpfe statt, daran erinnern noch die Nummern an den Balkonen, den einstigen Logenplätzen. Heute lässt man sich auf dem von Arkaden gesäumten Platz in einem der Cafés nieder und beobachtet die bunte Szenerie. Das Gebäude an der Stirnseite fungierte ursprünglich als Rathaus, heute ist darin die Städtische Bi-

Im Aquarium von San Sebastián:
Auge in Auge mit Haien und Rochen

bliothek untergebracht. Ganz in der Nähe liegt die barocke **Iglesía de Santa María** 18 (18. Jh.) am Fuße des Monte Urgull. Hoch über dem Kirchenportal wacht in einer Nische der heilige Sebastían, der Stadtpatron, umgeben vom überschäumenden spätbarocken Dekor. Der Blick in südlicher Richtung fällt direkt auf die neogotische Kathedrale **Catedral del Buen Pastor** 19 in der Neustadt, die in einer Flucht mit der Iglesia de Santa María errichtet wurde. Der stolze Glockenturm der Kathedrale reckt sich 75 m empor und dominiert so die Stadtsilhouette. Am anderen Ende der Calle 31 de Agosto, der einzigen Straße, die dem Flammenmeer von 1813 entging, erhebt sich die wehrhafte **Iglesía de San Vicente** 20, das älteste Gotteshaus der Stadt. Im frühen 16. Jh. wurde sie noch im gotischen Stil konzipiert. Im Innern zieht der aufwendig geschnitzte Hauptaltar (1584), der reich mit biblischen Figuren bestückt ist, die Blicke auf sich.

Gleich neben der Kirche breitet sich auf der Plaza de Zuloaga das im Renaissancestil errichtete einstige Dominikanerkloster San Telmo (16. Jh.) aus, das bis 2007 das Stadtmuseum beherbergte. Momentan wird das **Museo San Telmo** 21 zum Museum für baskische Kultur umgebaut (Tel. 943 48 15 80, www.museosantelmo.com, bis 2010 wegen Renovierung geschl.).

San Sebastían von oben

Cityplan: S. 126; **Reiseatlas:** S. 7, C 3

Monte Igueldo

Am Westende der Concha-Bucht erhebt sich der 184 m hohe Aussichtsberg **Monte Igueldo** (bask. Igeldo Mendia). Für sich genommen schon ein kleines Abenteuer ist die Fahrt hinauf mit der Standseilbahn aus dem Jahr 1912. Der alte Leuchtturm **El Torreón** 22 dient heute als Aussichtsturm. Eine Augenweide ist der Panoramablick auf die umliegenden Berge und die Muschelbucht mit ihrer ›Perle‹, der Isla Santa Clara. Abends betören das Lichtermeer der Stadt und die beleuchtete Christusstatue auf dem gegenüberliegenden Monte Urgull die Besucher. Leider ein wenig vernachlässigt wirkt der kleine **Vergnügungspark** auf dem Monte Igueldo, wenn auch einige der Attraktionen – wie die Boote in Tiergestalt – nostalgische Gefühle wecken.

Monte Urgull

Das Pendant zum Monte Igueldo bildet am anderen Ende der Bucht der 135 m hohe **Monte Urgull** (bask. Urgull Mendia). Nahe der Plaza de la Trinidad und beim Hafen führen verschiedene gut ausgebaute, aber dennoch schweißtreibende Fußwege auf den Hausberg hinauf. Die Mühe wird belohnt mit einem Postkartenblick auf San Sebastián. Auf der Spitze thronen die Festung **Castillo de Santa Cruz de la Mota** 23, die nur noch in Teilen erhalten geblieben ist, und die 12 m hohe **Christusstatue** aus den 1950er-Jahren.

i **Oficina de Turismo:** Calle Reina Regente 3, 20003 Donostia-San Sebastián, Tel. 943 48 11 66, Fax 943 48 11 72, www.donostia.org, Juni–Sept. Mo–Sa 8–20, So 10–14, sonst Mo–Sa 9–13.30, 15.30–19, So 10–14 Uhr. Das Touristenbüro bietet auch Rundgänge mit englischsprachigen Stadtführern an.

Hotel Villa Soro 1: Av. Ategorrieta 61, Tel. 943 29 79 70. Fax 943 29 79 71, www.villasoro.com. Die Villa mit 25 Zimmern stammt aus dem Jahr 1898. Sie ist umgeben von einem Garten und angenehm ruhig gelegen. Bis in die Altstadt und zum Zurriola-Strand sind es 5 Min. zu Fuß. Komfortabel, freundlich nehmen sich die Zimmer aus. DZ 171–304 €.

Hotel ABBA de Londres y de Inglaterra 2: Calle Zubieta 2, Tel. 943 44 07 70, Fax 943 44 04 91, www.hlondres.com. Hotelklassiker mit Belle-Époque-Charme direkt an der Concha-Bucht gelegen. Edel eingerichtete Zimmer mit Marmorbädern und herrlicher Aussicht auf den Strand. DZ 153–233 €.

Hotel Europa 3: Calle San Martin 52, Tel. 943 47 08 80, Fax 943 47 17 30, www.hotelhusaeuropa.com. Das ordentliche Hotel we-

Txokos – Wo die Männer den Kochlöffel schwingen! Thema

Ohne Zweifel ist das Baskenland die Gourmethochburg Spaniens! Kreativität und Raffinesse zeichnen die baskische Küche aus. Für die hohe Kunst am Herd sorgen aber nicht nur die sternegekrönten Köche in den Gourmetrestaurants. Wichtige Keimzellen für das beachtliche Niveau der baskischen Küche sind zweifellos die Gastronomischen Gesellschaften, die auf baskisch *txokos* genannt werden.

Die *txokos* (ausgesprochen: tschokos) sind Vereine, in denen Freizeitköche um die höheren kulinarischen Weihen wetteifern. Lange Zeit waren sie eine reine Männerbastion. Der älteste Club, die Unión Artesana, wurde bereits 1870 in San Sebastián gegründet, heute beheimatet die Stadt 130 *txokos*. Insgesamt zählen die *txokos* von San Sebastián um die 12 000 Mitglieder. Allein die traditionsreiche Unión Artesana kommt auf 350 Mitstreiter, kleinere Kochvereine haben zwischen 30 und 60 Mitglieder. Die Kochmanie hat sich aber längst auf das ganze Baskenland ausgedehnt, selbst das kleinste Dorf hat seinen eigenen Kochclub. Um Nachwuchs müssen die Vereine sich keine Sorgen machen, im Gegenteil: Viele *txokos* haben eine lange Warteliste. Die Monatsgebühren, die die Mitglieder aufbringen müssen, liegen zwischen 60 und 80 €.

Die Gesellschaften verfügen über eigene Vereinslokale, die mit technisch perfekt eingerichteten Küchen ausgestattet sind. Sie sind der Schauplatz für das kulinarische Kräftemessen auf höchstem Niveau. Die Freude am gemeinsamen Hobby steht im Vordergrund und die Fachsimpelei am Herd gehört einfach dazu! Und natürlich ist jeder der Hobbyköche bemüht, sein Bestes zu geben, so bleibt das freundschaftliche Wetteifern in der Küche nicht aus.

Gemeinsam werden die Einkäufe auf dem Markt erledigt, kritisch wird die Ware in Augenschein genommen, es wird Wert gelegt auf gute, frische Produkte. Und ein guter Tropfen darf natürlich auch nicht fehlen. Zurück im Vereinslokal werden die Schürzen angelegt, dann kann es losgehen. Die Freizeitköche schneiden um die Wette das Gemüse, nehmen fachgerecht den Fisch aus und bereiten das Dessert vor. Alles wird mit viel Liebe zubereitet. Die Hobbyköche kochen für die Mitglieder oder laden Gäste ein. Die Stimmung ist meist ausgelassen, es wird viel gelacht und auch gesungen, kein Wunder bei den Leckereien, die aus der Küche in den Speisesaal wandern. Für das große Reinemachen nach den Kochorgien sorgen eigens engagierte Putzfrauen.

Über den Ursprung der außerhäuslichen Kochleidenschaft der Männer streiten sich die Geister: Einige behaupten, dass die *txokos* für die Männer eine Art Rückzugsmöglichkeit gegenüber ihren Frauen bildeten, die zu Hause das Zepter fest in der Hand hielten. Andere sagen, dass es damals wie heute in erster Linie um die Geselligkeit ging. Viele Mitglieder der *txokos* kommen jeden Tag, wenn auch manchmal nur, um mit Freunden zu plaudern und ein Gläschen Wein zu trinken. Themen aus der Politik werden in der Regel ausgespart, um Streit zu vermeiden. Die Emanzipation der Frauen hat jedoch auch vor der *txokos* nicht halt gemacht, so haben sie mittlerweile zumindest als Gäste in den meisten *txokos* Zutritt, die Arbeit am Herd ist für die Frauen aber in vielen *txokos* immer noch tabu.

Panoramablick vom Monte Igueldo: die Muschelbucht mit der Santa-Clara-Insel als ›Perle‹

nige Meter von der Playa de la Concha bevorzugt eine klassische Note bei der Zimmereinrichtung. Freundliches Personal. Restaurant und Bar im Haus (3 Gänge à la carte 50 €). DZ 125–160 €.

Hotel Parma [4]: Paseo de Salamanca 10, Tel. 943 42 88 93, Fax 943 42 40 82, www.hotelparma.com. Günstig gelegenes Hotel am Rand der Altstadt beim Urumea-Fluss. Die Zimmer fallen etwas klein aus. Standardeinrichtung. DZ 84–147 €.

Pension Alemana [5]: Calle San Martin 53, Tel. 943 46 25 44, Fax 943 46 17 71, www.hostalalemana.com. Angenehme, familiär geführte Pension mit geräumigen, soliden Zimmern. Rechtzeitig reservieren, am Wochenende häufig ausgebucht. DZ 72–105 €.

Pension Chomin [6]: Av. Infanta Beatriz 16, Tel. 943 31 73 12, Fax 943 21 07 05. Haus mit acht gepflegten Zimmern im vornehmen Ondarettaviertel. Angeschlossen ist das renommierte gleichnamige Restaurant, das mittler-

weile in der dritten Generation geführt wird (Jan.–Juni Mo/Di geschl., 3 Gänge à la carte 26–36 €). DZ 65–86 €.

Pension Donostiarra [7]: Calle San Martin 6-1, Tel. 943 42 61 67, Fax 943 43 00 71, pensiondonostiarra.com. In der gut geführte Pension warten 15 ansprechende, saubere-Zimmer auf Gäste. DZ 58–96 €.

Agroturismo
Maddiola [8]: Paseo Padre Orkolaga 161 (7,5 km westl. von San Sebastián), Tel. 652 70 31 28, www.agroturismomaddiola.com. 2004 errichtetes Steinhaus im landestypsischen Stil. Die 6 komfortablen Zimmer sind mit Bad/Dusche ausgestattet. Gemütlicher Gemeinschaftsraum mit Kamin. DZ 56–62 €.

Kanpoeder [9]: Calle Aingeru Zaindaria 58 (3 km südwestl. vom Stadtzentrum), Tel. 943 31 07 54, www.kanpoeder.com. Das Haus hat 5 ausgesprochen charmant eingerichtete Zimmer mit eigenem Bad und Holzbalken an der Decke. DZ 53–63 €.

Zelai Eder [10]: Pillotegi Bidea 41, Tel./Fax 943 31 47 08, www.nekatur.com. Das gepflegte Haus liegt im Viertel Igueldo nur 3,5 km westl. der Concha-Bucht. Die Zimmer sind freundlich und geräumig, haben eigene Bäder und Holzfußboden. DZ 49–60 €.

Camping

Igueldo [11]: Paseo Padre Orkolaga 69 (6 km westl. von San Sebastián), Tel. 943 21 45 02, 943 21 28 41, www.campingigueldo.com. Der schön gelegene Platz ist mit allem Komfort ausgestattet (Restaurant, Bar, Bungalows, Supermarkt, Kinderspielplatz, Waschmaschinen). Mit dem Bus Nr. 16 erreicht man das Stadtzentrum. Parzelle für 2 Pers. 18–28 €.

Arzak [12]: Av. Alcalde José Elosegui 273, Tel. 943 27 84 65, www.arzak.es, So abends und Mo, Jan.–Juni auch Di geschl. Juan Mari Arzak ist ein Kochkünstler mit internationalem Renommee, einer der ganz Großen in Spanien. Sein Gourmettempel führt drei Michelinsterne. Er steht für die neue avantgardistische Küche, beherrscht aber auch wie kaum ein anderer die Finesse der traditionellen baskischen Küche. Berühmt ist sein Seehecht in grüner Sauce mit Venusmuscheln. 3 Gänge à la carte um 115 €.

Akelarre [13]: Paseo Padre Orkolaga 56, Tel. 943 31 12 09, www.akelarre.net, So abends, Mo (außer Fei) und Okt.–Juni auch Di geschl. Eine weitere Topadresse für Gourmets gekrönt mit drei Michelinsternen. Der Küchenmeister Pedro Subijana steht für fantasievolle Kreationen der neuen baskischen Küche. Das Restaurant im Igueldoviertel bietet einen wunderschönen Ausblick aufs Meer. Der Rochen auf Spinat oder die Milchlammschulter sind ein Gedicht. 3 Gänge à la carte 74–110 €.

Nicolasa [14]: Calle Aldamar 4, Tel. 943 42 17 62, So und Mo geschl. Das elegante Traditionslokal ist eine Institution in San Sebastián. Neue baskische Küche mit tadellosem Service. 3 Gänge à la carte 50–60 €.

La Cepa [15]: Calle 31 de Agosto 7–9, Tel. 943 42 63 94, www.barlacepa.com, Mi geschl. Populäre Bar mit winzigem Essbereich. Von der Decke hängen die Schinken. Reichhaltiges Tapaangebot, außerdem *raciones* (Tellergerichte) wie Hackfleischbällchen, Tintenfische. Hauptgericht 15–30 €.

Latrastienda [16]: Calle San Jerónimo 22, Tel. 943 42 97 99. Durch den winzigen Delikatessenladen kommt man ins gemütliche Restaurant. Neben kleinen Leckereien werden auch *raciones* geboten. Tellergericht 15–20 €.

Bodegón Alejandro [17]: Fermín Calbetón 4, Tel. 943 42 71 58, www.bodegonalejandro.com, So und Di abends sowie Mo geschl. In diesem Altstadtrestaurant, im regionalen Stil dekoriert, lässt sich prima die typisch baskische Küche kennenlernen. Menü um 30 €.

Gandarias Taberna [18]: Calle 31 de Agosto 23, Tel. 943 42 63 62, www.restaurantegandarias.com. Beliebte Altstadtbar mit großer Auswahl an *pintxos.* Die Hauptgerichte im gut besuchten Restaurant kosten 10–17 €.

La Perla [19]:Paseo de la Concha s/n, Tel. 943 46 24 84, www.la-perla.net, Okt.–März Mo und So sowie Di abends geschl.,. Restaurant und Café in zurückhaltend modernem Design mit Terrasse. Großer Pluspunkt ist die herrliche Aussicht auf die Bucht von San Sebastián. Mittagsmenü 18 €.

Itxaropena [20]: Calle Embeltrán 16, Tel. 943 42 76, www.restauranteitxaropena.com, So abends und Mo geschl. Übersichtliches Altstadtlokal. Berühmt für seine Stockfischgerichte. Menü 13–28 €.

Bernardo Etxea [21]: Calle Puerto 7, Tel. 943 42 20 55, www.bernardoetxea.com, Mi abends und Do geschl. Populäre Bar in der Altstadt mit ein paar kleinen Tischen, verlockende Auswahl an der Theke. Hauptgericht 15–30 €.

Ganbara [22]: Calle San Jerónimo 21, Tel. 943 42 25 75, So abends und Mo geschl. Bar im Familienbetrieb mit ausgezeichneter Tapaqualität, kleiner Speiseraum. Tapa um 1,80 €, *ración* um 9 €.

Schlemmen am Fischereihafen

Beim Bummel entlang der Hafenpromenade am **Puerto Pescadero** läuft einem ganz von selbst das Wasser im Munde zusammen: Es duftet verführerisch aus zahlreichen kleinen Restaurants, Bars und Straßenstände.

Gran Casino: Calle Mayor 1, Edifico Petit Casino, Tel. 943 42 92 14, www.casinokursaal.com. Die Adresse für Glücksritter an der Gipuzkoaküste.

Museo del Whisky: Alameda del Boulevard 5, Tel. 943 42 64 78, www.museodelwhisky.com. Geniale Mischung aus Pianobar und Whiskymuseum. Alles Wissenswerte über Whiskyrezepte erfährt man hier und gleichzeitig darf man den zum Cocktail passenden Melodien lauschen ...

Altxerri: Calle Reina Regente 2, Tel. 943 42 29 31, www.altxerri.com. Der Jazzclub mit Renomée präsentiert am liebsten Livemusik.

Etxekalte: Calle Mari 8. Das Jazzlokal ist seit mehr als 20 Jahren eine Institution.

La Kabutzia: Paseo de la Concha s/n, Tel. 943 42 97 85, www.lakabutzia.com. Diskothek des Real Club Naútico: angesagte Salsamusik dröhnt hier aus den Lautsprechern.

Bataplan: Paseo de la Concha s/n, Tel. 943 47 36 01, www.bataplandisco.com. Club mit Housemusik, im Sommer ist die Terrasse mit Meerblick geöffnet.

La Rotonda: Paseo de la Concha s/n, Tel. 943 42 90 95, www.rotondadisco.com. Gefragter Club mit wechselnder Musik.

Tamborrada: 20. Jan. Am Tag des Stadtpatrons Sankt Sebastian wird um Mitternacht auf der Plaza de la Constitución die Fahne von San Sebastián gehisst und 24 Stunden lang erfüllt die Stadt ein Freudentaumel und der Klang der Trommeln.

Festival International de Nuevas Músicas: April. Festival für zeitgenössische Musik.

Jazzaldia: 2. Junihälfte, www.jazzaldia.com. Beim Internationalen Jazzfestival steht neben Musik ein Internationales Reitturnier und Pferderennen auf dem Programm.

Fiesta de San Juan: Nacht vom 23. auf den 24. Juni. Die Johannesfeier wird traditionell mit großem Sonnwendfeuer begangen.

Semana Grande (bask. Aste Nagusia): Mitte Aug. Die Festwoche rund um Mariä Himmelfahrt wird mit Konzerten, Theateraufführungen, Folkloreveranstaltungen und Sportevents begangen. Allabendlicher Höhepunkt ist der Wettstreit der Feuerwerkskünstler.

Richtig Reisen-Tipp: Rad fahren in San Sebastián

San Sebastián ist für spanische Verhältnisse ein ausgesprochen fahrradfreundlicher Ort. Ein gutes Netz von Radwegen, das in den letzten Jahren stetig ausgebaut wurde, durchzieht die ganze Stadt. (Eine Übersicht findet sich auf der Website der Stadt www.donostia.org unter ›Ciudad‹>›Movilidad‹>›Bicicletas‹). So lässt es sich z. B. wunderbar entlang der ausgedehnten, mondänen **Strandpromenade** radeln, unterwegs kann man sich an einem der Stadtstrände im Meer abkühlen oder in einem Strandcafé eine Pause einlegen.

Reizvoll ist auch eine Tour entlang des **Río Urumea:** Sie startet beim Kursaal-Kongresszentrum und führt flussaufwärts vorbei am Teatro Victoria Eugenia, dem Luxus-Hotel María Christina, stattlichen Herrenhäusern und prachtvollen Brücken. An der Puente de Mundaiz wechselt die Strecke rüber aufs westliche Ufer und geleitet den Radler dort flussabwärts wieder zurück zum Meer.

Mehrere Unternehmen in San Sebastián verleihen Räder, im Tourismusamt ist eine Liste erhältlich. Günstig, ganz in der Nähe der Tourismusinformation, liegt der Verleiher **Bici Rent Donosti,** der auch geführte Touren anbietet (Av. de la Zurriola 22, Tel. 943 27 92 60, 652 77 55 26, www.bicirentdonosti.galeon.com, tgl. geöffnet).

Regatas de la Concha: 1. und 2. So im Sept., www.donostiasansebastian.com/regatas. Seit 1879 werden die traditionsreichen Ruderregatten in der Stadt abgehalten.

Festival Internacional de Cine: 2. Septemberhälfte, www.sansebastianfestival.com. Seit 1953 wird alljährlich der rote Teppich ausgerollt für Stars und Sternchen, die sich anlässlich des Filmfestivals ein Stelldichein geben.

Semana de Cine Fantástico y de Terror: Ende Okt.-Anfang Nov., www.sansebastianhorrorfestival.com Die Kinowoche widmet sich dem Fantasy- und dem Horrorfilm.

Kursaal: www.kursaal.org. Das kulturelle Angebot des Auditorio-Palacio de Congresos ist ausgesprochen vielseitig, den Glanzpunkt bildet die alljährliche Austragung des Internationalen Filmfestivals (s. o.).

Baden & Surfen: An der **Playa de la Concha,** dem größten der drei Stadtstrände, herrscht im Sommer Hochbetrieb, wenn sich die spanischen Urlauberfamilien unter die Einheimischen mischen. Klein, aber fein gibt sich dagegen die **Playa de Ondarreta** im Westen der Bucht. Die **Playa de Zurriola** im Osten der Altstadt öffnet sich am weitesten hin zum Meer, daher sind die Wellen hier deutlich höher und der Strand dient als Treffpunkt der Surferszene der Stadt.

Bootsausflug: Tel. 943 00 04 50, Juni–Sept. 10–20.30 Uhr alle 30 Min., 2,60 €. Vom Fischereihafen verkehren Boote zur **Isla de Santa Clara,** der kleinen Insel in der Concha-Bucht: Der nette Ausflug präsentiert eine lohnende Abwechslung zu den drei bekannten Hausstränden.

Flughafen: Tel. 943 66 85 00, www.aena.es. Der nationale Flughafen liegt 22 km östlich von San Sebastián bei Hondarribia. Nur Inlandsflüge, u. a. tgl. nach Madrid und Barcelona. **Iparbus Herribus** (Tel. 943 49 18 01, www.iparbus.com/aeropuerto.htm) fährt stdl. von der Plaza Gipuzkoa zum Flughafen (Fahrtzeit ca. 25 Min.) und weiter nach Hondarribia.

Spaziergang in der Dämmerung: die Calle del Puerto in der Altstadt

Bahn: Nordbahnhof (RENFE), Av. de Francia s/n. Züge nach Madrid, Vitoria-Gasteiz, Pamplona, Zaragoza, Vigo und La Coruña; Amara-Bahnhof (EuskoTren), Plaza Easo 9. Verbindungen nach Bilbao (tagsüber stdl.) und entlang der Küste nach Zumaia, Zarautz, Deva, Irún, Hendaye etc.
Bus: Calle Arquitectos Cortazar 1 (Büros), Abfahrt der Busse von der Plaza de Pío XII. Es gibt keine zentrale Auskunftsnummer und kein Busbahnhofsgebäude. Mehrere Gesellschaften bedienen unterschiedliche Linien in alle Landesteile. Eine Liste der Busgesellschaften mit Fahrtzielen findet sich unter www.donostia.org. Die Busfirma Pesa unterhält die Linie nach Bilbao, Abfahrt alle 30 Min.
Stadtbus: Tel. 943 00 02 00, www.dbus.es. Verschiedene Linien verbinden die Stadtteile.
Monte-Igueldo-Seilbahn: Tel. 943 21 35 25, www.monteigueldo.es. Abfahrt alle 15 Min. von der Plaza del Funicular (oberhalb der Tennisplätze), wechselnde Betriebsszeiten, Hin-und Rückfahrt 2,10 €.

KutxaEspacio de la Ciencia

Reiseatlas: S. 7, C 3
Im Süden der Stadt liegt im Technologiepark Miramón das moderne naturwissenschaftliche Museum **KutxaEspacio de la Ciencia.** Durch seine interaktive Gestaltung ermöglicht es anhand von Experimenten einen spielerischen Zugang zu komplexen wissenschaftlichen und technischen Fragen. Die Erschütterung bei einem Erdbeben wird erfahrbar, die Geheimnisse optischer Phänomene und der Elektrizität werden gelüftet. Angeschlossen ist ein digitales Planetarium sowie ein astronomisches Observatorium (Mikeletegi Pasealekua 43, Tel. 943 01 24 78, www.miramon.org, Di–Fr 10–19, Sa/So/Fei 11–19, Juli/Aug. jeweils bis 20 Uhr, Erklärungen auch auf Engl. und Franz.,7 €, Planetarium 2,50 €).

Bus: Vom Zentrum mit Stadtbus Nr. 28 nach Miramón, zurück in die Stadt mit Linie 31 oder 35.

3 Chillida-Leku-Museum

Reiseatlas: S. 7, C 3
Der international renommierte baskische Bildhauer Eduardo Chillida (1924–2002) verwirklichte sich mit der Eröffnung des **Museo Chillida-Leku** einen lang gehegten Traum. Bereits 1984 hatte der mit zahlreichen Preisen ausgezeichnete Künstler in Hernani, 6 km südlich seiner Heimatstadt San Sebastián, ein 12 ha großes Grundstück erworben. Dort baute er dann den verfallenen Gutshof Caserío de Zabalaga wieder auf und verwandelte ihn in ein Museum, das die gesamte Bandbreite seines Schaffens zeigt: Skulpturen aus Stahl, Granit, Alabaster und Terracotta sowie Collagen, Papierarbeiten, Grafiken und Lithografien.

Im Jahr 2000 wurde die Anlage vom spanischen Königspaar offiziell eröffnet. Eingebettet in eine prächtige Parklandschaft platzierte Chillida 40 seiner monumentalen Kunstwerke. Die Besucher wandeln zwischen den gewaltigen, archaisch anmutenden Eisen- und Stahlskulpturen, magisch angezogen von der Spannung zwischen der Wucht des Materials und dem leeren, vom Künstler gestalteten Raum. Chillida bezeichnete sich selbst als »Architekt der Leere«, im Zentrum seines Schaffens stand die »Entdeckungsreise im Raum«, die Auseinandersetzung mit dem Verhältnis zwischen innerem und äußerem Raum. Feuer und Eisen stehen dabei sinnbildlich für die baskische Wesensart.

Chillida schuf zahlreiche Skulpturen für den öffentlichen Raum, etliche davon für Deutschland. Spätestens seit der Einweihung seiner 90 t schweren Eisenskulptur vor dem Bundeskanzleramt in Berlin, deren gusseiserne Hände die deutsche Wiedervereinigung symbolisieren, ist der Künstler auch in Deutschland in aller Munde (Caserío Zabalaga, B Jauregui 66, Hernani, Tel. 943 33 60 06, www.eduardo-chillida.com, Juli/Aug. Mo, Mi–Sa 10.30–20, So 10.30–15, Sept.–Juni Mi–Mo 10.30–15 Uhr, 8,50 €).

Bus: Garayar-Linie G2 alle 30 Min. von der Calle Okendo nach Hernani.

Küste und Hinterland der Provinz Gipuzkoa

Reiseatlas S. 7/8, B–D 3/4

Die grüne Küstenlandschaft der Provinz Gipuzkoa (span. Guipúzcoa) glänzt mit zerklüfteten Buchten, weiten Sandstränden und beschaulich gebliebenen Fischerorten wie Getaria oder Hondarribia. Bietet der Flysch von Zumaia ein Naturschauspiel der Extraklasse, so ist der Besuchermagnet im Hinterland der Wallfahrtsort San Ignacio de Loyola.

Entlang der Küste östlich von San Sebastián

Reiseatlas: S. 8, D 3

Pasaia

Fast schon verschmolzen mit San Sebastian liegt **Pasaia** (span. Pasajes, 16 000 Einw.) in einer geschützten Meeresbucht an der Mündung des Oiartzun. Der Ort setzt sich aus drei Teilen zusammen: Im industriell geprägten **Pasai Antxo** breitet sich der größte Handelshafen von Gipuzkoa aus. Von den Häfen in **Pasai Donibane** und **Pasai San Pedro** wird traditionell Hochseefischerei betrieben, d. h. insbesondere in nördlichen Gefilden nach Kabeljau gefischt. Einen Besuch lohnt v. a. Pasai Donibane. Es empfiehlt sich, das Auto gleich am Ortseingang zu parken. Entlang dem alten Hafen reihen sich mehrstöckige Fischerhäuser mit bunt gestrichenen Holzbalkonen und verführerischen Fischrestaurants aneinander.

Nicolasa: Calle San Juan 59, 20110 Pasai Donibane, Tel. 943 51 54 69, So und Mi abends sowie Mo geschl. Das gemütliche Restaurant bietet neben herrlicher Fischauswahl auch einen Blick auf den Hafen. 3 Gänge à la carte 20–29 €.

Fiesta de San Fermín: 7. Juli. Wie in Pamplona finden zur *fiesta* des hl. Fermín in Pasai Antxo waghalsige Stierläufe, so genannte *encierros*, statt. Zum krönenden Abschluss der Feierlichkeiten werden dann auch Stierkämpfe dargeboten.

Zug: Der Nahverkehrszug Topo (EuskoTren) benötigt nur 12 Min. nach San Sebastian, Abfahrt alle 15 Min., alle 30 Min. Verbindungen nach Hendaye.

Hondarribia

Trutzige Mauern umgürten die gut erhaltene Altstadt von **Hondarribia** (span. Fuenterrabía, 16 000 Einw.) und künden vom Auf und Ab der Stadt als Grenzfeste. Spaniens nördlichste Stadt liegt an der Mündungsbucht des Río Bidasoa, der eine natürliche Grenze zu Frankreich bildet. In der Beliebtheitsskala als Urlaubs- und Ausflugsziel an der baskischen Küste rangiert Hondarribia ganz weit oben. Die Gründe liegen auf der Hand: der Charme der mittelalterlich geprägten Altstadt, die Vitalität des Fischerviertels und der breite, schöne Sandstrand mit seinem relativ ruhigen Wellengang. Außerdem ist das französische Baskenland nur einen Katzensprung entfernt.

Einlass in die unter Denkmalschutz stehende Altstadt gewährt das noch aus dem 15. Jh. stammende Tor **Puerta de Santa María.** Über dem Torbogen prunkt das Stadtwappen. Alte Adelshäuser, deren Fassaden prunkvolle Familienwappen und schmiedeeiserne Balkone zieren, säumen die Hauptstraße, **Kale Nagusia.** Vor allem das stattliche Rathaus und der barocke **Palacio Casadevante,** in dem heute ein Hotel untergebracht ist und die **Casa Zuolaga,** die das Stadtarchiv und die städtische Bibliothek beherbergt, ziehen die Aufmerksamkeit auf sich.

Am Ende der Straße findet sich rechter Hand die gotische **Pfarrkirche Nuestra Señora de la Asunción,** die im 16. Jh. im Stil der Renaissance umgestaltet wurde. Die Stadt und Kirche waren 1660 der Schauplatz für die Hochzeit der spanischen Infantin María Teresa mit dem Sonnenkönig Ludwig XIV., der sich allerdings durch den spanischen Minister Don Luis de Haro vertreten ließ. Politischer Hintergrund für die Eheschließung war die Stärkung des Pyrenäenfriedens von 1659.

Nach der Kirche öffnet sich die **Plaza de Armas,** die von der strengen, wuchtigen Fassade des **Castillo de Carlos V.** dominiert wird. Der Bau des Kastells, das gleichzeitig als Palast diente, geht auf das 12. Jh. zurück, vollendet wurde das Bauwerk unter Kaiser Karl V. Heute ist hier der elegante 4-Sterne-Parador von Hondarribia untergebracht.

Ein schmuckes städtebauliches Ensemble bildet die **Plaza de Gipuzkoa,** die ab und zu als stimmungsvolle Bühne für Konzerte und Theateraufführungen genutzt wird. Die Plaza, die erst in den 1970er-Jahren in dieser Form entstanden ist, fügt sich mit ihren von Arkaden gesäumten Häusern und den bunten Balkonen perfekt in das Bild der Altstadt ein.

Durch den Torbogen gelangt man über die Calle Javier Urgarte direkt hinab ins vitale Fischerviertel La Marina. Dreh- und Angelpunkt ist die **Calle San Pedro,** die gesäumt wird von bunten mit Blumen geschmückten baskischen Fischerhäusern. Für einen Verdauungsspaziergang bietet sich der Paseo Butrón an, der entlang der Bahía de Txingudi verläuft. Vorbei am **Sporthafen** und der **Playa de Ondarribia** führt der Weg zum beschaulichen **Fischereihafen.** Hoch über dem Hafen wachen das **Kastell San Telmo** (16. Jh.) und der **Leuchtturm** auf dem Kap Higuer. Von hier oben bieten sich ein toller Panoramablick auf die Küste und die benachbarte französische Ortschaft Hendaye.

i **Bidasoa activa:** Jabier Ugarte Kalea 6, 20280 Hondarribia, Tel. 943 64 54

Mit der Autorin unterwegs

Bilderbuchstädtchen

Wie gemalt präsentiert sich die von Mauern eingefasste Altstadt **Hondarribias** mit ihren schmucken Fachwerkhäusern. Ein Schlemmerparadies ist das lebhafte Fischerviertel La Marina (s. S. 140).

Postkartenmotive

Die Tour über den **Monte Jaizkibel** zur Wallfahrtskapelle Nuestra Señora de Guadalupe eröffnet herrliche Ausblicke auf die zerklüftete Küstenlandschaft zur einen Seite und die Pyrenäenkulisse zur anderen (s. S. 144).

Wein, Wasser und Geschichte

Viel Charme versprüht der kleine Fischer- und Badeort **Getaria.** Die in sich geschlossene Altstadt wird von einem Geflecht netter Gassen durchzogen. Getaria ist auch eine Hochburg für die Produktion des baskischen Weißweins namens *txakolin* (s. S. 147).

Zünftig genießen

Bodenständig und volkstümlich geht es im Fischlokal **Hermandad de los Pescadores** in Hondarribia zu (s. S. 142). Ähnlich unprätentiös ist die Atmosphäre im Restaurant **Astillero** in Getaria (s. S. 149).

Strandimpressionen

Zu den eindrucksvollsten Stränden der Küste gehört die von Klippen gesäumte **Playa de Itzurún** in Zumaia. Bei Ebbe taucht der Flysch auf, ein bizarres geologischen Phänomen (s. S. 150).

Auf Schusters Rappen

Die Bergwelt des Baskenlandes lädt zum Wandern ein! Vom **Kloster San Ignacio de Loyola** führt ein 17 km langer Weg zur aussichtsreich gelegenen **Ermita de la Antigua** (s. S. 154). Auf einem 7 km langen Rundwanderweg vom **Kloster Arantzazu** aus erschließen sich dem Naturfreund herrliche Berglandschaften (s. S. 155).

58, Fax 943 64 54 66, www.bidasoaturismo.com, Mo–Fr 9–13.30, 16–18.30, Sa 10–14 Uhr, Juli–Mitte Sept. erweiterte Öffnungszeiten. Hier gibt es u. a. Kartenmaterial zu Wandermöglichkeiten in der Umgebung.

Parador de Hondarribia: Plaza de Armas 14, Tel. 943 64 55 00, Fax 943 64 21 53, www.parador.es. Hinter den strengen Mauern des ehemaligen Kastells Carlos V. verbirgt sich ein eleganter Parador, die erste Adresse von Hondarribia. DZ 219 €.

Hotel Pampinot: Kale Nagusia 5, Tel. 943 64 06 00, Fax 943 64 51 28, www.hotelpampinot.com. Der gut erhaltene Renaissancepalast wurde zu einem stilvoll möblierten Hotel umgebaut. DZ 112–176 €.

Hotel Obispo: Plaza del Obispo 1, Tel. 943 64 54 00, Fax 943 64 23 86, www.hotelobispo.com. Altstadtpalast aus dem 14./15. Jh. mit 17 apart eingerichteten Zimmern. Auf der Terrasse, umgeben von einem kleinen Garten, lässt es sich wunderbar frühstücken. DZ inkl. Frühstück 96–156 €.

Hotel Palacete: Plaza Gipuzkoa 5, Tel. 943 64 08 13, Fax 943 64 62 69, www.hotelpalacete.net. Das Haus wurde 2003 eröffnet, in einem Palast mitten in der Altstadt. Die Einrichtung ist in hellen Farben gehalten. Schöne, kleine Terrasse. DZ 79–107 €.

Agroturismo

Bista Eder: Domingotxoenea 32, Tel. 943 64 54 81, 661 97 39 40, www.bistaeder.com. Komfortables Landhaus mit großem Garten und Pool. Ordentliche Zimmer ohne Schnickschnack. DZ 59–80 €.

Iketxe: Barrio Arkoll-Santiago (2 km westl. von Hondarribia), Tel./Fax 943 64 43 91, www.nekatur.net/iketxe. Das Haus im traditionell baskischen Stil wirkt mit seinem ansprechenden Aufenthaltsraum und dem Garten sehr einladend. 5 Zimmer. DZ 54–65 €.

Schlemmerparadies

Wie an einer Perlenschnur reihen sich im lebhaften Fischerviertel **La Marina** zahlreiche Fischlokale und appetitliche *pintxo*-Bars auf.

Arotzenea: B Jaizubia 10 (Zufahrt über Stadtteil Arkoli), Tel./Fax 943 64 23 19, www.arotzenea.net. Liebevoll rustikal eingerichtetes Landhaus mit schöner Terrasse, die Zimmer wirken freundlich. DZ 48–60 €.

Camping

Jaizkibel: Ctra. Guadalupe (ca. 1 km westl. von Hondarribia in Richtung Pasai Donibane/Jaizkibel), Tel. 943 64 16 79, Fax 943 64 26 53, www.campingseuskadi.com/jaizkibel. Angeschlossen ist eine Bar und ein Restaurant, es können auch Holzbungalows angemietet werden. Zelt 4,40 €, Parzelle 25,90 €.

Faro de Higuer: Ctra. del Faro 58, Tel. 943 64 10 24, Fax 943 64 01 28, www.campingseuskadi.com/faro. In der Nähe des Leuchtturms am Kap Higuer gelegen, bis zum Ortskern sind es 15 Min. zu Fuß. Pool, Bar und Diskothek. Bungalows. Zelt 5,50 €.

Ramón Roteta: Irún Kalea 1, Tel. 943 64 16 93, www.roteta.com, So abends und Di geschl. Feinste Adresse in Hondarribia. Stilvolles Restaurant in einer Villa mit Küche für Anspruchsvolle. 3 Gänge à la carte 43–65 €.

San Sebastián: Calle Mayor 11, Tel. 943 64 01 67, www.sebastianhondarribia.com, Mo geschl. Herrlich nostalgisches Restaurant untergebracht in einem ehemaligen Kolonialwarenhandel. Degustationsmenü 50 €.

Arraunlari: Paseo Butrón 3, Tel. 943 64 15 81, arraunlari.restaurantesok.com, So abends und Mo geschl. Restaurant mit wundervoller Aussicht an der Mündung des Río Bidasoa. Meeresspezialitäten werden von den Fischerbooten direkt angeliefert. Köstlich die hausgemachten Torten und Sorbets. Menü 32–40 €.

Hermandad de los Pescadores: Calle Zuloaga 12, Tel. 943 64 27 38, Di abends und Mi geschl. Bodenständige baskische Küche, zu günstigen Preisen. Probieren sie *cocochas en salsa verde* (Fischbäckchen in grüner Sauce) oder *merluza* (Seehecht). Menü 16 €.

Yola Berri: Calle San Pedro, Tel. 943 64 56 11. Nette *Pintxo*-Bar im Fischerviertel, hier

Farbliche Kontraste in Hondarribia: Altstadthäuser neben gotischer Kirche

biegt sich die Theke unter den zahlreichen Tellern, auf denen sich die Leckereien türmen. *Pintxos* 2–6 €.

Virgen de Guadalupe/Alarde de Hondarribia: 8.–10. Sept. Die Festivitäten zu Ehren der Schutzpatronin von Hondarribia gehen auf die Belagerung der Ortschaft im Dreißigjährigen Krieg zurück. Nach dem Volksglauben konnte der Sieg über die Gegner nur dank des Beistandes der Jungfrau erzielt werden. Im Zentrum der Feiern stehen die Wallfahrt zur Kapelle der Jungfrau am Jaizikibel (s. u.) und eine musikalisch umrahmte Parade mit historischen Trachten und Waffen.

Ausflug: Westlich von Hondarribia führt ein landschaftlich reizvolles Sträßchen (GI 3440) vorbei an Schafweiden und Pferdekoppeln hinauf zum **Monte Jaizkibel** (584 m). Immer wieder offerieren sich Postenkartenblicke auf die zerklüftete Küstenlandschaft und San Sebastían. Kurz unterhalb des Gipfels befindet sich ein Aussichtspunkt, der einen fantastischen Blick auf die Pyrenäenkulisse gewährt. Bald danach taucht die kleine **Wallfahrtskapelle Nuestra Señora de Guadalupe** auf. In der Kirche hängen Schiffsmodelle, Geschenke von Seeleuten, denen die schwarze Madonna in Seenot beistand. Am Wochenende herrscht ganz schöner Trubel, ist doch die Kapelle ein guter Ausgangspunkt für Wanderungen. Großer Beliebtheit erfreut sich die rustikale Wirtschaft oberhalb der Wallfahrtskirche. Gerne wird hier nach dem Gottesdienst zum *sidre* ein lecker fettiges Paprikawürstchen *(chorizo)* verspeist. Oberhalb des Parkplatzes auf dem Gelände der ehemaligen Festung Guadalupe picknicken baskische Familien, anschließend wird Fußball gespielt. Hier oben genießt man es, den Blick schweifen zu lassen: von der Mündungsbucht des Bidasoa bis zur Küste des französischen Baskenlands.

Bus: Interbus fährt alle 30 Min. über Irun nach San Sebastián. Stdl. Verbindungen mit Iparbus Herribus nach San Sebastián über den Flughafen (s. S. 138).

Schiff: Von der zentralen Anlegestelle *(embarcadero)* fahren alle 15 Min. Boote ins französische Hendaye, 1,50 €. Für Gruppen werden auch einstündige **Bootstouren** angeboten, 5,25 € pro Pers.
Flughafen: s. S. 138.

Irun

Geschäftig und ziemlich grau nimmt sich die Grenzstadt zu Frankreich aus. **Irun** (span. Irún, 60 000 Einw.) lädt den Reisenden nicht unbedingt zum längeren Verweilen ein. Eine Zwangspause legen in Irun die Bahngäste ein. Hier heißt es Umsteigen, denn die spanischen Eisenbahngleise haben im Allgemeinen nicht die in Europa übliche Schienenbreite.

Ein Grund für den fehlenden Charme der Stadt ist die fast vollständige Zerstörung im Spanischen Bürgerkrieg (1936–1939), so hat Irun nur wenig an historischer Bausubstanz zu bieten. Fast etwas verloren zwischen den Neubauten wirkt da das schmucke, barocke Rathaus auf der Plaza de San Juan Harra. Das wichtigste Gotteshaus ist die **Iglesia Santa María el Juncal** (15./16. Jh.). Das Juwel der Kirche ist zweifellos der Hochaltar, der Elemente der Renaissance und des Barocks vereint. Eine romanische Madonna beherrscht den Altar. Dank archäologischer Grabungen wurden in den letzten Jahrzehnten zahlreiche römische Fundstücke in Irun ans Tageslicht befördert, die seit 2006 im **Museo Romano Oiasso** eindrucksvoll präsentiert werden (Calle Eskoleta 1, Tel. 943 63 93 53, www.irun.org/oiasso, Di–So 10–14, 16–19 Uhr, 4 €).

Oficina de Turismo: Centro Comercial Barrio de Behobia, 20300 Irun, Tel. 943 62 26 27, www.irun.org/turismo.

Albergue Municipal Martindozenea: Av. Elizatxo 18, Tel./Fax 943 62 10 42, www.irun.org/martin. Moderne Jugendherberge untergebracht in einem ehemaligen Herrenhaus mitten in einem Park, wenige Minuten vom Zentrum. Pro Pers. 8.,80–12,20 €.

Zug: Bahnhof, Calle Estación s/n, Tel. 943 61 67 63. Stdl. Züge nach San Sebastián und Hendaye (Frankreich). Tgl. Verbindungen in alle größeren Städte Spaniens. **Bus:** Busbahnhof, Calle Estación s/n, Tel. 943 61 67 63. Die Busfirma Entacar/Alsa bedient die Linie nach Palencia, Valladolid, Zamora.

Entlang der Küste westlich von San Sebastián

Reiseatlas: S. 7, B/C 3

Orio

Noch beinahe im Einzugsbereich von San Sebastían liegt das ehemalige Fischerdorf **Orio,** (5000 Einw.) dessen Gesicht heute eher industriell geprägt ist. Dennoch konnte sich Orio seinen mittelalterlichen Kern bewahren: Um die **Kirche San Nicolás de Bari** sind einige schöne Ecken zu entdecken, in der **Kale Nagusia** (Hauptstraße) finden sich noch ein paar stattliche Herrenhäuser, deren Eingänge alte Familienwappen zieren. Auch der kleine **Hafen** mit den Fischerbooten verströmt Charme.

Oficina de Turismo: Calle Herriko Enparantza 1, 20810 Orio, Tel. 943 83 09 04, Fax 943 13 02 60, www.oriora.com.

Camping
Playa de Orio: Tel. 943 83 48 01, Fax 943 13 34 33, www.campingseuskadi.com/orio, Nov.–Feb. geschl. Bestens ausgestatteter Platz beim Strand mit 2 Pools, Kinderspielplatz, Restaurant und Bar. Parzelle für 2 Pers. 16–27 €.

Fiesta de San Pedro: 29. Juni, Patronatsfest.

Baden & Surfen: Der gepflegte Strand von Orio liegt am Ende der Flussmündung des Río Oria.

Zarautz

Grüne Hügel umkränzen den beim spanischen Publikum beliebten Badeort **Zarautz** (span. Zarauz, 22 300 Einw.). Wenig attraktiv gestaltet sich der Paseo Maritímo, trotz der Bemühungen der Stadtväter ihn durch eine **Skulpturenmeile** aufzupeppen. Eintönige Bauten, darunter etliche Hotels, aus den 1960er- und 70er-Jahren trüben das Bild. Für das Städtchen, dessen Einwohnerzahl sich in den Sommermonaten verdreifacht, ist der wichtigste Einkommenszweig der Tourismus.

Früher gaben der Fischfang und die Werft den Ton an. Von der hiesigen **Schiffswerft** ging im 16. Jh. die Victoria vom Stapel, das Schiff, das unter dem Kommando von Juan Sebastián Elcano erstmalig die Welt umsegelte. Den Aufstieg zum Seebad verdankt Zarautz **Königin Isabel II.** (1830-1904), die die Ortschaft zu einer ihrer Sommerresidenzen auserkoren hatte. So etablierte sich Zarautz neben San Sebastián für gut drei Jahrzehnte als Treffpunkt der spanischen Hautevolee.

In den letzten Jahren ist der Bekanntheitsgrad von Zarautz außerhalb des Baskenlandes vor allem aufgrund der populären Fernsehshows des **Starkochs Karlos Arguiñano** gestiegen. Diese lässt er in seinem gepflegten Restaurant drehen, einem ehemaligen Herrenhaus mit angeschlossenem Hotel am Paseo Maritímo (s. u.).

Um die überschaubare Altstadt sind moderne Neubauviertel entstanden. Das Herz des alten Zarautz bildet die gotische **Kirche Santa María** (14. Jh.), die im 18. Jh. stark umgestaltet wurde. Im wehrhaften Glockenturm der Kirche ist heute das **Museo de Arte y Historia** der Stadt untergebracht (Kunst- und Geschichtsmuseum, Calle Elizaurre 1, Tel. 943 83 52 81, www.menosca.com, Di–Sa 11–14, 15.30–18.30, So 15.30–18.30 Uhr, 1,20 €).

Breit und wuchtig präsentiert sich der **Torre de Luzea** (15. Jh.) dessen strenge Ansicht durch elegante Zwillingserker und einen Eckbalkon aufgelockert wird. Erhalten geblieben ist auch der **Palacio de Narros**, der 1536 im strengen kastilischen Stil errichtet wurde. Königin Isabel II. erkor den Palast im 19. Jh. zu ihrer Sommerfrische. Vom Adel, der in ihrem Gefolge nach Zarautz reiste, zeugen noch die Wappenschilder an einigen Häusern, insbesondere in der Calle Trinidad.

In der Villa Manuela ist das **Fotomuseum** der Stadt untergebracht, das den Bogen spannt von der *cámara oscura* bis zur modernen Digitalfotografie. Interessant sind neben den altertümlichen Fotoapparaten vor allem auch die alten Ansichten vom Baskenland (Calle San Ingnacio 11, Tel. 943 13 09 06, Di–So 10–13, 16–20 Uhr, 1,50 €).

Oficina de Turismo: Nafarroa Kalea s/n, 20800 Zarautz, Tel. 943 83 09 90, Fax 943 83 56 28, www.turismozarautz.com, Sommer Mo–Sa 9–20.30, So 10–14, Winter So geschl., Mo–Sa kürzere Öffnungszeiten.

Hotel Zarauz: Nafarroa Kalea 26, Tel. 943 83 02 00, Fax 943 83 01 93, www.hotelzarauz.com. Angenehmes Haus mit ordentlichen Zimmern. Wermutstropfen ist die Lage an der Hauptverkehrsader. DZ 87–116 €.
Hotel Roca Mollarri: Zumalakarregi 11, Tel. 943 89 07 67, Fax 943 89 49 10, www.hotelrocamollarri.com. Das familiär geführtes Hotel liegt mit seinen 12 Zimmern nur 30 m vom Strand entfernt. DZ 83–105 €.
Hotel Restaurant Txiki Polit: Plaza de la Musika, Tel. 943 83 53 57, Fax 943 83 37 31, www.txikipolit.com. Kleines Hotel mit schlichten Zimmern. Gemütliche Taverne, rustikal mit Fässern dekoriert (Tagesmenü ab 10 €). Bar mit großer Tapa-Auswahl. DZ 55–68 €.
Agroturismo
Itulazabal Nekazalturismoa: Aitze 2, Tel. 943 13 30 53, 619 971 712, www.itulazabal.com. 2 km vom Strand entfernt. Die Zimmer sind geschmackvoll rustikal ausgestattet und verfügen alle über ein eigenes Bad. Fahrradverleih. DZ 39 €, Appartement für 4 Pers 96 €.
Camping
Gran Camping Zarautz: Monte Talai-Mendi s/n, Tel. 943 83 12 38, Fax 943 13 24 86, www.grancampingzarautz.com, ganzjährig geöffnet. Der Campingplatz liegt westlich von Zarautz auf einem Hügel mit schönem Blick über den Strand. Parzelle 16–20 €.

Hotel Restaurante Karlos Arguiñano: Calle Mendilauta 13, Tel. 943 13 00 00, Fax 943 13 34 50, www.hotelka.com. So abends und Mi geschl. Hier speist man in einem ehemaligen Palast am Strand. Dem vom Fernsehkoch Karlos Arguiñano geführten Restaurant ist auch ein Hotel angeschlossen (DZ 140–213 €). Die Küche wurde mit drei Michelinsternen ausgezeichnet, dafür halten sich die Preise im Rahmen. Menü 32 €.
Gure-Txokoa: Calle Gipuzkoa 22, Tel. 943 83 59 59, So Abend und Mo geschl. Populäre Bar mit Tapas im Eingangsbereich, das Restaurant ist neorustikal eingerichtet. Leckere Fischgerichte vom Grill. Menü 35–43 €.

Semana Grande (Große Woche): 14-16. Aug. Fest der Patronin der Stadt, Santa María la Real. Auf dem Programm stehen Prozessionen, Konzertveranstaltungen, Feuerwerke, Regatten und vieles mehr.
Euskal Jaia (Baskisches Fest): 1.–9. Sept. Fest zu Ehren der Jungfrau von Aranzazu. Alles dreht sich um die baskische Folklore. Neben farbenprächtigen Umzügen werden zum Klang der *txistu* (baskische Flöte) auf dem Hauptplatz traditionelle Tänze aufgeführt.

Baden & Surfen: Attraktiv ist der 80 m breite, feinkörnige Sandstrand, mit 2,5 km der längste des Baskenlandes. Unter Surfern ist er längst kein Geheimtipp mehr, die besten unter ihnen messen sich alljährlich bei den Wettkämpfen im September.
Real Golf Club de Zarauz: Lauaxeta Kalea 7, Tel. 943 83 01 45, www.golfzarauz.com. Der traditionsreiche 9-Loch-Golfplatz beim Strand wurde bereits 1916 in Gegenwart von König Alfonso II. eröffnet.

Zug: Mit der Bahn (EuskoTren) erreicht man San Sebastián in 30 Min., Abfahrtszeiten halbstdl. bzw. stdl., ebenso nach Zumaia, stdl. nach Bilbao.
Bus: Busbahnhof, Calle Gipuzkoa s/n. Alsa, (Tel. 943 46 23 60) bedient die meisten Linien u. a. nach San Sebastían und Bilbao.

Die Küstenstraße von Zarautz nach Zumaia

Bei Zarautz beginnt die prächtige **Straße N-634** entlang der felsigen Küste nach Zumaia, immer mit Blick aufs Meer. Links begleitet von Weinbergen auf denen der *txakolin*, der trockene baskische Weißwein gezogen wird. Wenn sehr starker Seegang herrscht, fegt mitunter die Gischt der Wellen über die Küstenstraße hinweg.

Getaria

An dieser Strecke liegt das 2500 Einwohner zählende Städtchen **Getaria** (span. Guetaria), in dem es wesentlich beschaulicher zugeht als in Zarautz. Die attraktive Ortschaft erfreut die Besucher mit ihren schmucken, mittelalterlichen Gassen. Nette Cafés, ansprechende Restaurants und kleine Geschäfte mit Souvenirs und Delikatessen des Baskenlandes laden zum Verweilen ein. Über der Stadt thront die wehrhafte, gotische **Kirche San Salvador** (14./15. Jh.), sie wurde auf einem Felsrücken mit unterschiedlichen Höhenniveaus errichtet. Nicht ganz alltäglich: Der Boden im Kircheninnern ist geneigt, zum Chor geht es quasi bergauf (tgl. 10–20 Uhr).

Unterhalb des Gotteshauses erstreckt sich der kleine **Hafen** mit seinen alten Lagerhallen, geschützt wird er durch eine weit ins Meer ragende Felszunge, die aufgrund ihrer Gestalt den Namen **Mausfelsen** *(ratón)* trägt. Neben dem Tourismus spielt in Getaria der An- und Ausbau des *txakolin*, des herb-spritzigen baskischen Weißweins, eine wichtige Rolle.

Wie in anderen Küstenorten stellte früher in Getaria der Walfischfang vor Neufundland, Grönland und Island die wichtigste Einkommensquelle dar, bereits im Mittelalter wagten sich die mutigen Fischer in die fernen Gefilde vor. Gefahren scheute auch der berühmteste Sohn der Stadt **Juan Sebastián Elcano** (1487–1526) nicht, er heuerte als Steuermann 1519 auf einem der fünf Schiffe der Expedition von Fernão Magalhães zur Umsegelung des Globus an. Nach dessen Tod übernahm er das Kommando über das einzig verbliebene seetüchtige Schiff, die Victoria. Voll beladen mit Gewürzen kehrte er von den Molukken über das Kap der Guten Hoffnung 1522 nach Spanien zurück. Mit der ersten Weltumsegelung war die Vorstellung der Erde als eine Scheibe widerlegt. In seiner Geburtsstadt hält ein Denkmal die Erinnerung an den wagemutigen Weltumsegler wach.

Ganz andere Wellen schlug der Fischersohn **Cristóbal Balenciaga** (1895–1972), er sorgte auf dem Gebiet der Haute Couture für Furore. Er wird in einem Atemzug mit den großen Modegenies wie Dior, Yves Saint Laurent oder Armani genannt. Sein Credo lautete: »Sie müssen nicht schön sein – meine Kleider erledigen das für Sie.« Er war bekannt für seine ausgefeilte Schnitttechnik, legendär ist der raffinierte Faltenwurf seiner Kreationen sowie seine Liebe zum dramatischen Detail. Seinen ersten Haute-Couture-Salon eröffnete Balenciaga in San Sebastián. Bald gehörte das spanische Königshaus zu seinen Kunden. Es folgte ein Modesalon in Madrid und die Eröffnung seines Pariser Ateliers in der Avenue George V., bis heute die Adresse des Modehauses Balenciaga. In seinem Geburtsort entsteht im Palacio Aldamar, der ehemaligen Residenz der belgischen Königin Fabiola, ein Museum, dass sich dem Werk des Modeschöpfers widmet (cristobalbalenciagamuseum.com).

i **Oficina de Turismo:** Parque Aldamar 2, 20808 Getaria, Tel. 943 14 09 57, www.getaria.net.

Hotel Saiaz: Roke Deuna 25, Tel. 943 14 01 43, Fax 943 14 03 45, www.saiazgetaria.com. Charmantes Hotel in der Altstadt mit Blick auf die Playa de Gaztetape. 17 individuell eingerichtete Zimmer in einem Gebäude aus dem 15. Jh. DZ 86–140 €.

Hostal San Prudencio: San Prudencio Auzoa 4, Tel. 943 14 04 11. Ruhige Pension im Ortsteil San Prudencio mit angeschlossenem Restaurant (Menü 13 €). DZ ohne Bad 42 €.

Agroturismo

Itsaslore Lore Etxea: Barrio Eizaga 14 (3 km östl. von Getaria), Tel. 943 14 06 19, 666 73 89 44, www.itsaslore.com. Zum Strand sind es 3 km. Geschmackvoll eingerichtete Zimmer. Ruhige Lage, auch ideal zum Wandern. DZ ohne Bad 48–61 €, DZ mit Bad 80–91 €.

Epotx-Etxea: Barrio Eitzaga 2 (2 km südl. von Getaria), Tel. 943 140 389, www.epotx-etxea.com. Ideale Unterkunft für Familien, das Haus bietet zwei komplett ausgestattete Wohnungen mit Terrasse. Apartment für 4 Pers. 110 €.

Agote-Aundi: Azkizu (3 km westl. von Getaria), Tel. 943 14 04 55, 659 63 41 03, Fax 943 14 04 55, www.nekatur.net/agoteaundi. Das typische Landhaus aus dem 19. Jh. wurde 1992 als ländliche Unterkunft hergerichtet. 3 km zum nächsten Strand. DZ 38 €.

Elkano: Calle Herrerieta 2, Tel. 943 14 09 57, Winter So abends geschl. Pedro Arregi und seine Familie bieten ihren Gästen Meeresfrüchte und fangfrische Fische vom Grill von exzellenter Qualität. Menü um 40 €.
Iribar: Kale Nagusia 38, Tel. 943 14 04 06, Mi abends und Do geschl. Das Lokal mit rustikalem Ambiente setzt auf eine kreative Küche auf der Basis regionaler Produkte. Das Familienunternehmen vermietet auch 4 solide ausgestattete Zimmer (DZ 40 €). Menü um 20 €.
Asador-Erretegia Astillero: Kaia 1, Tel. 943 14 04 12, 943 14 02 48. Das beliebte, volkstümlich eingerichtete Lokal bietet zu zivilen Preisen leckere Fischgerichte. Der Seeteufel ist ein Gedicht. Hauptgericht 12–20 €.

Día del Txakolin: 1. So im Jan. An diesem Tag dreht sich alles um den leicht moussierenden baskischen Weißwein.
Fiesta de San Salvador: 6.–8. Aug. Patronatsfest mit Weinprobe und Sportveranstaltungen.
Festividas de San Antón: 17. Jan. Alle vier Jahre, nächstes Fest 2011. In historischen Kostümen wird die Rückkehr des Weltumseglers Juan Sebastían Elcano nachgestellt.

Baden: Beim Hafen liegt die schöne **Playa de Malkorbe,** die etwas kleinere **Playa de Gaztetape** erstreckt sich auf der anderen Seite des Mausfelsens.

Zumaia

Für das lebhafte Städtchen **Zumaia** (span. Zumaya, 8300 Einw.) an der Mündung des Río Urola bilden neben dem Tourismus der Hafen und die Werft die wichtigsten wirtschaftlichen Standbeine.

Der Flysch von Zumaia: bizarre Felsformationen schieben sich ins Meer

Zweifellos ist das Highlight von Zumaia ein geologischen Phänomen namens **Flysch,** ein seltenes Naturschauspiel an dem herrlich zerklüfteten Küstenabschnitt: Weit ins Meer hineinreichende, von Zacken bekrönte vertikale Felsplatten ragen bei Ebbe an den Stränden von Itzurún und Algorri aus dem Meer empor. Geologen können in den geschichteten Steinmassen wie in einem Buch lesen und so Erkenntnisse über bis zu 50 Mio. Jahre Erdgeschichte gewinnen. Informationen (allerdings nur auf spanisch oder baskisch) über die Entstehung des Flyschs, der Felsklippen sowie der Flora und Fauna der Küstenlandschaft bietet das naturkundliche Interpretationszentrum **Centro de Interpretación Algorri.** Der bemerkenswerte Art-déco-Bau, in dem das Geologische Interpretationszentrum untergebracht ist, war früher der Schlachthof von Zumaia. (Calle Juan Belmonte 21, Tel. 943 14 31 00, www.algorri.eu, Feb.–Nov. Mi–Sa 10–13.30, in der Saison erweiterte Öffnungszeiten, Eintritt frei).

Über der kleinen Altstadt von Zumaia erhebt sich die gotische **Kirche San Pedro** (15. Jh.) und deren hochaufragender, wuchtiger Glockenturm. Im Innern birgt die Kirche ein prachtvolles Renaissanceretabel des Meisters Juan de Ancheta, der auch den Hauptaltar der Kathedrale von Burgos erschuf. Um die Kirche herum drängen sich einige schöne Gassen, allerdings hat sich um die Altstadt ein Gürtel mit modernen, architektonisch nicht besonders interessant gestalteten Häuserblocks gelegt. Dagegen ist die **Promenade Julia Beobide Ibittokia** entlang des Flusses Río Urola, an der einige schmucke Privatvillen für etwas Flair sorgen, liebevoll neu angelegt worden. Ein Radweg flankiert die Uferstraße, die schöne Ausblicke in Richtung Meer und zum jüngst angelegten Sporthafen bietet.

Rund 2 km östlich vom Zentrum von Zumaia liegt rechter Hand das ehemalige Anwesen des Malers Ignacio Zuloaga y Zabaleta (1870–1945), das heute als Museum dient. Im **Museo Ignacio Zuloaga** wird außer den Werken des Künstlers Ignacio Zuloaga y Zabaleta dessen exquisite private Kunstsammlung präsentiert. Zur Sammlung gehören Gemälde von El Greco, Goya, Zurbarán, Morales und zwei Skulpturen von Rodin. Zuloaga selbst entwickelte, wie viele spanische Künstler, sein Können durch das Kopieren der großen spanischen Meister wie El Greco, Velázquez und Goya im Prado. Einen Namen machte er sich vor allem durch seine Genre- und Porträtmalerei. Auf seinen Jugendstilporträts hielt er vor allem elegante Damen und schnittige Toreros fest (Tel. 943 86 23 41, www.ignaciozuloaga.com, April–Sept. Mi–So 16–20 Uhr, Okt.–März nur nach tel. Absprache, 6–8 €).

Oficina de Turismo: Kantauri Plaza 13, 20750 Zumaia, Tel. 943 14 33 96, www.zumaiaturismoa.com, Mi–Sa 10–14, 16–19, Di 16–20, So 10–14, Sommer tgl. 10–14, 16–20 Uhr. Das Touristenbüro verleiht Fahrräder und bietet geführte Touren an.

Talasoterapia Zelai: Larretxo 16, Playa de Itzurun, Tel. 943 86 51 00, Fax. 943 86 51 78, www.talasozelai.com. Die richtige Adresse für Wellnessliebhaber, neben der Thalassotherapie sind noch diverse andere Beautyprogramme im Angebot. Die 26 Zimmer sind elegant und freundlich eingerichtet, allerdings hat nur die Hälfte Meerblick. DZ 90–150 €

Hotel Zumaia: Polígono Alai, Tel. 943 14 34 41, Fax 943 86 07 64, beatrizzh@euskalnet.net. Hotel mit 16 komfortabel ausgestatteten Zimmern in der Nähe des Bahnhofs. Im Haus findet sich auch ein Restaurant (Tagesmenü ab 9 €) und eine Bar. DZ 60–90 €.

Agroturismo

Casa Rural Landarte: Ctra. Artadi 1 (1 km östl. von Zumaia), Tel. 943 86 53 58, Fax 943 86 53 58, www.landarte.net. Das Gehöft aus dem 16. Jh. zeichnet sich durch seine individuelle Note aus, die Zimmer sind farbenfroh eingerichtet. 5 Min. trennen das ruhige Anwesen vom Strand. DZ 73–84 €.

Jesuskoa: Barrio Oikia (3 km südwestl. von Zumaia), Tel. 943 14 32 09, 635 75 88 49, Fax 943 14 32 09, www.jesuskoa.net. Netter Familienbetrieb im Tal des Río Urola mit stilsicher eingerichteten Zimmern. Das schöne

Richtig Reisen-Tipp: Wanderung entlang der Steilküste von Zumaia nach Deba

Die Tour auf Schusters Rappen entlang der Steilküste ist für Wanderer und Naturliebhaber ein Genuss! Mitunter weht eine steife Atlantikbrise, dafür sind die Wellen, die gegen die Küste peitschen umso spektakulärer. Auf solides Schuhwerk und entsprechende Kleidung sollte nicht verzichtet werden. Der gut markierte **Wanderweg GR 121** schlängelt sich durch die saftig grüne Küstenlandschaft. Unterwegs legt man immer wieder gerne eine Rast ein und genießt die fantastischen Ausblicke über die zerklüftete Küste des Kantabrischen Meers.

Die Tour startet in **Zumaia** oberhalb der Playa de Itzurún bei der kleinen Seefahrer-Kapelle San Telmo. Von hier eröffnet sich ein herrlicher Blick auf die Klippen und den Flysch des Strandes, eine in ihrer Gesteinszusammensetzung abwechslungsreiche Wechselfolge verschiedener Schichten. Bei der Kapelle erblickt man schon die erste rot-weiße GR-Markierung, der immer westwärts verlaufende Pfad führt zunächst bergab und ist gut zu erkennen.

Die benachbarte Playa Algorri präsentiert sich ähnlich spektakulär wie die Playa Itzurún. In etwa auf halber Strecke erwartet den Wanderer ein weiteres Naturschauspiel, die atemberaubend steilen Klippen von Sakoneta und Mendata. Den Endpunkt der Wanderung bildet der Badeort **Deba.**

Info: Länge ca. 14 km, Dauer ca. 4 Std., Höhendifferenz 183 m, mittlerer Schwierigkeitsgrad, weitere Informationen in der Broschüre »Wandern in Euskadi« (s. S. 79).

Anwesen aus dem 18. Jh. war ursprünglich eine von Jesuiten betriebene Weberei. Einziger Wermutstropfen ist die Nähe zur Autobahn. DZ 59–64 €.

Gure Ametsa: Barrio Orrua s/n (2 km östl. von Zumaia), Tel./Fax 943 14 00 77, www.nekatur.net/gureametsa. Die ländliche Unterkunft mit herrlichem Ausblick aufs Meer hat Zimmer mit und ohne Bad. Reichhaltiges Frühstück gegen geringen Aufpreis. DZ 40–50 €.

Marina Berri: Kirol Portua, Tel. 943 86 56 17, www.marinaberri.com. Angesagtes Restaurant beim Sporthafen mit gehobener Küche auf traditioneller Basis. Menü Mo–Fr 25–30 €, Sa/So 40–45 €

Basusta: Patxita Etxezarreta Kalea 25, Tel. 943 86 20 73. Das schlicht eingerichtete Lokal ist bei den Einheimischen der Favorit aufgrund des guten Preis-Leistungs-Verhältnises. Menü ab 15 €.

Sidereria Algorri: Puerto Deportivo, Tel. 943 86 56 17, Mo abends geschl. In dem urigen Lokal sitzt man auf rustikalen Holzstühlen an Holztischen und genießt die gute Weinauswahl. Tagesgericht 10 €.

Bootstouren: Zarpar, Tel. 696 57 02 17, www.zarpar.net. Wal- und Delfinbeobachtungen mit fachkundigen Erklärungen eines Meeresbiologen.

Ausflüge: Das Centro de Interpretación Algorri (s. o.) bietet geologisch geführte Wanderungen und Bootstouren an.

San Telmo: Das Hauptfest von Zumaia finder immer acht Tage nach dem Ostersonntag statt. Im Mittelpunkt steht die Prozession von der Ermita San Telmo, kaum überschaubar ist das Rahmenprogramm mit Musikkapellen, Sportveranstaltungen wie Regatten, Pelota-Spielen etc.

San Pedro: 29. Juni. Beim Fest zu Ehren des Patrons der Fischer präsentieren sich auf Straßenumzügen giganteske Puppen, außerdem wird ein Feuerwerk veranstaltet.

Deba

Der moderne Badeort **Deba** (span. Deva, 5274 Einw.,) ist aus einem kleinen Fischereihafen an der gut 70 m breiten Mündung des Río Deba hervorgegangen. In den Sommermonaten verwandelt sich Deba, dank seiner beiden ausgedehnten beiden Strände, in einen lebhaften Touristenort.

Das bedeutendste Bauwerk der Ortschaft ist die **Kirche Santa María la Real** (13. Jh.). Das prachtvolle gotische Portal mit den Aposteln im Gewände und Szenen aus dem Marienleben im Bogenfeld weist noch deutlich erkennbare Farbspuren auf. In filigraner Gotik präsentiert sich der Kreuzgang.

Keimzelle des Ortes war der Weiler **Itziar** (span. Iciar), ungefähr 6 km landeinwärts von Deba gelegen. Aus dieser Zeit stammt noch die wuchtige **Wallfahrtskirche Nuestra Señora de Itziar,** von deren Hauptaltar die Virgen de Itziar, eine kostbare spätromanische Madonna (12. Jh.), die Gläubigen sanft anlächelt. Vor den Toren der Kirche hat die Moderne in Form einer Eisenskulptur Einzug gehalten: »La maternidad« (Mutterschaft) des baskischen Künstlers Jorge Oteiza.

Oficina de Turismo: Ifar Kalea 4, 20820 Deba, Tel. 943 19 24 52, Fax 943 19 28 04, www.deba.net, tgl. 10–14, Fr/Sa auch 17–19.30 Uhr, im Sommer länger.

Hotel Kresala: Markiegi Kalea 6, Tel. 943 60 80 52, Fax 943 19 24 00, www.aisiahoteles.com. Das im Jahr 2004 eröffnete Hotel überzeugt mit seinem gut ausgestattetem Wellnessbereich. Die Einrichtung ist modern im minimalistischen Stil. DZ 42–68 €.

Agroturismo

Txerturi Goikoa: Itziar Isasti Balenciaga, Barrio Itxaspe, Itziar (7 km südöstl. von Deba), Tel. 943 19 76, 616 05 59 19, Fax 943 19 91 76, www.nekatur.com/txerturigoikoa. Die gemütliche Unterkunft mit hübscher Terrasse liegt nur 2 km vom Strand entfernt. DZ 39–45 €.

Restaurante Urgain: Arenal 5, Tel. 943 19 11 01, in der Nebensaison Di abends geschl. Lokal an der Hauptstraße mit Bar und zwei Speisesälen. Die Spezialität sind Fischgerichte und Meeresfrüchte. Menü ab 40 €.

Fiesta de San Roke: 14. Aug. Das Fest zu Ehren des Pestheiligen Rochus wird u. a. mit Stierkämpfen begangen.

Das Hinterland der Provinz Gipuzkoa

Reiseatlas: S. 7, B/C 3/4

Klosteranlage von San Ignacio de Loyola

Im Tal des Río Urola erhebt sich das imposante **Monasterio de San Ignacio de Loyola,** eine der wichtigsten Wallfahrtstätten Spaniens. Integriert in die Klosteranlage ist das Anwesen, in dem der Gründer des Jesuitenordens, der heilige Ignatius von Loyola, 1491 das Licht der Welt erblickte. 1681 erwarb die Witwe Philipps II., Anna Maria von Österreich, das verfallene Palais der Familie Loyola und schenkte es dem Jesuitenorden. Die Jesuiten beauftragten 1689 den Barockbaumeister Carlo Fontana, einen Schüler Berninis, mit dem Bau des Klosters. Bis zur Fertigstellung der Anlage gingen fast 200 Jahre ins Land.

Eine pompöse Freitreppe führt hinauf zur kreisförmig angelegten **Basilika,** die von einer gewaltigen 65 m hohen und 21 m breiten Kuppel bekrönt wird, sie entstand unter der Regie des Architekten Joaquín de Churriguera. Marmor in allen Varianten und Farben schmückt das Innere und verleiht dem Raum seine barocke Feierlichkeit. Im Zentrum des mit filigranen Marmoreinlegearbeiten verzierten Barockaltars zwischen elegant gedrehten Säulen findet sich eine kunstvoll gearbeitete Silberstatue des hl. Ignatius von Loyola.

Durch die Vorhalle gelangt man linker Hand zum **Geburtshaus** des Heiligen. Im Wohnturm im Múdejarstil, der heute als *Casa Santa* (Heiliges Haus) bezeichnet wird, wurden die meisten der ehemaligen Wohnräume zu Kapellen umgestaltet.

Im benachbarten **Kreuzgang** unterrichtet eine Ausstellung über das bewegte Leben des Ignatius von Loyola (1491–1556). Der Sohn einer alten baskischen Adelsfamilie schlug als junger Mann zunächst die Offizierslaufbahn in der Armee des Vizekönigs von Navarra ein. Nach einer schweren Beinverletzung, die er sich in einer Schlacht gegen die Franzosen bei Pamplona zuzog, war er lange Zeit im elterlichen Haus in Loyola ans Bett gefesselt. Hier beschloss er, angeregt durch fromme Lektüre und mystische Erfahrungen, seinem Leben eine ganz neue Wendung zu geben. Er wandelte sich vom Kriegshelden zum ›Soldaten Gottes‹. Nach mehreren Wallfahrten, u. a. nach Palästina, begab er sich zum Studium nach Paris. Mit einer Reihe von Gleichgesinnten legte er dort 1534 das Gelübde für Armut und Keuschheit ab und gründete den straff geführten **Jesuitenorden.** Sein Vorhaben, in Palästina zu missionieren, ließ sich aufgrund der politischen Umstände allerdings nicht realisieren.

Zu den Hauptanliegen des Jesuitenordens gehören die Ausbreitung des Glaubens durch Predigt sprich Mission, Exerzitien, karitative Werke, Seelenführung und Schultätigkeit. Im Zuge der Gegenreformation breitete sich der Orden rasch in ganz Europa aus und erzielte große Erfolge bei der Rekatholisierung. Anfeindungen führten 1773 zum Verbot des Jesuitenordens, das aber 1814 durch päpstlichen Entscheid zurückgenommenwurde (Tel. 943 02 50 00, www.santuariodeloyola.org, Di–Sa 10–12.30, 15–18.15, So 10–12.30 Uhr, 2 €).

Hotel Loiola: Loiolako Inazio Hirbidea 47, 20730 Azpeitia, Tel. 943 15 16 16, Fax 943 15 16 18, www.hotelloiola.com. Nur 500 m trennen das Hotel vom Santuario de San Ignacio de Loyola. Die funktionelle, schlichte Einrichtung ist in Ordnung, es fehlt jedoch die persönliche Note. DZ 75 €.

Agroturismo

Zulueta: Izarraitz 77 (3 km nördl. von Azkoitia), 20720 Azkoitia, Tel. 943 85 35 49, 617 28 76 69, Fax 943 85 35 49, www.nekatur.net/zulueta. Wer Ruhe und eine schöne Landschaft sucht, ist hier gut aufgehoben. Ca. 10 km vom Santuario de San Ignacio de Loyola. DZ 45–54 €.

Klosteranlage von San Ignacio de Loyola: ein Barockbauwerk enormen Ausmaßes

Fiesta de San Ignacio de Loyola: 31. Juli. Der Todestag des Heiligen wird mit großer Feierlichkeit begangen.

Wandern: Naturfreunde können auf dem **GR-Wanderweg 120** durch herrliche Berglandschaften den Weg zwischen dem **Kloster von Ignacio de Loyola** und der **Ermita de la Antigua** oberhalb von Zumarraga zurücklegen (17 km, ca. 5 Std. 20 Min., 657 m Höhenunterschied, mittlerer Schwierigkeitsgrad, weitere Informationen in der Broschüre »Wandern in Euskadi«, s. S. 79).

Bus: San Sebastián–Loyola 12 x tgl., Zarautz–Loyola 6 x tgl.

Zumarraga

Die Stadt **Zumarraga** (11 000 Einw.) liegt mitten in einer schönen, saftig grünen Mittelgebirgslandschaft, dennoch prägen das Bild – wie auch in vielen anderen Ortschaften des Hinterlandes – riesige Fabrikhallen und Industrieanlagen.

Lohnend ist ein Abstecher zur 2 km oberhalb der Ortschaft liegenden, außergewöhnlichen Kirche **Ermita de la Antigua.** Die Aussicht auf die umliegende Bergkulisse mit den Gebirgszügen des Aralar und des Aizkorri ist phänomenal. Von außen präsentiert sich das Wallfahrtskirchlein bis auf das romanische Portal als vollkommen schlichter Steinbau, bekrönt von einem kleinen Dachreiter. Erst im 14. Jh. wurde das Haus zur Kirche umgebaut, davor diente es zur Kontrolle der umliegenden Täler. Das Verblüffende im Innern ist der »Wald aus Holz«: Der hölzerne Dachstuhl und der Hochchor sind zum größten Teil original erhalten geblieben. Als Material wurde Eichenholz verwandt. Die ins Holz geschnitzten Gesichter der Konsolen und die auf der Brüstung des Hochchores eingravierten Zeichen, wie ein Drachen oder Wildschwein, geben Rätsel auf. Vermutlich handelt es sich bei den Tierzeichen um die Handwerkszeichen der verschiedenen Bildhauer oder Schreiner (Tel. 943 72 06 07, Mai–Okt., tgl. 11.30–13.30, 16.30–19.30, Nov.–April Sa/So 11.30–13.30, 16–18 Uhr).

Festtag zu Ehren der Jungfrau der Ermita de la Antigua: 2. Juli. Auf dem Progamm steht u. a. der berühmte baskische Schwertertanz *espatadantza*.

Oñati

Eingebettet in eine eindrucksvolle Berglandschaft mit Höhen bis 1500 m zählt das Städtchen **Oñati** (11 000 Einw., span. Oñate) zu den reizvollsten Ortschaften im Hinterland von Gipuzkoa. Nomen est omen: Oñati bedeutet »Reichtum am Hügel«. Der baskische Maler Ignacio Zuloaga verstieg sich gar das einstige Herzogtum Oñati als das »baskische Toledo« zu betiteln, das scheint aber doch ein reichlich hoch gegriffener Vergleich.

Oñati war und ist ein Hort der Bildung und der Gelehrsamkeit, 1534 gründete der Bischof von Ávila, Rodrigo Mercado de Zuazola, die erste und lange Zeit einzige **Universität** des Baskenlands. Von 1542 bis zur Aufhebung der Universität Sancti Spiritus 1901 wurde hier Theologie, Rechtswissenschaften und Medizin gelehrt. Heute beherbergt das Gebäude der alten Universität das Internationale Institut für Rechtssoziologie.

Zwei von Pinakeln bekrönte wuchtige Türmen flankieren die Fassade, die durch die Strenge der Renaissance besticht. Über dem reich dekorierten Portal wacht, unter dem Schutz des Wappens von Kaiser Karl V., der steinerne Bischof Rodrigo Mercado de Zuazola. Das Herz der Hochschule ist ein ausgesprochen eleganter, von Arkaden gesäumter Innenhof. Gleich rechts hinter dem Hauptportal befindet sich die Kapelle der Universität, sie birgt eine eindrucksvolle Renaissancealtarwand des Künstlers Pierre Picart, angelegt in sieben Registern.

Gegenüber der Universität liegt die gotische **Kirche San Miguel** mit ihrem markanten barocken Turm. Im Innern findet sich in einer Piedadkapelle im linken Seitenschiff der aufwendig gestaltete Marmorsarkopharg des Universitätsgründers Bischof Rodrigo Mercado de Zuazola, der dem berühmten Bildhauer Diego de Siloé zugeschrieben wird. In der Krypta sind die Herzöge von Oñati beigesetzt, die über viele Jahrhunderte die Geschicke der ländlichen Region bestimmten. Überraschendes bietet der Kreuzgang der Kirche, er wird von dem kleinen Gebirgsbach Ubao durchflossen (**Hinweis:** Um die Kapelle der Universität und die Kirche San Miguel besichtigen zu können, empfiehlt es sich, einen Tag im Voraus mit der Tourismusinformation einen Termin auszumachen, ein Mitarbeiter schließt dann für die Besucher die Monumente auf).

Am Hauptplatz des Ortes, der Plaza Mayor, findet sich das im barocken Stil gehaltene **Rathaus.** Interessant für Kunstliebhaber sind auch das **Renaissancekloster Bidaurreta** und das **Barockkloster Santa Ana.**

i **Oficina de Turismo:** Calle San Juan 14, 20560 Oñati, Tel. 943 78 34 53, www.oinati.org, April–Sept. Mo–Fr 10–14, 15.30–19.30, Sa 10–14, 16.30–18.30, So 10–14, Okt.–März Mo–Fr 10–13, 16–19, Sa/So 11–14 Uhr.

Ongi Hotel: Calle Zaharra 19 bajo, Tel. 943 71 82 85, Fax 943 71 82 84. Für ein 2-Sterne-Haus bietet das Hotel in der Altstadt überraschend viel Komfort, die gepflegten Zimmer und die Bäder sind recht großzügig geschnitten. Das Frühstücksbuffet ist für spanische Verhältnisse ausgesprochen gut und reichhaltig. DZ 60 €.

Agroturismo

Exte Aundi: Torre Auzo 10, Tel. 943 78 119 56, Fax 943 78 32 90, www.exteaundi.com. 11 Zimmer in einem mittelalterlichen Steinhaus mit eindrucksvollen Holzbalken an der Decke. Im großen Restaurant werden des Öfteren Hochzeiten etc. gefeiert, v. a. die Gerichte vom Grill sind zu empfehlen (Menü ab 36 €). Rechtzeitig buchen! DZ 58 €.

Arregi: Garagaltza Auzoa 19 (2 km von Oñati), Tel. 943 78 08 24, Fax 943 78 36 57, www.nekatur.net/arregi. Ländlich rustikal, ohne Extravaganzen eingerichtet. DZ 43–45 €.

Corpus Christi: Mai. Die Plaza Mayor ist jedes Jahr an Fronleichnam Schauplatz für ergreifende Prozessionen und Tänze.

Fiesta de San Miguel: 29. Sept. Fest zu Ehren des Schutzpatrons Michael.

Arantzazu

Eine mittlerweile verhältnismäßig gut ausgebaute Straße windet sich von Oñati zur gut 9 km entfernten Wallfahrtsstätte **Arantzazu** (span. Aránzazu) empor. Zu Füßen der eindrucksvollen Gebirgslandschaft Aizkorri breitet sich die avantgardistische Klosteranlage **Santuario de Arantzazu** auf einer Höhe von ungefähr 800 m aus.

Die Legende berichtet, dass 1469 einem Schäfer aus Uribarri die Jungfrau Maria auf einem Weißdornstrauch (bask. *arantzazu*) erschien. Zunächst entstand an dieser Stelle eine kleine Einsiedelei, die im 16. Jh. einem Franziskanerkloster wich. Feuersbrünste suchten das Kloster immer wieder heim, so entschlossen sich die Franziskaner 1950 zum Bau einer neuen modernen Basilika.

Die Architektur des 1955 fertiggestellten Klosters scheidet bis heute die Geister. Etwas befremdlich auf den ersten Blick wirkt der 40 m hohe Campanile, der wie auch die beiden Türme der Fassade, mit spitzen Diamantquadern übersät ist, sie spielen auf den Erscheinungsort der Jungfrau, die Dornen des Weißdorns an. Den steinernen, ausdrucksstarken Apostelfries der Fassade schuf der baskische Künstler Jorge de Oteiza. Folgerichtig ist auch die Gestaltung des Inneren modern gehalten. Dominiert wird der Kirchenraum von einem interessanten, überdimensionalen Holzretabel, das den Rahmen bildet für die kleine Virgen de Arantzazu (13. Jh.), die Schutzheilige von Gipuzkoa.

Hotel Hospedería de Arántzazu:, Tel. 943 78 13 13, Fax 943 78 13 14. Von Franziskanern geführte einfache Pilgerherberge, ohne großen Luxus. Im Januar geschlossen. Preis DZ € 40.

Wandern: Vom Kloster Arantzazu startet ein reizvoller Rundwanderweg. Die Tour durch die anmutige Berglandschaft ist unter der Bezeichnung PRGI 105 markiert (7 km, ca. 2 Std. 30 Min., 262 m Höhenunterschied, mittlerer Schwierigkeitsgrad, weitere Informationen in der Broschüre »Wandern in Euskadi«, s. S. 79).

Vitoria-Gasteiz und Umgebung

Reiseatlas S. 7, A/B 4

Vitoria-Gasteiz, die Hauptstadt des Baskenlands, ist zugleich Hauptstadt der Provinz Araba. Der Name dieser im Landesinneren liegenden Region leitet sich von ›Ebene‹ ab. Dennoch prägt landschaftliche Vielfalt das Bild der südlichsten Provinz des Baskenlands: Um eine fruchtbare Hochebene herum gruppieren sich verschiedene Gebirgszüge.

Reiseatlas: S. 7, A/B 4
Im Nordwesten schließt sich das Gorbea-Massiv (1480 m) an die ausgedehnte Ebene der Llanada de Álava an, im Nordosten das Altzania-Gebirge, höchste Erhebung ist der Berg Aitzgorri (1528 m). Die Sierra de Cantabria (1300 m) trennt die Region im Süden von der Rioja ab. Ganz im Süden der Provinz findet sich das baskische Weinanbaugebiet, die Rioja Alavesa, das im Kapitel über die Rioja besprochen wird (s. S. 260).

Vitoria-Gasteiz, die Stadt mit dem spanisch-baskischen Doppelnamen, ist die Provinzkapitale von Araba (span. Álava) und seit 1980 haben hier auch das Parlament und die Regierung der Autonomen Gemeinschaft Euskadi ihren Sitz. Die 224 000 Einwohner zählende baskische Hauptstadt liegt auf einer kleinen Anhöhe inmitten der alavesischen Hochebene auf rund 525 m. Gut 75 % der Einwohner von Araba leben hier.

Industrie und Tourismus

Auf den ersten Blick wirkt die recht wohlhabende Stadt nicht gerade einladend, ein Gürtel von Industrieanlagen und gesichtslosen Wohnsilos hat sich um den alten Kern von Vitoria-Gasteiz gelegt. Die Altstadt vermag den Besucher zwar etwas mit dem ersten Eindruck zu versöhnen, aber sicherlich gehört Vitoria-Gasteiz nicht zum Pflichtprogramm eines Nordspanienreisenden. Der Tourismus spielt, abgesehen von Geschäftsreisenden, kaum eine Rolle. In der Stadt sind Industriefirmen im Bereich Automobilbau, Maschinenbau, Chemie, Nahrungsmittelverarbeitung und Aeronautik vertreten, hinzu kommen die Landesbehörden. Ein wichtiger Standortvorteil von Vitoria-Gasteiz ist die verkehrsgünstige Lage.

Geschichte

Die Ursprünge von Vitoria-Gasteiz gehen vermutlich auf eine Gründung der **Westgoten** zurück. Sancho der Weise von **Navarra** eroberte die Stadt im Jahr 1181 und baute sie zur Grenzfeste gegen Kastilien aus. Allerdings gewann König Alfonso VIII. sie bereits 1200 wieder für **Kastilien** zurück.

Die Schlacht bei Vitoria

Zur Zeit der napoleonischen Herrschaft über Spanien sammelten sich in Vitoria-Gasteiz die Kräfte des Widerstandes. Am 21. Juni 1813 triumphierte die vereinigte Armee der Engländer, Portugiesen und Spanier unter General Arthur Wellesley, dem späteren Herzog von Wellington, über die Franzosen. Dieser folgenreiche Sieg führte zum **Vertrag von Valençay** (13. Nov. 1813), der Napoleon nötigte, den in Frankreich festgehaltenen spanischen König Fernando VII. freizulassen, und letztlich zur Befreiung Spaniens von der französischen Herrschaft führte. Inspiriert von der Schlacht bei Vitoria schuf Ludwig van Beethoven seine gefeierte Komposition »Wellingtons Sieg« für zwei Orchester (op. 91).

In der Altstadt

Der historische Kern von Vitoria-Gasteiz bettet sich auf den niedrigen **Campillohügel.** Um dessen Oval ordnen sich ringförmige Straßen an, deren Namen an alte Handwerkszweige wie Messerschmiede (*cuchillería*), Schmiede (*herrería*) oder Schuhmacher (*zapatería*) erinnern.

Plaza de la Virgen Blanca

Dreieckig angelegt und von Häusern mit strahlend weißen Glasveranden gesäumt bildet die **Plaza de la Virgen Blanca** den Ausgangspunkt für einen Bummel durch die Altstadt. Im Zentrum des Platzes erhebt sich ein heroisches Denkmal, das die Erinnerung an die siegreiche Schlacht von Vitoria 1813 gegen die Franzosen wach hält.

Rechter Hand führt eine Passage zur **Plaza de España,** dem in sich geschlossenen, von Arkaden umgebenen Festsaal der Stadt, wo sich auch das stattliche Rathaus von Vitoria-Gasteiz findet. Inspiriert von der Plaza Mayor von Salamanca wurde der Platz im strengen klassizistischen Stil (18. Jh.) errichtet. In den Cafés unter den Arkaden lohnt es sich, die zu Recht gerühmten Schokoladentrüffel von Vitoria-Gasteiz zu kosten. Nördlich der Plaza liegen die schmucken Arkaden des **Paseo de Arquillos.**

Von der Plaza de Virgen Blanca führen Treppen hinauf zur **Iglesia de San Miguel** (14./15. Jh.), in einer Nische wacht hinter Glas die Virgen Blanca, die Schutzheilige der Stadt. Gregorio Fernández schuf den aufwendig gestalteten Hauptaltar (17. Jh.), der thematisch um das Leben und Wirken des Heiligen Michaels kreist.

Plaza del Machete

Östlich erstreckt sich die lebhafte **Plaza del Machete,** deren Name an das Schwert erinnert, auf das der Statthalter des Königs schwören musste, die Sonderrechte *(fueros)* der Stadt zu respektieren. Andernfalls drohte ihm die Enthauptung durch eben dieses Schwert. Beherrscht wird der Platz vom Adelspalast **Villa Suso** (16. Jh.) sowie der spätgotischen **Iglesia de San Vicente** (15. Jh.), die mit barockem Dekor im Inneren aufwartet.

Mit der Autorin unterwegs

Auf der Baustelle

Wer die Sanierung einer Kirche live miterleben möchte, sollte sich diese Möglichkeit in der **Kathedrale Santa María** nicht entgehen lassen (s. S. 158).

Die Welt der Zocker

Unglaublich ist das breite Spektrum von Spielkarten aus aller Welt, das im **Spielkartenmuseum** präsentiert wird (s. S. 157).

Für Naschkatzen

Vitoria-Gasteiz ist zurecht bekannt für seine **Confiserien:** Gönnen Sie es sich, die Trüffel- und Schokoladen-, Mandel- und Pinienkernkreationen zu kosten (s. S. 160)!

Auf den Spuren des weißen Goldes

Die **Salzterrassen** in Salinas de Añana gehen auf die Zeit der Römer zurück. Die einstige Bedeutung des weißen Goldes veranschaulicht ein Spaziergang durch die Anlage (s. S. 161).

Calle Santa María

Entlang der Calle Santa María trifft man nach einigen Metern linker Hand auf den stattlichen **Renaissancepalast Montehermoso,** der heute das Kulturzentrum beherbergt. Eine unterirdische Verbindung führt von dort zum ehemaligen Wasserspeicher, eine Säulenhalle von 1200 m², die für Ausstellungen und Veranstaltungen genutzt wird (Calle Fray Zacarías 2, Tel. 945 16 18 30, www.montehermoso.net, Di–Fr 11–14, 18–21, Sa 11–14, 17–21, So/Fei 11–14 Uhr, Eintritt frei).

Ein Abstecher führt in die Calle Cuchillería zum Palacio de Bedaña, dem Sitz des **Spielkartenmuseums.** Das außergewöhnliche Museum geht auf die Sammlung von Félix Alfaro Fournier zurück. Er war der Enkel des Gründers, der seit 1868 in Vitoria ansässigen

Spielkartenfabrik Naipes Heraclio Fournier. Zu den Exponaten zählen Spielkarten aus allen Ecken der Welt, das älteste Exemplar geht auf die Zeit der Gotik (14. Jh.) zurück (Museo Fournier de Naipes, Calle Cuchillería 54, Tel. 945 18 18 20, Di–Fr 10–14, 16–18.30, Sa 10–14, So/Fei 11–14 Uhr, Eintritt frei).

Am Ende der Calle Santa María erhebt sich die imposante, gotische **Kathedrale Santa María,** die bis 2010 generalüberholt wird. Dennoch bleibt das Gotteshaus den Besuchern nicht verschlossen, es besteht die Möglichkeit sich für Rundgänge anzumelden, auf denen man die Bauarbeiten live miterleben kann. Auf der Tour durch die Baustelle erkären Guides die Restaurierungsmaßnahmen und erzählen Interessantes über die archäologischen Grabungen und was dabei so alles zutage getreten ist (Tel. 945 25 51 35, www.catedralvitoria.com, tgl. 11–14, 17–20 Uhr, 3 €).

Plaza de la Bullería

Hinter der Kathedrale liegt die mittelalterlichen Charme versprühende **Plaza de la Bullería,** sie wird flankiert vom wehrhaften Torre de los Anda (15. Jh.) und der ehemaligen Schenke und Herberge El Portalón (15./16. Jh.), in der heute eines der traditionsreichsten Restaurants der Stadt untergebracht ist. Zudem befindet sich hier die Casa Armera de los Gobeo-Lanazuri (16. Jh.), mittlerweile Sitz des **Archäologischen Museums.** Zur Sammlung zählen römische Grabungsfunde aus Vitoria und Iruña, Grabbeigaben aus kelt-iberischen Gräbern von der prähistorischen Siedlung Hoya und Exponate zu den zahlreichen Dolmen der Provinz Araba. (Museo de Arqueología, Calle Correría 116, Neubau entsteht neben dem Spielkartenmuseum in der Calle Pintorería, Tel. 945 18 19 22, Di–Fr 10–14, 16–18.30, Sa 10–14, 17–20, So/Fei 11–14, Eintritt frei).

Museum der Naturwissenschaften

Wählt man den Rückweg zur Plaza de la Virgen Blanca über die Gasse der Schmiede, Calle Herrería, führt der Weg an der Torre de Doña Otxanda vorbei, in dem das **Museo de Ciencias Naturales** untergebracht ist. Geologie, Botanik und Zoologie bilden die Schwerpunkte des Museums (Calle Siervas de Jesús 24, Tel. 945 18 19 24, Di–Fr 10–14, 16–18.30, Sa 10–14, So 11–14 Uhr, Eintritt frei).

Rund um die Altstadt

Florida-Park und Umgebung

Hinter dem klassizistischen Gebäude des **Baskischen Parlaments** bietet sich für einen erholsamen Spaziergang der 1820 im romantischen Stil angelegte **Parque de la Florida** an. Im Frühjahr und im Sommer wird sonntags im filigranen Musikpavillon (1890) aufgespielt. Westlich erhebt sich die pompöse, neogotische **Catedral Nueva,** die zwischen 1907 und 1973 von Julián Apraiz und Javier Luque erbaut wurde. Die Neue Kathedrale ist der Sitz des **Diözesanmuseums,** das religiöse Kunst von der Präromanik bis zum Barock zeigt (Museo de Arte Sacro, Calle Monseñor Cadena y Eleta s/n, Tel. 945 15 06 31, Di–Fr 10–14, 16–18.30, Sa 10–14, So/Fei 11–14 Uhr, Eintritt frei).

Museumsviertel

Südlich des Florida-Parks führt der Paseo de la Senda, eine von schattigen Bäumen flankierte Allee, zu dem jenseits der Bahngleise liegenden Museumsviertel Vitorias. Das **Museum der Schönen Künste** residiert im Palacio Augusti (1912), einem herrschaftlichen Anwesen, das von den Architekten der Neuen Kathedrale erbaut wurde. Im Inneren erwarten den Besucher u. a. Gemälde der baskischen Schule (1850–1950) sowie eine umfangreiche Sammlung spanischer Meister des 17.–19. Jh. Außerdem beinhaltet das Museum eine sehenswerte **Münzausstellung** (Museo de Bellas Artes, Paseo Fray Francisco 8, Tel. 945 18 19 18, Di–Fr 10–14, 16–18.30, Sa 10–14, 17–20, So/Fei 11–14 Uhr, Eintritt frei).

Schräg gegenüber präsentiert das **Waffenmuseum** Rüstungen und Kriegsgerätschaften aus dem 15. bis 18. Jh. Einen Schwerpunkt legt das Museum auf die Zeit

Baskenmützen: in ganz Nordspanien weit verbreitet

der Befreiungskriege gegen Napoleon, insbesondere auf die Schlacht von Vitoria 1813 (Museo de Armería, Paseo de Fray Francisco 3, Di–Fr 10–14, 16–18.30, Sa 10–14, So 11–14 Uhr). Nebenan findet sich der **Palacio Ajuria Enea,** der Sitz des Ministerpräsidenten der Baskischen Regierung.

Das **Museum für Zeitgenössische Kunst Artium,** östlich der Altstadt, eröffnete 2002 seine Pforten. Neben über 2000 Exponaten zur modernen und zeitgenössischen spanischen Kunst bietet das Museum interessante Wechselausstellungen (Centro-Museo Vasco de Arte Contemporáneo, Calle Francia 24,

Tel. 945 20 90 20, www.artium.org, Di–So 11–20 Uhr, 4,50 €, Mi Sonderpreise).

Oficina de Turismo: Plaza General Loma 1, 01005 Vitoria-Gasteiz, Tel. 945 16 15 98, Fax 945 16 11 05, www.vitoria-gasteiz.org/turismo, Mo–Sa 10–19, So/Fei 11–14 Uhr. Veranstaltungskalender, auch auf Englisch, steht u. a. auf der Website zum Download bereit.

Parador de Argómaniz: Ctra. N-1, km 363, Argómaniz (ca. 12 km östl. von Vitoria-Gasteiz), Tel. 945 29 32 00, Fax 945 29 32 87, www.parador.es. Der stilvolle Parador ist in einem Renaissancepalast untergebracht. Ideal für Ruhesuchende. Die Zimmer sind klassisch-komfortabel ausgestattet. DZ 126–136 €.
Silken Cuidad de Vitoria: Portal de Castilla 8, Tel. 945 14 11 00, Fax 945 14 36 16, www.silken-ciudadvitoria.com. Das moderne, auch optisch ansprechende Hotel bietet reichlich Komfort. Günstig gelegen in der Nähe der Neuen Kathedrale. DZ 75–165 €.
Hotel Almoneda: Calle Florida 7, Tel. 945 15 40 81, Fax 945 15 46 86, www.hotelalmoneda.com. Kleines familiär geführtes Hotel, die 25 Zimmer sind gemütlich, die Bäder auf aktuellem Stand. Gute Lage beim Parque de la Florida. DZ 112 €.
N.H. Canciller Ayala: Calle Ramón y Cajal 5, Tel. 945 13 00 00, Fax 945 13 35 05, www.nh-hoteles.com. 2006 eröffnetes Hotel in modernem, aber nicht unterkühltem Design. Gebenüber dem Parque de la Florida, nur wenige Gehminuten zur Altstadt. DZ 72–120 €.
Hotel Iradier: Calle Florida 49, Tel. 945 27 80 66, Fax 945 27 97 11, www.hoteliradier.com. Zentral gelegenes, kleines Hotel, Zimmer und Bäder sind ordentlich und sauber. Internetzugang über Wireless LAN möglich. DZ 56 €.

Tapeo in Vitoria-Gasteiz
In der **Calle Cuchillería,** der Messermachergasse, besteht eine reiche Auswahl an Tapabars. Mehrere Cafés finden sich auf der von Arkaden gesäumten **Plaza de España.**

Pension Dato 2: Calle San Antonio 17, Tel. 945 13 04 00, Fax 945 23 23 20. Solide Pension im Zentrum von Vitoria. DZ 44–48 €.
Pension Casa 400: Calle Florida 46, 3-D, Tel. 945 23 38 87, 678 617 051. Kleine Pension mit acht einfachen, aber ordentlichen Zimmern in zentraler Lage. DZ 38–44 €.

El Portalón: Calle Correría 151, Tel. 945 14 27 55, www.restauranteelportalon.com, So geschl. Rustikal gepflegtes Ambiente in einem Haus aus dem 15. Jh. Hier wird traditionelle Küche auf hohem Niveau zelebriert. Menü 23–28 €.
Arkupe: Calle Mateo Moraza 13, Tel. 945 23 00 80. Gemütliche, eher rustikale Atmosphäre. 3 Gänge à la carte 29–46 €.
La Mesa: Calle Chile 1, Tel. 945 22 84 94 mi geschl. Aufgrund des guten Preis-Leistungs-Verhältnises steht das familiär geführte, von der Einrichtung etwas antiquiert wirkende Lokal bei den Einheimischen hoch im Kurs. 3 Gänge à la carte 19–26 €.

Die berühmten Pralinen und weitere süße Leckereien erhält man u. a. im **Artepan** (Calle Jesús Guridi 2) und im **Sosoaga Cake Shop** (Calle Rioja 17).

San Prudencio: 27/28. April. Fest des Patrons der Provinz Araba. Die Einstimmung bildet ein ohrenbetäubender Trommelwirbel, am Tag darauf findet die Wallfahrt zur Basílica de San Prudencio statt.
Festival de Jazz: 3. Juliwoche. Informationen und Programm unter www.jazzvitoria.com.
Fiesta de la Virgen Blanca: 4.–9. Aug. Zum Auftakt lässt man auf der Plaza de la Virgen Blanca die Sektkorken knallen, während die Celedón-Puppe vom Glockenturm der Kirche San Miguel herabsaust. Stierkämpfe, Prozessionen und Konzerte bilden den Festrahmen.

Flüge: Flughafen Foronda-Vitoria, 9 km nordwestlich von Vitoria-Gasteiz, Tel. 945 16 35 00, www.via-vitoria-airport.com. Nur Inlandsflüge.
Bahn: RENFE-Bahnhof, Plazuela de la Estación (ca. 10 Min. vom Stadtzentrum am süd-

lichen Ende der Calle Eduardo Dato), Züge u. a. nach San Sebastián, Pamplona, León, Burgos, Barcelona und Madrid.
Bus: Busbahnhof, Calle Los Herrán 50 (in der Nähe des Artium), Tel. 945 25 84 00. Mehrmals tgl. Busse u. a. nach San Sebastián, Bilbao, Santander, Burgos, Pamplona, Madrid.

Westlich von Vitoria-Gasteiz

Reiseatlas: S. 7, A 4

Mendoza

Mitten in der Ortschaft **Mendoza** (10 km westl. von Vitoria) erhebt sich die trutzige **Torre del Infantado,** ein Wehrturm, der durch eine Mauer mit vier runden Ecktürmen gesichert wurde. Einst residierte hier der Herzog von Infantado, das Geschlecht gehört noch heute zu den einflussreichsten Adelsfamilien des Landes. Heute fungiert das Kastell als **Museo de Heráldica Alavesa** (Wappenkundemuseum, Tel. 945 18 19 18, Di–Fr 11–14, 16–20, Sa 11–15, So/Fei 10–14 Uhr).

Iruña-Veleia

In der Nähe des Nachbarortes Trespuentes trifft man auf die Überreste des römischen **Oppidums Iruña-Veleia** (Anfahrt ausgeschildert). Viele der Grabungsfunde sind im Archäologischen Museum von Vitoria ausgestellt. In der Anlage ist der Verlauf der Stadtmauer anhand der Überreste noch gut auszumachen, außerdem blieb eine Brücke mit 13 Bögen erhalten (Tel. 945 18 19 18, www.veleia.com, Mai–Mitte Okt. Di–Fr 11–14, 16–20, Sa 11–15, So 10–14, sonst Di–Sa 11–15, So 10–14 Uhr).

Salinas de Añana und Tuesta

Eine bizarre Szenerie von **Salzterrassen** bietet sich ungefähr 35 km westlich von Vitoria bei der Ortschaft **Añana.** Auf einst rund 5000 auf hölzernen Pfählen ruhenden Terrassen wurde das salzhaltige Wasser verdunstet und auf diese simple Weise Rohsalz gewonnen. Bereits unter römischer Herrschaft war die Saline in Betrieb. Heute werden die Terrassen instand gesetzt und Rundgänge auf den Spuren des ›weißen Goldes‹ angeboten (Tel. 945 35 11 11, www.cuadrilladeanana.es, tgl. 11, 12, 13, 16, 17, 18 Uhr, 3 €).

Ein Abstecher lohnt sich zur 3 km entfernten spätromanischen **Kirche** von **Tuesta** aus dem 13. Jh. Das Portal bietet neben religiösen Motiven Amüsantes wie die Jagd nach einem Wildschwein.

Östlich von Vitoria-Gasteiz

Reiseatlas: S. 7, B 4

Gazeo

Die kleine Ortschaft **Gazeo** (span. Gaceo) liegt ungefähr 25 km östlich der Provinzhauptstadt (N1, Ausfahrt 375). Besuchermagnet ist die viel gerühmte **Pfarrkirche,** deren Wände frühgotische Malereien aus dem 12. Jh. zieren. Im Zentrum des Chors thront Christus als Weltenrichter, rechts davon findet sich eine Furcht einflössende Höllenszenerie (der Kirchenschlüssel ist im Haus Nr. 10 erhältlich, Tel. 945 30 02 37).

Salvatierra/Agurain

Nur wenige Kilometer weiter Richtung Osten findet sich das kleine, noch ganz mittelalterlich geprägte Städtchen **Salvatierra/Agurain** (4400 Einw.). Es wurde 1256 von König Alfonso dem Weisen gegründet. Schmucke Adelspaläste, beschauliche Plätze sowie die beiden Wehrkirchen San Juan Bautista und Santa María (beide 15./16. Jh.) prägen das Bild er mauerbewehrten Altstadt.

Aizkomendi

Kurz vor Eguilaz (N1, 35 km östlich von Vitoria) kommen frühgeschichtlich Interessierte auf ihre Kosten. Beim **Dolmen von Aizkomendi** (um 2200 v. Chr.) handelt es sich um das größte Ganggrab des Baskenlandes. Riesige Steinquader bilden das megalithische Monument, das vermutlich auch für kultische Zwecke genutzt wurde.

Cudillero: bunte Idylle,
wie aus Legosteinen gebaut

Kapitel 2

Kantabrien und Asturien

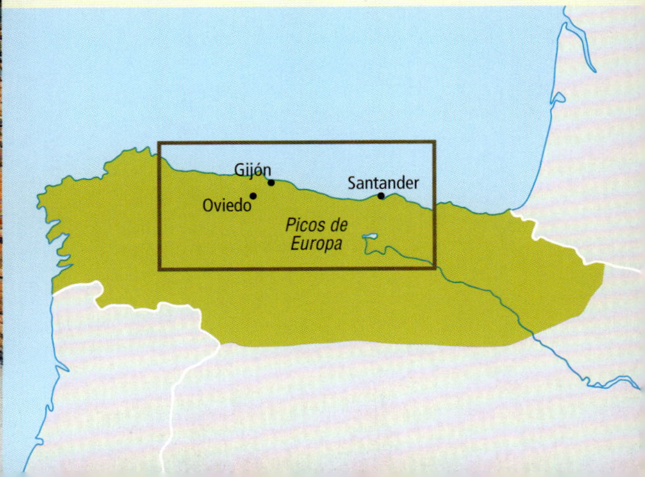

Auf einen Blick: Kantabrien und Asturien

Zwischen Gebirge und Meer

Die grüne Szenerie von Asturien und Kantabrien prägt der reizvolle Kontrast zwischen Meeres- und Gebirgslandschaften. Entlang des Atlantiks wechseln sich steile Klippen mit verträumten Buchten und ausgedehnten Sandstränden ab. An der asturischen Küste bieten die *bufones*, Brandungshöhlen, aus denen meterhohe Fontänen emporschießen, ein kurioses Naturschauspiel.

Zu den beliebtesten Badeorten in Kantabrien zählen **Castro Urdiales, Laredo, Comillas** und **San Vicente de la Barquera.** Das traditionsreiche Seebad **Santander,** die Hauptstadt der autonomen Region Kantabrien, verströmt Eleganz und Lebensfreude und wartet zugleich mit Traumständen auf.

Entlang der Costa Verde, der asturischen Küste, stehen die Badeorte **Llanes, Ribadesella** und **Cudillero** hoch im Kurs. Immer wieder trifft man in der Region auf herrschaftliche Anwesen im Zuckerbäckerstil. Emigranten, die im 19. Jh. in Amerika ein Vermögen anhäuften, errichten sich in ihren Dörfern diese stattlichen Villen.

Nur wenige Kilometer vom Meer entfernt türmt sich die Kantabrische Kordillere auf. Die höchsten Gipfel, die weit über 2000 m emporragen, geben sich im **Nationalpark Picos de Europa** ein Stelldichein. Mitten in diesem Eldorado für Wanderer und Bergsteiger liegt das viel besuchte, spanische Nationalheiligtum, die Wallfahrtstätte **Covadonga.** Für die Spanier ist dieser Ort ein nationaler Schrein, er gilt als Ausgangspunkt der Reconquista, der Rückeroberung des Landes aus der Hand der Mauren. Oberhalb betten sich idyllisch die beiden Gletscherseen **Lago Enol** und **Lago de la Ercina.** Berühmt ist die Region auch für ihren pikanten Blauschimmelkäse, den *queso de Cabrales,* der in Höhlen heranreift.

Fast noch ein Geheimtipp ist der **Parque Natural de Somiedo,** tief im Hinterland von Asturien. Er bildet das wichtigste Refugium Spaniens für die vom Aussterben bedrohten Braunbären. Der Tourismus keimt in der dünn besiedelten Region erst zaghaft auf.

In der Nähe des reizvollen Städtchens **Santillana del Mar,** einem Juwel mittelalterlicher Baukunst, befindet sich die berühmte

Höhle von Altamira. 2001 wurde für die Besucher eine originalgetreue Nachbildung der Höhle eröffnet, die eigentliche Höhle wurde aus konservatorischen Gründen geschlossen. Ebenfalls eindrucksvolle Felsmalereien aus dem Paläolithikum bergen die noch zugänglichen **Höhlen von Puente Viesgo** im kantabrischen Hinterland und die **Höhle von Tito Bustillo** bei **Ribadesella.** Der Urlaubsort an der Costa Verde zeichnet sich durch sein lebendiges Stadtzentrum und den mondänen Villenstrand Playa de la Marina aus.

In **Oviedo,** der Hauptstadt der autonomen Gemeinschaft Asturien, finden sich mit den Kirchen Santa María de Naranco und San Miguel de Lillo aus dem 9. Jh. einzigartige kunsthistorische Leckerbissen der Präromanik.

Highlights

4 **Santillana del Mar:** Das Städtchen bildet wahrhaftig ein mittelalterliches Gesamtkunstwerk. Die prächtigen Herrenhäuser des Landadels erinnern an die spanische Grandezza (s. S. 173).

5 **Nationalpark Picos de Europa:** Das Gebirgsmassiv lässt die Herzen der Naturliebhaber und Wanderer höher schlagen. Die Region ist gut erschlossen, die Trekking- und Bergtouren sind bestens markiert (s. S. 180).

Empfehlenswerte Route

Picos de Europa in Kantabrien: Die Zufahrt zum kantabrischen Teil der Picos de Europa führt durch eindrucksvolle Naturräume wie die imposante Schlucht **Desfiladero de la Hermida.** Von **Fuente Dé** fährt eine Seilbahn zur Bergstation auf 1847 m, schon allein wegen der herrlichen Aussicht auf die Bergwelt lohnt sich die Fahrt (s. S. 180).

Reise- und Zeitplanung

In Kantabrien und Asturien herrscht ein ozeanisches Klima. Die häufigen Niederschläge sorgen für sattes Grün. Der Sommer präsentiert sich an der Küste mit angenehm gemäßigten Temperaturen. Die Badesaison erstreckt sich von Mitte Juni bis Ende September. Der Winter und das Frühjahr zeigen sich mild und feucht. Das Landesinnere unterliegt in weiten Teilen den klimatischen Bedingungen der Gebirgsregion.

Um die beiden Landesteile mit Muße erkunden zu können, sollten mindestens ein bis zwei Wochen einkalkuliert werden.

Richtig Reisen-Tipps

Von den Cuevas de Puente Viesgo über den Ebrostausee zum Naturpark Saja Besaya: Die Höhlenmalereien bei Puente Viesgo zählen zu den interessantesten Zeugnissen der Altsteinzeit in Nordspanien. Besonders für Hobbyornithologen lohnt der Abstecher zum Ebrostausee. Lebensraum für selten gewordene Wildtiere bieten auch die Wälder des Naturparks Saja Besaya (s. S. 172).

Wanderung durch die Garganta de Cares: Eine der spektakulärsten Bergtouren im Nationalpark Picos de Europa führt durch die eindrucksvolle Schlucht des Río Cares von Poncebos nach Caín de Valdeón (s. S. 191).

Wandern und Radeln auf dem Bärenweg: Die *senda del oso* eignet sich für einen Familienausflug. Der fast ebene Weg führt durch eine abwechslungsreiche Landschaft entlang einer stillgelegten Bahntrasse. Hauptattraktion für Kinder sind die beiden Bärinnen in einem Gehege bei Poraza (s. S. 200).

Ausflug in die Sierra del Sueve: Die Tour in die Bergwelt führt zum Aussichtspunkt Mirador del Fito – der Ausblick auf das Meer und die Picos de Europa ist grandios. Die Chancen bei einer Wanderung durch den Naturpark, asturische Wildpferde, *asturcones,* zu sehen, stehen nicht schlecht (s. S. 207).

Die Küste Kantabriens

Karte S. 174

An der grünen Costa de Cantabria wechseln sich verträumte Buchten und weitläufige Strände mit Steilküsten und schroffen Klippen ab. Das Seebad Santander brilliert mit langen Stränden und gepflegten Promenaden. Zu den Besuchermagneten zählen das Städtchen Santillana del Mar und der maßstabsgetreue Nachbau der Höhle von Altamira.

Castro Urdiales

Reiseatlas: S. 6, E 2/3

Castro Urdiales (28 000 Einw.) liegt nur einen Steinwurf von Bilbao entfernt; so ist der alte Fischerhafen ein beliebtes Ausflugsziel für die gestressten Großstädter. Die Siedlungsstätte ist vermutlich keltischen Ursprungs. Gesichert ist die Präsenz der Römer, die die Stadt auf den Namen Flaviobriga tauften. Wirtschaftlichen Auftrieb erhielt sie im 12. Jh. dank König Alfonso VIII., der Castro Urdiales umfangreiche Privilegien zugestand.

Im Zentrum hat sich die Ortschaft ihren dörflichen Charme bewahrt. Auf einem Felsvorsprung betten sich die gotische Kirche **Nuestra Señora de la Asunción** (14. Jh.) und die Ruinen einer **Templerburg** (13. Jh.), aus denen stolz ein neuzeitlicher Leuchtturm emporragt. Zur Idylle trägt der Fischereihafen seinen Teil bei. Zum Verweilen laden rings um den Hafen Tavernen und Caféterrassen ein.

Oficina de Turismo: Av. de la Constitución 1, 39700 Castro Urdiales, Tel. 942 87 15 12, www.castro-urdiales.net, Sommer tgl. 9–21, Winter tgl. 9–14, 17–19 Uhr.

Las Rocas: Paseo de la Playa s/n, Tel. 942 86 04 04, Fax 942 86 13 82, www.lasrocashotel.com. Komfortables Haus mit großzügig geschnittenen Zimmern, nicht alle haben Meerblick. DZ 85–142 €.

La Llosa: Barrio de Sámano 107 (3,5 km südl. von Castro Urdiales), Tel. 942 87 40 24, www.lallosadesamano.com. Die kleine Steinburg mit 8 Zimmern bildet einen idealen Ort für Ruhesuchende. Einige Bäder mit Hydromassage. DZ inkl. Frühstück 60–80 €.

Casa los Olivos: Barrio Lusa 21 (ca. 5 km südl. der Stadt), Tel. 942 87 97 72, Fax 942 87 91 91, www.casalosolivos. com. Einfache Unterkunft in ländlicher Umgebung. Das Restaurant bietet bodenständige Küche (Hauptgericht 7–18 €). DZ 44–62 €.

Camping

De Castro: Barrio Campijo s/n, Tel. 942 87 03 00, ganzjährig geöffnet. Ca. 2 km vom Zentrum liegt der komfortable Platz, der über Swimmingpool und Supermarkt verfügt. Einziges Manko: zu wenig Schattenplätze. Pro Erw. 5 €, Pkw 2,50 €, Zelt 6 €.

El Segoviano: Calle Correría 19, Tel. 942 86 18 59. Stimmungsvolles Restaurant unter den Arkaden des Rathausplatzes. Zu den Spezialitäten gehören Spanferkel vom Holzofengrill und Wildgerichte. 3 Gänge à la carte 30–45 €.

Mesón del Marinero: Calle Correría 23, Tel. 942 86 00 05. Das Restaurant mit maritimem Flair serviert z. B. Langusten und Thunfischbällchen. Menü um 30 €.

El Manco: Calle Lorenzo Maza s/n, Tel. 942 86 00 16. Modernes Lokal mit Terrasse. Die Küche bietet Traditionelles mit modernen Anklängen. Gute Fisch- und Meeresfrüchtegerichte. 3 Gänge à la carte 28–42 €.

Viernes Santo: Karfreitag. Prozessionszüge und Passionsspiel.
Fiesta de San Juan: 23.–26. Juni. Traditionelles Johannesfeuer und Straßenumzug am 23. Juni, zum Abschluss am 24. Juni gibt es ein Sardinenessen. Die Fiesta zu Ehren des **Stadtpatrons Pelayo** schließt sich am 26. Juni an.
Fiestas del Coso Blanco: 1. Fr im Juli. Der Umzug mit Wagen startet um 23 Uhr, den Auftakt bildet ein großes Feuerwerk.
San Andrés: 30. Nov. Zum populären Fest des Patrons der Seefahrer gehören eine Prozession und eine Bootsregatta.

Baden: Die beiden Stadtstrände, die **Playa de Ostende** im Westen und die **Playa de Brazmar** im Osten, erfreuen sich im Sommer regen Zuspruchs.

Bus: Busbahnhof, Calle Leonardo Rucabado s/n, Tel. 942 86 74 23. Alsa bedient bis zu 10 x tgl. die Linie nach Santander und Laredo, 2–4 x tgl. nach San Sebastián, 2 x tgl. nach Oviedo. Bizkaibus fährt alle 30 Min. nach Bilbao.

Mit der Autorin unterwegs

Die Bären sind los!
Mitten im **Naturpark von Cabárceno** findet sich ein großzügig angelegter **Wildpark.** Eine gute Gelegenheit, Braunbären zu beobachten (s. S. 172).

Sand, so weit das Auge reicht
Im **Parque Natural de las Dunas de Liencres** finden sich zwei herrliche Strände mit meterhohen Dünen (s. S. 173).

Folgen Sie einer Laune Gaudís
Comillas birgt mit dem fantasievollen Sommerpalais **El Capricho** (die Laune) ein Jugendwerk des katalanischen Architekten Antonio Gaudí. In dem modernistischen Juwel lässt es sich hervorragend speisen (s. S. 177).

Fürstliche Unterkunft
Der **Palacio de Guevara** ist eine der Topadressen in Kantabrien. Dabei sind die Preise für das Gebotene relativ zivil (s. S. 177).

Laredo

Reiseatlas: S. 6, E 2
Landschaftlich reizvoll schmiegt sich **Laredo** (13 000 Einw.) in die weit geschwungene Bucht von Santoña. Im Sommer herrscht Hochbetrieb, die Bevölkerung verzehnfacht sich dann glatt! Der Bauboom verwandelte die Strandpromenade in eine dicht bebaute Betonmeile.

Über die durchaus sehenswerte Altstadt wacht die gotische Kirche **Nuestra Señora de la Asunción** (13.–18. Jh.). Um die **Plaza Mayor** gruppieren sich vornehme Herrenhäuser aus dem 16. Jh. Eingerahmt wird die Altstadt noch von einigen Überresten der alten **Stadtmauern** aus dem 13. Jh.

Oficina de Turismo: Alameda Miramar s/n, 39770 Laredo, Tel. 942 61 10 96, Fax 942 61 10 96, www.laredo.es/turismo, tgl. Sommer 9–21, Winter 9–14, 17–19 Uhr.

Hotel El Ancla: Calle González Gallego, 10, Tel. 942 60 55 00, Fax 942 61 16 02, www.hotelelancla.com. Gemütliches, kleines Hotel mit schönem Garten. Einrichtung etwas bieder. DZ 77–138 €.
Hostal Ramona: Alameda José Antonio 4, Tel. 942 60 71 89, Fax 942 60 71 89. Die klassisch eingerichteten Zimmer sind großzügig geschnitten. Zentrale Lage. DZ 49–69 €.
Camping
Carlos V.: Ctra. Residencial Playa Carlos V., Tel. 942 60 55 93. Der ruhige Platz liegt in Strandnähe. Fahrradverleih. Pro Pers. 5 €, Zelt 4,50 €, Pkw 5,50 €.

Mesón la Abadía: Rúa Mayor 18, Tel. 942 61 14 89, www.mesonlaabadia.com. Das urige Lokal ist ideal für Tapas oder gute Hausmannskost. Menü 10 €.

Batalla de las Flores: letzter Fr im Aug. Zur »Schlacht der Blumen« zie-

Tapas und Tanz in Laredo
In der Hauptstraße, der **Rúa Mayor,** finden sich etliche Tapabars und entlang des **Paseo Marítimo** reihen sich die Restaurants. Im Sommer läuft das Nachtleben in der Altstadt zu Hochform auf, die meisten Bars und Diskotheken liegen in den **Rúas San Martín, San Marcial** und **del Medio.**

hen über und über mit Blumen geschmückte Festwagen durch die Stadt.

Baden: Laredos Aushängeschild ist die über 4 km lange **Playa de la Salvé.**

Bus: Busbahnhof, Calle Reconquista de Sevilla s/n, Tel. 942 60 49 67. Entacar/Alsa fährt nach Santander, Castro Urdiales, León und Salamanca.

Santoña

Reiseatlas: S. 6, E 2
Das Hafenstädtchen (14 000 Einw.) liegt auf einer Halbinsel an der Mündung des Río Asón. Der Fischfang und vor allem die Konservenindustrie spielen in **Santoña** eine gewichtige Rolle. Dank der schönen Strände befindet sich auch der Tourismus im Aufwind.

Im Ortszentrum erhebt sich die schlichte, kleine Kirche **Santa María del Puerto** (13. Jh.). Das Juwel der Kirche bildet der Altar San Bartolomé (15. Jh.) mit seinen flämischen Malereien. Beim Bummel durch die Stadt fallen einige Herrenhäuser aus dem 17. und 18. Jh. ins Auge. Am Paseo Marítimo thront das **Denkmal für Juan de la Cosa** (um 1449–1510), den berühmtesten Sohn der Stadt. Der spanische Seefahrer, Kartograf und Entdecker war Anteilseigner der Karavelle Santa María und begleitete Kolumbus auf seinen Schiffsreisen.

Oficina de Turismo: Palacio Manzanedo, 39470 Santoña, Tel. 942 66 00 66, www.turismosantona.es.

Posada Las Garzas: Ctra de Berria, Primera Av. 37, Tel. 942 66 34 84, Fax 942 62 85 41, www.posadalasgarzas.com. Die 12 Zimmer des modernen Hotels sind wohnlich eingerichtet, Garten ums Haus mit Sonnenschirmen und Liegestühlen. DZ 56–92 €.
Camping
Playa de Berria: Playa de Berria, Tel. 942 66 22 48, Fax 942 66 05 92, Ostern und Juni–Mitte Sept. geöffnet. Netter Platz am Strand mit Supermarkt. Pro Erw. 4,60 €, Pkw 4,40 €, Zelt/Caravan 7,50 €.

Baden: Die 2 km lange **Playa de Berria** wurde mit der blauen Umweltflagge ausgezeichnet. Weiter westlich, am Cabo de Ajo, locken die herrlichen Strände von Noja: **Playa de Tregandín** und **Playa de Ris.**

Bus: Busbahnhof, Calle Marinos de Santoña s/n, Tel. 942 66 29 80. Alsa fährt nach Laredo, Santander und Bilbao.

Santander

Reiseatlas: S. 6, D 2
Die knapp 200 000 Einwohner zählende Kapitale Kantabriens gilt in Spanien als eine der Städte mit der höchsten Lebensqualität. Den Charme **Santanders** prägen elegante Promenaden, gepflegte Parkanlagen, weite Strände und mondäne Belle-Époque-Bauten. Mit seinem lebensfrohen Ambiente zieht das traditionsreiche Seebad seine Besucher auch heute noch in den Bann.

Stadtgeschichte

Seiner weiten, geschützten Bucht verdankt Santander den Aufstieg als Hafen- und Handelsstadt. Unter den Römern entwickelte sich um den **Hafen** herum eine erste Siedlung, namens **Portus Victoriae.** Im Mittelalter ließ König Alfonso III. (1158–1214) den Hafen zum Marinestützpunkt ausbauen und eine Werft errichten. Das damals wichtigste Exportprodukt, die Wolle aus Kastilien, wurde über Santander v. a. nach Flandern und England, verschifft. Ab der zweiten Hälfte des 18. Jh.

blühte die Stadt durch die Freigabe des Handels mit den spanischen Kolonien weiter auf.

Den Aufstieg zum mondänen Seebad verdankt Santander in erster Linie König Alfonso XIII. (1886–1941), dem die Stadt eigens für die Sommerfrische einen **königlichen Palast** errichten ließ (s. S. 169).

Zentrum

Dreh- und Angelpunkte der Altstadt bilden die arkadengesäumte **Plaza Porticada** und der Rathausplatz, **Plaza del Ayuntamiento.** Direkt hinter dem Rathaus baut sich die schmucke Markthalle **Mercado de la Esperanza** aus dem 19. Jh. auf.

Ein paar Schritte weiter westlich liegt das **Museo Municipal de Bellas Artes,** das der Architekt Leonardo Rucabado zu Beginn des 20 Jh. im historistischen Stil konzipierte. Neben Werken lokaler Künstler zeigt die Sammlung Arbeiten spanischer, flämischer und italienischer Meister des 17.–20. Jh. Das Juwel des Museums ist das Porträt von König Fernando VII. (um 1814) von Francisco de Goya (Calle Rubio 6, Sommer Mo–Fr 11.15–13, 17.30–21, Sa 10.30–13, Winter Mo–Fr 10.15–13, 17.30–21, Sa 10–13 Uhr, Eintritt frei).

Im gleichen Gebäude ist die **Biblioteca Menéndez y Pelayo** untergebracht. Der berühmte Literaturhistoriker, Kritiker und Philosoph Marcelino Menéndez y Pelayo (1856–1912) vermachte seiner Heimatstadt seine kostbare Bibliothek, die über 40 000 Bände umfasst (www.bibliotecademenendezpelayo.org, Mo–Fr 9–11.30 Uhr, Führung alle 30 Min., Eintritt frei). Das Grabmal des spanischen Universalgelehrten, das der Bildhauer Victorio Macho 1956 entwarf, birgt die nahegelegene **Kathedrale.** Nach dem großen Stadtbrand von 1941 wurde die Kathedrale aus dem 17. Jh. im neogotischen Stil neu errichtet. Erhalten blieb die dreischiffige, romanisch-gotische Krypta aus dem 13. Jh. (Mo–Fr 10–13, 16–19.30, Sa/So 10–13, 16.30–20.45 Uhr).

Östlich schließt sich der Stadtpark **Jardines de Pereda** an, ein Ruhepool für Jung und Alt. Gegenüber liegt der pompöse Prachtbau der **Banco de Santander.** Entlang der Promenade **Paseo de Pereda** führt der Weg zum ehemaligen Fischerhafen **Chico**, heute liegen hier Sportboote ker. Oberhalb der Plaza Matías Montero liegt das **Museo Regional de Prehistoria y Arqueología.** Vor allem die Exponate und Fotografien aus der Höhle von Altamira locken die Besucher an (Calle Casimiro Sáinz 4, www.museosdecantabria.com, Di–Sa 9/10–13, 16–19, So 11–14 Uhr, Eintritt frei).

Östlich der Innenstadt

Die Calle Juan de la Cosa führt geradewegs auf das futuristische Gebäude des **Palacio de Festivales de Cantabria** (1990) zu, ein Werk des Architekten Javier Sainz de Oiza, an dem sich bis heute die Geister scheiden. Weiter in Richtung der Península de la Magdalena informiert das **Museo Marítimo del Cantábrico** über die Geschichte der Seefahrt und der Fischerei. Zum Museum gehören auch ein großes Aquarium und eine Abteilung, die sich mit der Meeresbiologie beschäftigt (Calle San Martín de Bajamar s/n, www.museosdecantabria.com, Di–So 10–18, Mai–Sept. bis 19.30 Uhr, 6 €).

Magdalena-Halbinsel und Sardinero-Strand

Die **Península de la Magdalena** bildet mit ihren Flanierwegen und Schirmpinien eine städtische Oase. Den kleinen **Zoo** bevölkern u. a. Seehunde, Pinguine und Eisbären (www.parquedecabarceno.com, Sommer 9.30–19, Winter 9.30–18 Uhr, 18 €, Nov.–Feb. 12 €).

Auf der höchsten Stelle thront der 1912 erbaute **Palacio Real de la Magdalena,** dessen Architektur sich an englischen Vorbildern orientierte. Seit 1932 residiert in dem königlichen Palast die **internationale Sommeruniversität Menéndez Pelayo,** die viel zum kosmopolitischen Flair der Stadt beiträgt. Westlich schließt sich der weitläufige Strand **Playa el Sardinero** an, über dem sich das **Belle-Époque-Casino** erhebt. Noch immer geben sich hier die Reichen und Schönen ein Stelldichein.

i **Oficina de Turismo:** Paseo de Pereda s/n, 39002 Santander, Tel. 942 20 30 00, www.ayto-santander.es, tgl. 9–19,

15. Juli–15. Sept. 9–21 Uhr; El Sardinero s/n, Tel. 942 74 04 14, Sommer tgl. 9–19 Uhr.
Oficina de Turismo del Gobierno Cantabro: Mercado del Este, Tel. 942 31 07 08, www.turismodecantabria.com, tgl. 9–21 Uhr.

NH Ciudad de Santander: Calle Menéndez Pelayo 13–15, Tel. 942 31 99 00, Fax 942 21 73 03, www.nh-hoteles.com. Der moderne Hotelbau der NH-Kette trumpft mit klarem Design und komfortabler Zimmerausstattung. DZ 86–132 €.
Las Brisas: Calle Braña 14, Tel. 942 27 50 11, Fax 942 28 11 73. Gemütliches kleines Hotel in einem Chalet mit geschmackvoller Einrichtung. In unmittelbarer Nähe der Playa Sardinero. DZ 66–119 €.
San Glorio II: Calle Federico Vial 3, Tel. 942 22 16 66, Fax 942 31 21 09, www.hotelsanglorio.com. Das solide Mittelklassehotel punktet durch seine zentrale Lage in Bahnhofsnähe. DZ inkl. Frühstück 62–94 €.
Hostal Carlos III: Av. Reina Victoria 135, Tel. 942 27 16 16, Fax 942 27 16 16. Freundlich geführtes Haus am Strand. Allerdings nichts für Katzenallergiker! DZ 55–77 €.
Pensión Plaza: Calle Cádiz 13, Tel. 942 21 29 67, www.pension-plaza.com. Beim Bahnhof gelegene Pension. Ordentliche, funktional eingerichtete Zimmer. DZ 43–64 €.
Camping
Cabo Mayor: Ctra. del Faro s/n, Tel./Fax 942 39 15 42, www.cabomayor.com, Okt.–Ostern geschl. Der gepflegte Platz liegt nur 300 m vom Strand entfernt; mit Restaurant, Bar, Supermarkt und Swimmingpool. Pro Pers./Zelt 5,35 €, Pkw 5 €, Caravan 10 €.

El Serbal: Calle Andrés del Río 7, Tel. 942 22 25 15, www.elserbal.com, Feb., So abends und Mo geschl. Eines der kulinarischen Aushängeschilder der Stadt bietet eine feine, kreative Küche. 3 Gänge à la carte 33–40 €.
Bodega del Riojano: Calle Río de la Pila 5, Tel. 942 21 67 50, So abends, Mo geschl. Das traditionsreiche Weinlokal ist ein Klassiker mit Holztischen und Weinfässern in der Gaststube. 3 Gänge à la carte 31 €.
Machinero: Calle Ruiz de Alda 16, Tel. 942 31 49 21, www.machinero.com, So geschl. Zum modern eingerichteten Lokal gehört eine gut frequentierte Bar. Die Küche erweist sich als innovativ. 3 Gänge à la carte 23–27 €.

In der Menéndez-Pelayo-Bibliothek stehen 20 Leseplätze für Forscher bereit

Prada a Tope: Calle Guverara 7a, Tel. 942 21 00 97, www.pradaatope-santander.com, 26. Juni–13 Juli. geschl. Leckere Gerichte aus der Bierzoregion werden in rustikalem Ambiente serviert. 3 Gänge à la carte 18–27 €.
Bodega Cigaleña: Calle Daoiz y Velarde 19, Tel. 942 21 30 62, Mo mittags und So geschl., außer im Sommer. Gemütliche, urige Bodega mit großer Weinauswahl. *Ración* 10–20 €.

Mercado de la Esperanza: Plaza de la Esperanza, Mo–Fr 8–14, 17–19.30, Sa 8–14 Uhr. In der modernistischen Markthalle bietet v. a. das Fisch- und Meeresfrüchtesortiment einen wahren Augenschmaus.
Diferente: Calle Vargas 55, www.alimentaciondiferente.es. Eines der renommiertesten Delikatessgeschäfte der Stadt. Filiale im Sardinero-Viertel: Calle de Joaquín Costa 28.
Librería Estudio: Calle Burgos 5, Tel. 942 36 35 50. Die beste Buchhandlung der Stadt.

Palacio Festivales: Calle Gamazo s/n, Tel. 942 36 16 06, www.palaciofestivales.com. Hier gibt es Veranstaltungen aller Art: Konzerte, Opern, Theater und Kinofestivals.
Gran Casino del Sardinero: Plaza de Italia, Tel. 942 27 60 54. Das Belle-Époque-Casino ist die Adresse für das Spiel mit dem Glück.

Fiesta de Santiago: um den 25. Juli. Einwöchiges Fest mit Stierkämpfen, am 24. Juli großes Sardinenessen und Feuerwerk an der Playa Sardinero.
Festival Internacional de Música y Danza: Aug., www.festivalsantander.com. Das hochkarätig besetzte Festival präsentiert u. a. im Palacio de Festivales Klassikkonzerte, Ballett-, Theater- und Opernaufführungen.
Internationale Sommeruniversität Menéndez Pelayo: Tel. 942 29 87 00, Fax 942 28 08 16, www.uimp.es, Juli–Sept. Hochkarätiges Vorlesungsprogramm mit Koryphäen aus den unterschiedlichsten Bereichen. Auch Sprach- und Literaturkurse für Ausländer.

Bootstouren: Los Reginas, Paseo Marítimo s/n, Tel. 942 21 67 53, www.losreginas.com. Anleger am Ende der Jardines de Pereda, Hafenrundfahrten und Transfer zu den Stränden in Pedreña und Somo.
Baden: Im Osten der Innenstadt erstrecken sich hinter dem Museo Marítimo die Strände **Los Peligro, La Magdalena** und **Biquinis.** Weiter im Norden laden die goldgelbe **Playa del Camello** und die weitläufige **Playa el Sardinero** zum (Sonnen-)Bad ein.
Club de Golf Mataleñas: Av. del Faro s/n, Tel. 942 39 27 75, www.golfmatalenas.com. 9-Loch-Platz hinter der Playa el Sardinero.

Santander at night
Das **Nachtleben** spielt sich in Clubs und Bars rund um die **Plaza Cañadío** und die **Calle Río de la Pila** ab. In lauen Sommernächten herrscht auch im Umfeld des Sporthafens **Puerto Chico** reges Treiben.

Flug: Flughafen Aeropuerto de Parayas, Ctra. del Aeropuerto s/n (5 km südl. vom Zentrum), Tel. 942 20 21 00, www.aena.es. Verbindungen mit nationalen und internationalen Flughäfen. Alsa-Busse verkehren alle 30 Min. zum Busbahnhof.
Zug: RENFE-Bahnhof, Plaza Estaciones s/n. Gute Verbindungen nach Madrid und Bilbao; FEVE-Bahnhof, Plaza Estaciones s/n, Tel. 942 21 23 87. FEVE-Züge steuern Bilbao, Oviedo sowie regionale Ziele an.
Bus: Busbahnhof, Calle Navas de Tolosa s/n (gegenüber den Bahnhöfen), Tel. 942 21 19 95, www.santandereabus.com. Verschiedene Busunternehmen bieten von hier aus zahlreiche regionale und nationale Verbindungen an.

Umgebung von Santander

Karte: S. 174

Cabarga-Fels

Fast wie aus der Vogelperspektive fällt der Blick von der **Peña Cabarga** 6 auf die Bucht von Santander und ihre weiten Strände. Der 568 m hohe Aussichtsberg 15 km südlich von Santander bietet ein gran-

Richtig Reisen-Tipp: Von den Cuevas de Puente Viesgo über den Ebrostausee zum Naturpark Saja Besaya

Über die N-623 in Richtung Burgos erreicht man 30 km südwestlich von Santander, nahe dem Kurort Puente Viesgo, die **Cuveas de Puente Viesgo** 1, einen Komplex von mehreren Höhlen mit prähistorischen Felsmalereien und -ritzungen. Unter den fünf Höhlen des Monte Castillo sticht die 1903 als Erste entdeckte **Cueva el Castillo** mit über 150 Petroglyphen hervor. Ihr Alter wird auf bis zu 15 000 Jahre datiert. Die Steinzeitmenschen hinterließen abstrakte, rätselhafte Zeichen, etliche Handabdrücke und Tierabbildungen z. B. von Pferden, Ziegen, Hirschkühen und Bisons. Auch die benachbarte **Cueva de las Monedas** ist für Besucher zugänglich. Vor allem die geologischen Formationen der Tropfsteinhöhle beeindrucken. Die hier gefundenen schwarzen Felszeichnungen wirken nicht ganz so lebendig (Tel. 942 59 84 25, www.cuevasdecantabria.es, Mai–Sept. tgl. 10–13, 16–19.30, Okt.–April Mi–So 9.30–16 Uhr, 3 €, der Zutritt ist auf 350 Pers. pro Tag begrenzt).

Südlich von Puente Viesgo erstreckt sich die bäuerliche Wald- und Wiesenlandschaft, des **Río-Pas-Tals.** In den teilweise noch recht ursprünglichen Dörfern, wie Vega de Pas, wird ein hervorragender Käse hergestellt.

An der Grenze zu Burgos breitet sich der 60 km² große, idyllisch gelegene **Stausee des Ebros** 2 aus. Das größte Trinkwasserreservoir Kantabriens bildet auch ein Refugium für viele verschiedene Vogelarten und lockt zahlreiche Hobbyornithologen an. Westlich von Reinosa trifft man bei **Fontibre** 3 auf die Quelle des Ebros (Informationszentren in Corconte, Tel. 648 19 17 62, und Fontibre, Tel. 626 26 36 96, medioambientecantabria.com/centros, Di–So 10–14, 15.30–18.30 Uhr; Museo del Alto Ebro in La Lastra, Tel. 625 34 50 33, www.fundacionaltoebro.org, tgl. geführte Touren).

Das einzige Skigebiet Kantabriens, **Alto Campóo** 4, liegt 23 km weiter westlich im Schatten des 2175 m hohen Pico de Tres Mares (Tel. 942 77 92 22, www.altocampoo.com).

Der **Parque Natural de Saja Besaya** erstreckt sich um den Oberlauf des Río Saja sowie auf die Seitentäler des Río Besaya. Das Naturschutzgebiet nimmt eine Fläche von 245 km² ein. Die ausgedehnten Eichen- und Buchenwälder bieten Lebensraum für Wildschweine, Wildkatzen, Damwild, Gemsen und für die vom Aussterben bedrohten Wölfe und Auerhähne. In der Region gibt es auch eine einheimische Rinderrasse, Tudanco genannt. Im Sommer grasen die Tiere auf den Bergweiden. Ähnlich wie in den Alpen wird der geglückte Almabtrieb gefeiert (s. S. 177).

Von der Ortschaft **Tojo** führt der Weg nach Osten durch das Tal des Río Argonsa zur Ortschaft **Bárcena Mayor** 5, dem Zentrum des Naturparks. Das Dorf erweist sich als architektonisches Schatzkästchen, gepflasterte Gassen und hübsche, aus Bruchsteinen aufgebaute Häuser mit Holzbalkonen bestimmen das Bild. Mittlerweile verdienen sich die Einwohner durch den aufblühenden ländlichen Tourismus in der Region ein willkommenes Zubrot. Von Bárcena Mayor erschließen etliche Wander- und Spazierwege die Region.

dioses Rundumpanorama. Im Süden baut sich die Gebirgskette des Kantabrischen Gebirges bis hin zu den Picos de Europa auf.

Naturpark Cabárceno

Bei Obregón, rund 17 km südlich von Santander, befindet sich der 800 ha große **Parque de la Naturaleza de Cabárceno** 7. Die interessante Kulisse für den Wild- und Naturpark bildet ein bizarres, stark erodiertes Karstgebiet – eine Kunstlandschaft aus rötlich schimmernden Abraumhalden. Bereits die Römer förderten in dem Gebiet Eisenerz, die letzte Mine schloss 1989 ihre Pforten. In den großen Freigehegen tummeln sich Tiere aus allen fünf Kontinenten: z. B. Elefanten, Löwen,

Nilpferde, Tiger und Giraffen. Ein eigener Bereich widmet sich der iberischen Fauna, hier bietet sich die Chance, Braunbären in Augenschein zu nehmen, die in Nordspanien in einigen Refugien sogar noch in freier Wildbahn leben. Über den Park erstreckt sich ein 17 km langes Straßennetz, von den Parkplätzen führen markierte Wege zu den Gehegen (Tel. 942 56 37 36, www.parquedecabarceno.com, tgl. 9.30–19, Winter bis 18 Uhr, 18 €).

Naturpark Liencres-Dünen

Knapp 15 km westlich von Santander liegt in der Gegend um die Mündung des Río Pas der **Parque Natural de las Dunas de Liencres** 8. Der 195 ha große Naturpark umfasst mehrere kleine Buchten, zwei traumhafte Dünenstrände und ausgedehnte Pinienwälder. Mit seiner artenreichen Fauna und Flora ist er für die Region ökologisch sehr wertvoll.

Baden & Surfen: Die mehr als 2 km lange, feinsandige **Playa de Valdearenas** liegt im Parque Natural de las Dunas de Liencres offen dem Atlantik zugewandt. Der Wellengang und die gefährlichen Strömungen sollten nicht unterschätzt werden! Die kleinere **Playa de Canallave** steht aufgrund der steifen Brise bei Wellenreitern hoch im Kurs.

4 Santillana del Mar

Karte: S. 174

Das Städtchen **Santillana del Mar** entpuppt sich als mittelalterliches Kleinod. Der Name führt jedoch in die Irre, die Stadt liegt 4 km vom Meer entfernt inmitten einer grünen Hügellandschaft. Im Mittelalter bildete der Ort den Sitz einer Markgrafschaft und eine wichtige Station auf dem Küstenweg nach Santiago. Heute herrscht in dem denkmalgeschützten Städtchen, vor allem in den Sommermonaten ein ziemlicher Trubel, erst wenn am späten Nachmittag die Touristenbusse verschwinden, kehrt wieder Ruhe ein.

Entlang der beiden Hauptgassen reihen sich über 30 stattliche Adelspaläste (15.–18. Jh.) mit prunkvollen Wappenschildern und reichlich Blumenschmuck. Die Calle Santo Domingo führt am **Palacio de los Benamejís** (18. Jh.) vorbei, in dem sich das Kulturzentrum der Sparkasse Caja Cantabria befindet.

Der Weg gabelt sich und führt linker Hand zur **Plaza Mayor**, die vom Rathaus und den wehrhaften Turmbauten **Torre de Merino** (14. Jh.) und **Torre de Don Borja** (15. Jh.) gesäumt werden. Außerdem findet sich auf der Plaza auch der **Palacio de Barreda-Bracho** (17. Jh.), der in ein schmuckes Paradorhotel verwandelt wurde. Über die Calle Canton gelangt man zur **Casa de Valdivieso** (16./18. Jh.), dem ehemaligen Haus des Stadtschreibers, in dem heute ebenfalls ein Hotel residiert. Ein paar Meter weiter liegt das barocke Palais **Casa de los Hombrones,** dort ist auf dem Familienwappen der Vila die heroische Devise des Geschlechts zu lesen: »Ein würdiger Tod ehrt das ganze Leben.«

Stiftskirche Santa Juliana

Am Ende der Straße erhebt sich die **Colegiata de Santa Juliana** (12./13. Jh.), deren Ursprung vermutlich auf das 8. Jh. zurückgeht. Die einstige Klosteranlage bildete die Keimzelle, um die sich die ganze Ortschaft entwickelte. Die Perle der kantabrischen Romanik birgt die Gebeine der frühchristlichen Märtyrerin Santa Juliana, von der sich der Name der Stadt ableitet. Im **Chor** beeindrucken die silberne Altarblende, die im 17. Jh. in Mexiko angefertigt wurde, und die darunter verborgenen vier romanischen Apostelfiguren (11. Jh.). Der stimmungsvolle **Kreuzgang,** von dem drei Trakte erhalten blieben, wartet mit feinem romanischen Kapitellschmuck auf (Di–So 10–13, 16–18.30, Sommer bis 19.30 Uhr, 3 €).

Hinter der Stiftskirche lohnt es sich noch einen Blick auf den **Palacio de los Velarde**, ein architektonisch strenges Herrenhaus aus dem Zeitalter der Renaissance, zu werfen.

Oficina de Turismo: Calle Jesús Otero 20, 39330 Santillana del Mar, Tel. 942 81 88 12, www.santillana-del-mar.com.

Parador de Santillana Gil Blas: Plaza Ramón Pelayo 11, Tel. 942 81 80 00,

Fax 942 81 83 91, www.parador.es. Das Nobelhotel in einem ehemaligen Herrenhaus (17./18. Jh.) bietet komfortable Zimmer im kastilischen Stil. DZ 159–170 €.
La Casona de Revolgo: Campo de Revolgo 3, Tel. 942 81 82 77, 648 26 24 20, Fax 942 84 01 70, www.lacasonaderevolgo.com. Schönes Steinhaus im Zentrum, rustikaler Stil mit modernem Touch. DZ inkl. Frühstück 100–140 €.
Casona de los Güelitos: Barrio Vispieres 8 (1 km südöstl. von Santillana), Tel. 942 82 19 15, 605 27 32 07, Fax 942 82 19 16, www.periplo.com/guelitos. Charmantes Landhaus aus dem 18. Jh. mit farbenfrohen Zimmer. Ideal für Ruhesuchende. DZ inkl. Frühstück 63–95 €.
Casa del Organista: Calle los Hornos 4, Tel. 942 84 03 52, Fax 942 84 01 91, www.casadelorganista.com. Das rustikale Anwesen (18. Jh.) bewohnte einst der Organist der Colegiata. Gemütliches Ambiente. DZ 60–96 €.
Posada Herrán: Barrio Herrán 32 (1,5 km südl. in Richtung Ctra. de las Cuevas de Altamira), Tel. 942 81 81 12, www.posadaherran.es. Landhaus mit Garten und Grillstelle. Solide eingerichtete Zimmer. DZ 36–54 €.

Camping

Santillana: Ctra. Comillas km 6, Tel. 942 81 82 50, Fax 942 84 01 83. Ganzjährig geöffneter Platz mit Restaurant, Supermarkt, Tennisplatz, Swimmingpool sowie Kinderspielplatz. Pro Pers./Caravan 5,20 €, Zelt/Pkw je 5 €.

Los Blasones: Plaza de la Gándara 8, Tel. 942 81 80 70. In dem urigen Lokal gibt es leckere Venusmuscheln aus der Pfanne und Stockfisch mit viel Knoblauch. Menü 25 €.
Casa Cossío: Plaza Abad Francisco s/n, Tel. 942 81 83 55. Rustikales Lokal mit Fleisch- und Fischspezialitäten vom Grill. Menü 12 €.
Café Concana: Calle Los Hornos, Tel. 942 84 01 61. Café mit idyllischer Terrasse.

Santa Juliana: 28. Juni. Die Prozession am Patronatsfest endet mit einem Tanz zu Ehren der Heiligen. Zum Rahmenprogramm gehört ein Folk- und Tanzfestival.

Bus & Bahn: Busbahnhof, Av. Cantábric s/n, Tel. 942 89 19 54. Verbindun-

de Cantabria
Parque Natural de las Dunas de Liencres
Cabo Mayor
San Román
Liencres
Santander
S-20
Ría Cubas
Santa Cruz de Bezana
Punta del Dichoso
Punta Ballota
Suances
A-67
Muriedas
141
Maliaño
El Astillero
Santillana del Mar
Cóbreces
Cueva de Altamira
Novales
131
Escobedo
Barcenilla
N-623
Liaño
A-8
E-70
Quijano
Renedo
Peña Cabarga
Parque de la Naturaleza de Cabárceno
Torrelavega
Sarón
N-634
283
260
Luzmela-Mazcuerras
A-67
Cuevas de Puente Viesgo
Puente Viesgo
Santa María de Canyón
N-623
Esles
Sobretejera 475 m
142
Villafufre
Los Corrales de Buelna
Corvera
Sierra de la Matanza
Vega
Collado
Santiurde de Toranzo
Quitana de Toranzo
Morilla
Villacarriedo
Bustantegua
Bostronizo
San Vicente de Toranzo
Selaya
Campillo
San Vicente de León
Alceda
Ontaneda
Arenas de Iguña
Guzparras
Parque Natural Saja-Besaya
Puerto de Braguia 720 m
Entrambasmestas
Gamonal
Cildá 1062 m
Bárcena Mayor
N-623
Vega de Pas
Silió
Sierra de Bárcena Mayor
Pujayo
Ventona
Pando
631
Obios 1223 m
Urdiales
La Sota
San Pedro del Romeral
Yera
Ano 1288 m
Catrucos 1075 m
Abedules 1410 m
N-611
Puerto de las Estacas de Trueba 1166 m
Cordillera Cantabrica
Rioseco
Santa María de Aguayo
Sierra del Escudo
Ropero 1491 m
San Miguel de Aguayo
Camino
Somballe
Lanchares
Fontecha
Ahedo de las Pueblas
Rozas
Fontibre
Servillejas
Embalse del Ebro
526
A-67
Fuente del Ebro
Orzales
Cabañas de Virtus
Dosante
Pedrosa
Bustamante
Reinosa
Solana 945 m
Arija
N-623
N-232
Argomedo

gen mit Autobuses Garcia, Tel. 942 89 16 40, zur Cueva de Altamira und zum FEVE-Bahnhof in Torrelavega, von dort ungefähr stdl. Verbindungen nach Santander.
Bahn: Nächstgelegener FEVE-Bahnhof in Puente San Miguel (ca. 4 km), nächster RENFE-Bahnhof in Torrelavega (ca. 10 km).

Altamira-Höhlen

Karte: S. 174
Die »Sixtinische Kapelle des Paläolithikums«, wie die **Cueva de Altamira** 9 gerne bezeichnet wird, liegt von Santillana del Mar 2 km entfernt. Ein Schäfer entdeckte 1875 die gut 260 m lange Höhle. Jedoch erst bei einem Streifzug im Jahr 1879 entdeckte Markgraf Don Marcelino Sanz de Sautuola, aufmerksam gemacht von seiner Tochter María, die fantastischen Felsmalereien der Sala de la Pintura: Die Decke bevölkern 21 Bisons, eine Hirschkuh, ein Wildschwein und ein Wildpferd. Geschickt nutzten die Steinzeitkünstler Unebenheiten der Felswände, um den Tieren Leben einzuhauchen. Das ausdrucksstarke Ensemble entstand vor über 15 000 Jahren. Rot-, Ocker- und Brauntönen sind die dominierenden Farben. Für die Konturen und Schraffierungen wurde schwarze Kohle verwandt.

Wie diese Gemälde zu deuten sind, darüber streiten sich bis heute die Gelehrten. Einige vermuten, dass die Malereien im Rahmen eines religiösen oder magischen Kultes entstanden, der das Jagdglück sichern sollte.

Die neue Höhle

Seit 1979 ist die Höhle für die Öffentlichkeit geschlossen, da die erhöhte Luftfeuchtigkeit, bedingt durch den Besucheranstrom, die Malereien schädigte. 2001 eröffneten der spanische König Juan Carlos und seine Frau Sophia die **Cuevanova,** eine originalgetreue Kopie der Altamira-Höhle. Dabei kam modernste Computertechnik zum Einsatz: Der Hauptsaal wurde mit einer Genauigkeit von 40 000 Pixeln pro Quadratmeter reproduziert. Um ein möglichst echtes Abbild der Malereien zu schaffen, wurden natürliche Farbpigmente und Hilfsmittel verwandt, wie sie bereits die Menschen in der Steinzeit gebrauchten. Die Cuevanova liegt 500 m von der originalen Höhle entfernt, zusätzlich informiert ein **Museum** über das Leben der Menschen im Paläolithikum (Tel. 942 81 80 05, museodealtamira.mcu.es, Di–Sa 9.30–18, Mai–Okt. bis 20, So/Fei 9.30–15 Uhr, 1.–6. Jan., 1. Mai, 16. Sept., 24./25. u. 31. Dez. geschl., 2,40 €, Kartenvorverkauf in allen Filialen der Bank Santander, Tel. 902 24 24 24, www.bancosantander.es. Achtung: Rechtzeitig reservieren, da der Zutritt begrenzt ist!).

Comillas

Karte: S. 174
Ein Glücksfall für das lebhafte, gut besuchte Küstenstädtchen **Comillas** 10 (2000 Einw.) war Antonio López y López (1817–1883). Der Sohn der Stadt stammte aus einfachen Verhältnissen und emigrierte in jungen Jahren nach Kuba. Ein enormes Vermögen brachte ihm und seiner Familie v. a. die Gründung von Überseereedereien ein. Von König Alfonso XII., der gerne seine Sommerfrische in Comillas verbrachte, erhielt er den Titel des ersten **Markgrafen von Comillas.**

Nach einem Entwurf des renommierten, katalanischen Architekten Joan Matorell ließ sich der Markgraf den **Palacio de Sobrellano** im neogotischen Stil erbauen. Die Eingangshalle, der Speisesaal und das Billardzimmer können besichtigt werden. In der zugehörigen Kapelle findet sich das Pantheon der Familie (Tel. 942 72 03 39, www.culturadecantabria.com/sobrellano.asp, wechselnde Öffnungszeiten, 3 €).

Für sein Seelenheil und für seinen Nachruhm stiftete der Markgraf die **Universidad Pontifical** (1890), die zunächst als Priesterseminar diente und später die Anerkennung als katholische Universität erhielt. 1968 wurde der Sitz der Päpstlichen Universität nach Madrid verlegt, während in Comillas der riesige Gebäudekomplex, der von einer Anhöhe das gesamte Stadtbild dominiert, verwaiste. Demnächst soll hier ein Institut für hispanistische Studien eröffnet werden.

Gaudípalast und Friedhof

Den Besuchermagnet von Comillas bildet jedoch **El Capricho** (1883), ein Jugendwerk des Architekten Antonio Gaudí. Das kleine, kuriose Anwesen präsentiert sich fantasievoll verspielt, fröhliche Sonnenblumenkacheln sorgen für eine heitere Note. Der dazugehörige Turm erinnert an ein Minarett. Der Auftraggeber für die kleine Sommerresidenz war der exzentrische Schwager des Markgrafen von Comillas, Máximo Díaz de Quijano, der Gaudí völlig freie Hand ließ. Heute beherbergt das Gebäude ein Gourmetrestaurant.

Die reichen Familien der Stadt orientierten sich an der Vorliebe des Markgrafen für katalanische Architekten und ließen sich von ihnen ihre Grabstätten konzipieren. So lohnt sich ein Abstecher zum **Friedhof** nördlich des Zentrums. Über den Ruinen einer Klosterkirche mitten im Camposanto wacht der elegante Engel von Joseph Llimona über die Toten.

Oficina de Turismo: Bajos del Joaquín del Ayuntamiento Piélago 1, 39520 Comillas, Tel. 942 72 25 91, Fax 942 72 00 37, www.comillas.es.

Palacio Guevara: Barrio La Plaza 22, Treceño (16 km südwestl. von Comillas über die CA 135), Tel./Fax 942 70 33 30, www.palacioguevara.com. Mit Liebe zum Detail eingerichtetes Charme-Hotel in einem Palast aus dem 18. Jh. Dazu gehört ein stilvolles Restaurant (Menü 18 €). DZ 80–107 €.
Posada la Solana Montañesa: Calle La Campa 22, Tel./Fax 942 72 10 26, www.lasolanamontanesa.com. Familiäre Unterkunft in ruhiger Lage nahe dem Zentrum, mit Garten und Terrasse. DZ inkl. Frühstück 46–72 €.
Hostería Mari Paz: Barrio Travia 62 (1,5 km westl. von Comillas über die CA-131 in Richtung San Vicente de la Barquera), Tel. 942 72 00 14, 646 89 44 32, www.hosteriamaripaz.com. Kleines Landhaus mit einladenden Zimmern, bis zur Playa de Oyambre rund 1 km. DZ inkl. Frühstück 48–60 €.

El Capricho de Gaudí: Barrio de Sobrellano s/n, Tel. 942 72 03 65, www.elcaprichodegaudi.com, So abends und Mo geschl. (außer im Sommer). Im verspielten Gaudípalast bietet das Gourmetlokal originelle Küchenkreationen. 3 Gänge à la carte ab 40 €.
La Aldea: Calle la Aldea 5, Tel. 942 70 33 30, im Winter Di geschl. Im alten Ortskern gelegenes rustikales Herrenhaus mit Terrasse. Lecker schmeckt der gehaltvolle Eintopf *cocido montañés*. 3 Gänge à la carte 20–40 €.
Gurea: Calle Ignacio Fernández de Castro 11, Tel. 942 72 24 46, www.restaurantegurea.com. Das Restaurant hat sich auf baskische Küche spezialisiert. Tagesmenü um 12 €.

Santo Cristo del Amparo: Mitte Juli. Fest zu Ehren des Schutzpatrons. Am 16. Juli werden bei der Schiffsprozession traditionelle Tänze und Gesänge dargeboten.
Almabtrieb: Wie in den Alpen wird im Hinterland der kantabrischen Küste der geglückte Almabtrieb gefeiert. Am bekanntesten in der Region ist das Fest von **Cabezón de la Sal** am 12. Okt., dem spanischen Nationalfeiertag.

Baden: Der feinsandige, gut frequentierte Hausstrand **Playa de Comillas** wurde mit der blauen Umweltflagge ausgezeichnet. 4 km weiter östlich erreicht man die **Playa de Oyambre** (s. S. 178).
Parque Natural Saja-Besaya: Von Comillas bietet sich ein Ausflug über CA-135 und CA-180 entlang des Río Saja ins Hinterland an. Von Bárcena Mayor aus (43 km) lassen sich schöne Wanderungen in den Naturpark unternehmen (s. S. 172).

San Vicente de la Barquera

Karte: S. 174

Der Gebirgszug der Picos de Europa bildet die Hintergrundkulisse für **San Vicente de la Barquera** 11 (5000 Einw.). Das Hafen- und Fischerstädtchen schmiegt sich in die Bucht des Río Escudo. Diese überspannt die Puente de la Maza, die auf das 15. Jh. zurückgeht.

Auf einem Hügel drängt sich die Altstadt, bekrönt von der **Wehrkirche Nuestra Se-**

ñora de los Ángeles (13. Jh./14. Jh.). Um den alten Hafen und die stimmungsvolle **Plaza Mayor** konnte sich San Vicente de la Barquera noch viel von seinem historischen Charme bewahren. In der trutzigen **Burg Castillo del Rey** (13. Jh.) informiert eine Dauerausstellung über die Geschichte und die Geografie der Ortschaft.

Naturpark Oyambre

Seit 1988 schützt der **Parque Natural de Oyambre** ein Gebiet von 57 km², das die Meeresarme von San Vicente de la Barquera und La Rabía umfasst – einer der schönsten und vielseitigsten Küstenabschnitte der Costa de Cantabria. Zu den verschiedenen Ökosystemen des Parks gehört neben der Küstenlandschaft mit ihren Stränden, Dünen, Klippen und Marschen, das hügelige Hinterland mit seinen grünen Tälern. Vom Schutzgebiet profitieren v. a. die ortsansässigen Vögel sowie die Zugvögel, die hier ideale Refugien zum Rasten oder Nestbauen vorfinden.

Soplao-Höhle

Im Jahr 2005 eröffnete die **Cueva del Soplao** 12 rund 20 km südlich von San Vicente de la Barquera ihre Pforten für die Öffentlichkeit. Die Tropfsteinhöhle mit ihren faszinierenden Formationen entwickelte sich rasch zum Besuchermagneten. In die ehemalige Mine (1855–1979), die v. a. Zink und Blei förderte, fährt ein Minenzug ein. Bisher wurden 1,5 km der 17 km langen Höhle für die Besucher erschlossen (Tel. 902 82 02 82, www.elsoplao.es, Mo–Sa 9–21, So 10–14, 16–20 Uhr, 9,50 €).

i **Oficina de Turismo:** Av. del Generalísmo 20, 39540 San Vicente de la Barquera, Tel. 942 71 07 97, Fax 942 71 22 51, www.sanvicentedelabarquera.org, Mo–Fr 10–13, 16–19, Sa 11–13.30, So 11–14 Uhr.

Villa de San Vicente: Calle Fuente Nueva 1, Tel. 942 71 21 38, Fax 942 71 51 52, www.hotelvsvicente.com. Günstig gelegenes Hotel. Freundliche, hell eingerichtete Zimmer, z. T. mit Aussicht auf die Stadt und den Hafen. DZ 52–114 €.

Gerra Mayor: Ctra. de la Playa de Gerra s/n, Los Llaos (5 km von San Vicente), Tel./Fax 942 71 14 01, www.hgerramayor.com. Kleines Hotel auf einer Anhöhe mit Blick über das Meer und die Picos de Europa. Zimmereinrichtung mit persönlicher Note. DZ 55–76 €.

Noray: Paseo de la Barquera s/n, Tel. 942 71 12 41, www.hotelnoray.com. Das familiär geführte Hotel befindet sich im oberen Teil von Vicente de la Barquera. Einige der 18 Zimmer verfügen über eine eigene Terrasse mit schönem Ausblick. DZ 43–78 €.

Camping

Playa de Oyambre: Finca Peña Gerra, Tel. 942 71 14 61, Fax 942 71 15 30, www.oyambre.com. Auf halber Strecke zwischen San Vi-

San Vicente de la Barquera: die mittelalterliche Wehrkirche prägt das Stadtbild

cente de la Barquera und Comillas gelegener Platz, 15 Gehminuten zum Dünenstrand. Zur Ausstattung gehören Restaurant, Swimmingpool, Kinderspielplatz und Bungalows. Pro Pers. 5 €, Parzelle 9,70 €.

Maruja: Av. del Generalísimo s/n, Tel. 942 71 00 77, So abends und Mi geschl. Ein Klassiker, der v. a. Gutes aus dem Meer bietet. Probieren Sie das kulinarische Aushängeschild der Ortschaft, den *sorropotún*, einen Eintopf auf der Basis von Thunfisch. 3 Gänge à la carte 35–45 €.

Boga-Boga: Plaza José Antonio, 9, Tel. 942 71 01 35. Zu dem beliebten Lokal gehört auch eine Tapabar. Aus der Küche kommt vorwiegend Traditionelles auf den Tisch. 3 Gänge à la carte 35 €.

La Folia: Sonntag nach Ostern. Große Prozession zu Wasser und zu Lande zu Ehren der Patronin. Fischer und andere Seeleute huldigen dabei mit *picayos,* traditionellen Gesängen, der Jungfrau.

Baden: Strandvergnügen versprechen die weitläufige **Playa de Sable Merón** und die gut besuchte, geschützte **Playa El Tostadero.** Weiter östlich erstreckt sich der 2 km lange, schöne Dünenstrand **Playa de Oyambre** im gleichnamigen Naturpark an der Ría de la Rabia.

5 Nationalpark Picos de Europa

Karte S. 182

Nur knapp 25 km Luftlinie trennen das imposante Kalksteinmassiv der Picos de Europa von der Atlantikküste. Mit 64 600 ha bildet der seit 1995 ausgewiesene Nationalpark Picos de Europa das größte Naturschutzgebiet Spaniens. Als Vorläufer gilt der kleinere Nationalpark Covadonga, der bereits im Jahr 1918 als erstes Gebiet in Spanien diese Schutzstufe zugesprochen bekam.

Picos de Europa in Kantabrien

Karte: S. 182

Von dem nahe der Küste gelegenen Städtchen **Unquera** führt die N-621 gen Süden in den kantabrischen Teil der Picos de Europa. Auf dem Weg nach **Fuente Dé** (67 km) warten landschaftlich reizvolle Kulissen – wie sattgrüne Bergwiesen und schroffe, imposante Zweitausender – auf die Besucher. Ständiger Begleiter ist der forellen- und lachsreiche Río Deva, ein beliebtes Anglerrevier.

La Hermida-Schlucht

Die Nationalstraße zwängt sich mitten durch den **Desfiladero de la Hermida** 1, die eindrucksvolle, fast 20 km lange Schlucht des Río Deva. Bis zu 600 m ragen hier die Felswände himmelwärts. In die teilweise fast beklemmend enge Kluft drängt sich das kleine Dorf **La Hermida** 2, das früher wegen seiner Heilquelle besucht wurde.

Am Ende des Engpasses weitet sich das Tal wieder, idyllisch liegt hier umgeben von uralten Kastanienbäumen die kleine mozarabische Dorfkirche **Santa María de Lebeña** 3 aus dem Jahr 925. Vermutlich stifteten Don Alfonso und seine Gemahlin Doña Justa, die Condes von Liébana, das Gotteshaus. Das dreischiffige Kirchlein ruht auf hufeisenförmigen Bögen, die die Schiffe voneinander trennen.

Potes

Der Hauptort des fruchtbaren Landstriches Liébana ist das 1500 Einwohner zählende Städtchen **Potes** 4. Vom Klima gesegnet, gedeihen hier im Schutz des sonnenreichen Talkessels mitten in der Bergwelt Weinreben, Mandel-, Kirsch-, Feigen- und sogar Olivenbäume. Längst hat sich das Landstädtchen zum beliebten Domizil für Wanderer und Bergsteiger entwickelt, die von hier aus ihre Touren in die Picos de Europa planen.

Im Ortskern konnte sich Potes noch viel von seiner alten Bausubstanz bewahren, Bausünden sind eher rar. Aus dem Stadtbild sticht der **Torre del Infantado** (15. Jh.) hervor, der einstige Wohnturm dient heute als Rathaus. In den Restaurants steht der mächtige Kichererbseneintopf der Region, der *cocido lebaniego,* auf der Karte, danach empfiehlt sich ein *orujo*, der typische Tresterschnaps der Region. Alternativ bietet sich zur Verdauung ein kurzer Spaziergang zur **Ermita de Valmayor**, die Mühen des Aufstiegs werden mit einem herrlichen Ausblick belohnt.

Kloster Santo Toribio de Liébana

Knapp 4 km hinter Potes schmiegt sich das **Monasterio de Santo Toribio de Liébana** 5 an einen Berghang. Die Geschichte des Klosters lässt sich bis ins 6. Jh. zurückverfolgen. Die heutige, von Franziskanern betreute Anlage stammt überwiegend aus dem

Mit der Autorin unterwegs

In luftige Höhen schweben

In **Fuente Dé** arbeitet sich die Seilbahn mühelos auf 1847 m empor. Allein der Ausblick auf die Gipfelkönige lohnt die Fahrt. Von der Bergstation starten einige reizvolle Wander- und Trekkingtouren (s. S. 181).

Wegzehrung für Hungrige

Kirchererbsen, Kartoffeln, Kohl, Speck, Schinken, Paprika- und Blutwurst bilden die Zutaten des *cocido lebaniego,* einer Spezialität der kantabrischen Picos. Eine gute Adresse, um diesen Eintopf zu kosten, ist das **Restaurant Hotel del Oso** (s. S. 182).

Relikte der Eiszeit

Oberhalb der Wallfahrtsstätte Covadonga liegen die beiden Gletscherseen **Lago Enol** und **Lago de la Encina** umgeben von einem herrlichen Gebirgspanorama. Schöne Wander- und Bergtouren haben hier ihren Ausgangspunkt. Um das Gebiet in Ruhe genießen zu können, empfiehlt es sich die Wochenenden zu meiden (s. S. 186).

Paradies für Käseliebhaber

Im gebirgigen Hinterland von Asturien und Kantabrien werden köstliche Käsesorten hergestellt. Das Aushängeschild, der *queso de Cabrales*, reift in den Höhlen um **Arenas de Cabrales** heran. Auf der Tour durch die Käsehöhle erfährt man alles rund um den ziemlich pikanten Blauschimmelkäse – und natürlich wird am Ende auch verkostet (s. S. 187).

Abgeschiedenheit pur!

Bulnes ist Spaniens letzte Gemeinde ohne Straßenanschluss. Allerdings verbindet seit 2001 eine Standseilbahn das Schäferdorf mit Poncebos. Wandertouren führen zu den umliegenden Almen oder in hochalpines Terrain. Falls sie unterwegs ein Picknick planen, empfehle ich, den leckeren Käse direkt bei den Hirten vor Ort zu erstehen (s. S. 190).

13. Jh. Die Wallfahrtsstätte birgt eine kostbare Reliquie, einen Splitter des hl. Kreuzes, den der hl. Toribio, der Bischof von Astorga, im 5. Jh. aus Jerusalem mitbrachte. Im 16. Jh. erhielt das Kloster das Privileg ein Heiliges Jahr auszurufen: immer dann, wenn der 16. April, der Festtag des hl. Toribio, auf einen Sonntag fällt.

Fuente Dé

Von Potes folgt die Stichstraße CA 185 dem Río Deva über die noch recht ursprünglichen Dörfer **Mogrovejo** und **Espinama** nach **Fuente Dé** 6. Die Ortschaft (1070 m, 300 Einw.), die v. a. aus Hotels besteht, liegt in einem Talkessel, umgeben von einer herrlichen Bergszenerie. Von hier schwebt der *teleférico*, eine Seilbahn, hinauf zum 1847 m hohen Aussichtspunkt **Mirador del Cable** 7.

i **Oficina de Turismo:** Calle Independencia 12, 39570 Potes, Tel. 942 73 07 87, Fax 942 73 21 28, turismopotes@cantabria.org.

Oficina del Parque Nacional en Cantabria: Ctra. Potes–Fuente Dé (kurz hinter der Ortsausfahrt von Potes), 39587 Camaleño, Tel. 942 73 32 01. Informationen über Wanderwege, Unterkünfte etc.

La Casona de Cosgaya: Crta. Potes–Fuente Dé, Cosgaya, Tel. 942 73 30 77, Fax 942 73 31 31, www.casonadecosgaya.com. Familiär geführte Unterkunft, mit viel Komfort und Liebe zum Detail ausgestattet. Restaurant mit kreativer Küche (Menü 18 €). DZ 68–110 €.

Hotel del Oso: Crta. Potes–Fuente Dé, Cosgaya, Tel. 942 73 30 18, Fax 942 73 30 36, www.hoteldeloso.com. Das mit Natursteinen errichtete Hotel mit Swimmingpool fügt sich wunderbar in die Natur ein. Der Einrichtungsstil ist gemütlich, ohne dass dabei der Komfort zu kurz kommt. DZ 69–82 €.

Picos de Europa

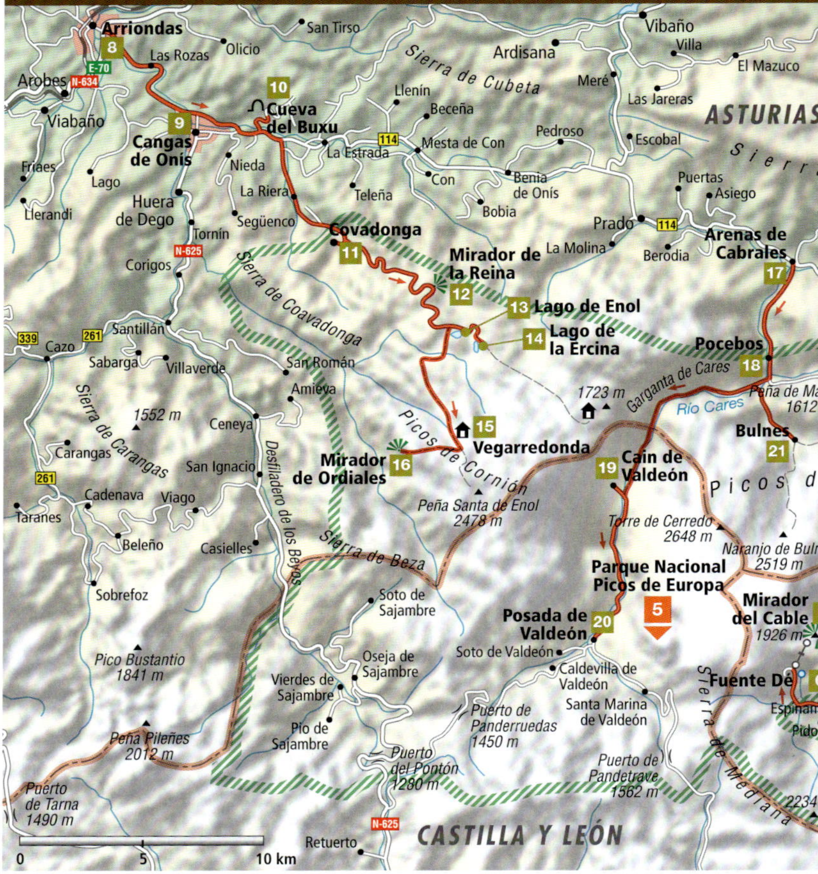

Posada San Pelayo: Crta. Potes–Fuente Dé, San Pelayo (5 km hinter Potes), Tel. 942 73 32 10, www.posadasanpelayo.com. Berghotel mit traumhaftem Blick. DZ 48–69 €.

El Bodegón, Calle San Roqué 4, Potes, Tel. 942 73 02 47. Das stimmungsvolle, rustikale Restaurant mit Tapabereich befindet sich in einem fast 300 Jahre alten Steinhaus. 3 Gänge à la carte 28 €.

Restaurante Hotel del Oso: Das zum Hotel (s. o.) gehörige Restaurant bietet eine hervorragende ländliche Küche. Spezialität ist der gehaltvolle *cocido lebaniego,* der Eintopf der Region. Tagesmenü 15 €.

Wochenmarkt: Potes, Mo 9–14 Uhr. Hier lohnt es sich den lokalen Käse, *queso de Liébana*, zu erstehen.

Wandern: Die aussichtsreiche Bergstation Mirador del Cable bietet sich als Ausgangspunkt für kleinere Wanderungen und stramme Bergtouren an. Ein 12 km lan-

ger Wanderweg (ca. 4 Std.) führt hinab nach Espinama. Die Strecke ist auch bei Mountainbikern beliebt, erfordert jedoch einiges an Können. Ca. 8–9 Std. (hin und zurück) sollte man für die Tour zum Gipfel Peña Vieja (2613 m) einplanen, einem der höchsten Gipfel der Picos de Europa.

Picos Awentura: Calle Cervantes 3, Potes, Tel./Fax 942 73 21 61. Der Veranstalter organisiert u. a. Wandertouren, ornithologische Exkursionen und Reitausflüge. Auch Mountainbike-, Quads- und Gleitschirmverleih.

Picos de Europa in Asturien

Karte: S. 182

Arriondas

Das beschauliche Städtchen **Arriondas** 8 (5 700 Einw.) in der Gemeinde **Parres** am Rande des Nationalparks Picos de Europa ist v. a. unter Kanuten ein Begriff. Auch als Standort für Ausflüge in den Nationalpark und die Sierra del Sueve bietet sich Arriondas an.

i **Oficina de Turismo:** Plaza Venancio Pando 1, 33540 Arriondas, Tel. 985 84 17 12, www.infoarriondas.com.

Posada del Valle: Collia (2,5 km nördl. von Arriondas), Tel. 985 84 11 57, Fax 985 84 15 59, www.posadadelvalle.com, Nov.–Mitte März geschl. Das charmante Nichtraucherhotel mit 12 Zimmern bietet herrliche Ausblicke. Im Restaurant wird Wert gelegt auf ökologische Produkte (nur abends und nur für Hotelgäste, Menü 22 €). DZ 62–86 €.

La Estrada: Calle Inocencio del Valle 1, Tel. 985 84 07 67, Fax 985 84 03 35, www.laestradahotel.com. Helles, freundliches Haus mit 23 Zimmern. DZ inkl. Frühstück 45–80 €.

Camping

Sella: Ctra. Santianes, Tel./Fax 985 84 09 68, www.campingsella.info, Karwoche und Mitte Juni–Mitte Sept. geöffnet. Der ortsnah gelegene Platz verfügt über Supermarkt und Cafeteria. Pers./Zelt/Pkw je 4 €.

Casa Marcial: Calle La Salgar 10 (4 km nördl. über die AS 342), Tel. 985 84 09 91, So abends und Mo geschl., April–Okt. Di–Do abends geschl. Das gepflegte Restaurant bietet asturische Küche auf hohem Niveau. 3 Gänge à la carte 38–46 €.

Descenso Internacional del Río Sella: 1. oder 2. Sa im Aug. Zur größten Kanuregatta Spaniens finden sowohl in Arriondas als auch in Ribadesella, dem Endpunkt des Wettbewerbs (s. S. 206), große Feiern statt. Vom Sonderzug, den die FEVE entlang der Strecke einsetzt, kann das Kanurennen am bequemsten verfolgt werden.

Astur Aventura: Puente Río Piloña s/n, Tel. 985 84 10 02, www.asturaventura.net. Kanuverleih sowie organisierte Fahrten auf dem Río Sella, auch für Anfänger.
Jaire Aventura: Ctra. Arriondas–Ribadesella km 0,5, Tel. 985 84 14 64, 649 46 28 08, www.canoasdelsella.com. Neben Kanuverleih und -touren werden auch Mountainbike-, Reit- und Wanderausflüge angeboten.

Cangas de Onís

In der rund 6000 Einwohner zählenden Kleinstadt am Fuße der Picos de Europa herrscht v. a. in den Sommermonaten Hochbetrieb. Das apart am Río Sella gelegene **Cangas de Onís** 9 hat sich in den letzten Jahrzehnten zum beliebten Standort für Ausflüge und Touren in die Bergwelt der Picos de Europa entwickelt. Um die touristische Infrastruktur ist es bestens bestellt, breit gefächert präsentiert sich das Angebot an Unterkünften und Restaurants. Viele Anbieter im Bereich des Aktivtourismus sind hier ansässig.

Cangas de Onís blickt stolz auf seine Geschichte zurück. Im Jahr 722 errang der westgotische Feldherr Pelayo im nahen Covadonga den ersten Sieg der Christen über die Mauren. Nach der Schlacht wurde Cangas de Onís zur ersten Hauptstadt des Königreichs von Asturien erhoben. Die Erinnerung an Pelayo, den ersten König Asturiens, wird hier wachgehalten: Im Zentrum erhebt sich ein Denkmal zu seinen Ehren. Über den Río Sella spannt sich beim Ortseingang die **Puente Romano** (12./13. Jh.). Effektvoll wurde hier das Siegeskreuz befestigt, das vom Brückenbogen gerahmt wird. Unter diesem Zeichen soll Pelayo die Schlacht von Covadonga gewonnen haben, das Originalkreuz wird in der Kathedrale von Oviedo verwahrt.

Auf einer künstlichen Anhöhe erhebt sich die **Capilla de Santa Cruz,** die Pelayos Sohn, König Flavia, im Jahr 737 über einem Dolmen errichten ließ. Es heißt hier sei zunächst das ursprüngliche Eichenkreuz aufbewahrt worden, das später kunstvoll zum Siegeskreuz von Pelayo umgearbeitet wurde. 1936 fiel die Kirche dem Bürgerkrieg zum Opfer und wurde komplett neu errichtet. Im Innern ist noch der erhalten gebliebene Dolmen zu sehen.

Oficina de Turismo: Jardines del Ayuntamiento 2, 33550 Cangas de Onís, Tel./Fax 985 84 80 05, www.cangasdeonis.com, Sommer tgl. 10–21, Winter Mo–Sa 10–14, 16–19, So 10–14 Uhr.
Recepción de Visitantes Parque Nacional Picos de Europa Casa Dago: Av. Covadonga 43, Tel. 985 84 86 14, www.picosdeeuropa.com, tgl. 9–14, 16–18.30, Sommer 9–14, 17–18.30 Uhr. Ausstellung und Informationen zum Nationalpark, auch Verkauf von Wanderkarten.

Parador de Cangas de Onís: Villanueva (3 km in Richtung Arriondas), Tel. 985 84 94 02, Fax 985 84 95 20, www.parador.es. Das exklusive Hotel befindet sich in den Gemäuern des ehemaligen Klosters San Pedro de Villanueva. Das Haus mit modernem Anbau liegt direkt am Río Sella. DZ 135–146 €.
La Cepada: Av. Contaquil s/n, Tel. 985 84 94 45, Fax 985 84 95 66, www.hotellacepada.com. Gediegenes, geschmackvoll eingerichtetes Hotel außerhalb des Zentrums. Das Restaurant Cenador de los Canónigos genießt in der Region zu Recht einen exzellenten Ruf (Hauptgericht 18–26 €), Terrasse mit herrlichem Blick. DZ 105–180 €.
Los Lagos: Jardines del Ayuntamiento 3, Tel. 985 84 92 77, Fax 985 84 84 05, www.arceahoteles.com. Freundliches Mittelklassehotel direkt beim Hauptplatz. Die Zimmer sind gut geschnitten und hell. DZ 58–103 €.
Los Robles: Calle San Pelayo 8, Tel. 985 94 70 52, Fax 985 94 71 65, www.hotel-losrobles.com. Kleines Hotel im Zentrum mit funktional eingerichteten Zimmern. DZ 38–70 €.
Agroturismo
Casa Río Sol: La Estrada (AS-114 Richtung Arenas de Cabrales, bei km 8 Abzweig rechts), Tel. 985 94 02 32, 630 34 43 81, www.picosdeuropa.net/riosol. 7 ansprechende Zimmer bietet das Landhaus aus dem 19. Jh., das von einer großen Finca umgeben wird. DZ 38–65 €.

Heidi-Idylle in den Picos de Europa

La Cabaña: Susierra (3 km östl. von Cangas de Onís, an der Straße Richtung Covadonga), Tel. 985 94 00 84. Zu den Spezialitäten des rustikalen Restaurants gehören Gerichte aus dem Holzofen wie Lamm oder Spanferkel. 3 Gänge à la carte 25–40 €. **Sidrería Molín de la Pedrera:** Calle Río Güena 2, Tel. 985 84 91 09, www.elmolin.com. Leckere Hausmannskost wird hier an Designerholztischen serviert. Hauptgericht 10–20 €. **Sidrería El Polesu:** Calles Ángel Tárano 3, Tel. 985 84 92 48. Der Besuch dieser urigen Kneipe mit viel Patina ist ein Muss in Cangas de Onís. Hauptgericht 10–20 €.

Wochenmarkt: So. Neben asturischen Käse-und Wurstspezialitäten findet man auch handwerkliche Produkte.

Asturgala: Av. de Covadonga 6, Tel. 985 84 82 75, 699 60 40 76, www.asturgala.com. Aktivtourismusanbieter, u. a. Kanutouren, Höhlenerkundungen, Ausritte.

Busse: Alsa, Av. de Covadonga s/n, Tel. 985 84 81 33, tgl. mehrere Busse nach Oviedo, Arenas de Cabrales, Potes, Llanes und Ribadesella. Alsa/Easa bedient im Sommer die Ruta del Cares nach Posada de Valdéon (s. S. 191).

Buxu-Höhle

In der Nähe der Ortschaft Cardes, 2 km von Cangas de Onís entfernt, liegt die **Cueva del Buxu** 10. Die 1916 entdeckte Höhle birgt einige interessante prähistorische Malereien und Gravuren, unter den Motiven sind Pferde, Ziegen und Hirsche zu erkennen. Der Zugang zur Höhle ist auf 25 Personen am Tag limitiert, deshalb ist eine Reservierung unerlässlich (Tel. 608 17 54 67, Touren Mi–So 10.30, 11.30, 12.30, 15.15, 16.15 Uhr, 3 €, Mi Eintritt frei; von Cardes ca. 1 km ausgeschilderter Fußweg).

Covadonga

Mitten in der Bergwelt der Picos de Europa verkörpert die stark frequentierte Wahlfahrtsstätte von **Covadonga** 11 für die Spanier einen nationalen Schrein. Es wird berichtet, dass der Feldherr Pelayo mit seinen Getreuen im Jahr 722 in der Schlacht von Covadonga den Truppen des Emirs von Córdoba eine vernichtende Niederlage zufügte. Maßgeblich für den Sieg waren wohl die Kenntnisse Pelayos der Bergwelt der Picos de Europa, wiederholt gelang es ihm, die Muslime in einen Hinterhalt zu locken. Die Schlacht bildete den Auftakt für die Reconquista, die Rückeroberung Spaniens für das Christentum. Fakten und Mythen vermischen sich hier munter miteinander, jedenfalls gilt Covadonga als die Wiege des spanischen Königreichs.

Ziel der Wallfahrer ist die **Cueva Santa,** eine natürliche Felsengrotte, in die sich Don Pelayo mit seinen Getreuen während der Schlacht zurückgezogen hatte. In dieser Höhle fand der Feldherr viel später auch seine letzte Ruhestätte. Im Zentrum thront auf einem modernen Altar eine kleine Statue der Virgen de las Batallas (16. Jh.), die Pelayos Truppen in der Schlacht tatkräftig unterstützt haben soll. Die hochverehrte ›Jungfrau der Schlachten‹, La Santina genannt, ist die Patronin von Asturien.

Unterhalb der Grotte stürzt ein kleiner Wasserfall in den glasklaren Teich der Wünsche, in den viele Pilger Münzen werfen in der Hoffnung, dass ihre Wünsche dadurch in Erfüllung gehen. Ein paar Schritte weiter finden sich die mächtige neoromanische **Basilika San Fernando** (19. Jh.), ein imposantes Pelayodenkmal sowie zahlreiche Souvenirstände. Das **Museo de Covadonga** behandelt die Geschichte der Wallfahrtsstätte und des Marienkults (tgl. 10.30–14, 16–19.30 Uhr, 2 €).

Hotel Pelayo: Real Sitio de Covadonga s/n, Tel. 985 84 60 61, Fax 985 84 60 54, www.arceahoteles.com, Nov.–Feb. geschl. Das Hotel bei der Wallfahrtsstätte empfängt seine Gäste mit einer durch und durch klassischen Einrichtung. DZ 75–156 €.

Agroturismo

Casa Asprón: Covadonga s/n, www.casaspron.com, Tel. 985 84 60 92, 659 91 68 61. Das steinerne Landhaus findet sich abseits des Trubels 6 km unterhalb der Wallfahrtsstätte. Die Zimmer sind schlicht, aber ansprechend eingerichtet. DZ 49–75 €.

El Huerto del Ermitaño: Real Sitio de Covadonga s/n, Tel. 985 84 60 97, www.elhuertodelermitano.com. Gemütliches Restaurant mit solider Hausmannskost. Hauptgericht 12–24 €.

Día de la Santina: 8. Sept., Wallfahrt zur Jungfrau von Covadonga.

Busse: Von Cangas de Onís 4–5 x tgl. mit Alsa/Easa, Tel. 985 84 81 33, im Juli/Aug. häufiger. Im Sommer auch Verbindungen mit Llanes, Ribadesella und Arenas de Cabrales.

Lago Enol und Lago de la Ercina

Eine schmale Straße führt von Covadonga in steilen Serpentinen hinauf zu den 12 km entfernten Gletscherseen. Auf halber Strecke lohnt es sich einen Stopp beim Aussichtspunkt **Mirador de la Reina** 12 einzulegen: Bei guter Sicht reicht der Blick bis hinab zur Atlantikküste. Die beiden Glazialseen **Lago Enol** 13 (1070 m) und **Lago de la Ercina** 14 (1108 m) sind noch Relikte der letzten Eiszeit. Nun liegen sie eingebettet in die herrliche Gebirgswelt der Picos de Europa.

Der 5 km lange **Rundweg um die beiden Seen** (110 m Höhenunterschied, leicht) startet beim Parkplatz in der Nähe des Lago Enol. Unterwegs passiert man den Aussichtspunkt **Mirador del Príncipe,** der einen herrlichen Blick auf die beiden Seen bietet. Außerdem führt die Tour vorbei an der 1972 stillgelegten **Magnesium-Mine von Buferrera.** Einige der Schächte sind begehbar und führen durch den Berg hindurch. Auf Tafeln wird der Abbau des Magnesiums erläutert.

Weit anspruchsvoller ist die etwa 7-stündige **Tour vom Lago de Enol zum Aussichtspunkt Mirador de Ordiales** (891 m Höhenunterschied, mittel-anspruchsvoll). Eine Piste führt rechts am See vorbei zum

Bach Arroyo Pomperi, ab hier führt der Wanderweg über Almwiesen hinauf zur Schutzhütte von **Vegarredonda** 15. Bei der glasklaren Quelle kann man sich mit frischem Trinkwasser versorgen.

Ein kontinuierlicher Aufstieg bringt den Wanderer zum grandiosen **Mirador de Ordiales** 16 (1961 m), die große Aussichtsterrasse fällt Schwindel erregend, fast senkrecht ab. Den Blick fesseln die umliegenden Gipfel, die aus dem Wolkenmeer wie Inseln herausragen. In diesen luftigen Höhen ließ sich Markgraf von Villaviciosa, Pedro Pidal (1870–1941), bestatten. Er trieb maßgeblich die Gründung des Nationalparks Covadonga voran, aus dem der heutige, weit größere Nationalpark Picos de Europa hervorging.

Centro de Visitantes Pedro Pidal: Área de Buferrera (in der Nähe des Parkplatzes), Lago Enol, in der Karwoche und im Sommer tgl. 9–17 Uhr. Informationen über das Besucherzentrum erteilt die Casa Dago in Cangas de Onís (s. S. 184). Eine Ausstellung widmet sich dem Nationalpark. Außerdem sind hier Informationen zu den Wandertouren erhältlich.

Fiesta del Pastor: 25. Juli, traditionsreiches Schäferfest mit Messe und zahlreichen Geschicklichkeitswettbewerben vor der Kulisse der Glazialseen.

Von den Gebirgsseen gehen etliche Wanderungen mit unterschiedlichen Schwierigkeitsgraden aus. Infos zum **Rundweg um die Seen** und zur **Tour zum Mirador de Ordiales** s. o.

Bus: Im Sommer fahren einige Alsa/Easa-Busse von Covadonga bis zu den Seen hinauf, Tel. 985 84 81 33.

Arenas de Cabrales

Von Cangas de Onís führt die reizvolle, aussichtsreiche Landstraße AS-114 vorbei an einigen kleinen Dörfer und Weilern nach **Arenas de Cabrales** 17 (850 Einw.). Die Ortschaft konnte sich ihren dörflichen Charakter noch bewahren, obwohl in den letzten Jahren viel gebaut wurde. Viele Besucher nutzen Arenas de Cabrales als Sprungbrett für die Wandertour durch die imposante Schlucht **Garganta de Cares** (s. S. 191). Entsprechend breit gefächert ist auch das Angebot an Unterkünften.

Ihren hohen Bekanntheitsgrad verdankt der Ort jedoch dem *queso de Cabrales,* einem köstlich pikanten Blauschimmelkäse. Er wird aus einer Mischung von Kuh-, Schafs- und Ziegenmilch hergestellt und erhält seine besondere Note durch die Reifung in den Felshöhlen um Arenas de Cabrales. In der Höhle **Cuvea Exposición de Cabrales** weihen käsekundige Führer die Besucher in die Geheimnisse um die Produktio des *queso de Cabrales* ein (500 m über die AS-114 in Richtung Poncebos, Tel. 985 84 67 02, www.fundacioncabrales.com, Sommer tgl., Winter Sa/So/Fei 10–14, 16–20 Uhr, 3 €, Führung auch auf deutsch).

Oficina de Turismo: Ctra. General Arenas de Cabrales s/n, 33554 Arenas de Cabrales, Tel. 985 84 64 84, www.cabrales.org. Sommer und Karwoche Di–So 10–14, 16–20 Uhr.

Hotel Mirador de Cabrales: Poncebos (ca. 4 km südwestl. von Arenas de Cabrales), Tel. 985 84 66 73, Fax 985 84 66 85, www.arceahoteles.com. Schönes Hotel, besonders für Wanderer günstige Lage direkt am Zugang zur Ruta de Cares. DZ 64–110 €.
Picos de Europa: Calle Mayor s/n, Tel. 985 84 64 91, Fax 985 84 65 45, www.hotelpicosdeuropa.com. Angenehme Unterkunft mit Restaurant (Menü ab 12 €) umgeben von einem Garten mit Swimmingpool. Komfortabel ausgestattete Zimmer. DZ 59–98 €.
La Casa de Juansabeli: Arenas de Cabrales (2 km südöstl. über die AS-114 in Richtung Panes), Tel. 985 84 67 90, Fax 985 84 65 97, www.picosdeuropa.net/juansabeli. Das Hotel bietet 16 klassisch eingerichtete Zimmer. Dazu gehört ein Restaurant, das gute asturische Küche und ein reiches Tapasortiment serviert (Menü ab 12 €). DZ 47–72 €.

Der Lago Enol verdankt seine Entstehung einer Gletschermoräne

La Rivera: Crta. General s/n, Tel. 985 84 65 43, Fax 985 84 67 92, www.hotellarivera.com. Empfehlenswertes Haus mit geschmackvoll eingerichteten Zimmern und gutem Preis-Leistungs-Verhältnis. Der Besitzer ist ausgesprochen hilfsbereit. DZ inkl. Frühstück 39–65 €.
El Torrejón: Arenas de Cabrales, Tel. 985 84 64 11, 985 84 64 28, www.eltorrejon.com. Das 2002 eröffnete Hotel mit 9 farbenfrohen Zimmern ist der Mittelpunkt einer Finca mit uralten Kastanienbäumen am Ufer des Río Cares. DZ inkl. Frühstück 43–55 €.
Camping
Naranjo del Bulnes: Ctra. Cangas de Onís–Panes, km 32,6, Arenas de Cabrales, Tel./Fax 985 84 65 78, März–Okt. Der Platz hat einen schönen Baumbestand und bietet viele Aktivitäten, wie Kanufahrten, Quadtouren, Wanderungen und Fahrradverleih an. Pro Pers. 6 €, Pkw 5 €, Zelt 6 €, Caravan 7 €. Günstigere Preise in der Nebensaison.

Restaurant Café Cares: Ctra. General s/n, Tel. 985 84 66 28. Direkt an der Hauptstraße liegt das freundliche Restaurant mit Cafeteria. Auf der Karte stehen regionale Spezialitäten wie Pilze oder Schweinelendchen in Cabralessoße. Menü 11 €.

Bulnes

Das Schäferdörfchen **Bulnes** 21 (ca. 20 Einw.) lag einst komplett abgeschieden in den Bergen der Picos de Europa. Noch immer führt keine Straße hinauf zu dem Bergdorf auf 650 m Höhe. Damit ist es das letzte Dorf in Spanien ohne Straßenanschluss. Über Jahrhunderte bildete die einzige Verbindung mit der Außenwelt ein schmaler Wanderpfad. Mit Hilfe von Mulis versorgten die Einwohner sich mit dem Nötigsten, der Postbote stieg einmal in der Woche zum Dorf hinauf. Die Errichtung der Standseilbahn 2001, die Bulnes mit Poncebos verbindet, läutete ein neues Zeitalter ein. Sie legt die 2200 m lange Strecke mit 18 % Steigung in gerade mal 7 Min. zurück.

Bulnes besteht aus einer Handvoll einfacher Steinhäuser mit roten Ziegeldächern, einer Kirche und zwei Gasthäusern. Mittlerweile bildet der Tourismus neben der Schäferei und der Käseherstellung für die Einwohner ein willkommenes Zubrot.

La Casa del Chiflón: Bulnes, Tel. 985 84 59 43, www.picosdeuropa.net/elchiflon. Das einfache Landhaus bietet ordentliche, kleine Zimmer. Noch günstiger kommt man im Mehrbettzimmer unter. DZ 50–59 €.

Käse: Vor Ort kann man den Schafskäse direkt beim Erzeuger erstehen. Die perfekte Zutat für ein zünftiges Picknick auf der Alm!

Wandern: Von Bulnes starten einige schöne Wandertouren, beliebt sind z. B. die Ausflüge zu den Almen **Majada de Arnades** (2 Std., leicht) und **Majada de Amuesa** (5 Std., mittel). Nur für geübte Wanderer empfiehlt sich die Tour zum Basislager **Vega de Urriello** (8 Std., anspruchsvoll). Von hier startet der Aufstieg zum **Naranjo de Bulnes** (2518 m). An den schroffen Gipfel sollten sich tatsächlich nur erfahrene Bergsteiger heranwagen, am besten mit einem ortskundigen Bergführer!
La Casa del Chiflón: s. o. Von Juli bis September werden geführte Wandertouren angeboten. Auf der Website finden sich genaue Tourbeschreibungen, auch detaillierte Wanderkarten stehen hier zum Download bereit.

Bergbahn: Poncebos–Bulnes, www.alsa.es, Tel. 902 42 22 42, tgl. Juli–Sept. 10–20, sonst 10–12.30, 14–18 alle 30 Min., zudem Frühfahrt Mo–Fr 8.30 Uhr, Hin- und Rückfahrt ca. 18 €.
Fußweg: Poncebos–Bulnes, ca. 1,5 Std., Höhenunterschied 400 m, mittel. Anfangs ist der Wanderweg nach Bulnes identisch mit der Route durch die Cares-Schlucht (s. o.): Von Poncebos geht es zunächst hinab zum Río Cares, dann immer weiter am Fluss entlang bis man die Brücke Puente de la Jaya erreicht. Nach der Überquerung führt der Weg links hinauf durch die Schlucht Riego del Tejo zum Dorf. Achtung: Nur für Schwindelfreie zu empfehlen!

Richtig Reisen-Tipp: Wanderung durch die Garganta de Cares

Die **Schlucht des Río Cares** führt durch die spektakuläre Bergwelt der Picos de Europa. Im Laufe von Jahrtausenden hat sich der Fluss bis zu 2000 m tief in die Bergflanken eingeschnitten! Er unterteilt so das Kalksteingebirge in West- und Zentralmassiv. Die grandiose Kluft, die auch *la Divina*, die Göttliche, genannt wird, ist ein einzigartiges Naturschaupiel! Zuflüsse, die sich in Form von Wasserfällen über die Hänge ergießen, sorgen für ein gewaltiges Tosen in der Schlucht.

Der einst ziemlich unwirtliche Hirtenpfad durch die Garganta de Cares verwandelte sich nach und nach in einen recht komfortablen Wirtschaftsweg. Dieser wurde angelegt, um den Felsenkanal (1916–1921) zu pflegen, der das **Wasserkraftwerk** bei Poncebos speist. In den 1940er-Jahren wurde der immer parallel zum Río Cares verlaufende Weg in seiner heutigen Form ausgebaut.

Als Ausgangspunkt für die ›Senda de Cares‹ bietet sich die 4 km südwestl. von Arenas de Cabrales gelegene Ortschaft **Poncebos** 18 an (über die AS-264 zu erreichen). Die 12 km lange, ausgeschilderte Wanderung bis nach **Cain de Valdeón** 19 (Höhenunterschied 150 m, leicht–mittel) ist in 3–4 Std. zu bewältigen, für den Rückweg ist die gleiche Zeit zu veranschlagen. Es empfiehlt sich, für die Tour – die längst kein Geheimtipp mehr ist – einen Werktag auszuwählen und nach Möglichkeit den August, den spanischen Haupturlaubsmonat, zu meiden. Bis auf einen Anstieg gleich zu Beginn bereitet der Weg kaum Mühen, da nur geringe Höhenunterschiede zu überwinden sind. Dennoch empfiehlt sich solides Schuhwerk! Regenschutz, Proviant und v. a. ausreichend Wasser dürfen im Rucksack nicht fehlen. Unterwegs werden einige Tunnels passiert, deshalb ist es ratsam, eine Taschenlampe mitzunehmen. Wer nicht schwindelfrei ist, sollte lieber auf die Tour verzichten! Kinder müssen an die Hand genommen werden, da der Abhang zum Fluss nicht gesichert ist.

Ab und an queren Brücken den Fluss und bieten herrliche Ausblicke auf das kristallklare Wasser, in dem sich Lachse, Forellen und Fischotter wohlfühlen. Endpunkt bzw. Wendepunkt der Tour ist die Ortschaft **Caín de Valdeón,** die bereits in Kastilien-Léon liegt. In dem kleinen Bergdorf laden Restaurants und Bars zur Einkehr ein. Wer hier übernachten möchte, findet Unterkunft im **Hostal La Ruta,** einem einfachen, sauberen Haus mit Restaurant (Travesía del Cares 15, Tel./Fax 987 74 27 02, www.hostallaruta.com, DZ inkl. Frühstück ohne Bad 37, mit Bad 50 €, Tagesgericht 10 €). Die Ortschaft Caín kann auch mit dem Pkw angesteuert werden (von Poncebos aus rund 100 km!), allerdings ist das letzte schmale Stück der Bergstraße nichts für Autofahrer mit schwachen Nerven.

Gute Wanderer können die Tour bis **Posada de Valdeón** 20 verlängern (Poncebos–Posada de Valdeón 21 km, 6–7 Std., Höhenunterschied 750 m, mittel). Für diese lange Tour bietet es sich an, zwei Gruppen zu bilden, die den Weg in entgegengesetzter Richtung gehen, so können auf der Hälfte der Strecke die Autoschlüssel ausgetauscht werden. Oder man quartiert sich in den komfortabel ausgestatteten Zimmern des **Hotels Cumbres Valdeón** ein, die beste Adresse vor Ort (Ctra. Soto de Valdeón, km 14, Tel. 987 74 27 10, www.cumbresvaldeon.com, DZ 44–55 €). **Alsa/Easa-Busse** (Tel. 985 84 81 33) bedienen im Sommer die Strecke von Cangas de Onís nach Posada de Valdéon. Von dort verkehren Kleinbusse weiter nach Caín.

Zudem haben verschiedene Aktivtourismusanbieter die Tour durch die Cares-Schlucht von Caín nach Poncebos im Programm, z. B. **Vive Picos de Europa** (Calle Guadalupe Noriega s/n, Soto de Sajambre, Tel. 609 18 70 74, www.vivepicos.com, Abholung mit Geländewagen, 35 €) oder **Jaire Aventura** (s. S. 184, Tour ab Cangas de Onís, inkl. Picknick 40 €).

Oviedo und Umgebung

Reiseatlas S. 3/4, C–E 2/3

In den letzten Jahren hat Oviedo, die lebhafte Metropole des Fürstentums von Asturien, einen Strukturwandel vollzogen zum modernen Dienstleistungs- und Verwaltungszentrum. Im touristisch noch wenig erschlossenen Hinterland verbergen sich reizvolle Ziele wie der Naturpark von Somiedo oder das Bergbau- und Industriemuseum in Entrego.

Reiseatlas: S. 4, D 2
Die Provinzhauptstadt **Oviedo** (222 000 Einw.) bildet das geografische und politische Zentrum der Autonomen Region Asturien. An der traditionsreichen Universität (17. Jh.) studieren rund 30 000 Studenten. Um das historische Zentrum hat sich ein Gürtel von gesichtslosen, rasch hochgezogenen Neubausiedlungen gelegt, die von einer Ringstraße umtost werden. Ein Kontrast dazu bildet die verkehrsberuhigte Altstadt, deren Mittelpunkt die Kathedrale bildet.

Ein neues architektonisches Wahrzeichen der Stadt, der Kongresspalast **Palacio de Congresos** im Stadtteil Buenavista ist im Entstehen begriffen. Den futuristischen Entwurf lieferte der spanische Stararchitekt Santiago Calatrava. Zu Ehren der in Oviedo geborenen Prinzessin Letizia, der Frau des spanischen Thronfolgers Felipe de Asturias, wird der Kongresspalast ihren Namen tragen.

Geschichte

Ursprung und Reconquista

Die Keimzelle von Oviedo bildete das im 8. Jh. gegründete **Benediktinerkloster San Vicente,** um das herum sich die Siedlung Ovetum entwickelte. Im Jahr 789 zerstörten die Mauren die Ortschaft. König Alfonso II. der Keusche (760–842) baute die Stadt unter dem Namen Oviedo schon bald wieder auf und erhob sie im Jahr 792 zur Residenz des Königreichs von Asturien.

Das aufstrebende Kastilien gewann im Laufe der fortschreitenden **Reconquista** die Oberhand. Asturien, das bereits im 10. Jh. der Grafschaft León unterstellt worden war, hatte das Nachsehen und war ab 1388 nur mehr ein Fürstentum innerhalb des Königreiches von Kastilien. Zur Erinnerung an die wichtige Rolle des Königreichs von Asturien als Ausgangspunkt der Reconquista erhielten die Thronfolger Kastiliens den Titel ›Prinz von Asturien‹.

Wachstum und Zerstörung

Weitere Eckpunkte in der Geschichte Oviedos bilden die Errichtung der **Kathedrale** (14.–16. Jh.) und die Gründung der **Universität** (17. Jh.). Im Zuge der Industrialisierung im 19. Jh. entwickelte sich südlich von Oviedo, in der Cuenca Central Asturiana, ein blühendes Zentrum der **Montanindustrie.**

Die Unzufriedenheit der Bergarbeiter mit ihren Arbeits- und Lebensbedingungen sorgte für sozialen Zündstoff, der sich 1934 in einem großen **Bergarbeiteraufstand** entlud. Im Zuge der Auseinandersetzungen mit den Regierungstruppen wurde die Universität in Brand gesteckt und auch die Kathedrale stark in Mitleidenschaft gezogen.

Im **Spanischen Bürgerkrieg** litten die Stadt und ihre historische Bausubstanz unter den Kämpfen, die sich die Anhänger Francos mit den Regierungstruppen lieferten.

Kathedrale

Im Herzen der Altstadt erhebt sich die spätgotische **Kathedrale San Salvador.** Die Bauarbeiten für das Gotteshaus wurden in der ersten Hälfte des 14. Jh. in Angriff genommen, ihren Abschluss fanden sie in der Mitte des 16. Jh. Die ursprüngliche Idee, eine Doppelturmfassade zu errichten, fiel der Geldnot zum Opfer. Der Solitär, der prächtige 82 m hohe Südwestturm, ist das Wahrzeichen der Stadt.

Altarraum und Kapellen

Der dreischiffige Kirchenraum strahlt Ruhe und Harmonie aus. Der Chor, der sich ursprünglich, wie üblich bei spanischen Kathedralen, im Mittelschiff befand, wurde entfernt. So ist heute der Blick auf die mächtige **Altarwand** der Capilla Mayor frei. Das Retabel, 1525 von Juan de Balmaseda und Giralte de Bruxelles geschaffen, vereint Elemente der Gotik und der Renaissance. Um den thronenden Weltenrichter im Zentrum gruppieren sich Szenen aus der Passionsgeschichte.

In der **Capilla de Santa Eulalia**, der ersten Kapelle im linken Seitenschiff, hütet ein Silberschrein die Reliquien der Stadtpatronin. Sie erlitt in der Regierungszeit des römischen Kaisers Diokletian (284–305) ein grausames Martyrium. Versteckt hinter einer Tür im nördlichen Querhaus findet sich in der **Capilla de la Hidria** ein Tonkrug, der laut Überlieferung bei der Hochzeit zu Kanaan benutzt wurde. Nur zweimal im Jahr bekommen die Gläubigen die kostbare Reliquie zu Gesicht.

Über das nördliche Querhaus führt der Weg in die **Capilla del Rey Casto,** die Alfonso II. der Keusche für sich als Privatkapelle und als Grablege für die Könige von Asturien bestimmt hatte. Die ursprüngliche Kapelle fiel Plünderungen zum Opfer, so wurde sie im klassizistischen Stil neu errichtet. In den Urnen wird angeblich die Asche von neun Königen verwahrt, vom westgotischen König Pelayo bis hin zu König Alfonso II.

Schatzkammer

Vom südlichen Querhaus führt eine Treppe hinauf zur **Cámara Santa** (Heilige Kammer), eine einzigartige Schatzkammer, die ursprünglich König Alfonso II. als Palastkapelle nutzte. Im Untergeschoß ruhen die Gebeine der hl. Leocadia und des hl. Eulogio, die beiden den Märtyrertod erlitten. Im Obergeschoß fällt der Blick auf die kunstvoll gearbeiteten Apostelfiguren, die als Meisterwerke der romanischen Baukunst gelten.

Gut gesichert hinter Gittern werden die kostbarsten Exponate des Domschatzes präsentiert. Das edelsteinbesetzte **Cruz de los Angeles** (Engelskreuz), das Alfonso II. im Jahr 808 der Kathedrale stiftete, ist im Stadtwappen präsent. Genau ein Jahrhundert später vermachten König Alfonso III. (848–910) und seine Gemahlin Jimena der Kirche das reich verzierte **Cruz de la Victoria** (Siegeskreuz).

Der Legende nach soll der Feldherr Don Pelayo das Eichenholzkreuz, das den Kern

Mit der Autorin unterwegs

Kunsthistorische Kleinode

Herrlich eingebettet in die Natur stehen die beiden kleinen präromanischen Kirchen **Santa María del Naranco** und **Santa María de Lillo auf dem Monte Naranco** abseits der Stadthektik von Oviedo (s. S. 196)!

El Bulevar de la Sidra

Die **Calle Gascona** ist die Apfelweinmeile von Oviedo. In den *sidrerías* genannten Lokalen wird der Ausschank des asturischen Nationalgetränks regelrecht zelebriert (s. S. 197).

Tapfer radeln

Der berühmt-berüchtigte Berganstieg der Spanienrundfahrt auf den **Angliru** (1573 m) ist ein Tipp für bestens trainierte Sportler und Fans des Radsports (s. S. 201).

Tief im Hinterland

Der abgeschiedene Naturpark **Parque Natural de Somiedo** ist ein Rückszugsgebiet für bedrohte Tiere wie Braunbären und Auerhähne. Noch fast ein Geheimtipp für entdeckungsfreudige Urlauber (s. S. 201)!

des Siegeskreuzes bildet, von der Gottesmutter höchst persönlich erhalten haben. Unter dem Zeichen dieses Kreuzes leitete er die Reconquista, die Wiedereroberung Spaniens von den Mauren, ein. Das war die Geburtsstunde der asturischen Monarchie.

Als Meisterwerk der mozarabischen Goldschmiedekunst gilt die mit mehr als 200 Edelsteinen besetzte **Achatschatulle,** die König Fruela der Kathedrale im Jahr 910 stiftete. Hochkarätige Reliquien aus dem Heiligen Land birgt die **Arca Santa** (10. Jh.), ein Schrein aus Zedernholz, der mit silbernen Relieftafeln verziert ist. Zum Inventar zählen u. a. einige Blutstropfen Christi, ein Teil des Schweißtuches der hl. Veronika, eine Sandale des Apostel Paulus, acht Dornen aus der Krone des Gekreuzigten, Holzspäne vom Kreuz Christi. (Mo–Sa 10–13, 16–18, z. T. bis 19/20 Uhr, Juli/Aug. und 1.–15. Sept. durchgehende Öffnungszeiten, Kathedrale Eintritt frei, Cámara Santa 1,50 €, Do Eintritt frei).

In der Altstadt

Die Gassen und Plätze der lebhaften **Altstadt** verströmen vielerorts noch einen angenehmen Kleinstadtcharme. Als Ausgangspunkt für einen Rundgang empfiehlt sich der Vorplatz der Kathedrale, die **Plaza Alfonso II. el Casto,** benannt nach dem großen Förderer der Stadt.

Archäologisches Museum

Hinter der Kathedrale beherbergt das ehemalige Kloster San Vicente das **Museo Arqueológico.** Um den plateresken Kreuzgang (15. Jh.) gruppieren sich die Säle, die sich der vorromanischen Kunst widmen. Ein Highlight der Sammlung bildet der Altarstein der Kirche Santa María de Naranco. Das Museum präsentiert Funde von der Prähistorie bis zum Mittelalter aus der Provinz Oviedo (bis auf Weiteres wegen Umbauarbeiten geschl.).

San Tirso und Kunstmuseum

Südwestlich der Kathedrale liegt die **Iglesia de San Tirso,** die Alfonso II. im 9. Jh. stiftete. Ein Brand im 16. Jh. vernichtete das Gotteshaus nahezu komplett. Der Wiederaufbau erfolgte im 17. Jh. Nur das stumpfe Chorhaupt und das dreiteilige Fenster mit schlanken Marmorsäulen und Hufeisenbögen, gerahmt von einem Alfiz, blieben vom ursprünglichen Kirchenbau erhalten.

In unmittelbarer Nachbarschaft zur Kirche San Tirso findet sich in der Calle Santa Ana das **Museo de Bellas Artes de Asturias.** Der herrschaftliche Palacio de Velarde (18. Jh.), die Casa de Oviedo Portal (17. Jh.) und ein Bau aus dem 20. Jh. bilden den Rahmen für die umfangreiche Gemälde- und Kunstsammlung des Museums. Zu ihren Glanzstücken zählt eine komplette Apostelserie des manieristischen Meisters El Greco. Ein weiterer Schwerpunkt des Museums liegt auf dem Schaffen von Künstlern aus Asturien (Juli/Aug. Mo–Sa 10.30–13, 16–20, So/Fei 11.30–14, Sept.–Juni Di–Fr 10.30–14, 16.30–20.30, Sa 11.30–14, 17–20, So/Fei 11.30–14.30 Uhr, Eintritt frei).

Rathausplatz und Markthalle

Die Calle Cimadevilla führt auf die langgestreckte, repräsentative **Plaza de la Constitución,** die von der ehemaligen Jesuitenkirche San Isidoro (16. Jh.) und dem **Rathaus** (17. Jh.) dominiert werden. Von hier führt der Weg ins quirlige Viertel rund um die elegante Markthalle **Mercado del Fontán,** eine filigrane Eisen-Glas-Konstruktion.

Stadterweiterung

Im 19. Jh. wuchs die Stadt aus ihrer engen Ummauerung heraus und elegante neue Straßenzüge entstanden. Die Calle Suárez de la Riva führt von der Altstadt zur Stadterweiterung um die Plaza de la Escandalera mit dem beeindruckenden Gebäude der **Regionalregierung.** Gegenüber lädt die grüne Lunge des Zentrums, der gepflegte Stadtpark **Parque San Francisco,** zum Entspannen ein.

Der Halter des Guinness-Rekords im Schinkenschneiden ist ein Spanier

Für eine Shoppingtour bieten sich die **Calle Uría** und ihre Nebenstraßen an. Es lohnt sich einen Blick auf die architektonisch interessanten Fassaden der Einkaufsmeile zu werfen, vor allem in der oberen Straßenhälfte in Richtung Bahnhof finden sich einige prachtvolle Jugendstilfronten.

Frühromanische Kirchen

Santa María del Naranco und San Miguel de Lillo

Am Südhang des 635 m hohen Monte Naranco erheben sich 3 km nordwestlich vom Stadtzentrum die beiden Perlen der asturischen Frühromanik aus dem 9. Jh.: die Kirche **Santa María del Naranco** und die Kirche **San Miguel de Lillo** im harmonischen Einklang mit der Natur. Bereits 1985 adelte die Unesco die beiden innovativen Sakralbauten mit dem Titel Welterbe der Menschheit (Tel. 676 03 20 87, www.santamariadelnaranco.blogspot.com, Okt.–März Di–Sa 10–13, 15–17, So/Mo 10–13, April–Sept. Di–Sa 9.30–13.30, 15.30–19.30, So/Mo 9.30–13.30 Uhr, Besichtigung nur nach Voranmeldung und im Rahmen von Führungen, beginnend in Santa María del Naranco, 3 €, Mo ohne Führung und gratis).

Ursprünglich diente die **Iglesia de Santa María del Naranco** König Ramiro I. (842–850) als Sommerpalast und Ausgangspunkt für seine Jagden. Bereits in der zweiten Hälfte des 9. Jh. wurde das zweigeschossige Gebäude in eine Kirche verwandelt. Eine doppelläufige Treppe führt hinauf in den einstigen Festsaal, dessen Stirnseiten von eleganten Loggien gesäumt werden. Nach Süden hin öffnet sich eine aussichtsreiche Terrasse. Eindrucksvoll überwölbt ein kühnes Tonnengewölbe, gestärkt durch Gurtbogen, die festliche Kirchenhalle. Im weit niedrigeren Untergeschoß findet sich eine Art Krypta, ehemals befanden sich hier die Küche, Bäder und die Räume für die Dienstboten des Palasts.

200 m weiter bergaufwärts erhebt sich die **Iglesia de San Miguel de Lillo**, die wohl als Kapelle des Königspalastes diente. Die Konzeption des Baus entstand unter König Ramiro I., sein Nachfolger Ordoño I. (850–866) realisierte den Kirchenbau. Von dem ursprünglichen Bau blieb nur noch etwa ein Drittel erhalten. Die Höhe und die filigranen Steingitterfenster verleihen der Kirche ihre Eleganz. Wie in San Miguel de Naranco taucht als Zierwerk im Inneren immer wieder das typische Kordelmotiv auf. Den Westeingang zieren zwei Flachreliefs, die an byzantinische Elfenbeinschnitzereien erinnern. Sie stellen einen Konsul, flankiert von zwei Würdenträgern, bei der Eröffnung von Zirkusspielen dar. Gut zu erkennen sind zu Füßen des Konsuls ein Gaukler und ein Löwenbändiger.

San Julián de los Prados

Etwa 1 km nordöstlich des Ortszentrums erhebt sich die **Kirche San Julián de los Prados,** die heute fast direkt an der Ausfallstraße nach Gijón und Aviles liegt. Die größte der präromanischen Kirchen Asturiens wurde im 9. Jh. in der Regierungszeit von Alfonso II. errichtet. Die Kirche zeichnen die interessanten Wandmalereien im Innenraum aus, die zwischen 1981 und 1984 sorgfältig restauriert wurden. Neben architektonischen Elementen und floralen Motiven tauchten vier große, edelsteinbesetzte Kreuze auf. Offensichtlich wollte König Alfonso II. an den alten Glanz der Königstadt Toledo anknüpfen (Mai–Sept. Di–Fr 10–12.30, 16–17.30, Okt.–April Di–Sa 9.30–11.30, Mo 10–20 Uhr, Führungen alle 30 Min., Eintritt frei, Führung 1,20 €).

i **Oficina Municipal de Turismo:** Plaza de la Constitución 4, 33009 Oviedo, Tel. 984 08 60 60, turismo.ayto-oviedo.es, tgl. Juni 10–19, Juli–Sept. 9.30–19.30, Okt.–Mai 10–14, 16.30–19 Uhr; ›El Escorialín‹, Calle Marqués de Santa Cruz s/n, Tel. 985 22 75 86, Fax 985 21 30 66, tgl. Juli–Sept. 9.30–14, 16.30–19, Okt.–Juni 10–14, 16.30–19 Uhr; Busbahnhof Calle Pepe Cosmen s/n, tgl. Juli–Sept. 9.30–14, 16.30–19.30, Okt.–Juni 10–14, 16.30–19 Uhr.

Fruela: Calle Fruela 3, Tel. 985 20 81 20, Fax 985 20 74 40, www.hotelfruela.

com. Das Hotel in Toplage glänzt durch modernes Design, viel Holz gibt dem Ganzen eine harmonische Note. DZ 85–124 €.

Palacio de la Viñona: Calle Julían Clavería 14, Colloto, Tel. 985 79 33 99, Fax 985 79 43 73, www.palaciovinona.com. Das Charme-Hotel liegt ca. 5 km vom Zentrum, abseits aller Hektik. Jedes Zimmer ist individuell gestaltet. Attraktiv sind Garten und Terrasse. DZ 85–115 €.

Rei Alfonso II: Calle Ramiro 30, Tel. 985 27 76 60, Fax 985 27 08 82, www.reialfonsoii.com. Die Villa im kolonialen Stil liegt in einem ruhigen Stadtviertel zu Füßen des Monte Naranco, ca. 5 Min. entfernt von der Einkaufsstraße Uría. Die 15 Zimmer sind geschmackvoll elegant eingerichtet. DZ 78–126 €.

Las Viñas: Calle Quintanal 9, Las Caldas-Puerto (ca. 15 km südwestl. von Oviedo, eine genaue Anfahrtsbeschreibung findet sich auf der Website), Tel. 985 79 81 60, Fax 985 79 80 68, www.lasvinas.net. Im kleinen Hotel mit 8 Zimmern lässt sich wunderbar entspannen. Die ländliche Umgebung lädt zu Spaziergängen ein. Zum Haus gehört ein gepflegtes Restaurant (Menü ab 22 €). DZ 68–98 €.

El Magistral: Calle Jovellanos 3, Tel. 902 30 59 02, Fax 985 21 06 79, www.magistralhoteles.com. Günstig gelegenes, modernes Haus. Die Einrichtung der Zimmer ist ansprechend funktional gehalten. DZ 64–110 €.

Carreño: Calle Monte Gamonal 4, Tel. 985 11 86 22, Fax 985 11 82 65, www.hotelcarreno.com. Das preisgünstige Hotel liegt in der Nähe der Bahnstation und des Busbahnhofs. Gepflegte Zimmer mit Anschluss ans Internet. Eigene Tiefgarage. DZ 37–84 €.

Romero: Calle Uría 36–38 2°, Tel. 985 22 75 91, Fax 985 20 25 64, www.hostalromero.net. Die Pension ist einfach, aber sauber. Die Besitzer sind sehr hilfsbereit. Ein Pluspunkt ist die zentrale Lage. DZ 33–66 €.

Casa Fermín: Calle San Francisco 8, Tel. 985 21 64 52, www.casafermin.com, So geschl. Die Küche des modernen Restaurants versteht sich darauf, traditionelle Speisen raffiniert zuzubereiten. Auf der Karte finden sich auch Wildschwein- oder Hirschgerichte. 3 Gänge à la carte 34–45 €.

La Goleta: Calle Covadonga 32, Tel. 985 21 38 47, So und Juli geschl. Eine der besten Adressen von Oviedo, die Küche bietet Klassisches und Innovatives auf hohem Niveau. Bekannt vor allem für seine Fischspezialitäten. 3 Gänge à la carte 29–43 €.

Casa Laure: Plaza Trascorrales 10 B, Tel. 985 21 90 44, So abends, im Sommer So und Di geschl. Das kleine, freundlich eingerichtete Restaurant wartet mit Spezialitäten aus der Region auf. Menü 19 €.

El Raítan: Plaza Trascorrales 6, Tel. 985 21 42 18, So abends geschl. Urgemütliches Lokal, ein Klassiker mitten in Oviedos Altstadt. Hier kommt die traditionelle asturische Küche auf den Tisch. Probieren Sie die *fabada,* den deftigen Bohneneintopf. Menü ab 18 €.

Sidería Tierra Astur: Calle Gascona 1, Tel. 985 20 25 02, www.tierra-astur.com. Angesagte, schicke *sidrería,* hier wird der Apfelwein in hohem Bogen ausgeschenkt. Die Küche legt Wert auf Produkte aus der Region. Hauptgericht 10–20 €.

Las Campanas de San Bernabé: Calle San Bernabé 7, Tel. 985 22 49 31, www.fade.es/lascampanas/index1.html, 8. Aug.–5. Sept. und So geschl. Rustikale, gemütliche Taverne mit bodenständiger Küche. Gutes Preis-Leistungs-Verhältnis. Hauptgericht 10 €.

La Gran Taberna: Plaza Prolier 1, Tel. 985 22 00 06, www.lagrantaberna.com. Das Lokal liegt nicht weit entfernt von der Kathedrale. Im Eingangsbereich finden sich die lange Tapabar und der Essbereich, im Obergeschoss das Speiselokal. Mittagsmenü 11 €.

Café Confitería Pastelería Rialto: Calle San Francisco 12. Seit 1926 werden hier kleine

Verschnaufpause in der *sidrería*

In der **Calle Gascona,** genannt *el bulevar de la sidra* (Apfelweingasse), reihen sich die beliebten Lokale aneinander, in denen das asturische Nationalgetränk kunstvoll im hohen Bogen ausgeschenkt wird. Eine rechte Oase bildet die schmucke, in sich geschlossene **Plaza del Fontán,** mit ihren zahlreichen Bars und *sidrerías* fordert sie zur Einkehr auf.

Köstlichkeiten, wie *moscovitas* (Mandelmakronen mit Schokolade) hergestellt.

La Mallorquina: Milicias Nacionales 5. La Mallorquina ist ein weiterer Kaffeehausklassiker mit eigener Konditorei.

Heladería Diego Verdú: Calle Cimadevilla 7. Das Paradies für Eisliebhaber.

Die **Calle Uría** ist die Haupteinkaufsmeilet. Um den **Mercado del Fontán** finden sich nette Einzelhandelsgeschäfte.

Mercado del Fontán: Calle del Fontán s/n, Mo–Fr 8–20, Sa 8–15.30 Uhr. Die Markthalle bietet kulinarische Köstlichkeiten aus Asturien. Do und Sa erstreckt sich das bunte Markttreiben bis auf die Plaza Daoiz y Velarde.

Flohmarkt: So auf der Plaza del Fontán.

Camilo de Blas: Calle Jovellanos 7, Tel. 985 21 18 51, www.camilodeblas.com. Eine Augenweide ist die nostalgische Einrichtung des Delikatessgeschäfts von 1914. Neben hochwertigen Konserven, Weinen und Spirituosen gibt es leckeres Gebäck, berühmt sind die *carbayones,* ein Blätterteigmandelgebäck.

Escanda: Calle Jovellanos 4, Tel. 985 21 04 67. Der Inhaber Felipe Prieto verkauft in seinem Geschäft asturisches Kunsthandwerk und selbst entworfene Lederwaren.

Teatro Campoamor: Calle Pelayo s/n, Tel. 985 20 75 89. Opern, Konzerte, Kinozyklen, Musikfestivals, Kunstausstellungen.

Palacio de Congresos–Auditorio Principe Felipe: Plaza la Gesta s/n, Tel. 985 27 62 17. Konzerte, Theater und Filmvorführungen.

Teatro Filarmónica: Calle Mendizábal 2, Tel. 985 21 27 62. Im Haus der Philharmonie finden Konzertveranstaltungen statt.

Die **Spielpläne** sowie weitere Veranstaltungshinweise finden sich auf der Website der Touristeninformation auch auf deutsch.

Ausgehen in Oviedo

In der Studentenstadt Oviedo tobt das Nachtleben v. a. in der **Altstadt.** Die Epizentren liegen in den Calles Martínez Vigil, Mon, de la Rúa, Cimadevilla, San José und San Isidoro.

Fiesta de San Mateo: 15-tägiges Fest um den 21. Sept. Wichtigste Fiesta von Oviedo. Einen der Höhepunkte bildet der große Umzug am 19. Sept., dem *Día de América:* Zu Ehren der asturianischen Emigranten erklingen von den Prunkwagen lateinamerikanische Rhythmen. Außerdem stehen auf dem Programm: Stierkämpfe, Prozessionen, ein spektakuläres Feuerwerk sowie Rock-, Pop- und Folklorekonzerte.

Feria de la Asención: Ende Mai. Mittelpunkt des Festes ist eine große Viehmesse, vor der Kathedrale werden Stände mit regionalen Produkten aufgebaut. Hinzu kommt ein buntes Folklorefestival.

Festival de Jazz: Mitte Juli findet das Internationale Jazz-Festival statt.

Verleihung der Prinz-von-Asturien-Preise: Jedes Jahr im Oktober rückt Oviedo ins Rampenlicht der spanischen Medien, wenn der Thronfolger Felipe de Asturias, im Teatro Campoamor die Verleihung der **Premios Príncipe de Asturias** vornimmt. Der ›spanische Nobelpreis‹ zeichnet Persönlichkeiten und Institutionen aus, die herausragende Leistungen erbracht haben in folgenden Kategorien: Kunst, Literatur, Friedenspolitik, Sozialwissenschaften, internationale Zusammenarbeit, wissenschaftliche und technische Forschung, Kommunikation und Geisteswissenschaften oder Sport.

Oviedo Guias: Calle Ángeles Vázquez, Tel./Fax 985 25 35 97, 606 14 78 00, www.oviedoguias.es. Organisiert unterhaltsame und fachkundige Stadtführungen.

Ciclos Fran: Calle Tenderina Baja 98, Tel. 985 21 43 84, www.telecable.es/personales/ciclosfran/. Verkauf, Verleih und Reparatur von Fahrrädern.

Bus: Busbahnhof, Calle Pepe Cosmen s/n, Tel. 902 49 99 49, 985 96 96 96, www.estaciondeautobusesdeoviedo.com. Die Busfirma Alsa bedient die meisten Strecken. Bilbao 6 x tgl., Gijón 7–22 Uhr alle 30 Min., Cudillero 2 x tgl. Außerdem Verbindungen nach Madrid, Barcelona, Pontevedra, Santiago und Santander.

Den Mittelpunkt der verkehrsberuhigten Altstadt bildet die Kathedrale

Zug: Bahnhof, Calle Uría s/n, mit RENFE alle 30 Min. nach Madrid, Barcelona, Alicante und Gijón; mit FEVE (Schmalspurbahn) 2 x tgl. nach Santander und Ferrol.
Flug: Aeropuerto de Asturias, Tel. 985 12 75 00, www.aena.es. Der internationale Flughafen befindet sich 47 km entfernt von Oviedo an der Küste, 14 km westlich von Avilés. Auf den Tickets steht irritierenderweise »Flughafen Oviedo«! Alsa-Busse zum Flughafen ab dem Busbahnhof stdl. (6–23 Uhr, Fahrtdauer ca. 40 Min.). Mit dem Pkw über die A-8 und die N-632 in Richtung La Coruña.

Ausflüge in die Umgebung

Santa Cristina de Lena

Reiseatlas: S. 4, D 3
Eine weiteres Juwel der präromanischen Sakralkunst findet sich 35 km südlich von Oviedo bei dem Dorf Pola de Lena (Anfahrt über die A-66 Richtung León). Die einschiffige **Iglesia Santa Cristina de Lena** aus dem 9. Jh. weist den für die damaligen Kirchen der Region ungewöhnlichen Grundriss eines griechischen Kreuzes auf. Den Innenraum unterteilt eine dreiteilige Arkade. Sie trennt, in Form einer Ikonostasis, den erhöhten Altarraum vom Hauptschiff ab. Vermutlich schufen mozarabische Künstler, die unter Alfonso III. (848–910) einwanderten, die kunstvoll mit Weintrauben und Rosetten verzierte Reliefplatte unter der mittleren Arkade (Di–So 11–13, 16.30–18, April–Okt. bis 18.30 Uhr, 1,50 €).

Bergbau- und Industriemuseum

Reiseatlas: S. 4, E 2
In der kleinen Ortschaft El Entrego, rund 25 km südöstlich von Oviedo, liegt das interessante **Museo de la Minería y de la Industria** im Herzen der Cuenca Central Asturiana, der bedeutendsten Bergbauregion Asturiens. Die meisten dieser Kohle- und Erzbergwerke sind längst stillgelegt. Auf dem Gelände der ehemaligen Mine San Vicente entstand das Bergbaumuseum. Die Ausstel-

Richtig Reisen-Tipp: Wandern und Radeln auf dem Bärenweg

Knapp 20 km westlich von Oviedo findet sich bei **Tuñon** 1 der Einstieg zum Wander- und Radweg ›Senda del Oso‹. Der Bärenweg führt entlang einer stillgelegten Bahntrasse, einer *via verde,* nach Entrago (29 km, zu Fuß 7 Std., per Rad 2 Std., www.viasverdes.com, Taschenlampe für Tunnel ratsam). Von Oviedo kommend zweigt von der N-643 hinter Godoy links die AS-228 nach Trubia und Tuñón ab. Kurz vor Tuñón liegt rechter Hand ein **Picknick- und Parkplatz,** der Ausgangspunkt der Tour. Hier befindet sich der Fahrradverleih der Touristeninformation (Oficina de Turismo, Ctra. General s/n, 33115 Santo Adriano-Tuñón, Tel. 985 76 15 34, 985 76 10 61, www.santoadriano.org, Sommer Mo, Mi–Sa 10.30–14, 16–18, So 10.30–13.30 Uhr). Auch im Mountainbikezentrum CBTT können Räder ausgeliehen werden (Ctra. General s/n, Tuñón, Tel. 985 76 11 77, 659 209 383, www.vallesdeloso.es).

Die asphaltierte, ebene Strecke folgt zunächst dem Ufer des Río Trubia, nach 6 km erreicht man **Proaza** 2, wo in einem weitläufigen Gehege die halbwilden Braunbärdamen Paca und Tola leben. Ihre Mutter wurde von Wilderern niedergestreckt, so wurden sie von Hand aufgezogen. Am besten kann man sie beobachten, wenn sie um Punkt 12 Uhr ihr Mittagsmahl bekommen. Die Stiftung Fundación Oso de Asturias, die die Bärinnen rettete, kümmert sich auch um die wenigen Bären, die in dem Gebiet noch in freier Wildbahn leben. In der **Casa del Oso** informiert sie über das Leben der Braunbären in der Kantabrischen Kordillere (Tel. 985 96 30 60, www.osodeasturias.es, Mo–Fr 10–19, Sa/So 10–20 Uhr).

Wenn in Proaza nicht nur den Bären der Magen knurrt, ist eine Rast im **Restaurant L'Esbardu** angesagt (Calle El Puente s/n, Tel. 985 76 11 52, Hauptgericht 9–18 €). Der Klassiker des Lokals mit herrlicher Terrasse ist die *sartén del pobre*, die gut sättigende ›Armenpfanne‹ mit Kartoffeln, Eiern und Paprika.

Bald hinter Proaza durchquert man die atemberaubend steil aufragende Klamm **Desfiladero de Peñas Juntas** 3. Der Weg mündet in das Tal des Río Teverga, in dem die zweite enge Schlucht **Desfiladero del Teverga** 4 passiert wird. Von hier aus ist es nicht mehr weit bis nach **Entrago** 5.

Vom Nachbarort San Martín fahren **Busse** zurück nach Tuñón (Fahrplan in der Touristeninformation in Tuñón). Autobuses Álvarez González bedient die Linie Oviedo–Teverga/Quirós mit Stopps in Tuñón und Villanueva (Tel. 985 27 71 70, Mo–Fr 3–4 x tgl., Sa/So 3 x tgl.).

Will man den Ausflug in die Bärentäler etwas ausdehen, empfiehlt sich eine Übernachtung im **Hotel Rural La Sinriella** in Villamejin, 2 km südlich von Proaza (Tel. 985 76 12 24, 610 85 75 06, www.lasinriella.com, DZ inkl. Frühstück und Fahrradverleih 59 €.). Das ruhige Landhotel mit Talblick bietet sieben Zimmer mit modernen Bädern, TV und Heizung.

lung führt in die faszinierende Welt der Bergbautechnologie ein. Wie die Bergleute damals medizinisch betreut wurden, erfährt der Besucher in einer nachgebauten Krankenstation. Ein knatternder Aufzug führt 500 m tief ins Erdreich hinein. Dort lässt ein Modellstollen erahnen, unter welchen Gefahren die Kumpels sich ihr tägliches Brot damals verdienen mussten (Tel. 985 66 31 33, www.mumi.es, Juli–Sept. Di–Sa 10–20, So 10–14, Okt.–Juni Di–Sa 10–14, 16–19, So 10–14 Uhr, Erw. 4 €).

Radtour auf den Angliru

Reiseatlas: S. 4, D 2

Für Radfahrer, die die Herausforderung suchen, liegt rund 15 km südwestlich von Oviedo der berüchtigte Berganstieg der ›Vuelta a España‹ (Spanienrundfahrt) zum **Gipfel Angliru** (1573 m), eine der härtesten Bergetappen im Radsport. Die 12,5 km lange Tour startet in La Vega de Riosa und weist eine durchschnittliche Steigung von 10 % auf. An drei Stellen belaufen sich die Steigungen auf mehr als 20 %. Bis auf den Gipfel müssen 1266 Höhenmeter bewältigt werden. Von Oviedo nimmt man die N-630 in Richtung Mieres und zweigt hinter Las Bolias rechts auf die AS-231 ab. Von La Vega aus ist die Anfahrt mit dem Auto bis Via Parrá möglich (Picknickplatz).

Naturpark von Somiedo

Reiseatlas: S. 3, C 3

Tief im Hinterland von Asturien findet sich der **Parque Natural de Somiedo,** eine nur dünn besiedelte, noch recht ursprüngliche Gebirgslandschaft. Ein ideales Terrain für Naturliebhaber und Wanderer. Das 291 km² umfassende Gebiet wurde im Jahr 2000 von der Unesco zum Biosphärenreservat deklariert. Der Naturpark erstreckt sich über fünf große Flusstäler: Saliencia, Valle del Lago, Puerto y Pola de Somiedo, Perlunes und Piegüeña. Die Höhenlagen schwanken zwischen 400 und 2200 m.

Zauberhafte kleine Seen wie der **Lago de Saliencia** oder der **Lago del Valle** liegen im Südosten des Naturparks. Die unzugänglichen Eichen- und Buchenwälder bilden ein optimales Refugium für die scheuen Braunbären. Mittlerweile leben rund 130 Tiere im Naturpark, es handelt sich damit um die größte Braunbärenpopulation Spaniens. Im Park leben auch noch einige Exemplare der vom Aussterben bedrohten Auerhähne, neben dem Bär das Symboltier des Parks. Unter den weiteren Bewohnern finden sich Wölfe, Wildkatzen, Füchse, Dachse, Fischotter und Königsadler.

Viele Dorfbewohner verdienen sich ihren Lebensunterhalt nach wie vor als Wanderschäfer, d. h. sie treiben ihr Vieh im Sommer auf die Hochalmen. Auf den Entdeckungstouren im Gebiet trifft man so immer wieder auf die typischen Unterschlüpfe, die *teitos*, einfache, kleine Hütten aus Bruchsteinen aufgebaut und bedeckt mit Reet. Der ländliche Tourismus keimt allmählich auf in der Region und hilft die Abwanderung zu bremsen.

Centro de Recepción e Interpretación del Parque Natural de Somiedo: Calle Narcicso Herrero Vaquero s/n, 33840 Pola de Somiedo, Tel. 985 76 37 58, www.parquenaturalsomiedo.com. Hier werden Auskünfte über den Naturpark sowie die zahlreichen Wandermöglichkeiten erteilt.

Fundación del Oso (FOP): Calle Rafael Rey López, Pola de Somiedo, Tel. 985 76 34 06. Im Informationszentrum der Stiftung beschäftigt sich eine Ausstellung mit dem Leben der Braunbären im Naturpark.

Agroturismo

Casona de Lolo: 33840 Caunedo (Somiedo), Tel. 985 76 34 70, 627 57 58 05, www.somiedorural.com. Es werden rustikale Apartments vermietet. Das dazugehörige Lokal bietet leckere bodenständige Gerichte (Menü ab 10 €). Apartment für zwei Pers. 54–65 €.

Rutas a Caballo Cobrana: Valles del Lago, Tel. 985 76 39 52. Im Angebot sind organisierte Ausritte durch den Naturpark. Die Pferde können auch stundenweise für individuelle Streifzüge gebucht werden.

Bärentouren: Die Stiftung Fundación del Oso (s. o.) bietet unter fachkundiger Leitung Touren an, dabei geht es v. a. um eine Sensibilisierung gegenüber den Tieren, Bären wird man bei der Tour nicht zu Gesicht bekommen.

Costa Verde

Reiseatlas S. 3/4, C–E 1/2; S. 5, A/B 2

Die 375 km lange Costa Verde, die grüne Küste, samt ihrer attraktiven Urlaubsorte steht bei Spaniern aus heißeren Gefilden hoch im Kurs. Der fast unmittelbare Kontrast zwischen dem Meer und den über 2500 m aufsteigenden Gebirgszügen verleiht Asturien einen besonderen Reiz. Auch Industriestädte wie Gijón und Aviles beginnen sich zu mausern.

Colombres

Reiseatlas: S. 5, B 2
Ein kurzer Abstecher von der Küste führt in die Ortschaft **Colombres** (1300 Einw.), nahe der Grenze zu Kantabrien. Mitten im Ort erhebt sich eine hellblaue Villa im Zuckerbäckerstil, die **Quinta de Guadalupe** (1906). Sie wurde von Iñigo Noriega de Laso (1853–1920) erbaut, der mit 14 Jahren aus Colombres nach Mexiko auswanderte und dort ein beträchtliches Vermögen machte. Das Anwesen gilt als eines der schönsten Beispiele für die *indiano*-Architektur in Asturien.

Mit dem Begriff *indianos* bezeichnet man die im 19./20. Jh. ausgewanderten Emigranten, die wohlhabend in die Heimat zurückkehrten. So finden sich in vielen Dörfern Asturiens prächtige Villen und Paläste der *indianos,* die im Kontrast zur traditionellen Bauweise stehen.

Auswanderermuseum

Heute beherbergt die Quinta de Guadalupe das **Museo de la Emigración–Archivo de Indianos,** das sich der Geschichte der asturischen Auswanderer widmet. Einen großen Raum innerhalb der Ausstellung nehmen die *centros asturianos* ein, die in Lateinamerika und Florida als Anlaufstellen und gesellschaftliche Treffpunkte fungierten, einige davon sind noch immer in Betrieb. Fotos und Dokumente illustrieren das Drama um den Abschied von den Verwandten und die Einschiffung in eine ungewisse Zukunft (Tel. 985 41 20 05, www.archivodeindianos.es, Sommer Di–So 11–14, 17–20, Winter Di–Sa 10–14, 16–19, So 10–14 Uhr, 4 €).

Brandungshöhlen

Ein spektakuläres Naturschauspiel bieten die **Bufones de Arenillas** und die **Bufones Santiuste** an der Küste wenige Kilometer westlich von Colombres. Die Bufones de Arenillas sind über die Ortschaft Puertas de Vidiago zu erreichen, die Bufones de Santiuste reihen sich zwischen dem adretten Dorf Buelna und La Franca. Schon von Weitem ist das bedrohliche Dröhnen und Schnaufen der *bufones* zu vernehmen. Die karstigen Klippen wurden an der Basis durch die starke Brandung unterhöhlt, das Wasser schießt, vor allem bei Flut und bei stürmischer See, unter enormen Druck und lautem Getöse durch die Felsöffnungen empor. Die meterhohen Fontänen erinnern an Geysire.

i **Oficina de Turismo:** Ctra. Colombres–Bustio s/n. 33590 Colombres-Ribadedeva, Tel. 985 41 23 21, Fax 985 41 23 21, www.ayuntamientoderibadedeva.es. Hier erhält man u. a. Informationen über weitere *indiano*-Villen in der Umgebung.

Wandern und Rad fahren: Für Wanderer bietet sich eine Bufones-Tour entlang der ausgewiesenen Senda de la Costa E-9 zwischen Buelna und Puertas de

Vidiago an (knapp 10 km, ca. 2 Std., leicht). Die Tour von Llanes nach Pendueles ist auch für Mountainbiker zu empfehlen (Senda de la Costa E-9, 22 km, zu Fuß ca. 6 Std., mit dem Rad 2 Std., einfach). Für die Rückfahrt bietet sich der Bummelzug FEVE an.

Agroturismo
El Molino de Tresgrandas: Tresgrandas 14, Tresgrandas (bei La Franca Richtung Süden von der N-634 abzweigen), Tel. 985 41 11 91, Fax 985 41 11 57, www.molinotresgrandas.com. Das Charme-Hotel war vormals eine Getreidemühle. Die Zimmer sind geschmackvoll rustikal eingerichtet. Das Hotel ist umgeben von einer 30 000 m² großen Finca. In der Nebensaison zeigen die Besitzer wie *sidra* und Käse hergestellt werden. DZ 74–97 €.

Llanes

Reiseatlas: S. 5, B 2
Reizvoll bettet sich **Llanes** (13 000 Einw.) zwischen dem Kantabrischen Meer und der Sierra de Cuera, einem Vorgebirge der Picos de Europa. Der einst bedeutende Walfängerhafen hat sich längst zu einem beliebten Seebad entwickelt. Die noch in Teilen erhaltene **Stadtmauer** aus dem 13. Jh. gewährt Einlass in das historische Zentrum. Aus der gleichen Zeit stammen auch die Überreste des **Kastells.** Das Herz der Altstadt bildet die wehrhafte **Iglesia de Santa María del Conceyu** (13. Jh./17. Jh.). Der flämische Hauptaltar (16. Jh.) der gotischen Kirche berichtet den Gläubigen von den einzelnen Stationen aus dem Leben der Jungfrau Maria. Im historischen Teil der Stadt finden sich zudem einige stattliche Paläste wie der **Palacio de Posada de Herrera** (17. Jh.) gegenüber der Kirche, der heute das Kulturzentrum der Stadt beherbergt.

In der lebhaften **Calle Mayor** liegt eine *sidrería* neben der anderen. Zu den kulinarischen Spezialitäten von Llanes zählen die leckeren Langustengerichte. In dieser Straße logierte Kaiser Karl V. im Jahr 1517, daran erinnert eine Gedenktafel beim Hotel Posada del Rey. Nicht weit entfernt am Hafen erwartet die Besucher seit dem Jahr 2000 eine neue Attraktion: bunt bemalte Wellenbrecher, die **Cubos de la Memoria** (Würfel der Erinnerung) des baskischen Künstlers Agustín Ibarrola. Zu empfehlen ist der romantische Spazierweg **Paseo de San Pedro,** er offeriert herrliche Ausblicke auf die Stadt und die Küstenlandschaft um Llanes.

Mit der Autorin unterwegs

Naturschauspiel
Meterhoch schießen die Wasserfontänen bei Flut und aufgewühlter See aus den *bufones* empor, den Brandungshöhlen von **Arenillas** und **Santiuste.** Nehmen Sie sich die Zeit für einen Spaziergang entlang der zerklüfteten, grünen Küste (s. S. 202)!

Flanieren auf der Promenade
Ein Bummel entlang der **Playa de la Marina** von Ribadesella kombiniert architektonischen mit landschaftlichem Genuss. An der Strandpromenade ließ sich die spanische Hautevolee zu Beginn des 20. Jh. stattliche Villen errichteten. Tafeln geben Auskunft über die Geschichte der Luxusbehausungen (s. S. 206).

Rätsel der Steinzeitkunst
In der **Cueva de Tito Bustillo** bei Ribadesella taucht der Besucher in die faszinierende Welt der Steinzeitmenschen ein. Über die Bedeutung der Felsmalereien und Ritzungen rätselt die Fachwelt bis heute (s. S. 206)!

Zu Gast in einer *indiano*-Villa
Die **Casona de la Paca** bei Cudillero, errichtet von einem reichen Amerikaheimkehrer, einem *indiano*, dient heute als kleines, feines Hotel. Gemütlich lässt es sich im Kaminzimmer bei einem Drink entspannen (s. S. 217).

Oficina de Turismo: Travesía de Alfonso IX s/n, La Torre, 33500 Lllanes, Tel. 985 40 01 64, Fax 985 40 19 99, www.ayuntamientodellanes.com. Mitte Juni–Mitte Sept. tgl. 10–14, 17–21, sonst Mo–Sa 10–14, 16–18.30, So/Fei 10–14 Uhr.

La Hacienda de Don Juan: Calle Pidal 29, Tel. 985 40 35 58, Fax 985 40 06 65, www.haciendadedonjuan.com. Der geschmackvolle Hotelneubau orientiert sich am Stil der Villen des 19. Jh. Komfortable Unterkunft mit freundlichen Zimmern und großem Spa-Bereich. DZ 90–135 €.

La Posada del Rey: Calle Mayor 11, Tel. 985 40 13 32, laposadadelrey.iespana.es. Hotel mitten in der Altstadt von Llanes, acht ordentliche Zimmer, einige sogar mit eingebauter Miniküche. DZ 52–96 €.

Pensión La Guía: Plaza P. Sobrino 1, Tel./Fax 985 40 25 77, www.pensionlaguia.com. Empfehlenswerte Pension in einem Haus aus dem 18. Jh. mitten im Zentrum. Ansprechend eingerichtete Zimmer. DZ 37–72 €.

Agroturismo

El Habana: La Pereda (3 km südl. von Llanes, über LL 6), Tel. 985 40 25 26, Fax 985 40 20 75, www.elhabana.net. Ruhiges Landhaus mit großzügigen Zimmern. Die Liebe der Besitzer zu Antiquitäten spiegelt sich in der Einrichtung wieder. Charmantes Restaurant (Menü ab 23 €) und große Gartenanlage. DZ 85–118 €.

El Ama de Llaves: Hontoria s/n, Hontoria-Llanes (15 km westl. von Llanes), Tel. 985 40 73 22, Fax 985 40 76 97, www.amadellaves.com. Ländliche Unterkunft in Gemäuern aus dem 18. Jh. Die komfortablen Zimmer sind mit Holzfußböden ausgestattet. DZ 61–91 €.

Hotel Rural Cuartamenteru: Anteji s/n, Póo de Llanes (1,5 km westl. von Llanes), Tel. 985 40 32 76, Fax 985 40 11 28, www.cuartamenteru.com. Sehr farbenfrohes Landhotel mit komfortablen Zimmern. Über die kleinen Goldengel lässt sich hinwegsehen. 10 Gehminuten bis zur Playa de Póo. DZ 54–93 €.

Camping

La Paz: Playa de Vidiago (10 km östl. von Llanes), Tel. 985 41 10 12, Fax 985 41 12 35, www.campinglapaz.com. Reizvoll auf einem Hügel oberhalb dem Strand von Vidiago gelegener Platz. Pro Pers. 5,73 €, Pkw 5,84 €, Zelt 6,16 €, Caravan 8,30 €.

Kunst am Beton: Agustín Ibarrolas »Cubos de la Memoria«

Sidrería Cabañon: Naves de Llanes (12 km westl. von Llanes), Tel. 985 40 75 50, www.hotelplayadeluanco.com/llanes/elcabanon, Feb. sowie Winter Sa/So geschl. Absolut urig: Man sitzt an einfachen Holztischen und blickt auf riesige *sidra*-Fässer. Der Apfelwein wird selbst hergestellt, dazu gibt's leckere Tapas. Auch typisch asturianische Gerichte wie der Bohneneintopf *fabada* werden hier serviert. 3 Gänge à la carte 25–35 €.

El Jornu: Calle Cuetu Molín 43, Pancar (1,5 km südwestl. von Llanes), Tel. 985 40 16 15. Das Restaurant mit Terrasse ist bekannt für seine überzeugende Meeresküche, u. a. Brasse *(sargo)* und Venusmuscheln *(almejas)*. Köstlich zum Dessert: der Blätterteigkuchen *(tarta de milhojas)*. 3 Gänge à la carte 25–30 €.

El Campanu: Calle La Calzada s/n, Tel. 985 40 10 21, Nov. und Mi geschl. Zu den Spezialitäten des gemütlichen Lokals zählen Milchlamm und Paella mit Meeresfrüchten. 3 Gänge à la carte 20–30 €.

Der **Wochenmarkt** von Llanes findet immer Di vormittags statt.

Fiesta de la Magdalena: 21./22. Juli. Der Höhepunkt der Fiesta ist die *hoguera*, ein riesiger Scheiterhaufen, der auf der Plaza de la Magdalena angezündet wird.

Fiesta de San Roque: 16. Aug. Fest mit Prozession zu Ehren des Pestheiligen. Vor der Kirche werden traditionelle Tänze aus der Region aufgeführt.

Fiesta de la Guía: 8. Sept. Der Legende nach rettete die Jungfrau Seeleute, die in ein Unwetter geraten waren, und führte sie in den sicheren Hafen von Llanes. Während der Prozession zu Wasser werfen die Boote zu Ehren der Jungfrau die Sirenen an.

Baden: Um das Küstenstädtchen gruppieren sich schöne Sandstrände wie die **Playa de Cuevas de Mar** oder die **Playa de Torimbia.**

Wandern: Anda conmigo, Calle La Vega 79, Piñeres de Pría, Tel. 679 90 91 72. Organisierte Touren mit spanisch oder englisch sprechenden Wanderführern.

Bahn: FEVE-Bahnhof, Calle Alonso Vega s/n, Tel. 985 59 07 63. 3 x tgl. Züge nach Oviedo, 2 x tgl. nach Santander, 5 x tgl. nach Ribadesella.
Bus: Busbahnhof, Calle La Bolera s/n, Tel. 985 40 23 22. Alsa fährt 10 x tgl. nach Oviedo, 12 x tgl. nach Santander, 3 x tgl. nach San Sebastián, 3 x tgl. nach Arenas de Cabrales.

Ribadesella

Reiseatlas: S. 5, A 2
Das attraktive Städtchen **Ribadesella** (6500 Einw.) zählt zu den beliebtesten Ferienorten der Costa Verde. Sein Name verbindet sich wie der keiner anderen Stadt in Spanien mit dem Kanusport. Die Lage an der Mündung des Río Sella unterteilt die Stadt in zwei Ortsteile. Das Bindeglied bildet die schlichte **Betonbrücke** über den Río Sella, ihre stattliche Vorgängerin, eine Eisen-Stahl-Konstruktion aus dem 19. Jh., fiel dem spanischen Bürgerkrieg zum Opfer.

Auf der Ostseite erstreckt sich die quirlige, denkmalgeschützte Altstadt. Auf der **Plaza de la Marina** erhebt sich das älteste Gebäude der Stadt, der **Palacio de Prieto-Cutre** (16. Jh.), in dem heute das Rathaus untergebracht ist. Zu den stimmungsvollsten Plätzen des historischen Zentrums zählen die **Plaza de la Atalaya** und **die Plaza Vieja.**

Auf der anderen Seite des Flusses befindet sich das gepflegte Wohn- und Villenviertel um die **Playa de la Marina.** Die spanische Upperclass ließ sich zu Beginn des 20. Jh. entlang der Strandpromenade herrliche Villen für ihre Sommerfrische errichten, einige davon wurden in schmucke Hotels verwandelt.

Tito-Bustillo-Höhle

Von der Altstadt kommend findet sich hinter der Brücke der Abzweig zur 300 m entfernten **Cueva de Tito Bustillo.** Die 1968 entdeckte Höhle gehört zu einem weit verzweigten Netz von Sälen, Kammern und Galerien, die bis heute nicht vollständig erforscht sind. Geschaffen wurde das Höhlensystem vom Río de San Miguel, einem Nebenfluss des Río Sella.

Auf den Wänden der Höhle hinterließen Steinzeitmenschen eindrucksvolle **Malereien** und **Gravuren.** Die Fachwelt datiert ihre Entstehungszeit zwischen 10 000–25 000 v. Chr. Zu den Motiven gehören in erster Linie Pferde und Jagdtiere wie Hirsche, Rehe und Auerochsen. Weitere Motive zeigen männliche und weibliche Genitalien, sie sind als Symbole der Fruchtbarkeit zu verstehen (Tel. 985 86 11 20, 902 19 05 08, tematico.asturias.es/cultura/yacimientos/titobustillo.html, Mitte März–Mitte Sept., 1-stündige Führung Mi–So 10–16.30 Uhr, 4 €, Mi bei vorheriger Reservierung Eintritt frei, Zutritt für Kinder unter 7 Jahren verboten, empfohlenes Mindestalter 11 Jahre, maximal 360 Besucher pro Tag,rechtzeitige Reservierung empfehlenswert, wetterfeste Kleidung und festes Schuhwerk notwendig).

Zur Höhle gehört ein **Museum,** das interessante Informationen zur Entstehung der Höhle, der Grabungsgeschichte sowie zum Leben der Höhlenbewohner bietet (Aula didática, Mi–So 10–16.45 Uhr, Eintritt frei).

Oficina de Turismo: Paseo Princesa Letizia s/n, 33560 Ribadesella, www.ribadesella.es, Tel. 985 86 00 38, Fax 985 86 03 51, Juli–Sept. tgl. 10–22, Mai–Juni/Okt. Mo–Sa 10–14, 17–20, So 11–14, Nov.–April Di–Sa 10–14, 17–20, So/Fei 11–14 Uhr.

Villa Rosario: Calle Dionisio Ruizsánchez 6, Tel. 985 86 00 90, Fax 985 86 02 00, www.hotelvillarosario.com. Hotel in Traumvilla an der Playa de Santa Marina. Die 17 modern eingerichteten Zimmer sind in maritimen Blautönen gehalten. DZ 80–222 €.
Ribadesella Playa: Calle Ricardo Cangas 3, Tel. 985 86 07 15, Fax 985 86 02 20, www.hotelribadesellaplaya.com. An der Strandpromenade gelegene, gepflegte Hotelvilla. Die Zimmer sind komfortabel, klassisch eingerichtet. Einziges Manko ist das dürftige Frühstücksbuffet. Preis 62–118 €.
Boston: El Pico 7 (in der Nähe der Brücke), Tel. 985 86 0 66, Fax 985 86 09 66. Das Haus hat für seine Kategorie sehr saubere Zimmer in freundlichen Farbtönen. Gutes Preis-Leistungsverhältnis. DZ 32–49 €.

Agroturismo

La Biesca: Sebreño, (ca. 1,5 km westl. von Ribadesella, über N-632 oder A-8 Ausfahrt 333 Pando/El Carmen), Tel. 985 86 00 00, Fax 985 86 04 11, www.labiesca.com. Das Hotel wurde im Stil der asturischen Landhäuser neu errichtet. In den liebevoll eingerichteten Zimmern fühlt man sich wohl. DZ 59–102 €.

Foronda: Pando (5 km westl. von Ribadesella, A 8 Ausfahrt 333), Tel. 985 86 15 37, Fax 985 86 02 77, www.hotelforonda.com. Das herrlich gelegene Landhotel bietet Ausblicke auf die Berge und die Küste. Die Zimmer sind individuell eingerichtet. DZ 55–85 €.

Camping

Ribadesella: Sebreño (ca. 2 km westl. von Ribadesella, über N-632 oder A-8 Ausfahrt 333 Pando/El Carmen), Tel./Fax 985 85 82 93, www.camping-ribadesella.com, Karwoche–21. Sept. geöffnet. Gepflegter Platz mit Pool, Tennisplatz, Fitnessraum, Einkaufsladen, Kinderspielplatz und Bungalows. Pro Erw. 5,60 €, Pkw 5,30 €, Zelt 6,70 €, Caravan 13 €.

La Huertona: Ctra. de la Piconera s/n (1,5 km südwestl. von Ribadesella), Tel. 985 86 05 53, Mo abends und Di (außer im Aug.) geschl. Aussichtsreiches Restaurant mit hübsch bepflanzter Terrasse. Traditionelle Küche auf der Höhe der Zeit. 3 Gänge à la carte 35–46 €.

Arbidel: Calle Oscura 1, Tel. 985 86 01 60, www.arbidel.com. Eine der Topadressen von Ribadesella. Das intime Lokal verfügt über eine exquisite Küche. 3 Gänge à la carte 30–35 €.

Carroceu-Sidrería: Calle Marqueses de Argüelles 25, Tel. 985 86 14 19. Beliebte *sidrería* mit angenehmer Atmosphäre. Hauptgericht 10–15 €.

Sebas: Calle Gran Vía 29, Tel. 985 8583 80, Alteingesessene Bar: einfach, aber gut! An der Theke gibt es leckere Tapas zum Bier oder Wein. Tapa 5–7 €.

Der **Wochenmarkt** findet immer Mi vormittags statt.

Aramburu: Gran Vía s/n, Tel. 985 85 76 26. Das Delikatessgeschäft bietet u. a. köstlichen Käse und Wurst aus der Region an.

Decenso Internacional del Sella: 1. oder 2. Sa im Aug. (s. S. 183).

Richtig Reisen-Tipp: Ausflug in die Sierra del Sueve

Rund 18 km westlich von Ribadesella liegt das kleine, beschauliche Küstendorf **La Isla** am Ende einer weitläufigen Bucht. Im Ortskern sind noch zahlreiche *hórreos,* die typischen, quadratischen Kornspeicher, erhalten geblieben. Die **Playa de la Isla** lädt zu einem erfrischenden Bad ein.

Über die Landstraße AS-260 führt der Weg hinauf zum 12 km entfernten **Mirador del Fito,** der sich mitten im Naturschutzgebiet **Sierra del Sueve** befindet. Der 600 m hohe Aussichtspunkt eröffnet atemberaubende Ausblicke auf das Meer und den Gebirgszug der Picos de Europa.

Die Sierra del Sueve stellt eines der letzten Rückzugsgebiete der *asturcones* dar, der robusten asturischen **Wildpferde.** Die kleinen, kraftstrotzenden Pferde waren schon in der Römerzeit gefragte Last- und Reittiere. Mittlerweile ist die Rasse vom Aussterben bedroht. Immer am letzten Augustwochenende findet der Abtrieb der Pferde nach **Borines** statt. Die Fohlen erhalten ihr Brandzeichen und selbstverständlich findet zu diesem Anlass eine große *fiesta* statt.

Gegenüber dem Mirador startet der markierte **Wanderweg** (Hin- und Rückweg ca. 5 Std., mittel) hinauf zum **Pico Pienzu** (1149 m), dem höchsten Gipfel der Sierra del Sueve. Unterwegs bestehen relativ gute Chancen, die *asturcones* auf ihren Weiden zu beobachten. Die Mühen des Weges lohnt der Gipfel mit einem herrlichen Panoramablick.

Info: Centro Sueve, Gobiendes (in der Nähe der präromanischen Kirche), Colunga, aspra.com.es, Tel./Fax 985 86 90 70.

Bouzan Sport: Calle El Pico 9, Tel. 985 86 07 50, www.bouzansport.com. Das Unternehmen verleiht Kanus und Mountainbikes und organisiert diverse sportliche Aktivitäten.
Escuela Asturiana de Piraguismo: Calle Marqueses de Argüelles s/n, Tel. 985 84 12 82, www.piraguismo.com. Kanuschule, Kajakfahren, Windsurfen, Wandern.

Bahn: FEVE-Bahnhof, Ctra. Santander s/n (südl. des Zentrums), Tel. 985 86 05 18. 3 x tgl. Züge nach Oviedo, 2 x tgl. nach Santander, 5 x tgl. nach Llanes.
Bus: Busbahnhof, Calle Palacio Valdés s/n, Tel. 985 86 13 03. Alsa fährt 10 x tgl. nach Oviedo und Llanes, außerdem nach Santander, Bilbao und San Sebastián.

Lastres

Reiseatlas: S. 5, B 2
Abenteuerlich staffeln sich die Häuser des reizvollen Fischerorts **Lastres** (1100 Einw.) an die felsige Küste. Die hübsche, denkmalgeschützte Altstadt besteht aus einem steilen Gassengewirr. Eine Serpentinenstraße führt hinab zum Hafen. Die wichtigste Einkommensquelle für die Ortschaft bildet nach wie vor die Fischerei. Vor allem Seehecht, Seeaal, Seeteufel und Meerbarben gehen den Fischern in die Netze, versteigert wird der Fang in der **Auktionshalle.**

Die jüngste Attraktion bildet das 2004 eröffnete **Sauriermuseum Muja** (Museo del Jurásico de Asturias, La Rasa de San Telmo, zwischen Lastres und Colunga an der AS-257, Tel. 902 30 66 00, www.museojurasico.com, 21. Juni–21. Sept. tgl. 10.30–14.30, 16–20, sonst Mi–So 10.30–14.30, 16–19 Uhr, 6 €, deutscher Audioguide 1 €). Der originelle, dreigliedrige Museumsbau soll den Fußabdruck eines Dinosauriers nachbilden. Lebensgroße Saurierrepliken repräsentieren in den drei von Kuppeln überwölbten Hallen jeweils ein Zeitalter des Mesozoikums: Trias, Jura und Kreidezeit. Von der Präsenz der Dinosaurier an der asturischen Küste zeugen Abgüsse von Fußspuren, die im Gebiet um Colunga, Villaviciosa und Ribadesella entdeckt wurden.

Casa Eutimio: San Antonio s/n, Tel. 985 85 00 12, Fax 985 85 08 00, www.casaeutimio.com. Mitten im Ortszentrum gelegenes charmantes Hotel und Restaurant (Menü 28 €). Die Terrasse bietet einen herrlichen Blick über die Küste und auf die Sierra del Sueve. DZ 61–82 €.
Camping
Costa Verde: Playa de la Griega (ca. 2 km südl. von Lastres), Tel. 985 85 63 73. Der Platz liegt direkt an der schönen Playa de la Griega. Pro Pers. 3,70 €, Pkw 3,50 €, Zelt 3,70 €, Caravan 4,50 €.

Baden: Die attraktiven Strände von Lastres wie die **Playa de Lastres** und die **Playa de la Griega** laden zum Schwimmen und Sonnen ein.

Villaviciosa und Umgebung

Reiseatlas: S. 4, E 2
Die Stadt **Villaviciosa** (15 000 Einwohner) an der gleichnamigen Ría gilt in Asturien als die Metropole des Apfelweins, der *sidra.* In der Umgebung von Villaviciosa breiten sich deshalb die großen Apfelplantagen aus. Der Ruhm des Apfelweins eilt der Stadt weit voraus: Wer die Probe aufs Exempel machen möchte, hat in der schmucken Altstadt angesichts der zahlreichen Apfelweinschänken *(sidrerías)* die Qual der Wahl.

Das Herz der Altstadt bildet die **Plaza Mayor,** die von reizvollen Gassen mit wappengeschmückten Häusern umgeben ist. Die älteste Kirche, die **Iglesia de Santa María del Oliva** (13. Jh.), entstand noch im Geist der Spätromanik.

Tazones

Im 10 km Richtung Norden gelegenen Fischerort **Tazones** ging der spätere Kaiser Karl V. mit seinen Gefolgsleuten 1517 an Land, um sich in Spanien als König Karl I.

Asturische Tracht: beim Knoten des Kopftuchs benötigt man Hilfe

krönen zu lassen. Der Schiffskapitän war allerdings etwas vom Kurs abgekommen, ursprünglich sollte der Hafen von Santander angesteuert werden.

Kirchen um Villaviciosa

Auf einer Anhöhe, rund 7 km südlich von Villaviciosa (von der AS-113 Abzweig links Richtung El Palacio), erhebt sich die wohlproportionierte, romanische **Iglesia San Juan de Amandi** (12. Jh.). Besonders die elegante Gestaltung der Apsis mit ihren filigranen Säulenreihen und die fantastisch gearbeiteten Kapitelle ziehen die Blicke der Besucher auf sich.

Ins grüne Tal von Valdediós knapp 10 km südwestlich (über die AS-113 zu erreichen, Abzweig ist ausgeschildert) bettet sich die bereits 893 geweihte **Iglesia de San Salvador de Valdediós.** Die Initiative für den Bau der dreischiffigen tonnengewölbten Basilika ging von König Alfonso III. dem Großen (848–910) aus. Vor allem die schön gearbeiteten Fenster, die romanischen Kapitelle sowie die Überreste der Wandmalereien machen den Reiz des Gotteshauses aus. Die Kirche, die zum Unesco-Welterbe zählt, gilt als eines der besten Beispiele der präromanischen Architektur Asturiens.

Sidra – Das Nationalgetränk Asturiens

Thema

Was der *Äppelwoi* für die Hessen, das ist die *sidra* für die Asturier. Für den Weinanbau eignete sich das regenreiche Asturien nicht wirklich gut, die Einwohner verzagten jedoch nicht und verschrieben sich voll und ganz dem Apfelwein. Fast schon Kultstatus kann das kunstvolle Ritual des Einschenkens der *sidra* für sich in Anspruch nehmen.

Die Ursprünge der *sidra* verlieren sich im Dunkel der Geschichte. Der griechische Geschichtsschreiber Strabo bekundete bereits im 1. Jh. v. Chr., dass die Asturier gerne ein Getränk zu sich nehmen, das sie *zythos* nennen und aus vergorenen Äpfeln herstellen. Erwiesen ist, dass die Kelten, die sich in der Region niederließen, eine Vorliebe für das berauschende Getränk hegten. Heute werden in Asturien auf einer Fläche von 65 000 ha 22 verschiedene Apfelsorten angebaut. Das Gros der Ernte wird zu *sidra* verarbeitet. 45 Mio. Liter des Nationalgetränks rinnen pro Jahr durch die Kehlen der Asturier!

Für die Qualität der *sidra* ist die richtige Mixtur der Apfelsorten entscheidend. Die *sidra* entsteht durch Zuckergärung des Apfelsaftes. Der Alkoholgehalt liegt zwischen 4 und 6 %. In kleineren Apfelweinkeltern, den *lagares,* entsteht die *sidra* noch auf traditionelle Weise. Die Äpfel werden in einem Bottich mit einem Stößel zermalmt. Danach kommt die breiige Masse in die Presse, um den Saft zu keltern. Der Apfelmost vergärt etwa sechs Monate in Kastanienholzfässern, anschließend wird die so gewonnene *sidra natural* auf Flaschen gezogen. Grundsätzlich werden zwei Arten von *sidra* unterschieden: Die *sidra natural* wird ohne Zugabe von Zusatzstoffen hergestellt. Die Geschmacksnote der naturtrüben *sidra natural* ist herb, säuerlich. Im Gegensatz dazu steht die industriell hergestellte, weit länger haltbare *sidra gasificada*, der Kohlensäure und Zucker zugefügt werden. Der Most reift in großen Edelstahltanks heran. Mehr oder weniger stark gezuckert wird unterschieden zwischen *sidra extra* (halbtrocken), *sidra selecta* (trocken) und *sidra refrescante* (mit viel Kohlensäure). Im Winter finden die legendären *espichas* statt, im Kreise der Familie oder der Freunde wird der erste Fassanstich in den traditionellen Apfelweinkeltern gefeiert.

Zur *sidra* wird Bodenständiges aufgetischt wie Paprikawürstchen, Schinken, Cabrales-Käse und Kartoffeltortillas. Meist herrscht eine ausgelassene Stimmung, die natürlich mit dem Konsum der *sidra* steigt. In fröhlicher Runde stimmen die Gäste Lieder an und tauschen Witze aus.

Das ganze Jahr über treffen sich die Asturier in den traditionellen Apfelweinschenken, die *sidrerías* oder *chigres* genannt werden. Das Ausschenken der *sidra* ist eine Kunst für sich! Der *escanciador,* der *sidra*-Kellner, hält die Flasche möglichst hoch über den Kopf und schenkt die *sidra* mit erhobenem Arm in das tief gehaltene Glas ein, so dass der Strahl auf den oberen Glasrand aufschlägt. So wird die *sidra* dekantiert und entfaltet ihre Aromen. Traditionell teilen sich die Gäste ein Glas, deshalb lässt man einen Rest im Glas, der auf den Boden gekippt wird, das auf diese Weise gespülte Glas wird dann weitergereicht. *Sidra* ist somit in jeder Hinsicht eine feuchtfröhliche Angelegenheit!

Apfelweinmuseum

Wer sich intensiver mit dem leicht säuerlichen Nationalgetränk Asturiens beschäftigen möchte, ist im **Museo de la Sidra** gut aufgehoben. Das 1996 eingeweihte, interaktiv gestaltete Museum liegt 27 km südlich von Villaviciosa in **Nava.** Das Museum erklärt anschaulich die Bedeutung des Apfelweins für die Kultur der Region. Hier lernen die Besucher die Geschichte der Herstellung der *sidra* von den Anfängen bis in die Gegenwart kennen (Plaza del Príncipe de Asturias, Tel. 985 71 74 22, www.museodelasidra.com, Mitte Juni–Mitte Sept. Di 12–14, 16–20, Mi–Sa 11–14, 16–20, So 12–14, 17–20, sonst Di–Fr 11–14, 16–19, Sa 11–15, 16.30–20, So 11–14 Uhr, 3 €, Di Eintritt frei).

Oficina Municipal de Turismo: Plaza Obdulio Fernandez 51, 33300 Villaviciosa, Tel. 985 89 17 59, www.villaviciosa.es, lacomarcadelasidra.com, Mi–So 10–14, 16–20 Uhr.

Hotel Mirador de Moriyón: Calle Moriyón 2, Villaviciosa, Tel. 985 87 69 13, Fax 985 97 40 81, www.miradordemoriyon.com. Vom Hotel aus bietet sich ein herrlicher Blick über die Ría. Das freundlich geführte Haus verfügt über komfortabel eingerichtete Zimmer, ein gutes Restaurant und eine schöne Aussichtsterrasse. DZ 80–96 €.

Casa España: Plaza Carlos 1–3, Villaviciosa, Tel. 985 89 20 30, Fax 985 89 26 82, www.hcasaespana.com. Attraktives Hotel in einer Villa vom Anfang des 20. Jh. Die Zimmer sind geschmackvoll mit einer aristokratischen Note gestaltet. DZ 52–71 €.

Agroturismo

La Corte de Lugás: Santa María de Lugas, (rund 5 km südl. von Villaviciosa, AS-255 in Richtung Infiesto, nach 3 km Abzweig nach links), Tel./Fax 985 89 02 03, www.lacortedelugas.com. Das exklusive Landhotel bietet neben stilsicher eingerichteten Zimmern auch Apartments mit Jacuzzi und offenem Kamin für 2–6 Pers. Zum kleinen Hotel gehört das gepflegte Restaurant Favila (Hauptgericht 16–22 €). DZ 107–139 €, Apartment ab 193 €.

Wer kulinarisch Richtung Fisch und Meeresfrüchte tendiert, sollte den Weg nach **Tazones** nicht scheuen: Der Ort ist bekannt für seine guten **Fischlokale.**

Fiesta de la Sidra: 1. Woche im Sept. Bei dem fröhlichen Fest fließt in Villaviciosa die *sidra* in Strömen.

Gijón

Reiseatlas: S. 4, E 2

Gijón, die mit 277 000 Einwohnern größte Stadt Asturiens, lebt v. a. vom Hafen und der Industrie. Seit der Überwindung der Krise in der Schwerindustrie und im Schiffsbau (Ende der 1970er-/Anfang der 1980er-Jahre) ist die Tristesse wieder einer Aufbruchstimmung gewichen. Der Dienstleistungssektor hat stark zulegt, für neuen Aufwind sorgen Kongresse und der Tourismus.

In der über 2500 Jahre alten Stadt ging vieles an historischer Bausubstanz im Spanischen **Bürgerkrieg** (1936–1939) verloren. Die Arbeiterstadt lieferte sich schwere Kämpfe mit den aufständischen Truppen Francos. So blieben die Repressionen nach der Machtübernahme Francos nicht aus. Trotzdem boomten der Hafen, der Schiffsbau und die Schwerindustrie. Der Zuzug aus allen Landesteilen war groß. Um die Nachfrage nach günstigem Wohnraum zu stillen, wurde die Stadt regelrecht mit schnell hochgezogenen Neubauten zugepflastert.

Der erste Eindruck von Gijón ist deshalb nicht gerade berauschend, obwohl die Stadt sich in den letzten Jahrzehnten bemühte, die Neubauviertel attraktiver zu gestalten. Dennoch lohnt es sich durchaus, der modernen, weltoffenen und ausgesprochen lebendigen Stadt einen Besuch abzustatten. Vieles wandelte sich in den vergangenen Jahrzehnten dank umfangreicher Sanierungsmaßnahmen zum Positiven.

Halbinsel Santa Catalina

Die felsige, ins Meer vorgeschobene Halbinsel **Santa Catalina** unterteilt die Stadt in zwei

Der Sporthafen von Gijón ist ein hervorragender Ausgangspunkt, um die Costa Verde vom Wasser aus kennen zu lernen

Hälften. Im Westen liegen der große Industriehafen El Musel und der schicke Sporthafen. Im Osten findet sich die Playa de San Lorenzo in einer weit geschwungenen Bucht. Der historische Stadtkern **Cimadevilla,** das einst sehr ärmliche Viertel der Fischer und Seeleute, bettet sich malerisch auf die Halbinsel. In den letzten Jahren wurde es herausgeputzt und entwickelte sich so zum In-Viertel. Oben auf der grünen Anhöhe von Santa Catalina verbergen sich die überwucherten Reste der **Festungsanlage.**

1990 platzierte der baskische Künstler **Eduardo Chillida** hier vor die Steilküste seine monumentale, abstrakte Plastik **Elogio del Horizonte** (Lob des Horizonts). Die 10 m hohe Betonskulptur bringt stolze 500 t auf die Waage. Im offenen Halbrund fängt sich der Wind der Brandung und erzeugt ein ganz eigenes Klangspiel. Vom jungen Wahrzeichen der Stadt bietet sich ein erhabener Ausblick über die Costa Verde und das Meer.

Im unteren Teil des Fischerviertels erblickte der Staatsmann und Schriftsteller der Aufklärung Gaspar Melchor de Jovellanos (1744–1811) das Licht der Welt. In seinem Geburtshaus (16 Jh.), der **Casa Natal de Jovellanos,** ist heute ein Museum untergebracht. Es widmet sich dem Andenken des wichtigsten Repräsentanten der Aufklärung in Spanien und enthält Kunstwerke asturischer Künstler des 19. und 20. Jh. (Plaza Jovellanos 2, Tel. 985 34 63 13, www.jovellanos.net, Juli/Aug. Di–Sa 11–13.30, 17–20, So/Fei 11–14, 17–20, sonst Di–Sa 10–13, 17–20, So/Fei 11–14, 17–20 Uhr, Eintritt frei).

Nicht weit entfernt erinnern die Ausgrabungen der **Termas Romanas de Campo Valdés** an die raffinierte Badekultur der Römer (Römische Thermen, Campo Valdés s/n, Tel. 985 18 51 51, Juli/Aug. Di–Sa 11–13.30, 17–21, So/Fei 11–14, 17–20, sonst Di–Sa 10–13, 17–20, So/Fei 11–14, 17–19 Uhr, 2,40 €, So Eintritt frei).

Zwischen Alt- und Neustadt

Das Bindeglied zwischen dem historischem Zentrum und den später entstandenen Stadtvierteln bildet die **Plaza del Marqués.** In ihrem Zentrum erhebt sich das Denkmal für den Feldherrn Don Pelayo, der die Reconquista Spaniens von Asturien aus einleitete. Der Blickfang der Plaza ist jedoch der turmbewehrte **Palacio Revillagigedo** (18. Jh.). Die Sparkasse Cajastur übernahm die Sanierung des Gebäudes und eröffnete 1991 hier ihr Kunst- und Kulturzentrum (Tel. 985 34 69 21, Sommer Di–Sa 11–13.30, 16–21, So/Fei 12–14.30, sonst Di–Sa 10.30–13.30, 16–20, So/Fei 12–14.30 Uhr, Eintritt frei).

In unmittelbarer Nachbarschaft findet sich die schmucke, lebhafte **Plaza Mayor** mit dem Rathaus (19. Jh.). Unter den Arkaden laden Kneipen und Cafés zum Verweilen ein.

San Lorenzo-Strand und Freilichtmuseum

Östlich der Plaza Mayor erstreckt sich der Hausstrand, die 1,5 km lange **Playa de San Lorenzo** vor einer dichten Hochhauskulisse. Die endlos lange Promenade entlang der feinsandigen Bucht bis zur Mündung des Río Piles wurde erst kürzlich einer Verschönerungskur unterzogen.

Am östlichen Flussufer gegenüber dem Fußballstadion El Molinón liegt das Freilichtmuseum **Pueblo de Asturias.** Zu sehen sind alte Bauern- und Landhäuser sowie die für Asturien typischen, auf Stelzen ruhenden Getreidespeicher *hórreos*. Interessant für Musikliebhaber ist das **Museo de la Gaita,** das Dudelsackmuseum, das im Landhaus de los González de la Vega (18. Jh.) untergebracht wurde. Auf dem Areal steht auch der **Pabellón de Asturias,** der die Region auf der Expo 1992 in Sevilla repräsentierte. Der architektonisch interessante Pavillion dient heute als Museumszentrale. Im Innern präsentiert eine Ausstellung die Geschichte der Küche sowie des häuslichen Lebens in Asturien zwischen 1800 und 1965 (Tel. 985 18 29 60, 985 18 29 63, Paseo del Doctor Fleming 877, Juli/Aug. Di–Sa 11–13.30, 17–21, So/Fei 11–14, 17–20, sonst Di–Sa 10–13, 17–20, So/Fei 11–14, 17–19 Uhr, 2,40 €, So Eintritt frei).

Rund um den Sporthafen

Zum Flanieren bietet sich auch die modern gestaltete Meile am Sporthafen **Puerto Deportivo** an, der Anlegestellen für 780 Boote bietet. Am Ende der 1995 eingeweihten Promenade lädt das interessante Eisenbahnmuseum **Museo del Ferrocarril de Asturias** im ehemaligen Nordbahnhof zum Besuch ein (Plaza Estación del Norte, Tel. 985 30 85 75, Juli/Aug. Di–Sa 10–14, 17–21, So/Fei 11–14, 17–21, sonst Di–Sa 10–14, 16–20, So/Fei 11–14, 16–20 Uhr, 2,40 €, So Eintritt frei).

Weiter entlang des Paseo Maritímo de Poniente trifft man auf das erst 2006 eröffnete **Acuario de Gijón.** In 50 Becken, die zwischen 150 und 5000 l Wasser fassen, tummeln sich rund 4000 Fische. Das Aquarium bietet eine Reise durch die Meere der Welt, so lernen die Besucher die Unterwasserwelten des Atlantiks, der Karibik, des Pazifiks und des Roten Meers kennen. Die Sympathieträger des Aquariums sind die drolligen Magellan-Pinguine. Die unangefochtenen Stars sind jedoch die gefürchteten Bullenhaie aus Florida, die sich in ihrem neuen Domizil offensichtlich wohlfühlen (Playa de Poniente, Tel. 985 18 52 20, www.acuariodegijon.es, Juli/Aug. tgl. 10–22, Ostern, 16.–30. Juni, 1.–14. Sept. tgl. 10–21, April–Mitte Juni Mo–Fr 10–19, Sa/So/Fei 10–21, Mitte Sept.–März Mo–Fr 10–19, Sa/So/Fei 10–20 Uhr, 12 €).

i **Oficina de Turismo/Infogijón:** Puerto Deportivo (zentrale Infostelle beim Sporthafen), Calle Rodriguez San Pedro s/n, 33206 Gijón, Tel. 985 34 17 71, www.infogijon.com, tgl. 9–20, Sommer bis 22 Uhr. Weitere Informationsstände: Plaza Campinos de Begoña, Playa de San Lorenzo (Escalera 4 und 15), Juli–Mitte Okt. tgl. 10–14, 16–20 Uhr.

Gijón Card und Bono Museos

Die **Gijón Card** ist in den Touristenbüros erhältlich, sie kostet für 1 Tag 10 €, für 2 Tage 12 €, für 3 Tage 15 €. Mit der Karte ist u. a. der Eintritt in die städtischen Museen frei, auch die städtischen Verkehrsmittel können kostenlos benutzt werden. Zudem beinhaltet sie eine Stadtführung und einen 3-stündigen Fahrradverleih. Manche Geschäfte, Hotels, Restaurants und Bars gewähren ebenfalls Preisnachlässe. Eine Auflistung aller Ermäßigungen findet sich unter www.gijon.info.

Mit dem **Bono Museos** gewähren die städtischen Museen Rabatt beim Besuch mehrerer Einrichtungen (museos.gijon.es).

Parador de Gijón: Parque de Isabela la Católica, Tel. 985 37 05 11, Fax 985 37 02 33, www.parador.es. Eine ehemalige Mühle im Parque de Isabel la Católica ganz in der Nähe der Playa de San Lorenzo beherbergt den Parador. DZ 135–145 €.

Hotel La Casona de Jovellanos: Plazuela de Jovellanos 1, Tel. 985 34 20 24, Fax 985 35 61 51, www.lacasonadejovellanos.com. Das historische Gebäude liegt mitten im Fischerviertel Cimadevilla. Im Innern sind noch Reste der alten Stadtmauern zu sehen. Die 13 Zimmer haben Parkettfußböden. Das Hotel verfügt über eigene Garagenplätze. DZ 87–97 €.

Hotel Arena: Calle Dr. Aquilino Hurlé 31, Tel. 985 33 97 00, www.hotelarena.es. Das 2006 eröffnete Haus liegt nur 50 m vom Strand entfernt. Die modern durchgestylte Unterkunft verfügt über hoteleigene Parkplätze. DZ inkl. Frühstück 70–118 €.

Hotel Bahía: Av. del Llano 44, Tel. 985 16 37 00, www.hotelbahiagijon.com. Das empfehlenswerte Hotel liegt 10 Gehminuten entfernt vom historischen Zentrum. Die Zimmer sind geräumig und sehr sauber. Hoteleigene Garagenplätze. DZ 42–74 €.

Agroturismo

Hotel La Ermita de Deva: San Antonio, Deva (ca. 9 km südöstl. des Zentrums), Tel. 985 33 34 22, Fax 985 33 34 82, www.laermitadeva.com. Stilvolles, komfortables Landhaus mit nur einer Handvoll Zimmern. DZ inkl. Frühstück 100–120 €.

Hotel Quinta Duro: Camino de las Quintas 348, Cabueñes (ca. 6 km südöstl. des Zentrums), Tel. 985 33 04 43, Fax 985 33 58 15, www.hotelquintaduro.com. Das charmante Hotel wird von einer Parkanlage umgeben. Zum Mobiliar gehören zahlreiche Antiquitäten. Die Familie Velázquez Duro kümmert sich liebevoll um ihre Gäste. DZ 88–120 €.

Camping

Deva-Gijón: Ctra. Nacional 632 s/n, Deva (ca. 9 km südöstl. des Zentrums), Tel. 985 13 38 48, Fax 985 13 38 89, www.campingdeva-gijon.com. Komfortabeler Platz mit Restaurant, Cafeteria, Grill- und Tennisplatz. Pro Pers./Pkw/Zelt 5,80 €, Caravan 7,60 €.

La Solana: Camino de la Cuesta Gil s/n, Mareo (ca. 6 km südwestl. von Gijón), Tel. 985 16 81 86, www.restaurantelasolana.es, So abends und Mo geschl. Das attraktive Feinschmeckerrestaurant befindet sich in einem rosaroten Haus, das sich einst ein reicher Lateinamerikaheimkehrer errichten ließ. 3 Gänge à la carte 34–64 €.
La Pondala: Av. Dioniso Cifuentes 58, Tel. 985 36 11 60, www.lapondala.com, Do geschl. 1891 gegründetes Lokal, in attraktiver Lage im Stadtteil Somio. Begehrt sind die Plätze auf der Terrasse. Gute traditionelle Küche. 3 Gänge à la carte 35–49 €.
Paladares: Ctra. de Villaviciosa 36, Tel. 985 13 20 25, So und Mo mittags geschl. Freundlich eingerichtetes Lokal mit innovativer Küche. 3 Gänge à la carte 34–45 €.
Casa Zabala: Calle Vizconde Campo Grande 2, Tel. 985 34 17 31, www.casazabala.com. Gepflegtes Traditionslokal in der vierten Generation mitten in der Altstadt. Hervorragend zubereitete Fischgerichte, wie Thunfisch vom Grill oder Brasse. Hauptgericht 20–35 €.
El Palacio: Plaza del Marqués 3, Tel. 985 34 13 68, www.elpalaciogijon.com. Das Restaurant in einem alten Gebäude zwischen Plaza Mayor und Sporthafen verströmt viel Atmosphäre. Hauptgericht 11–17 €.

Die **Hauptgeschäftsstraßen** wie die Calles San Bernardo, Los Moros, Corrida, Covadonga oder Menéndez Valdés erstrecken sich südlich der Plaza Mayor.
Markt: www.ecologicoartesano.com. Jeweils am 2. Wochenende im Monat findet auf der Plaza Mayor der **Mercado Ecológico y Artesano** statt. Neben Kunsthandwerk wird ein breites Spektrum an Bioerzeugnissen und fair gehandelten Produkten angeboten.

Teatro Jovellanos: Calle Carbrales 82, Tel. 985 18 29 29, 902 10 66 01, www.teatrojovellanos.com. Das 1899 gegründete Haus bietet eine Bühne für Schauspielaufführungen, Konzerte und Kino.
Kino: Yelmo Cineplex Ocimax, Calle Maestro Amado Morán s/n, Tel. 985 30 81 36; Cines Centro Comercial San Augustín, Plaza de Romulado Alvargonzález s/n, Tel. 985 35 37 57.

Día de Asturias: 1. So im Aug. An dem farbenprächtigen Umzug nehmen Folkloregruppen aus ganz Asturien teil.
Festival de la Sidra Natural de Gijón: Ende Aug. Der Apfelmost, das Nationalgetränk Asturiens, fließt in Strömen. Jedes Jahr versucht die Stadt ihren eigenen Guiness-Rekord, beim kunstvollen, synchronen Ausschenken der *sidra* zu toppen.
Festival Internacional de Cine Gijón: Ende Nov., www.gijonfilmfestival.com. Das Filmfestival bietet auch für junge Filmemacher ein Forum.

Spazieren/Radf ahren: Östlich der Mündung des Río Piles beginnt ein beliebter, 2 km langer Weg entlang der Küste bis zur **Playa de Peñarrubia.** Skulpturen wie die winkende »Mutter des Emigranten« sorgen unterwegs für Gesprächsstoff.

Bus: Busbahnhof, Calle Llanes 5, Tel. 985 35 75 82. Die Busfirma Alsa unterhält die meisten Linien, Ziele in Asturien: Oviedo, Ribadesella, Cudillero, Luarca; außerdem Busse nach: Santander, Bilbao, San Sebastían, León, Madrid.
Zug: RENFE-Bahnhof, Calle Marqués de San Estéban s/n, Tel. 985 17 02 02. Verbindungen nach Oviedo alle 30 Min., León 7 x tgl., Barcelona 2 x tgl., Madrid 3 x tgl.; FEVE-Bahnhof, Plaza el Humedal, Tel. 985 29 79 56, die Schmalspurbahn steuert Ziele in Asturien, Galicien, Kantabrien und im Baskenland an.

Avilés und Umgebung

Reiseatlas: S. 4, D 1/2
Avilés, die mit 85 000 Einwohnern drittgrößte Stadt in Asturien, ist eine Industrie- und Hafenstadt. Deshalb erschreckt sie zunächst durch ihre tristen Neubauviertel und die rauchenden Schlote der Schwerindustrie. Aber

längst hat auch in der einst am stärksten kontaminierten Stadt Spaniens das Umdenken eingesetzt: Der Umweltschutz ist im Vormarsch, viele der schlimmsten Dreckschleudern haben längst ihre Pforten geschlossen.

Altstadt

Die Altstadt braucht sich nicht zu verstecken, der repräsentative **Rathausplatz** und die von Arkaden gesäumte, lang gestreckte **Plaza de Domingo A. Acebal** bilden schmucke städtebauliche Ensembles. Auf der **Plaza de Hermanos Obrón,** die eingefasst wird von weiß verglasten Häuserfronten, herrscht reges Treiben in der filigranen **Markthalle,** einer Eisen-Glas-Konstruktion.

Niemeyer-Zentrum

In Planung ist ein **Kulturkomplex** – zwei eierschalenartige Solitärgebilde, die Entwürfe dazu lieferte der renommierte brasilianische Architekt Oscar Niemeyer. Im März 2008 wurde der Grundstein gelegt, für die Fertigstellung ist 2010 anvisiert. Avilés verbindet damit die Hoffnung auf einen Guggenheim-Effekt wie in Bilbao (La Isla de la Inovación, www.niemeyercenter.org).

Am Peñas-Kap

Das **Cabo de Peñas**, bekrönt von einem Leuchtturm, markiert den nördlichsten Punkt Asturiens. Bis zu 100 m hohe Klippen bestimmen die Szenerie des Naturschutzgebietes 18 km nordöstlich von Avilés. Das Kap und seine vorgelagerten, kleinen Inseln bilden wichtige Refugien für die maritime Vogelwelt.

i **Oficina de Turismo:** Calle Ruíz Gómez 21, 33402 Avilés, Tel. 985 54 43 25, Fax 985 54 63 15, www.ayto-aviles.es.

Wandern/Rad fahren/Baden: Um das Kap verläuft ein landschaftlich eindrucksvolles Teilstück des Wander- und Radwegs ›Senda Costera‹ (Küstenweg), der sich in naher Zukunft über die gesamte asturische Küste erstrecken wird. Nördlich von Avilés startet die Tour beim Leuchtturm **Faro de San Juan de Nieva.** Unterwegs laden reizvolle Dünenstrände wie die **Playa Aguilera** und die **Playa de Xagó** zu einem Bad im Meer ein. Die Krönung der Tour sind zweifellos die Klippen um das **Cabo de Peñas** und der weite Panoramablick über die Küste (16 km, zu Fuß ca. 3 Std., mit dem Rad ca. 1 Std., leicht).

Cudillero

Reiseatlas: S. 3, C 1

Wie eine Achterbahn schlängelt sich die Straße durch das Fischerdorf **Cudillero** (5900 Einw.). Die farbenfrohen Häuser der Ortschaft staffeln sich eindrucksvoll an die steilen Hänge. Ein Ort wie aus dem Bilderbuch!

Einst war für die Bewohner der Fischfang die einzige Einkommensquelle, heute finden viele im Tourismus ihr Auskommen. Insbesondere die Gastronomie blüht. Die Einwohner von Cudillero sprechen interessanterweise einen ganz eigenständigen Dialekt: er heißt *pixueto*, so liest man auf einigen Schildern *Cuideiru* statt Cudillero.

Vom alten Hafen führt ein Pfad zum **Leuchtturm,** von dem aus sich ein herrlicher Blick über die 40 m hohen Klippen der Küste von Cudillero bietet.

In der nahen Gemeinde El Pito findet sich der luxuriöse **Palacio de la Quinta** aus dem 19. Jh., der noch bis 1992 von der Familie Selgas Fagalde bewohnt war, einer der einflussreichsten Familien der Region. Allein schon die 90 000 m² große Gartenanlage mit ihren exotischen Bäumen und Pflanzen lohnt den Besuch. Im Innern verblüfft die exquisite, 200 Gemälde umfassende Sammlung, die Werke von Murillo, Goya, El Greco, Rubens und Tizian bis hin zu Picasso vereint (Tel. 985 59 01 20, Fax 985 59 17 61, www.selgas-fagalde.com, Führungen Fr/Sa 9.30, 12, 12.30, 16, 16.30, So 9.30, 10, 12, 12.30 Uhr, nur nach Voranmeldung, da Besucherzahlen begrenzt sind. Jan./Aug. geschl.).

i **Oficina de Turismo:** Puerto del Oeste s/n (direkt beim Hafen), 33150 Cudillero, Tel. 985 59 13 77, 985 59 14 52, www.

cudillero.org, Okt.–April Mo–Fr 10–14, 16–19, Sa 11–14, 16–19, So 11–14, Mai/Juni Mo–Fr 10–14, 17–20, Sa 11–14, 17–20, So 11–14, Juli–Sept. Mo–Fr 10–21, Sa/So 11–21 Uhr. Die Touristeninformation vermittelt auch Unterkünfte.

Casona de la Paca: El Pito (1 km südöstl. von Cudillero), Tel. 985 59 13 03, Fax 985 59 13 16, www.casonadelapaca.com, 10. Dez.–1. Feb. geschl. Ein kleines, gemütliches Traumhotel in einer Villa mit behaglichem Kaminzimmer und kleinem Garten ums Haus. Überzeugend ist auch das Frühstücksbuffet mit frisch gepresstem Saft und selbst gebackenem Kuchen. DZ 73–98 €.

La Casona de Pio: Calle Riofrío, 3, Tel. 985 59 15 12, Fax 985 59 15 19, www.arrakis.es/~casonadepio/. Hotel mit gediegen-rustikaler Atmosphäre im Ortszentrum. Kaum zu glauben, dass im Gebäude früher Fische eingepökelt wurden. Zum Haus gehört ein gepflegtes Restaurant (Menü ab 22 €). DZ 54–86 €.

Agroturismo

Casa Bego: Valdredo (12 km westl. von Cudillero), Tel. 616 07 75 63, 678 82 22 30, www.casabego.com. Farbenfrohe Unterkunft auf dem Lande. Das dazugehörige Mesón im Bauernstil bietet eine leckere, bodenständige Küche (Menü 10–15 €), DZ 42–53 €, Apartment für 4 Pers. 50–85 €.

Casa Vieja del Sastre: Los Quintos s/n, Soto de Luiña (10 km westl. von Cudillero), Tel. 985 59 61 90, Fax 985 59 63 28, www.casaviejadelsastre.com. Hotel in ländlicher Umgebung mit 13 ansprechend eingerichteten Zimmern. DZ 49–71 €.

Camping

L'Amuravela: El Pito (1 km südöstl. von Cudillero), Tel. 985 59 09 95, www.lamuravela.com. Der komfortable Platz liegt hinter dem Hotel Casona de la Paca. Zur Ausstattung gehören: Bungalows, Swimmingpool, Kinderspielplatz, ordentliche Sanitäranlagen, kleiner Supermarkt und Cafeteria. Pro Person 5,25 €, Zelt 5,30, Pkw 5,25 €, Caravan 6 €.

El Pescador: Tolombreo de Arriba s/n, El Pito (1 km südöstl. von Cudillero), Tel. 985 59 09 37, www.hotelrestauranteelpescador.com. Das Restaurant des gepflegten Hotels (DZ 72–78 €) ist bekannt für seine frischen, gut zubereiteten Fisch- und Fleischgerichte. Die Portionen sind reichhaltig. 3 Gänge à la Carte 20–47 €.

Mariño: Concha de Artedo (5 km westl. von Cudillero über die N-632), Tel. 985 59 11 88, www.concha-artedo.com, So abends und Mo geschl. Exzellente Fisch- und Meeresfrüchteküche kommt hier auch den Tisch. Den herrlichen Meerblick gibt es kostenlos dazu. Es werden auch Zimmer vermietet (DZ 42–54 €). Tagesgericht 12 €.

Reiten: Aventuras a Caballo, Lamuño (ca. 9 km westl. von Cudillero), Tel. 985 59 73 23, www.aventurasacaballo.com. Die Firma bietet Reitausflüge an und organisiert auch mehrtägige Touren.

Wassersport: Yoldia II, Puerto Viejo, www.yoldia.net, Tel. 616 30 82 37, 619 08 65 76. Das Unternehmen bietet mit seinem eigenen Boot nicht nur Ausflüge an sondern auch Tauchgänge und Sportfischen. Ausgangspunkt ist der alte Hafen von Cudillero.

Baden: Zu den schönsten Stränden in der Umgebung zählen die beliebte, feinsandige **Playa de Aguilar,** 3 km östlich von Cudillero, sowie die **Playa de la Concha de Artedo,** in einer wunderschönen Bucht 4 km westlich von Cudillero gelegen.

Zug: Der FEVE-Bahnhof, Tel. 985 59 07 63, liegt einige Kilometer südlich von Cudillero. Züge nach Avilés/Gijón 14 x tgl., Oviedo 3 x tgl. und Luarca 3 x tgl.

Bus: Die Haltstelle liegt 500 m oberhalb des Hafens an der Hauptstraße. Alsa fährt 6 x tgl. nach Gijón, 2 x tgl. nach Oviedo.

Menü mit Hafenblick

Im touristischen Zentrum Cudilleros, auf der **Plaza de la Marina** unten beim alten Hafen, sitzt man in einem der zahlreichen Terrassenlokale, schaut aufs Wasser und lässt sich die lokale Küche schmecken.

Luarca

Reiseatlas: S. 3, C 1

Fest umschlossen von hohen Klippen bettet sich **Luarca** (5400 Einw.) in eine geschützte Bucht. Durch das Städtchen fließt der von sieben Brücken überspannte Río Negro. Luarca verfügt über ein ansprechendes Stadtbild ohne herausragende Sehenswürdigkeiten. Blickfänge sind einige prächtige Stadthäuser (19./20. Jh.), die sich reich gewordene Lateinamerikaemigranten, die *indianos*, nach ihrer Rückkehr errichten ließen. Zu den Perlen der *indiano*-Architektur zählen in Luarca der **Palacio de Marqués de Ferrara,** der **Palacio de Sierra** und der **Palacio de los Marqueses de Gamoneda.**

Der Hauptplatz mit dem stattlichen **Rathaus** trägt den Namen des Königs Alfonso X. des Weisen, der 1270 Luarca die Stadtrechte verlieh. Ein Bummel durch die verkehrsberuhigte Altstadt führt zum beschaulichen **Hafen,** von dem aus einst die Walfangflotten in See stachen.

i **Oficina de Turismo:** Calle Caleros 11, 33700 Luarca, Tel. 985 64 00 83, www.ayto-valdes.net, Sommer Mo–Sa 10.30–14, 16.30–20, So 11–14, 17–19 Uhr.

Villa la Argentina: Villar de Luarca (ca. 1,5 km östl. von Luarca), Tel. 985 64 01 02, Fax 985 64 09 73, www.villalaargentina.com, Nov.–März geschl. Die 1899 errichtete Villa im Belle-Époque-Stil bietet 12 komfortable, teilweise noch mit Antikmöbeln eingerichtete Zimmer. Zum Entspannen lädt der Garten des Hauses ein. DZ 74–103 €.

Villa de Luarca: Calle Álvaro de Albornoz 6, Tel. 985 47 07 03, www.hotelvilladeluarca.com. Die Zimmer dieses edlen Stadthotels sind im Kolonialstil ausgestattet. Einziges Manko ist die Lage an einer viel befahrenen Straße. DZ 48–97 €.

La Colmena: Calle Uria 2, Tel. 985 64 02 78, Fax 985 64 00 87, www.lacolmena.com. Das Hotel im Zentrum von Luarca ist modern, minimalistisch möbliert, aber es wirkt dennoch nicht unterkühlt. Bäder mit Hydromassagedusche. DZ 46–60 €.

Casa Manoli: Almuña (2 km südöstl. von Luarca), Tel. 985 47 07 03, www.hotelluarcarural.com. Das kleine Hotel ist von einem weitläufigen Garten umgeben. Klassisch eingerichtete Zimmer, moderne Bäder. Die Gäste können kostenlos Fahrräder ausleihen, Minigolf oder Pingpong spielen. DZ 36–65 €.

Camping

Playa de Otur: Ctra. Playa de Otur (7 km westl. von Luarca über die N-634), Tel. 985 64 01 17, www.campingotur.com, Nov.–Ostern geschl. Der grüne Platz liegt 500 m von der Playa de Otur entfernt und verfügt über ein Restaurant, Cafetería und Supermarkt, die Mitnahme von Tieren ist erlaubt. Pro Pers. 3,90 €, Zelt 4,60 €, Pkw 3,90 €, Caravan 4,60 €.

Playa de Tauran: 5 km westlich von Luarca über die N-634, Tel. 985 64 12 72, 619 88 43 06, www.campingtauran.com, Okt.–Ostern geschl. Romantisch auf einer Anhöhe über dem Meer gelegen. Zur Ausstattung gehören: Restaurant, Pool, Kinderspielplatz und Fahrradverleih. Pro Pers. 4,50 €, Zelt 5 €, Pkw 4 €, Caravan 5,50 €.

Villa Blanca: Av. Galicia 25, Tel. 985 64 10 79, 1.–15. Nov. und im Winter Mo geschl. Das renommierte Lokal offeriert den Gästen feinste Meeresküche. Attraktiv sind die Plätze auf der schön begrünten Terrasse. 3 Gänge à la carte 22–40 €.

Casa Consuelo: Crta. N-634, Santiago–San Sebastián, km 511, Tel. 985 64 16 96, www.casaconsuelo.com. Das populäre Lokal setzt ganz auf Klassiker, wie Fisch in *sidra*-Soße. 3 Gänge à la carte 20–40 €.

El Sport: Calle Rivero 9, Tel. 985 64 10 78. Eine der besten Adressen in Luarca, gepflegte, einladende Atmosphäre. 3 Gänge à la carte 21–39 €, Mittagsmenü 13 €.

Gutes aus dem Meer

Entlang der **Hafenmeile** von Luarca wird bestens für das leibliche Wohl gesorgt: Hier kommt in zahlreichen Fischrestaurants der Fang ganz frisch auf den Teller.

Friedhof mit Blick über die Steilküste von Luarca: hier liegt auch der Medizin-Nobelpreisträger Severo Ochoa begraben

Mercado Artesanal: 1. So im Monat Kunsthandwerker bieten auf dem Markt ihre Arbeiten an.

Semana Santa: Karwoche. Insbesondere am Gründonnerstag und Karfreitag finden eindrucksvolle Prozessionen statt.
El Carmen: 16. Juli. Patronatsfest.
La Vaqueirada: lezter So im Juli. Ausgelassenes Fest der Schäfer in La Braña de Aristébano (15 km südl. von Luarca) mit traditionellen Gesängen und Tänzen.
El Rosario: 15. Aug. Große Meeresprozession, die gesamte Fischereiflotte begleitet die Virgen del Rosario auf ihrer Ausfahrt. In der Nacht zuvor werden uralte Seemannslieder, die *habaneras*, gesungen.
San Timoteo: 22. Aug. Patronatsfest. Wallfahrt zur Ermita de San Timoteo begleitet von den Klängen der *gaiteros* (Dudelsackspieler). Am Vorabend gibt es ein großes Feuerwerk.

Baden/Surfen/Tauchen: Unter den zahlreichen Stränden in der Umgebung sticht die 6 km westlich gelegene **Playa de Otur** hervor. Der 600 m lange, feinsandige Strand lockt auch Surfer und Taucher an.

Pkw: Der Verkehr ist etwas hektisch, es empfiehlt sich, das Auto auf dem ausgewiesenen Besucherparkplatz abzustellen.
Zug: FEVE-Bahnhof, 2 km östl. von Luarca, Tel. 985 98 23 81. Züge nach Oviedo 3 x tgl., El Ferrol 2 x tgl.
Bus: Paseo de Gómez s/n. Alsa fährt 4 x tgl. nach Gijón, 6 x tgl. nach Oviedo , 6 x tgl. nach Ribadeo, 2 x tgl. nach La Coruña und 2 x tgl. nach Santiago.

Pilgerkreuze am Ibañetapass:
der Ursprung dieses Brauchs liegt im Dunkeln

Kapitel 3

Navarra und der Aragonesische Jakobsweg

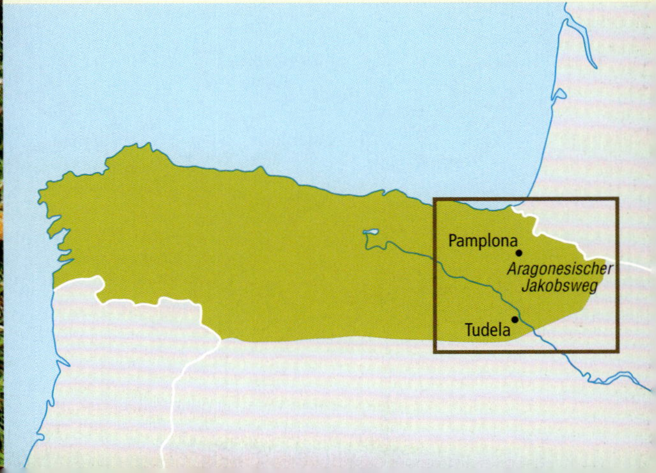

Auf einen Blick: Navarra und der Aragonesische Jakobsweg

Land der Gegensätze

Das ehemalige Königreich Navarra vereint eine erstaunliche Fülle von Landschaftsformen auf kleinstem Raum. Der Bogen spannt sich von den schneebekrönten Gipfeln der Pyrenäen über imposante Schluchten, grüne Hügellandschaften, sonnige Flusstäler bis hin zur spektakulären Wüstenlandschaft von **Bardenas Reales.** Aufgrund dieser Vielfalt bezeichnen die Bewohner Navarras ihre Heimat stolz als »kleinen Kontinent. So lohnt es sich, etwas Zeit für die Erkundung der reizvollen Region mitzubringen, denn auch abseits der touristischen Hauptwege gibt es hier vieles zu entdecken.

Eine essenzielle Rolle für die Entwicklung Navarras spielte der **Jakobsweg,** entlang der Route blühten im Mittelalter Städte, Dörfer und Klöster auf. Die gewaltigste Hürde, die die Pilger auf ihrem Weg nach Spanien zu bewältigen haben, ist die Überquerung der Pyrenäen. Die navarrische Route des *Camino Francés* führt über den **Ibañetapass** (1057 m) und die Pilgerstation **Roncesvalles** nach **Pamplona,** in die Hauptstadt Navarras.

Im 25 km weiter westlich gelegen Städtchen **Puente la Reina** vereinigen sich die beiden Stränge des *Camino Francés,* der Navarrische trifft auf den Aragonesischen Pilgerweg, der zuvor über den **Somportpass** (1640 m) nach Spanien führt. So streift das Kapitel über Navarra auch Pilgerstationen wie **Jaca** und das Kloster **San Juan de la Peña,** die bereits in der Nachbarregion Aragon liegen.

Die Schaltzentrale Navarras bildet **Pamplona,** mit 250 000 Einwohnern die einzige größere Stadt der Autonomen Region. International bekannt ist Pamplona v. a. dank des Schriftstellers Ernest Hemingway. Die *Fiestas de San Fermín*, in deren Mittelpunkt Freizeit-*torreros* bei wilden Stierläufen Kopf und Kragen riskieren, zogen ihn magisch an und er verewigte sie in seinen Werken. Positiv fällt in Pamplona die Vielzahl an Parks und Grünanlagen auf. In der verkehrsberuhigten Altstadt macht das Bummeln Freude, zumal es hier noch viele Einzelhandelsgeschäfte gibt. Zum touristischen Pflichtprogramm gehört die Kathedrale mit ihrem eindrucksvollen Kreuz-

gang, für Entspannung sorgen die Caféterrassen auf der Plaza del Castillo, dem ›Wohnzimmer‹ der Stadt.

Reizvoll präsentieren sich in Navarra zahlreiche kleine Städte wie **Olite, Estella, Tudela** und **Puente de la Reina,** die noch viel von ihrer historischen Bausubstanz bewahren konnten. Besondere Highlights bilden die geheimnisumwitterte Kirche **Santa María de Eunate** in der Nähe von Puente la Reina sowie die Klöster **San Juan de la Peña** und **Leyre,** die sich herrlich harmonisch in die Bergwelt Navarras einfügen.

Lohnenswerte Ausflüge führen in die grünen Pyrenäentäler **Valle de Roncal** und **Valle de Batzán,** deren Bergdörfer sich als Ausgangspunkte für Outdoor-Aktivitäten anbieten. Einen interessanten Kontrastpunkt zu dieser lieblichen Umgebung bildet die karge Landschaft der Halbwüste **Bardenas Reales,** die bereits des öfteren als Hintergrundszenario für Kinofilme diente.

Highlight

6 **Pamplona:** Hier lässt sich auf den Spuren Ernest Hemingways wandeln! Hoch her geht es in Pamplona zu den **Fiestas de San Fermín,** tollkühn werden die Stiere durch die Gassen der Altstadt in die Arena getrieben. Über das geschichtsträchtige Zentrum der Stadt wacht die Kathedrale, imposant wirken auch die Überreste der Stadtmauern und der Zitadelle (s. S. 225).

Empfehlenswerte Routen

Aragonesischer Pilgerweg: Hier reihen sich einige Perlen des Jakobswegs wie die Klöster San Juan de la Peña (s. S. 239) und San Salvador de Leyre (s. S. 242) oder die Kirche Santa María de Eunate (s. S. 245).

Valle de Roncal: Die Tour durch das grüne Pyrenäental führt zu schönen Bergdörfern, wie **Roncal** oder **Isaba.** Zu den landschaftlichen Höhepunkten zählt das zerklüftete Karstgebiet **Larra-Belagua** (s. S. 240).

Richtig Reisen-Tipps

Ausflug ins Batzántal: Von Pamplona führt der Ausflug ins pittoreske Pyrenäental. Um das Dorf Zugarramurdi ranken sich Erzählungen von Hexen und Magiern. Unterwegs lohnt sich ein Zwischenstopp beim Herrensitz Señorío de Bértiz, Parkanlage und Naturschutzgebiet laden zum Spaziergang ein (s. S. 232).

Foz de Lumbier – Wandern unter Geiern: Die beiden imposanten Schluchten Foz de Lumbier und Foz de Arbayún werden von großen Geierkolonien bevölkert. Durch die Schlucht von Lumbier führt ein leichter Wanderweg (s S. 245).

Tour durch die Halbwüste Bardenas Reales: Im grünen Norden Spaniens fällt diese bizarre Mondlandschaft aus dem Rahmen. Der Naturpark lässt sich – wenn es nicht zu heiß ist – zu Fuß oder mit dem Fahrrad erkunden, viele Strecken sind aber auch für Geländewagen oder Motorräder befahrbar (s. S. 249).

Reise- und Zeitplanung

Ideale Reisezeiten sind das späte Frühjahr und die Sommermonate. Entsprechend der großen geografischen Vielfalt lassen sich in Navarra verschiedene Klimazonen unterscheiden. Im Norden herrscht ein feuchtes Bergklima, die Winter sind kalt und Schnee überzieht die Hochlagen der Pyrenäen. Im Zentrum der Autonomen Region wartet das Wetter mit moderaten Temperaturen auf. Kontinentales Klima beherrscht den Süden: Im Sommer kann das Thermometer hier bis auf 40 °C klettern, dagegen fallen die Wintermonate recht kalt aus.

Um den kleinen Kontinent Navarra zu erkunden und auch Zeit für Ausflüge nach Aragon erübrigen zu können, sollte man zeitlich mindestens vier bis fünf Tage einplanen.

Der Navarrische Jakobsweg

Cityplan S. 226

Zu den großen Herausforderungen des *Camino de Santiago* gehört die anstrengende Bezwingung der Pyrenäen. Das Gros der Pilger überquert den Ibañetapass und sammelt in Roncesvalles neue Kräfte. Die wichtigste Jakobswegstation in Navarra stellt Pamplona dar, weltberühmt durch die Sanfermines. In Puente la Reina vereint sich dann der navarrische Pilgerweg mit der aragonesischen Route.

Über den Ibañetapass nach Roncesvalles

Reiseatlas: S. 8, E 4

Den Auftakt des *Camino Francés* in Navarra markiert der **Ibañetapass** (1057 m), die Pilger kommen vom französischen Städtchen St-Jean-Pied-de-Port, in dem sich drei der vier wichtigsten französischen Pilgerwege vereinen. Auf der aussichtsreichen Passhöhe erinnert ein **Rolandsdenkmal** an die legendäre Schlacht von Roncesvalles (788). Roland, der die Nachhut des Frankenheeres von Karl dem Großen anführte, geriet kurz vor dem Pass mit seinen Mannen in einen tödlichen Hinterhalt. Selbst mit seinem Wunderschwert Durandal konnte der getreue Paladin Karls des Großen gegen die Übermacht der Basken nichts ausrichten – so die Legende.

2 km unterhalb des Pyrenäenpasses finden die Pilger Herberge in der Augustinerabtei von **Roncesvalles** (bask. Orreaga), deren Geschichte bis ins 12. Jh. zurückreicht. Die **Klosterkirche Real Colegiata** stammt aus dem 13. Jh., sie wurde nach dem Vorbild der Kathedrale von Nôtre Dame errichtet. Im Inneren birgt sie eine hochverehrte Marienstatue: die von einem Baldachin behütete **Virgen de Roncesvalles** (13. Jh). Im Kapitelsaal findet sich die Grablege König Sanchos VII. des Starken (1194–1234), des Stifters der Kirche. In die Geschichte ging der König von Navarra als einer der Sieger der Schlacht von Las Navas de Tolosa (1212) ein, die entscheidend für den weiteren Verlauf der Reconquista war.

Das **Museo de Roncesvalles** präsentiert einige erlesene Kostbarkeiten wie den großen Smaragd, der einst den Turban des Maurenführers Miramolín zierte. Das Glanzlicht der Sammlung verkörpert ein mit Gold und Email verzierter Reliquienbehälter (14. Jh.). Bekannt ist das Reliquar als ›Schachspiel Karls des Großen‹ (*ajedrez de Carlomagno*), was wohl an der Gestaltung der Oberfläche mit geometrischen Feldern liegt (www.roncesvalles.es, tgl. 10–14, 15.30–19 Uhr, 3,90 € inkl. Kapitelsaal, Kreuzgang und Espíritu-Santo-Kapelle, nach Anmeldung Führung auf englisch oder französisch).

Nahe der Klosteranlage erhebt sich die Grabkapelle **Capilla del Espíritu Santo,** in ihrer Krypta ruhen die Gebeine von Jakobspilgern, die die Kräfte raubende Pyrenäenüberquerung mit ihrem Leben bezahlten.

Aróstegui: Calle Txikirrin s/n, Garaioa (17 km südöstl. von Roncesvalles, über die N-135 bis zur Kreuzung Garralda, weiter auf der NA-140 nach Garaioa), Tel./Fax 948 76 40 44, www.hotelarostegui.com. Das ansprechende Hostal empfängt seine Gäste mit gepflegt rustikaler Ausstattung. DZ 65 €.

Posada de Roncesvalles: Tel. 948 76 02 25, Fax 948 76 02 66, www.laposadaderoncesvalles.com. Das Gasthaus bietet einfache, mit schlichtem Holzmobiliar ausgestattete Zimmer. Im Restaurant sind die Wildgerichte der Renner (Menü 16 €, Pilger erhalten nach Vorbestellung ein Menü für 8 €). DZ 48–54 €.

Albergue Juvenil Orreaga: Tel. 948 76 03 02, aroncesv@cfnavarra.es. Die in den Klosterkomplex integrierte Jugendherberge steht JH-Mitgliedern sowie Pilgern mit Pilgerausweis offen. Bett 7 €.

Refugio Itzandegia: Tel. 948 76 00 00. Pilgerhospital der Real Colegiata. Der Schlafsaal mit 100 Betten ist Pilgern vorbehalten, eigenen Schlafsack mitbringen. Um 24 Uhr ist Zapfenstreich. Bett 5 €.

Camping

Urrobi: Aurizberri-Espinal (8 km südwestl. von Roncesvalles in Richtung Pamplona), Tel. 948 76 02 00, 696 46 36 09, www.campingurrobi.com, Nov.–März geschl. Gepflegter Platz mit zwei Tennisplätzen, Waschmaschinen und Restaurant/Bar. Pro Pers./Pkw 4,50 €, Zelt 4,70 €, Caravan 5 €.

6 Pamplona

Cityplan: S. 226; **Reiseatlas:** S. 16, D 1

Seinen hohen Bekanntheitsgrad verdankt **Pamplona** (bask. Iruña) in erster Linie den Sanfermines, die die Vorlage für Hemingways Roman »Fiesta« lieferten. Im Zentrum des Volksfestes stehen die Stiere, die unter waghalsigen Manövern durch die Gassen Pamplonas in die Arena getrieben werden. Außerhalb dieses kollektiven Ausnahmezustandes, der vom 6. bis 14. Juli währt, präsentiert sich die 195 000 Einwohner zählende Hauptstadt von Navarra eher gemächlich ruhig und fast ein wenig provinziell.

Für Leben in der Stadt sorgen vor allem die Studenten. Pamplona ist der Sitz einer privaten **Universität,** die 1952 von der erzkatholischen Organisation Opus Dei gegründet wurde, erst 1987 kam die staatliche Universität hinzu. Einer der wichtigsten Arbeitgeber in der prosperierenden Stadt ist das große **VW-Werk** im Vorort Landaben.

Das alte Pamplona erstreckt sich auf einem 450 m hohen Plateau über dem Tal des Río Arga und bildet einen angenehmen Kontrast zu den Neubau- und Industrievierteln in den Außenbezirken. Durch das alte Stadttor, das **Portal de Francia,** ziehen bis heute die Jakobspilger, die aus dem Stadtbild Pamplonas nicht wegzudenken sind.

Mit der Autorin unterwegs

Windige Aussichten

Auf dem **Ibañetapass** bietet sich, wenn der Wettergott mitspielt, eine herrliche Aussicht auf die umliegenden Pyrenäengipfel. Allzu lange hält man es meist nicht aus, da häufig ein recht frischer Wind weht. Mitunter fällt der Blick auf ein einziges Nebelmeer (s. S. 224).

Auf den Spuren Hemingways

Geradezu magnetische Anziehungskräfte übte **Pamplona** auf den stierkampfbegeisterten Schriftsteller Ernest Hemingway aus. Auf jeden Fall sollte man sich einen Kaffee in Hemingways **Lieblingscafé Iruña** gönnen. Die Inneneinrichtung des 1888 eröffneten Kaffeehauses ist eine Augenweide (s. S. 233).

Fotomotiv am Jakobsweg

Wirklich postkartengerecht präsentiert sich die mittelalterliche Brücke in **Puente la Reina** (11. Jh.). Sie überspannt elegant den Río Arga, ihre Bögen spiegeln sich fotogen auf der Wasseroberfläche wider. Der beste Standpunkt zum Fotografieren bietet sich auf der benachbarten modernen Brücke (s. S. 233).

Labsal für Pilger

Kein Witz, sondern eine geniale Marketingidee der Weinkellerei Bodegas Irache ist der **Weinbrunnen** beim **Kloster Irache.** Die ermatteten Pilger können sich hier bei einem Gläschen Rotwein kostenlos für ihren weiteren Weg stärken (s. S. 236).

Geschichte

Pamplona blickt auf eine über 2000-jährige Geschichte zurück. Dem römischen Feldherrn Pompejus wird die Gründung der Stadt

Pamplona: Cityplan

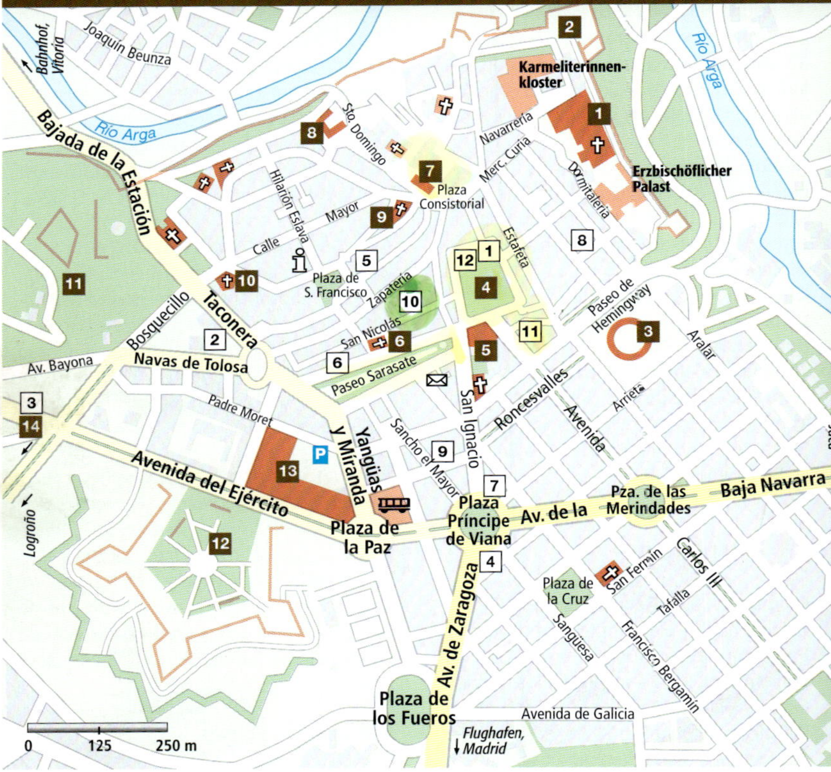

Pompaelo im Jahr 75 v. Chr. zugeschrieben. Im 5. Jh. übernahmen die Westgoten die Herrschaft über Pamplona. Abgelöst wurden sie von den Mauren, die 732–750 das Sagen hatten. Im Zuge seines Spanienfeldzuges ließ Kaiser Karl der Große Pamplona 778 besetzen und die Stadtmauern schleifen, um sich den Rückzug zu sichern. Aus Rache rieben die Basken Karls Nachhut unter Führung des legendären Roland im Tal von Roncesvalles auf (s. S. 224). Im 10. Jh. stieg Pamplona zur Hauptstadt des neu konstituierten Königreichs von Navarra auf.

Für wirtschaftlichen Auftrieb sorgte ab dem 11. Jh. der Strom der Jakobspilger. Interne Konflikte zwischen den alteingesessenen Navarresen und den zugezogenen Franken in den Stadtteilen San Cernín und San Nicolás sorgten bis ins 15. Jh. für Zündstoff. Der Streit ging so weit, dass zwischen den Stadtvierteln (*burgos*) Mauern hochgezogen wurden. Erst Carlos III. dem Edelmütigen gelang es, die verfeindeten Parteien im Jahr 1423 miteinander zu versöhnen. Im Jahr 1512 wurde Navarra von den Katholischen Königen, Isabella I. von Kastilien und Ferdinand II. von Aragon, erobert. Die Region konnte sich jedoch etliche Sonderrechte, die sogenannten *fueros*, sichern. Offiziell hatte das Königreich Navarra bis 1841 Bestand.

Sehenswürdigkeiten

1 Catedral de Santa María Real
2 Baluarte de Redín
3 Plaza de Toros
4 Plaza del Castillo
5 Palacio de Navarra
6 Iglesia de San Nicolás
7 Casa Constitorial (Rathaus)
8 Museo de Navarra
9 Iglesia de San Saturnino
10 Iglesia de San Lorenzo
11 Parque de Taconera
12 Ciudadela
13 Auditorio y Palacio de Congresos
14 Planetarium

Übernachten

1 Gran Hotel La Perla
2 Tres Reyes
3 Hostal Acella
4 Avenida
5 Maisonnave
6 Sarasate

Essen und Trinken

7 Josetxo
8 Hartza
9 Casa Manolo
10 Baserri
11 Gaucho
12 Café Iruña

Rund um die Kathedrale

Auf dem höchsten Punkt der Altstadt erhebt sich die **Catedral de Santa María la Real** 1 im Navarrería-Viertel. In der Römerzeit nahm eine Tempelanlage die Stelle der Kathedrale ein. Die vorgeblendete klassizistische Fassade mit ihren 50 m hohen Zwillingstürmen täuscht über das wahre Alter der Kathedrale hinweg. Das dreischiffige Gotteshaus entstand Ende des 14. Jh. auf Initiative König Carlos' III. des Edelmütigen im gotischen Stil nach französischen Vorbildern. Der Neubau sollte die altersschwache romanische Kirche ersetzen, die in sich zusammengebrochen war. Bis zur Fertigstellung gingen allerdings gut 200 Jahre ins Land.

Im Chor thront die **romanische Madonna Santa María la Real** (12. Jh.), bekrönt von einem prunkvollen Silberbaldachin. Im Mittelalter wurden vor dem Madonnenbildnis die Könige von Navarra gekrönt. Im Hauptschiff vor dem prächtigen schmiedeeisernen Renaissancegitter, das den Chorbereich abtrennt, liegt das eigentliche Juwel der Kathedrale: das **Alabastergrabmal König Carlos' III.** des Edelmütigen und seiner Gattin Leonor de Trastámara (15. Jh.), ein Werk des flämischen Bildhauers Jehan Lome aus Tournai. Das Grabmal umgibt ein Trauerzug anrührender Figuren, die mit ganz unterschiedlichen Gesten ihrem Schmerz über den Tod des Königspaars Ausdruck verleihen.

Die **Puerta del Amparo** verbindet die Kathedrale mit dem prachtvollen gotischen Kreuzgang. Im farbig gefassten Bogenfeld ist ergreifend der Tod Mariens dargestellt, von der Mittelsäule lächelt hold die Schutzmadonna Virgen del Amparo (12. Jh.). Im ehemaligen Kapitelsaal ruht unter einem Sterngewölbe das **Grabmal des Bischofs Barbazán** (14. Jh.), ein Engel rückt mit Bedacht das Kissen zurecht, auf dem das Haupt des Bischofs ruht (Mitte Juli–Mitte Sept. Mo–Fr 10–19, Sa 10–14, sonst Mo–Fr 10–14, 16–19, Sa 10–14 Uhr).

Das ehemalige Refektorium beherbergt heute das **Diözesanmuseum.** Die Sammlung umfasst liturgische Gold- und Silberschmiedearbeiten, Madonnen- und Heiligenskulpturen aus dem 11.–17. Jh. sowie Tafelbilder aus dem 14.–16. Jh. Es schließt sich die Klosterküche mit ihrem imposanten Kamin an: Hier wurden früher auch die Mahlzeiten für die Jakobspilger zubereitet, die im Refektorium verköstigt wurden (Museo Catedralicio Diocesano, Tel. 948 22 29 90, Mitte Juli–Mitte Sept. Mo–Fr 10–19, Sa 10–14, sonst Mo–Fr 10–14, 16–19, Sa 10–14 Uhr,

Sanfermines: Traditionell tragen die Stierläufer zu weißem Hemd und weißer Hose rotes Halstuch und rote Schärpe

Sanfermines

Thema

Zu den Fiestas de San Fermín vom 6. bis 14. Juli herrscht in Pamplona der kollektive Ausnahmezustand. Im Mittelpunkt stehen die *encierros*, das Eintreiben der Kampfstiere. Tollkühne Männer riskieren bei der Altstadthatz Kopf und Kragen. International populär geworden sind die Sanfermines durch Ernest Hemingways 1926 publizierten Roman »Fiesta«.

So reisen jedes Jahr im Hochsommer etliche Amerikaner zum *bullrunning* nach Pamplona, das dann schier aus allen Nähten zu platzen scheint. Die Hotels sind brechend voll, die Preise wahrhaft astronomisch. Fernsehteams und Pressefotografen von nah und fern kämpfen um die besten Plätze, um das Spektakel hautnah einzufangen.

Ursprünglich handelt es sich bei den *encierros* um eine Pflichtübung, schließlich mussten die Stiere aus den Stallungen am Stadtrand in die Arena getrieben werden. Aus der Pflicht entwickelte sich eine sportliche Kür. Eine ideale Gelegenheit für junge Möchtegerntoreros, ihren Mut zur Schau zu stellen und der Damenwelt zu imponieren. Die *mozos* (Stierläufer) kleiden sich ganz in Weiß und tragen blutrote Tücher um die Hüften und den Hals. Wer das Spektakel miterleben möchte, muss früh auf den Beinen sein oder alternativ die Nacht zum Tag machen. Um 7.30 Uhr wird die Strecke abgesperrt, die guten Plätze sind schon lange vorher vergeben. Der Stierlauf startet täglich vom 7. bis zum 14. Juli um 8 Uhr. Bevor es losgeht, richten die Läufer ein Gebet an den hl. San Fermín: »Wir bitten den heiligen Fermín, unseren Schutzpatron, uns beim Stiertreiben beizustehen und uns seinen Segen zu geben.« Dieses Gebet dient als eine Art Countdown, bevor das Tor des Geheges geöffnet wird, und wird drei Mal hintereinander gesungen: fünf Minuten vor acht, drei Minuten vor acht und eine Minute vor acht. Punkt acht Uhr verkündet eine Feuerwerksrakete, dass die Stallungen am Ende der Calle Santo Domingo geöffnet wurden. Eine zweite informiert die Läufer, wenn alle Stiere, die von einem Tross Ochsen begleitet werden, sich auf der Strecke befinden. Die edlen Kampfstiere bringen jeder gut 500 kg aufs Pflaster, sind aber enorm schnell und wendig.

Die Hohe Kunst für die Läufer besteht darin, möglichst lange vor den gefährlichen Kraftpaketen herzulaufen. Im Notfall hilft nur noch der Sprung hinter die Absperrungen. Blessuren sind an der Tagesordnung, nicht selten kommt es zu schweren Verletzungen und auch zu Todesfällen. Gefahrenträchtig ist vor allem die enge Gasse, die in die Stierkampfarena führt. Der 848 m lange Parcours ist genau festgelegt, er verläuft über die Cuesta de Santo Domingo, Calle Mercaderes und Calle Estafeta zur Stierkampfarena. Das ganze Spektakel dauert gerade mal 3 bis 4 Minuten. Zwischen 2000 und 3000 Läufer nehmen jeden Tag teil und längst sind die *encierros* keine reine Männerdomäne mehr.

Am Nachmittag gehört die Bühne den Profis, die stolzen Toreros stellen ihr Können in der Arena unter Beweis! Fester Bestandteil der *fiesta* bilden die Prozession zu Ehren von San Fermín am 6. Juli und die Umzüge mit den *gigantes* (Riesen) und *cabezudos* (Großköpfe). Musikgruppen sorgen für Stimmung und der Wein fließt die ganze Woche über in Strömen.

4,15 €, Zugang über den Kreuzgang; Führung auch auf Deutsch).

Von der Kathedrale führt über die Plaza de San José der Weg zu den Stadtmauern und zum Bollwerk **Baluarte de Redín** 2. Von den Aussichtspunkten ergibt sich ein herrlicher Blick in Richtung Pyrenäen und auf das im Tal liegende Portal de Francia, durch das die Jakobspilger seit jeher in die Stadt einziehen. Ein reizvoller Spazierweg entlang der Ronda de Obispo de Barbazán führt zur **Plaza de Toros** 3. Sie zählt mit 19 000 Plätzen zu den größten Arenen der Welt. Das architektonische Erscheinungsbild ist nicht besonders spektakulär, ihren Bekanntheitsgrad verdankt die Arena der Fiesta de San Fermín. Ganz in der Nähe der Arena erinnert ein **Denkmal** an den Stierkampffan Ernest Hemingway.

Streifzug durch die Altstadt

Den Dreh-und Angelpunkt von Pamplona bildet die weitläufige **Plaza del Castillo** 4. Einst war der Platz die Bühne für Turniere und Stierkämpfe. In der nordöstlichen Ecke liegt das **Traditionshotel La Perla,** in dem Hemingway bei seinen Besuchen in Pamplona vorzugsweise logierte. Das Hotel mit betagtem Charme wurde 2007 in ein luxuriöses 5-Sterne-Haus verwandelt. Seinen Kaffee trank der Schriftsteller am liebsten im prächtigen **Kaffeehaus Iruña** gleich nebenan.

Die Südwestecke nimmt der repräsentative neoklassizistische **Palacio de Navarra** 5 (19. Jh.) ein, der Sitz der Regierung der Autonomen Region. Im prachtvollen Thronsaal reihen sich die Gemälde von 32 navarresischen Königen. Im Arbeitszimmer des Präsidenten hängt das kostbarste Gemälde, das Porträt des Königs Fernando VII. von Francisco de Goya (Tel. 848 42 71 27, www.navarra.es, Besichtigung nur nach Voranmeldung).

Westlich des Regierungsgebäudes verläuft die Flaniermeile **Paseo de Sarasate**, die von Skulpturen der Könige Navarras flankiert wird. Den Auftakt der Promenade bildet das recht pompös geratene Denkmal **Monumento a los Fueros** (1903), das an den Widerstand gegen die Einschränkung der angestammten Sonderrechte Navarras erinnert. Benannt ist der Paseo nach einem berühmten Sohn der Stadt: Pablo de Saraste (1844–1908) war ein begnadeter Geigenvirtuose und Komponist.

Auf halber Höhe des Boulevards findet sich rechter Hand die gotische **Iglesia de San Nicolás** 6, die im 13. Jh. als Wehrkirche erbaut wurde. Die romanische Vorgängerin war im Zuge der Auseinandersetzungen zwischen den verfeindeten Stadtteilen einem Brandschlag zum Opfer gefallen.

Das Rathaus, die **Casa Constitorial** 7, steht im Zentrum der Altstadt. Um Konflikte zwischen den verfeindeten Stadtvierteln San Nicolás, San Cernín und Navarrería nicht neu aufflammen zu lassen, ließ König Carlos III. der Edelmütige das Rathaus im 15. Jh. genau an der Schnittstelle der drei Viertel, im Niemandsland, errichten. Der heutige Rathausbau stammt aus dem 20. Jh., erhalten blieb jedoch die üppig verzierte, barocke Fassade aus dem 18. Jh. Sie folgt in ihrem Aufbau der klassischen Säulenordnung. Löwen präsentieren die Wappen von Navarra und Pamplona. Figuren, die Tugenden wie Gerechtigkeit oder Besonnenheit symbolisieren, sollten den Ratsherren als Vorbild für ihre Politik dienen. Das Rathaus wird alljährlich am 6. Juli zum Schauplatz der Eröffnung der Fiesta de Sanfermines.

Nördlich vom Rathaus trifft man auf einen ehemaligen Spitalbau (16. Jh.), der heute das **Museo de Navarra** 8 beherbergt. Das modern aufbereitete, landeskundliche Museum zeigt Exponate von der Frühgeschichte bis hin zur Gegenwart. Zu seinen Glanzlichtern zählt ein filigran geschnitztes maurisches Elfenbeinkästchen (11. Jh.). Unter der Gemäldesammlung sticht das Porträt des Marqués de San Adrián von Francisco de Goya (1804) her-

Nächtliche Streifzüge

Auf das Nachtleben stimmt man sich mit Wein und *pinxtos* bei einem Kneipenbummel durch die Altstadt ein. Beliebt sind die **Calles San Nicolás, San Gregorio, Nueva Jarauta** und **Estafeta.** In der Neustadt, im **Barrio San Juan,** trifft sich die ausgehfreudige Jugend.

vor (Calle Santo Domingo 44, www.cfnavarra.es/cultura/museo, Di–Sa 9.30–14, 17–19, So 11–14 Uhr, 2 €, Sa nachmittags/So Eintritt frei).

In unmittelbarer Umgebung des Rathausplatzes steht die älteste Kirche Pamplonas, die trutzige **Iglesia de San Saturnino** 9 (12./13. Jh.), überragt von ihren beiden romanischen Türmen. Sie bildet den Mittelpunkt des einst fränkischen Viertels San Cernín. Vor der Kirche erinnert eine im Boden eingelassene Gedenkplatte an den Brunnen mit dessen Wasser der hl. Saturninus von Toulouse die ersten Christen Pamplonas getauft haben soll.

Ein Abstecher führt über die Calle Mayor, in der einige Herrenhäuser stehen, zur **Iglesia de San Lorenzo** 10 am Rande der Altstadt. Von der ursprünglichen Kirche aus dem 13. Jh. ist nicht allzu viel übrig geblieben, die heutige Bausubstanz stammt zum größten Teil aus dem 19. Jh. Das Gotteshaus beherbergt in einer barocken Kapelle die Reliquien von San Fermín (15. Jh.).

Außerhalb der Altstadt

Gegenüber der Kirche San Lorenzo liegt eine der grünen Lungen Pamplonas, der **Parque de Taconera** 11. Die Kulisse für den ältesten Park der Stadt bilden die Überreste der Stadtmauern und Wehranlagen. Zur Freude der Kinder gibt es in dem Park mit uraltem Baumbestand ein Gehege mit Hirschen, Rehen, Ziegen und Hasen.

Noch etwas weiter südwestlich erhebt sich die imposante, sternförmige Zitadelle **Ciudadela** 12, die auf Anordnung König Philipps II. im Jahr 1571 entstand. Heute dient die einstige militärische Bastion als Parkanlage, die durch eine Skulpturenmeile aufgelockert wird (Mo–Sa 7.30–21.30, So/Fei 9–21.30 Uhr). In den Innenräumen der Zitadelle finden Kunstausstellungen statt (Mo–Sa 18.30–21, So/Fei 12–14 Uhr).

Gegenüber dem Parque de la Ciudadela steht der L-förmige, hochmoderne **Palacio de Congreso y Auditorio de Navarra** 13, kurz auch als El Baluarte bezeichnet. Er wurde 2003 nach den Plänen des Architekten Patxi Mangado aus Navarra fertiggestellt. Neben Kongressen bietet er Raum für Konzerte, Opern, Theater und Kinofestivals (s. S. 233).

Südwestlich, im **Parque Yamaguchi**, benannt nach der japanischen Partnerstadt von Pamplona, befindet sich das attraktive **Planetarium** 14, eines der modernsten Europas. In der Kuppel mit einem Durchmesser von 20 m können mit 70 Projektoren bis zu 9000 Sterne gezeigt werden (Tel. 948 26 26 28, www.pamplonetario.org, Aug.–Juni Di–Fr 9.30–13.30, 16–19.30, Sa/So 11.30–13.30, 4 €).

Oteiza-Museum

Auf einem Hügel über der Ortschaft **Alzuza,** 9 km östlich von Pamplona, thront der moderne Museumsbau der **Fundación Museo Jorge Oteiza.** Das Gebäude errichtete der Architekt Francisco Javier Sáenz de Oiza, ein guter Freund des vielseitigen baskischen Bildhauers Jorge Oteiza (1908–2003). Das 2003 eröffnete Museum widmet sich dem Schaffen des baskischen Künstlers, eines der großen Pioniere der abstrakten Kunst in Spanien. Oteiza setzte sich in seinem Werk vor allem mit der Interaktion zwischen dem leeren Raum und der Materie auseinander. Von seiner enormen Schöpfungskraft zeugen die 1650 Skulpturen, die zum Fundus des Museums zählen (Tel. 948 33 20 74, www.museooteiza.org, Okt.–Mai Di–Fr 10–15, Sa/So/Fei 11–19, Juni–Sept. Di–So 11–19 Uhr, 4 €).

i **Oficina de Turimso:** Calle Eslava 1 (Ecke Plaza San Francisco), 31001 Pamplona, Tel. 948 42 04 20, Fax 948 42 46 30, www.turismo.navarra.es, Ostern–Okt. Mo–Sa 10–14, 16–19, So 10–14, sonst Mo–Fr 10–14, 16–19, Sa/So 10–14 Uhr.

Das Preisniveau der Hotels ist generell vergleichsweise hoch, zu den Sanfermines steigen die Preise ins Unermessliche.

Gran Hotel La Perla 1: Plaza del Castillo 1, Tel. 948 22 30 00, Fax 948 22 23 24, www.granhotellaperla.com. Das betagte Nostalgiehotel direkt am Hauptplatz, in dem schon Hemingway logierte, wurde in ein teures Luxushotel verwandelt. DZ 246–480 € (Sanfermines ab 750 €).

Richtig Reisen-Tipp: Ausflug ins Batzántal

Von Pamplona führt eine reizvolle Tour über die N-121 nach Norden ins 80 km entfernte Baztántal. Nach 50 km lohnt sich ein Abstecher ins Naturparadies **Señorío de Bértiz** am Ufer des Río Bidasoa. Im weitläufigen botanischen Garten aus dem 19. Jh. rund um den ehemaligen Herrensitz (18. Jh.) gedeihen dank des milden, vom Atlantik geprägten Klimas neben einheimischen Gewächsen zahlreiche Pflanzen aus fernen Ländern. Romantische Wege führen vorbei an verträumten Teichen und künstlichen Kaskaden. Um den botanischen Garten herum erstreckt sich der 2040 ha große **Naturpark Señorío de Bértiz,** auf fünf ausgeschilderten Pfaden lässt sich das Waldgebiet erkunden (Tel. 948 59 24 21, www.consorciobertiz.org, Führung nach Anmeldung möglich).

Über den Doppelort Oronoz-Mugaire gelangt man weiter auf der N-121 B ins saftiggrüne **Valle de Batzán.** Das malerische Pyrenäental zählt 15 schmucke Dörfer. Der wichtigste Ort im ›Tal der Hexen‹ ist das 3000 Einwohner zählende **Elizondo**, im Ortsbild fallen die prachtvollen Villen der *indianos*, der Amerikaheimkehrer, aus dem 19. Jh. ins Auge.

Nahe der Grenze zu Frankreich liegt das beschauliche Bergdorf **Zugarramurdi,** um das Geschichten von Magiern und Hexen kreisen. Ihre Treffen, die *akelarre,* sollen in der **Höhle von Zugarramurdi,** der ›Kathedrale des Teufels‹, knapp 500 m westlich vom Dorf, stattgefunden haben (Tel. 948 59 93 05, Di–So 11 Uhr bis Sonnenuntergang, 3,50 €). Dies kam im Jahr 1610 der Inquisition zu Ohren, woraufhin fast das ganze Dorf unter Verdacht stand, den Satan anzubeten. 53 Einwohner wurden nach Logroño verschleppt, sechs von ihnen starben auf dem Scheiterhaufen, weitere fünf erlagen der Folter im Kerker. Dieses dunkle Kapitel der Hexenverfolgung arbeitet das 2007 eröffnete Hexenmuseum **Museo de las Brujas** auf (Calle Behitiko karrika 22, Mi–Fr 11–18, Sa/So 11–19 Uhr, 4 €).

Tres Reyes [2]: Jardines de la Taconera s/n, Tel. 948 22 66 00, Fax 948 22 29 30, www.hotel3reyes.com. Von außen keine Augenweide, dafür bieten die Lage nahe der Altstadt sowie die hellen, komfortabel eingerichteten Zimmer Pluspunkte. DZ 191–475 €.
Hostal Acella [3]: Travesía Acella 3, bajo, Tel. 948 26 10 00, 619 78 69 99, Fax 948 17 33 48. Ordentliche Unterkunft in der Nähe des Parque Yamaguchi. DZ 64–185 €.
Avenida [4]: Avda. Zaragoza 5, Tel. 948 24 54 54, Fax 948 23 23 23, www.hotelavenida.biz. Hotel im Geschäftsviertel. Großzügig geschnittene Zimmer mit freundlicher Einrichtung. DZ 82–145 € (Sanfermines 299 €).
Maisonnave [5]: Calle Nueva 20, Tel. 948 22 26 00, Fax 948 22 01 66, www.hotelmaisonnave.es. Im historischen Zentrum gelegenes, modernes Hotel mit hauseigener Garage. DZ 89–120 € (Sanfermines 385 €).
Pensión Sarasate [6]: Paseo Sarasate 30, Tel./Fax 948 22 30 84, pensionsarasate@wanadoo.es. Die kleine Pension bietet 6 Zimmer, die freundlich und sauber sind. DZ 43 € (Sanfermines 134 €).

Josetxo [7]: Plaza Príncipe de Viana 1, Tel. 948 22 20 97, www.restaurantejosetxo.com. Topadresse von Pamplona. Erlesene Küchenkreationen in edlem Rahmen. 3 Gänge à la carte 48–58 €.
Hartza [8]: Calle Juan de Labrit 19, Tel. 948 22 52 99, Aug., So abends und Mo geschl. Das gediegene Feinschmeckerlokal ist rustikal-verspielt dekoriert und wird mit viel Herzblut von drei Schwestern geführt. Köstlich schmecken der Wolfsbarsch und die Stockfischgerichte. 3 Gänge à la carte 41–56 €.
Casa Manolo [9]: Calle García Castañon 12, 1°, Tel. 948 22 51 02, www.restaurantecasamanolo.com, 10.–31. Aug., So abends und Mo geschl. Gute regionale Küche, der Service ist sehr aufmerksam. Mo–Fr Menü 15 €, Spezialmenü 35 €.

Baserri [10]: Calle San Nicolás 32, Tel. 948 22 20 21, www.restaurantebaserri.com. Grandiose, stadtbekannte Tapa-Auswahl. Tapa ab 2,50 €, *ración* (Portion) ab 8 €.
Gaucho [11]: Calle Espoz y Mina 4, Tel. 948 22 50 73. Bar mit langer Theke, auf der sich die Tapas türmen. Tapa ab 2,50 €.
Café Iruña [12]: Plaza del Castillo 44 Tel. 948 22 20 64. Das Jugendstilcafé mit Terrasse auf dem Hauptplatz gehörte zu Hemingways Lieblingsadressen.

Mercado Santo Domingo: Puestos, Mo–Sa 8–14 Uhr. Die Markthalle liegt hinter dem Rathaus. Hier werden Obst, Gemüse, Käse und Wurst feilgeboten.
Aznares: Calles Zapatería 21, Tel. 948 22 54 94. Das Traditionsgeschäft verkauft **Baskenmützen** (*boinas*) in allen Varianten.

Boulevard Jazz: Plaza Félix Huarte 6. Do–Sa 21–3 Uhr. Treffpunkt für Freunde der Jazzmusik. Häufig auch Livemusik.

Fiesta de San Fermín: 6.–14. Juli. Zur berühmten Fiesta gehören das Eintreiben der Stiere (*encierros*) und die anschließenden Stierkämpfe sowie ein umfangreiches Festprogramm.
Fiesta de San Saturnino: 29. Nov. Fest des Stadtpatrons. Prozession mit Musikkapellen und Riesenfiguren aus Pappmaschee.
Fundación Municipal Teatro Gayarre: Av. Carlos III 1, Tel. 948 20 65 93, 948 22 01 39, www.teatrogayarre.com. Theater-, Musik- und Tanzvorstellungen.
Baluarte, Palacio de Congresos y Auditorio de Navarra: Plaza del Baluarte s/n, Tel. 948 06 60 66, www.baluarte.com. Im Kongresspalast werden auch Konzerte, Opern-, Ballett- und Theateraufführungen geboten.

Flug: Aeropuerto de Pamplona-Noain, Ctra. Pamplona–Zaragzoza, km 5, 31110 Noain (6 km südl. von Pamplona), Tel. 948 16 87 50, www.aena.es. **Iberia-Büro:** Tel. 948 16 87 50. Die **Buslinie** 21 verbindet den Flughafen mit dem Zentrum von Pamplona, Haltestelle ist die Plaza de la Paz. Flüge nach Madrid, Barcelona, Palma de Mallorca und Lissabon.
Bus: Busbahnhof, Calle Yanguas y Miranda 2, Tel. 948 20 35 66, 948 29 24 96, www.estaciondeautobusesdepamplona.com. Busse nach Barcelona, San Sebastían, Vitoria-Gasteiz, Logroño und zu vielen regionalen Zielen wie Estella oder Olite.
Zug: RENFE-Bahnhof, Plaza de la Estación s/n, Tel. 948 13 02 02. Verbindungen nach Madrid, Barcelona, Burgos, San Sebastían, Vitoria-Gasteiz und Logroño.

Puente la Reina

Reiseatlas: S. 16, D 1
In dem Städtchen **Puente la Reina** (bask. Gares, 2000 Einw.) vereinigen sich die beiden Stränge des *Camino Francés*: der *Camino Navarro* und der *Camino Aragonés.* Nach der anstrengenden Pyrenäenüberquerung sammeln die Pilger hier neue Kräfte, um weiter auf ihr Ziel, Santiago de Compostela, zuzuwandern. Am Ortseingang treffen die Pilger auf die einstige Templerkirche **Iglesia del Crucifijo** (12. Jh.), die ein Y-förmiges Kruzifix (15. Jh.) enthält. Der Pilgerweg führt schnurgerade entlang der Calle Mayor durch das Städtchen. Einige stattliche Adelspaläste mit Wappen und großen Portalen säumen den Weg. Fast eingezwängt zwischen der Häuserflucht erhebt sich rechter Hand die mehrfach umgestaltete **Iglesia de Santiago** (12. Jh.) mit ihrem stolz in die Höhe aufragenden Turm. Das romanische Portal mit orientalisch angehauchtem Vielpassbogen und rästelhaft ›aufgespießten‹ Köpfen gewährt Einlass in das Gotteshaus. Gegenüber vom Eingangsportal findet sich eine eindrucksvolle Jakobusskulptur im Pilgergewand (14. Jh.).

Vorbei am **Rathausplatz** führt die Hauptstraße geradewegs auf die für die Ortschaft namensstiftende **Brücke Puente la Reina** (Brücke der Königin) zu. Elegant spannt sich die sechsbogige Brücke (11. Jh.) über den Río Arga und spiegelt sich malerisch im Fluss. Bis heute ist nicht geklärt, welche Königin die Brücke stiftete, die den Pilgern und den Kauf-

Puente la Reina: die ›Brücke der Königin‹ gab dem Ort seinen Namen

leuten das Leben immens erleichterte. Ihr verdankt Puente la Reina auf jeden Fall seinen Aufstieg zum blühenden Städtchen am Jakobsweg.

Oficina de Turismo: Calle Mayor 105, 31100 Puente la Reina, Tel. 948 34 08 45, Fax 948 34 08 13, www.puentelareinagares.net, Di–Sa 10–14, 15–18, So 11–14 Uhr.

Hotel El Peregrino: Calle Irunbidea s/n, Tel. 948 34 0075, Fax 948 34 11 90, www.hotelelperegrino.com. Edle, geschmackvolle Unterkunft mit Garten und Swimmingpool. Dazu gehört ein exklusives Restaurant (3 Gänge à la carte 58–65 €). DZ 150–210 €.

Hotel Bidean: Calle Mayor 20, Tel. 948 34 04 57, Fax 948 34 02 93, www.bidean.com. Das Hotel im Zentrum von Puente la Reina bietet rustikalen Charme, eine hervorragende Tapabar und ein sehr zu empfehlendes Restaurant im Kellergewölbe (Menü 30 € inkl. Getränke). DZ 72–100 €.

Fiestas de Santiago: 24.–30. Juli. Patronatsfest mit Musik und Tanzdarbietungen. Zur Fiesta zu Ehren des hl. Jakobus gehören auch Stierkämpfe und Stierläufe (*encierros*), ähnlich wie in Pamplona.

Bus: Die Busfirma La Estellesa fährt nach Pamplona und Logroño.

Estella

Reiseatlas: S. 15, C 1

König Sancho Ramírez protegierte das im Talkessel des Río Ega liegende **Estella** (bask. Lizarra, 13 900 Einw.), indem er im 11. Jh. kurzerhand den Jakobsweg umleiten ließ und fränkische Siedler durch Privilegien anlockte. So entwickelte sich der unbedeutende Marktflecken zu einem wichtigen Handelszentrum und zur Residenzstadt der Könige von Navarra. Vom damaligen Baufieber zeugen Kirchen, Klöster und Paläste. Im Mittelalter nannten die Pilger die Stadt »Estella la bella« und selbst der ansonsten so kritische Aimeric Picaud, der Autor des Pilgerführers »Codex Calixtinus« schrieb: »Das Brot ist gut, der Wein exzellent, Fleisch und Fisch reichlich und Glückseligkeiten gibt es in Hülle und Fülle.« Damals konkurrierte Estella sogar mit den bedeutenden Pilgerstädten Burgos und Pamplona.

Ab dem 14. Jh. wendete sich das Blatt: 1328 fiel das jüdische Viertel einem Progrom zum Opfer. Der Wegzug der Juden schwächte die Wirtschaftskraft des Ortes merklich. Zudem suchten Überschwemmungen die Stadt heim. Im Zuge des Krieges zwischen Kastilien und Navarra durchlitt die Stadt 1463 eine lange Belagerungszeit. Erst nach der Vereinigung der beiden Königreiche 1512 kehrte allmählich wieder Ruhe ein.

Stadtrundgang

Das Herz des fränkischen Viertels bildete die **Plaza de San Martín.** Hier findet sich eines der raren Zeugnisse romanischer Profanarchitektur, der **Palacio de los Reyes de Navarra** (12. Jh.). Bemerkenswert sind die Kapitelle der prachtvollen Fassade des Königspalastes; eines präsentiert den legendären Kampf zwischen dem Helden Roland und dem Riesen Ferragut. Heute beherbergt der Palast ein **Museum,** das sich dem Werk des Malers **Gustavo de Maetzu y Withney** (1887–1947) widmet, eines der wichtigsten Vertreter der Baskischen Schule (Tel. 948 54 60 37, www.museogustavodemaeztu.com, Di–Sa 11–13, 17–19, So/Fei 11–13.30 Uhr, Eintritt frei).

Schräg gegenüber führt eine steile, schweißtreibende Treppe hinauf zur romanischen Kirche **San Pedro de la Rúa** (12./13. Jh.). Die dreischiffige Kirche bewahrt in der Capilla de San Andrés die kostbaren Reliquien des Stadtpatrons auf. In der Chorscheitelkapelle zieht die Schlangensäule, geformt aus drei sich ineinander verschlungenen Schlangen, das Interesse auf sich. Der stimmungsvolle, romanische Kreuzgang blieb nur in Teilen erhalten, die Sprengung der benachbarten Burg im 16. Jh. zerstörte zwei Flügel der Anlage.

Auf der anderen Seite des Flusses thront die wehrhafte **Kirche San Miguel** (12.–14. Jh.), einst der Mittelpunkt des navarrischen

Viertels. Von der Kirche eröffnet sich ein schöner Blick über die Altstadt. Das figurenreiche Nordportal zählt zu den Perlen der romanischen Steinmetzkunst. Ein eindrucksvolles Relief zeigt den Patron der Kirche, den hl. Michael, im Kampf gegen den Drachen.

Kloster Irache

Nur 2 km südwestlich von Estella findet sich zu Füßen des Montejurra (1045 m) die nächste Pilgerstation, das **Kloster Monasterio de Irache** (12.–18. Jh.), eines der ältesten Benediktinerklöster Navarras. Im 11. Jh. richtete das erstmals im 10. Jh. urkundlich erwähnte Kloster das erste Pilgerhospiz in Navarra ein. Vom 16.–18. Jh. diente Irache auch als Universität.1985 gab der Orden das Kloster mangels Nachwuchs auf. Die mächtige Klosterkirche (12. Jh.) und der Renaissancekreuzgang vermitteln dem Besucher einen Eindruck vom einstigen Glanz des Klosters. In naher Zukunft sollen Teile der Klosteranlage in ein Paradorhotel verwandelt werden. (Tel. 948 55 44 64, Jan.–Nov. Di 9.30–13.30, Mi–Fr 9.30–13.30, 17–18/19, Sa/So 8.30–13.30, 16–18/19 Uhr, Eintritt frei.)

Die benachbarte Weinkellerei Irache errichtete kurz vor Klosterkirche einen **Weinbrunnen,** aus dem – zur Freude der Pilger kostenlos – ein recht akzeptabler *vino tinto* sprudelt. Das Abfüllen in größeren Mengen schickt sich allerdings nicht!

Oficina de Turismo: Calle San Nicolás 1, 31200 Estella, Tel. 948 55 63 01, www.estella-lizarra.com, Sommer Mo–Fr 10–14, 16–19, Sa/So 10–14, Winter Mo–Sa 10–17, Sa/So 10–14 Uhr.

Yerri: Av. Yerri 35, Tel. 948 54 60 34, Fax 948 55 50 81, www.hotelyerri.es. Das Mittelklassehotel liegt in der Nähe der Stierkampfarena. Die 28 Zimmer fallen nicht allzu groß aus, sind aber solide ausgestattet. Parkplätze vorhanden. DZ 55–60 €.

Pension San Andrés: Plaza Santiago 58, Tel. 948 55 41 58, Fax 958 55 04 48. Zentral gelegene einfache, aber recht ordentliche Unterkunft. DZ 38 €.

Albergue Juvenil Municipal Oncineda: Calle Monasterio de Irache s/n, Tel. 948 55 50 22, www.escur.com. Die Jugendherberge ist zentral gelegen und bietet einen ordentlichen Standard. Bett 15–17,50 €, Pilger 12 €.

Asador la Tasca: Calle Navarro Villoslada 1, Tel. 948 55 62 07, Di abends geschl. Das Restaurant direkt am Río Ega mit Terrasse und einer Bar serviert leckere Fleisch- und Fischgerichte vom Grill. 3 Gänge á la carte 27–35 €.

Navarra: Calle Gustavo de Maeztu 16, Tel. 948 55 00 40, So abends/Mo geschl. Das Traditionslokal in einem ehemaligen Herrenhaus bietet Typisches aus der Region wie Lamm, Zicklein oder gefüllten Spargel. Menü 22 €.

Donnerstags wird auf der Plaza de los Fueros der **Wochenmarkt** abgehalten.

Baile de Era: 25. Mai. Auf dem Fest werden traditionelle Tänze aus der Region aufgeführt.

Fiesta Patronal de San Andrés: 1. Fr im Aug. Zu den Attraktionen des einwöchigen Patronatsfestes zählen die *encierros*, Stierläufe à la Pamplona.

Bus: Busbahnhof, Plaza de la Coronación s/n. Die Busfirma Estellesa fährt mehrmals tgl. nach Pamplona, Logroño und San Sebastián.

Unterwegs nach Viana

Reiseatlas: S. 15, B 1

San Esteban de Monjardín und Torres del Río

Hinter Estella wandern die Jakobspilger durch eine sanfte Hügellandschaft, die von schier endlosen Weinfeldern überzogen wird. Kurz hinter dem Monasterio de Irache wachen über der Ortschaft Villamayor de Monjardín auf einem markanten Bergkegel die Überreste der **Festung San Esteban de Monjardín.** Nach weiteren 17 km lohnt es sich, einen Stopp in dem Dörfchen **Torres del Río** einzulegen, um der Kirche **San Sepulcro** (12. Jh.) einen Besuch abzustatten. Das schlichte Gotteshaus ruht auf einem achteckigen Grundriss und ist genauso geheimnisumwoben wie die ebenfalls oktagonale, berühmte Kirche Santa Maria de Eunate (s. S. 245). Wer die Kirche erbaute, blieb bislang im Dunkeln der Geschichte verborgen, im Gespräch sind der Templerorden und der Orden des Heiligen Grabes. Eine architektonisch interessante Kuppel, deren Rippen einen achteckigen Stern bilden, überspannt den Innenraum. Vorbilder dafür sind in der islamischen Architektur zu finden, als Inspirationsquelle könnte die Moschee von Córdoba gedient haben.

Viana

Nur wenige Kilometer vor Logroño, der Hauptstadt der Rioja, liegt das Städtchen **Viana** (3500 Einw.). König Sancho VII. der Starke gründete die Ortschaft im Jahr 1219, um die Landesgrenze gegen Kastilien zu sichern. Privilegien und die Lage am Jakobsweg sorgten für eine rasche Entwicklung. Im Jahr 1423 schuf König Carlos III. der Edelmütige für seinen Enkel und Thronfolger das Fürstentum von Viana. Entsprechend repräsentativ zeigt sich die fünfschiffige Hauptkirche **Iglesia de Santa María** (13./14. Jh.). Eine schlichte Grabplatte erinnert daran, dass die Kirche einst die sterblichen Überreste des berühmt-berüchtigten Cesare Borgia (1475–1507) barg. Aufgrund seines skandalumwitterten Lebenswandels wurden seine Gebeine jedoch vor dem prächtigen Renaissanceportal der Kirche verscharrt. Der Schwerenöter wurde von Papst Julius II., nach Spanien verbannt. Dort trat er in den Dienst seines Schwiegervaters, des Königs Jean d'Albret von Navarra und geriet 1507 bei der Belagerung von Viana in einen tödlichen Hinterhalt.

Palacio de Pujadas: Calle Navarro Villoslada 30, Tel. 948 64 64 64, Fax 948 64 64 68, www.palaciodepujadas.com. Das komfortable, geschmackvoll eingerichtete Hotel im Stadtzentrum ist in einem Anwesen aus dem 16. Jh. untergebracht. DZ 110 €.

Schafzucht: der Ursprung des nordspanischen Reichtums

Der Aragonesische Jakobsweg

Karte S. 240

Für die Jakobspilger, die über Arles und Toulouse ziehen, führt der Weg gen Süden durch die Pyrenäen über den gefürchteten Somportpass ins Land des Apostelgrabs. Die Aragonesische Route bietet neben eindrucksvollen Kirchen und Klöstern wie San Juan de la Peña und Leyre eine Fülle von Naturerlebnissen. Lohnenswerte Abstecher vom Jakobsweg führen in die Pyrenäentäler Navarras.

Über den Somportpass

Karte: S. 240

Die erste Station am Aragonesischen Jakobsweg bildet der **Somportpass** 1 (1631 m), einer der ältesten Pyrenäenübergänge. Sein Name leitet sich vom Lateinischen *summus portus,* höchster Pass, ab. Seitdem im Jahr 2003 der hochmoderne, 9 km lange Somporttunnel eröffnet wurde, hält sich der Verkehr auf der Passstraße in Grenzen. Die Pilger, die via Toulouse nach Spanien zogen, erholten sich von den Strapazen des Aufstiegs im kurz unterhalb der Passhöhe gelegenen **Pilgerhospital Santa Cristina de Somport** (11. Jh.). Von dem einst so bedeutenden Hospiz sind nur noch spärliche Mauerreste übrig. Nahebei liegt der Wintersportort **Candanchú** 2, 1928 wurde hier die erste Skistation Spaniens eingeweiht. Oberhalb von **Canfranc** 3 erinnert der alte Bahnhof (1928) mit seiner maroden Pracht an die Bahnverbindung mit Frankreich, die 1970 eingestellt wurde. 1965 wurden hier Szenen des Filmklassikers »Dr. Schiwago« gedreht. Der ehemalige Eisenbahntunnel dient heute dem Autobahntunnel als Fluchtweg.

Jaca

Karte: S. 240

Die Pilgerstadt **Jaca** 4, einst die erste Hauptstadt des aragonesischen Königreichs, dient vielen Urlaubern heute als Ausgangspunkt für Berg- und Skitouren in den Pyrenäen sowie für Wanderungen im Nationalpark Ordesa. Die angenehme Kleinstadt (12 700 Einw.) bettet sich auf einem Plateau oberhalb des Río Aragón.

Ihre bedeutendste Sehenswürdigkeit ist die im 11. Jh. errichtete, massige **Kathedrale San Pedro,** eines der ältesten romanischen Gotteshäuser Spaniens. Die reiche Bauplastik des West- und Südportals setzte Maßstäbe für die Kirchenbauten entlang des Jakobswegs, so taucht beispielsweise immer wieder der erstmalig in Jaca verwandte Würfelfries als Dekorelement auf. Der Kreuzgang (18. Jh.) beherbergt heute das Diözesanmuseum, es enthält eine bemerkenswerte Sammlung von romanischen Fresken, Plastiken und Kruzifixe (tgl. 11–13.30, 16–20 Uhr, Eintritt frei).

Ein Abstecher lohnt sich zur Klosterkirche **San Salvador y San Ginés,** sie birgt den kunstvoll gearbeiteten, romanischen Sarkophag der 1095 verstorbenen Infantin Doña Sancha, der Tochter des ersten aragonesischen Königs Sancho Ramírez. Der Norden der Stadt wird beherrscht von einer mächtigen, fünfeckigen **Zitadelle,** die unter Philipp II. im späten 16. Jh. erbaut wurde, um die Stadt besser vor Übergriffen der Franzosen schützen zu können.

i **Oficina de Turismo:** Plaza de San Pedro 11–13, 22700 Jaca, Tel. 974 36 00

98, Fax 974 35 51 65, www.jaca.es, Sommer, Mo–Sa 9–21, So, Fei 9–15, Winter Mo–Sa 9–13.30, 16.30–19.30 Uhr.

Hotel Conde Aznar: Paseo de la Constitución, 3, Tel. 974 36 10 50, Fax 974 36 07 97, www.condeaznar.com. Charmantes, kleines Hotel, das auch bekannt ist für die gute Regionalküche seines Restaurants (Degustationsmenü 60 €). DZ inkl. Frühstück 80–110 €.

San Juan de la Peña

Karte: S. 240
Ein steiles Sträßchen windet sich hinauf zum **Kloster San Juan de la Peña** 5, das sich abenteuerlich unter eine überhängende Felswand aus rötlichem Konglomeratgestein schmiegt. Schon früh entdeckten Einsiedler die Waldeinsamkeit in den Bergen für sich. Im 9. Jh. entstand unter den Benediktinern eine Klosteranlage. In den unruhigen Zeiten der Überfälle der Mauren in Nordspanien diente das Kloster als Zufluchtsstätte und entwickelte sich zu einem Hort des christlichen Widerstandes. Die Könige von Aragon unterstrichen den Rang des Klosters, indem sie es zur ihrer letzten Ruhestätte auserkoren. Im 11. Jh. schloss sich die Abtei schon früh der Kluniazensischen Reform an und trug zur ihrer Verbreitung in Spanien bei. So wich die bislang übliche mozarabische Liturgie dem römisch-katholischen Ritus.

Die Klosteranlage besteht aus zwei Ebenen, im unteren Bereich führt der Schlafsaal der Mönche in die **Unterkirche** (920). In den beiden Apsiden, die direkt in den Fels eingearbeitet wurden, sind noch Überreste von Fresken (12. Jh.) zu erkennen. Die linke Apsis zeigt das Martyrium der Heiligen Cosmas und Damian, der Schutzpatrone der Ärzte.

Vor der **Oberkirche** liegt in einem Vorhof das Panteón de los Nobles (11.–14. Jh.) mit den Nischengräbern von Adeligen. Auf den Grabplatten tauchen als Dekor vor allem das Christusmonogramm und das Kleeblattkreuz von Navarra auf. Unmittelbar dahinter, einsichtig von der Kirche, befindet sich das Panteón Real, die Grablege der Könige von Aragon und Navarra, die im 18. Jh. neu gestaltet wurde. Die hohe, einschiffige Kirche (11. Jh.) barg im Mittelalter eine kostbare Reliquie, die viele Pilger des nahen Jakobswegs anlockte. Es handelt sich um den legendenumwobenen Heiligen Gral, den Kelch des letzen Abendmahls, der heute in der Kathedrale von Valencia präsentiert wird. An der Frage nach seiner Authentizität scheiden sich allerdings die Geister.

Ein Hufeisenportal führt ins Freie, in den viel gerühmten **Kreuzgang** des Klosters, der sich unter die vorspringende Felswand bettet. Die romanische Kapitellplastik glänzt durch ihre Finesse und Ausdruckskraft. Das auffälligste Merkmal im Werk des unbekannten Meisters von San Juan de la Peña sind die hervorquellenden Augen seiner biblischen Figuren (Mitte März–Mai, Sept./Okt. 10–14, 15.30–19, Juni–Mitte Juli 10–14, 15–20, Mitte Juli–Aug. 10–20, Nov.–Mitte März 10.30–14, 15.30–17.30 Uhr, 6 €, Kombiticket mit Monasterio Nuevo und Iglesia Santa Cruz de la Serós 10 €).

Einige Kehren oberhalb des Klosters breitet sich das barocke **Monasterio Nuevo de**

Mit der Autorin unterwegs

Naturerlebnis trifft Kunstgenuss
Wie ein Adlerhorst klammert sich das Kloster **San Juan de la Peña** an die Bergwelt. Der Kreuzgang in atemberaubender Lage wird ›überdacht‹ von einer überhängenden Felswand. Romanische Bildhauerkunst vom Feinsten bieten die Kapitelle (s. S. 239).

Gregorianik live
Wer sich als Gast in der **Klosterherberge zu Leyre** einquartiert, kommt in den Genuss besonderer Privilegien: Er darf nicht nur die abendliche Ruhe genießen, wenn die Tagesgäste verschwunden sind, sondern auch um 19 Uhr den Gregorianischen Gesängen der Mönche lauschen (s. S. 243).

San Juan de la Peña auf einer Hochebene aus. Nach einem verheerenden Brand im alten Kloster ließen die Benediktiner im 17. Jh. das neue Kloster erbauen. Nach umfassenden Sanierungsmaßnahmen dient die Abtei heute als Hotel und Restaurant und beherbergt eine Ausstellung über die Geschichte der Abtei und des Königreichs von Aragon.

Ein kurzer Spazierweg führt vom Kloster zum herrlichen Aussichtspunkt **Mirador de los Pirineos,** der den Blick auf den Hauptkamm der Pyrenäen freigibt (Tel. 974 35 51 19, www.monasteriosanjuan.com, Mitte März–Mai, Sept./Okt. 10–14, 15.30–19, Juni–Mitte Juli 10–14, 15–20, Mitte Juli–Aug. 10–20, Nov.–Mitte März 10.30–14, 15.30–17.30 Uhr, 8 €, Kombiticket mit Monasterio Nuevo und Iglesia Santa Cruz de la Serós 10 €).

Unten im Tal lohnt sich ein Stopp im Dorf **Santa Cruz de la Serós** 6. Das Ortsbild prägen schiefergedeckte Steinhäuser mit ihren typischen runden Kaminen. Den Mittelpunkt bildet die ehemalige **Klosterkirche** San Cruz de la Serós, ein weiteres Schmuckstück der Romanik.

Pyrenäentäler

Karte: S. 240

Roncaltal

Der Jakobsweg verläuft im Tal des Río Aragón, kurz nach Erreichen des Stausees von Yesa führt ein Abstecher ins landschaftlich reizvolle **Roncaltal.** Das östlichste Pyrenäental Navarras formte der Río Esca. In ganz Spanien ist das Tal bekannt für den *queso de Roncal,* einen leicht pikanten, aus Rohmilch hergestellten Schafskäse. Das südliche Eingangstor in das Valle de Roncal bildet das kleine Dorf **Burgui** 7 (230 Einw.). Ganz in der Nähe der Ortschaft liegt die unter Naturschutz stehende Schlucht **Foz de Burgui**, ein wichtiges Refugium für Greifvögel.

10 km weiter nördlich trifft man auf das Bergdorf **Roncal** 8 (290 Einw.), das geografische Zentrum des Tales. In den gepflasterten Gassen finden sich einige schmucke Herrenhäuser, bekrönt wird das Dorf von der wuchtigen **Pfarrkirche San Esteban** (16. Jh.). In der Welt der Musik ist Roncal bekannt als Geburtsort des berühmten Tenors Julián Gayarre (1844–1890), der auf allen großen Bühnen zu Hause war. Er stammte aus einfachsten Verhältnissen und verdingte sich, bevor sein Gesangstalent entdeckt wurde, als Schäfer und Schmied. Auskunft über sein Leben und sein Werk gibt das ihm gewidmete Museum **Casa-Museo de Julián Gayarre** (Calle Arana s/n, Juni–Sept. Di–So 11.30–13.30, 17–19, sonst Sa/So 11.30–13.30, 16–18 Uhr, 1,80 €).

Der Jakobsweg in Aragon

i **Oficina de Turismo, Centro Interpretación de la Naturaleza:** Calle Gayarre s/n, 31415 Roncal, Tel. 948 47 52 56, Fax 948 47 53 16, www.turismo.navarra.es. Fr/Sa 10–14, 16.30–19.30, So–Do 10–14 Uhr. Eine Ausstellung informiert über die Geografie, Flora und Fauna sowie das Leben und die Traditionen der Bewohner des Roncaltals.

Día de la Almandía: 1. Maiwochenende. Die Feierlichkeiten in **Burgui** er-

innern an das alte Gewerbe der Flößerei, von dem die Dorfbewohner einst lebten.

Bus: Pamplona–Roncaltal, mit La Tafallesa (Tel. 948 22 28 86) Mo–Sa 1 x tgl.

Ansó- und Hechotal

Von Roncal bieten sich über die NA-176 Ausflüge in die aragonesischen Pyrenäentäler **Valle de Ansó** 9 und **Valle de Hecho** 10 an. 8 km weiter nördlich liegt das nette Dorf **Isaba** 11, mit knapp 500 Einwohnern die größte Ortschaft des Roncaltals. Isaba ist der Ausgangspunkt für die Erkundung der bizarren Karstlandschaft von **Larra-Belagua** 12, die nahe der Grenze zu Frankreich liegt. Zerklüftete Felsen, tiefe Schluchten, Höhlen und hoch gelegene Weidegründe bestimmen das Panorama. Zu den botanischen Schätzen zählen seltene Orchideenarten, in den Hochlagen finden sich majestätische Schwarzkiefern.

Hostal Lola: Calle Medigatxa 17, 31417 Isaba, Tel. 948 89 30 12, Fax 948 89 30 12, www.hostal-lola.com. Das Hostal wird in der dritten Generation geführt. Die Einrichtung ist ausgesprochen gemütlich und geschmackvoll. Im Restaurant wird auf regionale Küche gesetzt (Menü 18 €). DZ 55–62 €.

Camping

Asolaze: Ctra. de Francia 6, Isaba, Tel. 948 89 30 34, Nov. geschl. Reizvoll im Tal von Belagua gelegener Platz, zu dem auch eine Herberge mit Stockbetten gehört (pro Bett 9,50 €). Pro Pers./Pkw/Zelt 4,20 €, Caravan 4,50 €.

Wandern & Skilanglauf: Als Einstieg für Wander- oder Langlauftouren in der Berglandschaft von **Larra-Belagua** bietet sich die Schutzhütte Refugio del Belagua an, direkt an der Landstraße bei Isaba.

Burg von Javier

Karte: S. 240

Hoch über dem Río Aragón thront das **Castillo de Javier** 13 (bask. Xabier gaztelua). Die Festung wirkt wie einem Bilderbuch entsprungen: Trutzige, von Zinnen bekrönte

Türme, Schießscharten und dunkle Verliese lassen Kinderträume wahr werden. In dieser Burg wurde 1506 der **hl. Francisco Javier** (Franz Xaver), der Mitbegründer des Jesuitenordens geboren. Francisco Javier ging vor allem als Missionar in die Geschichte ein, er wirkte in Indien, Indonesien und Japan. 1552 erlag er einem Fieber auf der Insel Sancian in der Bucht von Kanton vor China, seine letzte Ruhestätte befindet sich in Goa. In der Burg veranschaulicht eine **Ausstellung** die verschiedenen Stationen der Vita des Heiligen. Höhepunkt des Besuches ist das vermeintliche **Geburtszimmer** Francisco Javiers.

Im Christusturm findet sich das hochverehrte, Wunder wirkende **Kruzifix von Javier** (14. Jh.), auf den Wänden führen Skelette einen Totentanz auf. Die Burg entwickelte sich um einen Wachturm aus dem 10. Jh. Nach der Vereinigung Kastiliens mit Aragon 1516 wurde die nunmehr funktionslose Burg abgerissen, übrig blieb ein Adelspalais. Um 1900 wurden die Burg und die Kirche wieder aufgebaut (Tel. 948 88 40 24, www.javier2006.com, tgl. 10–14, 15.30–19, Nov. bis 18 Uhr, 2 €).

Hotel Xabier: Plaza del Santo s/n, 31411 Javier, Tel. 948 88 40 06, Fax 948 88 40 78, www.hotelxabier.com. Das angenehme, aufmerksam geführte Haus bietet solide Zimmer und eine für die Kategorie hervorragende Küche (Menü 21–34 €). DZ 73–88 €.

Las marchas a Javier: 1. und 2. oder 2. und 3. Wochenende im März. Jedes Jahr pilgern zur *Novena de la Gracia* aus allen Ecken Navarras Gläubige zur Geburtsstätte des Heiligen, des Schutzpatrons von Navarra. Traditionell werden bei der *Javierada* junge Jesuitenpatres als Missionare verabschiedet.

San Salvador de Leyre

Karte: S. 240; **Reiseatlas:** S.16, E 1

Auch das **Kloster San Salvador de Leyre** 14 liegt nicht direkt am *Camino Aragonés,* doch es bettet sich eindrucksvoll an den Südhang der schroffen Sierra de Leyre. Die historisch dokumentierten Wurzeln des Benediktinerklosters reichen bis ins frühe Mittelalter zurück. Vor den Überfällen der Mauren im 9. und 10. Jh. fanden die Könige Navarras und die Bischöfe Pamplonas hier eine sichere Zuflucht. Dem Ansturm der Truppen des Feldherrn Almanzor hielt die Abtei jedoch nicht stand. Den Wiederaufbau übernahm König Sancho III. Garcés el Mayor (992–1035) im Jahr 1022. Er protegierte das Kloster und erhob es zur **Grablege der Könige von Navarra.**

In der Folge entwickelte sich San Salvador de Leyre rasch zum einflussreichsten geistlichen Zentrum Navarras. Zeitweilig unterstanden der Abtei bis zu 60 Dörfer und 70 Kirchen und Klöster sowie zahlreiche Pilgerherbergen am Jakobsweg. Im Zuge der Säkularisation musste das Kloster 1836 seine Pforten schließen. Seit 1954 wird es wieder von Benediktinermönchen bewohnt.

Das Westportal der **Klosterkirche** (12. Jh.) glänzt durch sein romanisches Dekor. Das Tympanon zeigt Christus im Zentrum, rechts von ihm Maria und Petrus und links Johannes. Den dreifachen Bogenlauf bevölkern furchterregende Monster, sie sollten das Böse abschrecken und die Gläubigen mahnen, nicht vom rechten Weg zu weichen. Den einschiffigen Innenraum versahen die Zisterzienser, die das Kloster 1307 für über 500 Jahre übernahmen, mit einem kühn gespannten gotischen Gewölbe. Von der Vorgängerkirche behielten sie das romanische Chorhaupt mit seinen drei wohlgeformten, wenn auch nicht ganz symmetrischen Apsiden bei.

Die Besucher zieht jedoch vor allem die **Krypta** (11. Jh.), das ehemalige königliche Pantheon, in ihren Bann. Tief in den Boden eingelassene Säulenstümpfe, bekrönt von wuchtigen Kapitellen mit schlichtem Dekor, und Bögen mit mächtigen Steinen formen eine Raumschöpfung von archaischer Monumentalität (Tel. 948 88 41 50, www.monasteriodeleyre.com, Mo–Fr 10.15–14, 15.30–19, Sa/So 10.15–14, 16–19 Uhr, 2,10 €, eine Voranmeldung ist ratsam).

Unterhalb des Klosters breitet sich das ›Meer der Pyrenäen‹ aus, der 1959 angelegte

San Salvador de Leyre: einst das einflussreichste Kloster Navarras

Stausee **Embalse de Yesa** 15. In der Francozeit wurde nicht lange gefackelt, 2400 ha Land und etliche Dörfer verschwanden in den Fluten des Río Aragóns. Der Stausee fasst 500 Mio. m³ Wasser und dehnt sich auf einer Länge von über 20 km aus. Als Protest gegen den geplanten weiteren Ausbau des Stausees sind überall in den umliegenden Dörfern die Parolen »Yesa-No« zu lesen.

Hospedería de Leyre: Monasterio de Leyre, 31410 Yesa, Tel. 948 88 41 00, Fax 948 88 41 37, www.monasteriodeleyre.com. Das Kloster bietet solide ausgestattete Zimmer. Bei einigen Einzelzimmern fallen die Bäder allerdings recht klein aus (s. auch S. 239). DZ 60–70 €.

Sos del Rey Católico

Karte: S. 240; **Reiseatlas:** S. 16, E 2

Ein weiterer lohnender Abstecher vom Jakobsweg führt nach Süden ins Städtchen **Sos del Rey Cátolico** 16 (800 Einw.), das bereits in Aragon liegt. Auf einem Felssporn breitet sich das hübsche, mittelalterliche Städtchen mit seinem steilen Gassengeflecht aus. Stolz sind die Bewohner darauf, dass hier König Ferdinand der Katholische (1452–1516) geboren wurde. In seinem Geburtshaus, dem **Palacio de Sada,** widmet sich ein **Museum** dem Monarchen von Aragon, der 1492 an der Seite seiner Frau Isabella von Kastilien Granada, die letzte Bastion der Mauren, einnahm (Centro de Interpretación de Fernando el Católico, Plaza de la Hispanidad 1, Tel. 948 88 85 24, www.territoriomuseo.es, Karwoche/Sommer tgl. 10–14, 16–20, sonst Mo–Fr 10–13, 16–19, Sa/So/Fei 10–14, 16–19 Uhr, 2,60 €; das Museum bietet auch Stadtführungen an).

Auf dem höchsten Punkt des Ortes liegt die **Kirche San Estebán** (11./13. Jh.), interessant sind vor allem die romanischen Kapitelle und die gotischen Fresken der Unterkirche. Von der Kirche ergibt sich ein herrlicher Blick auf das umliegende Ackerland und die Pyrenäen in der Ferne.

Parador de Sos del Rey Cátolico: Calle Arquitecto Sainz de Vicuña 1, 50680 Sos del Rey Cátolico, Tel. 948 88 80 11, Fax 948 88 81 00, www.parador.es. Der moderne, komfortable Parador fügt sich recht harmonisch ins Stadtbild ein. DZ 127–138 €.

Sangüesa

Karte: S. 240

Am linken Ufer der Río Aragón erstreckt sich das 5000 Einwohner zählende Städtchen **Sangüesa** 17. Die Grenzlage zu Aragon und v. a. seine Rolle als Pilgerstation auf dem Jakobsweg prägten die Geschichte von Sangüesa. Im 12. Jh. stattete König Alfonso I. der Kämpfer Sangüesa mit zahlreichen Privilegien aus und ließ die Stadt weiter zur königlichen Residenz ausbauen. Verschiedene Ordensgemeinschaften etablierten sich zudem hier und trugen dazu bei, das Gemeinwesen erblühen zu lassen.

Den Hauptanziehungspunkt von Sangüesa bildet heute die **Kirche Santa María la Real** (11./13. Jh.) bei der Brücke über den Río Aragón. Genau genommen ist es in erster Linie das prächtige romanische Südportal, das alle Aufmerksamkeit auf sich zieht und bezüglich seiner Interpretation etliche Rätsel aufgibt. Im Bogenfeld erscheint das Jüngste Gericht, wohl ein Werk des burgundischen Meisters Leodegarius. Die Bogenzwickel bevölkern Wesen aus der Fabelwelt und der Mythologie. Außerdem sind Handwerker, Musiker, Ringer und sogar eine Szene der germanischen Sigurdlegende zu erkennen. Über dem Portal wiederholt sich die Szene des Jüngsten Gerichtes, die hervorquellenden Augen der Apostel in der doppelten Arkadenreihe weisen auf die Urheberschaft des Meisters von San Juan de la Peña hin. Im Innern residiert die gotische Madonna Santa María de Rocamador, vor dem prächtigen Hauptaltar mit Tafelgemälden von Jorge de Flandes (16. Jh.).

Entlang der Calle Mayor liegt linker Hand das **Rathaus** (16. Jh.), hinter den Arkaden fällt der Blick auf die schlichte Fassade des **Palacio Real** (13. Jh.), die einstige Residenz der Könige von Navarra. Weiter nordwärts

Santa Maria de Eunate: Juwel der Romanik

Richtig Reisen-Tipp: Foz de Lumbier – Wandern unter Geiern

Vom Jakobsweg aus leicht zu erreichen ist die Schlucht **Foz de Lumbier,** die ein imposantes Naturschauspiel bietet: Im Laufe der Jahrmillionen grub sich der Fluss Irati tief in das Kalksteingebirge der Sierra de Leyre ein. Fast senkrecht türmen sich die Wände in der Klamm auf, an ihnen lässt sich gut erkennen, mit welcher Kraft sich der Fluss seinen Weg bahnte. Ein bequemer, ebener Weg (2,6 km hin und zurück) führt entlang einer stillgelegten Bahntrasse durch die Schlucht; Ausgangspunkt ist ein gebührenpflichtiger Parkplatz, der ab **Lumbier** 18 ausgeschildert ist. Unterwegs werden zwei Tunnels passiert, so ist es ratsam eine Taschenlampe mitzunehmen. Über der Schlucht ziehen Gänsegeier majestätisch ihre Kreise. Anhand der Kotspuren lassen sich ihre Nester leicht ausmachen. Zur genaueren Beobachtung empfiehlt sich ein Fernglas.

15 km weiter nordwestlich trifft man auf die Königin der Schluchten von Navarra, die **Foz de Arbayún** 19, sie erstreckt sich auf einer Länge von knapp 6 km, ihre steilen Wände fallen bis zu 300 m ab. Der Aussichtspunkt **Mirador de Iso** eröffnet einen herrlichen Einblick in die kaum zugängliche Schlucht des Río Salazar und bietet sich auch zur Beobachtung der Gänsegeierkolonie an.

Die größten in Europa lebenden Geier besitzen eine Flügelspannweite von bis 2,80 m. Mit ihren scharfen Augen können sie das Aas noch aus einer Höhe von 3 km erspähen. Doch für Gänsegeier wird es immer schwerer Nahrung zu finden, da eine EU-Regelung, bedingt durch die BSE-Krise, vorschreibt, Tierkadaver zu vernichten. So fliegen die hungrigen spanischen Geier auf ihrer Nahrungssuche mittlerweile durch halb Europa.

führt rechter Hand der Calle Mayor ein Abzweig zur **Iglesia de Santiago** (12. Jh.). Ein volkstümlicher Jakobus ziert mit seinen beiden Jüngern das Tympanon der Kirche. Am nördlichen Ende der Calle Mayor befindet sich das **Franziskanerkloster** (13. Jh.), das der hl. Franziskus von Assisi auf seiner Pilgertour 1212 höchstpersönlich gegründet haben soll. Interessant ist v. a. der Kreuzgang, der eine mittelalterliche Sammlung von Grabstelen enthält.

Oficina de Turismo: Calle Mayor 1, 31400 Sangüesa, Tel./Fax 948 87 14 11, www.sanguesa.org, Sommer Mo–Sa 10–14, 16–19, So 10–14 Uhr, Winter kürzer.

Asador Mediavilla: Calle Alfonso El Batallador 15, Tel. 948 87 02 12, So abends und Mo geschl. Gemütlich rustikales Lokal, das Spezialitäten vom Holzofengrill bietet. 3 Gänge à la carte 20–40 €.

Wochenmarkt: Fr vormittags auf dem Platz hinter dem Rathaus.

Santa María de Eunate

Karte: S. 240

Einsam inmitten weiter Kornfelder steht das romanische Kirchlein **Santa María de Eunate** 20 (12. Jh.) am Aragonesischen Pilgerweg, kurz vor Puente la Reina. Über das Juwel der Romanik gehen die Meinungen weit auseinander. Aufgrund des oktagonalen Grundrisses vermuten einige Historiker, dass es sich um eine Gründung des Templerordens handelt. Andere glauben, dass Santa María de Eunate als Friedhofskapelle errichtet wurde. Ihre Auffassung stützen die Funde von Pilgergräbern im Umkreis der Kirche.

Um das Kirchlein herum verläuft eine rätselhafte achtseitige **Bogengalerie,** die von einer ebenfalls achtseitigen Mauer umfangen wird. Das Portal schmücken dämonenhafte Fabelwesen. Bemerkenswert im Innern ist das Bandrippengewölbe, das an islamische Architektur erinnert (Di–So 10.30–13.30, 16–19, Juli–Sept. Di–So 10.30–13.30, 17–20, Nov.–Feb. Di–So 10.30–14.30, Dez. geschl., Eintritt frei).

Im Süden Navarras

Karte S. 249

Kontrastreich präsentiert sich das Landschaftsbild im Süden Navarras: Der Spannungsbogen reicht von der fruchtbaren Ebroregion um Tudela bis zur Halbwüste Bardenas Reales. Ortschaften wie Olite, die einstige Residenz der Könige von Navarra, oder das mittelalterlich geprägte Dorf Ujué lohnen einen Ausflug in die vom Tourismus kaum berührte Region.

Olite

Reiseatlas: S. 16, D 2

In **Olite** (3000 Einw.), 42 km südlich von Pamplona, sind die mittelalterlichen Strukturen noch deutlich zu erkennen. Überragt wird der Ort von einer imposanten Bilderbuchburg.

Burg

Die verschachtelte, immer wieder aus- und umgebaute Burganlage **Palacio Real** geht bis auf das 13. Jh. zurück. König Carlos III. der Edelmütige (1361–1425) wählte 1406 Olite zu seiner offiziellen Residenz und ließ die Burg zum prachtvollen königlichen Herrschaftssitz ausbauen. Nur noch wenige Spuren legen Zeugnis ab von der einst kostbaren Ausgestaltung des Palastes. Nach der Vereinigung Navarras mit Kastilien im 16. Jh. verwaiste die Anlage. Zu Beginn des 19. Jh. fiel ein Teil der Burg einem Brand zum Opfer. Ein Rundgang führt durch die weitläufige, restaurierte Burganlage mit ihren Türmen, Höfen, Sälen und filigranen Galerien (Tel. 948 74 00 35, Juli–Aug. und Karwoche Mo–So 10–20, Okt.–März 10–18, April–Juni, Sept. 10–19 Uhr, 2,80 €). Im ältesten Teil der Burg befindet sich heute der Parador der Stadt.

Neben dem Schloss erhebt sich die gotische **Iglesia de Santa María la Real** (13. Jh.), die ehemalige Palastkapelle. Das Bogenfeld des prächtigen Hauptportals zeigt die Jungfrau mit dem Kind sowie Szenen aus dem Leben der hl. Familie.

Weinmuseum und Bodegas

Weinliebhaber werden sich in Olite wohlfühlen, schließlich ist die Stadt das Zentrum des Weinanbaus von Navarra. Früher war die Region v. a. bekannt für ihre Roséweine, heute liegt der Schwerpunkt auf der Produktion von edlen Rotweinen. Das **Museo del Vino** präsentiert auf drei Etagen Wissenswertes über die Weinkultur Navarras (Plaza Teobaldos 4, Tel. 948 74 12 73, www.museodelvinodenavarra.com, Ostern–12. Okt. Mo–Sa 10–14, 16–19, So/Fei 10–14, 12. Okt.–Ostern Mo–Fr 10–17, Sa/So/Fei 10–14 Uhr, 3,50 €). Einen Einblick in den Ausbau der Weine erlauben etliche **Bodegas,** indem sie ihre Pforten für Besucher öffnen.

Reserva Natural de la Laguna de Pitillas

Für Vogelliebhaber bietet sich ein Abstecher an zur 12 km südöstlich von Olite gelegenen **Laguna de Pitillas.** Zwei Observatorien ermöglichen gute Blicke über die 216 ha große Lagune und ihre Vogelwelt. Im Herbst gesellen sich zur heimischen Fauna die Zugvögel hinzu, die auf ihrer Reise nach Süden hier eine Rast einlegen. Mit etwas Glück lassen sich Störche, Reiher und verschiedene Wildenten sichten (Tel. 619 46 34 50, www.lagunadepitillas.org, März–Mitte Juli Sa/So/Fei 10–14, 16–19, Mitte Juli–Mitte Sept. Di–So 10–14, 17–20, Mo 10–14, Mitte Sept.–Feb. Sa/So/Fei 10–14, 16–18 Uhr; Gruppenführungen nach Absprache möglich).

Oficina de Turismo: Plaza de los Teobaldos 10, 31390 Olite, Tel. 948 74 17 03, www.olite.es, Ostern–Sept. Mo–Fr 10–14, 16–19, Sa/So 10–14, sonst tgl. 10–14 Uhr.

Parador de Olite Principe de Viana: Plaza Teobaldos 2, Tel. 948 74 00 00, Fax 948 74 02 01, www.parador.es. Stilvoll residieren die Gäste im ehemaligen Königspalast. Die Ausstattung ist luxuriös-gediegen. DZ 142–185 €.
La Joyosa Guarda: Rua de Medios 23, Tel. 948 74 13 03, Fax 948 74 13 04, www.lajoyosaguarda.com. In einem Herrenhaus (18. Jh.) findet sich das Hotel, das sehr geschmackvoll eingerichtet wurde. Zum eleganten Haus gehört ein gepflegtes Restaurant. DZ 135 €.
Merindad de Olite: Rua de la Judería 11, Tel. 948 74 02 13, Fax 948 74 07 35, www.hotelmerindaddeolite.com. Angenehmes, kleines Hotel mit 10 Zimmern, die im rustikalen Stil ausgestattet sind. DZ 68–78 €.
Camping
Ciudad de Olite: Ctra.Tafalla-Peralta, NA–115, km 2,3, Tel. 948 74 10 14, www.campingdeolite.com. Ganzjährig geöffneter Platz wenige Kilometer westlich von Olite. Pro Pers./Pkw/Zelt 3,50–4 €. Auch Bungalows für 4–6 Pers.

Casa Zanito: Rua Mayor 10, Tel. 948 74 00 02, www.casazanito.com. Der Klassiker bietet gepflegte Regionalküche und eine gute Weinauswahl. Menü ab 20 €.

Fiestas Medievales: 27.–29. Aug. Auf dem Mittelalterfest hält König Carlos III. Hof. Für Spaß und Spannung sorgt ein Ritterturnier. Auch die Gaumenfreuden entsprechen dem historischen Rahmen.
Fiesta de la Vendimia: 1. Septemberhälfte. Fest zum Auftakt der Weinernte.
Fiestas Patronales: 13.–19. Sept. Patronatsfeiern mit Prozession.

Zug: Der Bahnhof liegt nördlich der Altstadt. Die Regionalzüge von Pamplona nach Castejón halten 4 x tgl. in Olite.
Bus: Conda und Tafallesa bieten bis zu 12 x tgl. Verbindungen nach Pamplona an.

Mit der Autorin unterwegs

Königliche Bettstatt

Wie ein Edelmann in einer Burg logieren, dieser Traum wird wahr im Palacio Real von Olite. Der älteste Teil des Kastells beherbergt den **Parador Principe de Viana.** Ritterrüstungen, Wandteppiche und Gemälde halten den Geist des Mittelalters wach. In der Nebensaison lohnt es sich, nach Sonderkonditionen zu fragen (s. S. 247).

Relikte maurischer Kultur

Zum **Museo de Tudela** gehört der romanische Kreuzgang der Kathedrale, der für sich genommen schon den Besuch lohnt. Neben einer Fülle sakraler Kunst und einer umfangreichen Gemäldesammlung finden sich im Museum interessante Überreste der Moschee, die einst den Platz der Kathedrale einnahm (s. S. 248).

Radtour auf dem Mond

Wer mit dem Mountainbike in der Halbwüste **Bardenas Reales** unterwegs ist, fühlt sich in eine irreale Mondlandschaft versetzt. Am besten eignen sich Frühjahr oder Herbst für diesen Ausflug, im Sommer brennt die Sonne mitunter erbarmungslos vom Himmel (s. S. 249).

Im Gemüse schwelgen

Tudela ist das Zentrum einer fruchtbaren Gemüseanbauregion, was sich auf den Speisekarten widerspiegelt. Meine Empfehlung für Liebhaber von Artischocke und Co.: Gönnen Sie sich im **Restaurante 33** das köstliche Gemüse-Degustationsmenü (s. S. 250)!

Ujué

Reiseatlas: S. 16, D 2
18 km östlich von Olite thront auf einer Anhöhe von 800 m die strategisch gut positionierte Ortschaft **Ujué.** Das Dorf (225 Einw.) entpuppt sich als mittelalterliches Kleinod: Enge, steile Gassen führen hinauf zur trutzigen, romanisch-gotischen Wehrkirche **Igle-**

sia Fortaleza de Santa María. Von hier oben ist es ein Genuss, die Blicke über die Pyrenäen und die Ebene der Ribera schweifen zu lassen. Der Kirchenbau geht aufs 11. Jh. zurück, der Ausbau zur Festung erfolgte unter König Carlos II. im 14. Jh. In der romanischen Apsis thront auf einer Säule die Madonna von Ujué (1190), eine der schönsten romanischen Statuen Navarras. In einer Vitrine direkt neben der Jungfrau wird das Herz König Carlos' II. verwahrt.

Mesón Las Migas: Calle Villeta s/n, Ujué, Tel. 948 73 90 44. Hier können sie die Spezialität von Ujué probieren, die *migas de pastor*, ein einfaches, sättigendes Hirtengericht auf der Basis von Brotkrumen.

Romería a la Virgen de Ujué: 1. So nach dem 25. April, dem Tag des hl. Markus. An der eindrucksvollen Schweigeprozession zur Madonna von Ujué beteiligen sich auch die Bewohner der umliegenden Dörfer. Die Pilger kleiden sich mit einer schwarzen Tunika und tragen zum Zeichen ihrer Buße ein Kreuz oder Ketten auf dem Rücken. Viele legen die Wegstrecke sogar barfuß zurück.

Nuestra Señora de La Oliva

Reiseatlas: S. 16, D 2
Die altehrwürdige Abtei **Nuestra Señora de la Oliva** bettet sich einsam in einen abgeschiedenen Landstrich. Gegründet wurde das nahe der Ortschaft Carcastillo gelegene Kloster von König García Ramírez von Navarra im 12. Jh., als eines der ersten Zisterzienserklöster Spaniens. Die Abtei entstand noch im Geist der Romanik, wenn auch die frühe Gotik sich ihren Weg bereits bahnte.

Die dreischiffige **Klosterkirche** zeigt klar den Übergangsstil. Sie präsentiert sich schlicht und erhaben, wie es typisch ist für die strenge Zisterzienserarchitektur. Der gotische **Kreuzgang** besticht durch sein filigranes Maßwerk. Vom ursprünglich romanischen Kreuzgang blieb nur noch der Kapitelsaal erhalten, das Gleichmaß der Säulen und der Gewölbe bildet ein harmonisches Ganzes. Heute leben im Kloster noch 26 Zisterziensermönche, die auch Einkehrsuchende beherbergen (Tel. 948 72 50 06, www.larrate.net/LaOliva/, Mo–Sa 9–12.30, 16–18, So/Fei 9–11, 16–18 Uhr, 2 €).

Im **Klostergeschäft** (Tel. 948 72 52 85, www.hispanobodegas.com) können Sie die hervorragenden Weine und Liköre erstehen, die in den *bodegas* hergestellt werden.

Tudela

Reiseatlas: S. 16, D 3
Weit im Süden von Navarra liegt die einstige Bischofsstadt **Tudela** direkt am Río Ebro, nahe der Grenze zu Aragon. Die zweitgrößte Stadt Navarras zählt gerade mal um die 30 000 Einwohner. Die fruchtbare Ebrolandschaft bildet den Lebensquell – ein wahrer Garten Eden! Zu den landesweit geschätzten Produkten zählen vor allem der weiße Spargel, die Salatherzen und die Artischocken.

Bis heute prägt die fast 400-jährige Präsenz der Muslime (716–1119), die in friedlicher Koexistenz mit Christen und Juden lebten, das Stadtbild. So blieben zumindest die Strukturen des ehemaligen Maurenviertels *(morería)* und des Judenviertels *(aljama)* erhalten. König Alfonso der Kämpfer, der im Jahr 1119 die Stadt für die Christen zurückeroberte, ließ noch Toleranz gegenüber den anderen Religionsgruppen walten. Die Moschee (9–11. Jh.) wurde zur Kathedrale geweiht.

Erst 50 Jahre später wurde der Bau der heutigen **Kathedrale,** gefördert durch König Sancho VII. (1195–1234), in Angriff genommen. Reich geschmückt präsentiert sich das Westportal, das Portal des Jüngsten Gerichtes. Im Innern ziehen das spätgotische Retabel (15. Jh.) und das kunstvoll gearbeitete, gotische Chorgestühl (16. Jh.) die Aufmerksamkeit auf sich. Der Kreuzgang ist noch der romanischen Formensprache verpflichtet.

Er gehört heute mit dem benachbarten Palacio Decanal (15. Jh.) zum **Museo de Tudela.**

Richtig Reisen-Tipp: Tour durch die Halbwüste Bardenas Reales

Die karge Mondlandschaft der **Bardenas Reales,** geformt aus steppenartigen Hochebenen, trockenen Schluchten und bizarren Felsformationen, übt eine ganz eigene Faszination aus. Die Erosion drückte im Lauf der Jahrhunderte der fast unwirklichen Halbwüstenlandschaft ihren Stempel auf. Diese Szenerie diente bereits mehrfach als Kulisse für Kinodreharbeiten. Die nahezu menschenleere Region umfasst ein Gebiet von 415 km². Das Gelände wurde 1999 zum Naturpark und ein Jahr später von der Unesco zum Biosphärenreservat deklariert (www.bardenasreales.es, 8 Uhr bis Einbruch der Dunkelheit, Karten auch im Informationsbüro in Tudela, s. S. 250).

Die Bardenas Reales werden von einem weitläufigen Netz von Pisten und Hirtenpfaden durchzogen. Verschiedene Agenturen bieten Wander-, Mountainbike-, Allrad- und Motorradtouren durch das Naturschutzgebiet an (Bardena Activa, Calle Batán 2, Arguedas, Tel. 984 83 02 72, www.bardenaactiva.com; Compañía de las Guías de las Bardenas, Av. Zaragoza 80, Tudela, Tel. 948 41 23 96, 675 72 26 66, www.turismobardenas.com; Bardenas Cicloturismo, La Ribera de Navarra, Tel. 677 45 39 81, www.bardenascicloturismo.com). Wichtig ist es, genügend Wasser und Sonnenschutz mitzunehmen. Bei Regen sind die lehmigen Pisten und Pfade kaum passierbar!

Als Ausgangspunkt für eine Tour durch die Bardenas Reales bietet sich die Ortschaft **Arguedas** an, in der es auch einen Mountainbikesverleih gibt (Ciclos Marton, Calle San Ignacio 2, Arguedas, Tel. 848 83 15 77). Von hier geht es zunächst zum Luftwaffenstützpunkt **Polígono de tiro del ejercito del aire español,** der u. a. von der Nato zu Übungszwecken genutzt wird. Spanische Umweltschutzorganisationen fordern seit Jahren vergeblich die Schließung der Basis. Die geteerte Straße endet am Stützpunkt.

Hier startet die ›Vuelta al Polígono‹, die klassische Rundtour auf einer Piste um das Militärgelände (48 km, Höhenunterschied 300 m). Die Strecke führt an emblematischen Formationen vorbei wie den bizarr geformten Hügeln **Castildetierra** (Burg aus Erde) und **Pisquera** sowie der **Schlucht des Rallón.** Unterwegs bietet sich nach 5 km ein Abstecher von der Route zur imposanten Schlucht **Barranco Grande** an.

Zu den interessantesten Exponaten zählen die Relikte der Moschee von Tudela, darunter Kapitelle im kalifalen Stil (9.–11. Jh.) und der Brunnen für die rituellen Waschungen (10. Jh.), (Tel. 948 40 21 61, www.palaciodecanaldetudela.com, 24.–30. Juli geschl., Juli/Aug. Mo–Sa 11–13.30, sonst Mo–Fr 10–13.30, 16–19, Sa/Fei 10–13.30 Uhr, 3 €; Kathedralenführung vom Museum aus Juli/Aug. Mo–Sa 10 Uhr, 3,60 € inkl. Museumseintritt).

Beim Rundgang durch die Altstadt begegnet man stattlichen **Herrenhäusern** wie dem Palacio del Marqués de Huarte oder dem Palacio de San Adrían. Auf der **Plaza de los Fueros** laufen die Fäden in Tudela zusammen. Einst diente der Platz als Stierkampfarena, heute fungiert er als Bindeglied zwischen Alt- und Neustadt.

Oficina de Turismo: Plaza Vieja s/n, 31500 Tudela, Tel. 948 84 80 58, www.tudela.es, Mai–Okt. Mo–Fr 9–15, 16–19, Sa/So 10–14, Nov.–April Mo–Fr 9–15, Sa 10–14 Uhr.

AC Cuidad de Tudela: Calle Misericordía s/n, Tel. 948 40 24 40, Fax 948 40 24 41, www.ac-hoteles.com. Die erste Adresse der Stadt! Das zentral gelegene Hotel in historischen Gemäuern des 18. Jh. wartet mit einer eleganten, modernen Innenausstattung auf. DZ 107–118 €.

Santamaría: Calle San Marcial 14, Tel. 948 82 12 00, Fax 948 82 12 04, www.hotelsantamaria.net. Das Hotel, von außen nicht gerade verlockend, bietet gepflegte, funktionale Zimmer. DZ 75 €.

Restaurante 33: Calle Capuchinos 7, Tel. 948 82 76 06, www.restaurante33.com. Im Restaurante 33 kommen Gemüseliebhaber auf ihre Kosten, sei es bei Artischockenherzen auf Lauchgemüse oder beim Spargel aus der Region. Sehr zu empfehlen ist das mehrgängige Gemüse-Degustationsmenü für 39 €. 3 Gänge à la Carte 20–40 €.

Semana Santa: In der Karwoche werden in Tudela seit Jahrhunderten besondere Rituale begangen: Am Samstag wird der Verräter Judas in Form einer Puppe, genannt *el volatín*, geschmäht. Am Ostersonntag schwebt ein Kind als Engel verkleidet über der Plaza de los Fueros und verkündet einer Marienskulptur die Auferstehung Christi.

Bardenas Reales: Westernkulisse ganz real

Fiesta de Santa Ana: 24.–30. Juli. Patronatsfest mit Stierläufen *(encierros)* und Stierkämpfen sowie Umzügen und Tanzdarbietungen.

Bus: Busbahnhof, Cuesta de la Estación s/n (neben dem Bahnhof), Tel. 948 82 03 42. Die Busse der Firma Conda fahren mehrmals tgl. nach Pamplona, außerdem nach Novillas, Tarazona, Villafranca.
Zug: RENFE-Bahnhof, Cuesta de la Estación s/n. Gute Verbindungen nach Pamplona, Logroño und Zaragoza.

Die Bodega Ysios in Laguardia,
entworfen von Santiago Calatrava

Kapitel 4

La Rioja

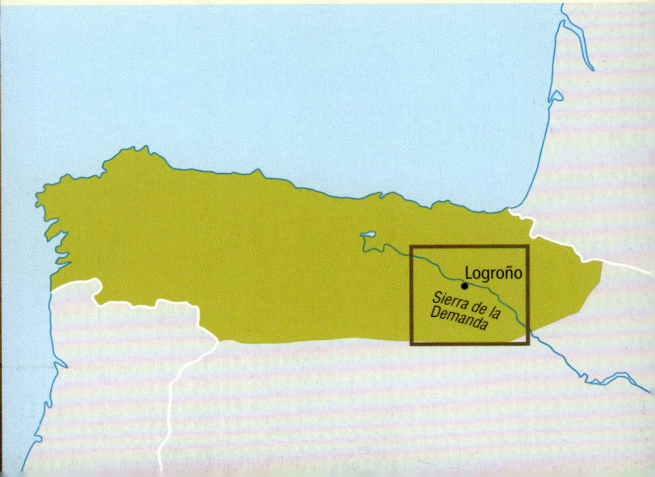

Auf einen Blick: La Rioja

Wo die Herzen der Weinliebhaber höherschlagen

Die Rioja ist ein kleiner Garten Eden! In aller Munde ist sie aufgrund der edlen Tropfen, die in den zahlreichen Weinkellereien, den Bodegas, heranreifen. Das Land lebt jedoch nicht vom Wein allein. Eine gewichtige Rolle spielt auch der Anbau von Spargel, Paprika und Artischocken, der die Grundlage für eine florierende Konservenindustrie bildet. Das Gebiet der Rioja grenzt an die autonomen Gemeinschaften Kastilien-León, Baskenland, Navarra und Aragonien. Der Name Rioja leitet sich vom Río Oja ab, einem Nebenfluss des mächtigen Ebro-Stroms. Die mit gerade einmal 5034 km² und knapp 300 000 Einwohnern kleinste Autonome Region des spanischen Festlandes präsentiert sich landschaftlich ausgesprochen vielseitig: Das Spektrum reicht vom fruchtbaren Becken des Río Ebro bis zu den auf über 2000 m ansteigenden Höhenzügen der Sierra de la Demanda.

Die Lage am Jakobsweg prägte die Region, und ihre Städte gewannen im Mittelalter als Pilgerstationen an Bedeutung. Im Laufe der Geschichte war die Rioja immer wieder der Zankapfel zwischen den Königreichen von Navarra und Kastilien. Heute genießt die Region den Status einer Autonomen Gemeinschaft, Sitz der Regierung und des Parlaments ist die Hauptstadt Logroño.

Logroño zählt sicherlich nicht zu den schönsten Städten des Jakobswegs. Die Stadt punktet jedoch mit ihrer lebhaften, verkehrsberuhigten Altstadt, den hübschen Arkaden und den einladenden Plätzen. Die Stadtväter haben in den letzten Jahren zahlreiche Anstrenungen unternommen, um das Erscheinungsbild der Stadt aufzupolieren.

Von Logroño bietet sich ein Ausflug in die baskische **Rioja Alavesa** an. Hier findet sich das schöne, von mittelalterlichen Gassen durchzogene Weinstädtchen **Laguardia,** das sich vor dem Hintergrund der Kantabrischen Kordillere imposant auf einem Hügel aufbaut. Die zahlreichen Bars und Tavernen laden zu einem guten Glas Rioja ein. Im beschaulichen Nachbardorf **Elciego** schuf der Stararchitekt Frank O. Gehry ein spektakuläres, von einer Titanhaut überzogenes Luxushotel, das wie von einem anderen Stern anmutet. Längst avancierte das futuristische Gebäude zu einem neuen architektonischen Wahrzeichen für den Auftraggeber, die traditionsreiche Weinkellerei Marqués de Riscal, und für die gesamte Region.

In **Haro** dreht sich ebenfalls alles um den Wein, schließlich ist die Stadt das Zentrum der Weinproduktion der Oberen Rioja. Viele Weinkellereien öffnen ihre Tore für Besucher, nach der Tour wird die Probe aufs Exempel gemacht und die verschiedenen Jahrgänge werden getestet. Noch intensiveren Kontakt mit dem Rioja-Wein bietet die alljährlich im Juni stattfindende Weinschlacht, bei der sich die ausgelassenen Teilnehmer gleich literweise mit dem roten Rebensaft übergießen! Aber keine Sorge: Hier wird nur minderwertiger Wein vergeudet!

Südlich von Haro liegt die kleine Pilgerstadt **Santo Domingo de la Calzada.** Sie ist berühmt aufgrund eines ›Hühnerwunders‹: Zwei quicklebendige Hühner werden hier in einem schönen gotischen Käfig in der Kathedrale gehalten. Die Eier, die die Hühner legen, kommen einem Altersheim zugute. Betreut wird das Federvieh von einer religiösen Bruderschaft.

Ein Abstecher, den auch viele Jakobspilger machen, führt zum **Doppelkloster San Millán de Yuso und San Millán de Suso.** Die Klöster gelten als Wiege der spanischen Sprache und wurden 1997 zum Unesco-Welterbe erklärt. Im Hintergrund der beiden Klöster baut sich die Gebirgslandschaft der **Sierra de la Demanda** auf. Als Ausgangspunkt für Touren durch die Sierra de la Demanda bietet sich das hübsche Städtchen **Ezcaray** an.

Highlights

7 **Laguardia:** Das Weinstädtchen Laguardia glänzt durch seinen mittelalterlichen Charme und seine landschaftliche reizvolle Einbettung in die Weinlandschaft der Rioja Alavesa (s. S. 266).

8 **Santo Domingo de la Calzada:** Hühner in einer Kathedrale? Das bietet das Jakobsweg-Städtchen Santo Domingo de la Calzada. Der Hintergrund dafür ist ein legendäres ›Hühnerwunder‹ (s. S. 272).

Empfehlenswerte Route

Route der Dinosaurier: Eine Tour für Dinosaurier-Freaks! Abseits der touristischen Hauptroute in der Rioja Baja findet sich rund um Enciso eine der weltweit wichtigsten Fundstätten von versteinerten **Dinosaurierspuren.** Die Besucher erhalten im Museum eine Karte, auf der die wichtigsten Fundstätten eingezeichnet sind (s. S. 277).

Reise- und Zeitplanung

Das Frühjahr, der Sommer und der Herbst bieten sich für eine Tour durch die Region La Rioja an. Wer sich auf die Highlights am Camino de Santiago beschränkt, braucht ein bis zwei Tage, um die Gegend zu erkunden. Genießer, die den Besuch einer Bodega oder eines Weinmuseums in ihre Reise einschließen möchten, sollten drei bis vier Tage veranschlagen.

Richtig Reisen-Tipps

Museum der Weinkultur in Briones: In der Rioja führen alle Wege zum Wein. Das Museum in Briones beleuchtet die Weinkultur in ihren unterschiedlichen Facetten. Neben einer anschaulichen Einführung in den Weinbau werden so interessante Aspekte wie der Wein in der Kunst behandelt (s. S. 263).

Gehry-Hotel und Bodegabesuch in Elciego: Liebhaber des Weins und der modernen Architektur kommen in dem Dorf Elciego auf ihre Kosten. Frank O. Gehry schuf im Auftrag der ältesten Bodega der Rioja, der Firma Marqués de Riscal, die ›Stadt des Weins‹. Dazu gehört ein futuristisches Luxushotel und ein Vinotherapie-Spa, in dem man bei einem Bad im Wein entspannen oder sich mit einer Trauben- kernöl–Massage verwöhnen lassen kann. Die traditionsreiche Bodega bietet Führungen mit anschließender Verkostung an (s. S. 267).

Im Herzen des Weinlands

Reiseatlas S. 15, A/B 1/2

Bei einer Tour durch die hügelige Landschaft der Rioja gehört es zum angenehmen Pflichtprogramm, einer der zahlreichen Weinkellereien eine Visite abzustatten. Die größte Auswahl an Bodegas bietet Haro. Das stimmungsvollste Weinstädtchen ist zweifellos Laguardia. Logroño, die Hauptstadt der Rioja, verströmt eine quirlige, geschäftige Atmosphäre.

Logroño

Reiseatlas: S. 15, B 2

Logroño, die rund 150 000 Einwohner zählende Hauptstadt der Rioja breitet sich zu beiden Seiten des Río Ebro aus. Sie ist das aufstrebende politische, wirtschaftliche und kulturelle Zentrum der Rioja.

Sicherlich gehört die Stadt, deren Bild in weiten Teilen von der mitunter recht gesichtslosen modernen Architektur geprägt ist, nicht zu den attraktivsten Städten Nordspaniens, jedoch haben die Stadtväter in den letzten Jahren einiges unternommen, um das Stadtbild aufzupolieren. Die Altstadt wartet nicht mit herausragenden Sehenswürdigkeiten auf, dafür punktet sie durch ihre Lebhaftigkeit und ihren provinziellen Charme. Das Angebot an Kneipen und Lokalen ist ausgesprochen reichhaltig, der Rioja-Wein mundet und die Küche gibt sich bodenständig schmackhaft. Das wussten von jeher auch schon die Jakobspilger zu schätzen.

Geschichte

Seine Entstehung verdankt Logroño seiner Lage an einer Furt des Río Ebro. Die Ersten, die sich hier niederließen, waren vermutlich die Beronen, ein Keltenstamm. Die Römer errichteten die erste Brücke über den Fluss und bauten einen Hafen am damals noch schiffbaren Ebro. Im 8. Jh. drangen die Mauren nach Logroño vor, doch im Jahr 923 geriet die Stadt durch die vereinten Kräfte der Könige von Navarra und León, Sancho I. Garcés und Ordoño II., endgültig wieder in christliche Hand. 1076 kam die Rioja unter kastilische Vorherrschaft und fungierte als bedeutender Grenzposten. 1092 fiel El Cid, der in dieser Zeit auf der Seite der Mauren stand, in die Stadt ein, die dabei nahezu vollständig zerstört wurde. Tatkräftig ließ König Alfonso VI. sie wieder aufbauen. Die damals neu errichtete Brücke über den Ebro machte Logroño zu einer wichtigen Station des Jakobswegs.

Auf den Spuren der Jakobspilger

Am besten nähert man sich der Stadt wie die Jakobspilger von der **steinernen Brücke** (19. Jh.), die den Río Ebro überspannt. Die Brücke trat die Nachfolge der mittelalterlichen Brücke (12. Jh.) an, die der hl. Juan de Ortgea errichten ließ, um den Jakobspilgern den Weg zu erleichtern. Die im Boden eingelassen Jakobsmuscheln weisen den Weg ins Herz der Stadt.

In der Rúa Veja erhebt sich die älteste Kirche von Logroño, **Iglesia de Santa María del Palacio** (11./12. Jh, im 16. Jh. erweitert). Der Name del Palacio erinnert daran, dass König Alfonso VII. seinen Palast einst dem Orden der Ritter vom Heiligen Grab zu Jerusalem vermachte. Dieser wandelte den Palast Stück für Stück in eine Kirche um. Der 45 m hohe, spitz zulaufende gotische Kirchturm wird im Volkmund *aguja* (Nadel) genannt und ist eines der Wahrzeichen der Stadt. Blickpunkt im

Innern ist der filigran geschnitzte Hochaltar des Brüssler Meisters Arnold (16. Jh.).

Weiter auf den Spuren der Jakobspilger entlang der Rúa Vieja trifft man auf die **Iglesia de Santiago el Real** (16. Jh.). Über dem Portal schwingt in barocker Dramatik Santiago als Maurentöter das Schwert, zu seinen Füßen türmen sich die abgeschlagenen Häupter der Mauren. Das Pendant dazu ist auf dem Hauptaltar zu sehen: das Bildnis von Santigao in friedlicher Pilgerpose.

Auf dem Platz vor der Kirche spendet der **Brunnen Fuente de los Peregrinos** den Pilger erfrischendes Nass. Auf dem Boden befindet sich ein großes Steinmosaik, das die Stationen des Jakobswegs zeigt. Aufgebaut ist das Ganze nach dem Brettspiel *juego de la oca* (Gänsespiel), das in Spanien jedes Kind kennt. Die Gasse Barriocepo führt die Pilger aus der Stadt hinaus zum Pilgertor Puerta de Revellín. Kurz davor fällt linker Hand ein Fabrikschlot ins Auge, er ist Teil der alten **Tabakfabrik,** die heute das Parlament der Rioja beherbergt.

Unterwegs zur Kathedrale

Die schmucke von Arkaden gesäumte Flanier- und Einkaufsmeile **Calle Portales** führt geradewegs zur Kathedrale. Unterwegs liegt rechter Hand an der Plaza San Augustín das **Museo de la Rioja,** untergebracht in einem pompösen Adelspalast aus dem 18. Jh. Die Sammlung umfasst neben archäologischen Funden religiöse und profane Kunst der Region. Zu den Highlights zählen gotische Tafelmalereien und ein romanisches Kruzifix aus dem Kloster San Millán de Suso (Tel. 941 29 12 59, Di–Sa 10–14, 16–21, So 11.30–14 Uhr, Eintritt frei).

Ein lohnender Abstecher führt über die Calle Capitán Gallarza in die exzellent sortierte **Art-déco-Markthalle Mercado de Abastos,** deren buntes Treiben in der ehemaligen Kirche San Blas untergebracht ist. Ganz in der Nähe liegt die **Calle Laurel,** die **Tapameile** von Logroño. Freitags und samstags gibt es hier angesichts der Menschenmassen, die die Bars bevölkern, fast kein Durchkommen mehr.

Mit der Autorin unterwegs

Tapameile

In der **Calle Laurel** pulsiert das Leben: Unzählige Tapabars und kleine Restaurants drängen sich in der berühmten Tapameile in der Altstadt von **Logroño.** Die Spanier schlagen keine Wurzeln, sie fühlen sich wohl im Trubel und ziehen von Bar zu Bar (s. S. 257).

Bodegabesuch

Ein absolutes Muss in der Rioja ist der Besuch einer **Weinkellerei.** Die Touren mit dem **Weinbus** führen von Logroño aus zu traditionsreichen Bodegas in der Rioja – ein Weingenuss, der ohne Folgen bleibt, schließlich bringt einen der VinoBus wieder sicher nach Logroño zurück (s. S. 262). In den alteingesessenen Bodegas von **Haro** wird noch ganz traditionell gearbeitet, sogar die Fässer werden teilweise noch selbst hergestellt (s. S. 264).

Über der Rioja schweben

Abheben und mit dem **Heißluftballon** über das hügelige Weinland der Rioja schweben – ein unvergessliches, wenn auch nicht ganz preisgünstiges Erlebnis (s. S. 264).

Flanieren mit Panoramablick

Der **Paseo de Collado**, die Flaniermeile um die Stadtummauerung von **Laguardia,** sorgt für Entspannung und bietet herrliche Ausblicke auf das Kantabrische Gebirge. Unten im Tal fällt der Blick auf die bewegte Dachlandschaft der **Bodegas Ysios,** die der Architekt Santiago Calatrava konzipierte (s. S. 266).

Zurück in der Calle Portales weisen die barocken Zwillingstürme den Weg zur **Konkathedrale Santa María la Redonda,** auf denen sich in luftiger Höhe Störche häuslich niedergelassen haben. Die von den Türmen flankierte **Westfassade** ist wie ein römischer Triumphbogen aufgebaut. Besonders stimmungsvoll ist die Kathedrale in den Abendstunden bei nächtlicher Beleuchtung. Das Gotteshaus wurde im 15. Jh. über den Ruinen

Die Konkathedrale von Logroño erhielt ihre Zwillingstürme erst im 18. Jh.

der romanischen Rundkirche San Lucas errichtet und im 18. Jh. nochmals stark umgebaut. Den Rang einer Bischofskirche erhielt Santa María la Redonda erst im Jahr 1959. Zu den Schätzen der Kathedrale zählt das **barocke Hauptretabel** sowie ein **Michelangelo** zugeschriebenes Gemälde, das den Leidensweg Christi zeigt (Mo–So 8–13, 18–20 Uhr).

Die weitläufige Platzanlage **Paseo de Espolón** ist von der Kathedrale über die Calle Marqués de Vallejo zu erreichen. Zahlreiche Cafés laden zum Ausspannen ein, die ›gute Stube‹ der Stadt ist der Treffpunkt von Jung und Alt. Einen Häuserblock weiter südlich findet sich die **Gran Vía**, die pulsierende Einkaufsmeile der Neustadt.

Oficina de Turismo: Calle Portales 39 bajo, 26001 Logroño, Tel. 941 27 33 53, Fax 941 27 33 52, www.logroturismo.org, Mo–Fr 10–14,17–20, Sa 10–14, 17–20, So 12–14 Uhr.

Oficina de Turismo: Paseo del Espolón, Príncipe de Vergara 1, Tel. 941 29 12 60, www.lariojaturismo.com, Mo–Fr 10–14, 16–19, So 10–14, 17–19 Uhr.

Marqués de Vallejo: Calle Marqués de Vallejo 8, Tel. 941 24 83 33, Fax 941 24 02 88, www.hotelmarquesdevallejo.com. Ein Wohlfühl-Hotel mit 51 Zimmern im modernen, warmen Design, direkt im Zentrum gelegen. Topadresse in Logroño. DZ 134–214 €, manchmal Sonderangebote.

NH Herencia Rioja: Marqués de Murrieta 14, Tel. 941 21 02 22, www.nhhoteles.es. Nur wenige Gehminuten von der Altstadt entfernt liegt das komfortabel und modern ausgestattete Hotel. Ein dicker Pluspunkt ist das reichhaltige Frühstücksbuffet. DZ 128 €.

Portales: Portales 85, Tel. 902 14 15 15. 2007 eröffnetes Hotel im eleganten, modernen Design mit 48 hellen, freundlichen Zimmern im Zentrum. DZ 80–160 €.

Hotel de Murrieta: Calle de Marqués de Murieta 1, Tel. 941 22 41 50, Fax 941 22 32 13, www.pretur.com. Modernes, sachlich eingerichtetes Hotel, nur wenige Schritte von der Altstadt entfernt. DZ 65–117 €.

Hotel-Residencia Isasa: Doctores Castroviejo 13, Tel. 941 25 65 99, Fax 941 25 65 98, www.arrakis.es/~ohy/isasa/. Einfache Unterkunft mit überholungsbedürftiger Ausstattung, aber zentral gelegen. DZ 61–80 €.

Camping

Camping La Playa: Av. de la Playa 6, Tel. 941 25 22 53, Fax 941 25 86 61, www.camping laplaya.com. Der gepflegte Platz liegt am Ebro gegenüber der Altstadt am Sportareal Complejo Deportivo Las Norias. Für Gäste 50 % Preisnachlass auf Sportangebote wie Tennis, sowie Gratisnutzung des benachbarten Schwimmbads. Pro Person 4,50 €, Pkw, Caravan und Zelt jeweils ca. 5 €.

Rund um die **Plaza del Mercado** vor der Kathedrale drängen sich Caféterrassen und Restaurants, in denen man auch Kleinigkeiten zu sich nehmen kann.

Sidería los Abades: Calle Hnos. Monroy 1, Tel. 941 25 52 78, So abends/Mo geschl. Rustikale, gemütliche Atmosphäre, die Spezialität des Hauses ist Fleisch und Fisch vom Grill. 3 Gänge à la carte 30–40 €.

Cachetero: Laurel 3, Tel. 941 22 84 63, www.cachetero.com, So/Mi abends geschl. Eines der renommiertesten Lokale der Stadt, mittlerweile in der dritten Generation als Familienbetrieb geführt. Das Restaurant steht für raffinierte Küche und tadellosen Service. 3 Gänge à la carte um 30 €.

Mesón Egües: Calle Campa 3, Tel. 941 22 86 03, www.mesonegues.com, So abends geschl. Gepflegter Asador (Restaurant mit Holzofengrill), der Küchenchef Fermín Lasa legt Wert auf frische Produkte und beste Zubereitung. 3 Gänge à la carte um 30 €.

El Rincón del Vino: Marqués de San Nicolás 136, Tel. 941 20 53 92, www.rinconesdelvino.es. Urgemütliches Lokal in einer alten Bodega mitten in der Altstadt. Bodenständige Rioja-Küche und Gegrilltes. 3 Gänge à la carte um 30 €.

Reja Dorada: Calle Rúa Vieja 19, Tel. 941 23 69 80, www.larejadorada.com, So abends geschl. Uriges Restaurant, hier sitzt man auf einfachen Klappstühlen und genießt das gute Weinsortiment der Bodega. Menü 29 €.

Zubillaga: San Augstín 3, Tel. 941 22 00 76, Di abends/Mi geschl. Das freundliche, ruhige Restaurant ist ohne viel Schnickschnack eingerichtet, gutes Preis-Leistungs-Verhältnis. Eines der wenigen guten Speiselokale, das auch sonntagabends geöffnet ist. Menü 28 €.

Las Cubanas: Calle San Augustín 17, Tel. 941 22 00 50, www.lascubanas.net, So geschl. Klassiker von Logroño, das Lokal existiert seit 1926 und bietet neben der traditionellen Küche auch moderne Kreationen an. Hauptgericht 15–25 €.

La Posada Vegetariana: Carmen Medrano 1, Tel. 941 21 37 48. Das vegetarische Lokal bietet Fleischmüden eine abwechslungsreiche, frische Küche. Hauptgericht 12–15 €.

Für die Nacht stärkt man sich bei Wein und Tapas in der quirligen Tapameile **Calle Laurel,** der etwas ruhigeren **Calle San Juan** oder in der **Calle Marqués de San Nicolás** (in Logroño wird sie La Mayor genannt). Die Jugend vertreibt sich an den Wochenenden die Nacht in der **Disco Aural,** Av. Navarra, 7, die bis gegen 6 Uhr früh geöffnet hat. Musikbegeisterte ab 40 schwingen in der **Disco Sarao,** Calle Siervas de Jesús 1, das Tanzbein.

San Bernabé: 11. Juni. Das große Stadtfest erinnert an den heroischen Widerstand gegen die französichen Belagerung im Jahre 1521.

San Mateo: ab 20./21. Sept. Das Weinfest der Stadt dauert eine ganze Woche, eine der Attraktionen ist das große Trauben-Treten auf dem Paseo de Espolón, zur Fiesta gehören auch Stierkämpfe, Umzüge und Feuerwerke.

La Rioja – ein Eldorado für Weinliebhaber

Weltweites Aushängeschild für die spanischen Rotweine sind nach wie vor die edlen Tropfen aus der Rioja. Das milde Klima im Tal des Ebro bietet ideale Vorraussetzungen für den Weinanbau. Im Norden schützt die Sierra de Cantabria vor kalten Seewinden und Regenschauern, im Süden bildet das Massiv der Sierra de la Demanda einen Schutzwall gegen allzu große Hitze und heftige Stürme vom Mesetahochland.

Der Río Ebro ist der Lebensquell der Rioja, wo außer Wein auch Obst und Gemüse gut gedeihen. Der Strom und seine Nebenflüsse sorgten in den Flusstälern für fruchtbare Schwemmböden, die gut 50 % der Anbaufläche einnehmen, daneben finden sich Lehm-, Kalk- und eisenhaltige Böden. Die Weinfläche beläuft sich auf rund 57 000 ha und verteilt sich auf die drei Subregionen: die Rioja Alta im Westen, die im Baskenland liegende Rioja Alavesa und die Rioja Baja, die sich östlich von Logroño bis nach Navarra erstreckt.

In über 300 Bodegas werden gut 250 Mio. Liter Wein pro Jahr produziert. 85 % davon entfallen auf Rotweine, die restlichen 15 % auf Weiß- und Roséweine. Sieben verschiedene Rebsorten reifen auf den Böden der Rioja heran, darunter die Edelsorte Spaniens schlechthin, die Tempranillo-Traube, die mittlerweile rund 61 % der Anbaufläche einnimmt. Sie verleiht dem Wein sein kräftiges Rückgrat und seinen fruchtbetonten Charakter.

Der Weinbau verläuft weitgehend noch in traditionellen Bahnen. Viele kleine Familienbetriebe und einige Kooperativen produzieren die Trauben, die sie später an die Weinkellereien verkaufen. Es ist ein recht mühsames Geschäft, zumal der Großteil der Rebflächen mit niedrigen Weinstöcken bepflanzt und die Lese somit meist noch reine Handarbeit ist. Von essenzieller Bedeutung für das feine, edle Bouquet der Rioja-Weine ist der Reifeprozess in Eichenholzfässern, die jeweils 225 Liter Wein fassen. Über 900 000 solcher Fässer verteilen sich auf die Bodegas der Rioja! Je nach Reifezeit im Barriquefass und in der Flasche wird der Wein unterschiedlichen Qualitätskategorien zugeordnet, die vom Kontrollrat der Rioja D.O.C. genau festgelegt wurden.

Die Rioja-Weine werden in die folgenden Qualitätsstufen eingeteilt:

Vino Joven: Der junge Rioja-Wein, egal ob rot, weiß oder rosé, trägt auf dem Etikett lediglich die Herkunftsgarantie. Es handelt sich um ein- bis zweijährige Weine, die gar keine oder nur eine kurze Zeit im Fass zubrachten.

Crianza: Die Weine dieser Kategorie müssen zwei Jahre gereift sein, davon mindestens ein Jahr im Eichenfass. Sechs Monate Fasslagerung ist Pflicht für Weiß- und Roséweine.

Reserva: Nur sehr gute oder herausragende Jahrgänge erhalten das Prädikat Reserva, in den Handel kommen diese Weine erst nach drei Jahren. Die Reserveweine müssen mindestens ein Jahr im Fass gelagert werden. Weiß- und Roséweine werden zwei Jahre lang ausgebaut, davon sechs Monate im Fass.

Gran Reserva: Ausschließlich Weine herausragender Jahrgänge tragen auf dem Etikett das Gütesiegel Gran Reserva. Sie lagern mindestens zwei Jahre im Eichenfass und noch weitere drei Jahre in der Flasche. Für den Weißwein ist eine Lagerung von vier Jah-

Thema

ren vorgesehen, davon mindestens sechs Monate im Fass.

Stolz blickt die Region auf eine Weinbautradition, deren Wurzeln tatsächlich bis in die Römerzeit zurückreichen. Im Mittelalter verfasste der gebildete Mönch Gonzalo de Berceo, wohl beflügelt von einem guten Glas Rioja-Wein, im Kloster San Millán de Suso die ersten Verse, die je auf Spanisch geschrieben wurden: »Ich möchte nunmehr eine einfache Prosa erschaffen – genau so, wie das Volk mit seinen Nachbarn spricht. Denn die Leute sind nicht so belesen, dass sie ein anderes Latein beherrschen. Bestens taugt zu diesem Zwecke, wie ich glaube, ein Glas voll guten Weines.«

Lange Zeit waren die Klöster die wichtigsten Hüter der Kultur des Weines. Bereits im Jahr 1560 konstituierte sich in der Region der erste Winzerverband, der bereits ein Gütesiegel für die Rioja-Weine kreierte. Ende des 18. Jh. starteten die ersten Experimente des Fassausbaus nach französischem Vorbild. Doch erst die Reblaus, die in Frankreich ihr Unwesen trieb, verhalf dem Fassausbau in Spanien ein Jahrhundert später zum endgültigen Durchbruch und führte letztlich zum internationalen Renommée der Rioja-Weine. Die Trendsetter auf dem Gebiet des Fassausbaus waren der Marqués de Riscal und der Marqués de Murrieta, die beide dem Weinbaugebiet von Bordeaux den Rücken kehrten, um in der Rioja ihr Glück zu versuchen. Ihr Mut wurde belohnt, die Bodegas der beiden Weinpioniere zählen bis heute zur Crème de la Crème der Weinkellereien Spaniens.

Weinlese in der baskischen Rioja Alavesa: größtenteils noch Handarbeit

VinoBus: Tel. 941 29 12 60, Fax 941 29 16 40, www.lariojaturismo.com/vinobus. Mit dem **Weinbus** können auf verschiedenen Routen traditionsreiche Bodegas besucht werden. Selbstverständlich gehört dazu auch die Verkostung der edlen Tropfen. Mitte Juni–Anfang Nov. am Wochenende, 20 €, die Halbtagestouren starten an der Tourismusinformation am Paseo de Espolón.
Bodegas Marqués de Murrieta: Ctra. de Zaragoza, Km 5, Tel. 941 27 13 70, www.marquesdemurrieta.com. Die Traditions-Bodega (1852 gegründet) liegt mitten in einem 300 ha großen Weingut. Besichtigung nach Vereinbarung (Spanisch, Englisch).

Flughafen: Aeropuerto Logroño-Agoncillo, Ctra. Nacional 232 Logroño–Zaragoza, Tel. 941 27 74 00, www.aena.es. Der 2003 eingeweihte Flughafen verbindet Logroño mit Madrid, Barcelona, Sevilla, Málaga und Alicante. Die Flüge werden durchgeführt von der **Iberia Regional (Air Nostrum), Rioja Airlines** und Euro **Continental Air.** Vom Stadtzentrum von Logroño erreicht man den 14 km entfernten Flughafen bei Agoncillo über die A68 oder die Nationalstraße 232. Keine öffentl. Verkehrsmittel, wer kein Auto hat, muss ein Taxi nehmen.
Zug: Bahnhof Estación de Renfe, Plaza de Europa s/n, Tel. 902 24 02 02, www.renfe.es. Verbindungen u. a. nach León 2 x, Burgos 4 x, Bilbao 2 x, Zargoza 8 x tägl.
Bus: Estación de Autobuses, Avda. España 1, Tel. 941 23 59 83, Verbindungen u. a. nach Haro 6 x, Santo Domingo de la Calzada 9 x, Nájera 21 x, Bilbao 5 x, Pamplona 5 x, Vitoria-Gasteiz 6 x tgl., am Wochenende fahren die Busse nicht ganz so häufig.

Clavijo

Reiseatlas: S. 15, B 2
Der Ort **Clavijo,** um den der Mythos der Erscheinung des hl. Santiago kreist, liegt nur 16 km südlich von Logroño. Ob die berühmte Schlacht von Clavijo gegen die Mauren jemals stattgefunden hat, steht in den Sternen, historisch konnte sie jedenfalls bis dato noch nicht nachgewiesen werden. Über dem einsam gelegenen Dorf thronen die Überreste einer stattlichen **Burganlage** (10. Jh.). Die Überlieferung berichtet von einer blutigen Schlacht im Jahr 844 zwischen den Christen unter Führung des asturischen Königs Ramiro I. und dem Heer des Omijadenherrschers Abd-ar-Rahman II. aus Córdoba. Den Sieg errangen die Christen der Legende nach nur dank des persönlichen Eingreifens des hl. Santiago: Er preschte noch zu Ross heran und schlug mit seinem Schwert den Mauren reihenweise die Köpfe ab. Fortan lautete der Schlachtruf der Christen *Santiago Matamoros* (Santiago Maurentöter). Der Auslöser für die Schlacht soll die Weigerung von König Ramiro I. gewesen sein, den jährlichen Tribut von 100 Jungfrauen an die Mauren zu entrichten.

Casa Rural Tila: Calle Don Marcial 8, Tel. 941 43 67 96, www.ascarioja.es/tila. Im Zentrum von Clavijo liegt das über 200 Jahre alte Haus, das unter großem Aufwand restauriert wurde. Es bietet 6 solide Zimmer und ein ansprechendes kleines Restaurant (3 Gänge á la carte um 25 €). DZ 42 €.

Haro

Reiseatlas: S. 15, A1
Weinstöcke soweit das Auge reicht und mittendrin ragt aus dem fruchtbaren Ebro-Tal das Städtchen **Haro** empor. Seit dem 19. Jh. ist der Weinan- und ausbau der Wirtschaftsfaktor Nummer 1 in dieser 12 000 Einwohner zählenden Weinmetropole der Rioja Alta (= Obere Rioja). Davon zeugen die zahlreichen Bodegas der Stadt, von denen etliche Besuchern für Führungen und Verkostungen ihre Pforten öffnen. Für diejenigen, die sich noch intensiver mit der Weinkultur der Rioja beschäftigen möchten, bietet das 1991 eröffnete **Weinmuseum** (Museo del Vino) einen anschaulichen Überblick über die Geschichte des Weinanbaus und seiner Verarbeitung. (Estación Enológica, Av. Bretón de los Herre-

ros 4, Tel. 941 31 05 47, Mo–Sa 10–14, 16–20 Uhr, So/Fei 10–14 Uhr, 2 €, Mi Eintritt frei.)

Das Erscheinungsbild der Stadt zählt nicht zu den attraktivsten der Rioja, hoch aufragende Wohnhäuser und Gewerbegebiete bestimmen auf den ersten Blick das Panorama. Dennoch lohnt sich ein Bummel durch die Altstadt. Der ideale Ausgangspunkt dafür ist die **Plaza de la Paz**. Hier erhebt sich das stattliche **Rathaus**, ein Entwurf des Architekten Juan de Villanueva, im Geist des Neoklassizismus.

Den Weg zur **Iglesia Santo Tomás** (15.–17. Jh.) weist der barocke Glockenturm. Wie eine prächtige Altarwand gestaltete der Architekt und Bildhauer Felipe Vigarny die **Fassade des Südportals.** Die Nischen geben einzelne Stationen des Leidens Christi wieder. Unverkennbar ist die Handschrift der Renaissance in der Stimmigkeit von Proportionen, Anatomie und Perspektive. Den Kirchenraum überwölbt ein prächtiges gotisches Sternengewölbe. Die Glanzstücke der Kirche sind der üppige **barocke Hochaltar** und die **barocke Orgel.**

Über die Plaza de San Augustín, benannt nach dem **Augustinerkonvent** (14. Jh.), das nach seiner Auflösung als Hospital, Schule und Gefängnis diente und heute das beste Hotel der Stadt beherbergt, gelangt man zur **Basílica Nuestra Se ora de la Vega** (18. Jh.), dem Sitz der Schutzpatronin von Haro. Die anmutige Madonna mit dem Jesuskind (14. Jh.) residiert in der zentralen Nische des barocken Hauptaltars. Auf dem Weg durch die Altstadt trifft man auf einige stattliche Herrenhäuser, wie den **Palacio de Paternia** (16. Jh.) oder den **Palacio Conde de Haro** (17. Jh.).

Oficina de Turismo: Plaza Monseñor Florentino Rodríguez, 26200 Haro, Tel. 941 30 33 66, Sommer Di–Sa 10–14, 16.30–19.30, So 10–14 Uhr. Winter Di–Fr 10–14, Sa 10–14, 16–19, So 10–14 Uhr. Hier sind Informationen über die Besichtigungen von Weinkellereien erhältlich.

Hotel Los Augustinos: San Agustín 2, www.aranzazu-hoteles.com, Tel. 941

Richtig Reisen-Tipp: Museum der Weinkultur in Briones

2004 eröffnete der spanische König Juan Carlos höchstpersönlich im Örtchen **Briones** das 9000 qm² große **Museo de la Cultura del Vino Dinastía Vivanco,** das auf die Privatinitiative der Familie Vivanco zurückgeht. Besonders die hervorragende Präsentation der Objekte rund um die Weinkultur und die didaktische Aufbereitung begeistern die Besucher. Neben der Geschichte des Weinanbaus und der Weinverarbeitung werden auch ganz besondere Liebhaberthemen wie »Der Wein in der Kunst und in der Archäologie« oder »Die Bedeutung des Weines in der Literatur« behandelt. Außerhalb des Museums findet sich ein weiteres Highlight: der **Bacchus-Garten,** in dem über 200 verschiedene Rebsorten zu sehen sind.

Wer noch Lust hat, kann den Besuch des Museums mit der Besichtigung der technisch perfekt ausgestatteten **Weinkellerei Dinastia Vivanco** abrunden. Das Unternehmen ist ein mittlerweile in der vierten Generation geführter Familienbetrieb, zum Besitz der Familie zählen auch 300 ha Rebland. Zum Areal der Weinkellerei gehören außerdem Konferenzsäle, Räumlichkeiten für Weinverkostungen, eine Weinbibliothek, eine Weinboutique sowie ein Restaurant (Ctra. N-232, km 442, Tel. 902 32 00 01, 941 32 23 23, www.dinastiavivanco.com, Juni–Sept. Di–So 10-20, Okt.–Mai Di–Do, So 10–18, Fr–Sa 10–20 Uhr; Museum 7 €, Bodega 5 €, Kombiticket 11 €, Audioguides auf Deutsch vorhanden und Führungen auf Deutsch möglich). Vom Busbahnhof in Haro, Plaza Castañares de Rioja 4, fahren Busse nach Briones, aktuelle Fahrplaninformationen erteilt das Touristenbüro.

Rioja-Weine im Internet
www.riojawine.com: Viele interessante Hinweise für Fans der Rioja-Weine.
www.vinos.de: Kommerzielle Seiten mit guten Informationen zu den verschiedenen Weinanbauregionen Spaniens.
www.espavino.com: Infos zu Weinreben und Weinanbaugebieten in Spanien.

31 13 08, Fax 941 30 31 48. Das komfortable Hotel ist in einer ehemaligen Klosteranlage aus dem 14. Jh. untergebracht. Ein Highlight ist der großzügig geschnittene Kreuzgang, der von einem Glasdach bekrönt wird. Viel Stoff in Form von farblich abgestimmte Bettdecken, Überwürfen und Gardinen verleihen den unterschiedlich eingerichteten Zimmer eine besondere Atmosphäre. DZ 85–105 €.
Hotel Higinia: Plaza Florentino Rodríguez s/n, Tel. 941 304 344 , Fax 941 30 55 84, higinia@aranzazu-hoteles.com. Renoviertes, zentral gelegenes Haus mit 21 ordentlich eingerichteten Zimmern und Bädern. DZ 60 €.
Camping
Camping de Haro: Tel. 941 31 27 37, Fax 941 31 20 68, www.campingdeharo.com, geöffnet 10 Jan.–10. Dez. Der solide, schattige Platz liegt am Ufer des Río Tirón, zur Ausstattung gehören u. a. Swimmingpool, Cafetería und ordentliche Sanitäranlagen. Es können Bungalows angemietet werden. Zelt, Pkw, Caravan je 4,50 €, Bungalows 61–84 €.

Mesón Atamauri: Plaza Jaun García Gato 1, Tel. 941 30 32 20, So, Mo abends geschl. Traditionslokal mit rustikalem Ambiente. Großer Beliebtheit erfreut sich die Bar mit ihren leckeren Häppchen. Spezialitäten des Hauses: Stockfisch auf Rioja-Art und Seeteufelspieß. 3 Gänge à la carte 32–40 €.
Beethoven II: Santo Tomás 3, Tel. 941 31 11 81. Klassische Küche, empfehlenswert das Lammfleisch aus dem Ofen. 3 Gänge à la carte 28–30 €.

Fiesta de San Pedro: Jedes Jahr am 29. Juni findet die feuchtfröhliche Weinschlacht **Batalla del Vino** statt. Auf dem Monte de Bilbio, einem Hügel nahe der Stadt, versammeln sich Tausende weiß gekleideter Menschen und Punkt 10 Uhr wird die Weinschlacht eröffnet. Im wilden Getümmel bespritzen sich die Kombatanten mit ihrer Weinmunition aus Schläuchen, Kanistern und Eimern. Rund 100 000 Liter Rotwein, selbstverständlich nicht die edelsten Tropfen, werden dabei vergossen. Am Ende der wilden Spritzerei steht ein friedliches gemeinsames Mahl. Hintergrund für die Weinschlacht ist ein historischer Zwist mit dem benachbarten Miranda de Ebro um die Ansprüche auf einige Hügel, die Montes Obarenes, die genau zwischen den beiden Ortschaften liegen.

Arco Iris: El Mazo 12, Tel. 941 32 02 99, 696 48 96 32, www.globosarcoiris.com. Die Rioja aus der Vogelperspektive können Sie mit dem **Heißluftballon** erleben. Die Preise richten sich nach der Personenzahl: 2 Personen zahlen je 180, 6 Personen je 140 €.
Bodega-Besichtigungen:
R. López Heredia – Viña Tondonia, S. A.: Av. de Vizcaya 3, Tel. 941 31 02 44, 941 31 01 27, www.lopezdeheredia.com. Tradition wird hier noch großgeschrieben, fast schon museal mutet die Weinherstellung an. In den Eichenfässern reift neben dem Rotwein ein sehr empfehlenswerter Weißwein heran. Besichtigung nach Vereinbarung.
La Rioja Alta: Av. de Vizcaya s/n, Tel. 941 31 03 46, www.riojaalta.com. 1890 gegründetes Unternehmen, die Weine gehören zu den herausragenden Klassikern der Rioja. Besichtigung nach Vereinbarung.
Cune, Compañía Vinícola del Norte de España: Av. Costa del Vino 21, Tel. 941 30 48 00, www.cune.com. 1879 wurde das Stammhaus des angesehenen Traditionsunternehmens Cune in Haro gegründet, zwei weitere Bodegas in der Rioja gehören zu dem Kon-

Besucher werden in der Rioja meist freundlich empfangen

sortium. Besichtigung tgl. 11–15, 16–19 Uhr, Voranmeldung erforderlich.

Bodegas Muga, S. A.: Av. de Vizcaya s/n, Tel. 941 31 18 25, www.bodegasmuga.com. 1932 wurde die Bodega von Isaac Muga und seiner Frau Aurora Caño gegründet. Die Fässer aus amerikanischem oder französischem Eichenholz werden hier noch selbst hergestellt. Besichtigung Mo–Do 11.30, 16.30 Uhr, Sa nach Vereinbarung.

Briñas

Reiseatlas: S. 15, A 1

Wer es gerne etwas geruhsamer mag als in Haro, dem sei das gerade mal 3 km von Haro entfernt liegende Weindörfchen **Briñas** empfohlen. Der Mittelpunkt des 250 Seelen zählenden aparten Dorfes ist die barocke Pfarrkirche **Santa María de la Asunción.** Briñas ist ein idealer Standort, um die Weinkellereien der Rioja zu erkunden.

Hospedería Señorio de Briñas: Calle Travesía de la Calle Real 3, Tel. 941 30 42 24, Fax 941 30 43 45, www.hotelesconen cantodelarioja.com. Das Hotel ist in einem liebevoll restaurierten Palast aus dem 18. Jh. untergebracht, die Zimmer sind mit schönen antiken Möbeln eingerichtet. Das Hotel bietet seinen Gästen zahlreiche Aktivitäten an wie Weinseminare, Bodegabesuche, Wanderungen durch die Weingärten und gesundheitsfördernde Behandlungen auf Basis der Weintherapie. DZ 119 €.

Casa de Legarda: Calle Real 11, Tel. 653 87 43 94, 941 31 21 34, Fax 941 30 30 74, www.casadelegarda.com. Für den kleineren Geldbeutel, aber ebenfalls in historischem Gemäuer (17. Jh.). Mit liebevoller Hand eingerichtete Zimmer. DZ 45–60 €.

7 Laguardia

Reiseatlas: S. 15, B 1

Mittelalterliche Stadtmauern umgürten das hübsche, auf einem Hügel gelegene Weinstädtchen mit 2000 Einwohnern. Nomen est omen, denn Laguardia, das übersetzt »die Wache« heißt, wurde zu Beginn des 10. Jh. als Grenzfeste Navarras gegen Kastilien angelegt. Laguardia ist Hauptstadt der Rioja Alavesa und gehört somit, wie die ganze Region, zum Baskenland. Unterirdisch gleicht die Stadt einem Schweizer Käse, die bis zu 6 m tiefen Tunnels, die die Stadt durchziehen, wurden vermutlich aus verteidigungstechnischen Gründen angelegt. Heute dienen sie als Weinkeller oder Lagerräume. Einblicke in die Unter- und Weinwelt bieten einige der Bodegas von Laguardia.

Das mittelalterliche Stadttor **Puerta Nueva** gewährt Einlass in das schmucke Städtchen. In den Gassen laden nette Restaurants und Weinlokale zum längeren Verweilen ein. Auf der rechteckigen **Plaza Mayor** erhebt sich das neue Rathaus, dessen Attraktion ein kleines Glockenspiel ist: Um 11, 14 und 20 Uhr tanzen Püppchen in lokaler Tracht. An der Stirnseite findet sich das **Alte Rathaus,** auf dem das Wappen von Karl V. prunkt. In südlicher Richtung trifft man auf die wehrhafte gotische **Kirche San Juan** (14. Jh.). Am anderen Ende der Stadt erhebt sich auf dem höchsten Punkt die **Hauptkirche** von Laguardia **Santa María de los Reyes** (14.–16. Jh.). Tiefen Eindruck hinterlässt v. a. das Kirchenportal (14. Jh.), das reich mit Figuren geschmückt ist und noch die farbige Fassung aus dem 17. Jh. aufweist. (Geöffnet im Rahmen von Führungen: Di–Fr 10–14, 16–19, Sa 10–14, 17–19, So 10.45–14 Uhr, Start der Führung an der Oficina de Turismo, Plaza de San Juan, Anmeldung unter Tel. 945 60 08 45, 2 €, Mo Eintritt frei.)

Linker Hand von der Kirche, vorbei an einladenden Café-Terrassen, erblickt man den Wehrturm **Torre Abacial** (13. Jh.), nördlich davon befand sich das heute nicht mehr existierende Kastell, die Keimzelle von Laguardia. Unbedingt empfehlenswert ist ein Spaziergang entlang der grünen Meile, dem **Paseo de Collado**, um den nördlichen Teil der Stadtumwallung herum. Der Paseo gewährt fantastische Ausblicke auf die erhabene Gebirgswelt der **Sierra Cantabria.** Im Tal wird das Auge fesselt von der gewellten Dachlandschaft der **Bodegas Ysios** – eine Referenz des Architekten Santiago Calatrava an die Bergkette der Sierra de Cantabria.

Oficina de Turismo: Palacio Samaniego, Plaza San Juan, 01300 Laguardia, Tel. 945 60 08 45, Fax 945 60 08 45, Mo–Fr 9–13.30, 15–19, Sa/So/Fei 10–14 Uhr.

Villa de Laguardia: Paseo de San Raimundo 15, Tel. 945 60 05 60, Fax 945 60 05 61, www.hotelvilladelaguardia.com. Zu Füßen von Laguardia liegt das moderne Hotel mit 84 Zimmern. Schickes Design verbindet sich mit klassischer Moderne. DZ 140 €.
Castillo el Collado: Paseo El Collado 1, Tel. 945 62 12 00, Fax 945 60 08 78, www.euskalnet.net/hotelcollado. Das Hotel ist in einer neuzeitlichen Burg untergebracht. Opulent eingerichtete 8 Zimmer mit fantastischen Panoramablicken auf die Sierra de Cantabria und das umliegende Rebland. DZ 123 €.
Posada Mayor de Migueloa: Calle Mayor de Migueloa 20, Tel. 945 62 11 75, Fax 945 62 10 22, www.mayordemigueloa.com. Charme-Hotel mit 7 Zimmern, Bar mit lauschigem Innenhof. DZ 93 €.
Antigua Bodega de Don Cosme Palacio: Carret. de Elciego, Tel. 945 62 11 95, Fax 945 60 02 10, www.habarcelo.es. In Richtung Elciego liegt dieses stilvolle 12-Zimmer-Hotel, das in einer alten Bodega eingerichtet wurde. Restaurant: Wochenendmenüs ab 32 €, sonst 3 Gänge à la carte 25–40 €. DZ 77–84 €.
Marixa: Calle Sanco Abarca 8, Tel. 945 60 01 65, Fax 945 60 02 02. Solides Mittelklasse-Hotel mit allerdings nur 10 Zimmern, das

Richtig Reisen-Tipp: Gehry-Hotel und Bodegabesuch in Elciego

Die traditionsreiche Weinkellerei Marqués de Riscal, die im nur 6 km von Laguardia entfernten, einst verschlafenen **Weindorf Elciego** liegt, gelang ein architektonischer Coup: Man beauftragte den Stararchitekten (und Erbauer des Guggenheim-Museums) **Frank O. Gehry,** im Rahmen der Modernisierung der *Ciudad del Vino* (Stadt des Weins), zu dem die Weinkellerei und ein Weinmuseum gehören, mit einem spektakulären Hotelneubau. Dem Vernehmen nach wurde der Architekt mit einer Flasche des hauseigenen Weins von 1929, seinem Geburtsjahrgang, für das Projekt gewonnen.

Im Jahr 2006 eröffnete das **Hotel Marqués de Risca,** dessen Titanhaut schon von Weitem leuchtet, seine Pforten. Die Farben der bewegten Dachlandschaft spielen auf die Weinflaschen der Bodega an: rot und rosa wie der Rebensaft, gold wie das Netz, das die Rioja-Flasche überspannt, und silbern wie das Etikett. Das 5-Sterne-Hotel gehört zur Starwood-Kette und bietet allen nur erdenklichen Komfort. Eine Besonderheit ist das Vinotherapie-Spa: Hier können sich die Gäste bei diversen ›Weintherapien‹ verwöhnen lassen (Cuidad del Vino, Elciego, Calle Torre 1, Tel. 945 18 08 88, Fax 945 18 08 89, www.marquesderiscal.com, DZ 300–850 €).

Ein Erlebnis, das man sich auf keinen Fall entgehen lassen sollte, ist ein Besuch der ältesten Bodega der Rioja. Der Graf von Riscal gründete die **Bodega Marqués de Riscal** im Jahr 1858. Er hatte eine Zeit lang in der Bordeaux-Region gelebt und führte in der Rioja den Ausbau des Weins in 225-Liter-Eichenfässern nach französischem Vorbild ein. Der gut gehütete Schatz der Bodega ist eine Sammlung aller Weine, die das Unternehmen seit der Gründungszeit produziert hat. Qualität steht hier nach wie vor an oberster Stelle: Es werden ausschließlich Reserva- und Gran Reserva-Weine hergestellt (Ciudad del Vino, Elciego, Calle Torre 1, Tel. 945 18 08 88, www.marquesderiscal.com, Führung durch die Weinkellerei – auch auf Deutsch – mit anschließender Verkostung Di–So, Dauer 60–90 Min., 10 €, nur mit Vorabreservierung,).

Hauptgeschäft wird mit dem großen Restaurant gemacht, das auf bodenständige Küche setzt. DZ 50–80 €.

Carpe Diem: Calle Enrique Privado 7, Navaridas (5 km westl. von Laguardia), Tel. 945 60 51 72, 618 57 46 59, www.nekatur.net. Das attraktive Anwesen aus dem 18. Jh. bietet 5 ansprechende Gästezimmer an. Die Eigentümer öffnen den Gästen auch gerne die Pforte zur hauseigenen Bodega, wer selbst aktiv

Spektakulär: das von Frank O. Gehry entworfene Luxushotel Marqués de Riscal

werden möchte, kann auch bei der Weinlese mithelfen. DZ 71 €.

El Bodegon: Travesia Santa Engracia 3, Tel. 945 60 07 93. Rustikal gemütliches Lokal mit solider Hausmannskost. Hauptgericht 12–17 €.

El Pórtico: Calle Mayor 2, Tel./Fax 945 60 07 34. Restaurant direkt neben der Kirche Santa María de los Reyes, der beste Platz ist die Terrasse, im Angebot sind auch leckere, frische Salate. Hauptgericht 11–19 €.

Enoteca Arburi: Calle Mayor, 1, Tel. 945 62 12 67, Das Weinfachgeschäft bietet neben einer gut sortieren Weinauswahl viele Artikel rund um den Weingenuss.

Fiesta de San Juan y San Pedro: 23. Juni–1. Juli, Patronatsfest von Laguardia mit umfangreichem Festprogramm. Den Auftakt der Fiesta bildet ein musikalischer Umzug mit Tanzeinlagen in historischen Kostümen. Außerdem stehen Prozessionen, Messen, Stierauftriebe sowie spezielle Darbietungen für Kinder auf dem Programm.

Bodegas Ysios: Camino de la Hoya s/n, Tel. 945 60 06 40, www.bodegasysios.com, Mo–Fr 11, 13, 16, Sa/So 11 und 13 Uhr. Voranmeldung erforderlich. Die hochmoderne Bodega wurde vom Stararchitekten Santiago Calatrava entworfen.

Vinos de los Herederos del Marqués de Riscal: Calle Torrea 1, Elciego (8 km südwestl. von Laguardia), Tel. 945 18 08 88, www.marquesderiscal.com. Besuchstage: Di–So, Voranmeldung erforderlich, Einritt 10 € inkl. Degustation von zwei Weinsorten, Führungen auch auf Deutsch.

Bodegas Carlos San Pedro Pérez de Viñaspre: Calle Páganos 44 bajo, Tel. 647 72 04 45, www.bodegascarlossampedro.com. Die kleine Weinkellerei in der Altstadt von Laguardia ist ein Familienbetrieb. Die Führungen (spanisch, englisch) werden von der Familie selbst mit viel Herzblut durchgeführt. Voranmeldung erwünscht, Eintritt 5 €.

Von der Haltestelle Plaza Nueva s/n fahren Mo–Fr 9 x tgl., Sa/So 5 x tgl. Busse nach Logroño. Informationen über die aktuellen Fahrpläne erteilt die Touristeninformation.

Auf dem Jakobsweg und im Südosten der Rioja

Reiseatlas S. 14–16

Die benachbarten Klöster San Millán de Suso und San Millán de Yuso, die beide 1997 von der Unesco zum Welterbe erklärt wurden, lohnen einen Abstecher gen Süden. Im Südosten führt ein Ausflug nach Enciso in die Welt der Dinosaurier und nach Alfaro, dem Mekka der Störche, die dort zu Dutzenden auf dem Dach der Kirche San Miguel nisten.

Navarrete

Reiseatlas: S. 15, B 2

Das geschichtsträchtige Städtchen **Navarrete** (2000 Einw.), 12 km südwestlich von Logroño gelegen, war einst eine wichtige Station am Pilgerweg. Bis auf ein paar kümmerliche Überreste ist von dem einst bedeutenden Pilgerhospital, das eine Dame namens Doña María Ramírez im 12. Jh. gestiftet hatte, nur noch das schmucke **romanische Portal** geblieben. Das Portal wurde im 19. Jh. abgetragen und bildet heute den Zugang zum örtlichen Friedhof, der sich linker Hand am Ortsausgang in Richtung Nájera befindet. Die gezackten Bogenläufe erinnern an islamische Kunst, über dem Bogen schmückt eine schlichte Rosette das Portal. Das Zentrum von Navarrete zieren einige prächtige Herrenhäuser und die Pfarrkirche **Santa María de la Asunción** (16. Jh.). Außer für guten Rioja-Wein ist die Ortschaft auch bekannt für ihre **Töpferwaren.**

Hotel San Camilo: Ctra. de Fuenmayor 4, Tel. 941 44 11 11, Fax 941 44 11 12, www.sanmillian.com, Das angenehme Mittelklasse-Hotel umgibt eine großzügige Gartenanlage. Die Zimmer sind ansprechend und freundlich eingerichtet. DZ 82 €.

Camping

Camping Navarrete: Ctra. de la Entrena s/n (1 km außerhalb von Navarrete), Tel. 941 44 01 69, Fax 941 44 06 39, campingnavarrete@fer.es, 10. Dez.–7. Jan. geschl. Gepflegter kinderfreundlicher Platz mit Swimmingpool, Supermarkt und Restaurant. Pro Pers./Pkw/Caravan 5 €.

Alfarería Naharro: Ctra. Burgos, km 11, Tel. 941 44 01 57. Antonio Naharro ist einer der renommiertesten **Töpfer** von Navarrete, er setzt auf rein manuell gefertigte Töpferkunst. Zu seinem Repertoire gehört neben der traditionellen Töpferkunst der Rioja auch die Fertigung von Kunst- und Gebrauchsgegenständen in modernem Design.

Nájera

Reiseatlas: S. 15, A 2

Die Kleinstadt **Nájera** (7000 Einw.) blickt auf eine stolze Vergangenheit zurück, war sie doch zeitweilig der Sitz der Könige von Navarra und Residenz der Könige von Kastilien. Der historische Teil der Stadt bettet sich zwischen dem Fluss Najerilla und einem markanten Felshang aus rotem Sandstein.

Unmittelbar an diese Felswand lehnt sich das **Monasterio de Santa María la Real** an, die Wahl des Bauplatzes für das einstige Kluniazenser-Kloster geht auf ein ›Grottenwunder‹ zurück. Die Entstehungslegende berichtet, dass König García Sánchez III. auf einer Beizjagd ein Rebhuhn entdeckte und seinen Jagdfalken auf das Tier losließ, doch der Falke tauchte mit seiner Beute nicht mehr auf. Nach langer Suche entdeckte der König die beiden Vögel friedlich vereint in einer Höhle des Felsenmassivs vor einem Madonnenbildnis. Das Ereignis wurde als Wunder gedeutet und der König ordnete 1032 den Bau des Klosters an, das später zum Pantheon der Könige von Navarra und Kastilien wurde. Von der ursprünglich romanischen Klosteranlage ist nichts mehr übriggeblieben, das heutige Kloster wurde im Stil der Gotik zwischen 1422–1453 erbaut. Seit 1895 wird das Kloster von Franziskanermönchen geführt. Ein Tor mit dem Wappen Karls V. gewährt Einlass in den spätgotischen Kreuzgang, dessen Arkaden bereits filigran durchbrochene Renaissanceornamente zieren. Die elegante **Klosterkirche** (15. Jh.) besitzt drei hoch aufragendene Schiffe, die von feingliedrigen Sternengewölben bekrönt werden. Mitten im Langhaus findet sich das prächtig geschnitzte **Chorgestühl** (15. Jh.) der Brüder Andrés und Nicolás de Nájera. Den strahlenden Mittelpunkt der Kirche bildet die romanische **Madonna de Nájera** (12. Jh.) im Zentrum der barocken Altarwand. Angeblich handelt es sich um das Marienbildnis, das König García Sánchez III. in der Grotte vorfand.

Der Ort des Wunders, die **Mariengrotte,** liegt am anderen Ende der Kirche. Die meiste Aufmerksamkeit zieht hier das **Grabmal der Doña Blanca de Navarra** auf sich, dessen fantastisch gearbeiteter romanischer Reliefschmuck noch vollständig erhalten ist. Sie war mit König Sancho III. von Kastilien verheiratet und starb bei der Geburt ihres Sohnes Alfonso 1156 (Tel. 941 36 36 50, Di–Sa 10–13, 16–17.30/im Sommer 19 Uhr, So 10–12.30 und 16–17.30/im Sommer 18.30 Uhr, Juli, August Mo geöffnet, 3 €).

Oficina de Turismo: Plaza San Miguel 10, 26300 Nájera, Tel./Fax 941 36 00 41, www.aytonajera.es. Di–Sa 10–14, 16–18, So 10.30–14 Uhr.

Hotel Duques de Nájera: Calle Carmen 7, Tel. 941 410 421, www.hotelduquesdenajera.com. Charme-Hotel in der Altstadt, in der Nähe des Flusses gelegen. Die Zimmer im ehemaligen Herrenhaus aus dem 17. Jh. sind liebevoll eingerichtet. DZ 75 €.

Hostal Cuidad de Nájera: Calleja San Miguel 14, Tel./Fax 941 36 06 60. www.ciudaddenajera.com. Ordentliches Altstadthostal mit geräumigen Zimmern, DZ 45–52 €.

Duque Forte: Calle Calvo Sotelo 15, Tel. 941 36 37 84, Mo geschl. Gemütliches Lokal mit Terrasse. Köstlich sind die hausgemachten Schinken- und Spinatkroketten. Hauptgericht 15–20 €.

Fiesta de San Juan y San Pedro: 24.–29. Juni. Populärstes Fest der Stadt. Am Tag des hl. Johannes und des hl. Petrus wird erstmal ausführlich am Flussufer gefrühstückt, danach tanzen und singen die Einwohner auf der Straße zum Rhythmus einer Charanga bis spät in den Nachmittag.

Mit der Autorin unterwegs

Töpferwaren

Die Ortschaft **Navarrete** ist bekannt für ihre **Töpferwerkstätten**. Eine gute Auswahl an traditionellen und modern designten Keramikwaren bietet die Alfarería von Antonio Naharro (s. S. 270).

Kloster mit Aussicht

Allein schon die einsame Lage des **Klosters San Millán de Suso** in den Wäldern oberhalb des Cardeñas-Tals besticht. Hinzu kommt der erhabene Blick vom Kloster auf die Bergwelt der **Sierra de la Demanda**, dem ›Dach der Rioja‹, und die hügelige Weinlandschaft (s. S. 274).

Paradies der Störche

Ein Schauspiel der Extraklasse bieten die Störche auf dem Dach der Stiftskirche von **Alfaro.** In jeder erdenklichen Nische findet sich ein Nest! Die Störche sind längst zu Stars geworden, Filmteams und Presse aus aller Herren Länder geben sich hier ein Stelldichein (s. S. 277).

8 Santo Domingo de la Calzada

Reiseatlas: S. 15, A 2

Ein kräftiges Kikeriki in der Kathedrale sorgt dafür, dass bei den Reisenden das Städtchen am Jakobsweg nicht so schnell in Vergessenheit gerät. Die Kleinstadt **Santa Domingo de la Calzada** (6000 Einw.) liegt am Río Oja, einem Nebenfluss des Ebro. Ihren Namen verdankt sie dem heiligen Domingo de la Calzada (1019–1109). Von den Jakobspilgern hörte der Eremit von der schlechten Beschaffenheit der Wege und den damit verbundenen Anstrengungen. So machte er es sich zur Aufgabe, den Pilgern das Leben zu erleichtern, indem er die Infrastruktur verbesserte. Er befestigte die Wege neu und schuf in der Nähe einer verfallenen Römerbrücke eine neue **Brücke** mit 24 Bögen über den Río Oja, die bis heute in Funktion ist. Außerdem ließ er eine **Herberge** und ein **Spital** für die Pilger errichten. Im ehemaligen Spital ist heute der Parador der Stadt untergebracht.

Um diese Einrichtungen herum entwickelte sich ein Marktflecken, der zunächst jedoch den Namen Burgo de Santo Domingo trug. Nach dem Tod des Heiligen erhielt die Stadt den Namen Santo Domingo de la Calzada und erinnert somit an die Leistungen des hl. Santo Domingo auf dem Gebiet der Infrastruktur, denn *calzada* bedeutet ›gepflasterter Weg‹.

Catedral de Santo Domingo

1098 stiftete König Alfons VI. von Kastilien eine Kirche, die 1106 geweiht werden konnte. In dieser Kirche fand der schon zu Lebzeiten verehrte Heilige Domingo seine letzte Ruhestätte. Im Zuge der Erhebung zum Bistum 1158 wurde das Gotteshaus zur Kathedrale ausgebaut. 1956 wurde das Bistum nach Logroño verlegt, dem Gotteshaus blieb jedoch der Status einer Konkathedrale erhalten.

Über den **Kreuzgang** (15. Jh.), in dem sakrale Kunstobjekte gut in Szene gesetzt sind, führt der Weg ins Innere der Kathedrale. Der freie Blick durch das Gotteshaus ist, wie üblich in spanischen Kathedralen, erstmal versperrt durch das Chorgestühl, das mitten im Langhaus platziert ist. Dafür rückte der mächtige **Renaissance-Hauptaltar** (1540) von Damian Forment 1994 in das linke Querhaus und so kommt der romanische Chorumgang wieder voll zur Geltung. Im rechten Teil des Querschiffes findet sich, bekrönt von einem Baldachin, die **Grabstätte des hl. Santo Domingo de la Calzada** mit einer liegenden Alabasterskulptur des Heiligen (12. Jh.). Seine sterblichen Überreste werden in einem schlichten Sarg in der unterhalb liegenden Krypta aufbewahrt.

Gegenüber der Grabstätte, hoch oben an der Wand befindet sich der wohl edelste **Hühnerkäfig** der Welt. Mitunter leitet das Krähen des Hahns die Besucher direkt zu dieser Attraktion des Gotteshauses, unter den Pilgern wird das Krähen in der Regel als gutes Omen für ihren weiteren Weg nach Santiago erachtet. Der gotische Hühnerkäfig beherbergt einen Hahn und eine Henne, die von einer frommen Bruderschaft betreut und regelmäßig ausgetauscht werden (Tel. 941 34 00 33, Mo–Sa 10–13, 16–18.30 Uhr, 3 €; Zugang zur Kathedrale über den Kreuzgang in der Calle de Cristo).

Die Hühnerhaltung in der Kathedrale geht auf eine **mittelalterliche Legende** zurück: Von Xanten aus brach ein deutsches Ehepaar mit ihrem Sohn Hugonell zur Pilgerfahrt nach Santiago de Compostela auf. In Santo Domingo de la Calzada quartierte sich die Pilgerfamilie in eine Herberge ein. Die Tochter des Wirtes verliebte sich unsterblich in den hübschen Jüngling, doch der fromme Hugonell erwiderte die Gefühle des Mädchens nicht. Das verschmähte Mädchen rächte sich, indem sie ihm einen Silberbecher aus der Schankstube ihres Vaters ins Gepäck steckte. Der Vater bemerkte gleich am nächsten Tag den Verlust und schickte der Pilgerfamilie die Polizei hinterher. Die fand den Silberbecher im Gepäck von Hugonell und bereits am nächsten Tag hing der Junge am Galgen. In tiefer Trauer vollendeten die Eltern ihre Wallfahrt nach Santiago de Compostela.

Auf dem Rückweg geschah das Wunder: Sie fanden ihren Sohn lebendig am Galgen hängend. Er erzählte, dass Santo Domingo ihn die ganze Zeit über gestützt habe. Nachdem sie Hugonell vom Strick befreit hatten, ging die ganze Familie zum Richter, um ihm von dem Wunder zu berichten, das die Unschuld ihres Sohnes bewies. Der Richter, dem gerade ein knuspriges Huhn serviert wurde, lachte und sagte: »So wahr dieses Huhn nie wieder fliegt, so wenig ist euer Sohn unschuldig«. Schwups ereignete sich das zweite Wunder: Das gebratene Huhn erhob sich vom Teller und flog auf und davon. So war die Unschuld des jungen Mannes definitiv erwiesen.

Der Renaissancealtar war das letzte Werk von Damian Forment

Oficina de Turismo: Calle Mayor 70, 26250 Santo Domingo de la Calzada, Tel. 941 34 12 30, www.santodomingodela calzada.org, Mo–Sa 10–14, 16–19, So 11–14.30 Uhr.

Parador de Santo Domingo de la Calzada: Plaza del Santo 3, Tel. 941 34 03 00, Fax 941 34 03 25, www.parador.es. Das ehemalige Pilgerhospiz befindet sich direkt gegenüber der Kathedrale. Mittelalterlicher Charme paart sich hier mit Komfort und Eleganz. DZ 148–160 €.
El Corregidor: Calle Mayor 14–16, Tel. 941 34 21 28, Fax 941 34 21 15, www.hotelcorre gidor.com. Das solide Hotel mit 30 Zimmern ist zentral gelegen und stellt seinen Gästen zudem einen Platz in der hauseigenen Garage zu Verfügung. DZ 85 €.
Hospedería Cisterciense: Calledel Pinar 2, Tel. 941 34 07 00, Fax 941 34 33 04, www.cis ter-lacalzada.com. Innerhalb seiner preisgünstigen Kategorie ist das Hostal ein recht ordentlich geführtes Haus unter klösterlicher Leitung. DZ 55 €.

El Rincón de Emilio: Plaza Bonifacio Gil 7, Tel. 941 34 09 90, Fax 941 34 05 27, www.rincondeemilio.com, Di abends geschl. Das gemütlich-rustikale Lokal präsentiert eine gut sortierte Karte. Auch die Hausmannskost kommt hier nicht zu kurz: z. B. in Form von Eintopf aus Kichererbsen, Schweinsfüßen, Kutteln oder Stockfisch auf Rioja-Art. Hauptgericht 12–16 €.
Mesón El Peregrino: Calle Mayor 18, Tel. 941 34 02 02, Mo geschl. Das große Restaurant bietet einfache, aber grundsolide Rioja-Küche. Tagesgericht um 13 €.

Día de Santo Domingo de la Calzada: 10.–15. Mai, Patronatsfest zu Ehren des Santo Domingo de la Calzada. Am 11. Mai findet der sehenswerte Umzug der *doncellas* statt, weiß gekleidete junge Frauen, die einen großen weißen, mit Blumendekor geschmückten Korb auf dem Kopf tragen. Darin befindet sich Brot als Symbol für die Mildtätigkeit des hl. Domingo.

San Millán de la Cogolla

Reiseatlas: S. 15, A 2
Die 300 Einwohner zählende Ortschaft **San Millán de la Cogolla** liegt zwar nicht direkt am Jakobsweg, dennoch nehmen viele Pilger den Umweg in Kauf. Ihr Ziel sind die beiden Klöster **San Millán de Suso** und **San Millán de Yuso,** die sich idyllisch in die Landschaft am Fuße bzw. oberhalb des grünen Cardeñas-Tals am Nordhang der Sierra de la Demanda einbetten. Ihre Existenz verdanken die Klöster, die beide 1997 zum Welterbe ernannt wurden, dem hl. Millán (lat. Aemilianus), der im Nachbarort Berceo im Jahr 473 n. Chr. das Licht der Welt erblickte. Die ersten 20 Lebensjahre verdingte sich der Heilige als Hirte. Nach Lehrjahren unter dem Eremiten Felix (*San Felices*) zog er sich in die Einsamkeit der Berge zurück und widmete sich ganz dem Gebet und der Buße. Schon zu seinen Lebzeiten verbreiteten sich die Berichte über seine Wunder wie ein Lauffeuer. Der Heilige verstarb im wahrhaft biblischen Alter von 101 Jahren. Seine Grabstätte entwickelte sich rasch zu einem wichtigen Wallfahrtsziel des Mittelalters, zu dem auch viele Jakobspilger einen Abstecher machten.

Kloster San Millán de Suso

Das Ursprungskloster Suso (*suso* = altkastilisch »obere«), das an der Stelle der ehemaligen Einsiedelei des hl. Millán erbaut wurde, liegt einsam in den Wäldern. Schon allein der weite Blick über die Berge und Ebenen der Rioja lohnt den Besuch. Das Kloster barg die Gebeine des Heiligen bis sie im Jahr 1053 ins neue, am Fuße des Tals errichtete Kloster Yuso (*yuso* = altkastilisch »untere«) überführt wurden. Von der einstigen Klosteranlage blieb nur die schlichte **Kirche,** die 984 geweiht wurde, erhalten. Das Gotteshaus vereint Elemente des westgotischen, mozarabischen und romanischen Stils. Hufeisenbögen, typisch für die mozarabische Kunst, unterteilen den Kirchenraum in zwei getrennte Schiffe.

In den Bau des Gotteshauses wurde die Felsenhöhle, in der der Heilige und seine

Schüler lebten, integriert. An dieser Stelle findet sich heute der leere, steinerne Sarkophag (11. Jh.) des frommen Mannes. Ein Hufeisenportal verbindet die Kirche mit der Vorhalle, die die Grabmäler von drei Königinnen aus Navarra sowie die der Infanten des Hauses Lara und eine westgotische Tumba birgt.

Berühmt ist das Kloster auch als Wiege der spanischen Sprache. Im Scriptorium versah ein unbekannter Schreiber im 10. Jh. den lateinisch abgefassten Kodex »glosas emilianenses« mit Notizen in Spanisch. Es sind die ersten geschriebenen Worte, die von der spanischen Sprache erhalten sind. (Okt.–Ostern Di–So 9.55–13.25, 15.55–17.25, Ostern–Okt. 9.55–13.25, 15.55–17.55 Uhr, im Aug. auch Mo geöffnet, 3 €. Das Kloster kann nur im Rahmen von Führungen besucht werden, zu denen man sich anmelden muss, Tel./Fax 941 37 30 82, turismosanmillan@najera.net. Öffnungszeiten des Reservierungsbüros: 9.30–13.30, 15.30–18.30 Uhr. Anfahrt nur mit dem Minibus ab dem Kloster Yuso!)

Kloster San Millán de Yuso

Im Tal breitet sich die Klosteranlage **San Millán de Yuso** aus. Streng im Stil der Renaissance errichtet, wird sie mitunter etwas vollmundig als der ›Escorial der Rioja‹ bezeichnet. Zwischen dem 16. und 18. Jh. wurde das ursprünglich romanische Kloster, das auf Betreiben von König García Sánchez im Jahr 1053 entstand, neu erbaut. Das von den Benediktinern gegründete Kloster wird seit 1878 von Augustinermönchen geführt.

Einlass in das Kloster gewährt ein barockes Portal, ein Relief zeigt San Millán hoch zu Ross als Maurentöter. Die dreischiffige **Klosterkirche** geht auf das 16. Jh. zurück. Der Benediktinermönch Juan de Rizzi schuf die Gemälde für den **Hauptaltar,** im Zentrum steht der hl. Millán in der Schlacht von Hacinas (17. Jh.). Die Sakristei birgt die beiden größten Kostbarkeiten des Klosters: die **Reliquien-Schreine** des hl. Millán und seines Lehrers, des hl. Felix. Beide Schreine stammen aus dem 11. Jh. und zeigen auf herrlich geschnitzten Elfenbeintafeln Szenen aus der Vita der Heiligen.

Unter den Kreuzgängen sticht der klassizistische **Claustro de San Augstín** hervor, die prunkvolle Königstreppe mit ihren Alabaster-Geländern führt hinauf zum Königssaal (*Salón de los Reyes*), zur Bibliothek und ins Archiv. (Okt.–Ostern Di–So 10–13, 16–18, Ostern–Sept. 10–13, 16–18.30 Uhr, im Aug. auch Mo geöffnet, 4 €)

Hotel Hostería del Monasterio de San Millán: Monasterio de Yuso s/n, Tel. 941 37 32 77, Fax 941 37 32 66, www.emeieme.com/proyectos/sanmillan/hotelsm.asp. 25 edel eingerichtete Zimmer in einem Seitenflügel des Klosters Yuso, dazu ein gutes Restaurant (Wochenendmenü 18 €, 3 Gänge à la carte 25–40 €). DZ 77–134 €.

Camping

Camping Berceo: Término el Molino s/n, Berceo (500 m außerhalb von San Millán), Tel. 941 37 32 27. Ruhiger, familiär geführter Platz mit Pool, Supermarkt, Restaurant und sauberen Sanitäranlagen. Ganzjährig geöffnet. Zelt 3,50 €, Pkw 4 €.

Ezcaray und Sierra de la Demanda

Reiseatlas: S. 14, E/F 2

Im Süden der Rioja liegt das Gebirge **Sierra de la Demanda,** das Höhen von über 2000 m erreicht. Die verkarstete Berglandschaft mit ihren ausgedehnten Wäldern teilt sich zwischen der Rioja und Kastilien auf. Mittendrin findet sich das kleine Städtchen **Ezcaray** (1600 Einw.) im Tal des Río Oja. Seinen Charme machen die Gassen mit ihren Säulengängen, die schmucken Fachwerkhäuser und die stattlichen Herrenhäuser aus.

Früher war das Gebiet um Ezcaray einmal königliches Jagdrevier, heute bietet sich der Ort als Ausgangspunkt für Naturliebhaber und Erholungssuchende an. Markierte Wanderwege erschließen das Gebiet, das auch bei Jägern und Anglern beliebt ist. Im Winter füllt sich die Ortschaft mit Wintersportlern, nur 12 km entfernt liegt **Valdezcaray**, das einzige Skigebiet der Rioja. Es erstreckt sich an den Hängen des 2270 m hohen San Lorenzo, dem höchsten Gipfel der Sierra de la Demanda.

Oficina de Turismo: Calle Sagastía 1, 26280 Ezcaray, Tel./Fax 941 35 46 79, www.ezcaray.org. Di–Fr 10–14,16.30–19, Fr 10–14,16–19, So 10–14 Uhr.

Palacio de Azcárate: Calle Héroes de Alcázar 8, Tel. 941 42 72 82, Fax 941 42 72 92, www.palacioazcarate.com. Ehemaliges Herrenhaus aus dem 18. Jh. mit gemütlichen, etwas barock ausgestatteten Zimmern und einem angenehmen Restaurant (3-Gänge-Menü 22 €). DZ 77–134 €.
Casa Masip: Av. Academia Militar 6, Tel. 941 35 43 27, Fax 941 42 74 69, www.casamasip.com. Das kleine Wohlfühlhotel verfügt über 12 Zimmer mit einer hellen, heiteren Note und ein renommiertes Restaurant (3 Gänge à la carte 30–40 €). DZ 70–90 €.
Echaurren: Héroes de Alcázar 2, Tel. 941 35 40 47, Fax 941 42 71 33, www.echaurren.com. Familienbetrieb in fünfter Generation, die Zimmer sind liebevoll eingerichtet. Auch das Restaurant genießt einen sehr guten Ruf. DZ 80 €.
Albergue de la Real Fabrica: Ctra. Santo Domingo 4, Tel. 941 35 44 74. Preisgünstige Herberge in einer ehemaligen Textilmanufaktur. Allzu viel Komfort darf nicht erwartet werden. Auch 3- und 4-Bett-Zimmer. DZ 45 €.

Hijos Cecilio Valgañon: Calle González Gallarza 12, Tel. 941 35 40 34, www.mantasezcaray.com. Der Familienbetrieb stellt auf großen Webstühlen herrlich verarbeitete Mohairdecken und Schals her.

Infos zum **Skigebiet:** Tel. 902 35 02 35, www.valdezcaray.es.

Calahorra

Reiseatlas: S. 15, C 2
Im Südosten der Rioja, an der Einmündung des Río Cidaco in den Ebro, liegt die gerade mal 23 000 Einwohner zählende Hauptstadt der Rioja Baja, die Bischofsstadt **Calahorra**. Das wichtigste wirtschaftliche Standbein von Calahorra sind der Gemüseanbau und die Konservenindustrie. Touristisch führt die Stadt eher ein Schattendasein, trotz ihrer langen Geschichte, die auf die Römerzeit zurückgeht. Seinerzeit hieß sie Calagurris und hier erblickte Quintilian (35.–ca. 96 n. Chr.), ein berühmter Rhetoriker der römischen Antike, das Licht der Welt.

Das Stadtmuseum birgt zahlreiche Funde aus der Römerzeit. Das spektakulärste Exponat ist zweifellos die Marmorbüste der eleganten »Dame von Calagurris« aus dem 5. Jh. v. Chr. (Calle Ángel Oliván 8, Tel. 941 13 50 03, Di–Fr 12–13.30, 18–21, Sa 12–14, 18–21, So 12–14 Uhr, Eintritt frei.)

Die Altstadt konzentriert sich um die **Plaza del Raso,** wo sich früher das römische Forum befand. Dreh-und Angelpunkt ist die gotische **Kathedrale**. Das angeschlossene **Diözesanmuseum** beherbergt beachtliche Kunstschätze, darunter eine Gemäldesammlung mit Werken von berühmten Meistern wie Tizian, Ribera und Zubarán. Eine weitere Kostbarkeit stellt die **Monstranz** dar, die unter dem Namen El Ciprés (Zypresse) bekannt ist. Sie wurde von König Heinrich IV. von Kastilien dem Gotteshaus gestiftet. (tgl. 8.30–12.30, 16.30–18.30/Winter 17–20 Uhr.

Oficina de Turismo: Ángel Oliván 8, 26500 Calahorra, Tel. 941 14 63 98. www.ayto-calahorra.es. Sommer Mo–Sa 10–14, 16.30–19.30, So/Fei 10–14 Uhr, Winter Di–Fr 11–13.30, 17–19.30, Sa 10–14, 17–19.30, So 10–14 Uhr.

Parador Marco Fabiano Quintiliano: Paseo Mercadal s/n, Tel. 941 13 03 58, Fax 941 13 51 39, www.parador.es. Moderner Parador mit im kastilischen Stil eingerichteteten Zimmern. Dazu gehört ein Restaurant, das Spezialitäten der Rioja anbietet (3-Gänge-Menü 23–30 €). DZ 110–120 €.
Chef Nino: Padre Lucas 2, Tel. 941 13 31 04, Fax 941 13 35 16, www.chefnino.com. Das ambitionierte Restaurant bietet auch 28

schöne Zimmer an. DZ 52 €. Restaurant So abends u. Mo geschl., mehrgängiges Degustationsmenü 48 €.

La Taberna de la Cuarta Esquina: Cuarto Esquinas 16, Tel. 941 13 43 55, Di abends, Mi sowie im Juli komplett geschl. Renommiertes Restaurant mit gutem Preis-Leistungs-Verhältnis, besonders zu empfehlen sind die Lammgerichte. Menü 25 €.

Patronatsfest zu Ehren der Märtyrer San Celdeonio und San Emeterio: letzte Augustwoche. Auf dem Festprogramm stehen Konzerte, Tanzaufführungen, Ausstellungen, Sportwettkämpfe und Stierkämpfe.

Alfaro

Reiseatlas: S. 16, D 3
Störche auf Kirchtürmen sind in Spanien durchaus kein seltener Anblick, ist es doch nach Polen das Land mit der größten Weißstorchpopulation in Europa. Aber was sich auf dem Dach der **Stiftskirche San Miguel** (16. Jh.) in dem beschaulichen Städtchen **Alfaro** (10 000 Einw.) abspielt, sucht Seinesgleichen und lockt immer wieder Presse- und Filmteams aus aller Welt an.

Rund 250 Nester schufen sich die **Klapperstörche** auf dem 3000 qm^2 großen Dach der Kirche. Bis zu 500 Exemplare, die Jungtiere eingerechnet, nisten hier. In der Nähe von Alfaro gibt es ein geschütztes Feuchtgebiet, in dem die Störche eine reich gedeckte Tafel vorfinden. Dennoch rätseln die Zoologen, warum ausgerechnet Alfaro bei den Störchen so hoch im Kurs steht. Ein weiteres Rätsel umgibt die Stadt: Es ist die Kommune mit der höchsten Zwillingsgeburtenrate im ganzen Land. Helfen hier etwa die Störche nach beim Kindersegen gleich im Doppelpack?

Oficina de Turismo: Plaza de España 1, 26540 Alfaro, Tel. 941 18 01 33, alfaro@lariojaturismo.com. Di–Sa 10–14, 17–20, So 11–14 Uhr.

Rund um Enciso

Reiseatlas: S. 15, B 3
Vor gut 120 Mio. Jahren bevölkerten Dinosaurier die Rioja – davon künden heute noch rund 5000 Fußspuren. Sie verteilen sich auf 20 Fundstellen im Südosten der Region, rund um das Örtchen **Enciso.** In Europa findet sich kein vergleichbar ergiebiges Areal mit Spurenfossilien der Riesenechsen.

Die Vielzahl der erhaltenen fossilen Spuren in der Rioja erklärt sich durch das damals sumpfige Terrain, in dem die Dinosaurier ihre Fährten hinterließen. Im Laufe der Zeit wurde der Boden von Sedimentsschichten überlagert, später wurden die Spuren dank der Erosion wieder freigelegt. Anhand der Fährten können Wissenschaftler interessante Rückschlüsse auf die Art der Fortbewegung und die Lebensweise der uns heute so faszinierenden Tiere ziehen. Ihre Blütezeit hatten die Dinosaurier in der Jura- und Kreidezeit, vor etwa 65 Mio. Jahren verschwanden sie von unserem Planeten.

Die Dinosauriertour ist als ***Ruta de los Dinosaurios*** ausgeschildert und an den Fundstellen gibt es Schautafeln mit Erklärungen. Die eindrucksvollsten Spuren finden sich im **Barranco de la Canal** mit insgesamt 33 Fährten, die größte Fundstätte in **Peña Portillo** hat neben Fußspuren auch einen Schwanzabdruck zu bieten, in **Valdecevillo** erkennt man die Spuren einer ganzen Dino-Familie, in **Igea** (Era del Peladillo) konnten die einzigen Spuren der Saurierart Hadrosaurichnoide Igeenis lokalisiert werden.

Es empfiehlt sich, als Ausgangspunkt für einen Ausflug in die Vergangenheit **Enciso** zu wählen. Das dortige **Paläontologische Museum** bietet mit Abgüssen und Schautafeln eine gute Einführung in die Welt der Dinosaurier. Im Museum, das in einer alten Schuhfabrik eingerichtet wurde, ist eine Karte erhältlich, die die Spurensuche erleichtert (Centro Palentológico Enciso, Tel. 941 39 60 93, www.dinosaurios-larioja.org, Juni–Mitte Sept. tgl. 11–14, 17–20, sonst Mo–Sa 11–14, 15–18, So/Fei 11–14 Uhr, 3 €; auch auf der Website findet sich der Lageplan zu den Fundstellen).

Auf dem Dach von San Miguel in Alfaro fühlen sich Störche besonders wohl

Prachtvoll: Philipp II. wollte die Kuppel der Kathedrale von Burgos in eine Schmucktruhe legen

Kapitel 5

Kastilien-León

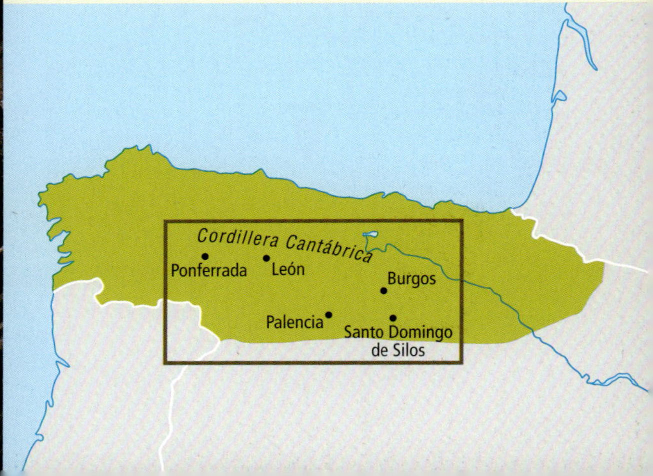

Auf einen Blick: Kastilien-León

Auf dem Jakobsweg durch endlose Weiten

Kastilien-León stellt die Jakobspilger auf eine harte Probe! Sie durchschreiten schier endlose Weiten, bis zum flirrenden Horizont nichts als Getreide- und Sonnenblumenfelder. Im Sommer brennt die Sonne erbarmungslos vom Himmel herab. Im Winter ist es dagegen bitterkalt. Kaum ein Baum, der den Pilgern Schatten spendet. Die Dörfer liegen in der dünn besiedelten Region weit auseinander. Karg, einsam und still präsentiert sich die Landschaft. Vielleicht liegt gerade darin die besondere spirituelle Kraft der Meseta, sie gibt den Raum zur Besinnung auf das Wesentliche.

Die kastilische Hochebene prägt in weiten Teilen das Landschaftsbild des einstigen Königreichs Castilla y León. Das zwischen 700 bis 110 m über dem Meer gelegene **Hochland der Meseta** erstreckt sich zwischen dem Kantabrischen Gebirge im Norden und dem Kastilischen Scheidegebirge im Süden. Hinter Astorga wandelt sich das Landschaftsbild: die Pilger wandern durch die **Montes de León** hinauf zum **Rabanalpass,** dem Dach des Jakobsweges, danach geht es hinab in die fruchtbare **Region El Bierzo,** die schon an Galicien grenzt.

Die Tour durch Altkastilien auf den Spuren der Jakobspilger birgt etliche kunsthistorische Kleinode wie den romanischen Kreuzgang von **Santo Domingo de los Silos,** das westgotische Kirchlein **Santa María de Lara** oder die mozarabische Kirche **San Miguel de la Escalada.** Daneben auch Kurioses wie die rätselhaften romanischen Sparrenköpfe der Kirche **San Martín de Frómista.** Die Städte **Burgos** und **León** warten mit prächtigen Kathedralbauten und lebendigen Altstädten auf.

Altkastilien ist das historische und geistige Kernland Spaniens. In dieser Region wurden wichtige Weichen für die Entwicklung der spanischen Geschichte gestellt. Die beiden Königreiche Kastilien und León, die sich 1230 vereinten, waren treibende Kräfte der Reconquista. Der **Nationalheld El Cid** (1043–1099), der große Feldherr dieser Epoche, erblickte in der Nähe von Burgos das Licht der Welt.

Stolz – der Wesenszug, der als urtypisch spanisch gilt – bezieht sich in erster Linie auf die Kastilier. Spröde, selbstbewusst bis hin zum Hochmut sind weitere Klischees, die über die Bewohner dieses Landstrichs kursieren. Wer sich die Zeit nimmt, Land und Leuten näher zu kommen, wird erkennen, dass es sich bei den Kastiliern um einen durchaus herzlichen und gastfreundlichen Menschenschlag handelt.

Die kastilische Küche ist bodenständig und fleischlastig: Eintöpfe erfreuen sich großer Beliebtheit, Blutwurst ist die Spezialität von Burgos, köstlich zubereitetes Lamm- und Schweinefleisch kommt allerorts aus dem Holzgrillofen. Dazu mundet ein guter Tropfen aus dem weiter südlich gelegen Anbaugebiet Ribera del Duero oder aus der Region El Bierzo.

Highlights

9 **Burgos:** Die Wiege Kastiliens, Heimat des Heroen El Cid, glänzt mit seiner filigranen gotischen Kathedrale und einer quicklebendigen Altstadt (s. S. 284).

10 **Santo Domingo de Silos:** Ein Highlight der Romanik sind die kunstvoll gearbeiteten Reliefs des Kreuzgangs von Santo Domingo de la Calzada (s. S. 298).

11 **León:** Ein Meer aus Licht und Farben durchflutet die Kathedrale von León; die gotischen Glasfenster sind zweifellos die schönsten von ganz Spanien (s. S. 312).

Empfehlenswerte Routen

Ausflug in den Süden von Burgos: Die Tour führt durch die abgeschiedene Berglandschaft der Sierra de las Mamblas. Mitten in der Einsamkeit steht das westgotische Kirchlein Santa María de Lara. Das Städtchen Covarrubias mit seinen Fachwerkbauten hat sich längst zu einem beliebten Ausflugsort gemausert, kunsthistorisches Highlight ist zweifellos das Kloster Santo Domingo de Silos (s. S. 296).

Richtig Reisen-Tipps

In der Yecla-Schlucht: Nur einen Katzensprung vom Kloster Santo Domingo de los Silos entfernt liegt die eindrucksvolle Klamm Yelca, über der eine ganze Kolonie von Gänsegeiern kreist. Nehmen Sie ein Fernglas mit (s. S. 300)!

Zum Rabanalpass: Nach der Weite der Meseta endlich wieder Berglandschaft. Im späten Frühjahr steht hier die Heide in voller Blüte. Die urtümlichen Dörfer der Maragatería laden zu Zwischenstopps ein. Mischen Sie sich unter die Jakobspilger und wandern den Weg vom fast verlassenen Dorf Foncebadón durch die Montes de León zum Rabanalpass. Vergessen Sie nicht, zuvor einen Stein von Castrillo de Polvazares mitzunehmen und ihn unter dem Cruz de Ferro abzulegen, so befreien Sie sich von ihren Sorgen und Lasten (s. S. 327).

Las Médulas – Eldorado der Römer: Die größte Tagebaugoldmine des römischen Imperiums hinterließ eine spektakulär-ungewöhnliche, von Menschenhand geschaffene Kunstlandschaft. Auf einer Rundwanderung können Sie das Gebiet in Augenschein nehmen (s. S. 330).

Reise- und Zeitplanung

Die Region wird von einem kontinentalen Klima beeinflusst, das von Extremen geprägt ist, d. h. es wird sehr kalt im Winter und sehr heiß im Sommer. Selbst im späten Frühjahr kann es beispielsweise in Burgos abermals einen richtigen Kälteeinbruch geben. Deshalb lieber auf Nummer sicher gehen und adäquate Kleidung einpacken!

Für eine Tour durch Altkastilien auf dem Jakobsweg sollten 4–5 Tage mit dem Auto eingeplant werden.

9 Burgos

Cityplan S. 286

Die geschichtsträchtige Stadt Burgos gilt als die Wiege Kastiliens. Die angenehm grüne Stadt am Río Arlanzón wartet mit einer gepflegten Altstadt auf. Ihr Juwel ist zweifelsohne die gotische Kathedrale, die zu den größten und prachtvollsten Manifestationen des katholischen Glaubens in Spanien zählt. Vor den Toren von Burgos finden sich die beiden sehenswerten Klöster Las Huelgas und Miraflores.

Burgos – das ist Kastilien in Reinkultur! Hier schlug die Geburtsstunde des Königreichs Kastilien; hier wird das Erbe von El Cid (1043–1099), dem heroischen Kämpfer gegen die Mauren, hochgehalten. Er gilt geradezu als der Inbegriff von Stolz und Edelmut; dass er zwischendurch die Seiten wechselte und auf der Seite der Mauren kämpfte, tut seinem Mythos keinen Abbruch.

In Spanien eilt den Burgalesern der Ruf voraus, sie seien sehr traditionsbewusst und mitunter erzkonservativ. Klischees hin oder her, zu Recht sind die Einwohner von Burgos stolz auf ihre imposante gotische Kathedrale, die in der ersten Riege der spanischen Glaubensburgen spielt. Die Stadt (170 000 Einw.) ist keineswegs museal verstaubt, im Gegenteil: Sie ist quicklebendig und für spanische Verhältnisse angenehm grün. Längs dem Río Arlanzón erstrecken sich gepflegte Promenaden und erholsame Grünanlagen.

Allerdings ist Burgos berühmt-berüchtigt für seine Klimaausschläge! Kein Wunder, liegt die Stadt doch auf einer Höhe von 900 m auf der nordkastilischen Hochebene. Eine Redensart besagt, der Sommer währe vom Tag des hl. Jakobus, dem 25. Juli, bis zum Tag der hl. Ana, dem 26. Juli. Ganz so schlimm ist es nicht. Eine zweite Wetterweisheit kommt der Wahrheit näher. Sie besagt, dass in Burgos der Winter neun Monate dauere und darauf drei Monate sommerliche Hölle folgten.

Historische Entwicklung

Der kastilische Graf Diego Porcelos gründete die Stadt im 9. Jh. als Bastion gegen die Mauren am Nordufer des Río Arlanzón. Ein Jahrhundert darauf erhob der Graf Fernán González Burgos zur Hauptstadt seiner Grafschaft Kastilien. Im Zuge der Reconquista dehnte sich das Territorium beständig aus. König Ferdinand I. verwandelte Kastilien im Jahr 1035 zu einem eigenständigen Königreich, nur zwei Jahre später vereinigte er sein Königreich mit dem von León. Burgos stieg somit zur Hauptstadt des christlichen Spanien auf. Im Jahr 1085 vertrieb König Alfons VI. der Tapfere die Muslime aus Toledo und verlegte seine Residenz in die einstige Metropole des Westgotenreichs. Burgos blieb jedoch weiterhin Krönungsstadt der Könige von Kastilien. Die Wirtschaft florierte und Burgos entwickelte sich zum Hauptumschlagplatz für den lukrativen Wollhandel. Für Wohlstand sorgte auch der Pilgerstrom, denn mit bis zu 35 Pilgerhospizen war Burgos die wichtigste Station auf dem Weg nach Santiago de Compostela und noch immer prägen die Pilgerscharen das Gesicht der Stadt.

Im Spanischen Bürgerkrieg (1936–1939) richtete General Franco in Burgos den Sitz seiner nationalen Gegenregierung ein und verkündete vom Palacio de la Isla am 1. August 1939 das Ende des Krieges. Die Prozesse von Burgos, in denen 16 Mitglieder der baskischen Untergrundorganisation ETA 1971 zum Tode verurteilt wurden, sorgten für weltweites Medieninteresse. Erst durch den Druck der Weltöffentlichkeit wurden die Todesurteile wieder aufgehoben.

Kathedrale Santa María

Cityplan: S. 286; **Reiseatlas:** S. 14, D 2
Über die Dächer der Altstadt blitzen die filigranen Turmspitzen der Kathedrale auf. Nach Sevilla und Toledo ist die **Kathedrale von Burgos** **1** das drittgrößte gotische Gotteshaus in Spanien und steht als Welterbe unter dem Schutz der Unesco. Auf den ersten Blick fällt der Niveauunterschied des Terrains von bis zu 15 m nicht besonders auf. Erst der Weg über die Treppen hinauf zum Westportal und um das Gotteshaus herum zeigt, wie geschickt die Architekten mit der problematischen Lage des Baus am Fuß des Burghügels umzugehen wussten.

Äußeres

Die imposante **Westfassade** wird von den gotischen Türmen des Meister Hans von Köln (span. Juan de Colonia) beherrscht, der sich von den Plänen für die Kölner Kathedraltürme inspirieren ließ, die dort allerdings erst im 19. Jh. fertiggestellt wurden. Das harmonische Bild der Westfassade mit der prächtigen Rosette, die das Siegel des Salomon zeigt, und der Königsgalerie wird nur durchbrochen von der neoklassizistischen Umgestaltung im Bereich der Portale.

Die Initiatoren für den Bau der Kathedrale waren Ferdinand III. und seine Frau Beatrix von Schwaben. Gemeinsam legten sie mit Bischof Mauricio 1221 den Grundstein für den Neubau im ›französischen‹ Stil. Das Königspaar hatte sich noch im romanischen Dom von Burgos das Jawort gegeben und war unzufrieden mit dem ›altmodischen‹ Gotteshaus, das sie als zu plump und düster im Vergleich zu den modernen, himmelstürmenden gotischen Kathedralen in Frankreich und Deutschland empfanden. 1260 fand die Weihe der Kirche statt, bis zur endgültigen Fertigstellung gingen jedoch über 300 Jahre ins Land.

Mit der Autorin unterwegs

Tapas und Wein

Meine Lieblingsbar in Burgos heißt **La Favorita.** Hier werden Ihnen verführerische Tapas serviert, kleine Leckereien, die Sie aus den Vitrinen an der Bar aussuchen können. Lassen Sie sich dazu einen guten Rotwein aus Kastilien munden (s. S. 295).

Radeln in Burgos

Die Stadt bietet preisgünstigen Fahrradverleih an. Entlang dem Río Arlanzón wurde eine Radweg angelegt, auf dem man zum ca. 4 km entfernten Kartäuserkloster **Cartuja de Miraflores** gelangen kann (s. S. 295).

Vom Feinkosthändler

Das Delikatessengeschäft **Ojeda** ist eine Institution. Zu den vielen Spezialitäten von Burgos zählt die Blutwurst mit Reis und verlockend wird der berühmte *jamón iberico* präsentiert (s. S. 295).

Inneres

Der Weg ins Kircheninnere führt über die Plaza del Rey Fernando die Stufen hinauf zur **Puerta del Sarmental** an der Südseite der Kathedrale. Im Bogenfeld erscheint in romanischer Bildsprache Christus als Weltenrichter umgeben von den Symbolen der Evangelisten und den Evangelisten selbst, die als Schreiber dargestellt sind. Unter einer fein ausgestalteten Bordüre reihen sich die zwölf Apostel auf, vertieft in rege Gespräche. Auf dem Mittelpfeiler grüßt Bischof Mauricio die Gläubigen.

Magische Anziehungskraft übt im Inneren das **Kuppelgewölbe** der Vierung aus, die Philipp II. mit den Worten kommentiert haben soll, dass es besser wäre, die Kuppel in eine Schmucktruhe zu legen und sie nur an hohen Festtagen zu präsentieren, denn sie gleiche eher einer Himmelsgabe als einem mensch-

Burgos: Cityplan

Sehenswürdigkeiten

1. Kathedrale Santa María
2. Casa del Cordón
3. Museo Municipal Marceliano Santamaría
4. Reiterdenkmal des Cid
5. Plaza Mayor
6. Arco de Santa María
7. San Nicolás de Bari
8. San Estebán/Museo del Retablo
9. Kastell
10. Arco de San Estebán
11. Arco de San Gil
12. Iglesia de San Gil
13. Museo de Burgos
14. Monasterio de Santa María la Real de las Huelgas
15. Kartäuserkloster Miroflores

Übernachten

1. NH Palacio de la Merced
2. Mesón del Cid
3. Corona de Castilla
4. María Luisa
5. Hotel España
6. La Puebla
7. Jacobeo
8. Manjón
9. Albergue Juvenil Gil de Siloé

Essen und Trinken

10. Casa Ojeda
11. Mesón del Cid
12. El Asador de Aranda
13. La Favorita
14. Gaona Jardín

lichen Werk. Voller Poesie bricht sich das Licht durch das feingliedrig gewebte Sterngewölbe seine Bahnen – Erinnerungen an die märchenhaften Kuppeln der Alhambra von Granada werden wach. Das Meisterwerk im plateresken Stil schuf Hans von Köln, allerdings stürzte diese Kuppel 1537 ein. Den Wiederaufbau übernahm Juan de Vallejo. Genau unter der Vierung findet sich im Boden eingelassen eine schlichte Grabplatte aus rotem Marmor. Hier ruhen seit 1921 die sterblichen Überreste des Nationalhelden Cid und seiner Gemahlin Doña Jimena.

Der **Chor** wird beherrscht von dem **Hochaltar** im Stil der Renaissance, ein Werk der Brüder Rodrigo und Martín de la Haya. Im Zentrum thront die in Silber gearbeitete Skulptur Santa María la Mayor, der Schutzpatronin von Burgos. Hinter dem Prunkgitter verbirgt sich ein herrliches Chorgestühl aus Nussbaumholz, das Felipe de Vigarny um 1500 erschuf – wie in spanischen Kathedralen üblich befindet es sich im Mittelschiff gegenüber dem Hochaltar. Eine besondere Ehre wurde Bischof Mauricio als Gründer der Kathedrale zuteil, dessen Grabmal sich im Eingangsbereich des *coro* befindet. Das liegende Abbild des 1240 verstorbenen Bischofs ist von emailliertem Kupferblech überzogen.

Für einen effektvollen Einzug der Könige in die Kathedrale sorgte einst die prunkvolle **Escalera dorada** (vergoldete Treppe), opulent verziert und doppelläufig, ein platereskes Kunstwerk von Diego de Siloé. Sie überbrückt elegant den immensen Höhenunterschied zwischen dem Hauptkirchenschiff und dem Nordportal.

Capilla del Constable

Die dreischiffige Kathedrale umkränzen 19 aufwendig ausgestattete Kapellen. Die Perle darunter ist zweifellos die **Capilla del Condestable,** die Kapelle des Kronfeldherrn, die über den Chorumgang zu erreichen ist. Von 1482 bis 1494 arbeitete Simon von Köln, der Sohn des Dombaumeisters Hans von Köln, an der Fertigstellung der Kapelle im filigranverspielten Stil der Flamboyantgotik. Unter dem prächtigen Sternengewölbe ruht das

Grabmal des Kronfeldherren und Vizekönigs von Kastilien Pedro Fernández de Velasco und seiner Gemahlin Doña Mencía de Mendoza y Figueroa. Die Ebenbilder des Paares, lebensnah, wenn auch etwas geschönt, wurden in Carraramarmor gemeißelt. Ihre Blicke richten sich auf das figurenreiche **Renaissanceretabel** von Felipe Vigarny, dessen zentrales Thema die Präsentation Jesu im Tempel vergegenwärtigt. Bemerkenswert in der Kapelle sind außerdem die wunderschönen **Glasfenster** aus der Werkstatt von Arnao de Flandes, die einzigen originalen Glasfenster, die in der Kathedrale erhalten geblieben sind.

Hohe Verehrung bei den Gläubigen der Region genießt der **Santo Cristo de Burgos,** ein **Kruzifix** aus dem 13. Jh., das in der ersten Kapelle des südlichen Seitenschiffes präsentiert wird. Voller Dramatik, geradezu erschreckend realistisch ist das Bildnis des gekreuzigten Heilands in Holz gearbeitet, überzogen mit Büffelhaut und mit Echthaar versehen. Die großen Straußeneier zu seinen Füßen symbolisieren die Auferstehung. Angeblich soll das Kruzifix von Nikodemus nach der Kreuzabnahme geschaffen worden sein. Eine weitere Legende berichtet, dass der Christus alljährlich am Karfreitag geblutet haben soll.

Eine profan-heitere Attraktion der Kathedrale findet sich in der oberen nördlichen Ecke gleich hinter dem Hauptportal. Es handelt sich um den **Papamoscas,** den skurrilen Fliegenschnapper, eine Blechfigur, die bei jedem Glockenschlag den Mund weit aufreisst und kleine und große Besucher in Staunen versetzt.

Kreuzgang

Die Räume rund um den **Kreuzgang** (13. Jh.) beherbegen den reichen **Domschatz** der Kathedrale. In der **Capilla del Corpus Cristi** hängt die berühmte Truhe des Cids hoch an der Wand: Der Überlieferung nach soll der pfiffige Feldherr einen finanziellen Engpass überbrückt haben, indem er zwei jüdischen Geldverleihern die Truhe als Pfand hinterließ. Er erzählte ihnen von den angeblich großen Reichtümern in der Truhe, die aber nur mit Sand und Steinen gefüllt war. Allerdings

machte er es zur Auflage, dass die Truhe erst nach einem Jahr geöffnet werden dürfte. Dem Ehrenmann Cid gelang es aber vor Ablauf des Jahres, seine Schulden zurückzuzahlen und so sein Gesicht zu wahren. Für klare Verhältnisse mit seiner Frau sorgte der Cid in einem Ehevertrag, der in der **Capilla de Santa Catalina** ausgestellt ist (Plaza de Santa María, s/n, 19. März–31.Okt. tgl. 9.30–19.30, 18.30 letzter Einlass, 1. Nov.–18. März 10–19 Uhr, 18 Uhr letzter Einlass, 4 €, Audioguides 3,50 €).

Spaziergang durch die Altstadt

Cityplan: S. 286; **Reiseatlas:** S. 14, D 2
Als Ausgangspunkt für einen Stadtrundgang bietet sich das Reiterdenkmal des Cid an. Es stellt den Nationalhelden mit wildem Bartwuchs in voller Aktion mit gezücktem Schwert

Blick über Burgos: Kastilien in Reinkultur

und wehendem Umhang dar; in Burgos erhielt das Denkmal den humorvollen Spitznamen »El murcielago« (die Fledermaus).

Ein kleiner Abstecher in östlicher Richtung führt zu dem geschichtsträchtigen Stadtpalast **Casa del Cordón** 2 (15. Jh.) an der Plaza Calvo Sotelo. Das repräsentative Anwesen ließen sich der Kronfeldherr von Kastilien Don Pedro Fernández de Velasco und seine Gemahlin Doña Mencía de Mendoza 1487 erbauen. Die Familienwappen des Ehepaares an der Fassade werden von Franziskanerkordeln gerahmt, daher Name Casa del Cordón – Haus der Kordel. Seine Geschichte verknüpft sich mit wichtigen Ereignissen der spanischen Geschichte. Hier ein kleiner Auszug: die Katholischen Könige Isabella I. und Ferdinand II. empfingen hier Christoph Kolumbus nach seiner Rückkehr von der zweiten Amerikareise 1496; ihr Schwiegersohn Philipp der Schöne verstarb 1506 in der Casa del Cordón, nachdem er sich eine schwere Erkältung beim Pelotaspiel zugezogen hatte; seine Frau Johanna kam über den Tod ihres Mann nie hinweg und ging in die Geschichte als Johanna die Wahnsinnige ein; der französische König Franz I. wurde nach der Schlacht von Pavia 1525 hier dem siegreichen Kaiser Karl V. vorgeführt. Heute ist das Anwesen im Besitz einer Bank und befindet sich dank umfassender Sanierungsmaßnahmen in einem ausgesprochen guten Zustand. Zu den Geschäftszeiten ist es möglich einen Blick in den Innenhof zu werfen.

Noch etwas weiter östlich befindet sich im altehrwürdigen **Kloster San Juan** 3, dessen Gründung auf das 11. Jh. zurückgeht, das **Museo Marceliano Santamaría** (Plaza de San Juan, s/n, Tel. 947 20 56 87, Di–Sa 11–14, 17–21, So 11–12 Uhr, Eintritt 3 €). Es widmet sich dem aus Burgos stammenden Künstler Marceliano Santamaría (1866–1952). Sein Können zeigt sich v. a. in den Gemälden mit landschaftlichen Impressionen.

Zurück zum **Cid-Denkmal** 4 führt der Weg vorbei am **Teatro Principal** (19. Jh.) zur lauschigen Flaniermeile **Paseo del Espolón,** die parallel zum Río Arlanzón verläuft. Stattliche Platanen bilden ein schattiges Dach, Bänke laden zum Verweilen ein. Von hier bietet sich ein Abstecher zur einladenden **Plaza Mayor** 5 mit ihren Cafés und Bars an.

Das imposante **Stadttor Arco de Sta. María** 6 wurde im 16. Jh. zu Ehren Kaiser Karls V. zum Triumphtor umgestaltet. In der Skulpturengalerie findet sich Kaiser Karl V. flankiert von Fernán González, dem Gründer der Grafschaft Kastilien, und dem Nationalheld El Cid. In der Reihe darunter nimmt Diego Porcelos, der Stadtgründer von Burgos, die zentrale Position ein. Der Weg durch das Tor führt geradewegs auf die Kathedrale zu. Vorbei an der Hauptfassade gelangt man über eine Treppe hinauf zur spätgotischen **Iglesia San Nicolás de Bari** 7 (15. Jh., Juli–Sept. Mo–Sa 9–14, 16–20 Uhr). Von außen wenig spektakulär birgt das Innere ein kunsthistorisches Juwel: die imposante Alabasteraltarwand, die Franz von Köln um 1505 schuf. 465 Figuren bevölkern den Altar. Sie verkörpern Szenen um die Vita des hl. Nikolaus von Bari, dem Patron der Kirche, und aus dem Neuen Testament. Noch etwas weiter oberhalb steht die **Iglesia de San Estebán** 8 (13. Jh.), die heute das **Museo del Retablo** (Museum der Altarwände) beherbergt. Altäre aus der Provinz Burgos vom späten Mittelalter bis zur Barockzeit sowie liturgische Gerätschaften finden hier eine neue Heimat.

Wer den Anstieg nicht scheut, kann auf den Burghügel hinaufklimmen. Der Lohn ist eine herrliche Aussicht über die Dächer von Burgos. Vom ehemaligen **Kastell** 9 aus dem 9. Jh., Keimzelle der Stadtentwicklung von Burgos, sind nach einem Brand im Jahr 1739 nur noch spärliche Überreste erhalten geblieben. Ein neu eröffnetes **Interpretationszentrum** (Infos: Tel. 947 28 88 51) gibt Einblick in die Entstehungsgeschichte der Burg.

Zurück in die Stadt geht es durch den **Arco de San Estebán** 10 (13. Jh.), ein Torbau im Mudéjarstil, ein paar Schritte weiter passiert man das mittelalterliche Stadttor **Arco de San Gil** 11**,** das im 16. Jh. erneuert wurde. Dahinter erhebt sich die äußerlich schlichte **Iglesia de San Gil** 12 (14. Jh.). Prächtige Altarwände jedoch schmücken das Innere, darunter ein spätgotisches Retabel von Gil de Siloé in der Marienkapelle und ein Renaissanceretabel von Felipe de Vigarny. Außerdem wird hier ein Santisimo Cristo, ein Christusbildnis, verehrt, das im 14. Jh. 14 Blutstropfen ausgeschieden haben soll, die sorgsam in einem Reliquiar gehütet werden.

Burgos-Museum

Cityplan: S. 286; **Reiseatlas:** S. 14, D 2
Auf der Südseite des Río Arlanzón, in der Nähe des Busbahnhofs, liegt das **Museo de Burgos** 13**,** das in drei ehemaligen Herrenhäusern untergebracht ist. Das archäologische Museum mit Sitz in der **Casa de Miranda** präsentiert u. a. Fundstücke aus Atapuerca sowie der Römerstadt Clunia. In der benachbarten **Casa de Angulo** residiert das Museum der Schönen Künste. Zu den Highlights der breit gefächerten Sammlung zählen die romanische Altarfront von Santo Domingo de Silos und das Grabmal von Juan de Padilla, dem 1521 hingerichteten Führer des Comunerosaufstands gegen Kaiser Karl V., ein Werk von Gil de Siloé. Das Museum für Angewandte Künste und für Moderne Kunst befindet sich in der **Casa Melgosa.** (**Museo de Burgos:** Calle Galera 25, Tel. 947 26 58 75, 1. Juni–30. Sept. Di–Sa 10–14, 17–20, 1. Okt.–31. Mai Di–Sa 10–14, 16–19, So/Fei 10–14 Uhr, 1,50 €, gratis für Rentner, Studenten und Kinder, Sa, So gratis).

Die Klöster von Burgos

Cityplan: S. 286

Monasterio de Santa María la Real de las Huelgas

Rund 1,5 km westlich der Altstadt von Burgos liegt das **Monasterio de Santa María la Real de las Huelgas** 14. Der zunächst etwas irritierende Name »Königliches Kloster der Mußestunden *(huelgas)*« geht auf das Lustschloss zurück, das sich König Alfonso VIII. 1180 an der Stelle errichten ließ, wo sich heute das Kloster erhebt. Sieben Jahre später wandelte er es auf Wunsch seiner Frau Leonor von England in ein Zisterzienserinnenstift um, das zugleich als königliches Pantheon diente.

Das Kloster unter königlichem Schutz erhielt zahlreiche Privilegien und war nur gegenüber dem Papst und der Abtei von Cîteaux rechenschaftspflichtig. So errang es rasch eine enorme Machtposition in geistlichen und weltlichen Belangen, zumal die Äbtissinnen meist aus der Königsfamilie und die Nonnen aus den vornehmsten Adelsfamilien des Landes stammten. Dem Stift unterstanden in den Hochzeiten über 50 Ortschaften, riesige Ländereien und etliche andere Klöster. Der Kardinal Aldobrandini äußerte sich im 17. Jh. treffend scherzhaft: »Wenn der Papst heiraten müsste, wäre keine Braut würdiger als die Äbtissin von Las Huelgas.« Im 19. Jh. wurden dem Kloster die Privilegien von Papst Pius IX. entzogen.

Heute leben noch 44 Zisterziensernonnen in dem Kloster. Den Unterhalt finanzieren sie sich durch ihre Arbeit in der Wäscherei – Auftraggeber sind in erster Linie die Hotels von Burgos. Außerdem verkaufen sie im Klosterladen selbstbemaltes Porzellan.

In der Klosterkirche (12./13. Jh.) knien neben dem **Hochaltar** das Stifterpaar Alfonso VIII. und seine Gattin Leonor von England, ihr **Grabmal** findet sich beim Chorgestühl im Hauptschiff. Weitere Mitglieder des Königshauses ruhen im nördlichen Seitenschiff, in der Vorhalle wurden Ritter des Santiagoordensbeigesetzt. Die **Capilla Mayor** zieren edle Beauvaisgobelins (17. Jh.). Über den gotischen **Kreuzgang San Fernando** (13.–15. Jh.) mit Deckenstuck im Mudéjarstil führt der Weg in den eleganten Kapitelsaal, wo die kostbare Trophäe **El Pendón** ausgestellt wird. Dabei handelt es sich um die Standarte der Mauren, die die Christen der Überlieferung nach in der Schlacht von Las Navas de Tolosa 1212 erbeuteten. Den romanischen Kreuzgang (12. Jh.) schmücken elegante Zwillingssäulen und filigran bearbeitete Kapitelle mit Pflanzenmotiven. In der **Capilla de Santiago** findet sich eine Holzskulptur des hl. Jakobus mit beweglichen Armen. Vermutlich erteilte der Apostel den Anwärtern für die Aufnahme in den Santiago-Ritterorden den Ritterschlag.

Der einstige Kornspeicher des Klosters dient heute als **Textilmuseum** (Museo de Telas medievales). Die hervorragende Sammlung zeigt Stoffe, Kleidungsstücke und Accesoires aus dem Mittelalter. Das prächtigste Outfit gehörte dem Infanten Fernando de la Cerda (geb. 1272), dem Sohn von Alfons dem Weisen. Sein Grabmal wurde von den napoleonischen Soldaten übersehen und als einziges nicht geplündert. Das Gewand ist mit kostbaren Seiden- und Silberfäden bestickt, seine Kopfbedeckung *(birrete)* besetzen Perlen und Edelsteine. (**Monasterio de Santa María:** Calle Compases de Huelga, s/n, Tel. 947 20 16 30, www3.planalfa.es/lashuelgas, Di–Sa 10–13, 15.45–17.30, So/Fei 10.30–14 Uhr, 5 €, ermäßigt 2,50 €, Mi für EU-Bürger mit Ausweis freier Eintritt, öffentliche Busse fahren vom Cid-Denkmal zum Kloster; Frauen wird die Übernachtung angeboten, um ihnen die Möglichkeit zur inneren Einkehr zu bieten; für die Beherbergung wird eine Spende gerne entgegengenommen)

Cartuja de Miraflores

4 km östlich von Burgos thront, umgeben von einem schattigen Wäldchen, das **Kartäuserkloster Miraflores** 15 auf einem Hügel. König Juan II. stiftete das Kloster und wählte es als Grabstätte für sich und seine Gemahlin Isabella von Portugal. 1452 brannte die erste Klosteranlage ab und wurde unter der Regie des Meisters Hans von Köln und seines Sohnes Simon neu errichtet.

Die schlichte, einschiffige Klosterkirche im Stil der Gotik überwältigt durch ihre prachtvolle Innenausstattung. Der aufwendig gestaltete Hochaltar ist ein Meisterwerk von Gil de Siloé (15. Jh.). Es heißt, dass der Altar mit dem ersten Gold verziert worden wäre, das aus der ›Neuen Welt‹ mitgebracht wurde. Interessant ist v. a. die Komposition der Altar-

El Cid – Held mit Ecken und Kanten

Der altspanische Heldenepos »El Cantar de Mio Cid« aus dem 13. Jh. verherrlicht den Cid als die Idealfigur des spanischen Rittertums. Man verklärt und instrumentalisiert seine Person als Vorreiter und Verfechter der Kreuzzugsidee. Geflissentlich wird darüber hinweggesehen, dass er lange Jahre im Dienste eines maurischen Fürsten stand.

Der 1961 gedrehte Historienfilm mit Charlton Heston und Sophia Loren in den Hauptrollen verfestigte den Heldenmythos des Cid. Die jüngste Verfilmung, der spanische Zeichentrickfilm »El Cid – Die Legende« (2005), schlägt in die gleiche Kerbe.

Mythos und Historie klaffen allerdings weit auseinander. Zu Lebenzeiten des Cid (1043–1099), der mit bürgerlichem Namen Rodrigo Diaz de Vivar hieß, beherrschten die Mauren den Süden und das Zentrum Spaniens. Das einstige Großreich der Omajaden war in Teilkönigreiche, *taifas,* zerfallen. Die maurischen Fürsten bekämpften sich gegenseitig. Im Norden hatten sich die christlichen Königreiche zwar formiert, von Einigkeit konnte allerdings auch bei ihnen nicht die Rede sein. Nicht immer standen deswegen die Christen den Muslimen feindlich gegenüber, es gab durchaus wechselnde Allianzen!

Rodrigo Diaz de Vivar, der wenige Kilometer von Burgos in der Ortschaft Vivar geboren wurde, kam als Halbwaise an den Hof von König Ferdinand und wurde gemeinsam mit dessen Sohn Sancho aufgezogen. Nach dem Tod des Königs im Jahr 1065 wurde sein Reich unter seinen drei Söhnen aufgeteilt. Rodrigo trat in den Dienst von Sancho, der ihn als König von Kastilien in den Ritterstand und zum Bannerträger erhob. In dieser Zeit verdiente er sich seine ersten Meriten auf dem Schlachtfeld und erhielt den Beinamen El Campeador, der siegreiche Kämpfer. Bald entbrannte unter den drei Söhnen Ferdinands ein heftiger Bruderkrieg, aus dem Sancho 1071 siegreich hervorging. Nicht einmal ein Jahr später wurde König Sancho bei der Belagerung von Zamora in einen Hinterhalt gelockt und rücklings gemeuchelt. Sein Bruder folgte ihm als Alfonso VI. auf den Thron – ob er der Drahtzieher des Attentats auf seinen Bruder war, konnte nie geklärt werden.

Rodrigo verlangte einen öffentlichen Eid vom neuen König, in dem er beteuern sollte, dass er nichts mit der Ermordung seines Bruders zu tun hatte. Der König leistete den Schwur, fühlte sich jedoch zutiefst gedemütigt. Rodrigo blieb zunächst im Dienste der kastilischen Krone, obwohl er von seiner Position als führender Schwertträger abgesetzt wurde. Eigenmächtige Eroberungszüge führten zur Verbannung des eigenwilligen Kastiliers. So trat er mit seinen Gefolgsleuten in den Dienst des Emirs al Mutamir von Zaragoza. Angesichts seiner Erfolge auf den Schlachtfeldern nannten ihn die Mauren respektvoll El Cid (aus dem Arabischen: *as-sayyid,* der Herr).

Im Zuge der Reconquista konnte sein einstiger Dienstherr König Alfonso VI. ebenfalls große Erfolge für sich verbuchen. 1085 gelang es ihm sogar die alte Hauptstadt Toledo einzunehmen. Die bedrängten Taifakönige entschlossen sich, für eine Gegenoffensive die Almoraviden, einen fanatischen Berberstamm aus Nordafrika, zu Hilfe zu rufen. In

Thema

der Schlacht von Sagrajas (1068) fügten die Almoraviden dem kastilischen Heer eine bittere Niederlage zu. In seiner Not entschloss sich König Alfonso, den genialen Heerführer Rodrigo in seine Reihen zurückzuholen. Er lockte ihn mit dem Versprechen, dass er alle Gebiete, die er von den Mauren zurückeroberte, als sein erbliches Lehen betrachten könnte. Im Juni 1094 gelang es dem Cid, für die Christen Valencia einzunehmen. Rodrigo herrschte wie ein König mit eiserner Hand in der reichen Stadt.

Die Gegenoffensive der Almoraviden ließ jedoch nicht lange auf sich warten. Im Oktober 1094 stand ein gewaltiges Heer vor den Toren Valencias. Dank einer geschickten Kriegslist gelang es dem Cid, die feindliche Übermacht in die Flucht zu schlagen. Fünf Jahre später verstarb El Cid sanft im weichen Bett. Noch drei Jahre gelang es seiner Frau Doña Jimena, Valencia zu verteidigen. Die Legendenbildung machte jedoch selbst vor dem Tod des Helden nicht halt! So soll Rodrigo einem gemeinen Hinterhalt zum Opfer gefallen sein. Mit letzter Kraft soll er seinen Getreuen das Versprechen abgenommen haben, erneut mit ihm an der Spitze die Mauren anzugreifen. Seinen Leichnam sollten sie auf sein treues Pferd Babieca binden. Das Versprechen wurde eingelöst und soll seine Wirkung nicht verfehlt haben. Seine Präsenz flößte den christlichen Truppen Siegesgewissheit ein, während die Mauren glaubten, einen Geist zu erblicken und voller Panik die Flucht ergriffen.

Legendär: Mut und Siegeswille des Cid

wand: Statt in den üblichen viereckigen Feldern spielen sich die einzelnen Szenen aus dem Leben Christi in Kreisen ab, die sich um das zentrale Thema der Kreuzigung gruppieren. Im rechten, unteren Bereich findet sich eine besonders liebenswerte, in sich ruhende Jakobusstatue im Pilgergewand.

Vor dem Altar bettet sich das prächtige, sternförmig angelegte Alabastergrabmal des Stifterpaares (1493), das die Tochter Isabella, die Katholische Königin, bei Gil de Siloé in Auftrag gab. Dieses Grabmal im verspielten Stil der Isabellinischen Gotik gilt als eines der schönsten von ganz Spanien. Angesichts der Detailfülle und dem überbordenden Pflanzenwerk, das das liegende Königspaar umrankt, fällt es schwer, sich wieder loszureißen. Ergreifend ist auch das Grabmal des früh verstorbenen Sohnes Alfonso, ebenfalls ein Werk aus der Werkstatt von Siloé. An seiner Stelle bestieg Schwester Isabella den Thron von Kastilien, die gemeinsam mit ihrem Mann Ferdinand von Aragón mit der Eroberung von Granada 1492 das Kapitel der Reconquista abschloss (Mo–Sa 10.15–15, 16–18, So 11.20–12.30, 16–18 Uhr, Eintritt frei. Gut mit öffentlichen Verkehrsmitteln zu erreichen, reizvoll ist auch der ca. 40 Min. lange Fußweg entlang dem Río Arlanzón durch gepflegte Grünanlagen. Im Kloster ist ein Poster mit der Jakobsfigur des Hauptaltars erhältlich!).

i **Oficina Municipal de Turismo:** Paseo del Espolón, s/n, 09003 Burgos, Tel. 947 28 88 74, Fax 947 28 88 62, www.ayto burgos.es, Sommer Mo–Sa 10–14, 17–20, So 10–14, Winter Mo–Sa 10–14, 16.30–19.30, So 10–14 Uhr; Zweigstelle an der Plaza del Rey San Fernando 2. **Burgos Card:** 13 € pro Tag bzw. 17 € 2 Tage; freier Eintritt in die Museen, Ermäßigung bei Touren mit dem **Tren Túristico** sowie bei Stadtführungen, die vom Tourismusamt organisiert werden. Auch zahlreiche Restaurants und Geschäfte geben Rabatte. Erhältlich bei den Tourismusämtern und online unter www.burgoscard.com.

Patronato de Turismo de Burgos: Calle Asunción de Nuestra Señora 3, Burgos Tel. 947 27 94 32, www.turismoburgos.org. Fremdenverkehrsamt der Provinz Burgos, nützliche Infos zur Stadt und ihrer Umgebung.

Oficina de Información Turística de la Junta Castilla y León: Plaza Alonso Martínez 7, Tel. 947 20 31 25, Fax 947 27 65 29, www.tu rismocastillayleon.com, Juli–Mitte Sept. tgl. 9–20 (Fr/Sa bis 21), sonst tgl. 9–14, 17–20 Uhr. Informationsbüro der autonomen Gemeinschaft Kastilien-León.

NH Palacio de la Merced [1]**:** La Merced 13, Tel. 947 47 99 00, Fax 947 26 04 26, www.nh-hotels.com. Eines der Tophotels von Burgos direkt am Ufer des Río Arlanzón gegenüber der Altstadt gelegen. Modernes, ansprechendes Design zeichnet das Hotel aus. Die Küche glänzt durch innovative Kreationen. DZ 95–190 €.

Mesón del Cid [2]**:** Plaza Santa María 8, Tel. 947 20 87 15, Fax 947 26 94 60, www.meson delcid.es. Direkt bei der Kathedrale in Toplage, die Zimmer sind ordentlich, aber etwas nüchtern eingerichtet. Die schönsten finden sich im neuen Hotelanbau. DZ 125 €.

Corona de Castilla [3]**:** Madrid 15, Tel. 947 26 21 42, Fax 947 20 80 42, www.hotelcoro nadecastilla.com. 400 m vom Zentrum entfernt, ganz in der Nähe der Busstation. Solide, freundliche Zimmer mit Parkettböden. Ein Manko ist die Lage an einer stark frequentierten Straße. DZ 60–145 €.

María Luisa [4]**:** Av. del Cid Campeador 42, tel. 947 22 80 00, Fax 947 22 80 80, www. hotelmarialuisa.com. Gut ausgestattete Zimmer im klassischen Stil, ca. 15 Gehminuten von der Kathedrale. DZ 53–88 €.

Hotel España [5]**:** Paseo de Espolón 32, Tel. 947 20 63 40, Fax 947 20 13 30, www.hotel espana.net. Das Hotel ist nicht mehr ganz up to date was das Mobiliar anbelangt, dafür ist es zentral und relativ ruhig an der Flaniermeile von Burgos gelegen. DZ 50–80 €.

La Puebla [6]**:** Calle La Puebla 20, Tel. 947 20 00 11, Fax 947 20 47 08, www.hotella puebla.com. Kleines, komfortables Hotel in zentraler Lage, die Zimmer sind geschmackvoll modern eingerichtet. Preis DZ 70–78 €.

Jacobeo [7]**:** Calle San Juan 24, Tel. 947 26 01 02, Fax 947 26 01 00, www.hoteljacobeo.

com. Für den Preis, die Kategorie und die Altstadtlage ein empfehlenswertes Haus, ansprechend ausgestattete Zimmer. DZ 45–75 €.
Manjón 8: Gran Teatro 1, Tel. 947 20 86 89, 947 20 86 89. Einfaches Hostal in zentraler Lage, freundliches Personal, allzu hohe Ansprüche dürfen allerdings nicht gestellt werden. Zimmer mit und ohne Bad. DZ 30–40 €.
Albergue Juvenil Gil de Siloé 9: Av. General Vigón, s/n, Tel./Fax 947 22 03 62, gildesiloe@telefonica.net. 1. Juli–15. Sept. dient das Schülerwohnheim als Jugendherberge, es liegt ca. 1 km nordöstlich vom Zentrum.

Eine Vielzahl von kleinen Bars und Restaurants finden sich in der Calle San Lorenzo und in der Calle Sombrería ganz in der Nähe der Plaza Mayor.
Casa Ojeda 10: Vitoria 5, Tel. 947 20 90 52, Fax 947 20 70 11, www.restauranteojeda.com. Renommiertes Restaurant im rustikalen kastilischen Stil mit Cafetería und hervorragendem Delikatessengeschäft. So abends geschl., 3 Gänge à la carte 26–39 €.
Mesón del Cid 11: Plaza de Santa Maria 8, Tel. 947 20 87 15, www.mesondelcid.es. Der Klassiker von Burgos! Das Haus stammt aus dem 15. Jh. Schon allein das rustikale Ambiente verzaubert, hinzu kommen die Servicekräfte in lokaler Tracht. Auf dem Speiseplan steht die klassische kastilische Küche, die Weinkarte ist gut sortiert. So abends geschl., 3 Gänge à la carte 23–31 €.
El Asador de Aranda 12: Llana de Afuera, Tel. 947 26 81 41, Fax 947 26 81 41. Etwas versteckt hinter der Kathedrale gelegen, die Spezialität des Lokals ist Lamm aus dem Holzofen. 3 Gänge à la carte um 27 €.
La Favorita 13: Calle Avellanos 8, Tel. 947 20 59 49, www.lafavoritaburgos.com. Abseits der touristischen Meile liegt die ansprechende Bar mit grandiosem Tapasortiment und vorzüglicher Weinauswahl. Wer gemütlicher als an der Theke sitzen möchte, kann sich ein Gericht à la carte auswählen. Tapa 3–6, Hauptgericht 8–15 €.
Gaona Jardín 14: Calle de la Sombrería 29. Ausgesprochen gemütliches Lokal mit fantasievoll belegten Brötchen. Nicht abschrecken lassen: Die Gegend, in der das Lokal liegt, wirkt etwas heruntergekommen. Tapa 3–4 €.

Buchhandlung: Libería Sedano, Paseo de Espolón 6, Tel. 947 20 22 20. U. a. Reiseführer und Wanderkarten.
Ojeda Delicatessen: Calle Vitoria 5/Plaza del Cordón, Tel. 947 20 90 52. In dem traditionsreichen Feinkostgeschäft werden Spezialiäten aus der Region sowie aus ganz Spanien angeboten.

Fahrradverleih: Bicibur: Tel. 618 58 17 18, www.bicibur.es oder aytoburgos.com. Kostenloser Fahrradverleih. Lediglich eine Grundgebühr von 3 € ist in der Sparkasse Caja Burgos einzubezahlen. Nähere Informationen erteilt das Tourismusamt auf der Plaza del Rey Fernando. Bikeextrem: Calle Vitoria 258, Tel. 947 24 00 03, www.bikeextrem.com. Das Fahrradgeschäft verleiht Räder für 9,60 €/halber Tag, 12,90 €/Tag.
Balneario Bienestar: Avda. Cantabria 69, Tel. 947 22 07 62, www.balneariobienestar.com. Mo–Fr 9–22, Sa, So 10–22 Uhr. Die Therme bietet Rundum-Verwöhnprogramme.

Fiestas de San Pedro y San Pablo: 29. Juni–8. Juli; bedeutendstes Fest von Burgos. Am 8. Juli wird die Fiesta mit einer stimmungsvollen Prozession eröffnet.
Teatro Principal: Plaza de Mio Cid, s/n, Tel. 947 28 88 40. Schauspiele Konzerte und Ballettaufführungen. Aktueller Spielplan unter www.aytoburgos.es.

Zugbahnhof: Plaza del Estación, s/n, Renfe Tel. 902 24 02 02. Ticket-Verkauf auch in der Altstadt beim Renfe-Büro, Calle Moneda 21, Tel. 947 20 91 31. Burgos liegt gut angebunden an der Strecke von der Grenzstadt Irún nach Madrid. Von Burgos sind Städte wie Bilbao, San Sebastián, Pamplona, Logroño, Zaragoza, Vigo und La Coruña gut zu erreichen.
Busbahnhof: Calle Miranda 4, Tel. 947 28 85 55. Die aktuellen Fahrpläne sowie die Webseiten der Busgesellschaften finden sich unter www.patroturisbur.es *(cómo llegar)*.

Umgebung von Burgos

Karte S. 301

Ein reizvoller Ausflug führt zum Kloster Santo Domingo de Silos in den Süden von Burgos. Kleinode am Rande sind das einsame, westgotische Kirchlein Santa María de Lara und das mittelalterlich geprägte Dorf Covarrubias. Im Kloster Santo Domingo de Silos verzaubert der romanische Kreuzgang die Besucher. Östlich von Burgos finden sich das Kloster San Juan de Ortega und die archäologische Ausgrabungsstätte von Atapuerca.

Santa María de Lara

Karte: S. 301

Obwohl Santo Domingo de Silos etwas abseits der klassischen Pilgerroute des *Camino Francés* liegt, nehmen auch heute noch viele Pilger den Umweg auf sich, um das Kloster des berühmten Heiligen aufzusuchen. Auf dem Weg dorthin über die Nationalstraße N-234 nach Soria gelangt man in den Bergen der Sierra de las Mamblas zum Dörflein **Quintanilla de las Viñas**. Ein schmales Sträßchen führt hinauf zum oberhalb des Dorfes gelegenen, einsamen **Kirchlein Santa María de Lara** 1 (auch Nuestra Señora de Quintanilla de las Viñas). Das frühchristliche Gotteshaus aus dem 7. Jh. ist eines der wenigen Zeugnisse westgotischer Kultur, die in Spanien erhalten geblieben sind. Von der Basilika stehen heute nur noch Querhaus und Chor. Die bei archäologischen Grabungen freigelegten Mauerreste lassen die ursprüngliche Größe noch ganz gut erahnen.

Beim Gang um die Kirche herum fällt der Blick auf die Reliefbänder mit stilisierten Pflanzen- und Tiermotiven wie Trauben, Blättern und Vögel, die an eine byzantinische Formensprache erinnern. Auf der Höhe der Apsis sind drei Monogramme in den Stein gemeißelt worden. Sie werden als Namenskürzel der Kirchenstifterin gedeutet. Im Inneren bildet ein westgotischer Hufeisenbogen den Zugang zum Chor, oberhalb des Bogens befindet sich eine der ältesten erhalten gebliebenen Darstellungen von Christus als Weltenherrscher. Auf den beiden Kragsteinen des Hufeisenbogens sind Sonne und Mond zu erkennen, ursprünglich heidnische Symbole, die in die Formensprache des Christentums übernommen wurden. Die Sonne steht für Christus, der Mond wird mit der Kirche bzw. mit Maria in Verbindung gebracht. Ungewöhnlich für mediterrane Kulturen ist hier die Allegorie des Mondes mit einem bärtigem Männergesicht (oberhalb der Ortschaft Quintanilla de las Viñas an der Straße Richtung Lara de los Infantes, Tel. 626 49 62 15, Okt.–März, Mi–So, 10–17, April 10–14, 16–19, Mai–Sept. Mi–So 10–14, 16–19 Uhr, Mo, Di und das letzte Wochenende jeden Monats geschl., Eintritt frei).

In Sichtweite auf der Bergkuppe erblickt man die spärlichen Überreste der Burg von **Lara de los Infantes,** wo Fernán González, der Gründer der Grafschaft Kastilien, das Licht der Welt erblickte.

Covarrubias

Karte: S. 301

Weiter entlang der N-234 folgt nach Hortigüela der Abzweig zum mittelalterlichen Covarrubias. Das Sträßchen führt parallel zum

Río Arlanza durch eine bukolische Landschaft. Nach wenigen Kilometern tauchen die beachtlichen Ruinen des ehemaligen **Benediktinerklosters San Pedro de Arlanza** 2 auf. Die Gründung des Klosters im 10. Jh. geht vermutlich auf die Eltern von Fernán González zurück, dank dessen Förderung es sich zum einflussreichsten Kloster der Grafschaft Kastilien entwickelte.

Das malerische Dorf **Covarrubias** 3 (span. *cuevas rojas,* rote Höhlen) im Tal des Río Arlanza gilt als Wiege der Grafschaft Kastilien. Fernán González, der die unabhängige Grafschaft Kastilien gründete, residierte in einem Palast am Hauptplatz, der heute das Rathaus beherbergt. Der 700-Einwohner-Flecken ist in weiten Teilen noch von alten, trutzigen Stadtmauern umgeben. Die heimeligen Plätze und die zahlreichen Fachwerkhäuser verleihen der Ortschaft ihren mittelalterlichen Charme.

Die wichtigste Sehenswürdigkeit ist die Stiftskirche, die **Colegiata de San Cosmas y San Damián** (Tel. 947 40 63 11, Mi–Mo 10.30–14, 16–19, So/Fei 10.30–12, 16–19 Uhr, 2 €, So um 12 Uhr findet die Messe mit Orgelmusik statt). Sie geht auf das 10. Jh. zurück und wurde in den nachfolgenden Jahrhunderten mehrfach umgestaltet. Das Gotteshaus birgt die Gräber des Grafen Fernán González (923–970) und seiner Frau Doña Sancha. Eine Legende berichtet, dass die Gebeine des großen Kämpfers gegen die Mauren bei den entscheidenden Schlachten der Reconquista laut vernehmbar im Sarg herumklapperten. Im Kreuzgang fand die kinderlose, im Alter von nur 28 Jahren verstorbene Prinzessin Christina von Norwegen (1234–1262), die erste Frau des Infanten Don Felipe, ihre letzte Ruhestätte. Vor der Kirche steht eine Statue der skandinavischen Prinzessin, die als Denkmal von der norwegischen Stadt Tonsberg gestiftet wurde.

Überraschend vielseitig und umfangreich präsentiert sich die Sammlung des **Museums** der Stiftskirche. Zu den Highlights zählen das Dreikönigstriptychon von Gil de Siloé (15. Jh.) und das Gemälde von Pedro Berruguete (15. Jh.), das die Kirchenpatrone, die Ärzte San Cosmos und San Damián, bei einer Beinamputation zeigt.

Mit der Autorin unterwegs

Zeitreise ins Mittelalter

Im Städtchen **Covarrubias** scheint die Zeit stehen geblieben zu sein, schmucke Fachwerkhäuser zieren die Plätze. Nette Lokale und kleine Geschäfte mit Kunsthandwerk laden zum längeren Verweilen ein (s. S. 296).

Mönchsgesänge in den Charts

Die Mönche vom Benediktinerkloster **Santo Domingo de Silos** sind in ganz Spanien berühmt für ihre Gregorianischen Gesänge. Ihre CDs wurden zu Kassenschlagern und landeten sogar auf den vorderen Plätzen der US-amerikanischen Pop-Charts. Wer die Gelegenheit hat, sollte es sich nicht entgehen lassen, den Gesang live zu erleben (s. S. 298).

i **Oficina de Turismo:** Calle Monseñor Vargas, s/n, 09346 Covarrubias, Tel./Fax 947 40 64 61, www.ecovarrubias.com, März–Dez. Mo–Sa 10.30–14, 16–19, So/Fei 11–14.30, Juli–Aug. Mo–Sa 10.30–14.30, 16–20, So/Fei 11–14 Uhr.

Hotel Nuevo Arlanza: Plaza Doña Urraca 11, Tel. 947 40 05 11, Fax 947 40 05 13. Das wiedereröffnete Haus erstrahlt in neuem Glanz: Modernes, freundliches Design ist in die 45 Zimmer des Hotels eingezogen. DZ 70–80 €.

Rey Chindasvinto: Plaza Rey Chindasvinto 5, Tel. 947 40 65 60, Fax 947 40 65 43, hotelchindas@wanadoo.es. Im Zentrum von Covarrubias, die Zimmer wurden ansprechend eingerichtet, mit Restaurant, Bar sowie eigenen Parkplätzen für die Gäste. DZ 55 € inkl. Frühstück.

Camping Covarrubias: Ctra. Hortigüela, s/n, Tel. 947 40 64 17 (Sommer), sonst Tel. 983 29 58 41, www.proatur.com, erste Kategorie. Der 23 500 m² große, vernünftig ausgestattete Platz verfügt über einen großen Pool. Es werden auch Holzbungalows vermietet. Pro Pers. um 4 €, Auto 3 €, Zelt um 4 €.

Restaurante de Galo: Calle Monseñor Vargas 10, Tel. 947 40 63 93, Fax 947 40 64 14, www.degalo.com. Gemütliches, rustikales Restaurant, die Spezialität des Hauses ist Lammfleisch aus dem Holzofen. 3 Gänge à la carte um 27 €.
Restaurante Bar Tiky, Plaza Doña Urraca 9, Tel./Fax 947 40 65 05, www.restaurantetiky.com. In der Bar herrscht häufig Hochbetrieb, angesichts des leckeren Tapasortiments kein Wunder. Tapa um 3 €.

Fiesta Medieval y de la Cereza: zweites Juliwochenende. Attraktives Mittelalterfest; fast ganz Covarrubias präsentiert sich in mittelalterlichen Gewändern, da das Fest mit der Kirschernte einhergeht, werden die Besucher mit Kirschen beschenkt.
San Cosmas y Damián: Patronatsfest, letztes Wochenende im September.

Lerma

Karte: S. 301
Das Gesicht der Kleinstadt **Lerma** 4 prägte der erste Herzog von Lerma, Don Francisco Gómez de Sandoval y Rojas, der Günstling des Königs Felipe III., der alle Fäden in der Hand hielt und berüchtigt war für seine Raffgier. Auf der höchsten Erhebung ließ sich der Herzog nach Plänen des Architekten Francisco de Mora seinen stattlichen Palast (1601–1617) im strengen Renaissancestil errichten, heute ist in dem Herzogspalast ein Luxushotel untergebracht. Zahlreiche Adelspaläste, Kirchen und Klöster zeugen noch immer in der Kleinstadt von der barocken Prachtentfaltung unter dem Herzog von Lerma.

Parador de Lerma: Plaza Mayor 1, 09340 Lerma, Tel. 947 17 71 10, Fax 947 17 06 85, www.paradores.es. Der ehemalige Herzogspalast mit großzügigem Innenhof besitzt 70 elegant ausgestattete Gästeräume und ein Hallenbad. DZ 130–155 €.

Posada de Eufrasio: Calle Vista Alegre 9, Tel./Fax 947 17 02 57, www.posadadeeufrasio.com. Das kleine Hotel (10 Zi.) mit gepflegt rustikalem Restaurant und Bar wurde mit viel Charme eingerichtet. DZ 70 €.

Asador La Fonda Caracoles: Calle Luis Cervera Vera 10, Tel. 947 17 05 63, www.asadorcaracoles.es. Über 100 Jahre altes Traditionslokal, das sich der kastilischen Küche verschrieben hat, zu den Spezialiäten zählen Lamm aus dem Holzofen, Schmor- und Pilzgerichte. 3 Gänge à la carte 20–25 €.

10 Santo Domingo de Silos

Karte: S. 301
Eine landschaftlich schöne Strecke führt von Lerma vorbei an einsamen, teilweise verlassenen Dörfern zum **Kloster Santo Domingo de Silos,** dessen grandioser Kreuzgang die Herzen von Liebhabern der romanischen Kunst höherschlagen lässt! Das Kloster, bereits im 6. Jh. zur Zeit der Westgoten gegründet, blickt auf eine lange, wechselhafte Geschichte zurück. Die erste Klosteranlage fiel dem Ansturm der Mauren zum Opfer und wurde von Fernán González, dem Graf von Kastilien, 954 wieder aufgebaut. Die Truppen Almansors zerstörten die Abtei Ende des 10. Jh. erneut, aber schon kurz darauf wurde sie neu errichtet. Seine Blütezeit erlebte das Benediktinerkloster unter dem Abt Santo Domingo de Silos, der von 1047 bis 1073 hier wirkte. Die Kunde von seiner Mildtätigkeit und seinen zahlreichen Wundern sprach sich rasch herum und zog die Pilger in Scharen an. So entwickelte sich Santo Domingo de Silos zu einer wichtigen Station auf dem *Camino de Santiago.*

Noch heute wird das Kloster von Benediktinermönchen bewohnt, die weit über die Klostermauern hinweg durch ihre hochkarätigen **gregorianischen Gesänge** berühmt geworden sind. Mit ihrer Doppel-CD *Canto Gregoriano* stürmten sie 1994 sogar die US-amerikanischen Pop-Charts, was nicht nur die

Ein Muss für Kunstliebhaber: der Kreuzgang von Santo Domingo de Silos

Musikwelt, sondern auch die Mönche in Staunen versetzte. Live erleben kann man die himmlischen Klänge in der Abendmesse um 19 Uhr.

Im Mittelpunkt des Interesses steht allerdings der **romanische Kreuzgang** (11./12. Jh.). Gäbe es eine Hitliste der spanischen Romanik stünde Santo Domingo de Silos ganz weit oben. Die fantasievolle Bildsprache dieser Epoche entfaltet ihre ganze Pracht auf den Kapitellen: Unbekannte Steinmetze schmückten sie mit wollüstigen Affen und Harpyien – einer Entlehnung aus der griechischen Mythologie. Es handelt sich dabei um hässliche Riesenvögel mit Frauenköpfen, die vor der Habsucht warnen. Ferner tauchen immer wieder verzerrte Fratzen auf, deren Aufgabe es ist, die bösen Mächte abzuschrecken, zugleich die Gläubigen vor dem Bösen zu warnen und an die Scheidung der Geister in Gut und Böse zu erinnern. Löwen symbolisieren die Auferstehung Christi. Außerdem ziert Ranken-, Blätter- und Blütenwerk die Kapitelle.

An den Ecken des Kreuzgangs finden sich in Kalkstein gemeißelte Reliefs, die an Elfenbeinschnitzereien erinnern, mit Motiven aus dem Neuen Testament. Sie waren früher farbig gefasst, bei genauerer Betrachtung sind an einigen Stellen noch Farbspuren zu erkennen. Die Augen der Figuren waren ursprünglich alle mit Pechkohle ausgelegt. Besonders symbolträchtig ist die Szene der Nordwestecke, die Christus in Emmaus zeigt. Christus, der die Jünger an Größe weit überragt, tritt als Jakobspilger auf. Eine Erinnerung an die Mönche, in jedem Pilger den Herrn zu sehen und eine Hommage an alle Jakobspilger!

Es lohnt außerdem, auch mal einen Blick an die **Decke des Kreuzgangs** (14. Jh.) zu werfen, die mittelalterliche Alltags- und Festszenerien im Mudéjarstil zieren. Im Nordflügel steht der von Löwen gestützte **Sarkopharg**

Richtig Reisen-Tipp: In der Yecla-Schlucht

Das Gebiet um die Yecla-Schlucht gehört zum 26 055 ha großen **Naturpark Desfiladero de Yecla y los Sabinares del Arlanza** 5. Neben der Yecla-Schlucht zählt ein Zedernwald *(sabino albar)* mit Bäumen, die über 2000 Jahre alt sind, zu den Schätzen des Naturparks!

Kurz vor der Ortseinfahrt von Santo Domingo de Silos führt der Abzweig nach Süden in Richtung Aranda de Duero (BU-910) zur 3 km entfernten **Yecla-Schlucht.** Gegenüber vom Parkplatz bringen Sie Treppen hinab in die enge Schlucht, in die stellenweise kaum noch das Tageslicht vordringt. Tief hat sich der kleine Bach, ein Zufluss des Matavejas, in den Kalkstein eingegraben. Die imposanten Wände der Schlucht ragen bis zu 100 m empor. Dank der angelegten Stege und Brücken ist die Schlucht passierbar. Für den Weg durch die 1,2 km lange Klamm sind rund 20 Min. zu veranschlagen. Mittlerweile ist die Schlucht gut abgesichert worden, trotzdem empfiehlt sich solides, rutschfestes Schuhwerk.

Über der Schlucht ziehen Gänsegeier ihre Kreise, die stattliche Kolonie ist bereits auf 100 Paare angewachsen! Die ausgesprochen geselligen Tiere zählen zu den größten Greifvögeln der Erde. Ihre Flügelspannweite reicht bis zu 2,80 m. Ihr Kopf fällt dagegen recht klein aus. Den gänseartigen Hals der ausgewachsenen Vögel ziert eine weiße Halskrause. Hoch oben auf den Felsen richten sie ihre Nester ein, Männchen und Weibchen wechseln sich beim Ausbrüten ihres Eies ab. Nach 48–54 Tagen schlüpft das Junge, nach 110–115 Tagen startet der Nachwuchs die ersten Flugversuche. Die Gänsgeier ernähren sich ausschließlich vom Aas. Ihre Vorliebe gilt dem Muskelfleisch und den Eingeweiden, Sehnen, Haut und Knochen verschmähen sie.

Infos: Beim Patronato de Turismo de Burgos oder der Oficina de Información Turística de la Junta Castilla y León (beide s. S. 294).

des hl. Domingo. Weitere Highlights sind die **Klosterapotheke** aus dem 18. Jh. sowie das an Schätzen reiche **Museum.** Die **Klosterkirche** (18. Jh.) präsentiert sich in kühler, klassizistischer Strenge, ernüchternd nach der prachtvollen Romanik (Valle de Tabladillo, Tel. 947 39 00 68, www.abadiadesilos.es, Di–Sa 10–13, 16.30–18, So/Fei 16.30–18 Uhr, 3 €, im Klosterladen sind die CDs mit den Gregorianischen Gesängen der Mönche erhältlich).

Hotel Restaurante Tres Coronas de Silos: Plaza Mayor 6, Tel. 947 39 00 47, Fax 947 39 00 65, www.hoteltrescoronas desilos.com. Ehemaliges Herrenhaus mit geschmackvollen Zimmern im kastilischen Stil. DZ 68–71 €. Fragen Sie nach Spezialtarifen!

Casa Madariaga: Plaza de España 7, Tel. 941 34 01 30. Sympathisches Lokal mit typisch kastilischer Küche Probieren Sie die Blutwurst. 3 Gänge à la carte 15–20 €.

Über die Montes de Oca nach San Juan de Ortega

Karte: S. 301

Wer sich auf dem Jakobsweg Burgos nähert, passiert die Montes de Oca und das Kloster San Juan de Ortega. Ganz in der Nähe befindet sich die Ausgrabungsstätte Atapuerca.

Im Schatten der **Montes de Oca,** ein nordwestlicher Ausläufer der Sierra de la Demanda, liegt das einst von Franken gegründete Dorf **Villafranca Montes de Oca** 6. Die Jakobspilger im Mittelalter fürchteten den Aufstieg durch die dicht bewaldeten Montes de Oca, da Räuber in der einsamen und unwegsamen Gegend ein leichtes Spiel hatten und immer wieder Pilger überfielen. So sammelten die Pilger Kräfte und Mut in der uralten Pilgerherberge **Hospital de San Antón de Abad** in Villafranca Montes de Oca, die im Jahr 1380 von Doña Juana, der Witwe von König Heinrich II. von Kastilien, gestiftet wurde.

Umgebung von Burgos

Hinter der höchsten Erhebung der Montes de Oca, dem 1130 m hohen **Pedrajapass,** geht es vorbei an der **Einsiedelei Valdefuentes,** dem Überbleibsel eines Zisterzienserklosters aus dem 13. Jh. Über eine ausgedehnte Hochebene führt der *Camino* nach **San Juan de Ortega** 7. Schon von Weitem erblicken die Pilger die Klosterkirche San Juan de Ortega (12. Jh., 15. Juni–15. Sept. 10–13.30, 16.30–19.30 Uhr, Eintritt frei). Der Stifter der Kirche und des Pilgerhospitals war der hl. Johannes vom Haselhuhn (1080–1163), der sein Leben nach einer Wallfahrt ins Heilige Land ganz den Jakobspilgern verschrieb. Er erleichterte ihnen den Pilgerweg durch den Bau von Kirchen, Herbergen, Wegen und v. a. Brücken – genau wie sein Vorbild Santo Domingo de la Calzada, dessen Schüler er war.

Oberhalb der Krypta liegt das spätgotische Schaugrab, auf dem der Heilige in Alabaster gemeißelt verewigt wurde. Rund um den Sockel erzählen Reliefs von den Wundern des

San Juan de Ortega. Den filigran gearbeiteten Baldachin über dem Grabmonument stiftete Isabell die Katholische 1474. Zweimal im Jahr, zur Tagundnachtgleiche am 21. März bzw. am 22. September, ereignet sich gegen 17 Uhr in der Kirche ein Lichtwunder: Dann erleuchten Sonnenstrahlen die Kapitelle rechts vom Altarraum mit Szenen rund um die Geburt Jesu in der richtigen Abfolge .

La Alpargatería: Calle Mayor 2, 09257 Villafranca Montes de Oca, Tel. 686 040 884, www.toprural.com. Angenehme, preisgünstige Unterkunft, für Pilger eine Alternative! DZ 36 €.
Bei der Klosterkirche von **San Juan de Ortega** gibt es eine kleine, unprätentiöse **Bar.**

Atapuerca

Karte: S. 301
8 In der **Sierra de Atapuerca** sprengten im 19. Jh. die Eisenbahnbauer den Weg für die heute aufgelassene Bergwerksbahn, die Eisenerz und Kohle der Sierra de la Demanda nach Burgos beförderte. Dabei wurde ein ausgedehntes Höhlensystem freigelegt, was sich rasch als eine unerschöpfliche Goldgrube für die Paläontologen erwies. Forscher entdeckten hier die ältesten Spuren menschlicher Präsenz in ganz Europa. Im Jahr 2001 wurde die Fundstätte zum Welterbe deklariert.

Der letzte Sensationsfund geht auf das Jahr 2007 zurück, ein rund 1,2 Mio. alter vorderer Backenzahn. Bereits 1994 brachten Grabungen in der Gran Dolina die Überreste des *homo antecessor* ans Tageslicht, die auf ein Alter von rund 850 000 Jahren geschätzt werden. Ob der weitaus ältere Zahnfund einem Urmenschen dieser Gattung oder womöglich einem seiner Vorfahren zuzuordnen ist, gibt den spanischen Wissenschaftlern noch immer ein Rätsel auf.

Die **Besichtigung des Grabungsgeländes** konzentriert sich auf drei Fundstätten: die **Sima del Elefante,** die **Galería** und die **Gran Dolina.** Die hier entdeckten Funde sind zwischen 200 000 und 1 Mio. Jahre alt (Centro de Recepción de Visitantes, Calle Pablo García Vilumbrales, s/n, beim Rathaus, Tel. 902 02 42 46, Fax 947 42 17 15, www.atapuerca.com, Jan./Feb. geschl., März–Juni Sa/So/Fei, Juli–Sept. den ganzen Tag über Führungen, ebenso in der Karwoche, Okt.–Dez. Führungen Sa/So/Fei, **frühzeitige Anmeldung für Führungen ist ratsam!**, 5 €, Kinder 6–12 Jahre 3 €, **Kombiticket** Grabungsgelände/Museum/Themenpark 11,50 €, Kinder 6–12 Jahre 6 €).

In dem Ort **Ibeas de Juarros** nahe der Nationalstraße N-120 liegt das 1993 eröffnete **Paläontologische Museum (Aula Emiliano Aguirre)**, das nach dem Wissenschaftler Emiliano Aguirre benannt wurde. Das Museum bietet einen Überblick über die verschiedenen Grabungskampagnen, das Leben der Hominiden und zeigt originale Fundstücke sowie Rekonstruktionen von menschlichen Fossilien und Werkzeugen (Ctra. Logroño 39, Ibeas de Juarros, Tel. 902 02 42 46, Fax 947 42 10 05, www.visitasata puerca.com, März–Juni, Sept.–17. Dez. 9–14, 16–19, Juni–Sept. Di–So 9–14, 16–19, 18. Dez.–28. Feb. geschl., 3 €, Kinder 6–12 Jahre 1,50 €, Kombiticket s. o.).

Der **Archäologische Themenpark von Atapuerca** eröffnete 2001 seine Pforten. Den Besuchern bietet die 10 000 m² große Anlage eine Zeitreise in die Frühgeschichte der Menschheit. Anhand der Rekonstruktionen von Steinzeitdörfern, Repliken von Urmenschen und Tieren sowie Unterweisungen im Feuer machen und dem Herstellen von Werkzeugen, Jagdwaffen und Keramik wird die Steinzeit wieder lebendig. Umfangreich ist das Angebot für Kinder, sogar eine Steinzeit-Geburtstagsparty kann hier organisiert werden (700 m vom Besucherzentrum entfernt, Tel. 902 02 42 46, www.visitaatapuerca.com, Jan., Feb. geschl., Führungen März–Juni Sa, So, Fei geöffnet, März 11, 12, 13, 14, April–Juni 11, 12, 13, 16, Juli–Aug. Mo–So 11, 12, 13, 16, 17, 18, Sept. 11,12, 13, 16, 17, 18, Okt. 11, 12, 13, 16, Nov.–Dez. 11, 12, 13, 14 Uhr, Karwoche 11, 12, 13, 17, 18 Uhr, 5 €, Kinder 6–12 Jahre 3 €, Kombiticket s. o.).

Archäologen *in action*: auf dem Grabungsgelände in Atapuerca

Auf dem Jakobsweg durch die Meseta

Reiseatlas S. 12/13

Kastilien par exellence! Westlich von Burgos erstreckt sich die schier endlose Weite der nördlichen Meseta, nur einige sanfte Hügelketten lockern die Szenerie auf. Die herbe Landschaft ist extremen Temperaturen ausgesetzt, es herrscht sengende Hitze im Sommer und bittere Kälte im Winter.

Bereits die Römer nutzten die **Tierra de Campos** als Kornkammer. Nach wie vor wird v. a. Getreide angebaut, für die Bewässerung sorgt der im 18. Jh. angelegte Canal de Castilla. Die Abwanderung während der 1960er-Jahre hat in der Region tiefe Narben hinterlassen. Viele der Dörfer sind hoffnungslos überaltert und es herrscht die Tristesse der Armut. Die in traditioneller Lehmbauweise errichteten Häuser sind nur zum Teil noch bewohnt. Wären da nicht die mitunter stattlichen Kirchenbauten würden die Dörfer wohl völlig in Vergessenheit geraten. Ein großer Hoffnungsschimmer für diese Dörfer ist die wiedererwachte Popularität des Jakobsweges. In der Literatur hat die Tierra de Campos längst einen festen Platz erobert, die herbe Schönheit der Landschaft wurde von Dichtern immer wieder besungen. Einer der bekanntesten Verse stammt aus der Feder von Miguel de Unamuno (1864–1936), in seinem Gedicht »Castilla« schrieb er: »An des Himmels Wiesengewölbe grenzen rings im Umkreis deine verarmten Felder, bist der Sonne Wiege und bist ihr Grab auch, Kirche und Wallfahrt.«

Castrojeriz

Reiseatlas: S. 13, C 2

Auf dem Weg nach Léon ist das 1000 Seelen zählende **Castrojeriz** die erste größere Ortschaft. Schon von Weitem sind die Überreste des **Kastells,** das durch das Erdbeben von Lissabon 1755 stark in Mitleidenschaft gezogen wurde, auf dem gut 900 m hohen Burgberg zu erkennen. Die Station auf dem Jakobsweg versorgte im Mittelalter die Wallfahrer in vier Pilgerhospitälern.

Rund 3 km vor dem Ortseingang finden sich noch die Ruinen des einst imposanten **Convento de San Antón,** das von den Antonitern geführt wurde. Auf den Wappen ist das Taukreuz zu erkennen, das Symbol des Ordens. Er nahm sich v. a. der am Antoniusfeuer erkrankten Pilger an. Diese häufig tödlich verlaufende Krankheit wird auch als Mutterkornbrand (mediz. *ergotismus gangraenosus*) bezeichnet und wurde durch den Genuss von pilzbefallenem Getreide ausgelöst.

Das wichtigste Gotteshaus vor Ort ist die Stiftskirche **Santa María del Manzano** (13. Jh., Mai, Juli, Aug., Sept. 10–10.30, 17–20 Uhr, sonst nach telefonischer voranmeldung bei Pfarrer Enrique, Tel. 947 37 70 36), deren Bau von Königin Doña Berenguela gefördert wurde. Ihr wundertätiges Marienbild (13. Jh.) mit dem poetischen Namen »Heilige Maria vom Apfelbaum« lockte die Pilger in Scharen an und erfreut sich auch heute noch großer Verehrung. Die Tafelgemälde des Hauptaltars – zentrales Thema ist die Himmelfahrt Mariens – stammen von dem deutschen Künstler Anton Raphael Mengs (1728–1779), der einst Maler am Hof von Carlos III. war.

La Cachava: Real de Orient 93, 09110 Castrojeriz, Tel. 947 37 85 47, Fax 947 37 76 01, www.lacachava.com. Die 8 Zimmer des kleinen Hotels verteilen sich um zwei begrünte Innenhöfe. Zum Haus gehört ein Restaurant. DZ 46–62 €.

La Mora Cantana: Av. Colegiata 4, Tel. 607 39 63 90, www.lamoracantana.com. Das Haus, das für 6–12 Personen angemietet werden kann, gehört in die Kategorie ländlicher Tourismus, die Zimmer sind charmant und freundlich eingerichtet. DZ 50 €.

El Mesón: Calle del Cordón 1, Tel. 947 37 86 10, Fax 947 37 86 11. Das Traditionslokal bietet regionale Küche. Zum Lokal gehört ein kleines Hostal mit 7 Zimmern (DZ 30 €) sowie das ganz in der Nähe gelegene Hotel La Posada (DZ 50 €). 3 Gänge à la carte um 25 €.

Frómista

Reiseatlas: S. 13, B 2

Kurz vor Frómista trifft der Jakobsweg auf den **Canal de Castilla,** ein über 200 km langes Wassersystem, das unter König Fernando VI. im 18. Jh. zum Transport von Getreide angelegt wurde. Heute dient der Kanal zur Bewässerung der endlosen Getreidefelder der Meseta. Entlang dem naturnahen Wasserverlauf entstanden wichtige Vogelhabitate, die parallel zum Kanal verlaufenden Wege laden zum Wandern und Rad fahren ein. Auf die zentrale Rolle des Getreideanbaus in der Region spielt auch der Name von Frómista an, der sich vom lateinischen *frumentum* (Weizen) ableitet.

Im Mittelalter gedieh **Frómista** als wichtige Schnittstelle des *Camino de Santiago* und der Nord-Süd-Achse von Palencia zur Hafenstadt Santander. Heute macht die 1500 Einwohner zählende Ortschaft eher einen verschlafenen, spröden Eindruck.

Im Zentrum des Interesses steht die **Iglesia San Martín,** eines der Highlights der romanischen Baukunst entlang dem Jakobsweg. Die Kirche war einst das Herz einer heute nicht mehr existenten Klosteranlage, die die Königin Doña Mayor, die Witwe von König Sancho III., um das Jahr 1066 stiftete. Runde, schlanke Türme bewachen das Westportal, über der Vierung der dreischiffigen Hallenkirche thront ein oktogonaler Turm. Hingucker sind die 315 individuell gestalteten Sparrenköpfe, darunter befinden sich Fratzen, Tierköpfe, Fabelwesen und Gaukler. Zum Suchspiel lädt der Phallusmann ein, der versteckt hoch am Giebel des nördlichen Querhauses platziert wurde. Außerdem schmücken das Gotteshaus außen und innen Würfelfriese, ein Dekorelement, das sich von der Kathedrale von Jaca ausgehend an den Gotteshäusern entlang dem Jakobsweg Verbreitung fand. Der Innenraum beeindruckt durch seine mithilfe von harmonischen Proportio-

Mit der Autorin unterwegs

Eintauchen in die Welt der Romanik

Die **Kirche San Martín de Frómista** gehört für Liebhaber der romanischen Kunst zum Pflichtprogramm. Attraktion sind v. a. die fantasievoll gearbeiteten Sparrenköpfe, die Fratzen, Gaukler, Tierköpfe und allerlei Obszönes darstellen (s. S. 305).

Stilvoll wohnen

Zu den schönsten Unterkünften der Region zählt zweifellos das ehemalige **Kloster Real Monasterio San Zolio.** Das 3-Sterne-Haus mit kleiner Parkanlage bietet geschmackvoll eingerichtete Zimmer. Im Restaurant kann man sich mit der kastilischen Küche vertraut machen (s. S. 309).

Orientalische Anklänge

Mönche aus Córdoba errichten die abgeschiedene **Kirche San Miguel de la Escalada.** Dabei ließen sie sich von der Kunst des Kalifats von Córdoba inspirieren. So entstand auf der Anhöhe oberhalb des Elsatales eines der schönsten Bauwerke der mozarabischen Kunst (s. S. 310).

nen und geschickter Lichtführung erzielte Erhabenheit. Der Bauschmuck konzentriert sich auf die Kapitelle, die biblische Szenen wie »Adam und Eva beim Sündenfall« und ihre »Vertreibung aus dem Paradies« wiedergeben, andere warnen vor Habsucht und Wollust oder erinnern an die Handwerker, die dieses fantastische Gotteshaus im Schweiße ihres Angesichts erschaffen haben.

Im Schatten von San Martín finden die anderen Kirchen von Frómista wie die gotische **Iglesia de San Pedro** (15. Jh.) wenig Beachtung. Gegenüber der Kirche steht ein dem berühmtesten Sohn der Stadt, **San Telmo** (ca. 1190–1245) gewidmetes Denkmal, der als Patron der Seefahrer gilt. Nach ihm benannte man das sogenannte Elmsfeuer, bei dem es sich um Funkenentladungen auf den Mastspitzen von Schiffen handelt, die bei Gewitter die Gefahr eines Blitzeinschlages ankündigen.

i **Oficina Municipal de Turismo**, Paseo Central, 34440 Frómista, s/n, Tel. 979 81 01 80, www.fromista.com, im Sommer tgl. 10–14, 16.30–20, im Winter tgl. 10–13.30, 16–18 Uhr.

San Martín: Plaza San Martín 7, Tel./Fax 979 81 00 00, www.hotelsanmartin.es. Das familiär geführte Mittelklassehotel befindet sich gegenüber der Kirche San Martín. Die Möblierung ist einfach, aber solide, die Bäder sind auf der Höhe der Zeit. DZ 40 €.

Hostería de los Palmeros: Plaza San Telmo 4, Tel. 979 81 00 67, Fax 979 81 01 92, Di außer an Feiertagen geschl. In dem ehemaligen Pilgerhospiz ist heute ein Restaurant mit kastilischer Küche eingerichtet, zu den Spezialitäten gehören Wildgerichte wie Hase oder Rebhuhn. Es gibt auch ein Café und eine. Terrasse im Innenhof. 3 Gänge à la carte um 25 €.

Die Meseta: herbe Schönheit und Kornkammer Kastiliens

Villalcázar de Sirga

Reiseatlas: S. 13, B 2
Im Herzen des Dorfes (245 Einw.) erhebt sich die mächtige Templerkirche **Santa María la Blanca** (13. Jh.). Wie ein Lauffeuer verbreitete sich im 13. Jh. die Kunde von den zahlreichen Wundern, die die Virgen Santa María la Blanca bewirkt haben soll. Zu den Wundern, die ihr zugeschrieben werden, zählen die Heilung von Blinden, Lahmen und Leprakranken. König Alfonso X. der Weise (1252–1284) pries die Jungfrau in seinen berühmten »Cantigas«, den Lobgesängen auf die Gottesmutter. So entwickelte sich die Ortschaft rasch zu einem der wichtigsten Zentren der Marienverehrung in der Region.

Die Marienfigur wird heute in der Jakobuskapelle aus dem 16. Jh. angebetet. In der gleichen Kapelle befinden sich drei Sarkophage, die als Meisterwerke der gotischen Bildhauerkunst angesehen werden. Die Gebeine des Infanten Don Felipe, dem jüngeren Bruder Alfonsos X., fanden hier ihre letzte Ruhestätte. Don Felipe schlug zunächst mit großem Erfolg die geistliche Laufbahn ein, er war Abt in Covarrubias und Valladolid, Bischof von Osma und Erzbischof von Sevilla. Er verliebte sich jedoch in Christina von Norwegen, die Braut seines Bruders, und ließ sich, um sie zu ehelichen, in den Laienstand zurückversetzen. Das Verhältnis zwischen den beiden Brüdern war dadurch lebenslang vergiftet. Christina verstarb bald nach der Hochzeit und wurde in Covarrubias beigesetzt. Erst Jahre später ehelichte Don Felipe seine zweite Frau Doña Leonora Ruiz de Castro, die an seiner Seite bestattet wurde. Das dritte Grabmal birgt die Überreste eines Ritters des Santiagoordens (Plaza Santa María, s/n, Tel. 979 74 65 57, Mai–Okt. Mo–So 10.30–14, 16.30–19, Nov.–April Sa, So, Fei 12–14, 16.30–19 Uhr, 1 €, gratis für Kinder).

Hostal Infanta Doña Leonor: Condes de Toreno 1, 34448 Villalcázar de Sirga, Tel. 979 88 80 48, Fax 979 88 80 71, www.hostalinfantaleonor.com. Freundliches Hostal mit gutem Preis-Leistungs-Verhältnis, gepflegte Unterkunft. DZ inkl. Frühstück 45–55 €.

Mesón de Villasirga: Plaza Mayor, s/n, Tel. 979 88 80 22, Fax 979 88 00 58, Juli–Sept. 13.30–15.30, 21–23, Okt.–Juni Mo–Fr 13.30–15.30, Sa, So 13.30–15.30, 21–23 Uhr. Längst ist das urige Restaurant in einem ehemaligen Getreidespeicher kein Geheimtipp mehr. Bekannt geworden ist es v. a. durch sein sog. Mittelalteressen, bei dem ein Pilger auftritt – ein Angebot, das gerne von Gruppen wahrgenommen wird. Die Spezialitäten des Lokals sind der Milchlammbraten und Eintöpfe. 3 Gänge à la carte 30–35 €.

Carrión de los Condes

Reiseatlas: S. 13, B 2
Die nächste bedeutende Pilgerstation nach Villalcázar de Sirga ist die rund 7 km entfernte Ortschaft **Carrión de los Condes** mit gerade einmal 2500 Einwohnern. Eine leise Ahnung von ihrer einstigen Bedeutung vermitteln am ehesten noch die Kirchen und das gewaltige Kloster San Zoilo.

Die Blütezeit der Ortschaft liegt im Hochmittelalter, als in der einst wohlhabenden Stadt um die 10 000 Menschen gelebt haben sollen. Damals fanden hier Reichstage und Synoden statt. Der Pilgerführer »Liber Sancti Jacobi« erwähnt einen besonderen Reichtum an Brot und Wein. Im Heldenepos »El Cantar del Mio Cid« fand Carrión de los Condes Eingang in die Literaturgeschichte. Eine Episode, die wohl ins Reich der Legenden zu verweisen, kreist um die Geschichte der beiden feigen, hinterhältigen Söhne des Grafen von Carrión. Sie heirateten die beiden Töchter des Cid, Doña Elvira und Doña Sol, aus reiner Habgier. Ihr Interesse galt der verlockenden Mitgift. Statt an der Seite des Schwiegervaters El Cid Valencia gegen die Mauren zu verteidigen, flüchteten die beiden Grafensöhne mit der Mitgift, schlugen ihre Frauen und setzten sie schutzlos in der Einsamkeit aus, in der Hoffnung, dass wilde Tiere ihnen den Garaus machen. Wie durch ein Wunder wurden sie gerettet, die Schwiegersöhne des Cid kamen durch ein gerechtes Gottesurteil ums Leben. Die Töchter heirateten in die Königsfamilien von Navarra und Aragón ein.

Am Rande der Stadt findet sich jenseits des Río Carrión das ehemalige **Benediktinerkloster San Zoilo** (Obispo Souto, Tel. 979 88 09 02, im Sommer Mo–So 10.30–14, 16.30–20, im Winter Di–Do 11–14, 16–18.30 Uhr, 2 €), dessen Errichtung auf das 10. Jh. zurückgeht und das im 16. und 17. Jh. radikal umgestaltet wurde. Die pompöse, barocke Klosterkirche birgt die prunkvollen Gräber der Grafensöhne. Bei den schon seit Jahren andauernden Restaurierungsarbeiten wurde 1993 das romanische Kirchenportal sichergestellt. Heute beherbergt das Kloster, in dem lange Zeit ein Priesterseminar untergebracht war, das exklusive **Hotel Real Monasterio de San Zoilo** (s. u.).

Im Stadtkern trifft der Pilger auf die **Iglesia Santa María del Camino** (12. Jh.), deren Südportal die Geschichte der Heiligen Drei Könige erzählt. Die Stierköpfe links und rechts des Portals greifen eine Legende auf, nach der die Mauren, als sie ihren Tribut von 100 Jungfrauen einfordern wollten, von einer Stierherde vertrieben wurden.

Von der ursprünglich romanischen **Santiagokirche** blieb nur das eindrucksvolle Westportal (12. Jh.) erhalten, dessen Skulpturenschmuck sich durch hohe Kunstfertigkeit auszeichnet. Im Zentrum thront Christus als Weltenrichter, in den Bogenläufen spielen die 24 Stadtältesten auf ihren Musikinstrumenten auf und einige Handwerker wie Schafscherer oder Töpfer geben Einblick in die Alltagswelt des Mittelalters.

Real Monasterio San Zoilo: Obispo Souto, Tel. 979 88 00 50, Fax 979 88 10 90, www.sanzoilo.com. Das Hotel im ehemaligen Kloster birgt geschmackvoll, komfortabel ausgestattete Zimmer. Das Restaurant Las Vigas, das allen Besuchern offen steht, bietet typische kastilische Küche (3 Gänge à la carte 26–32 €) an. DZ 81,50 €.

Hostal La Corte: Calle Santa María 34, Tel. 979 88 01 38, Fax 979 88 01 38, www.hostallacorte.com. Ordentliche, solide eingerichtete Zimmer. Das dazugehörige Restaurant bietet günstige Tagesmenüs. DZ 38–43 €.

Camping El Eden: Ctra Vigo–Logroño, Km 192, Tel. 989 88 11 52. Schattiger Platz, nicht weit entfernt vom Ort, großer Swimmingpool, ganzjähriger Betrieb, Tiere sind nicht erlaubt. Zweite Kategorie, Pkw ca. 3,50 €, Zelt 2,50 €.

Sahagún

Reiseatlas: S. 12, F 1/2; S. 13, A 1/2

Das Städtchen **Sahagún** (3000 Einw.), dessen Name sich von dem frühchristlichen Märtyrer San Facundo ableitet, ist eingebettet in die endlose Weite der Getreidefelder. Hauptanziehungspunkte sind die beiden interessanten Backsteinkirchen im Mudéjarstil. Dagegen gibt das Stadtbild von Sahagún wenig her, ein Hauch von Schwermut und Kargheit liegt über dem ehemals so bedeutenden Ort am Jakobsweg.

Einst entwickelte sich der Ort um die mächtige **Kluniazenserabtei San Facundo y San Primitivo,** deren Geschichte bis ins 9. Jh. zurückgeht. Zwei Brände und die Säkularisation versetzten dem Kloster den Todesstoß, übrig geblieben sind nur ein Torbogen und eine Turmruine. Die Blütezeit erlebte die Abtei in der zweiten Hälfte des 11. Jh. unter König Alfonso VI., der das Kloster mit zahlreichen Privilegien ausstattete. Bis zu 90 Klöster und Kirchen waren von der mächtigen Benediktinerabtei abhängig. Von ihr ausgehend wurde die landesweite Verbreitung der römischen Liturgie betrieben.

In unmittelbarer Nachbarschaft erhebt sich die im 12. Jh. errichtete **Iglesia de San Tirso,** eine der ersten romanischen Kirchen im Mudéjarstil. Die in schlichter Eleganz gegliederten Apsiden sowie der Vierungsturm mit seinen filigranen Arkaden fallen jedem Betrachter sofort ins Auge. Als Inspirationsquellen dürften den Steinmetzen die Minarette der Almohaden in Südspanien und Marokko gedient haben.

In der Calle Doctores Bermejo y Calderón, nicht weit entfernt von der Iglesia de San

Tirso, lohnt sich für Kunstinteressierte eine Stippvisite des **Museo de las Benedictinas** (Tel. 987 78 00 78, Di–Sa 10–18, So 10–12 Uhr, stdl. Führungen, Eintritt frei, Spenden werden gerne angenommen). Zu den Glanzstücken der Ausstellung zählen das Grabmal des Königs Alfonso VI., dem großen Förderer von Sahagún, und eine kostbare, filigran gearbeitete Monstranz des Meisters Enrique de Arfe (16. Jh.).

In der Nähe der Plaza Mayor trifft der Besucher auf die zweite Mudéjarkirche, die **Iglesia de San Lorenzo,** die im frühen 13. Jh. entstanden ist. An ihr finden sich viele Parallelen zu San Tirso, wie z. B. der dominante Vierungsturm. Die Fusion zwischen christlichen und maurischen Bautraditionen ist hier ebenfalls aufs Beste geglückt.

Auf einer Anhöhe westlich von Sahagún erhebt sich das **Franziskanerkloster Santuario de la Peregrina** (13. Jh., aufgrund von Bauarbeiten geschlossen). In einer Kapelle im Inneren blieben noch von maurischen Handwerkern angefertigte Stuckaturen erhalten.

Oficina de Turismo: Calle del Arco 87, 24320 Sahagún, Tel. 987 78 21 17, www.sahagun.org, tgl. 10–14, 16–20 Uhr.

Hotel Puerta de Sahagún: Calle Burgos, s/n, Tel. 987 78 18 80, 987 78 18 82, Fax 987 78 18 81, www.hotelpuertadesahagun.com. Das erste Hotel am Platz ist modern, funktional ausgestattet mit Swimmingpool, Fitnessraum und zwei Restaurants. 500 m von der Altstadt entfernt. DZ 50–63 € je nach Saison, unter der Woche sind die Preise günstiger als am Wochenende.

La Codorniz: Av. Constitución, 97, Tel. 987 78 02 76, Fax 987 78 01 86, www.hostallacodorniz.com. Das familiär geführte Hostal ist einfach, sauber und solide eingerichtet. Dazu gehören eine gute Cafetería sowie ein Lokal. DZ 45–50 €.

Casa de Turismo Rural Arturo: Calle del Arco 72, Tel. 686 78 91 37, www.ctrarturo.com. Das gepflegte Haus kann komplett gemietet werden, die Preise variieren saisonal. Pro Tag unter der Woche 90–100, Wochenende 200–230 €.

Camping Pedro Ponce: Ctra. Nacional 120, km 2, Tel. 987 78 04 15, Fax 987 78 11 12. Nahe der städtischen Sportanlage; zum Platz gehören ein Swimmingpool und Tennisplätze. Haustiere sind erlaubt. Pro Pers./Zelt 3,35 €, Pkw 2,85 €.

San Facundo: Av. de la Constitución 99, Tel. 987 78 02 76, Fax 987 78 01 86, lacodorniz@eresmas.com. Das Restaurant mit orientalisch angehauchter Dekoration bietet leckere Wild- und Lammgerichte. 3 Gänge à la carte 25–33 €.

Bahnhof: Ronda de la Estación, s/n, Tel. 987 78 01 56, www.renfe.es. Ca. alle 2 Std. fährt ein Zug nach León, 8 x tgl. nach Madrid, 2 x tgl. nach La Coruña.

San Miguel de la Escalada

Reiseatlas: S. 12, E 1

Abgeschieden bettet sich die **Klosterkirche San Miguel de la Escalada** auf einer Anhöhe oberhalb des Elsatales wunderbar in die Landschaft ein. Der Abstecher vom *Camino de Santiago* (etwa 20 km) lohnt sich, gilt die kleine Klosterkirche doch zu Recht als eines der schönsten und besterhaltenen Bauwerke der mozarabischen Architekturkunst in Spanien.

Das bereits unter den Westgoten gegründete Kloster, war nach dem Einfall der Mauren 711 zunächst dem Verfall preisgegeben, bis König Alfonso III. hier zu Beginn des 10. Jh. aus Córdoba emigrierte Mönche ansiedelte. Die Mönche legten selbst Hand an und errichteten laut einer heute verlorenen Weiheinschrift innerhalb von nur zwölf Monaten ein neues Gotteshaus, das im Jahr 913 geweiht werden konnte. Beim Bau der Klosterkirche ließen sich die Mönche von der Kunst des Kalifats von Córdoba inspirieren, was sich deutlich in ihrer Anlage und ihrem Dekor widerspiegelt.

Über die elegante Vorhalle, die sich auf filigrane, untereinander durch Hufeisenbögen verbundene Säulen stützt, führt der Weg ins Innere der Kirche. Nachdem sich die Augen an das Halbdunkel gewöhnt haben, erschließt sich dem Betrachter ihr Gleichmaß und die schlichte Erhabenheit. Die dreischiffige Kirche wird von zwei Säulenreihen unterteilt, die wie in der Vorhalle durch Hufeisenbögen miteinander verbunden sind. Bei den Säulen handelt es sich um Spolien, die weit älter sind als die Kirche selbst. Ihre unterschiedliche Höhe wurde, wie in der Moschee von Córdoba, durch verschieden hohe Basen ausgeglichen.

Die Trennung in den Bereich Laien und Geistlichkeit markieren ein dreibogiger Triumphbogen sowie die Chorschranken in den Seitenschiffen. Diese halbhohen Brüstungen zieren filigrane Reliefs aus Blätterwerk, Weinranken und Vögeln, dahinter öffnen sich drei hufeisenförmige Apsiden. Auf der Rückseite der Kirche förderten Ausgrabungen die Fundamente der Klosteranlage zutage (von der Nationalstraße N 601 in Richtung León abzweigen, in Richtung Nordosten knapp hinter der Ortschaft Mansilla de las Mulas, die kleine Landstraße Ctra. de San Miguel de la Escalada nehmen – nicht die N 625 in Richtung Villafale – und der Ausschilderung folgen, Tel. 609 85 98 10, 987 33 31 53, April–Sept. Mi–Sa 10.15–14, 16.30–20, So 10.15–14, Okt.–März 10.40–14, 15–17.50, So10.40–14 Uhr; eine telefonische Bestätigung der Öffnungszeiten ist empfehlenswert, Eintritt gratis).

Willkommen: freundlich lädt der Apostel Santiago im Pilgergewand Gleichgesinnte in Sahagún zur Rast ein

11 León

Cityplan S. 315

Nach der Fahrt über die Dörfer der Meseta sorgt die Stadt Léon für Abwechslung. Cafés, Geschäfte und die unzähligen Bars im ›feuchten Viertel‹ laden zum Verweilen ein. Kulturelle Highlights der Stadt sind die fantastischen Buntglasfenster der Kathedrale und die ausdrucksstarken Wandmalereien im Pantheon der Stiftskirche San Isidoro.

Die alte **Königsstadt León** (137 000 Einw.) liegt am Zusammenfluss de Río Bernesga und des Río Torío im Nordwesten der Hochebene von Kastilien. Die Altstadt dehnt sich hauptsächlich innerhalb der einstigen römischen Stadtmauern aus. Auf der Plaza Mayor sowie im umliegenden Kneipenviertel, dem Barrio Húmedo, pulsiert das Leben. Die Gassen versprühen einen lebhaften, noch recht provinziellen Charme. Unübersehbar bröckeln Fassaden, auch wenn die Stadtväter viel Geld in die Altstadtsanierung stecken.

Die erste Stadterweiterung bilden hauptsächlich Bauten aus der Gründerzeit. Der Weg zum Río Bernesga führt durch dieses Viertel, wo sich ein großer Teil des öffentlichen Lebens abspielt. Direkt beim Fluss liegt das eindrucksvolle ehemalige Pilgerhospital San Marcos. In unmittelbarer Nachbarschaft wurden neue architektonische Akzente mit dem Museum für Zeitgenössische Kunst MUSAC, dem Auditorium und dem Sitz des Rats von Castilla und León eingebracht.

Wenig ansehnlich ist dagegen die Peripherie der Stadt mit ihren schnell hochgezogenen Wohn- und Gewerbegebieten.

Geschichte

León ging aus einem römischen Heerlager hervor. 68 n. Chr. stationierte Kaiser Galba hier die VII. Legion Gemina Pia Felix, um die aufständischen Bergbewohner von Asturien und Kantabrien unter Kontrolle zu bekommen. Außerdem sorgten die Truppen für den sicheren Abtransport der Goldfunde aus den Minen Las Médulas. Nach dem Zusammenbruch des Römischen Reichs etablierten sich die Westgoten an der Macht. Der erste Vorstoß der Muslime nach León erfolgte im Jahr 711, sie konnten jedoch relativ rasch wieder zurückgedrängt werden.

Der asturische König Ordoño II. erhob León 914 zur Hauptstadt des gleichnamigen Königreichs und machte sie damit für über 200 Jahre zur wichtigsten christlichen Stadt Spaniens. Ein herber Rückschlag war die Eroberung und Verwüstung der Stadt durch die Truppen Almanzors im Jahr 988. Mit dem Wiederaufbau wurde León zu einem der bedeutendsten Stützpunkte der Reconquista ausgebaut. Die Vereinigung der Königreiche von Kastilien und León 1230 warf die Stadt erneut zurück, da Kastilien die politische Führungsrolle übernahm. León verlor seinen Status als Königsresidenz zugunsten von Toledo. Wirtschaftlich konnte sich die Stadt jedoch behaupten, nicht zuletzt dank der Pilgerströme des Jakobsweges florierte der Handel das ganze Mittelalter hindurch.

Danach folgten unstete Zeiten. Wieder richtig bergauf ging es zur Zeit der Industrialisierung. León verwandelte sich in ein bedeutendes Kohlerevier. Heute spielt der Tourismus die wichtigste Rolle im Wirtschaftsgefüge der Stadt, die das Wirtschafts-, Kultur- und Verkehrszentrum der Region bildet.

Kathedrale Santa María de Regla

Cityplan: S. 315
Reiseatlas: S. 12, D/E 1; S. 4, D/E 4
Zweifellos ist die **Kathedrale von León** **1** eines der schönsten Gotteshäuser Spaniens! Außer Konkurrenz im Lande sind die prachtvollen gotischen Buntglasfenster, die die Besucher unwillkürlich in ihren Bann ziehen. Eine Symphonie von Licht und Farben erfüllt die Kirche, die Vorstellung vom himmlischen Jerusalem scheint sich hier zu materialisieren.

Erbaut wurde die gotische Kathedrale unter König Alfonso X. im Jahr 1253. Der romanische Vorgängerbau entsprach nicht mehr dem Geschmack der Zeit und musste weichen. Bei der Konzeption der Kathedrale ließ sich Meister Enrique von den eleganten Kathedralen Frankreichs wie Reims, Chartres und Amiens inspirieren.

Westfassade

Man betritt die Kathedrale durch das Tor der Westfassade, die von zwei hoch aufragenden Türmen flankiert wird – sie grüßen die Pilger schon von Weitem. Reicher Skulpturenschmuck ziert die drei Portale, darüber findet sich im Zentrum eine filigran gearbeitete Rosette. Im Bogenfeld des zentralen Portals blickt Christus als Weltenrichter herab, umgeben von der Jungfrau Maria und dem Erzengel Michael, an den Seiten knien demütig der Stifter König Alfonso X. und seine Gemahlin. Ein holdes Lächeln umspielt den Mund der ›aristokratischen‹ Gottesmutter Nuestra Señora la Blanca (die originale Madonnenskulptur befindet sich heute im Inneren der Kathedrale), die von der Mittelsäule des zentralen Portals gestützt wird. Das Bogenfeld des linken Portals schildert Szenen aus dem Leben Christi, das auf der rechten Seite zeigt den Tod und die Krönung Mariä. Links vom Hauptportal steht eine gedrungene Säule aus Marmor mit der Inschrift »Locus Apellationis« und dem Wappen von Kastilien und Léon, dahinter thront an der Kirchenfassade der weise König Salomon. Früher wurden wohl an dieser Stelle Gerichtsurteile gefällt.

> **Mit der Autorin unterwegs**
>
> **Auf Augenhöhe**
> Die Kathedrale von León bietet im Zuge der **Restaurierungsarbeiten** der Buntglasfenster eine besondere Tour an: »Sueño de la Luz« (Traum des Lichts). Über Treppen erreicht der Besucher eine 14 m hohe Plattform. Vor Ort informiert ein Fremdenführer über die Restaurierungsarbeiten. Allein schon der fantastische Blick durch das Gotteshaus lohnt die Mühen des Aufstiegs (s. S. 313).
>
> **Segway-Touren durch León**
> Die etwas andere **Sightseeingtour** startet vor der Kathedrale. Auf Hightech-Rollern flitzt man durch die Stadt, unterwegs erzählt ein Guide Wissenswertes über León und gibt auch Tipps, wo es die besten Tapas gibt. Für geschundene Pilgerfüße ist diese Art der Fortbewegung eine wahre Wohltat (s. S. 316).
>
> **Barrio Húmedo**
> Das Leben im **›feuchten Viertel‹** erwacht erst in den Abendstunden! Die Spanier ziehen von Bar zu Bar und stärken sich unterwegs mit Tapas. Laut, fröhlich und ausgelassen geht es zu. Mischen Sie sich unters Volk (s. S. 319)!

Buntglasfenster

Im Innern sorgen die prächtigen Buntglasfenster, die wie Edelsteine glitzern, für ein einmaliges Lichtspektakel. Die Fenster nehmen eine Fläche von 1800 m² (13.–20. Jh.) ein. Zu den ältesten zählen die der zentralen Chorkapellen und die Rosette der Westfassade. Die Motive der Fenster kann man in verschiedene Bedeutungsebenen aufteilen: Die oberen Sphären sind heilsgeschichtlichen Themen vorbehalten, im mittleren Bereich sind historische Persönlichkeiten und Wappen zu erkennen, im unteren Niveau finden sich Darstellungen der Wissenschaften und der freien Künste, der Tugenden und Laster sowie aus der Pflanzen- und Mineralienwelt.

Brillant auch die Lichtregie: Auf der Nordseite, durch die am wenigsten Licht einfällt, sind die Farben der Fenster in dunklen Tönen gehalten. Hier wird das Alte Testament präsentiert. Auf der lichtdurchfluteten, farbenfrohen Südseite finden sich Szenen aus dem Neuen Testament. Symbolisch wird hier angespielt auf die Überwindung des Alten Testaments durch das Neue. In den Morgenstunden erstrahlen im Osten die Maßwerkfenster der Apsis, sie sind Christus, dem Erlöser der Menschheit, gewidmet.

Chorraum

Opulent wie ein Triumphbogen gestaltet präsentiert sich die Außenwand des Chors aus dem 16. Jh., die mit goldverzierten Alabasterreliefs besetzt ist. Eine gläserne Öffnung gibt den Blick auf das kunstvoll aus Nussbaumholz geschnitzte Chorgestühl (15. Jh.) frei. Vor dem Hauptaltar ruhen in einem kostbaren Silberschrein (1506), den Enrique de Arfe entwarf, die Reliquien des hl. Froilán, des Schutzpatrons von León. Die Tafelgemälde (15. Jh.) des neuzeitlichen Retabels stammen von Nicolás Francés. Über den Kreuzgang erreicht man das mit Handschriften, Skulpturen und Goldschmiedearbeiten bestückte Museum.

Im Zuge der Restaurierungsarbeiten der Glasfenster ist es möglich, über eine Treppe zu einer 14 m hohen **Plattform** zu gelangen und die Kathedrade aus einer anderen Perspektive kennenzulernen. Ein ganz besonderes Erlebnis! Ein Guide erklärt den Fortgang der Restaurierungsarbeiten (Information und Reservierung unter Tel. 638 47 94 19, proyectocultural@catedraldeleon.org, der Zugang zur Plattform liegt außerhalb der Kathedrale auf der Nordseite, Touren Fr–Sa auf Spanisch und Englisch, da sich die Zeiten häufiger ändern, sollte man sich telefonisch oder vor Ort erkundigen, 2 €).

Catedral de León: Plaza Regla, s/n, Tel. 987 87 57 70, Juni–Sept. Mo–Sa 8.30–13.30, 16–20, So/Fei 8.30–14.30, 17–20, Okt.–Mai Mo–Sa 8.30–13.30, 16–19, So/Fei 8.30–14.30, 17–19 Uhr, Eintritt frei.

Museo Catedralicio y Diocesano de Arte Sacro: Tel. 987 87 57 70, Mo–Fr 9.30–13.30, 16–19.30, im Winter bis 18.30, 4 € (Museum/Kreuzgang), nur Kreuzgang 1 €.

Spaziergang durch die Altstadt

Cityplan: S. 315
Reiseatlas: S. 12, D/E 1; S. 4, D/E 4

Auf den Spuren der Römer finden sich auf der Südseite der Kathedrale unter Glas die Überreste der alten **römischen Thermen** 2, nördlich der Kathedrale verläuft entlang der Avenida de los Cubos die von den Römern (3. Jh. n. Chr.) angelegte **Stadtmauer.** Südlich der Kathedrale führen beschauliche Gassen zur großzügig angelegten **Plaza Mayor** 3. An Markttagen, wenn die Händler aus der Region ihre frischen Produkte anbieten, pulsiert hier das Leben. Das imposanteste Gebäude der von Arkaden eingefassten Plaza ist das **Alte Rathaus** 4 (Consistorio Viejo, 17. Jh.), das von zwei Türmen bekrönt wird. Hinter dem Rathaus erstreckt sich der **Barrio Húmedo,** die feuchtfröhliche Ausgehmeile von León mit zahllosen Kneipen und Restaurants. Das Herzstück des Viertels ist die **Plaza San Martín.**

Schlendert man von der Kathedrale die umtriebige Hauptstraße der Altstadt, die Calle Ancha, hinab, findet sich am Ende rechter Hand der imposante Renaissancepalast **Palacio de los Guzmanes** 5 (1560). Bischof Juan Quiñones y Guzmán gab den Bau bei dem renommierten Architekt Rodrigo Gil de Hontañón in Auftrag, der auch am Bau der Kathedrale von Salamanca mitwirkte. Heute residiert die Provinzverwaltung von León in dem Gebäude, es lohnt sich, einen Blick in den eleganten Innenhof zu werfen.

Schräg gegenüber erhebt sich die **Casa Botines** 6, die der katalanische Architekt Antoni Gaudí 1894 noch konventionell im neogotischen Stil konzipierte. Über dem Portal wacht der Schutzpatron von Katalonien, der drachentötende hl. Georg – ein Motiv, das im Werk von Gaudí immer wieder auftaucht. Er erhielt den Auftrag dank der Vermittlung seines Mäzens Eusebi Güell, der über beste Kontakte in der Geschäftswelt verfügte. Ursprünglich beherbergte das Gebäude ein Textilhandelsgeschäft und Mietwohnungen, heute ist es der Sitz einer Sparkasse. Seit einigen Jahren sitzt

León: Cityplan

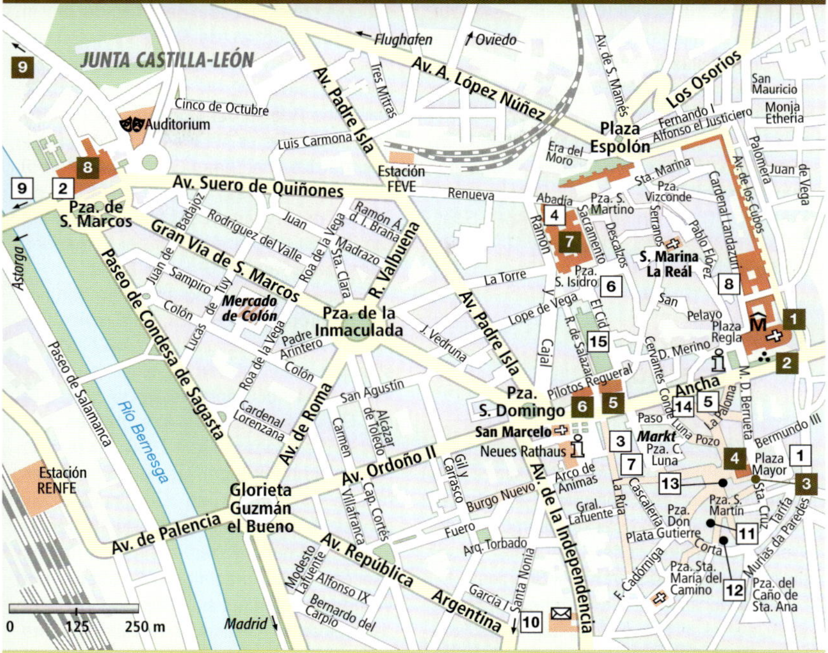

Sehenswürdigkeiten

1 Santa María de Regla
2 Römische Thermen
3 Plaza Mayor
4 Altes Rathaus
5 Palacio de los Guzmanes
6 Casa Botines
7 Real Colegiata San Isidoro
8 San Marcos
9 MUSAC

Übernachten

1 NH Plaza Mayor
2 Parador Hostal San Marcos
3 La Posada Regia
4 Casa de Espiritualidad
5 Hostal Albany
6 Hostal Boccalino
7 Rincón del Conde
8 Hostal Casco Antiguo
9 Hostal Quevedo
10 Camping Ciudad de León

Essen und Trinken

11 Nuevo Racimo de Oro
12 Palacio de Jabalquinto
13 El Llar
14 La Imprenta Casado
15 Abacería

Gaudí entspannt auf einer Bank vor seinem Werk: Die **Bronzeskulptur** von José Luis Fernández avancierte rasch zu einem der begehrtesten Fotomotive der Stadt.

Entlang der Calle del Cid geht es geradewegs zur Königlichen Stiftskirche San Isidoro. Wer den Weg durch die Altstadt nicht auf Schusters Rappen zurücklegen möchte, kann vor der Kathedrale eine Tour mit einem **Segway,** einem Hightech-Roller, buchen. Nach einer kurzen Einweisung geht es zusammen mit einem Guide los, der Kurzweiliges und Wissenswertes über León erzählt (Information über die Touristeninformation s. S. 318 oder über die Concejalía de Juventud/Abteilung Jugendarbeit im Rathaus, Tel. 987 08 18 28, www.aytoleon.es; Ausgangspunkt Kathedrale, 1 Std., auf Spanisch und Englisch, 10 €, Abfahrtzeiten: April–Sept. 10.30, 11.30, 12.30, Okt.–März 10–19 Uhr zur vollen Std.).

Real Colegiata de San Isidoro

Cityplan: S. 315;
Reiseatlas: S. 12, D/E 1; S. 4, D/E 4
Hauptanziehungspunkt der Stiftskirche **San Isidoro** 7 ist das **königliche Pantheon.** Herrliche romanische Fresken schmücken die Wände, sie zählen zu den kostbarsten Zeugnissen der romanischen Kunst Spaniens.

Die Geschichte der Stiftskirche geht bis ins 9. Jh. zurück, als die erste Anlage eines Nonnenklosters 983 dem Ansturm der Truppen von Almanzor zum Opfer fiel. König Alfonso V. der Edle setzte die Kirche wenige Jahre später wieder instand. Seine Tochter Doña Sancha und Ferdinand I., ihr Gatte und erster König von León und Kastilien, ordneten den Neubau der Stiftskirche an. Das Königspaar ließ 1063 die Reliquien des hl. Isidor (560–636), dem Erzbischof von Sevilla und bedeutendsten westgotischen Kirchenlehrer, aus dem muslimisch beherrschten Sevilla ins christliche León überführen. Hinzukamen die Reliquien des hl. Vinzenz aus Ávila. Die kostbaren Reliquien steigerten das Ansehen der Kirche enorm, sie wurde zu einem ›nationalen Schrein‹. Im 11. und im 12. Jh. erweiterte man die Stiftkirche in beträchtlichem Maße.

In der dreischiffigen, romanischen Kirche präsentiert man die Reliquien des hl. Isidor, der jüngst auch zum Patron der Internets auserkoren wurde, in einem silbernen Schrein vor dem Hauptalter. Beachtung verdient auch das romanische Taufbecken (11. Jh.) links vom Eingang. Einen Bruch mit der romanischen Architektur bildet der Chor, der erst im 16. Jh. angefügt wurde. Bemerkenswert sind v. a. die beiden romanischen Portale auf der Südseite, die im 12. Jh. entstanden sind. Die westliche **Puerta del Cordero** zeigt im Bogenfeld das Opfer Abrahams und darüber in einem Kreis das Lamm Gottes *(el cordero)*. Im Giebel taucht der hl. Isidor (18. Jh.) in der Gestalt des *matamoros* (Maurentöters) auf. Die **Puerta del Perdón** (Tor der Vergebung) zeigt Szenen aus der Passion Christi.

Ein separater Zugang führt zum berühmten **Panteón de los Reyes,** der Grablege der Könige von Kastilien und León. Die Gruft entstand als westliche Vorhalle einer Vorgängerkirche 1054–1066, somit ist sie der älteste Teil des Gebäudekomplexes. In schlichten, steinernen Sarkophagen, die 1808 von den napoleonischen Truppen geplündert wurden, fanden 23 Könige und Königinnen sowie zahlreiche Infanten ihre letzte Ruhestätte.

Alle Aufmerksamkeit ziehen die fantastischen, farbenprächtigen **Decken- und Wandmalereien** auf sich, die dem Pantheon den Beinamen »Sixtinische Kapelle der romanischen Kunst« einbrachten. Die an byzantinische Vorbilder erinnernden Fresken entstanden unter König Ferdinand II. (1157–1188). Es dominieren Blau-, Grau-, Rot- und Brauntöne in herrlich intensivn, leuchtenden Farben. Der Betrachter erkennt biblische Motive wie »Christus als Weltenrichter«, »Christus der Apokalypse«, »Das letzte Abendmahl«, »Die Passion Christi« und »Der Kindermord zu Bethlehem«. Von besonderem Reiz ist die Darstellung der »Verkündigung der Hirten«: Viel Lokalkolorit ließ der Künstler hier in die Darstellung von Gesichtszügen und Kleidung der Hirten sowie in netten Details – man sieht Iberische Schweine, die genüsslich Eicheln verzehren – einfließen. Einblick in die Alltagskultur gewähren auch die Monatsbilder, die die Landwirte bei der Arbeit zeigen.

Eine Wendeltreppe führt hinauf zur kleinen, **Schatzkammer,** zu deren exklusiven Exponaten der Reliquienschrein des hl. Isidor (11. Jh.), der von Königin Doña Urraca ge-

Nicht nur für die Pilger interessant: Fronleichnamsprozession von León

stiftete Achatkelch (11. Jh.) und ein Prozessionskreuz von Juan de Arfe (16. Jh.) zählen. Die **Klosterbibliothek** präsentiert u. a. eine wunderbar illustrierte, mozarabische Bibel, die um das Jahr 960 entstanden ist. (**Real Colegìata de San Isidoro:** Plaza San Isidoro 4, Tel. 987 87 76 61 61, Juli–Aug. Mo–Sa 9–20, So 9–14, Sept.–Juni Mo–Sa 10–13.30, 16–18.30, So 10–13.30 Uhr, 4 €, Do nachmittags freier Eintritt).

San Marcos

Cityplan: S. 315;
Reiseatlas: S. 12, D/E 1; S. 4, D/E 4
Die Katholischen Könige stifteten zu Beginn des 16. Jh. dem Santiagoritterorden für seine Verdienste bei der Reconquista das **Kloster San Marcos** 8. Es liegt an den Ufern des Bernesga, unmittelbar am Pilgerweg. Das Mutterhaus des Ordens wurde gleichzeitig als Kloster und Pilgerhospiz genutzt. Die gewaltige Anlage beherbergt heute einen **5-Sterne-Parador.** Es lohnt sich, einen Blick in den Kreuzgang zu werfen.

Der heutige Bau geht im Wesentlichen auf das 16.–18. Jh. zurück. Die repräsentative, gut 100 m lange Fassade ist reich mit platereskem Schmuck verziert. Sie gilt als eine der bedeutendsten Schöpfungen der spanischen Renaissance. Auf dem barocken Portal schwingt der Maurentöter, Santiago Matamoros, bedrohlich sein Schwert. Vor dem ehemaligen Pilgerhospital hat sich ein völlig erschöpfter Bronzepilger niedergelassen, den der Künstler José María Acuña schuf. Unzählige Jakobsmuscheln zieren die Fassade der **Kirche San Marcos** (16. Jh.).

Zum Gebäudekomplex gehört auch das **Museo de León** (Plaza San Marcos, s/n, Tel. 987 23 64 05, Di–Sa 10–14, 17–20.30, Mai–Sept. 16.30–20, Okt.–April So/Fei 10–14 Uhr, 1,50 €). Das Archäologische Provinzmuseum zeigt Artefakte von der Steinzeit bis zur Renaissance. Zu den Prunkstücken zählen der aus Elfenbein geschnitzte Christus aus dem Kloster Carrizo (11. Jh.) und das mozarabische Kreuz von Santiago de Peñalba aus dem 10. Jh.

Einzug der Moderne

Cityplan: S. 315;
Reiseatlas: S. 12, D/E 1; S. 4, D/E 4
In unmittelbarer Umgebung des einstigen Pilgerhospitals San Marcos hat die Moderne Einzug gehalten. Neue Akzente im Stadtbild von León setzten die Architekten Luis Mansilla und Emilio Tuñon mit der Eröffnung des ganz in Weiß gestaltenen **Konzertsaals** (Auditorio) 2001 und des **Museums für Zeitgenössische Kunst MUSAC** 9 2005.

Beide Gebäude wurden mit Architekturpreisen prämiert, das MUSAC erhielt 2007 den prestigeträchtigen Mies van der Rohe Award. Für die künstlerische Gestaltung des Museums analysierten die Architekten die Buntglasfenster der Kathedrale und übertrugen die Farbwerte auf die vordere Glasfassade des MUSAC. So entstand ein herrliches Farbenmeer (Av. de los Reyes Leoneses 24, Tel. 987 09 00 00, www.musac.es, Di–Do 11–20, Fr–So 11–21 Uhr, Eintritt frei).

i **Oficina Provincial de Turismo:** Plaza de Regla 3–4, gegenüber der Kathedrale, 24003 León, Tel. 987 23 70 82, Fax 987 27 33 91, www.leon.es, Mo–Fr 9–14, 17–19, Sa/So 10–14, 17–20 Uhr.

NH Plaza Mayor 1: Plaza Mayor 15, Tel. 987 34 43 57, Fax 987 21 55 96, www.nh-hotels.com. Direkt am Hauptplatz gelegen. Das Haus ist im modernen, edlen Design der Hotelkette ausgestattet und verfügt über ein eigenes Parkhaus. DZ 190 €.
Parador Hostal San Marcos 2: Plaza San Marcos 7, Tel. 987 23 73 00, Fax 987 23 34 58, www.parador.es. Zweifellos die stilvollste Unterkunft in León. Zur Entspannung bietet sich der stimmungsvolle Kreuzgang an. Die meisten der sehr komfortabel ausgestatteten Zimmer liegen allerdings im angeschlossenen Neubau. Im eleganten Speisesaal lässt es sich vorzüglich dinieren. DZ 120–170 €.
La Posada Regia 3: Calle Regidores 11, Tel. 987 21 31 73, Fax 987 21 30 31, www.regialeon.com. Charmantes Hotel in der Altstadt, die Zimmer sind individuell, geschmackvoll mit rustikaler Note ausgestattet, wenn auch unterschiedlich geräumig, einige haben nur eine Dachluke. DZ 70–120 €.
Casa de Espiritualidad 4: Real Colegiata de San Isidoro, Plaza de Santo Martino 5, Tel. 987 87 50 88, Fax 987 87 63 50, www.sanisidorodeleon.es. Das im Kloster untergebrachte Hotel hat einen ganz besonderen Charme, wenn auch die Ausstattung nicht so exklusiv wie bei anderen Paradores ist. Im schlicht eingerichteten Speisesaal teilen die Gäste den Tisch mit den Domherren. Die Qual der Wahl entfällt, es gibt ein bodenständiges Gericht wie z. B. einen Eintopf. Nicht-Hotel-Gäste können sich unter der Woche für das Essen anmelden (15 €). DZ 75–94 €.
Hostal Albany 5: Calle La Paloma 11–13, Tel. 987 26 46 00, www.albanyleon.com. Sehr ordentliches Hostal, Zimmer in modernem Design. Direkt am Kathedralplatz. DZ 55–75 €.
Hostal Boccalino 6: Plaza de San Isidoro 9, Tel. 987 22 30 60, Fax 987 22 78 78, www.hostalboccalino.com. Bei der Stiftskirche San Isidoro gelegen, einige der gemütlichen Zimmer haben einen wunderbaren Blick auf die Plaza und romanische Kirche. Rechtzeitig reservieren! DZ 60–70 €.
Rincón del Conde 7: Calle Conde de Rebolledo 11, Tel. 987 84 90 21, Fax 987 21 19 97. Kleines, ansprechendes Hotel mitten in der Altstadt mit 16 freundlichen Zimmern, wobei die unterm Dach nur mit einer Dachluke versehen sind! DZ 50–65 €.

Hostal Casco Antiguo [8]**:** Calle Cardenal Landázuri 11, Tel. 987 07 40 00, Fax 987 07 10 01, www.vivaleon.com. Eine gute Option! Das 2006 eröffnete Hostal in 1-a-Lage ist nur ein paar Schritte von der Kathedrale entfernt. Sauber, gepflegte Zimmer. Es wird auch deutsch gesprochen. DZ 45 €.

Hostal Quevedo [9]**:** Av. Quevedo 13, Tel. 987 24 29 75, Fax 987 27 60 06, www.hostal quevedo.com. Das Hostal hat noch nicht viele Jahre auf dem Buckel. Es liegt in der Nähe der Zugstation, nicht weit entfernt vom Quevedopark. In den farbenfroh gestrichenen Zimmern mit solidem Mobiliar fühlt sich der Gast wohl. Alle Zimmer verfügen über eigene Bäder bzw. Duschen. DZ 42 €.

Camping Ciudad de León [10]**:** Ctra/ N-601 León–Valladolid, Ausfahrt Golpejar, Golpejar de la Sobarriba–León,Tel. 987 26 90 86, Fax 987 26 90 86, www.vivaleon.com/camping leon/htm, 1. Juni–20. Sept. 3 km außerhalb der Stadt gelegener 1,7 ha großer Platz. Ausgestattet mit Pool, Shop, Bar und Cafetería. Zweite Kategorie, ca. 4 €/Pers., Pkw und Zelt.

Wer ausgehen möchte, ist mit dem feuchtfröhlichen Viertel **Barrio Húmedo** (Feuchtes Viertel) richtig bedient: Um die Plaza de San Martín.finden sich zahlreiche Kneipen und Restaurants; hier pulsiert das Leben.

Nuevo Racimo de Oro [11]**:** Plaza de San Martín 8, Tel. 987 21 47 67, www.racimode oro.com. Gemütliches, rustikal stilvolles Lokal mit leckerer leonesicher Küche. Zu empfehlen sind besonders das Schweinefilet *(solomillo racimo)*, die Knoblauchsuppe *(sopa de ajo leonesa)* und der Salat nach Art des Hauses mit Spinat *(ensalada racimo)*. 3 Gänge à la carte um 25 €.

Palacio de Jabalquinto [12]**:** Juan de Arfe 2, Tel. 987 21 53 22, www.palaciojabalquinto. com. Restaurant in alten Gemäuern mit modern designten Speisesälen. Ambitionierte Küche. Hauptgericht 11–17 €.

El LLar [13]**:** Plaza San Martín 9, Tel. 987 25 42 87. Die bodenständige Taverne teilt sich in einen stets gut besuchten Barbereich und ein Restaurant im ersten Stock auf. Das Preis-Leistungs-Verhältnis ist sehr gut. Hauptgericht 10–18 €.

La Imprenta Casado [14]**:** Calle Varillas 3, Tel. 987 21 82 35. In der ehemaligen Druckerei weht ein Hauch von Nostalgie, im Erdgeschoss Barbereich, im oberen Stockwerk Restaurant. Hauptgericht 12–15 €.

Abacería [15]**:** Ruiz de Salazar 14, Tel. 987 23 42 73. In dem Wein- und Delikatessenladen in der Nähe von San Isidoro kann man an der Theke herrliche Weine verkosten, dazu Tapas mit Käse oder Wurst. Tapa 3–5 €.

Don Queso: Calle Azabachería 20, Tel. 987 20 94 31. Das winzige Geschäft lässt die Herzen vieler Käseliebhaber höherschlagen.

Semana Santa: Karwoche mit feierlichen Prozessionen.

San Juan y San Pedro: 24.–29.Juni. Die wichtigste Fiesta von León: Stadtfest mit Umzügen der Riesenpuppen *(gigantes)*, Stierkämpfen, Konzerten und Feuerwerken.

San Froilán, 5. Okt. Patronatsfest mit Stierkämpfen.

Auditorio: Tel. 987 24 46 63, www.auditorio ciudaddeleon.net. Infos über Konzerte, Tanz und Theater, Ausstellungen und Kongresse.

Flughafen: La Ermita, s/n, Tel. 987 87 77 20, Information und Reservierungen, Tel. 902 40 05 00. Der kleine Flughafen liegt 6 km außerhalb von León. Die Fluggesellschaft Air-Nostrum-Iberia (Tel. 902 40 05 00) bietet 2 x tgl. Verbindungen nach Madrid und 3 x tgl. nach Barcelona an.

Zugstation: Av. de Astorga, s/n, Tel. 987 84 20 00, Information und Reservierungen Tel. 902 24 02 02, www.renfe.es. Verbindungen 4 x tgl. nach Madrid, 2–3 x tgl. nach Bareclona, 2–3 x tgl. nach La Coruña, 3–4 x tgl. nach Bilbao, 1 x tgl. nach Hendaya und 1 x tgl. nach Santiago de Compostela.

Busbahnhof: Paseo del Ingeniero Saenz de Miera, s/n, Tel. 987 21 10 00. Die Busfirma Alsa fährt 1 x tgl. nach Burgos, Bilbao und Santander, 10 x tgl. nach Madrid, 9 x tgl. nach Oviedo und 3 x tgl. nach Lugo/La Coruña.

Von León nach Galicien

Reiseatlas
S. 3, 11, 12

Auf den Spuren der Jakobspilger geht es über die Montes de León zum Rabanalpass – dem Dach des *Camino de Santiago.* Die Straße windet sich hinab in die fruchtbare Region El Bierzo nach Ponferrada. Ein lohnender Abstecher führt in die Berge von Las Médulas, eine bizarre Kunstlandschaft aus römischen Abraumhalten. Die nächste Station auf dem Jakobsweg ist die schmucke Kleinstadt Villafranca del Bierzo.

La Virgen del Camino

Reiseatlas: S. 12, D 1
Ungefähr 6 km westlich von León befindet sich die Ortschaft **La Virgen del Camino** mit der gleichnamigen **Wallfahrtskirche.** Eine Legende berichtet, dass im Jahr 1505 einem Hirten hier die Gottesmutter erschienen sein soll. Heute erinnert die moderne, 1961 erbaute Kirche an das Wunder. Die Virgen del Camino (die Jungfrau des Weges) ist die Patronin von León.

Ins Auge fallen sofort die 13 gewaltigen, expressionistischen Bronzeskulpturen der Fassade oberhalb des Portals. Sie verkörpern Maria und die zwölf Apostel. Die eigenwilligen, sehr asketisch wirkenden 6 m hohen und je 700 kg schweren Skulpturen stammen vom katalanischen Bildhauer Josep María Subirach, der auch die bis heute umstrittene Westfassade der Sagrada Familia in Barcelona gestaltete.

Hospital de Óbrigo

Reiseatlas: S. 12, D 1
Um das beschauliche Städtchen **Hospital de Óbrigo** mit seiner mittelalterlichen, steinernen Brücke kreist die abenteuerliche Geschichte des tollkühnen Ritters Don Suero de Quiñones. Der Überlieferung nach verliebte sich dieser Ritter im Heiligen Jahr 1434 unsterblich in eine Dame, die jedoch seine Liebe nicht erwiderte. Um ihr Herz zu erweichen, gelobte Don Suero jeden Donnerstag eine Halsfessel als Zeichen seiner Liebe zu tragen, und zwar so lange bis die Dame ihn erhöre. Um sich letztlich von diesem recht unpraktischen Gelübde zu befreien und um seiner Angebeteten doch noch zu imponieren, schwor er, mit neun Getreuen alle über den Puente de Óbrigo ziehende Ritter zum Kampf herauszufordern.

Rasch sprach sich das Ansinnen des Ritters herum! Gegen die unglaubliche Zahl von 300 Rittern nahm es Don Suero auf und ging stets siegreich aus den Kämpfen hervor. Mit den unterlegenen Rittern pilgerte er gemeinsam nach Santiago de Compostela. Dort gelobten sie, sich fortan für die Sicherheit der Pilger einzusetzen. Ob sich die angebetete Dame angesichts der Heldentaten des Ritters Don Suero doch noch erweichen ließ, darüber schweigt sich die Geschichte aus. Seine ›Auferstehung‹ erlebt Don Suero alljährlich beim Mittelalterfest Anfang Juni.

Posada del Marqués: Plaza Mayor 4, 24270 Carrizo de la Ribera, Tel. 987 35 71 71, Carrizo de la Ribera, Tel. 987 35 71 71, Fax 987 35 81 01, www.posadadelmarques.com. Rund 16 km von Hospital de Óbrigo entfernt, die Abzweigung in Richtung Benavides nehmend erreicht man dieses charmante Hotel, dass von einer gepflegten Gartenanlage umgeben ist. Die Zimmer sind mit rustikalen kastilischen Holzmöbeln eingerichtet. DZ inkl. Frühstück 76–102 €.

El Paso Honroso: Ctra. N-120, km 335, 24286 Hospital de Óbrigo, Tel. 987 36 10 10, Fax 987 36 10 17, www.elpasohonroso.com. Das beste Hotel am Ort liegt an der Nationalstraße, wobei es nicht allzu viel Flair verströmt. Funktional. DZ 54 €.

El Caminero: Calle Sierra Pambley 56, Tel. 987 38 90 20 oder 619 87 00 69, www.elcaminero.es. Gemütliche Bed & Breakfast-Unterkunft mit nur 5 Zimmern, alle mit eigenem Bad. Rechtzeitig reservieren! DZ 50 €.

La Encomienda: Calle Álvarez de la Vega 34, Tel. 987 38 82 11, cesaravenida@eresmas.net. Hier werden Forellen *(truchas)*, die Spezialität der Ortschaft, in verschiedenen Zubereitungsformen serviert, z. B. mit Schinken, als Suppe oder Tortilla.

Justas Medievales: am ersten Wochenende im Juni. Das Fest erinnert an die Heldentaten des Don Suero de Quiñónes, der Höhepunkt der Fiesta ist das Ritterturnier. Fast die ganze Ortschaft schlüpft in ein mittelalterliches Gewand. Mittelaltermarkt und Festgelage runden die Feierlichkeiten ab.

Astorga

Reiseatlas: S. 11, C 1

Nur 55 km westlich von León liegt die alte **Römerstadt Astorga.** Schon von Weitem grüßen die Türme der Kathedrale und des Bischofspalastes, der von dem katalanischen Architekten Antoni Gaudí geschaffen wurde und heute ein Pilgermuseum beherbergt. Vor dem Hintergrund der Montes de León, die zu dem Gebirgzug der Kantabrischen Kordillere gehören, bettet sich das 12 000 Einwohner zählende Städtchen Astorga in eine Hochebene über dem Tal des Río Tuerto. Noch weite Teile des alten Stadtkerns werden von der Stadtmauer umschlossen, die auf die Römerzeit zurückgeht und im Mittelalter mehrfach ausgebessert wurde.

Mit der Autorin unterwegs

Süße Verführungen

Astorga ist weit über die Stadtgrenzen hinaus bekannt für seine **Leckereien** berühmt, lassen Sie sich diese Süßigkeiten nicht entgehen: Probieren Sie die *mantecadas* (Schmalzgebäck), *hojaldres* (Blätterteigteilchen) oder die köstliche Schokolade (s. S. 323)!

Cocido maragato

Der **Eintopf,** der eigentlich ein Drei-Gänge-Menü ist, empfiehlt sich nur für wahre Fleischliebhaber. Danach bedarf es eines Schnapses oder einer Siesta (s. S. 324).

Auf Schusters Rappen

Mischen Sie sich unter die Jakobspilger – ein wunderschönes Teilstück des Pilgerweges führt vom **Dorf von Foncebadón** zum **Cruz de Ferro**. Nehmen Sie sich zuvor aus dem Dorf **Castrillo de Polvarizares** ein Stein mit und legen Sie ihn wie die Jakobspilger beim Eisenkreuz ab. Das befreit symbolisch von Sorgen und Lasten (s. S. 327)!

Der traditionsreiche Handelsplatz an der Via de la Plata, der Silberstraße, die Astorga mit Mérida verband, wurde von Plinius dem Älteren als *urbs magnifica* (prächtige Stadt) bezeichnet. Für den Wohlstand des römischen Astúrica Augusta sorgten v. a. die Goldminen in den Montes de León und im Bierzo (Las Médulas). In Astorga wurde ein guter Anteil der Goldfunde gehandelt und auch weiterverarbeitet.

Im Mittelalter belebten die Jakobspilger die Wirtschaft, die einmal auf dem *Camino Francés,* der Ost-West-Verbindung, aber auch aus dem Süden des Landes über die Via de la Plata kommend in Astorga Station machten. Damals zählte die Stadt gut 25 Herbergen und Hospitäler, die die Pilger an der Schnittstelle der beiden Pilgerwege versorgten. Häufig waren die Pilger gezwungen, länger als beabsichtigt in Astorga zu verweilen, da bei Schnee- und Kälteeinbrüchen der Weg zum Cruz de Ferro, dem Dach des Pilgerweges, zu gefährlich war.

Noch immer ist die Stadt das Markt- und Handelszentrum für die umliegende Region. Eine wichtige Rolle spielt die Nahrungsmittelindustrie: Insbesondere für die Herstellung von süßen Leckereien wie die *mantecadas* (Schmalzplätzchen), *hojaladres* (Blätterteiggebäck) und *chocolate* (Schokolade) ist Astorga bekannt.

Kathedrale und Bischofspalast

Seine städtebauliche Schokoladenseite zeigt Astorga von der Promenade um die Stadtmauern, der **Avendia de las Murallas** mit dem Postkartenblick auf die Kathedrale und den Bischofspalast.

Die **Kathedrale Santa María** (Plaza de la Catedral, s/n, tgl. 9.30–12, 16.30–18 Uhr, Eintritt frei) wurde im spätgotischen Stil 1471 begonnen. Ihre lange Bauzeit bis ins 18. Jh. hinein sorgte für einen Stilmix. Üppiger Barock mit reichem Dekor- und Figurenschmuck ziert die Hauptfassade, die drei Portale im plateresken Stil umfasst. Die Spätgotik herrscht im Inneren des Gotteshauses vor, mächtige Bündelpfeiler tragen die feinen Sternen- und Netzgewölbe. Kunstvoll geschnitzte Szenen aus dem Marienleben, die Gaspar Becerra im 16. Jh. erschuf, schmücken den Hauptaltar.

Bischofspalast als Märchenschloss: Antoni Gaudí ließ seine Fantasie spielen

Eine weitere Perle der Kathedrale ist das Chorgestühl (Ende des 15. Jh.), das zum größten Teil aus der Werkstatt des Hans von Köln (Juan de Colonia) stammt. In der nördlichen Apsiskapelle thront das romanische Meisterwerk der Virgen de la Majestad aus dem 11. Jh.

Neben der Westfassade der Kathedrale liegt der Zugang zum **Diözesanmuseum** (Plaza de la Catedral, s/n, Tel. 987 61 58 20, 987 61 54 29, tgl. 11–14, 15.30–18.30, im Sommer 10–14, 16–20 Uhr, 2,50 €, Kombikarte mit Museo de los Caminos 4 €), in dem der reiche Kirchenschatz präsentiert wird. Zu den Juwelen zählen v. a. ein Reliquienkasten, der von König Alfonso III. im 10. Jh. gestiftet wurde sowie ein schöner Kristallkelch aus dem 11. Jh.

In unmittelbarer Nachbarschaft erhebt sich der ungewöhnliche **Bischofspalast** von Astorga. Er mutet eher wie ein verspieltes, französisches Märchenschloss an. Der Jugendstilarchitekt Antoni Gaudí entwarf den Bau 1889 für die traditionsreiche Bischofsstadt im neogotischen Stil – wenn auch lange nicht in so fantasiereichen Formen, wie die der Bauten des Architekten in Barcelona. Gaudí zerstritt sich mit dem Domkapitel und so wurde der Bau erst 1913 von einem anderen Architekten vollendet. Kein Bischof residierte je in diesem Bauwerk, das heute das **Museo de los Caminos** (Pilgermuseum, Plaza de Eduardo de Castro, s/n, Tel. 987 61 68 82, im Sommer Di–Sa 10–14, 16–20, So 10–14, sonst Di–Sa 11–14, 16–18, So 11–14 Uhr, 2,50 €) beherbergt.

Aber allein schon die Räumlichkeiten, die Gaudí konzipierte, lohnen den Besuch. Die Ausstellung zeigt den Apostel Santiago einmal kriegerisch als *matamoros* (Maurentöter) aber auch als friedlichen Pilgerer, sowie Karten mit den Jakobswegen und die Ausstattung der Jakobspilger. Außerdem werden archäologische Funde der Region und eine Gemäldesammlung gezeigt.

Schokoladenmuseum

Auf dem Weg zum Hauptplatz am anderen Ende der Altstadt locken die verführerischen Auslagen der Konditoreien. Auf die Schokoladenfans wartet unterwegs das **Museo de Chocolate** (Calle José María Goy 5, Tel. 987 61 62 20, Di–Sa 10.30–14, 16.30–19, So 11–14, Mo geschl., 2 €, Kombikarte mit Römischem Museum 3 €). Das 1994 gegründete Museum erinnert an die Blütezeit der Schokoladenherstellung von Astorga im 18. und 19. Jh. Der Bogen spannt sich von der Kakaobohne bis zur fertigen Schokolade. Süße Schokoerinnerungen bietet der **Museumsladen**.

Rathaus und Plaza de San Bartolomé

Auf der von Arkaden gesäumten Plaza Mayor nimmt das barocke **Rathaus** die Stirnseite ein. Zwei Bronzefiguren in der regionalen Tracht der *maragatos* schlagen die Stunden seiner Uhr (18. Jh.).

An der **Plaza de San Bartolomé** befindet sich das **Museo Romano** (Tel. 987 61 69 37, Di–Sa 11–14, 16–18, So 11–14, Mo geschl., 2,50 €), das sich über einem 50 m langen römischen Tunnel erstreckt, der vermutlich als Gefängnis genutzt wurde. Die Ausstellung zeigt anschaulich, wie sich das Leben in der Römerzeit in Astorga abspielte.

Oficina de Turismo: Plaza de Eduardo de Castro 5, gegenüber dem Bischofspalast, 24700 Astorga, Tel. 987 61 82 22, Fax 987 60 30 65, www.ayuntamientode astorga.com, Di–Sa 10–13.30, 16–18.30, So 10–13.30 Uhr.

Hotel Casa de Tepa: Calle Santiago 2, Tel. 987 60 32 99, Fax 987 60 32 96, www.casadetepa.com. Wohlfühlhotel in einem Stadtpalast aus dem 18. Jh. mit gerade mal 10 Zimmern, herrlicher Innenhof. Wenige Schritte von der Kathedrale entfernt. Standard-DZ 90–100 €.

Astur Plaza: Plaza de España 2, Tel. 987 61 89 00, www.asturplaza.com. Direkt am Rathausplatz gelegen, elegant, modern-klassisch eingerichtete Zimmer. Angeschlossen ist das empfehlenswerte Lokal Taberna Cervecería Los Hornos. DZ 59–83 €.

Im Land der Maragatos

Thema

Raue Schönheit prägt den gebirgigen Landstrich. Entlang der Etappe des *Camino de Santiago* hinauf zum Rabanalpass reihen sich die urwüchsigen, halbverlassenen Dörfer der Maragatería. In den letzten Jahren kehrte neues Leben in die Dörfer ein, dank dem wiedererwachten Interesse am Jakobsweg.

Unzählige Theorien kreisen um die Herkunft der Bewohner der Maragatería. Es wird gerätselt, ob es sich um Nachfahren der Berber oder gar um ein Mischvolk zwischen Mauren und Goten *(moros, godos)* handelt. Aufgrund der kargen Böden verdingten sich die Maragatos früher in erster Linie als Fuhrleute und Händler. So glauben einige, dass sich ihr Name sich von *mercatores* (Händler) ableitet. v. a. in dem schmuck restaurierten Dorf Castrillo de los Polvazares zeugen noch etliche stattliche Häuser entlang der Hauptstraße vom Wohlstand der Fuhrleute. Auf ihren Karren transportierten sie gepökelten oder gebeizten Fisch von den galizischen Küsten ins Landesinnere, zeitweilig besaßen sie sogar das Monopol dafür.

Die Maragatos wurden allerorts für ihre Zuverlässigkeit und den sorgsamen Umgang mit den Waren geschätzt, die ihnen zum Transport anvertraut waren. Die Einführung der Eisenbahn brachte Ende des 19. Jh. den Fuhrverkehr zum Erliegen. Die Region verfiel in eine tiefe Agonie, viele Maragatos suchten ihr Glück in den großen Städten Spaniens oder emigrierten nach Lateinamerika. Bis heute gibt es noch jeweils eine Kolonie von Maragatos in Argentinien und Uruguay. Diejenigen, die nach Madrid auswanderten, brachten dort fast den gesamten Fischhandel unter ihre Kontrolle. Etliche der Dörfer der Maragatería verwandelten sich in Geisterdörfer.

Der Jakobsweg und das wachsende Interesse der Spanier an der Natur sorgten in letzten Jahren für eine gewisse Wiederbelebung der Dörfer. So wurden Pilgerherbergen hergerichtet, im Gefolge entstanden für anspruchsvoll Reisende Posadas und private Unterkünfte. Kneipen und Restaurants sorgen für das leibliche Wohl der Reisenden. Zu Patronatsfesten oder Hochzeitsfeiern präsentieren die Maragatos stolz ihre Tracht. Die Männer tragen schwarze Pluderhosen und Jacken, darunter ein rotes Hemd, die Frauen schwarze Gewänder mit schönen Stickereien, ihr Haupt bedecken sie mit bunten Spitzenkopftüchern. Bei ihren Festen führen die Maragatos noch gerne ihre traditionellen Tänze auf, deren Rhythmus von einem Tamborínspieler vorgegeben und von Flötenklängen untermalt wird. Der populärste Tanz ist die Liebesromance »La Peregina« (Die Pilgerin), die fast so etwas wie die Hymne der Maragotos ist.

Das gastronomische Aushängeschild der Region ist der *cocido maragato,* ein Gericht für wahre Fleischliebhaber. Zur Rezeptur gehören Schweineohren und -füße, Blutwurst, Huhn, Speck, Paprikawurst, Zunge, Rinderrippchen. Hinzu kommen Kichererbsen und Gemüse. Auch eine Genussreihenfolge ist festgelegt: Zuerst sollte man die Schlachtplatte vertilgen, dann Kichererbsen und Gemüse und zum Schluss die Brühe trinken. Nach dem gehaltenvollen ›Drei-Gänge-Menü‹ benötigt man einen Schnaps oder eine Siesta!

Gaudí: Plaza Eduardo de Castro 6, Tel. 987 61 56 54, Fax 987 61 50 40, www.hotelgaudi astorga.com. 3-Sterne-Hotel mit klassisch, etwas antiquiert eingerichteten Zimmern. Top ist die Lage in der Nähe zur Kathedrale und dem Bischofspalast. Beliebtes Restaurant Gaudí mit gehobener Küche zu verhältnismäßig moderaten Preisen. DZ 60–66 €.

Las Termas: Calle Santiago 1, Tel. 987 60 22 12, Fax 987 60 22 12. Rustikales Restaurant, das berühmt ist für den typischen nicht ganz leichten Eintopf der Region, den *cocido maragato.* Gutes Preis-Leistungsverhältnis. 3 Gänge à la carte 19–26 €.
La Peseta: Plaza de San Bartolomé 3, Tel. 987 61 72 75, So, Di abends geschl. Das familiär geführte Traditionslokal ist eine Institution in Astorga und berühmt für seine deftige Hausmannskost. 3 Gänge à la carte 18–24 €.

Bahnhof: Plaza de la Estación, s/n, Tel. 987 61 51 63, Info Renfe Tel. 902 24 02 02. Astorga liegt an der wichtigsten Bahnstrecke im Norden, gute Verbindungen u. a. nach 5 x tgl. nach León und Ponferrada, Madrid, Bilbao, Vigo und La Coruña.
Busbahnhof: Avenida de las Murallas, s/n, Tel. 987 61 91 00, Tel. 902 24 02 02, unweit der Kathedrale. Die Busgesellschaft Alsa verbindet Astorga mit León (etwa stdl.), nach Ponferrada 7 x tgl.

Vom Rabanalpass nach Molinaseca

Reiseatlas: S. 11, B/C 1
Der **Rabanalpass** markiert die Grenze zur Nachbarregion El Bierzo. Allmählich geht es wieder bergab, nach wenigen Kilometern passiert man den verlassenen Weiler **Manjarín** mit der wohl kuriosesten Pilgerherberge des *Camino:* Das abenteuerlich zusammengezimmerte Refugio erinnert an eine Piratenburg!

Die nächste Ortschaft **El Acebo** zittert um ihre Balkone, wenn Busse oder Lkws die extrem enge Hauptstraße durchqueren. In der Pfarrkirche San Miguel findet sich eine anrührende, romanische Statue des Apostels Santiago. Von Acebo bietet sich ein Abstecher zum 5 km entfernten Dorf **Compludo** an, wo man eine uralte, immer noch funktionstüchtige Schmiede aus dem 7. Jh. besuchen kann (**Herrería de Compludo:** Tel. 987 42 42 36, Mi–Sa 10.15–14, 16.30–20, So 10.15–14 Uhr, Eintritt frei).

Für eine Erholungspause nach der kurvenreichen Abfahrt bietet sich das lebendige Dorf **Molinaseca** an. Eine mittelalterliche Steinbrücke überquert den aufgestauten Río Meruelo, der zu einem kühlen Bad einlädt. Viele Pilger und Besucher lassen auf der Terrasse am Fluss bei einem Café oder einem kühlen Bier die Seele baumeln. In der Hauptstraße, der Straße der Pilger, finden sich etliche Unterkünfte und Lokale. Die Hauptkirche **San Nicolás** im neoklassizistischen Stil stammt aus dem 18. Jh. Die Ortsausfahrt markieren ein steinernes Wegkreuz und eine neue Jakobsskulptur, die den Pilgern den Weg in Richtung Ponferrada weist.

La Posada de Muriel: Plaza del Santo Cristo, s/n, Molinaseca, Tel. 987 45 32 01, www.laposadademuriel.com. Kleine, aber sehr charmante Posada mit Restauarant, überall ist die Liebe des Besitzers zum Detail zu verspüren. DZ 70–100 €, interessante Rabatte bei mehreren Übernachtungstagen.

Ponferrada und Umgebung

Reiseatlas: S. 3, B 4; S. 11, B 1
Ponferrada (62 000 Einw.) blickt auf eine lange Bergbautradition zurück, deren Pioniere die Römer waren. Bis heute spielt in der Industriestadt der Abbau von Eisenerz eine wichtige Rolle. Sie liegt am Zusammenfluss von Río Boeza und Río Sil und ist Zentrum der äußerst fruchtbaren Region des El Bierzo.

Das Stadtbild gibt keinen Anlass zu überschwänglicher Begeisterung. Es ist geprägt von wenig reizvollen Wohnvierteln und Gewerbegebieten. Einen wohltuenden Kontrast dazu bildet die überschaubare **Altstadt** um den **Rathausplatz** mit der **Basilika La Encina** (16. Jh.), der Kirche der Schutzpatronin. Die wichtigste Attraktion der Stadt ist die **Templerburg,** eine Ritterburg wie aus dem Bilderbuch (Castillo de los Templarios: Tel. 987 41 41 41, Di–Sa 11–14, 16.30–18/19/20, So 11–14 Uhr, 2,50 €). Sie wurde im 12. Jh. zur Sicherung des Jakobswegs erbaut. Durch umfangreiche Restaurierungsarbeiten rettete man die Burg vor dem drohenden Verfall und öffnete sie zur Besichtigung.

Einen guten Überblick über die regionale Geschichte liefert das in der Altstadt gelegene **Museo El Bierzo** (Calle del Reloj 5, Tel. 987 41 41 41, Di–Sa 11–14, 17–19, So 11–14 Uhr, 2,70 €). Von Interesse für Liebhaber alter Lokomotiven ist das **Eisenbahnmuseum** (Museo del Ferrocarril: Via Nueva 7, Tel. 987 40 57 38, Di–Sa 11–14, 17–19, 11–14 Uhr, 2,50 €), das in der ehemaligen Zugstation untergebracht ist. Auf den stillgelegten Gleisen stehen v. a. Züge, die für den Abtransport von Eisenerz und Kohle genutzt wurden.

Peñalba de Santiago

Rund 20 km südlich von Ponferrada liegt das idyllisch abgeschiedene Bergdorf **Peñalba de Santiago** in den Montes Aquilianos. Das hübsche Dorf mit seinen schiefergedeckten Steinhäusern birgt ein Kleinod der mozarabischen Kunst, das Kirchlein Santiago de Peñalba. Hufeisenbögen zieren die Kirchenfassade, die schönsten finden sich am Südportal. Zur der im 10 Jh. errichteten Kirche gehörte einst eine Klosteranlage, die heute nicht mehr existiert. Das Bergdorf bietet sich auch als Ausgangspunkt für kleine Wanderungen oder Spaziergänge an.

i **Oficina de Turismo:** Calle Gil y Carasco 4, 24415 Peñalba de Santiago, Tel. 987 41 42 36, Fax 987 42 42 36, www.ponferrada.org, Juni–Aug. Mo–Fr 9–15, 16–21, Sa 10–14, 16–20, So 11–14, Sept.–Mai Mo–Fr 9–15, 16–18, Sa 10–14, 16–18, So 11–14 Uhr.

Bierzo Plaza: Plaza del Ayuntamiento 4, Tel. 987 40 90 01, Fax 987 40 90 13, www.hotelbierzoplaza.com. Angenehmes kleines Drei-Sterne-Hotel auf dem Hauptplatz, die Zimmer sind modern und funktional eingerichtet. In einer ehemaligen Bodega findet sich die zum Hotel gehörige urige Taberna Los Arcos. DZ 85 €, am Wochenende bietet das Hotel einen Sonderpreis: DZ 54 €.

La Encina: Calle Comendador 4, Tel. 987 40 96 32, Fax 987 40 96 86, www.hostallaencina.com. Das Hostal liegt mitten in der Altstadt, ganz in der Nähe der Templerburg. Die 13 Zimmer sind ansprechend rustikal mit schönen Holzmöbeln eingerichtet. Zum Haus gehört eine Bar mit gutem Weinsortiment. DZ 57–68 €.

Camping El Bierzo: Ctra. Nacional N-Vi, Km 399, Villamartín, Tel./Fax 987 56 25 15. Der ruhige Platz liegt bei der Ortschaft Villamartín de la Abadía, ca. 12 km westlich von Ponferrada. Badefreuden bietet ein kleiner Fluss, für das leibliche Wohl sorgt ein nettes Restaurant mit Bar. Zweite Kategorie, April–Sept. Pro Pers./Pkw/Zelt 3,50–4 €.

Menta y Canela: Calle Alonso Cano 10, Tel. 987 40 32 89, www.mentaycanela.com. Ansprechendes Lokal außerhalb des Stadtzentrums, das mehrfach ausgezeichnet wurde. Die warmen Farbtöne der Gasträume sorgen für ein behagliches Ambiente. Zu den Spezialitäten zählen Stockfischgerichte *(bacalao)*. 3 Gänge à la carte 20–35 €.

Casa Noval: Calle Aceiterías 9, Tel. 987 40 60 00, So abends geschl. Mitten in der Altstadt findet sich in einem historischen Gebäude dieses nette Restaurant mit gemütlicher Bar. Aufgetischt wird frische, regionale Küche. 3 Gänge à la carte 20–29 €.

Las Cuadras: Calle Tras la Cava 2, Tel. 987 41 93 73, 987 41 83 77. Zentral in der Altstadt gelegen setzt das urig-gemütliche Lokal mit Steinwänden auf die hiesige Küche. An der Theke gibt es köstliche Tapas und ein gutes Weinsortiment. 3 Gänge à la carte 15–20 €.

Busstation: Av. Libertad 15, Tel. 987 40 10 65. Busse fahren mehrfach tgl.

Richtig Reisen-Tipp: Zum Rabanalpass

Um von Astorga nach Ponferrada zu gelangen, bieten sich dem Reisenden zwei Optionen: Wer es eilig hat, nimmt die Strecke über den **Pass Puerto del Manzanal** (1225 m) auf der Schnellstraße A6. Die interessantere Alternative folgt einem der schönsten Abschnitte des Jakobswegs durch die **Montes de León** über den **Rabanalpass**. Das kurvenreiche Sträßchen LE-142 schlängelt sich durch die urtümlichen Dörfer der Margatería (s. S. 324) den Berg zur Passhöhe hinan.

Die Landschaft präsentiert sich im späten Frühjahr (Mai–Anfang Juni) am schönsten: ein regelrechter Farben- und Blütenrausch überzieht dann die Berge. Besonders die lila blühende Baumheide setzt Akzente, hinzukommen Lavendel, Erika, Cistrose und Ginster.

Auf jeden Fall sollte man einen Stopp in dem schmucken Dorf **Castrillo de los Polvazares** einplanen, das nur 6 km von Astorga entfernt liegt. Das Fahrzeug parkt man auf dem Parkplatz am Dorfeingang. Eine kleine Brücke führt in die Calle Real. Die stattlichen Häuser erinnern daran, dass die *maragotos,* die sich traditionell als Fuhrleute verdingten, es in ihrem Gewerbe zu Wohlstand gebracht hatten. Viele der Steinhäuser besitzen große Portale, wodurch einst die Fuhrwerke in den Innenhof zu den Stallungen für die Maultiere gelangen konnten. Der Wohnbereich lag im oberen Stockwerk. Ein Pilgerritual ist es, sich einen Stein aus dem Flussbett des Río Meruelo zu angeln, um ihn beim Cruz de Ferro (Eisenkreuz) auf dem Rabanalpass abzulegen. Das Lokal **Casa La Magdalena** ist berühmt für seinen Eintopf *cocido maragato* (Calle Real 38, 24718 Castrillo de los Polvazares, Tel. 987 69 10 67, Hauptgericht um 15 €). Auch die Unterkunft **Hostería y Restaurante Cuca La Vaina** bietet mit bodenständiger Küche Stärkung für hungrige Ausflügler, u. a. *lechazo* (Babylamm) oder *bacalao al estilo arriero* (Stockfisch nach Art der Maultiertreiber). In den sieben individuell eingerichteten Zimmern findet sich Dekor aus unterschiedlichen Handwerkszweigen der Maragatos (Calle Jardín s/n, Tel. 987 69 10 34, 649 98 82 54, Fax 987 69 10 78, www.cucalavaina.com, Menü 18 €, DZ 55 €).

9 km hinter Castrillo de los Polvazares findet sich in der Ortschaft **Santa Colomba de Somoza** ein weiteres hübsches Landhotel. Die sechs liebevoll eingrichteten Zimmer der **Casa Pepa** sind in einem typischen Maragatohaus mit Innenhof untergebracht. Dazu gehört ein gepflegtes, rustikales Restaurant (Casa Pepa, Calle Mayor 2, 24722 Santa Colomba de Somoza, Tel./Fax 987 63 10 41, www.casapepa.com, DZ 65–73 €).

Allmählich windet sich das Bergsträsschen hinauf und passiert das rustikale Pilgerdorf **Rabanal de Camino,** Ausgangspunkt für die 10. Etappe des *Camino de Santiago* gemäß des mittelalterlichen Pilgerführes Codex Calixtinus. Hier sammelten Pilger ihre Kräfte für den beschwerlichen Aufstieg zum Rabanalpass. Das Herz der Ortschaft ist die romanische Kirche Santa María.

In **Foncebadón,** dem letzten Dorf der Margetería, kreuzt der Pilgerweg am Ortseingang die Straße und führt auf einem herrlichen Weg durch das Dorf hinauf zum 45 Min. entfernten **Cruz de Ferro** (Länge ca. 5 km, Höhenunterschied 85 m). Etliche Häuser sind verfallen, aber mit EU-Mitteln und Spenden von Pilgern geht es allmählich wieder bergauf. Die Kirche wurde bereits restauriert und daneben findet sich eine wieder errichtete Pilgerherberge. Die Socken und T-Shirts auf den Wäscheleinen weisen dem Pilger den Weg.

Mit dem 1504 m hoch gelegenen Rabanalpass erreichen die Pilger das Dach des Jakobswegs. Nach einem uralten Pilgerritual legen die Wallfahrer hier ihren Stein ab und befreien sich auf diese Weise von Lasten und Sorgen, die sie bedrücken. Auf diesem gewaltigen Steinhaufen prunkt auf einem Holzstab das **Eiserne Kreuz,** Cruz de Ferro. Unterhalb findet sich auch allerlei Kurioses wie BHs, Socken, Fahrradschläuche, Fotos …

Indem die Römer die Berge aushöhlten und zum Einsturz brachten, schufen sie die bizarr wirkende Landschaft von Las Médulas

Richtig Reisen-Tipp: Las Médulas – Eldorado der Römer

Ein Meer aus roten, eigentümlichen Gesteinsformationen ragt aus dem dichten Grün der Vegetation empor. Nicht Mutter Natur schuf diese bizarre, zerklüftete, fast unwirklich anmutende Landschaft von Las Médulas. Als Landschaftsarchitekten betätigten sich hier die Römer, die im großen Stil auf über 1000 ha gut zwei Jahrhunderte lang Gold abbauen ließen.

Dabei nutzten sie das Verfahren der *ruina montanium* (Einsturz der Berge). An die 100 000 Arbeiter und Sklaven schufteten in der größten Tagebaumine des römischen Imperiums. Sie gruben tiefe Schächte und Gänge und höhlten die Berge dadurch regelrecht aus. Danach fluteten sie das Stollensystem, sodass die Berge wie Kartenhäuser in sich zusammenbrachen. Die Unmengen von Wasser, die hierfür vonnöten waren, wurden über ein über 100 km langes Kanalsystem herangeführt, Teile davon sind bis heute erhalten geblieben. Mithilfe von Goldwaschrinnen filterten die Arbeiter dann das Edelmetall heraus.

Das lohnende Ausflugsziel, das 1997 zum Unesco-Welterbe deklariert wurde, liegt rund 25 km südwestlich von Ponferrada entfernt. Es empfiehlt sich als erstes die **Ortschaft Las Médulas** anzusteuern. Hier gibt ein **Archäologisches Museum** Auskunft über die Geschichte der Goldgewinnung und über die Arbeitsbedingungen in der Mine. Außerdem ist eine Broschüre mit **Wandervorschlägen** erhältlich. Vom Museum aus werden auch geführte Touren durch das Gebiet angeboten (Aula Arqueológica, Las Médulas, direkt am Ortseingang, Tel. 987 42 28 48, April–Sept. tgl. 10–13.30, 16–20, Okt.–März Sa 10–13.30, 15.30–18, So 10–14 Uhr, 1,50 €).

Das **Centro de Recepción de Visitantes de Las Médulas** bietet eine anderthalb- bis zweistündige Tour (3 km) zu den Stollen La Cuevona und La Encantada an (Las Médulas, Tel. 619 25 83 55, 987 42 07 08, Öffnungszeiten wie Aula Arqueológica, Eintritt frei, Tour April–Sept. tgl. 11.30, 12, 17, 17.30, Okt.–März 11.30, 12, 16, 16.15 Uhr, 2,50 €).

Bei der Ortschaft **Orellán** bietet ein Aussichtspunkt *(mirador)* einen spektakulären Panoramablick über die rot gefärbte Kunstlandschaft. Es empfiehlt sich, den 1,5 km langen, holprigen Schotterweg zum Aussichtspunkt zu Fuß zurückzulegen. Vom Mirador startet ein 11,5 km langer, interessanter Rundweg (Höhenunterschied 200 m, Dauer ca. 3 Std. 20 Min.). Auf einem breiten, gut erschlossenen Pfad werden sechs Informationspunkte angesteuert. Die Tafeln, die leider nur auf Spanisch beschriftet sind, geben Auskunft über die verschiedenen Aspekte des Goldabbaus in der Mine. Unterwegs können auch einige Höhlen und Stollen besichtigt werden, allerdings empfiehlt sich dies nur mit fachkundiger Führung.

Wer etwas länger in diesem einzigartigen Gebiet verweilen möchte findet Unterkunft im **O Palleiro D'O PÈ D'O FORNO.** Das familiär geführte Haus bietet sechs freundlich ausgestattete Zimmer, dazu gehört ein rustikal eingerichtetes Lokal mit schmackhaft ländlicher Küche (Centro de Turismo Rural, San Palbo s/n, Tel. 987 69 53 95, 649 71 14 39, www.opalleiro.com, DZ um 45 €).

Info: Die **Webseite** www.fundacionlasmedulas.com gibt auf Spanisch und Englisch umfassende Informationen zu Las Médulas, z. B. Wanderwege mit Karten, Bergbaugeschichte, Unterkünfte, etc.

nach León, Santiago und andere Städte in Galicien.

Bahnhof: Av. del Ferrocarril s/n, Tel. 987 41 00 67, Renfe Tel. 902 24 20 20. Gute Anbindung an León (7 x tgl.) und nach Galicien.

Villafranca del Bierzo

Reiseatlas: S. 3, A 4

Wein- und Obstanbau prägen die Region um **Villafranca del Bierzo** (4000 Einw.). Die letzte

Station auf dem Jakobsweg durch die Provinz León wurde von Alfonso VI. (1065–1109) gefördert. Er siedelte Mönche aus dem französischen Kloster Cluny an, um die Jakobspilger zu betreuen. Im Gefolge der Mönche zogen zahlreiche Franzosen in die Stadt – daher rührt auch der Name Villa Francorum, Stadt der Franzosen. Eine schöne Hügellandschaft mit Weinanbau durchwandernd erreichen die Jakobspilger die Stadt.

Der erste Gang führt zur **Iglesia de Santiago** (12. Jh.), einer schlichten romanischen Kirche. Pilger, die zu schwach sind, um ihren Weg nach Santiago fortzusetzen, erhalten an der Puerta del Perdón ausnahmsweise die Vergebung all ihrer Sünden – ein Privileg, das sonst nur Santiago de Compostela vorbehalten ist. Auf dem örtlichen Friedhof hinter der Kirche fand über viele Jahrhunderte auch so mancher Pilger seine letzte Ruhestätte.

Ein paar Meter weiter erhebt sich die wuchtige **Burg der Markgrafen von Villafranca** (16. Jh.), die sich heute im Besitz des renommierten spanischen Komponisten Cristóbal Halffter befindet. Steil hinab geht es zur **Plaza Mayor,** dem Herzen von Villafranca. Oberhalb liegt die **Kirche San Francisco,** die vermutlich 1213 auf Initiative der Königin Doña Urraca errichtet wurde. Weiter nördlich der Plaza dehnt sich der **Alameda Park** aus und schräg gegenüber hat die **Colegiata de Santa María** (16. Jh.) die Nachfolge der Kluinazenserkirche angetreten. Nicht weit davon entfernt verläuft die **Calle del Agua,** die Hauptstraße der Altstadt mit einigen stattlichen Adelspalästen, von denen sich viele leider in einem bedauerlichen Zustand befinden.

Oficina de Turismo: Avda. Diez Ovelar 10, 24500 Villafranca del Bierzo, Tel. 987 54 00 28, www.villafrancadelbierzo.org, tgl. 10–14, 16–19 Uhr.

Parador de Villafranca del Bierzo: Avda. Calvo Sotelo 28, Tel. 987 54 01 75, Fax 987 54 00 10. www.parador.es. Der Parador ist nicht in einem historischen Gebäude untergebracht, das neue Haus passt sich aber gut an die regionale Architektur an. Die Zimmer sind zwar gemütlich, aber nicht so weitläufig wie in anderen Paradores eingerichtet. Ein Pluspunkt ist das reichhaltige Frühstücksbuffet. DZ 90–100 €.

Hotel Plaza: Plaza Mayor 4, Tel. 987 54 06 20, Fax 987 54 05 22, www.villafrancaplaza.com. Das neue Haus am Hauptplatz birgt 15 Zimmer, die modern und schnörkellos eingerichtet sind. Zum Hotel gehört eine Cafetería im modernen Design, außerdem findet sich eine sehenswert ausgestattete, alte Apotheke im Haus. DZ 77–84 €.

Casa Méndez: Plaza de la Concepción, s/n, Tel. 987 54 24 08, Fax 987 54 00 55. Kleines, familiär geführtes Hostal, die soliden Zimmer wurden jüngst renoviert. Dazu gehört ein Restaurant mit preisgünstigen Tagesgerichten. DZ 42–45 €.

Espacio Natural Sierra de Ancares

Reiseatlas: S. 3, A/B 3/4

Das **Naturschutzgebiet Sierra de Ancares** dehnt sich über die Regionen Kastilien-León, Galicien und Asturien aus. Das 67 280 ha große Gebiet wurde jüngst zum Biosphärenreservat der Unesco deklariert wurde. Bis zu 2000 m Höhe schwingt sich das Gebirge auf. Herrliche Laubwälder, die atlantische und mediterrane Charakteristika vereinen, prägen das Landschaftsbild. Es ist ein Rückzugsgebiet für Marder, Otter, Wölfe, Wildschweine und Auerhähne. Die einst traditionelle Hausbauweise der Region *(pallozas)* finden sich noch in den Dörfern Piornedo, O Cebreirio und Campo del Agua. Dabei handelt es sich um einfache Hütten auf rundem oder ovalem Grundriss aus Bruchstein mit einem Reisigdach. Naturliebhaber können auf einsamen Wanderwegen das Gebiet für sich erschließen.

Informationen zum Wandergebiet erhält man in der **Touristeninformation** von Villafranca del Bierzo, s. o.; unter **www.ancares.info** gibt es Informationen auf Spanisch, Englisch und Französisch.

In Camariñas kann man den Spitzenklöpplerinnen noch bei der Arbeit zuschauen

Kapitel 6

Galicien

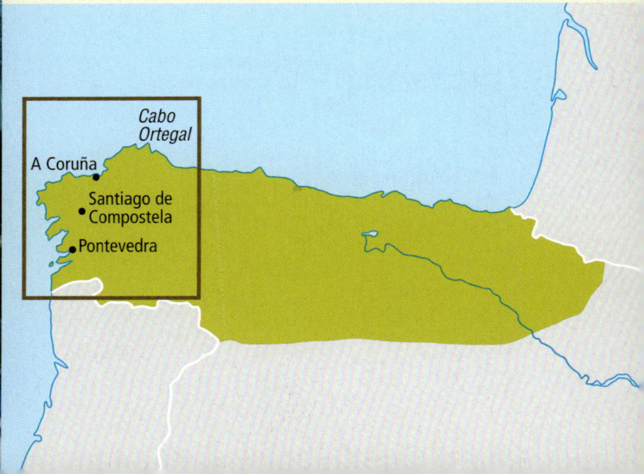

Auf einen Blick: Galicien

Am Ende der Welt

Galicen, die ›grüne Ecke‹ im Nordwesten Spaniens, umspannt ein Gebiet, das mit 29 575 km² fast so groß ist wie Belgien. Die Griechen orteten hier einst das Ende der Welt. Die Region wird geprägt von einer starken kulturellen Eigenständigkeit, angefangen bei der Sprache, dem Gallego, das mit dem Portugiesischen eng verwandt ist. Den Galiciern wird wie den Portugiesen, mit denen sie die Seefahrer- und Emigrantentradition teilen, ein Hang zur Melancholie nachgesagt. Das keltische Erbe Galiciens ist vor allem in der Musik lebendig geblieben: So darf die *gaita*, der Dudelsack, auf keinem Volksfest fehlen.

Über das Erscheinungsbild der gut 1500 km langen Küste kursiert der Mythos, dass der liebe Gott sich an seinem letzten Arbeitstag ausruhte und ganz nebenbei die fünf **Rías**, fjordähnliche Meeresbuchten, schuf. Er soll sich mit einer Hand auf Galicien gestützt haben, und dabei gruben sich die Finger tief ins Erdreich ein – so entstanden die markanten Talzungen. Nüchtern betrachtet erklärt sich die Entstehung der Rías durch den Landhunger des Atlantik, der die Flusstäler überflutete. Die **Rías Altas** im Norden prägen schroffe Steilwände und Klippen. Wilde, herbe Schönheit charakterisiert auch die zerklüftete **Costa da Morte** (Todesküste) um das Kap Fisterra. Im Südwesten grenzen die touristisch gut erschlossenen, sanfteren **Rías Baixas** an, die sich bis zur portugiesischen Küste erstrecken. Charakteristisch für die galicischen Dörfer sind die *cruceiros* (steinere Wegekreuze) und die *hórreos* (Speicher) aus Granitgestein.

Im Mittelalter zog es Pilger aus allen Ecken und Enden Europas nach **Santiago de Compostela** zum Grab des Apostels Santiago. Neben Rom und Jerusalem stieg Santiago zum dritten großen Wallfahrsort der Chris-

tenheit auf. Was den internationalen Tourismus anbelangt, so führt Galicien, abgesehen von Santiago, ein Schattendasein. Dagegen schätzen die Spanier die milden Temperaturen Galiciens und bevölkern in den Sommermonaten die Strände der Küste. Sehenswert sind die uralten Keltensiedlungen, die *castros*, auf dem **Monte Santa Tegra** oder in **Baroña,** die sich fantastisch in die Küstenlandschaft einbetten. Ein weiteres reizvolles Ausflugsziel bilden die **Illas Cíes,** eine Inselgruppe, die seit 2002 Teil eines Nationalparks bildet. Einen Schönheitswettbewerb unter den Küstenstädten würde zweifelsfrei **Pontevedra** gewinnen: Die intakte Altstadt wartet mit einer Vielzahl von stimmungsvollen Plätzen und lauschigen Gassen auf. Das Binnenland bietet abgeschiedene Naturschönheiten wie die imposante Schlucht des **Cañon del Río Sil.**

Highlights

12 **Santiago de Compostela:** Die Pilgermetropole Santiago de Compostela glänzt durch ihre intakte Altstadt, die sich um die Kathedrale gruppiert (s. S. 339).

13 **Pontevedra:** Die schönste Küstenstadt Galiciens besticht durch ihr malerisches Stadtbild, das vor allem durch die vielen schmucken Plätze geprägt wird (s. S. 393).

14 **Illas Cíes:** Die Inselgruppe, die 2002 zum Teil eines Nationalparks erklärt wurde, bildet ein faszinierendes Ökosystem (s. S. 401).

15 **Monte DE Santa Tecla:** Der Berg bietet einen grandiosen Ausblick auf die Mündung des Río Miño. Unterhalb des Gipfels liegt die eindrucksvolle Keltensiedlung Castro Monte de Santa Tecla (s. S. 403).

Empfehlenswerte Routen

Serra da Capelada: Die gebirgige Halbinsel, auf der Wildpferde grasen, hat atemberaubende Steilküsten und Klippen (s. S. 359).
Serra de Barbanza: Eine reizvolle Tour führt zur traumhaft gelegenen **keltischen Siedlung Castro de Baroña**. Weitere Highlights bilden die große **Wanderdüne** des **Naturparks von Corrubedo** und der schier endlose **Strand Praia de Ladeira** (s. S. 383).

Richtig Reisen-Tipps

Wandern auf dem historischen Mühlenpfad bei Santa Tecla: Die Tour krönen herrliche Ausblicke auf das Tal des Río Miños. Die zweistündige Rundwanderung führt an 67 Mühlen aus dem 19. Jh. vorbei (s. S. 403).

Übernachten im Kloster San Clodio: Mitten im Weinanbaugebiet liegt das herrschaftliche Monasterio San Clodio, heute umgewandelt in eins der schönsten Hotels Galiciens. Hier kann man sich erholen und von der galicischen Küche verwöhnen lassen (s. S. 409).

Mit dem Katamaran durch die Schlucht des Río Sil: Anderthalb Stunden dauert die Bootstour auf dem Río Sil, der durch den spektakulären Canyon mit seinen steil aufragenden Felswänden führt (s. S. 416).

Reise- und Zeitplanung

Das Klima im saftig-grünen Galicien ist vom Atlantik geprägt und erinnert an Irland oder die Bretagne. Es ist ausgesprochen mild, aber zugleich auch sehr feucht. Mit heftigen Niederschlägen muss vor allem in den Wintermonaten gerechnet werden, doch selbst im Frühjahr und Sommer sollte der Regenschirm im Koffer nicht fehlen. In den Hochlagen der Gebirgszüge des Binnenlands bläst mitunter ein eiskalter Wind.

Wer die Küste Galiciens abfahren möchte, sollte viel Zeit mitbringen, mindestens ein bis zwei Wochen braucht man, um die Gegend in aller Ruhe genießen zu können. Für einen Abstecher ins Binnenland sollten drei bis vier Tage einkalkuliert werden.

Auf den Spuren der Pilger nach Santiago

Cityplan S. 340
Grundriss S. 344

Das letzte Stück des Jakobswegs führt durch eine atemberaubende Berglandschaft und passiert mehrere Pilgerstationen mit besichtigenswerten Klöstern und Kirchen. Angekommen am Ziel offenbart sich Santiago de Compostela als wahres Schatzkästchen aus Granit, in dem nach wie vor der Apostel Jakobus die Besucherströme steuert.

O Cebreiro

Reiseatlas: S. 2, F 4

Hinter Villafranca steht den Pilgern ein hartes Stück Arbeit bevor: der Aufstieg auf den 1300 m hohen **Cebreiro-Pass**, der ersten Station des Jakobswegs in Galicien. Hier thront das uralte kleine Bergdorf **O Cebreiro** (span. El Cebrero), das seit der Wiederbelebung des Jakobswegs aufgeblüht ist. Pilgerherbergen, Gasthäuser und Souvenirgeschäfte sorgen hier für Einkünfte. In den urigen Kneipen stärken sich die Pilger bei einer galicischen Kohlsuppe. Den Reiz der Örtchens macht die Bauweise der *pallozas* genannten Häuser aus, die auf die Kelten zurückgeht. Sie sind aus Bruchsteinen aufgebaut und werden von weit nach unten gezogenen, mit Ginster oder Roggenstroh bedeckten Dächern geschützt. Zwei *pallozas* sind als **Ethnografisches Museum** hergerichtet (Tel. 982 36 70 25, Mi–So 11–14, 15–18 Uhr, Eintritt frei).

Über das Dorf wacht die ehemalige **Klosterkirche Santa María** aus dem 9. Jh., die älteste Pilgerkirche am Jakobsweg. Allerdings wurde sie im Laufe der Jahrhunderte nach Bränden mehrfach restauriert. Im Zentrum der Verehrung der Gläubigen steht die **Madonna Santa María la Real** (12. Jh.). In der rechten Apsis erinnert die Capilla del Milagro (Wunderkapelle) an ein **Hostienwunder,** das sich hier um das Jahr 1300 zugetragen haben soll: Ein frommer Bauer kam trotz stürmischen Wetters zur Messe, doch der Priester warf ihm vor, dass er nur für Brot und Wein gekommen sei. Daraufhin verwandelte sich die Hostie in Fleisch, der Wein wurde zu Blut. In der Vitrine erinnern die Patene (Hostienteller) und ein Kelch an das Wunder.

Hinter dem Bergdorf taucht linker Hand an der Straße bald ein imposantes **Pilgerdenkmal** auf, das den hl. Rochus als gegen Wind und Kälte ankämpfenden Pilger darstellt.

Hostal San Giraldo de Aurrillac: Tel. 982 36 71 25. Einfache, aber charmante Pilgerunterkunft. DZ 55 €.

Venta Celta: Tel. 667 55 30 06. Das urige Lokal mit alten Holzbalken liegt im unteren Bereich des Dorfes. Keine große Auswahl, dafür aber eine leckere Kohlsuppe, *empanadas* (Teigtaschen) und köstlichen Käse. Dazu passt der galicische Hauswein. Suppe mit Brot 4 €.

Marienwallfahrt: 8. Sept., die Wallfahrt zieht bis zu 30 000 Pilger an.

Samos und Sarría

Reiseatlas: S. 2, E/F 3/4

Weiter auf den Spuren der Jakobspilger durch die fantastische Berglandschaft wandernd, passiert man auf dem Weg zum Kloster Samos die Ortschaft **Tricastela**. Im Mittelalter schützten drei Burgen die Pilgerstation, zahlreiche Herbergen boten den Jakobspilgern Schutz. Für die Wallfahrer, die vom rechten Weg abkamen, wurde eigens ein Pilgerkarzer, ein Gefängnis, eingerichtet.

Als Nächstes führt der Weg den Wanderer zum mächtigen **Benediktinerkloster San Xulián,** um das sich die Ortschaft **Samos** entwickelt hat. Die Geschichte des Klosters geht bis ins 7. Jh. zurück, von der ursprünglichen Anlage ist allerdings nur die Capilla de San Salvador erhalten geblieben. Die imposante Klosterkirche erhielt 1604 die Weihe, Ende des 18. Jh. wurden die Barockfassade und der pompöse Treppenaufgang gestaltet. Unter den beiden Kreuzgängen sticht der klassizistische Kreuzgang durch seine schöne Bepflanzung und vor allem durch seine immensen Dimensionen (54 x 54 m) hervor (Mo–Sa 10–12.30, 16.30–18.30, So/Fei 12.45–13.30, 16.30–18.30 Uhr).

12 km weiter liegt das Städtchen **Sarria** (13 000 Einw.), das aus einem römischen Lager entstand. Noch etwas Flair verströmt in dem heute eher modern geprägten Ort die Oberstadt. An der Rúa Maior, der Hauptstraße der Altstadt, finden sich die Überreste einer **Burganlage** (13. Jh.) und schräg gegenüber die romanische Kirche **San Salvador.** Ganz in der Nähe trifft man auf das Kloster **Convento de las Magdalenas** (12. Jh.).

Casa de Díaz: Vilachá 4, Vilachá (5 km nordöstl. von Samos), Pfarrgemeinde Castroncán, Tel. 982 54 70 70, Fax 982 54 70 70, www.turgalicia.es. Landhaus mit viel Charme. Gepflegte Einrichtung mit Antiquitäten DZ 64–74 €.

Hotel A Veiga: Av. Compostela 16, Samos, Tel. 982 54 60 52, Fax 986 54 60 52. Das Hotel bietet für zivile Preise einen guten Komfort. DZ 30–36 €.

Portomarín

Reiseatlas: S. 2, E 3

Das alte **Portomarín**, das unten im Tal lag, wurde 1963 Opfer der Aufstauung des Río Miño, die wichtigsten historischen Gebäude blieben jedoch von den Wassermassen verschont. Sie wurden Stein für Stein abgetragen und im neuen Portomarín auf einer Anhöhe oberhalb des Stausees Embalse de Belesar wieder errichtet. Beim Wiederaufbau erhielt die neue Ortschaft (2000 Einw.) ein mittelalterliches Gepräge – ein Unterfangen, das erstaunlich gut gelungen ist.

Das Zentrum ist um die schmucke Praza Maior angelegt. Hier erhebt sich die wieder

Mit der Autorin unterwegs

Keltisches Erbe

In dem Bergdorf **O Cebreiro** mit seinen Palloza-Hütten werden Erinnerungen an die Kelten wach. In der urigen Gaststätte Venta Celta dürfen sich Reisende bei einer typisch galicischen Kohlsuppe und leckerem Käse stärken (s. S. 336).

Studentengesänge

Gute Chancen, eine studentische **Tuna-Gruppe** beim Musizieren zu erleben, bestehen in Santiago auf der **Praza do Obradoiro**. Häufig wird in den Sommermonaten gegen 22 Uhr unter den Arkaden des Rathauses aufgespielt (s. S. 343).

Messe mit Weihrauchfass

Immer um 12 Uhr mittags findet die Pilgermesse in der **Kathedrale von Santiago** statt. Um einen guten Platz zu ergattern, sollte man sich rechtzeitig einfinden. Außer im Heiligen Jahr oder an besonderen Festtagen wird dabei der *botafumeiro* (Weihrauchfass) nur durch das Querhaus geschwenkt, wenn eine zahlungskräftige Touristengruppe dies finanziert (s. S. 345).

Postkartenansicht

Im Stadtpark **Parque da Alameda** eröffnen sich die schönste Blicke auf die Kathedrale von Santiago de Compostela. Besonders reizvoll ist die Ansicht des beleuchteten Gotteshauses in den Abendstunden (s. S. 350).

Souvenirs aus Santiago: Pilgerstöcke und Jakobsmuscheln

aufgebaute **Iglesia de San Nicolás** (12. Jh., ehemals San Juan). Das wehrhaft von Zinnen bekrönte Gotteshaus sicherte einst die alte Pilgerbrücke, die bei niedrigem Wasserstand gespenstisch aus dem Miño hervorragt. Zwei große Rosetten, an der Westfassade und oberhalb der Altarapsis versorgen das schlichte, einschiffige Gotteshaus mit Licht.

Pousada de Portomarín: Av. de Sarria s/n, Tel. 982 54 52 00, Fax 982 54 52 70, www.turgalicia.es. Durchaus gepflegtes Hotel, das Mobiliar wirkt jedoch etwas altbacken. DZ 70–90 €.

Santa Mariñ: Rúa Santa Mariña 1, Tel./Fax 982 54 51 05, www.casaruralsantamaria.com. Das einfach ausgestattete Landhaus liegt 800 m vom Zentrum entfernt. Die Zimmer sind sauber, aber sehr nüchtern und funktional. DZ mit Bad 38–47 €, DZ mit Gemeinschaftsbad 25–31 €.

Unter den Arkaden der Praza Maior reihen sich etliche Restaurants und Bars aneinander.

Von Portomarín nach Santiago

Reiseatlas: S. 1/2, C–E 3

Ab Portomarín trennen die Pilger nur noch rund 90 km von ihrem ersehnten Ziel. Rund 6 km vor Palas de Rei bietet sich für kunsthistorisch Interessierte ein kleiner Abstecher von der N 547 zum Weiler **Vilar de Donas** an. Von der ehemaligen Klosteranlage, einer Gründung des Santiago-Ritterordens, ist noch die romanische **Kirche San Salvador** (12. Jh.) übrig geblieben. Sie diente als Grabkirche für die galicischen Ritter des Santiagoordens, die im Kampf gegen die Mauren ihr Leben verloren. Durch das prächtig verzierte romanische Portal mit seinen herrlichen alten Beschlägen gelangt man ins einschiffige Kircheninnere, wo gotische Wandmalereien (15. Jh.) und zwei Rittergräber zu sehen sind.

Vorbei an dem ursprünglichen Dorf **Leboreiro** führt der *camino* weiter nach **Mélide** (8000 Einw.), der letzten größeren Pilgerstation vor Santiago. Als Erstes trifft man am

Ortseingang auf das romanische Kirchlein **San Pedro** (12. Jh.), das von einem typisch galicischen Steinkreuz bewacht wird.

Die **Praza do Convento** bildet mit dem Rathaus das Zentrum der Ortschaft. Auf dem Platz informiert das in in einem ehemaligen Pilgerhospiz untergebrachte volkskundliche **Museo da Terra de Mélide** über den Alltag vergangener Zeiten (Mo–Sa 11.30–13.30, 17–19, So 11–14 Uhr, Eintritt frei). Am Ortsausgang in Richtung Santiago verabschiedet den Pilger die **Kirche Santa María** (12. Jh.), die in ihrem Innern interessante Wandmalereien aus dem 15. Jh. birgt.

Für die Pilger läuft nun der Countdown: **Lavacolla** ist die letzte Station vor Santiago. Im gleichnamigen Fluss unterzogen sich die Pilger im Mittelalter einer gründlichen Reinigung von Kopf bis Fuß. Heute liegt die Ortschaft direkt in der Einflugschneise des Flughafens von Santiago de Compostela. Die letzte Hürde für die Pilger ist der 368 m hohe **Monte de Gozo,** der ›Berg der Freude‹. Von hier aus erblicken sie zum ersten Mal Santiago, das Jerusalem des Westens – noch immer ein ergreifender Moment nach der Mühsal des langen Marsches. Beim Einzug in Santigao de Compostela singen viele Pilger das traditionelle Pilgerlied »Ultreya« aus Flandern oder das »Te Deum«.

12 Santiago de Compostela

Cityplan: S. 340, **Reiseatlas:** S. 1, C 3

Stimmungsvolle Plätze, schmucke Gassen mit Laubengängen, unzählige Kirchen, Klöster und Herrenhäuser bilden in der Altstadt von **Santiago** ein eindrucksvolles Gesamtkunstwerk. Fußgänger haben hier Vorfahrt, denn Autos sind längst aus der Innenstadt verbannt. 1985 adelte die Unesco die Stadt mit der Auszeichnung als Welterbe, dennoch haftet ihr nichts Museales an. Im Gegenteil: Santiago ist eine quicklebendige Stadt mit einem regen kulturellen Leben und noch regerem Nachteben. Dafür sorgen schon allein die 33 000 Studenten der traditionsreichen Universität, die auf eine über 500-jährige Geschichte zurückblickt. Gegenüber der modernen Architektur zeigt sich die Stadt aufgeschlossen: Rund um die Altstadt sind neue architektonische Wahrzeichen entstanden wie das Auditorio de Galicia, das Centro Gallego de Arte Contemporánea (Zentrum für Zeitgenössische Kunst) oder die noch im Entstehen begriffene Cidade da Cultura (Kulturstadt) unter der Regie von Peter Eisenman.

Seit 1980 bildet die knapp 100 000 Einwohner zählende Stadt das politische Zentrum von Galicien, sie ist Sitz der Regierung und des Parlaments der Autonomen Gemeinschaft. Ein Manko haftet Santiago allerdings an: Sie ist die regenreichste Stadt von ganz Spanien.

Geschichte

Am Anfang der Geschichte von Santiago de Compostela steht eine rätselhafte Lichterscheinung. Sterne und himmlische Klänge wiesen dem Eremiten Pelagio in der ersten Hälfte des 9. Jh. den Weg zu einem Feld, das die Gebeine des Apostels Santiago barg. Diesem Wunder verdankt die Stadt ihre Geburtsstunde und ihren wohlklingenden Namen Santiago de Compostela (= Jakobus vom Sternenfeld, vom lat. *campus stellae*). Der Bischof Teodomiro verbreitete die Kunde von der Entdeckung der Gebeine, und König Alfonso II. von Asturien (791–842) ließ über dem Grab des Apostels eine Kirche errichten. Rasch stieg Santiago zur Bischofsstadt auf; das Nachsehen hatte das Bistum Iria Flavia, das heutige Padrón.

Den Impuls für den wahrhaft kometenhaften Aufstieg der Stadt zum Jerusalem des Westens lieferte eine weitere Legende, die sich um Santiagos Rolle in der Schlacht von Clavíjo im Jahr 844 rankt (s. S. 36). So entwickelte sich Santiago de Compostela als Hüterin der Gebeine des Apostels zur Pilgermetropole der Christenheit. 997 legte Almanzor, der mächtige Feldherr des Kalifen Hischam II., Santiago in Schutt und Asche. Christliche Gefangene mussten die Glocken von Compostela nach Córdoba schleppen, dort wurden sie eingeschmolzen und in Moscheelampen verwandelt. Doch die Stadt erstand auf wie Phoenix aus der Asche. Bereits 1188 ersetzte die romanische Kathedrale mit ihrem fantastischen Portal, dem Pórtico de la Gloria, das zerstörte Gotteshaus. Die Pilger strömten aus allen Ecken und Enden Europas herbei und im 13. Jh. wurde die Wallfahrt nach Santiago denen nach Jerusalem und Rom gleichgestellt. Zwei Jahrhunderte später zogen mehr Pilger zum Jakobusgrab als nach Rom und ins Heilige Land. Im Zuge der Reformation (16. Jh.) wurde es still um das Apostelgrab. Luther und seine Anhänger kri-

Santiago de Compostela: Cityplan

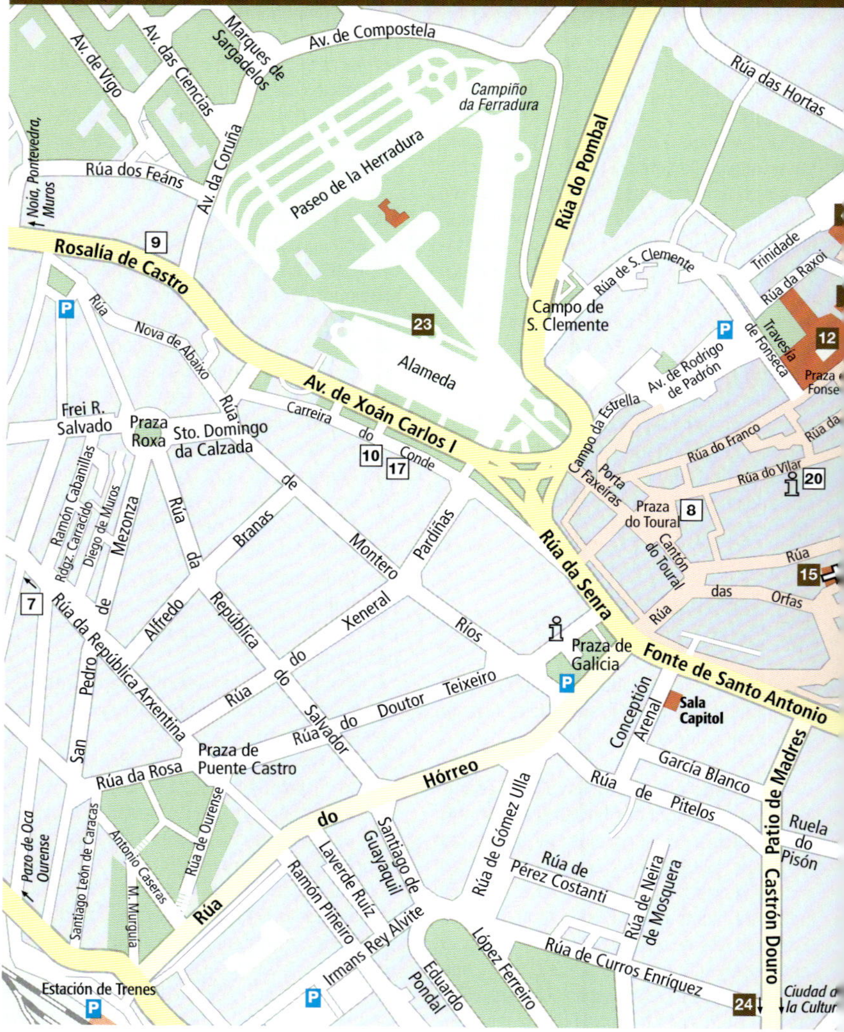

tisierten den katholischen Reliquienkult und stellten die Frage nach dem ›wahren Jakob‹ in den Raum. Santiago sank zu einem regionalen Pilgerziel herab. Seit den 1990er-Jahren geht es jedoch wieder sprunghaft bergauf mit den Pilgerzahlen – Santiago und der Jakobsweg liegen eindeutig im Trend. Davon kündet nicht zuletzt die lange Liste der Prominenten wie Shirley MacLaine, Paulo Coelho oder Hape Kerkeling, die ihre Erfahrungen auf dem Pilgerweg niedergeschrieben und erfolgreich veröffentlicht haben.

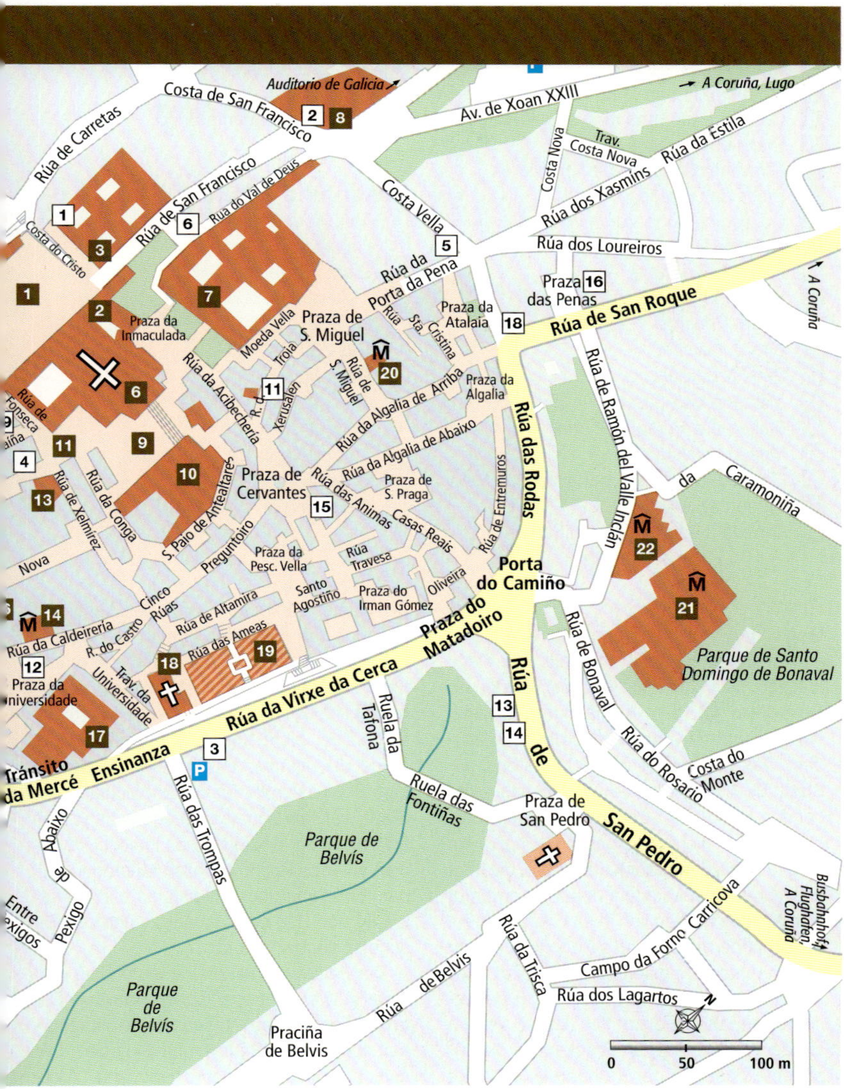

Santiago de Compostela: Cityplan

Sehenswürdigkeiten

1 Praza do Obradoiro
2 Pazo de Xelmíres
3 Hostel dos Reis Católicos
4 Pazo de Raxoi
5 Colexio de San Xerome
6 Kathedrale
7 Mosteiro de San Martiño Pinario
8 Convento de San Francisco
9 Praza da Quintana
10 Convento San Paio de Antealtares
11 Praza das Praterías
12 Colexio de Fonseca
13 Casa do Deán
14 Pazo do Bendaña
15 Santa María Salomé
16 Teatro Principal
17 Alte Universität
18 San Fiz de Solovio
19 Mercado de Abastos
20 Museo das Peregrinaciónes
21 Museo do Pobo Galego
22 Centro Galego de Arte Contemporánea
23 Parque da Alameda
24 Colexiata Santa María do Sar

Übernachten

1 Parador de Santiago
2 Hotel Monumento San Francisco
3 Hotel Virxe da Cerca
4 Hotel Rúa Vilar
5 Hotel Costa Vella
6 Hotel As Artes
7 Hostal Mexico
8 Hostal Restaurante Suso

Essen und Trinken

9 Toñi Vicente
10 Calderón
11 Bierzo Enxebre
12 El Asesino
13 O Dezaséis
14 Casa do Cabildo
15 Casa Manolo
16 Triángulo das Verduras
17 Bodega Abrigadoiro
18 La Bodeguilla de San Roque
19 O Beiro
20 Café Casino

Praza do Obradoiro

Magischer Anziehungspunkt für alle Santiago-Besucher ist die Kathedrale. Alle Wege kreuzen sich zunächst auf der **Praza do Obradoiro** 1, dem weitläufigen Vorplatz, der gesäumt ist von altehrwürdigen Gebäuden. Das Geviert ist die Schaubühne der Stadt: Es wimmelt nur so von Touristen, fliegenden Händlern, Straßenmusikanten, Studenten und – nicht zu vergessen – Pilgern. Ihr Weg führt als Erstes zur **Kathedrale,** die über dem Grab des Apostels Jakobus errichtet wurde. Viele werden von ihren Emotionen regelrecht übermannt, sind sie doch nach einer langen, entbehrungsreichen Pilgerfahrt endlich am Ziel ihrer Reise angelangt. Gleichermaßen ermattet und ergriffen, lassen sie sich auf dem Platz nieder und blicken auf die imposante **Fassade** der Kathedrale. Sie trägt den Namen *obradoiro* (= goldenes Werk), und hat auch dem Platz den Namen gegeben.

Links von der Kathedrale steht der mächtige Erzbischöfliche Palast **Pazo de Xelmírez** 2 (12./13. Jh.). Als Bauherr fungierte der ehrgeizige, nicht unumstrittene Erzbischof Diego de Gelmírez (1098–1149). Er spielte eine Schlüsselrolle für die Entwicklung der Stadt: Auf sein Betreiben stieg Santiago zum Erzbistum auf und erhielt zahlreiche Privilegien wie das Recht, Münzen zu prägen. Mit den Einnahmen des Erzbistums trieb er tatkräftig den Bau der Kathedrale und des Bischofspalastes voran.

Der Palast gilt als das bedeutendste profane Bauwerk der spanischen Romanik. Der **große Festsaal** im Obergeschoss bildete einen prunkvollen Rahmen für Synoden, Besprechungen und opulente Festmähler. Amüsante Szenen, eingemeißelt in die Kapitelle und die Kragsteine, zeigen ein Königspaar beim Tafeln mit seinen Gästen.

Die Nordseite der Praza do Obradoiro nimmt der monumentale Komplex des **Hostal dos Reis Católicos** 3 ein. Gestiftet wurde das einstige Pilgerhospital im Jahr 1492 von den Katholischen Königen Fernando und Isabella. Im gleichen Jahr setzte das Paar mit der Einnahme von Granada den Schlussstein der Reconquista, und Kolumbus entdeckte für Spanien die Neue Welt. Mit dem Bau des Pilgerhospitals betraute das Königspaar den Hofbaumeister Enrique de Egas. Das prächtige **Portal** im plateresken Stil zieren Medaillons mit den Büsten der beiden Stifter, ihre Wappen flankieren das Portal. Das Gebäude gruppiert sich um vier herrlich gearbeitete **Kreuzgänge**, die Schnittstelle nimmt die gotische Hospizkapelle ein. Heute beherbergt der Bau ein stimmungsvolles Luxushotel, den Parador Hostal dos Reis Católicos. Die ersten zehn Pilger des Tages erhalten im Parador kostenlos ein Frühstück, Mittag- und Abendessen.

Gegenüber der Kathedrale beherrscht der 87 m lange **Pazo de Raxoi** 4 (1777) die Szenerie. Das Giebelfeld präsentiert die legendäre Schlacht von Clavíjo. Das Gebäude wurde im Laufe der Zeit vielfältig genutzt: zunächst als Residenz für Chorknaben und Seminaristen, später diente es sogar als Gefängnis. Heute sind in dem Palast das Rathaus und die *Xunta do Galicia*, die Regierung von Galicien, untergebracht. In den Sommernächten spielen unter den Arkaden des Rathauses gegen 22 Uhr häufig die studentischen **Tuna-Gruppen** auf. Die Tradition der *tunas* (vom lat. *tunare* = stimmen eines Instruments) lässt sich bis ins Mittelalter zurückverfolgen. Einst verdienten sich arme Studenten durch das Singen und Spielen von Liedern eine Suppe oder ein kleines Trinkgeld, oder brachten der Angebeteten ein Ständchen unter ihrem Balkon dar. Heute steht die Freude an der Musik und am geselligen Beisammensein im Vordergrund.

An der Südseite des Platzes schließt sich das bescheiden anmutende **Colexio de San Xerome** 5 (17. Jh.) an. Einst Wohnheim für arme Studenten, ist es heute Sitz des Rektorats der Universität. Das romanische Portal (13. Jh.) stammt ursprünglich von einem Hospital an der Rúa da Azabachería, das jedoch der Erweiterung des Kloster San Martín Pinario zum Opfer fiel.

Die Kathedrale

Sämtliche repräsentative Gebäude des Obradoiro-Platzes werden von der prächtigen, reich verzierten Barockfassade der **Kathedrale** 6, die 1738–1747 erbaut wurde, förmlich in den Schatten gestellt. Ihre eleganten, himmelstürmenden Türme (74 m) bilden den Rahmen für das Zentrum der Fassade, das an einen monumentalen Altaraufsatz erinnert. Von weit oben grüßt der Apostel Santiago im Pilgergewand die Gläubigen (tgl. 7–21 Uhr, Eintritt frei).

Genau genommen ist die Westfassade jedoch nur Blendwerk, denn hinter der barocken Herrlichkeit verbirgt sich die grandiose romanische Kathedrale, die zwischen 1075 und 1211 errichtet wurde. Man baute sie auf den Trümmern der Basilika, die der maurische Feldherr Almanzor nach seinem Einfall in Santiago de Compostela 977 hinterlassen hatte – immerhin respektierte er die Gebeine des Apostels, sie sind unversehrt geblieben.

Um das abschüssige Terrain auszugleichen, erhielt der Neubau des 11./12. Jh. eine solide Unterkonstruktion; so konnte die Kathedrale zur Praza do Obradoiro hin verlängert werden. Der Zugang zur **Catedral Vieja** (Alte Kathedrale), wie der Unterbau irreführenderweise bezeichnet wird, liegt unterhalb der barocken, doppelläufigen Freitreppe.

Pórtico de la Gloria

Geschützt durch die barocke Fassade blieb das Juwel der Kathedrale, das ehemalige Hauptportal, der **Pórtico de la Gloria,** hervorragend erhalten. Das Meisterwerk der Romanik stammt aus der Hand des **Maestro Mateo**. Gemeinsam mit seiner Werkstatt arbeitete er über 20 Jahre lang, 1166–1188, an dem dreiteiligen Glorienportal. Der geniale Meister hauchte den gut 200 biblischen Fi-

Kathedrale: Grundriss

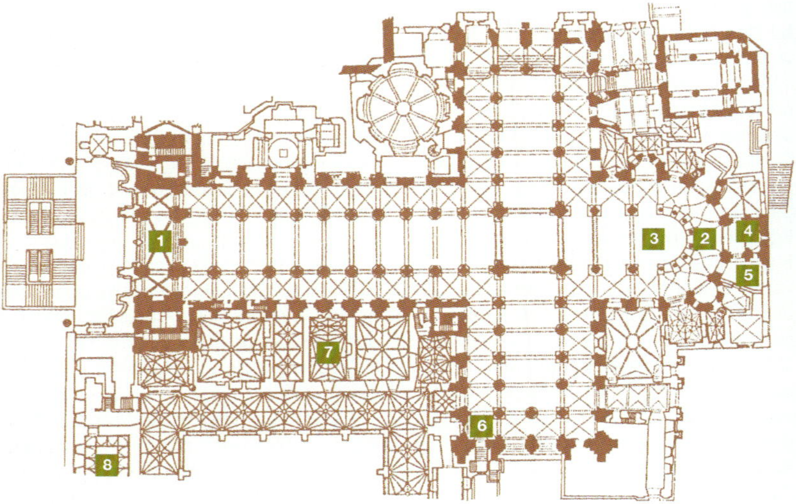

1 Pórtico de la Gloria
2 Hauptaltar
3 Capilla Mayor
4 Capilla del Salvador
5 Porta Santa
6 Museen
7 Domschatz
8 Bibliothek

guren aus dem Alten und Neuen Testament Leben ein – er löste die Skulpturen aus der Starre und der Frontalität, die für die frühe Romanik so charakteristisch waren. Farbreste deuten heute noch die Farbenpracht der ursprünglichen Fassung an.

Im **zentralen Tympanon** thront Christus der Erlöser, umgeben von den vier Evangelisten. Im Bogenlauf reihen sich die 24 Ältesten auf, ihre detailgetreu gearbeiteten Instrumente bilden ein einzigartiges Zeugnis für die Musikgeschichte des Mittelalters. Auf dem Mittelpfeiler empfängt der hl. Jakobus die Pilger.

Darunter, tief eingegraben in die Wurzel Jesse, finden sich die Vertiefungen, die die Hände von Millionen von Jakobspilgern hinterlassen haben. Auf der Rückseite des Pfeilers kniet, gemäß der Überlieferung, der Meister Mateo. In der Hoffnung, dass etwas von seiner Genialität auf den Nachwuchs übergeht, drücken Eltern die Köpfe ihrer Kinder dreimal an seine Stirn.

Das Innere der Kathedrale

Hinter dem **Pórtico de la Gloria** 1 öffnet sich auf dem Grundriss eines lateinischen Kreuzes der erhabene Kirchenraum, der allein schon durch seine Dimensionen beeindruckt. Das dreischiffige Langhaus misst 97 m in der Länge, das ebenfalls dreischiffige Querhaus 65 m. Elegante Rundbögen tragen die bis zu 24 m hohen Gewölbe. Eine

Empore umläuft den gesamten Raum der Kathedrale, im Mittelalter diente sie den Pilgern, die nicht mehr in den Herbergen Platz fanden, als Schlafstätte. Gegen die Ausdünstungen der Pilgermassen half der ***botafumeiro,*** ein 53 kg schweres und 1,5 m hohes Weihrauchfass. Auch heute noch wird er am Jakobstag (25. Juli) und anderen hohen Festtagen in der Vierung aufgehängt und von acht Männern, den *tiraboleiros*, mit einer Geschwindigkeit von bis zu 68 km/h durch das Querhaus geschwenkt. Ein wahrhaft eindrucksvolles Spektakel!

Magischer Anziehungspunkt der Pilgerkirche bildet der bühnenhaft inszenierte, reichlich mit Gold beladene, barocke **Hauptaltar** 2 (17. Jh.). Im Zentrum thront die romanische Skulptur des hl. Jakobus (13. Jh.), gewandet mit einer kostbaren silbernen, mit Edelsteinen besetzten Pelerine. Über eine Treppe hinter dem Altar nähern sich die Pilger dem Apostel und ehren ihn mit einer Umarmung und einem Kuss auf die Schulter. Dieses Ritual symbolisiert für sie das Erreichen ihres Zieles, den erfolgreichen Abschluss der Pilgerfahrt. Von dieser Kammer eröffnet sich ein herrlicher Blick in den Kirchenraum mit seinen zahlreichen Kapellen.

Am Ausgang führt eine Treppe hinab zur **Krypta** unterhalb des Hauptaltars: Sie birgt den Schrein mit den Gebeinen des hl. Jakobus. An der Frage, ob es sich tatsächlich um die sterblichen Überreste des Heiligen handelt, scheiden sich bis heute die Geister.

Im Kapellenkranz um die **Capilla Mayor** 3 findet sich in der Scheitelkapelle die **Capilla del Salvador** 4 (Erlöserkapelle). Hier wurde 1075 mit dem Bau der Kathedrale begonnen. Im Mittelalter nahm man in dieser Kapelle den Pilgern die Beichte ab und händigte ihnen das Dokument, die *compostelana*, aus, die die vollbrachte Pilgerfahrt bestätigte. Gleich daneben liegt die modern gestaltete Innenseite der **Porta Santa** 5, das Heilige Tor (s. auch S. 348), die in Bronze gegossene Szenen aus der Vita des hl. Jakobus zeigt.

Um den im 16. Jh. gestalteten **Kreuzgang** ranken sich gleich mehrere **Museen** 6. Der **Domschatz** (*tesoro*) 7 birgt auch eine kostbare Reliquiensammlung; das Glanzstück bildet die Monstranz von Antonio de Arfe (16. Jh.). In der **Bibliothek** 8 wird der *botafumeiro* (1851) verwahrt. Das Archiv (nicht zugänglich) hütet das älteste Exemplar des mittelalterlichen Pilgerführers »Codex Calixtinus«. Die **archäologische Sammlung** widmet sich der Entstehungsgeschichte der Kathedrale. Mit hochkarätigen Gobelins nach Entwürfen von Goya und Rubens wartet das **Teppichmuseum** auf. Vom Balkon im obersten Stockwerk bietet sich ein herrlicher Blick über die Praza do Obradoiro (www.catedraldesantiago.es, Juni–Sept. Mo–Sa 10–14, 16–20, So 10–14, Okt.–Mai 10–13.30, 16–18.30 So 10–13.30 Uhr, 5 €).

Rund um die Kathedrale

Linker Hand vom Bischofspalast führen Stufen hinauf zur **Praza da Inmaculada,** wo sich im Mittelalter die fliegenden Händler nur so tummelten. Sie hofften auf ein gutes Geschäft mit den Pilgern, denn deren Weg führte über den Platz durch das Nordportal, die **Porta da Acibechería** (18. Jh.), in die Kathedrale.

Gegenüber erhebt sich das mächtige ehemalige Benediktinerkloster **Mosteiro de San Martiño Pinario** 7. Mit einer Grundfläche von 20 000 m² ist es das zweitgrößte Kloster Spaniens nach dem El Escorial in Madrid. Die Gründung des Klosters geht bereits auf das 10. Jh. zurück, der heutige Gebäudekomplex entstand jedoch erst zwischen dem 16. und dem 18. Jh. Hoch zu Ross thront der hl. Martin über dem aufwendig gearbeiteten Hauptportal. Heute dient das Kloster als Priesterseminar und beherbergt auch ein Studentenwohnheim, das außerhalb der Studienzeiten im Sommer als Gästehaus genutzt wird. Die angebaute gleichnamige barocke Klosterkirche (17. Jh.) besitzt eine großartige Fassade, die wie ein Altarbild aufgebaut ist. Der prächtige Hochaltar, gestaltet von Fernando de Casas y Novoa, gilt als Meisterwerk des galicischen Barocks.

Von hier aus bietet sich ein kleiner Abstecher nach Norden zum mächtigen **Convento de San Francisco** 8 an. Das Kloster aus dem 17. Jh. ist noch in Betrieb, der Großteil

Die Praza do Obradoiro mit Blick auf die imposante Kathedrale von Santiago de Compostela

des Gebäudes wird aber inzwischen von einem Hotel eingenommen.

Zurück zur Praza da Inmaculada, die übergeht in die **Rúa da Acibechería.** Ihr Name rührt von den Werkstätten und Geschäften, in denen bis heute das Kohlegestein Gagat (span. *azabache*), das ›schwarze Gold von Galicien‹, angeboten wird.

Auf der Ostseite der Kathedrale erstreckt sich die weitläufige, eine kühle Strenge verströmende **Praza da Quintana** **9**. Ihr vollständiger Name Praza da Quintana do Mortos erinnert daran, dass sich bis zum 18. Jh. auf dem Areal ein Friedhof befand. Gegenüber dem Chorhaupt der Kathedrale leben hinter den schlichten Mauern des Klosters **San Paio de Antealtares** **10** (17./18. Jh.) bis heute 38 Nonnen in strenger Klausur. In Santiago heißt es, dass aus ihrer Backstube die besten Mandelkuchen, die berühmten *tartas de Santiago*, kommen. Das im 9. Jh. zum Schutz des Apostelgrabs ins Leben gerufene Kloster ist dem hl. San Paio gewidmet, der in jungen Jahren unter dem Kalifen Abderramán III. in Córdoba den Märtyrertod erlitt. Oberhalb der Treppenstufen bildet die **Casa da Parra** (17. Jh.), deren Fassade in Stein gemeißelte Weintrauben zieren, einen heiteren Kontrapunkt zur strengen Klosterarchitektur. Die **Casa da Conga** (18. Jh.), die einstige Residenz der Kanoniker der Kathedrale, schließt den Platz in Richtung Süden ab. Heute hat das Architektenkolleg von Galicien hier seinen Sitz und nutzt das Gebäude auch für interessante Wechselausstellungen.

Die **Porta Santa,** das Heilige Tor der Kathedrale, weist auf die Praza da Quintana. Sie wird nur in Heiligen Jahren geöffnet, wenn der Tag des Apostels (25. Juli) auf einen Sonntag fällt. Am Vortag des Heiligen Jahres, am 31. Dezember, zerschlägt der Erzbischof mit einem silbernen Hammer symbolisch das Tor. Der Apostel Santiago im Pilgergewand, flankiert von seinen beiden Jüngern, bewacht das Portal. Die 24 Propheten, Patriarchen und Apostel, die das Portal rahmen, stammen aus der Werkstatt des Meisters Mateos, ursprünglich schmückten sie das romanische Chorgestühl der Kathedrale.

Im Schatten des 72 m hohen Uhrturmes ziert das älteste noch erhaltene Kirchenportal, die romanische **Porta das Platerías** (Tor der Silberschmiede, um 1103) die Südflanke der Kathedrale. Die Plastiken stammen von verschiedenen Portalen des Gotteshauses und wurden in Form einer Collage hier neu arrangiert. Das rechte Tympanon des Doppelportals zeigt Stationen der Passion Christi. Das linke Tympanon berichtet von den Versuchungen Christi in der Wüste und warnt vor dem Ehebruch; eine der Versuchung erlegene Frau küsst zur Strafe das abgeschlagene Haupt ihres Liebhabers. Auf der linken Seite des Portals blickt der anmutige König David mit seiner Fiedel in die Ferne.

Die Freitreppe vor dem Portal führt hinab zur stimmungsvollen **Praza das Praterías** **11** dem Platz der Silberschmiede, in dessen Mitte ein hübscher romantischer Brunnen mit wasserspeienden Pferden die Blicke der Touristen auf sich zieht.

Streifzug durch die Altstadt

Südlich der Kathedrale verlaufen in paralleler Richtung die am meisten frequentierten Gassen der Altstadt: die **Rúa do Franco**, die **Rúa do Vilar** und die **Rúa Nova.**

Dichtes Gedränge herrscht zumeist in der **Rúa do Franco.** Hier sorgen unzählige Restaurants und Bars für das leibliche Wohl, die eine oder andere Touristenfalle miteingeschlossen. Kunsthistorischen Genuss bietet dagegen das Kolleg **Colexio de Fonseca** **12** (16. Jh.) am Beginn der Straße. Die heutige Unibibliothek birgt einen stimmungsvollen Renaissance-Innenhof, der auf einen Entwurf von Gil de Hontañón zurückgeht. Der Name der Straße hat übrigens nichts mit dem Diktator Franco zu tun, er erinnert vielmehr an die fränkischen Händler, die sich einst hier niederließen.

Die **Rúa do Vilar** geht von der Praza das Praterías ab. Gleich linker Hand taucht die **Casa do Deán** **13** (Dekanatshaus,18. Jh.) auf; in dem Adelspalais nächtigten einst die Bischöfe, die Santiago einen Besuch abstatteten. Heute holen sich die Jakobspilger im Pilgerbüro die heiß ersehnte *compostelana* ab, ihre Pilgerurkunde. Am Ende der Straße trifft man auf die lebhafte **Praza do Toural,** die von dem **Pazo do Bendaña** 14, dem Palast der Markgrafen von Bendaña (18. Jh.) dominiert wird. Mittlerweile beherbergt der Palast die Stiftung und das **Museum Eugenio Granell.** Es widmet sich dem Werk des surrealistischen Künstlers Eugenio Granell (1912–2001) und zeigt interessante Wechselausstellungen (www.fundacion-granell.org, Juni–Sept. Di–Sa 11–21:00, So 11–14 Uhr, Eintirtt frei).

Über die **Rúa Nova** führt der Weg zurück zur Kathedrale. Für eine Kaffeepause empfiehlt sich das traditionsreiche Kaffeehaus **Café Casino** aus dem Jahr 1873. Ein paar Meter weiter steht die kleine Kirche **Santa María Salomé** 15 (17. Jh.), die der Mutter des Apostels Jakobus geweiht ist. Die Initiative für den Kirchenbau ging von dem bauwütigen Erzbischof Diego Gelmírez aus, das einzige Relikt aus dieser Zeit ist das romanische Eingangsportal (12. Jh.).

Ein Hort der Kultur ist das **Teatro Principal** 16, in dem seit 1841 Theateraufführungen stattfinden. In unmittelbarer Nähe steht das **alte Hauptgebäude der Universität** 17 (18. Jh.), in dem sich ursprünglich eine Jesuitenschule befand. Heute sind in dem Gebäude die Fakultäten für Geschichte und Geografie untergebracht. Die restlichen Fakultäten der über 500 Jahre alten Universität verteilen sich über die ganze Stadt.

Weiter geht es zum **Altstadtmarkt.** Zwischen Universität und Markt stößt man auf das Kirchlein **San Fiz de Solovio** 18 (18 Jh.), dessen Ursprung um das Jahr 900 datiert wird. Der Überlieferung nach wurde die Kirche über dem Ort errichtet, wo sich einst die Einsiedelei des San Pelagio, dem ›Entdecker‹ des Apostelgrabs, befand. In den Markthallen des **Mercado de Abastos** 19 bieten Händler die Spezialitäten Galiciens feil.

Museen

In der Rúa de San Miguel eröffnete 1996 das Pilgermuseum **Museo das Peregrinaciónes** 20 seine Pforten. Das Museum widmet sich der Geschichte des Jakobswegs und seiner Bedeutung für Santiago de Compostela. Aufschlussreich sind die Modelle, die die verschiedenen Bauphasen der Kathedrale illustrieren. Dank des Zustroms der Pilger florierte das Kunsthandwerk in Santiago, Exponate zeigen die Arbeit der Gagatkünstler, der Silberschmiede und der Kupferstecher. Eine Abteilung widmet sich der Ikonografie des hl. Jakobus im Wandel der Zeit. Nicht nur für Musikliebhaber interessant sind die Nachbildungen der mittelalterlichen Musikinstrumente der 24 Ältesten des Pórtico de Gloria. (www.mdperegrinacions.com, Di–Fr 10–20, Sa 10.30–13.30, 17–20, So 10.30– 13.30 Uhr, 2,40 €; an der Kasse ist eine deutsche Broschüre erhältlich.)

Am Rande der Altstadt auf einer kleinen Anhöhe findet sich das ehemalige Dominikanerkloster **Santo Domingo de Bonaval** (14.–17. Jh.). Ganz in der Nähe liegt das Stadttor **Porta do Camino,** durch das die Jakobspilger in die Stadt einziehen. Der Überlieferung nach gründete der hl. Dominikus das Kloster im Jahr 1220 höchstpersönlich. In den Räumen um den Kreuzgang wurde das **Museo do Pobo Galego** 21 eingerichtet. Das volkskundliche Museum befasst sich facettenreich mit den unterschiedlichen Aspekten der Kultur und der Arbeitswelt der Galicier (Museum des Galicischen Volkes, www.museodopobo.es, Di–Sa 10–14, 16–20, So/Fei 11–14 Uhr, Eintritt frei).

Allein schon die originelle, dreifach gewundene Wendeltreppe des Kreuzgangs, die der Architekt Domingo de Andrade entwarf, lohnt den Besuch des Klosters. In der **Klosterkirche** (14.–16. Jh.) ist in einer Seitenkapelle das **Pantheon berühmter Galicier** untergebracht. Hier ruhen u. a. die sterblichen Überreste der Dichterin **Rosalía de Castro** (1837–1885): Sie verfasste ihre melancholischen Gedichte überwiegend in galicischer Sprache und gab so wichtige Impulse für das Wiedererblühen der galicischen Literatur.

In unmittelbarer Nachbarschaft zum Kloster befindet sich das **Centro Galego de Arte Contemporánea** 22. Mit diesem modernen Museumsbau schuf der portugiesische Architekt Álvaro Siza Vieira einen interessanten

Kontrast zur Architektur des Klosters. Das Museum bietet außer der Dauerausstellung, deren Schwerpunkt auf dem Schaffen galicischer Künstler liegt, interessante temporäre Ausstellungen, die sich mit den neuesten Tendenzen in der internationalen Kunst befassen (Galicisches Zentrum für Zeitgenössische Kunst, Rúa Valle Inclán s/n, Tel. 981 54 66 19, www.cgac.org, Di–So 11–20 Uhr, Eintritt frei).

Außerhalb der Altstadt

Ein kleiner, sehr lohnender Abstecher führt von der Altstadt aus zum **Parque da Alameda** 23, der grünen Lunge von Santiago. Von der **Flaniermeile Paseo de la Herradura** eröffnet sich der Postkartenblick auf die Kathedrale von Santiago – ein Erlebnis auch in den Abendstunden, wenn das Gotteshaus von Scheinwerfern effektvoll ins richtige Licht gesetzt wird.

Etwa 1 km südöstlich der Altstadt bettet sich an das Ufer des Río Sar die Stiftskirche **Colexiata Santa María do Sar** 24. Ins Auge fallen zunächst die robusten Strebepfeiler, die das romanische Gotteshaus (12. Jh.) vor dem Einsturz bewahren. Im Innern beschleicht den Besucher angesichts der Schieflage der Pfeiler ein ungutes Gefühl. Ist dieses überwunden, lässt sich der wunderbar proportionierte Innenraum genießen. Über die möglichen Ursachen für die Neigung des Gebäudes wird unter den Fachleuten noch diskutiert. Vom alten romanischen Kreuzgang ist noch ein Flügel erhalten; fantasievolle florale Motive – vermutlich von Meister Mateo und seiner Werkstatt – zieren die Kapitelle (Mo–Sa 10–13, 16–19, So/Fei 8–14 Uhr, 1 €).

Die modernen Embleme der Stadt wie das 1989 eingeweihte **Auditorio de Galicia,** Sitz der Königlichen Philharmonie Galiciens, liegen an der Peripherie, nördlich vom Stadtzentrum. Gespannt sein darf man auf das gigantische Projekt **Cidade da Cultura** (Kulturstadt), das auf einem Hügel gegenüber der Altstadt, östlich des Zentrums entsteht. Der Architekt ist der Amerikaner Peter Eisenman, der in Berlin das umstrittene Holocaust-Mahnmal entwarf.

Endlich am Ziel angelangt: Fröhliche Pilger vor der Kathedrale in Santiago

Pazo de Oca

Für Gartenliebhaber lohnt sich ein Ausflug zum 25 km südöstlich bei Balboa gelegenen Gutshof **Pazo de Oca** (über die N-525 in Richtung Ourense). Der ›Palast der Gans‹ und seine herrlichen Gärten entstanden im 18. Jh. Etwas hochtrabend wird der Park als das Versailles Galiciens bezeichnet, dennoch lässt der verwunschene Garten mit seinen Teichen die Herzen romantischer Seelen höherschlagen (nur der Park ist zugänglich, Di–So 9 bis Sonnenuntergang, Mo 9–12.30 Uhr, 4 €).

Oficina Central de Información Turística Municipal: Rúa do Vilar 63, 15705 Santiago, Tel. 981 55 51 29, www.santiagoturismo.com, Sommer und Karwoche: tgl. 9–21, Winter: tgl. 9–14, 16–19 Uhr. **Zweigstelle:** Aeropuerto de Santiago, Tel. 981 89 70 79, Saal B.

Oficina de Turismo de Santiago: Rúa do Vilar 30, Tel. 981 58 40 81, www.turgalicia.es, Mo–Fr 10–20, Sa 11–14, 16–19, So/Fei 11–14 Uhr. Das Büro erteilt Auskünfte zu ganz Galicien. Die Website ist gut aufgebaut und sehr hilfreich bei der Suche nach Hotels, Pensionen und ländlichen Unterkünften.

Parador de Santiago [1]: Plaza del Obradoiro 1, Tel. 981 58 22 00, Fax 981 56 30 94, www.parador.es. Luxushotel direkt neben der Kathedrale. Das ehemalige Pilgerhospiz der Katholischen Könige glänzt mit noblem, ritterlichem Ambiente. DZ 225 €.

Hotel Monumento San Francisco [2]: Campillo de San Francisco 3, Tel. 981 58 16 34, Fax 981 57 19 16, www.sanfranciscohm.com. Das Hotel befindet sich im Franziskanerkloster und kann es durchaus mit dem Komfort des Paradors aufnehmen. Modernes, elegantes, zurückhaltendes Design. Unschlagbar das Ambiente des Speisesaals im Refektorium. DZ 165 €.

Hotel Virxe da Cerca [3]: Virxe da Cerca 27, Tel. 902 40 58 58, Fax 981 58 69 25, www.pousadasdecompostela.com. Das Hotel in historischem Gemäuer aus dem 18. Jh., einst Bankhaus, später Residenz der Jesuiten, liegt gegenüber dem Markt von Santiago. Hoher Standard gepaart mit Charme und Geschichte. Zum Entspannen nach anstrengenden Stadttouren bietet sich die Terrasse im Garten an. DZ 85–120 €.

Hotel Rúa Vilar [4]: Rúa do Vilar 8-10, Tel. 981 51 98 58, Fax 981 51 96 77, www.hotelruavillar.com. Gediegen eingerichtetes Hotel, schön gelegen, mitten in der Altstadt. DZ inkl. Frühstück 97–128 €.

Hotel Costa Vella [5]: Calle Porta da Pena 17, Tel. 981 56 95 30, Fax 981 56 95 31, www.costavella.com. Romantisches kleines Hotel mit zauberhaftem kleinen Garten und liebevoll möblierten Zimmern. DZ 66–90 €.

Hotel As Artes [6]: Travesía de Dos Puertas 2, Tel. 981 55 52 54, Fax 981 57 78 23, www.asartes.com. Das familiär geführte kleine Hotel liegt nur 50 m von der Kathedrale entfernt. Die nach Künstlern benannten Zimmer variieren stark im Hinblick auf Größe und Ausstattung. DZ 59–104 €.

Hostal Mexico [7]: Calle República Argentina 33, Tel. 981 59 80 00, Fax 981 59 80 16, www.hostalmexico.com. Knappe 10 Gehminuten vom Altstadtkern entfernt. Moderne, ordentliche, recht kleine Zimmer, einige Garagenplätze. DZ 40–52 €.

Hostal Restaurante Suso [8]: Rúa do Vilar 65, Tel. 981 58 66 11. Zentral gelegenes Hostal in der Nähe der Touristeninformation, nur wenige Zimmer, es empfiehlt sich in der Saison frühzeitig zu reservieren. DZ 40 €.

In der Rúa do Franco und in den Parallelstraßen finden sich zahlreiche Bars und Restaurants, darunter auch die eine oder andere Touristenfalle.

Toñi Vicente [9]: Rosalía de Castro 24, Tel. 981 59 41 00, www.tonivicente.com, So geschl. Das Restaurant der Starköchin Toñi Vicente gilt als die kulinarische Topadresse von Santiago. Fantasievolle, kreative Küche mit Schwerpunkt auf Fischgerichten und Meeresfrüchten. 3 Gänge à la carte 44–53 €.

Calderón [10]: Carrera del Conde 8, Tel. 981 55 43 56. Eine der besten Adressen in Santiago, das junge Team bietet eine ambitionierte Küche. Gepflegtes, modernes Ambiente, die Räume verteilen sich auf verschiedene Ebenen, sie sind beliebt für Geschäftsessen und kleine Familienfeiern. Bar im Eingangsbereich. Hauptgericht 17–25 €, 7-gängiges Degustationsmenü 46 €.

Bierzo Enxebre 11: Rúa da Troia 10, Tel. 981 58 26 02. Rustikales Lokal mit langen Holztischen und Bänken, Spezialitäten aus der Bierzo-Region. 3-Gänge-Mittagsmenü 16 €.

El Asesino 12: Praza da Universidade 16, Tel. 981 58 16 58. »Der Mörder« ist ein legendäres Studenten- und Künstlerlokal. Man sitzt an rot-weiß-karierten Tischdecken, die Einrichtung ist einziges Sammelsurium an Kuriositäten. Tagesgericht 15–30 €.

O Dezaséis 13: Rúa de San Pedro 16, Tel. 981 57 76 33, So geschl. Typisch galicisches Lokal, das sich vor allem auf die regionale Küche spezialisiert hat. Leckere Tortillas, *empanadas* (Teigtaschen) und *pulpos* (Tintenfische), dazu mundet der galicische Hauswein. *Ración* (Portion) 5–10 €, Hauptgericht 12–20 €.

Casa do Cabildo 14: Rúa San Pedro 18, Tel. 981 58 30 57. Rustikales, gepflegtes Restaurant mit Steinwänden. Leckereien der galicischen Küche wie *Pulpo a la Gallega* (Tintenfisch mit Paprika gewürzt). An der Bar gibt es köstliche Tapas und guten Wein. Hauptgericht 11–16 €, Tagesgericht (Mo–Fr) 12 €.

Casa Manolo 15: Praza Cervantes s/n, Tel. 981 58 29 50. Das beliebte Lokal bietet eine ordentliche Küche zu sehr zivilen Preisen. Menü 10–15 €.

Triángulo das Verduras 16: Praza das Peñas 2, Tel. 981 57 71 81. Vegetarisches Restaurant – eine Rarität in Santiago. Leckere Salatauswahl und Gemüseteller. Hauptgericht ab 10 €.

Bodega Abrigadoiro 17: Carreira do Conde 5, Tel: 981 56 31 63. Eine Institution in Santiago. In der urigen Bodega versammeln sich die Gäste um die Holzfässer, die Käse-, Wurst- und Schinkenhäppchen werden auf einem Papier gereicht. Mitten im Lokal rauscht das Wasser eines Mühlrads. *Media ración* (kleine Teller) 5–15 €, Flasche Wein 6,50–19 €.

La Bodeguilla de San Roque 18: San Roque 13, Tel. 981 56 43 79. Stadtbekannt für seine köstlichen Tapas und *raciones*. Gute Weinauswahl! Speisesaal im ersten Stock. Tapa ab 3 €, *ración* 6–9 €.

O Beiro 19: Rúa Raíña 3, Tel. 981 58 13 70. Urig-gemütliche Weinkneipe mit einer herrlichen Auswahl an galicischen Weinen. Der Besitzer Pepe ist ein Faktotum, seinen Empfehlungen kann man blind vertrauen. Zum Wein wird ein Häppchen gereicht. Ab 3 €.

Café Casino 20: Rúa do Vilar 35, Tel. 981 57 75 03. Das altehrwürdige Café besteht seit 1873 und ist ein Klassiker in Santiago.

Wer Lust auf einen Einkaufsbummel hat, findet sowohl in der **Rúa do Vilar** als auch in der **Rúa Nova** unter den Arkaden zahlreiche Geschäfte; das Sortiment reicht von edlem Kunsthandwerk bis hin zu touristischem Nippes.

Mercado de Abastos: Praza de Abastos s/n (am östlichen Rand der Altstadt), Mo–Sa 7–ca. 14 Uhr. Besonders üppig sind die Auslagen der Fischhändler: Auf ihren Theken türmen sich Entenmuscheln, Tintenfische, Seespinnen und allerlei Fische. Um die Markthalle herum vertreiben die Bauern aus dem Umland Obst, Gemüse und den leckeren galicischen Käse.

Casa de los Quesos: Rúa Bautizados 10. Der winzige **Käseladen** verströmt herrliche Aromen. Zum Angebot gehören galicische Käseklassiker wie der wie eine weibliche Brust geformte milde Tetilla-Käse und der kegelförmige geräucherte San Simon.

Pedras de Santiago: Calle San Francisco 30. Das kleine Geschäft ist sehr erfolgreich mit den leckeren **Schokoladensteinen** (*pedras de Santiago*), hervorragend schmeckt die *tarta de Santiago*, der traditionelle Mandelkuchen von Santiago.

Gold- und Silberschmuck: In Santigao gibt es zahlreiche Juweliergeschäfte, in der Altstadt vor allem um die Praza das Praterías, die Rua Fonseca und die Rúa do Vilar. Begehrtes Mitbringsel sind Anhänger oder Ohrringe mit der typischen Jakobusmuschel in Gold oder Silber.

Azabache-Schmuck: Typisch für Santiago ist der Schmuck aus dem tiefschwarzen Gagat, er wird in fast allen Juweliergeschäften angeboten. Das Museo de Azabache, Praza de Cervantes 1, gibt einen guten Überblick über das Kunsthandwerk.

Sargadelos: Rúa Nova 46. Das Fachgeschäft verkauft exklusiv die traditionelle galicische **Keramik** der Firma Sargadelos. Neben Geschirr finden sich Amulette gegen den bösen Blick in unterschiedlichen Ausführungen.
Tienda-Obradoiro, Instrumentos Musicais: Rúa do Sar 16, Tel. 981 56 62 32. Hier werden **Musikinstrumente**, darunter *gaitas* (Dudelsäcke) und andere traditionelle galicische Instrumente verkauft. Der Besitzer kennt sich bestens mit den Klangkörpern aus, spielt er doch selbst hervorragend die *gaita*.

Santiago hat als Studentenstadt ein sehr reges Nachtleben, dessen Epizentrum zwischen der **Rúa de Santiago de Chile** und **der Rúa de San Pedro de Mezonzo** in der Neustadt liegt. Beliebt bei Studenten sind Bars in der **Rúa Nova de Abaixo.** Etliche Diskotheken befinden sich in der **Rúa Arxentina.** Ein Verzeichnis von Pubs und Diskotheken sowie das aktuelle Konzert- und Theaterprogramm kann man der monatlich erscheinenden Broschüre **»Culturall«** entnehmen (bei der Touristeninformation erhältlich).
Casa das Crechas: Vía Sacra 3, Ecke Rúa Azabachería. Treffpunkt für Liebhaber keltischer **Folkmusik.**
Jazzclub Dado Dada: Rúa Alfredo Brañas 1. Die ultimative Adresse für Jazz-Fans.
Momo: Virxe da Cerca 23. Szenekneipe mit guter Cocktail-Auswahl.
Modus Vivendi: Rúa Feijoó 1. Kellerbar in der Altstadt, die ab und zu Livemusik bietet.
Retablo: Rúa Nova 13. Disco mit Popmusik und überwiegend spanischen und lateinamerikanischen Klängen.

Teatro Principal: Rúa Nova 22, Tel. 981 54 23 49. Neben Theateraufführungen werden auch Kinofestivals gezeigt.
Auditorio de Galica: Av. Burgo de das Nacións s/n, Tel. 981 55 22 90, www.auditoriodegalicia.org. Hier tritt die Real Filharmonía de Galica auf. Programm bei der Touristeninformation erhältlich.
Fiestas del Apóstol Santiago: 15.–31. Juli. Fest zu Ehren des hl. Jakobus, Höhepunkt ist der Tag des Apostels am 25. Juli, es findet eine Prozession mit anschließender Messe in der Kathedrale statt. Am Vorabend steigt auf der Praza do Obradoiro ein großes Feuerwerk. Zum Rahmenprogramm gehören Folklorefestival, Konzert- und Theateraufführungen.

Flug: Aeropuerto de Santiago de Compostela, Lavacolla, Tel. 981 54 75 00, 981 54 75 01, www.aena.es. Die Zufahrt zum Flughafen erfolgt in östlicher Richtung über die Autovía A-54 oder alternativ über Nationalstraße N-643a in Richtung Lugo, bereits nach 13 km erreicht man die Abfahrt zum Flughafen. Die **Busfirma La Empresa Freire** (Tel. 981 58 81 11, www.empresafreire.com) fährt von der Innenstadt zum Flughafen. Haltestellen sind: Dr. Texeiro, Avenida de Lugo, Estación de Autobuses und San Lorenzo. Die Busse fahren 7 x tgl. von der Innenstadt zum Flughafen bzw. umgekehrt.
Iberia-Büro: Rúa General Pardiñas 24, Tel. 981 59 41 00, www.iberia.com. Das Büro im Flughafen ist unter Tel. 902 40 05 00 zu erreichen. **Flugverbindungen:** Gute Inlandsverbindungen zu diversen spanischen Städten wie Barcelona, Madrid, Bilbao, Palma de Mallorca. Die Flüge von Deutschland nach Santiago sind mit Umsteigen verbunden. Nur Ryanair fliegt ab Frankfurt Hahn direkt Santiago an. So ist für viele Touristen der Flughafen von Porto (in Portugal, Zeitunterschied beachten!) zur Alternative geworden.
Zug: Bahnhof, Calle Hórreo s/n, Tel. 981 59 18 59. Direktzüge nach Madrid fahren 3 x tgl., nach Bilbao 1 x tgl. Regionalzüge stdl. nach A Coruña, Pontevedra, Vigo und Ourense.
Bus: Busbahnhof, Rúa San Caetano s/n, Tel. 981 54 24 16, www.tussa.org. Die Busfirma **Enatcar/Alsa** (Tel. 981 58 64 53) übernimmt die Reiseverbindungen nach Madrid, Gijón, Bilbao, Portugal, Deutschland und in die Schweiz. Die Busfirma **Socitransa** fährt nach Portugal, Frankreich, Belgien, Deutschland und in die Schweiz. Die Firma **Castromil-Monobus** (Tel. 981 55 57 60) steuert folgende Ziele in Galicien an: A Coruña, Vigo, Pontevedra, O Grove, A Toxa, Noia, Muros und Ourense. Die Busfirma **Arriva** (Tel. 981 58 85 11) fährt Touren zum Kap Fisterre.

Rías Altas

Cityplan S. 364

Die Rías Altas ziehen sich von Ribadeo an der Grenze zu Asturien bis hin zur Hafenstadt A Coruña im Westen. Die Küstenlandschaft ist sowohl von schroffen Klippen als von herrlichen Stränden geprägt. Vor allem die wilde Schönheit der Halbinsel Serra de Capelada lässt das Herz höherschlagen. Im Kontrast dazu ist A Coruña eine urbane Metropole mit reichhaltigem kulturellen Angebot.

Ribadeo

Reiseatlas: S. 3, A 1

Die 9600-Einwohner-Stadt **Ribadeo** wird durch den Río Eo von Asturien getrennt. Die Keimzelle der Ortschaft war das alte Fischerviertel am heutigen Sporthafen, das einer umfassenden Sanierung harrt – erste hoffnungsvolle Ansätze sind bereits im Gange. Das Leben von Ribadeo spielt sich heute in der Oberstadt rund um die **Plaza de España** ab. Der liebevoll begrünte Platz wird von dem neoklassizistischen Rathaus gesäumt, das im ehemaligen Herrenhaus **Pazo del Marqués de Sargadelos** (18. Jh.) untergebracht ist. Dominiert wird der Platz jedoch von dem benachbarten, herrlich verspielten Zuckerbäckerpalast **Torre de los Morenos** (19. Jh.), der sich leider in einem desolaten Zustand befindet. Es heißt, dass die Eigentümer sich noch nicht mit dem Rathaus über die Zukunft des Palastes einigen konnten.

Im Sommer lockt die Stadt viele Urlauber an, die die herrlichen unverbauten Strände der Umgebung schätzen. Ein Naturschauspiel, allerdings nur bei Ebbe, bietet die rund 10 km westlich von Ribadeo liegende **Praia das Catedrais** (Kathedralenstrand). Bizarr ausgewaschene Felsformationen bilden über 30 m hohe Felstore, die sich wie gotische Strebebögen an die Küste lehnen. Etwas weiter östlich finden sich die 1500 m lange **Praia das Illas**, die den Miniaturinseln vorgelagert sind, sowie die geschützte **Praia de Esteiro,** die bei Ebbe eine Lagune formt und so besonders für Kinder einen sicheren Badeplatz bildet. Am nächsten an Ribadeo liegt die muschelförmige, bildschöne **Praia de Os Castros.** Sie ist der windigste Strand und lockt mit ihrem häufig recht hohen Wellengang viele Surfer an.

i **Oficina de Turismo:** Calle Dionisio Gamallo Fierros 7, 27700 Ribadeo, Tel. 982 12 86 89, www.ribadeo.org, Sommer Mo–Fr 10.30–14, 16–20, Sa 10.30–14, 16–20, So 10.30–14, Winter Mo–Fr 10.30–14, 16–19, Sa 10.30–14, 16–20, So 10.30–14 Uhr.

Landhaus A Cortiña de Cantalarrana: Calle Paco Lanza s/n, Tel. 982 13 01 87, www.cantalarrana.com. Der Künstler Neno Selá und seine Familie führen das Landhaus mit viel Engagement, die Zimmer sind mit vielen Gemälden und anderen Details dekoriert. DZ 67–73 €.

Hotel Balastrera: Rúa Carlos III 17, Tel. 982 12 00 21, Fax 982 12 00 29, info@balastrera.com. Das farbenfrohe Hotel bietet komfortable, geschmackvoll eingerichtete Zimmer. Zum Haus gehören ein gepflegtes Restaurant und ein Garten. DZ 50–80 €.

Hotel Mediante: Plaza de España 16, Tel. 982 13 04 53, Fax 982 13 05 78, www.hotelmediante.com. Das aufmerksam von Mutter und Tochter geführte kleine Hotel liegt direkt am verkehrsberuhigten Hauptplatz von Ribadeo. Bei der Einrichtung der Zimmer fällt die Liebe zum Detail auf. Gutes Preis-Leistungs-Verhältnis. DZ 36–64 €.

Casa Villaronta: Calle San Francisco 9, in der Nähe der Plaza de España, Tel. 982 12 86 09. Das urige kleine Lokal mit langen Holztischen hat keine lange Speisekarte, aber was auf den Tisch kommt ist lecker und frisch. Die Spezialitäten des Hauses sind Tintenfisch (*pulpo*), Calamares und Miesmuscheln (*mejillones*). Moderate Preise, die Teller (*raciones*) mit den Köstlichkeiten kosten 5–10 €.

Nuestra Señora do Carme: 16. Juli. Seeprozession zu Ehren der Schutzpatronin der Seeleute. Zur Erinnerung an Ertrunkenen werden Blumen ins Meer geworfen.
Xira de Santa Cruz y el dia de la Gaita: 1. So im Aug. Wallfahrt zum Monte Santa Cruz, gleichzeitig ist es der Tag der *gaiteros* (Dudelsackspieler).

Mondoñedo und San Martín de Mondoñedo

Reiseatlas: S. 2, F 1/2
Von Ribadeo über die Industriestadt Foz führt die Nationalstraße N-634 landeinwärts zur alten Bischofsstadt Mondoñedo (44 km). Unterwegs lohnt sich ein Halt an der ehemaligen **Klosterkirche San Salvador** (18. Jh.) in Vilanova de Lorenzana. Der Architekt Fernando de Casas y Novoa, der die barocke Westfassade der Kathedrale von Santiago de Compostela entwarf, schuf das monumentale Gotteshaus.

Nach weiteren 9 km ist das 7000 Einwohner zählende Städtchen **Mondoñedo** erreicht, das bereits im 12. Jh. Bischofssitz wurde und die Stadtrechte erhielt. Weißgetünchte Häuser mit Glasveranden und Arkadengängen prägen das Stadtbild. Das kulinarische Aushängeschild der Stadt ist die *tarta de Mondoñedo*, eine klebrig-süße Angelegenheit, die aus Blätterteig, Kürbiskonfitüre und Mandeln hergestellt wird.

Mit der Autorin unterwegs

Strandvergnügen
Westlich von Ribadeo finden sich einige der schönsten Strände der Rías Altas. Dazu zählen die **Praia das Catedrais** mit ihren interessanten Felsformationen und die muschelförmige **Praia de Os Castros** (s. S. 354).

Galicisches Porzellan
Für Porzellanliebhaber bietet sich ein Abstecher nach **Sargadelos** an. Ein Rundgang durch die Manufaktur erlaubt interessante Einblicke in die Herstellung des Sargsadelos-Porzellans. Im Fabrikladen kann man Mitbringsel wie Amulette gegen den bösen Blick erstehen (s. S. 357).

Wilde Naturschönheit
Die atemberaubend steil abfallenden Klippen der **Serra da Capelada** bilden ein einzigartiges Naturschauspiel (s. S. 359).

Nostalgische Straßenbahnfahrt
Ein Tipp für Straßenbahnliebhaber ist die Fahrt mit der wieder flott gemachten **alten Straßenbahn** entlang des Paseo Marítimo von A Coruña. So lassen sich bequem einige Hauptsehenswürdigkeiten erreichen (s. S. 363).

Unterwasserwelten
Das **Aquarium von A Coruña** bietet einen großartigen Einblick in die faszinierende Unterwasserwelt Galiciens. Ein Erlebnis für Groß und Klein (s. S. 366).

Den Mittelpunkt der Stadt bildet die **Kathedrale La Asunción,** die auf das frühe 13. Jh. zurückgeht. Begonnen wurde im romanischen Baustil, später schwenkte man auf den gotischen Stil um. Nach einem Brand im Jahr 1458 erfolgte der Wiederaufbau. So erklärt sich, dass die Fassade ein romanisches Portal, eine wunderschöne gotische Rosette und barocke Türme aufweist. In einer Kapelle im Chorumgang steht die weit gereiste Madonna Nuestra Señora la Inglesa.

Die Felsformationen der Praia das Catedrais ergeben cañonartige Durchgänge

Die spätgotische Gottesmutter im Tudorstil stammt ursprünglich aus der Sankt-Pauls-Kathedrale in London. Sie wurde zur Zeit der Kirchenspaltung unter Heinrich VIII. von britischen Katholiken in Sicherheit gebracht.

Zur Kathedrale gehört das breit gefächerte **Diözesanmuseum.** Zur Sammlung zählen eine römische Getreidemühle, ein Taufstein aus dem 8. Jh. sowie eine Urne von den Philippinen. Unter den Gemälden stechen besonders ein Bild des hl. Augustin von El Greco und eines des hl. Franziskus von Zurbarán hervor (Di–So 11–13, 16.30–18 Uhr, Kathedrale Eintritt frei, Diözesanmuseum 1 €).

Ganz in der Nähe von Foz, nur 6 km landeinwärts, findet sich mitten auf dem Lande die romanische Kirche **San Martín de Mondoñedo** (12. Jh.). Die einstige Klosterkirche blickt auf eine lange Geschichte zurück, vermutlich stand bereits im 6. Jh. eine präromanische Kirche an dieser Stelle. Bis 1112 war San Martín sogar Sitz eines Bistums, die Sorge vor Überfällen der Normannen und der Wikinger führte jedoch dazu, dass der Bischofssitz rund 25 km weiter ins Landesinnere – ins heutige Mondoñedo – verlegt wurde. Nach außen hin präsentiert sich die Kirche recht wehrhaft. Im Innern begeistern die kunstvoll herausgemeißelten **Szenen der Kapitelle** wie z. B. das Gastmahl des Herodes oder das Gleichnis vom reichen Mann und dem armen Lazarus.

Viveiro

Reiseatlas: S. 2, E 1
Das alte Küstenstädtchen **Viveiro** (span. Vivero, 15 000 Einw.) liegt geschützt in einer tief eingeschnittenen Ría an der Mündung des Río Landró. Im Sommer bevölkern Urlauber die Strände um Vivero, wie den gepflegten **Hausstrand Praia de Covas** oder die 3 km entfernte weitläufige **Praia de Area.** Um der touristischen Nachfrage Herr zu werden, entstanden mehr oder weniger architektonisch geglückte Apartmentanlagen, Hotels und Ferienvillen in den Außenbezirken.

Auf der Ostseite der Ría schmiegt sich an einen Hügel die charmante Altstadt von Viveiro. Einlass in die noch in Teilen von Mauern umgürtete Stadt gewährt das Tor **Puerta de Carlos V**. (16. Jh.). Die Häuser der **Praza Maior** und viele der umliegenden Gassen schmücken die für Galicien so typischen Glasveranden. Im oberen Teil der Altstadt erhebt sich das älteste Gotteshaus von Viveiro, die Kirche **Santa María del Campo** (12. Jh.); der Glockenturm und Uhrturm, die wie Fremdkörper wirken, sind Beigaben des 18./19. Jh. Noch ein paar Meter höher trifft man im **Garten des Convento de las Concepcionistas** eine maßstabsgetreue Imitation der **Grotte von Lourdes**. Die zahlreichen Votivtafeln zeugen von dem Glauben an die Heilkräfte der Madonna von Lourdes. Nördlich des Altstadtkerns erhebt sich die **Iglesia de San Francisco** (14. Jh.), von der aus eine steile Straße hinauf zum Gipfel des Monte des San Roque führt. Die dem Pestheiligen gewidmete **Kapelle San Roque** bietet eine herrliche Aussicht über die Ría. Jedes Jahr ist sie der Schauplatz der Patronatsfeste.

Sargadelos

Rund 15 km östlich von Viveiro liegt die traditionsreiche **Porzellanmanufaktur von Sargadelos,** deren Ursprünge bis ins 19. Jh. zurückgehen. Porzellanliebhaber erfahren bei einem Rundgang durch die Manufaktur viel Wissenswertes über die Herstellung der edlen Porzellanwaren. Typisch für das Dekor des Porzellans ist seine grafische Gestaltung; häufig tauchen maritime Elemente auf, der dominierende Farbton ist Ultramarin-Blau (Fábrica de Cerámica de Sargadelos, Ctra. Sargadelos s/n, Tel. 982 55 78 41, www.sargadelos.com, Mo–Fr 8.30–12.30, 14.30–17.30, Eintritt frei). Über die Geschichte der Manufaktur informiert ein **Museum** (Museo Histórico de Sargadelos, Ctra. Sargadelos s/n, Tel. 982 55 79 05, Jan.–Okt. Mo–So 10.30–14, 16–19, Nov.–Dez. 10.30–14, 15–18, Eintritt frei).

i **Oficina de Turismo:** Av. Armón Canosa s/n, 27850 Viviero, Tel. 982 56 08 79, www.viveiro. es, Sommer: Mo–Sa 11–14, 17–20, So 12–14, Winter: Mo–Sa 11–14, 16.30–19.30.

Hotel Ego: Playa de Area 1, Faro (4 km nördl. von Viviero), Tel. 982 56 09 87, Fax 982 56 17 62, www.hotelego.com. Das 4-Sterne-Haus liegt am Strand Playa de Area an der N 642. Schickes, schnörkelloses, etwas kühles Design. DZ 85–160 €.
Casa do Batán: Batán 3, Pfarrgemeinde Chavín (6 km südl. von Viveiro, man nimmt von Viveiro aus die LU-540 in Richtung Süden, nach 2 km geht es links ab nach Chavín), Tel. 982 59 82 23, 677 56 77 98, www.casadobatan.com. Die Zimmer des 1800 errichteten rustikalen Landhauses sind freundlich eingerichtet, es gibt einen angenehmen Aufenthaltsraum mit Kamin. DZ inkl. Frühstück 77–87 €.
Hotel Vila: Calle Nicolás Cora Montenegro 57, Tel./Fax 982 56 13 31, www.hotel-vila.net. Das Hotel liegt direkt in der Altstadt, 10 Min. von der Playa las Covas entfernt. Die 12 Zimmer sind einfach, aber nett eingerichtet. Garage vorhanden. DZ 27–54 €.

O'Asador: Calle Melitón Cortiñas 15, Tel. 982 56 06 88, www.oasador.com. Hell eingerichtetes Restaurant. Gute Auswahl an Lammgerichten, zu den Fischspezialitäten zählen Thunfisch, Seeteufel und Stockfisch nach Art des Hauses. Hauptgericht 10–20 €.

Sargadelos-Porzellan: Fabrikverkauf, Ctra. Sargadelos s/n (ca. 15 km östlich von Viveiro), Mo–Fr 8.30–19.30, So/Fei 11–14, 16–19 Uhr. Außer Servicen und Kerzenleuchtern stellt die Manufaktur in Sargadelos eine ganze Bandbreite von Amuletten gegen den bösen Blick und andere Eventualitäten her.

Semana Santa: Die **Karwoche** wird mit ergreifenden Prozessionen gefeiert.
Festa de San Roque: 15.–16. Aug., Patronatsfest mit Wallfahrt zur Capilla de San Roque und internationalen Folkloredarbietungen. Für das leibliche Wohl werden Sardinen gegrillt, die mit Kartoffeln gereicht werden.

Baden: 4 km östlich von Viveiro liegt der Strand **Praia de Area**, der in den letzten Jahren stets mit der blauen Umweltflagge ausgezeichnet wurde.

Bahn: Der FEVE-Bahnhof liegt südlich vom Zentrum, Tel. 981 37 04 01. Verbindungen nach Ferrol, Oviedo und Ribadeo.
Bus: Die Busstation befindet sich in der Av. de Galicia s/n. Die Busgesellschaft Alsa (Tel. 902 42 22 42) fährt 5 x tgl. nach A Coruña, 4 x tgl. nach Ribadeo und 2 x tgl. nach Lugo.

Ortigueira

Reiseatlas: S. 2, E 1
Das Städtchen **Ortigueira** (span. Ortiguera, 78 000 Einw.) präsentiert sich sehr gepflegt und herausgeputzt. Verstreut am Hafen und im Ortskern finden sich verschiedene Statuen, z. B. ein Gaitaspieler (Dudelsackspieler) oder ein Fischer bei der Arbeit.

Umgebung von Ortigueira

Auf dem Weg von Viveiro nach Ortigueira lohnen einige hübsche Fischerdörfer einen Stopp wie **Porto de Barqueiro** und **Porto de Espasante,** wo erst vor Kurzem die Keltensiedlung **Pedra Fernosa** freigelegt wurde.

Der nördlichste Punkt Galiciens und damit der gesamten Iberischen Halbinsel ist das Kap **Estaca de Bares**, rund 24 km nordöstlich von Ortigueira. Hier trifft das Kantabrische Meer im Osten auf den Atlantik im Westen. Ungestüm brechen sich die Wellen an der windumtosten Steilküste des Kaps. Romantisch Gesinnte schätzen den Sonnenuntergang am nördlichsten Zipfel Spaniens. Der große **Windpark** von Estaca de Bares war der erste, der in Galicien in Betrieb genommen wurde.

O Vilar: Calle O Vilar, Pfarrgemeinde Mera de Arriba (10 km südöstl. von Ortogueira), Tel./Fax 981 42 81 49, 619 14 20 49, www.turismoruralovilar.com. Das gepflegte Landhaus liegt in der Bucht von Ortigueira, die ideale Unterkunft für Erholungssuchende. DZ 47–74 €.

Folkfestival von Ortigueira: Juli. Hoch her geht es alljährlich bei diesem internationalen, hochkarätig besetzten Festival in dessen Mittelpunkt die keltische Musik steht. Mittlerweile lockt das 1978 ins Leben gerufene Festival jedes Jahr an die 100 000 Folkfans in die Stadt.

Baden: Südöstlich der Kapspitze liegt der idyllische winzige Fischerhafen **Porto de Bares,** dessen herrlich geschwungener Sandstrand selbst im Sommer nicht überbevölkert ist.

Vogelbeobachtung: Für Freunde der Ornithologie ist das Kap **Estaca de Bares** ein idealer Standpunkt, um den alljährlichen Flug der Zugvögel, darunter Wanderfalken, Komorane und Basstölpel, zu ihren Winterquartieren zu beobachten.

Serra da Capelada

Reiseatlas: S. 2, D/E 1

Zwischen der Ría de Cedeira und der Ría de Ortigueira schiebt sich die gebirgige Halbinsel **Serra da Capelada** ins Meer, ein Landstrich, der von uralten Mythen und Legenden durchzogen wird. Die Serra da Capelada erreicht ihren höchsten Punkt am 620 m hohen Aussichtspunkt **Vixia de Herbeira.** Atemberaubend steil, fast senkrecht fallen hier die Klippen ins Meer, die mit 612 m die höchsten Europas sind. Die dramatische Szenerie hat Polanski in seinen Film »Der Tod und das Mädchen« eingebaut. Einen eigentümlichen Kontrast bieten der große Windpark der Insel und die urtümlichen **wilden Pferde,** die friedlich auf den Weiden grasen.

Cedeira

Als Ausgangspunkt für die Erkundung der Sierra da Capelada eignet sich das Fischerdorf **Cedeira** (7500 Einw.). Der Ruhm seiner Meeresfrüchte, insbesondere der **Entenmuscheln**, eilt dem Ort voraus. In den zahlreichen Tavernen entlang der beschaulichen Uferpromenade kann man sie verkosten. Vor allem im August beleben spanische Urlauber die Ortschaft. Sie schätzen die beiden relativ windgeschützten Hausstrände Praia Magadalena und Area Longa.

San Andrés de Teixido

Durch die Serra da Capela führt ein kleines, steiles Sträßchen zur **Wallfahrtskirche San Andrés de Teixido** (16. Jh.), die erhaben oberhalb der zerklüfteten Steilküste thront. Ein galicisches Sprichwort besagt: »Wer nicht als Lebender nach San Anrés de Teixido gepilgert ist, wird es als Toter tun«. Dies beruht auf einer Legende, wonach der hl. Andrés sich beklagte, dass kaum Pilger ihren Weg in die unwirtliche, abgelegene Region fänden und die Wallfahrer dem hl. Jakobus in Santiago de Compostela den Vorrang gäben. Da erschien ihm der liebe Gott höchstpersönlich und hatte ein Einsehen: Er beschloss, dass keiner ins Himmelsreich gelangen solle, ohne vorher San Andrés lebendig oder tot besucht zu haben.

Hostal Leira Antiga: Rúa Mosende 49, Pfarrgemeinde Peñeiro, Cedeira, Tel. 981 48 24 84, www.leiraantiga.com. Das moderne Haus bietet gut eingerichtete, aber nicht allzu große Zimmer. DZ 67–110 €.

Casa A Pasada: Rua San Ramón 15, Pfarrgemeinde San Ramón de Montoxo (5 km östl. von Cedeira), Tel./Fax 981 48 36 23, 659 33 08 92, www.apasada.com, Jan.–Mitte März geschl. Das Haus im Grünen war früher eine Mädchenschule. Das rustikale Steinhaus bietet 4 ordentlich möblierte Zimmer. DZ 52–65 €.

Hospedería Cordobelas: Cordobelas-Esteiro (2 km südl. von Cedeiro in Richtung El Ferrol), Tel./Fax 981 48 06 07, www.cordobelas.com. Die ländliche Unterkunft ist geschmackvoll im ländlichen Stil eingerichtet, viele der alten Möbel wurden liebevoll von den Besitzern restauriert. Schöner Blick über die Ría Cedeira. DZ 42–65 €.

A Revolta: Paseo Marítimo 37, Tel. 981 48 07 64. Das Lokal liegt an der Uferpromenade, der Wirt bemüht sich sehr um seine Gäste. Zu empfehlen sind die Fischgerichte und die Meeresfrüchte. Menü 16 €.

Curro de la Capelada: Letzter So im Juni. Nur einmal im Jahr werden die Wildpferde bei den traditionellen *curros* auf

dem Berg **Peña Toxosa** in der Nähe von San Andrés de Teixido zusammengetrieben. An diesem Festtag erhalten die Fohlen mit einem Brenneisen ihre Markierung.
Wallfahrten nach San Andrés de Teixido: 5. Aug. und 29. Sept.

El Ferrol

Reiseatlas: S. 2, D 1
Die Hafen- und Industriestadt **El Ferrol** (76 000 Einw.) war der Geburtsort des Diktators Francisco Franco (1892–1975). Bis Anfang der 1980er-Jahre trug die Stadt noch den Beinamen ›El Ferrol del Caudillo‹ (›El Ferrol des Führers‹). Die Hauptwirtschaftszweige von El Ferrol sind der Hafen sowie die Schwerindustrie. Außerdem befindet sich hier der größte Militärhafen der spanischen Atlantikküste. Die Stadt ist sicherlich keine große Touristenattraktion, dafür ist sie viel zu industriell geprägt. Die Küstenlinie ist weitgehend verbaut.

Das attraktivste Stadtviertel ist das **Barrio de la Magdalena,** ein charakteristisches Beispiel für die Städteplanung des 18. und 19. Jh. In den stattlichen Bauten wohnte die bessere Gesellschaft: Marineoffiziere, Schiffskonstrukteure und reiche Händler. Das Viertel liegt zwischen der Altstadt (Ferrol Viejo) und dem Arbeiterviertel Esteiro. Weitere Sehenswürdigkeiten: Die Kathedrale **Concatedral de San Xiao** (18. Jh.), das **Marinemuseum** (Di–Sa 9.30–13.30, So/Fei 10.30–13.30 Uhr, Eintritt frei) und die **Festung San Felipe** (17./18. Jh.), die einst die Zufahrt zur Bucht bewachte.

i **Oficina de Turismo:** Calle Magdalena 12, 15403 El Ferrol, Tel. 981 31 11 79, Juli–Aug. Mo–Fr 10–14, 17.30–19, Sa 10–12.30, 17.30–19.30, So 10–12, Sept.–Juni Mo–Fr. 9–14, 16–18, Sa 10–12.30 Uhr.

Parador de Ferrol: Calle Almirante Fernández Martín s/n, Tel. 981 35 67 20, Fax 981 35 67 21, www.parador.es. Der recht zentral gelegene Parador schmückt sich mit maritimem Dekor. Das Mobiliar wirkt etwas altmodisch. DZ 115–160 €.
Hotel El Suizo: Calle Dolores 67, Tel. 981 30 04 00, Fax 981 30 03 06, www.hotelsuizo.net. Das Hotel in einem schönen Altbau liegt rund 100 m von der Concatedral de San Xiao entfernt und verfügt über eine eigene Garage. Die 32 Zimmer sind angenehm eingerichtet. Zum Hotel gehört eine Bar, die auch Kleinigkeiten zum Essen anbietet. DZ 75–85 €.

Betanzos

Reiseatlas: S. 2, D 2
Umspült von den zwei Flüssen Mandeo und Mendo erstreckt sich die Stadt **Betanzos** (12 000 Einw.) auf einem Hügel oberhalb der gleichnamigen Ría. Die vorteilhafte Lage wussten schon die Kelten zu nutzen: Sie legten auf dem Hügel ihre Siedlung Untia an. Von der Römerzeit bis in die frühe Neuzeit war der Hafen die Basis für den Wohlstand der Stadt. Mit seiner Versandung, die sich im 17. Jh. abzeichnete, setzte der schleichende Niedergang ein. Seine Blütezeit erlebte Betanzos im späten Mittelalter. Einflussreiche Adelsgeschlechter ließen sich in der Stadt nieder, allen voran die mächtige Familie Andrade, die die Stadt mit Kirchen, Klöstern und Hospitälern bedachte. So trägt die Stadt auch heute noch stolz ihren Beinamen ›de los caballeros‹: Stadt der Ritter.

Altstadt

Die historische **Altstadt** konnte ihren mittelalterlichen Charme bewahren. Alte Adelspaläste, charmante Plätze, atemberaubend steile Gassen, eindrucksvolle Kirchen und Klöster bilden ein reizvolles städtebauliches Ensemble. Viele *caballeros* (Ritter) fanden ihre letzte Ruhestätte im **Kloster San Francisco** (14. Jh.). Einen Ehrenplatz erhielt der Stifter des Klosters, Graf Pérez de Andrade, unter der Chorempore der Klosterkirche. Er ist in voller Rittermontur nachgebildet, zu seinen Füßen lagern seine Jagdhunde. Der Bär und das Wildschwein, die Wappentiere der Familie, tragen auf ihren breiten Rücken das

Grabmal. Vom Kloster selbst, das einst ein wichtiges Zentrum für theologische und humanistische Studien war, sind nur noch spärliche Überreste erhalten.

In unmittelbarer Nachbarschaft zum Kloster erhebt sich die Kirche **Santa María do Azogue.** Über einer romanischen Vorgängerkirche ließ Fernán Pérez de Andrade diese Kirche Ende des 14. Jh. errichten. Von der alten Kirche stammt noch das Hauptportal (12. Jh.), dessen sanierungsbedürftiges Tympanon die Anbetung der Heiligen Drei Könige und die Verkündigung zeigt. In die Schlagzeilen geriet die Kirche 1981: Damals wurden 14 kostbare flämische Skulpturen des Hauptaltars geraubt. Vermutlich steckte der legendäre Kunstdieb René Alphonse van den Berghe, in Spanien besser bekannt als ›Erik el Belga‹ (Erik der Belgier), hinter dem Kunstraub. Mittlerweile sind die Figuren, bis auf zwei, jedoch glücklicherweise wieder aufgetaucht und an ihren angestammten Platz zurückgekehrt.

Am Hauptplatz **Praza da Constitución** steht gegenüber vom **Rathaus** (16. Jh.) die **Iglesia de Santiago** (14. Jh.). Im Tympanon des Hauptportals schwingt Jakobus als *matamoros* (Maurentöter) das Schwert. Im Innern ist vor allem das plattereske Retabel (16. Jh.) von Cornelis de Holanda in der Capilla San Pedro y San Pablo bemerkenswert.

Pasatiempo-Park

Außerhalb des Stadtzentrums in der Av. de Fraga Iribarne liegt die gartenhistorisch interessante Parkanlage **Parque del Pasatiempo.** Der Stifter der Parks, der Philantrop Juan García Naveira (1849–1933), wollte in seinem Park den großen und kleinen Besuchern neue Welten eröffnen. Zu den Themenbereichen der Anlage gehörten die neuen Errungenschaften der Technik wie der Zeppelin oder das Telefon sowie exotische Pflanzen und Tiere. 265 Papstbüsten gruppierten sich einst um einen Teich, hinzu kamen Bildnisse von Kaisern und berühmten Schriftstellern. Nach dem Tod von Juan García Naveira blieb der Park seinem Schicksal überlassen und verfiel zusehends. 1995 wurde die Parkanlage wieder instand gesetzt, allerdings konnte nur noch der obere Teil der einst 90 000 m² großen Parkanlage gerettet werden (tgl. 9–18 Uhr).

Oficina de Turismo: Praza Galicia 1, 15300 Betanzos, Tel. 981 77 66 66, www.betanzos.es, Sommer tgl. 10–14, 17–20, Winter Mo–Fr 10–14, 16.30–19.30, Sa 10.30–13 Uhr.

Hotel Complejo San Roque: Carretera de Castilla 38, Tel. 981 77 55 55, Fax 981 77 52 71, www.complejosanroque.es. Das komfortable Hotel wartet mit gradlinig modernem, aber nicht unterkühltem Design auf. DZ 81–91 €.

La Penela: Rúa dos Ferradores 21, Tel. 981 77 31 27. Mo geschl. Das Restaurant bietet eine solide regionale Küche zu moderaten Preisen. 3 Gänge à la carte 19–26 €.
La Casilla: Av. Castilla 90, Tel. 981 77 01 61, Mo geschl. Hier wird gekocht wie bei Muttern, auf der Karte steht neben leckeren Tortillas, Eintöpfen und Kutteln auch eine gute Auswahl an Fischgerichten. Hauptgericht um 15 €.

Di, Do und Sa ist **Markttag** auf der Praza Irmáns García Naveira.

Festa do San Roque: 14.–25. Aug. Einer der Höhepunkte des Patronatsfestes ist der riesige Papier-Globus, der jedes Jahr am 16. Aug. in die Lüfte steigt. Eine weitere Attraktion sind die Korsos mit geschmückten Booten auf dem Río Mandeo.
Feria Franca Medieval: 2. Juniwochenende. Zu den Attraktionen des **Mittelalterfestes** zählen ein Markt mit kulinarischen Leckereien und Kunsthandwerk, ein Ritterturnier und sogar eine Hexenverbrennung.

Bus: Die meisten Busse gehen von der Praza Irmáns García Naveira ab, aktuell ist der Bau eines Busterminals in Diskussion. Nach A Coruña fährt jede halbe bis volle Std. ein Bus, nach Santiago fahren die Busse

3–4 x tgl. Fahrplaninformationen erteilt die Tourismusinformation, Tel. 981 77 66 66.
Bahn: In der Stadt gibt es zwei RENFE-Bahnhöfe: Betanzos Cidade, Rúa Argentina s/n und Betanzos Infesta, Lugar Infesta. Vom Bahnhof Betanzos Cidade fahren 6 x tgl. Züge nach A Coruña, 5 x tgl. nach Santiago.

A Coruña

Cityplan: S. 364; **Reiseatlas:** S. 1, A 1
Nach Vigo ist **A Coruña** (span. La Coruña) mit 250 000 Einwohnern die zweitgrößte Stadt Galiciens. Die geschäftige Hafenstadt im äußersten Nordwesten Spaniens liegt, umspült von den Wellen des Atlantik, attraktiv auf einer felsigen Landzunge. Das Wahrzeichen der Stadt ist der Herkulesturm, ein Leuchtturm, dessen Ursprünge bis in die Römerzeit zurückreichen. Im Laufe ihrer Geschichte wurde die Stadt immer wieder zerstört. So kann A Coruña nicht mit großen Sehenswürdigkeiten im klassischen Sinne aufwarten. Das Stadtbild weist viele Brüche auf, denn Bauland ist seit jeher ein knappes Gut, was zu viel Bodenspekulation und urbanem Wildwuchs führte.

Die kleine, beschauliche Altstadt bildet eine Insel in der Großstadt. Elegantes, großbürgerliches Flair verströmen dagegen die typischen Glasveranden. Diese zumeist im 19. Jh. entstandenen *galerías* brachten der Stadt den Beinnamen *la cuidad de cristal* (die gläserne Stadt) ein.

In den letzten Jahren wurden etliche Anstrengungen unternommen, um die Attraktivität und Lebensqualität in der Stadt zu steigern. Rings um die Halbinsel wurde eine grüne Promenade angelegt, der Paseo Marítimo. Neue Umgehungsstraßen sowie zahlreiche Parkhäuser wurden ausgehoben, um das Verkehrschaos zu lindern. Museumsbauten wie die Casa de Domus fanden internationale Anerkennung.

Das nächste große Projekt, das in Angriff genommen wird, ist die Verlegung des Industriehafens nach Arteixo. Im wirtschaftlichen Gefüge der Stadt spielt seit jeher der Hafen die zentrale Rolle: Über 18 Millionen Tonnen Güter wurden im letzten Jahr umgeschlagen, darunter Erdöl, Bioethanol, Kohle, Koks, Zink und Zement. Der Fischereibetrieb und die Konservenindustrie zählen zu den bedeutendsten des Landes. Der Bankensektor ist mit den Zentralen der beiden wichtigsten galicischen Banken, der Banco Pastor und der Sparkasse Caixa Galicia, gut aufgestellt. Zur wirtschaftlichen Prosperität der Region tragen über 600 Unternehmen bei, darunter der Textilkonzern Inditex, dessen bekanntes Aushängeschild die Modekette Zara ist.

Geschichte

A Coruña blickt auf eine lange Geschichte zurück. Das Rückgrat der Stadt ist der geschützte Naturhafen, den bereits Iberer, Phönizier, Kelten und Römer nutzten. Im 5. Jh. war die Stadt zeitweise die Hauptstadt des Königreiches der Sueben. Der muslimische Feldherr Almansor ließ sie im 10. Jh. zerstören, doch sie erholte sich wieder und erlebte im 14. und 15. Jh. ihre Blütezeit; in dieser Periode entwickelte sich die Stadt zum Zielhafen der Jakobspilger aus England.

Im Jahr 1588 stach die als unbesiegbar geltende spanische Armada mit 130 Kriegsschiffen und 29 000 Soldaten vom Hafen in A Coruña in See, um die englische Flotte herauszufordern und zu vernichten. In der Seeschlacht im Ärmelkanal erwies sich, dass die schwerfälligen, auf Entertaktik eingestellten spanischen Galeonen der Artillerie der kleinen, wendigen englischen Schiffe unterlegen waren. Auf dem Rückzug geriet die geschlagene spanische Flotte in schwere Herbststürme und erlitt weitere schwere Verluste. Die Vorherrschaft der Spanier auf See war damit endgültig gebrochen.

Im Jahr darauf schickten die Briten Sir Francis Drake nach A Coruña, der die Stadt in Schutt und Asche legte. Dennoch missglückte dem ehemaligen Piraten und seinen Mannen die Einnahme der Stadt dank des heroischen Widerstands der Bevölkerung, angeführt von María Pita, einer furchtlosen Frau aus dem Volk. Das Andenken an die Heldin der Stadt wird bis heute in Ehren gehalten – der Hauptplatz von A Coruña trägt

Fischerprozession zu Ehren der Virgen del Carmen in A Coruña

ebenso wie das große Stadtfest im August ihren Namen.

Entlang des Paseo Marítimo

Lange Zeit lebte die Stadt gewissermaßen mit dem Rücken zum Meer, ab 1986 nahm man das Projekt des **Paseo Marítimo** in Angriff. Die grüne Promenade umrundet die Halbinsel und setzt sich entlang der beiden Hausstrände Orzán und Riazor fort. Die 13 km lange Meile ist ein Eldorado für Spaziergänger, Radfahrer und Jogger. In den Sommermonaten fahren **nostalgische Straßenbahnen,** die aus Lissabon und Zaragoza stammen, die Promenade entlang. Für Farbakzente sorgen die orangefarbenen Straßenlaternen.

Den Auftakt des Paseo bildet das **Castillo de San Antón** **1**, das heute das **Museum für Archäologie und Geschichte** beherbergt. Davor wurde die Hafenfeste aus dem 16. Jh. als Leprosenheim und Gefängnis genutzt. Das Museum veranschaulicht die Geschichte der keltischen Siedlungen (*castros*) und der Römerzeit (Sept.–Juni Di–Fr 10–19.30, So/Fei 10–14.30, Juli–Aug. Di–Fr 10–21, So/Fei 10–15.30 Uhr, 2 €). Gegenüber dem Kastell befinden sich der **Sportboothafen** und der modern designte **Meereskontrollturm.**

Die nächste Station ist der **Torre de Hercules** **2**, das Wahrzeichen der Stadt, das unter dem römischen Kaiser Trajan um 100 n. Chr. entstand. Seit über 2000 Jahren versieht

A Coruña: Cityplan

Ria de
A Coruña
Seefahrt-
Kontrollturm
Yachthafen
Paseo Marítimo
Trav. de Orillamar
Orillamar
ALTSTADT
(CIUDAD VIEJA)
Maestranza
8
7
6
1
Paseo del Parrote
9
S. María
Ntra. Sra. del Rosario
Damas
5
1
Paseo Marítimo
Marconi
Atocha
S. José
S. Juan
Atocha Baja
Millan Astray
Cap. Troncoso
La Torre
Plaza de España
11
10
Paseo de la Dársena
Puerta Real
Disciplina
Varela
Silvari
Av. Montoto
3
Pl. S. Agustín
Florida
Riego de Agua
Hospital San Roque
Panaderas
Dársena de la Marina
Hafen
Zalaeta
13
S. Nicolas
Barrera
Bailén
12
Matadero
Corralón
Orzán
Cordonería
Torreiro
La Galera
Real
Av. de la Marina
Kongress-
palast
Frachthafen
Sol
P. de Orzán
Juan Canalejo
Gral. Mola
Provisional
Filmax
Av. de Pedro Barrié de la Maza
Orzán
San Andrés
Olmos
Rúa Nueva
Rúa Alta
Estrella
Cantón Grande
Playa del Orzán
2
S. Catalina
Cordelería
Cdte. Fontanes
Orzán
Durán Loriga
Cantón Pequeño
Alférez Rosaleda
8
San Andrés
Juana de Vega
F. Compostela
Av. Linares Rivas Sánchez Bergua
4
5
Plaza de Pontevedra
9
P. Gómez
Plaza de Lugo
T. Herrera
F. G. Fontán
Av. Primo de Rivera
Playa de Riazor
F. Mariño
Busbahnhof,
Bahnhof San Cristobal,
Corte Inglés, Flughafen
Fußballstadion Riazor
6
14

A Coruña: Cityplan

Sehenswürdigkeiten

1 Castillo de San Antón
2 Torre de Hercules
3 Aquarium Finisterrae
4 Museo Domus – La Casa del Hombre
5 Iglesia de Santiago
6 Santa Maria del Campo
7 Convento de las Bárbaras
8 Iglesia de Santo Domingo
9 Jardín de San Carlos
10 Plaza María Pita
11 Rathaus
12 Avenida del Marina
13 Museo de Bellas Artes
14 Casa de la Ciencias

Übernachten

1 Hesperia Finisterre
2 Hostal Sol
3 Hostal Alborán
4 Camping Los Manzanos

Essen und Trinken

5 Casa Pardo
6 Playa Club
7 Adega O Bebedeiro
8 Taberna O Secreto
9 Prada a Tope

er seinen Dienst als Leuchtturm. Ursprünglich führte eine Außenrampe hinauf, bei der Restaurierung Ende des 18. Jh. wurde diese durch eine Innentreppe mit 242 Stufen ersetzt. Um den Turm rankt sich die Legende, dass Herkules hier den Giganten Gerion besiegte und dessen Schädel als Fundament für den Leuchtturm nutzte. Wer die Mühen des Aufstiegs nicht scheut, wird aus 58 m Höhe mit einem **Panoramablick** über die Stadt, den Hafen und das Meer belohnt. Um den Leuchtturm herum wurde ein Netz von Spazierwegen inklusive einer Skulpturenmeile angelegt (Okt.–März 10–17.45, April, Mai, Juni, Sept. 10–18.45, Juli–Aug. 10-20.45 Uhr, 2 €).

Nicht weit entfernt befindet sich das **Aquarium Finisterrae** 3. Das attraktive, interaktive Museum entführt die Besucher in die geheimnisvolle Unterwasserwelt Galiciens; moderne klassische Musik, die Luis Delgado eigens für das Aquarium komponierte, sorgt für die atmosphärische Untermalung. Im **Nautilius-Becken,** einem rundum einsichtigen Aquarium, tummeln sich in 4,4 Millionen Liter Wasser an die 700 Meeresbewohner. In dem größten Becken lassen sich u. a. Haie, Rochen, Brassen, Meerspinnen und Seekraken beobachten. Der unangefochtene König unter den Fischen ist der Stierhai Gastón: Er bringt es auf eine Länge von 2,5 m und ein Gewicht von 120 kg, Gesellschaft leistet ihm die Haidame Hermosa (zu Deutsch: die Schöne).

Auf spielerische Weise werden im **Maremagnum-Saal** große und kleine Besucher mit dem Ozean und seinen Bewohnern, der Fischerei, modernen Aquakulturen sowie dem Leben der Matrosen und Fischer vertraut gemacht. In einem Außenbecken sind die Publikumslieblinge des Aquariums, die Robben, zu Hause. Ein **Streichelzoo** erlaubt die direkt Kontaktaufnahme mit Rochen oder Seesternen. Der **botanische Garten** stellt die Küstenflora Galiciens vor. Der große Anker des Öltankers Mar Egeo, der 1992 vor der Küste von A Coruña Schiffbruch erlitt, erinnert an die Gefährdung des Ökosystems des Meeres (Sept.–Juni Mo–Fr 10–19, Sa/So/Fei 10–20, Juli–Aug. 10–21 Uhr, 10 €).

Rund 10 Gehminuten entfernt thront das architektonisch spektakuläre Museum **Domus – La Casa del Hombre** 4 auf einer Anhöhe. Davor wacht ein massiger römischer Krieger, ein Werk des Kolumbianers Fernando Botero. Bei der Umsetzung des Museumsgebäudes griff der japanische Stararchitekt Arata Isozaki auf die typisch galicischen Baumaterialien Granit und Schiefer zurück. Wie ein aufgeblähtes Segel präsentiert sich die Fassade, die mit 6600 einzeln von Hand justierten Schieferplatten verkleidet wurde.

Das 1995 eingeweihte **interaktive wissenschaftliche Museum** widmet sich den Geheimnissen der menschlichen Existenz. Es kreist um Themen wie die menschliche Identität, Genetik, Fortpflanzung, die Sinne, die Evolution, das Herz oder das Gehirn. In der ersten Etage findet sich ein eindrucksvolles überdimensionales Papiermodell der genetischen Struktur eines Menschen, die sich aus 17 730 Elementen zusammensetzt. Leuchttafeln illustrieren die Entwicklung des menschlichen Embryos. Das Pochen das im ganzen Museum zu vernehmen ist, sind die Herzschläge des Menschen. Ein riesiges Modell veranschaulicht die Funktion des Herzens. Schade nur, dass die Erklärungen bis dato nur auf Spanisch und Galicisch abgefasst sind (tgl. 10–19 Uhr, Juli–Aug. länger, 2 €).

Weiter westlich erstrecken sich in der breiten Bucht die ausgedehnten Hausstrände von A Coruña, die **Playa del Orzán und die Playa de Riazor,** allerdings vor der gesichtslosen, aus dem Boden gestampften Architektur der 1960er- und 70er-Jahre. Ganz am Ende der Bucht leuchtet in den Abendstunden der 50 m hohe **Obelisco Millenium.** Die gläserne Pyramide steht im Dialog mit dem Herkulesturm.

Altstadt

Nordöstlich des Hauptplatzes María Pita erstreckt sich die beschauliche **Ciudad Vieja** jenseits des Großstadtrubels auf einer Anhöhe. Überreste der alten Stadtmauern umgürten die Altstadt mit ihren stillen Gassen und romantischen Plätzen. Volkstümliche Kneipen, Cafés und einige Antiquitätengeschäfte sowie alteingessene Handwerksbetriebe beleben das Viertel.

Der Mittelpunkt des historischen Zentrums ist die **Iglesia de Santiago** 5 (12. Jh.), die älteste romanische Kirche von A Coruña, die teilweise auf den römischen Quadersteinen des alten Herkulesturms ruht. Im Bogenfeld der Hauptfassade erinnert Santiago Matamoros daran, dass der Weg (*Camino Inglés* = Englischer Weg), der die englischen Jakobspilger über den Atlantik führte, in A Coruña seinen Anfang nahm.

Auf der höchsten Stelle der Altstadt thront die Kollegiatskirche **Santa María del Campo** 6. Sie entstand ab 1256 im romanischen Stil und wurde später in gotischer Manier vollendet. Finanziert wurde das Gotteshaus vom einflussreichen Gremium der Seeleute. Das Tympanon der Westfassade zeigt die Heiligen Drei Könige. Auf dem Platz vor der Kirche steht eine schmucke Betsäule aus dem 15. Jh.

Östlich der Kollegiatskirche findet sich die reizvolle kleine **Plazuela de Santa Bárbara** mit dem **Convento de las Bárbaras** 7 (15. Jh.). Ein paar Schritte weiter steht die imposante **Iglesia de Santo Domingo** 8, die im 18. Jh. im Barockstil erbaut wurde.

Die Calle del Príncipe führt zur grünen Oase der Altstadt, dem **Jardín de San Carlos** 9, an dessen Stelle sich ursprünglich ein Kastell befand. Im Zentrum des Parks stößt man auf ein Grabmonument, das an den englischen General John Moore erinnert. An der Seite der Galicier verlor er 1809 im Kampf um die Stadt gegen die napoleonischen Truppen sein Leben.

Rund um die Plaza María Pita

Der **Hauptplatz María Pita** 10 ist der Dreh- und Angelpunkt von A Coruña. Dominiert wird der weitläufige Platz vom imposanten, 1917 erbauten **Rathaus** 11 mit seinen markanten Kupferkuppeln. Der in sich geschlossene, von Arkaden gesäumte Platz wird umgeben von Häusern, die die typischen Glasveranden zieren. Auf dem Platz steht die Statue der wagemutigen María Pita, der legendären Heldin im Kampf gegen den Piraten der englischen Königin, Sir Francis Drake, im Jahr 1589. Für Atmosphäre sorgen die zahlreichen Cafés und Restaurants.

Von der Plaza gehen die belebten Gassen **Calle de la Franja und Calle de Riego de Agua** ab. Die Einkaufsmeilen warten mit Boutiquen, Schuh- und Schmuckgeschäften auf. Für das leibliche Wohl sorgen etliche Bars und Restaurants, deren Vitrinen mit frischem Fisch und Meeresfrüchten locken.

Südlich davon verläuft die **Avenida del Marina** 12 mit ihren attraktiven Glasveranden. Die Bürgerhäuser entstanden Ende des 19. Jh. an der Stelle, wo sich einst ärmliche Fischerhäuser aneinanderreihten. Direkt vor den prächtigen Fassaden erstreckt sich die Flaniermeile der **Méndez-Núñez-Gärten:** Stolze Palmen sorgen hier für exotisches Flair. Im Zentrum der Flaniermeile findet sich der schöne **Kiosco Alfonso,** ein Jugendstil-Pavillion, der für Ausstellungen genutzt wird. Unmittelbar davor breitet sich der weitläufige **Hafen** aus. Die Maßnahmen zur Verschönerung des Areals sind im Gange, mit der zukünftigen Verlagerung des Industriehafens werden riesige Freiflächen entstehen, die Raum geben für eine zukunftsweisende Stadtplanung.

Am südlichen Rand des Zentrums lockt das **Museo de Bellas Artes** 13 Kunstinteressierte an. Der architektonisch interessante Bau aus Aluminium und Glas des Architekten Manuel Gallego Jorreto ist verbunden mit einem ehemaligen Kapuzinerkloster. Die sehenswerte Sammlung vereint Werke der spanischen und europäischen Malerei des 16.–20. Jh. mit Werken von Murillo, Ribera, Vélazquez, Rubens, Tintoretto und Grafiken von Goya (museobe lasartescoruna.xunta.es, Di–Fr 10–20, Sa 10–14, 16.30–20, So 10–14 Uhr, 2,40 €).

Auf einer Anhöhe in der Neustadt steht das 1985 eröffnete Museum **Casa de la Ciencias** 14 umgeben vom Parque de Santa Margarita. Das Museum widmet sich mit interessanten Wechselausstellungen den Naturwissenschaften und der Technik, dazu gehört auch ein modernes Planetarium (www.casa ciencias.org, Juli/Aug. 11–21, sonst 10–19, Uhr, 2 €). Gegenüber liegt das imposante, halbrunde **Opernhaus** von A Coruña.

i **Oficina de Turismo municipal:** Plaza María Pinta, 15001 A Coruña, Tel. 981 18 43 44, www.turismocoruna.com. Mo–Sa 9–14, 16–20, So 10–14 Uhr. Infos nur über die Stadt, nicht die ganze Region. Interessant ist für Museumsbesucher ist das Angebot der **Coruña Card** (für 2 Tage 7 €), auch die Benutzung der Straßenbahn ist inbegriffen.

Oficina de Turismo regional: Calle Darsena de la Marina s/n, Tel. 981 22 18 22. Das Büro gibt Auskunft zu ganz Galicien.

Im Internet: turismocoruna.com, www.gali cia virtual.net/coruna, www.coruna.es

Hespería Finisterre 1**:** Paseo del Parrote s/n, Tel. 981 20 54 00, Fax 981 20 84 62, www.hesperia-hoteles.com. Die erste Adresse von A Coruña wartet mit viel Luxus

Skulpturenbrunnen an der kilometerlangen Strandpromenade von A Coruña

und Komfort auf. Zum Hotel gehören Tennisplätze und ein Swimmingpool. DZ 118–236 €.
Hostal Sol [2]: Rúa Sol 10, Tel./Fax 981 21 03 62, www.hotelsolcoruna.com. 39 freundliche Zimmer zählendes Hostal, das nur 100 m vom Paseo Marítimo und den Stränden Orzán und Riazor entfernt liegt. Parkplätze vorhanden. DZ 48–80 €.
Hostal Alborán [3]: Calle Riego de Agua 14, Tel./Fax 981 22 65 79. Das Hostal hat einfache, aber ansprechend eingerichtete Zimmer mit modernen Bädern. DZ 45 €.
Agroturismo
Pazo do Souto: Calle La Torre 1, Sisama-Carballo (40 km südwestl. von A Coruña), Tel. 981 75 60 65, Fax 981 75 61 91, www.pazodosouto.com. Hübsches steinernes Herrenhaus in der ländlichen Umgebung des Dorfs Sisama. Die 11 gediegenen Zimmer, einige davon mit Hydromassage im Bad, sorgen für

einen erholsamen Urlaub, herrlich ist auch der Garten. DZ 60 €.

Camping

Camping Los Manzanos [4]: Ctra. Meirás, Santa Cruz de Oleiros (10 km südöstl. von A Coruña), Tel. 981 61 48 25, www. camping-losmanzanos.com. Stilvoller Platz mit schönem Baumbestand, einem gutem Restaurant, einem Schwimmbad und ansprechenden Bungalows. 800 m bis zur Playa Santa Cruz. Pro Pers./Zelt/Pkw 6 €, Carvan 6,50 €.

Etliche Tapabars und Tavernen finden sich um die Plaza Pita und in den Gassen Franja, Estrella, Real Olmos und Barrera.

Casa Pardo [5]: Calle Novoa Santos 15, Tel. 981 28 00 21, www.casapardo-domus. com, So u. im März geschl. Ideenreiche gehobene Küche. Bekannt ist der Klassiker vor allem für seine exzellenten Fischkreationen wie wilder Heilbutt oder Wolfsbarsch à la Finisterre. Hauptgericht 25–50 €.

Playa Club [6]: Andén Riazor, Tel. 981 25 71 28, www.playaclub.net, So abends u. Mo geschl. Das vielfach ausgezeichnete Restaurant besticht außer mit seiner ambitionierten Küche auch durch die herrliche Aussicht über die Bucht. Die Preise sind für das Niveau der Küche zivil. Hauptgericht 15–27 €.

Adega O Bebedeiro [7]: Angel Rebollo 34, Tel. 981 21 06 09. In dem gemütlichen, rustikalen Lokal lässt man es sich gern zu erschwinglichen Preisen schmecken. 3 Gänge à la carte 18–25 €.

Taberna O Secreto [8]: Alameda 18, Tel. 981 21 37 38, www.tabernaosecreto.com. Die Taverne ist ein kleiner Weintempel, zum Wein empfiehlt sich eine Schinkenplatte oder in Olivenöl eingelegter Schafskäse. Gericht 5–18 €.

Prada a Tope [9]: Payo Gómez 9, Tel. 981 22 61 08. Sympathisches, neorustikales Lokal mit leckeren Produkten aus dem Bierzo. Die Preise für Tapas liegen um 5 €, für *raciones* (Tellergerichte) um 8 €.

Märkte: An der Plaza de San Agustín liegt die größte Markthalle der Stadt, lebhaft und recht volkstümlich ist der Markt an der Plaza de Lugo.

Designer-Adressen: In der Calle Real befinden sich die angesagten Geschäfte der galicischen Modelabels wie Roberto Verino, Adolfo Dominguez, Kina Fernández und Zara.

Aniceto: Cantón Pequeño 23. Das traditionsreiches Delikatessgeschäft hat vorwiegend galicische Spezialitäten im Angebot.

Zahlreiche Bars und Musiklokale finden sich in der Rúa Orzan, ein weiteres Ausgehviertel ist Juan Flórez. In den Clubs an der Playa Riazor tobt das Leben erst nach Mitternacht.

Noite da Queima, Hogueras de San Juan: Nacht vom 23. auf 24. Juni. Die Sonnwendfeier spielt sich auf der Promenade und am Strand ab, das größte Feuer wird auf der Playa Riazor abgefackelt. Zum Programm gehören Hexenumzüge, typisch sind auch die Sardinen, die am Strand gegrillt werden.

Nuestra Señora del Carmen: 16. Juli. Schiffsprozession zu Ehren der Schutzpatronin der Fischer und Seeleute.

Fiesta de María Pita: 1.–31. Aug. Fest zu Ehren der Stadtheldin mit umfangreichem Rahmenprogramm, darunter Konzerte am Strand, Theateraufführungen und etliche Sportveranstaltungen. Das detaillierte Festprogramm ist bei der Touristeninformation erhältlich.

Flug: Aeropuerto de Alvedro, 9 km südlich vom Zentrum, Tel. 981 18 72 00. Tgl. Flüge nach Madrid, Barcelona, Bilbao und Lissabon. **Busverbindungen** in die Innenstadt und zum Busterminal (Abfahrtszeiten siehe www.aytolacoruna.es).

Bahn: San Cristobál-Bahnhof, Calle Jaoquín Planells s/n, Tel. 981 18 72 59. Tgl. fahren mehrfach RENFE-Züge in alle größeren Städte Galiciens sowie nach Santigao, Vigo, Bilbao, Pamplona, Barcelona und Madrid.

Bus: Busbahnhof, Calle Caballeros 21, Tel. 981 18 43 35. Stdl. nach Santiago und Ziele in der Umgebung wie Betanzos und Sada. Von der Plaza de Pontevedra fährt Bus Nr. 4 zum Busbahnhof.

Schiff: Vom Hafen (Dársena de la Marina) fährt stdl. ein Schiff zum Strand Santa Cristina.

Moda Gallega

Thema

In der Fachwelt ist es längst kein Geheimnis mehr, dass in dem einst so ärmlichen Galicien neue Modetrends gesetzt werden. Die Zugpferde der Moda Gallega sind namhafte Modeschöpfer wie Adolfo Domínguez, Roberto Verino und Amancio Ortega.

Der kometenhafte Aufstieg der galicischen Textilindustrie begann in den 1980er- und 1990er-Jahren. Heute beschäftigen über 760 Firmen rund 30 000 Menschen und stellen einen wichtigen Wirtschaftsfaktor dar. Die galicischen Unternehmen lassen ihre Mode weitgehend vor Ort produzieren und fordern mit ihren günstigen Preisen die Konkurrenz heraus.

Etliche der heute längst etablierten Designer verließen in den trostlosen Jahren der Franco-Diktatur das Land. Sie lernten ihr Handwerk von der Pike auf bei den großen Pariser Modehäusern und kehrten als erfahrene Designer in ihre Heimat zurück.

Zu den Pionieren des galicischen Modewunders zählt Adolfo Domínguez. Nach einem Studium in Paris übernahm er Anfang der 70er-Jahre das Modegeschäft seiner Eltern in Orense. 1981 gelang ihm mit der Präsentation seiner ersten Kollektion in Madrid der Durchbruch. Mit seinem Slogan »la arruga es bella« (Falten sind schön), brach er eine Lanze für den knitterfreudigen Leinenstoff. Der Designer gilt als der Minimalist unter den spanischen Modeschöpfern und ist mittlerweile mit 140 Geschäften in 11 Ländern vertreten.

Neben Domínguez zählt Manuel Roberto Mariño zu den großen Vorreitern auf dem galicischen Modeparkett. Der Modeschöpfer startete seinen Aufstieg zum international gefragten Designer in Paris. Er kreierte den Markennamen Roberto Verino und ist inzwischen seit über 25 Jahre im Geschäft. Die Ideen gehen ihm jedoch längst nicht aus. Neben der Mode kreierte er Parfüms und seine eigene Brillenkollektion. Seine durchweg tragbaren, funktionalen Modelle zeichnen sich durch qualitativ hochwertige Stoffe aus.

Die Zentrale des Branchenprimus, die Firmengruppe Inditex, liegt in Arteixo in der Nähe von A Coruña. Zur Gruppe gehört auch die Modekette Zara, heute eine der weltweit beliebtesten Marken bei jungen Frauen. Neben Zara gehören die Marken Massimo Dutti, Pull & Bear und andere zu Inditex. Der Gründer von Zara, Amancio Ortega, legte eine steile Karriere hin: Er stieg vom Laufburschen in einem Kurzwarengschäft zum Modemilliardär auf. Gemeinsam mit Familienmitgliedern gründete er eine kleine Näherei in A Coruña, woraus 1975 der erste Zara-Modeladen entstand.

Der börsennotierte Konzern Inditex ist heute nach dem amerikanischen Konzern GAP die Nummer zwei in der Modebranche und verwies damit den schwedischen Textilriesen H & M auf den dritten Platz. Das Erfolgsgeheimnis von Inditex liegt in seiner Schnelligkeit und Flexibilität: Innerhalb von nur elf Tagen schafft es das gut 300-Kopf starke Designer-Team von Zara, neue Modetrends in die Läden zu bringen. Für große Marketingkampagnen verschwendet der Konzern kein Geld. Die durchgestylten Zara-Läden in Toplagen und natürlich die Ware sollen die Kundschaft überzeugen. Bisher ging das Konzept auf, das Unternehmen ist in vielen Ländern Europas und weltweit weiterhin auf Expanionskurs.

Costa da Morte

Reiseatlas S. 1

Die berühmt-berüchtigte Todesküste erstreckt sich zwischen dem Kap Fisterra und dem Kap Roncudo bis hin nach Malpica de Bergantiños. Die steilen Klippen und schroffen Kaps formte der ungestüme Atlantik. Entlang der Küste reihen sich hübsche Fischerdörfer. Das Meer ist die nicht immer ungefährliche Lebensgrundlage ihrer Bewohner.

Unzählige Schiffe zerschellten vor der gefährlichen, häufig sturmumtosten Küste. Für Schlagzeilen sorgte im November 2002 der Untergang des Öltankers Prestige vor dem Cabo Touriñán, der die schwerste Umweltkatastrophe in der Geschichte Spaniens auslöste. Mittlerweile sind zumindestens die sichtbaren Spuren des Unglücks so gut wie beseitigt und Baden ist an der Costa da Morte wieder möglich. Angesichts der gefährlichen Brandungen ist jedoch vielerorts Vorsicht geboten.

Malpica de Bergantiños

Reiseatlas: S. 1, B 1

Mit 7000 Einwohnern zählt **Malpica de Bergantiños** zu den größeren Ortschaften der Todesküste. Wie in so vielen Ortschaften an der nordspanischen Küste lebten die Menschen einst auch hier vom Walfischfang in fernen Meeresgefilden. Heute ist der Radius der Fischer enger, aber nach wie vor ist die Fischerei in der Region ein gefährliches Unterfangen. Das Meer ist unberechenbar, vor allem im Winter treten häufig Stürme auf. Der Fang wird in der großen **Auktionshalle** versteigert. In den Tavernen kommt der Fisch hier noch zu halbwegs zivilen Preisen auf den Tisch. Neben den kulinarischen Vorzügen verfügt die Stadt über einen ansehnlichen Sandstrand.

Ein kurzer Abstecher führt von Malpica zum **Cabo de San Adrían.** Auf dem felsigen Kap trotzt die kleine Kirche **Ermita de Santo Hadrián do Mar** (14. Jh.) den Wetterkapriolen. Von September bis Oktober geben sich viele Hobby-Ornithologen auf dem Kap ein Stelldichein, um die Formationen der Zugvögel zu beobachten. Eine Zuflucht für Seevögel, darunter etliche bedrohte Arten wie die Iberische Trottellumme, sind die drei vorgelagerten Inseln **Illas de Sisargas,** die allerdings für Besucher nicht zugänglich sind.

Rund 10 km südöstlich von Malpica liegt der traditionsreiche Töpferort **Buño.** Die Werkstätten arbeiten ihre Gefäße zum Teil noch nach uralten Mustern.

Hotel Fonte do Fraile: Playa de Canido s/n, Tel. 981 72 07 32, www.fontedofraile.com. Komfortables Hotel in Strandnähe mit 1500 m^2 Garten. DZ 58–91 €.

A Casa Pedra da Arca: Rúa Folgueira 17, Folgueira, Cerqueda (6 km südl. von Malpica), Tel. 981 72 17 16, 630 19 93 33, www.pedradaarca.com. Das mit Charme eingerichtete Landhaus liegt im Weiler Folgueira bei Cerqueda. DZ 50–64 €.

Hostal – Restaurante As Garzas: Porto Barizo 40 (5 km südwestl. von Malpica), Tel. 981 72 17 65, Fax 981 72 06 05, www.asgarzas.com. Die Unterkunft liegt im Ort Porto Barizo, nur 100 m von der Küste entfernt. Helle, freundliche Zimmer mit Atlantikblick. DZ 42–54 €. Empfehlenswert ist auch das Restaurant, Spezialität sind die Entenmuscheln (*percebes*). Hauptgericht 15–25 €.

Camping

Camping Sisgars: Ctra. Carballo (Km 14 auf der A9 von Carballo nach Malpica), Tel. 981 72 17 02, Fax 981 72 14 36, www.camping sisargas.com. Der komfortable Platz mit Schatten ist vom 15. Juni–15.Sept. geöffnet. Zur Anlage gehören Swimmingpool, Tennisplatz, Supermarkt und Restaurant. Pro Person 3,90 €, Zelt 5,25 €, Pkw 3,80 €.

Bus: Die Busfirma Arriva (Tel. 981 22 63 95) fährt 8 x tgl. nach A Coruña, 1 x tgl. nach Santiago de Compostela.

Corme

Reiseatlas: S. 1, B 2

Das abgeschiedene kleine Fischernest **Corme** am nördlichen Ufer der Ria de Corme y Laxe ist eine kulinarische Hochburg. Geradezu legendär sind die **Entenmuscheln** von Corme. Das Dorf ist auch bekannt für seine **Sardinen.** Frisch vom Grill sind sie eine Köstlichkeit, die im Gegensatz zu den Entenmuscheln für jedermann erschwinglich ist.

Festa do percebe: 1. Sa im Juli. Seit 1992 wird das Entemuschelfest gefeiert, das Liebhaber dieser Köstlichkeit aus ganz Galicien anzieht.

Festa da sardina: Selbstverständlich veranstalten die Bewohner alljährlich, ebenfalls im Juli, auch ein Fest zu Ehren der Sardinen.

Laxe

Reiseatlas: S. 1, B 2

Hauptattraktion des 3500 Seelen zählenden Fischerorts **Laxe** in der Bucht Ría de Corme y Laxe ist der 2 km lange feine, kristallweiße Dünenstrand. In der Umgebung gibt es noch einige versteckte, ruhige Strände.

Den Mittelpunkt von Laxe bilden der geschäftige **Fischerhafen** und die Fischauktionshalle. Auf einer Anhöhe steht die trutzige Kirche **Santa María de Atalaya** (14. Jh.). Auf dem Vorplatz waren einst Kanonen positio-

Mit der Autorin unterwegs

Skurriler Skulpturenpark

In dem abgeschiedenen Fischerdorf **Camelle** (Reiseatlas: S. 1, A 2) ließ sich in den 1960er-Jahren der Aussteiger Manfred Gnädiger aus dem Schwarzwald nieder. Er hinterließ um seine Behausung direkt am Meer einen **bizarren Skulpturenpark** mit aus Steinen und allerlei Treibgut gefertigten fantasievollen Kunstwerken, deren Besichtigung einen Abstecher lohnt.

Spitzenklöppeleien

Im Fischerort **Camariñas** pflegen die Frauen und Mädchen noch das traditionsreiche Kunsthandwerk der Spitzenklöppelei. In den Geschäften entlang der Uferpromenade kann man den Frauen direkt bei der Arbeit über die Schulter schauen. Das **Museo do Encaixe** stellt die schönsten Arbeiten aus (s. S. 374).

Friedhof der Engländer

Eine Piste führt vom **Cabo Vilán** zum schlichten **Friedhof der Engländer** (*Cementerio de los Ingleses*), auf dem die sterblichen Überreste der Besatzung eines englischen Marineschulschiffs ruhen. Von hier bietet sich einer schönsten Blicke auf die Todesküste (s. S. 375).

Sonnenuntergang am Ende der Welt

Der griechische Dichter Homer vermutete, dass am **Cabo Fisterra** die Sonne ihre Runde beendete, um schließlich im Osten wieder aufzugehen. Das zerklüftete, von Mythen umwobene Kap entfaltet bei Sonnenuntergang seine volle Magie (s. S. 377).

Der Mega-Maisspeicher

Der Star unter den *hórreos* (Speichern) findet sich in **Carnota.** Er kommt auf eine stolze Länge von 35 m. Der Besuch des steinernen Maisspeichers lässt sich bequem mit einem Spaziergang am ausgedehnten Traumstrand kombinieren (s. S. 378).

Viele galicische Ortschaften veranstalten Feste zu Ehren ihrer Schutzpatrone

niert, um die Stadt und ihren Hafen zu verteidigen. Nichtsdestotrotz gelang es englischen Piraten im 18. Jh. Laxe einzunehmen und zu plündern.

Oficina de Turismo: Av. Cesáreo Pondal 19, 15117 Laxe, Tel. 981 70 69 65, www.concellodelaxe.com, Juli–Sept. Mo, Do 10–14, Di, Mi, Fr–So 11–14 Uhr.

Hotel Casa do Arco: Rúa Real 1, Tel./Fax 981 70 69 04, www.casadoarco.com. Das strandnahe Steinhaus aus dem 15. Jh. bietet 4 schön eingerichtete Zimmer. DZ inkl. Frühstück 48 €.

Hotel Playa de Laxe: Av. Cesáreo Pondal 27, Tel. 981 73 90 00, 609 36 61 30, www.playadelaxe.com. Das komfortable Hotel liegt direkt an der ausgedehnten Playa de Laxe. Das Interieur ist modern, wirkt aber etwas nüchtern. DZ 48–87 €.

Mesón Casa do Arco: Rúa Real 1, Tel. 981 70 69 04. Eine der besten Adressen in Laxe, in gepflegtem rustikalen Ambiente schmecken die Köstlichkeiten des Meeres besonders gut, aber auch Fleischliebhaber kommen auf ihre Kosten. Hauptgericht 12–20 €. Eine Platte mit Meeresfrüchten vom Feinsten kostet 60 €.

Bar O Pino: Fenllido s/n, Tel. 981 72 83 53. Das Lokal genießt einen exzellenten Ruf, am Wochenende sollte man reservieren. Hauptgericht 10–18 €.

Bus: Die Busfirma Arriva (Tel. 902 27 74 82) fährt nach A Coruña.

Camariñas

Reiseatlas: S. 1, A 2

Landschaftlich reizvoll bettet sich **Camariñas** in die gleichnamige Ría ein. Seinen Bekanntheitsgrad verdankt das gemächliche Fischerstädtchen seinen Frauen, die mit viel Hingabe und Geduld in unzähligen Arbeitsstunden filigrane Spitzenklöppeleien anfertigen. In den Geschäften längs der Hafenpromenade vertreiben sie ihre Arbeiten, darunter Decken, Läufer, Duftkissen, Fächer und Taufkleider. An der Ortseinfahrt findet sich neben dem steinernen Denkmal für die Spitzenklöpplerinnen das **Museo do Encaixe**, das auf zwei Ebenen wunderschöne Klöppeleiarbeiten aus verschiedenen Jahrhunderten präsentiert. (Di–So Sommer 11–14, 17–19, Winter 11–14, 16–19 Uhr, 2 €.)

Herbe Schönheit strahlt die zerklüftete Felsküste der Costa do Morte rund um das nur 5 km entfernte **Cabo Vilán** aus. Auf dem Kap sendet der **älteste elektrische Leuchtturm Spaniens** seine Signale bis zu 30 Seemeilen weit ins Meer. Ein Windpark und eine gewaltige Fischfarm mit riesigen schwarzen Zuchttanks trüben das landschaftliche Bild. Oberhalb vom Leuchtturm führt entlang der Küste eine ruppige Piste zu einsamen Stränden. Die Tour bietet sich auch für Mountainbiker oder Wanderer an.

Auf der Höhe des Cabo do Tosto liegt der schlichte **Cementerio de los Ingleses** (Friedhof der Engländer). Er erinnert an die 172 ertrunkenen Seeleute, überwiegend blutjunge Matrosen, des Schulschiffs der britischen Marine *The Serpent*, das 1890 in einem schweren Sturm vor der Küste versank.

Hotel Rústico Puerto Arnela: Praza do Carmen 20, Tel. 678 80 39 14, 981 70 54 77, Fax 981 73 72 40. Charmantes kleines Hotel direkt an der Hafenmeile. DZ inkl. Frühstück 35–55 €.
Hostal Gaviota: Rúa do Río 15, Tel. 981 73 65 22, www.hostalgaviota.cjb.net. Einfache Unterkunft mit netten Wirtsleuten. DZ 30–40 €.
Hostal Scala: Calle Tras Playa 6, Tel. 981 73 71 09, www.hostal-scala.com. Etwas altbacken, aber saubere Zimmer mit Steinfußboden. DZ 30–35 €.

Catro Ventos: Calle Muíño do Vento, 71, Tel. 981 73 60 64. Das bei den Einheimischen beliebte Lokal liegt rechts oberhalb der Ortszufahrt. Zu empfehlen sind der Fischtopf (*caldeiradas*), Tintenfisch nach Art von Camariñas (*pulpo a Camariñas*) oder der Wolfsbarsch (*lubina*). Hauptgericht 15–25 €.

Asociación Palillada de Camariñas: Rúa do Medio 26, Tel. 981 73 65 08. Die Vereinigung der Spitzenklöpplerinnen verkauft hier direkt ihre filigranen Klöppeleien.

Muxía und Punta da Barca

Reiseatlas: S. 1, A 2

Das kleine Fischerstädtchen **Muxía** (span. Mugia), das im 12. Jh. auf Initiative der Mönche vom Kloster Moraime gegründet wurde, liegt auf einer häufig vom Sturm geplagten Landzunge der Ría de Camariñas. Vieles an historischer Bausubstanz ging durch das Wüten der napoleonischen Truppen zu Beginn des 19. Jh. verloren.

Im Rampenlicht steht Muxía in der zweiten Septemberhälfte, wenn Wallfahrer aus ganz Galicien die **Kirche Nosa Señora de la Barca** ansteuern. Die blockhafte Wallfahrtskirche thront auf der Landzunge **Punta da Barca.** Ihr heutiges Erscheinungsbild geht weitgehend auf das 17. Jh. zurück, der Ursprung ist aber romanisch. Eine Legende berichtet, dass hier die Muttergottes anlegte, um Jakobus für seine Missionierungsarbeit Mut zuzusprechen. Vertaut wurde das Boot an einem tonnenschweren Stein, der **Pedra da Abalar.** Es heißt, wer es schafft, den Stein ins Wanken zu bringen, dessen Wünsche gehen in Erfüllung, Voraussetzung ist jedoch ein reines Gewissen. Kein leichtes Unterfangen! Andere vertrauen da lieber auf den Steinkoloss **Pedra do Carrises** – ihm werden Heilkräfte zugeschrieben.

Oficina de Turismo: Casa de Cultura, 15124 Muxía, Tel. 981 74 25 63, www.concellomuxia.com, Sommer Mo–Fr 10–14, 16–20, Sa/So 11.30–13, 17–19, Winter Mo–Fr 10–14, 16–20, Sa/So 11.30– 13.30, 17–19 Uhr.

Hotel Rústico/Vinoteca Lorena: Calle Virxe da Barca 3–7, Tel. 981 74 24 41, Fax 981 70 85 65, www.hotelrusticomuxia.com. Das Hotel mit 5 Zimmern und einer sehr freundlichen und engagierten Wirtin liegt in einer ruhigen Parallelstraße zum Hafen. Die rustikale Einrichtung der Zimmer passt zum Stil des Hauses. DZ inkl. Frühstück 65–70 €.
Casa de Trillo: Santa Mariña 1 (12 km südl. von Muxía in Richtung Villarmide), Tel. 981 72 77 78, 607 79 48 18, Fax 981 74 77 18, www.

Im Land der Hexen und Wunderheiler

Thema

Galicien ist eine Region voller Mythen und Legenden. In den Wäldern tummeln sich die *meigas*, die Hexen. In den Dörfer kursieren immer noch Geschichten über den bösen Blick und die *Santa Compaña*, eine schaurige Prozession von ruhelosen Seelen oder Geistern.

Die Abgeschiedenheit vieler Dörfer und die häufig von Nebel und Regen verhangene Landschaft bilden den Nährboden für den noch weit verbreiteten Glauben an Hexen, das Übersinnliche und allerlei geheimnisvolle Rituale. Übernatürliche Kräfte werden auch dem Meer, den Winden und den Steinen zugesprochen. Viele alte Bräuche und Riten gehen auf vorchristliche Kulte zurück. Häufig sichern sich die *gallegos* nach zwei Seiten ab: So lassen die Fischer in Combarro ihre Boote zunächst vom Pfarrer und anschließend von einer guten *meiga* (vom lat. *magicus* = zauberisch) segnen. Auf den Maisspeichern in den Dörfern Galiciens steht das christliche Kreuz neben der *fica*, einem keltischen Fruchtbarkeitssymbol. Hilft die Schulmedizin nicht weiter, so wendet man sich in vielen Ortschaften im Krankheitsfall noch an eine *curandera*, eine Heilerin. Ihre Fähigkeiten beruhen auf der Kenntnis von Kräutern und deren Wirkung.

Das Bild der *meiga* entspricht unserer Hexenvorstellung – eine runzlige Alte mit Hakennase und Zauberbesen. In den galicischen Märchen spielen die Zauberkundigen eine zentrale Rolle. Allgegenwärtig sind sie auch in den Souvenirgeschäften; einige mit eingebauten Bewegungsmeldern jagen ahnungslosen Touristen einen Schrecken ein. Moderne *meigas* bieten ihre Dienste auch in den Städten an: Sie sagen die Zukunft voraus und legen die Karten. Gegen die Zaubersprüche der Hexen, den *meigallos*, helfen laut Volksglaube die unterschiedlichsten Amulette. Ein bewährtes Amulett ist die *figa*, ein Anhänger in Form einer geschlossenen Hand, der gegen den Bösen Blick, Neid und Eifersucht schützt.

Ein uralter galicischer Brauch ist die Zubereitung einer *queimada*, eine Art Feuerzangenbowle. Der Schwur, der währenddessen aufgesagt wird, soll die bösen Geister erschrecken. In der Nacht vor dem Johannistag am 23. Juni werden an fast allen Stränden riesige Feuer entfacht – das Johannisfeuer soll böse Dämonen abwehren.

Weit verbreitet im ländlichen Galicien ist der Glaube an die *Santa Compaña* (heilige Gefolgschaft), eine Prozession von rastlosen Seelen, die nachts durch die Dörfer zieht und die Häuser aufsucht, in denen demnächst ein Toter zu beklagen sein wird. Angeführt wird der unheimliche Zug von einem Hauptgeist (*estadea*), einem Lebendigen, der sich seines nächtlichen Treibens nicht bewusst ist. Er trägt ein Kreuz und ein Weihrauchfass. Zu erkennen sind die so Gestraften an ihren fahlen Gesichtszügen. Ihnen wird keine Ruhe gegönnt und so sterben sie an Entkräftung, ohne dass die tatsächliche Todesursache bekannt wird. Nur wenige Sterbliche, heißt es, haben die Fähigkeit, die *Santa Compaña* zu sehen; die meisten spüren nur einen kalten Windhauch und nehmen den Geruch von Kerzenwachs wahr. Auch diese übernatürliche Erscheinung soll besonders häufig in der Johannisnacht auftreten.

casadetrillo.com. Mitten auf dem Lande im Weiler Santa Mariña liegt das galicische Landhaus (16. Jh.). Die Einrichtung ist komfortabel und geschmackvoll, das Personal sehr zuvorkommend. DZ inkl. Frühstück 51–80 €.

Casa Doña Rita: Ctra. de la Playa de los Molinos, Pasantes–Couciero (8 km südöstl. von Muxía), Tel. 981 75 08 87, www.hrdonarita.com. In dem rustikalen Restaurant im Dorf Pasantes feiern die Einheimischen gerne ihre Familienfeiern. 3 Gänge à la carte 35–40 €.

O Carme: letztes Juliwochenende, Seeprozession zur Ehren der Schutzpatronin der Fischer und Seeleute.
A Virxe da Barca: Sonntag nach dem 8. Sept., große, traditionsreiche Wallfahrt zu Ehren der Jungfrau. Tanz und Musik zu den melancholischen Klängen der *gaitas*, mit großem Feuerwerk. Für das leibliche Wohl sorgt die beliebte *caldeirada*, ein bodenständiges Gericht aus Fisch und Kartoffeln.

Cabo Fisterra

Reiseatlas: S. 1, A 3
Kurz vor dem Kap Fisterra liegt das gleichnamige Hafenstädtchen **Fisterra**. Allzu viel Atmosphäre versprüht der Ort nicht, Dreh- und Angelpunkt ist der Hafen. Etliche Tavernen sorgen für das leibliche Wohl der Besucher. An der Ortsausfahrt zum Kap liegt rechter Hand die romanische **Kirche Santa María das Áreas,** die letzte Kirche auf dem Jakobsweg. Nach rund 4 km ist das ›Ende der Welt‹ an der Costa do Morte erreicht: das von Mythen umwobene **Cabo Fisterra** (span. Cabo Finisterre). Der Ort, an dem die Sonne ›stirbt‹ ließ schon Kelten, Römer und Jakobspilger erschaudern. Tatsächlich schiebt sich das etwas weiter nördlich gelegene **Kap Touriñán** noch tiefer in den Ozean vor.

Eine der zahlreichen Legenden um das Kap Fisterra besagt, dass bei Vollmondnächten die im Meer versunkene Stadt Duxo auftaucht. Doch zurück zu den Fakten: Das Kap bietet eine imposante Szenerie aus bis zu 600 m steil abfallenden Felsklippen – häufig vom Wind umpeitscht oder im Nebel versunken. Ohrenbetäubend erklingt bei schlechten Sichtverhältnissen das Nebelhorn. Bis heute ereignen sich, trotz modernster Technik, immer wieder Schiffsunglücke vor dem Kap mit seinen gefährlichen Strömungen.

Bei guter Sicht versprechen die Sonnenuntergänge Romantik pur! Allerdings muss man sich in den Sommermonaten auf recht viel Trubel einstellen. Vor dem Leuchtturm führt eine Treppe hinauf zu zwei ausrangierten Wanderstiefeln aus Bronze, ein Denkmal, für die unzähligen Jakobspilger, die hier auf die unendliche Weite des Ozeans blickten.

Oficina Municipal de Turismo: Rúa Real 2, 15155 Fisterra, Tel. 981 74 07 81, www.concellofisterra.com, Sommer Mo–Fr 8.30–23, Sa/So 15–23, Winter Mo–Fr 11–14, 17–20, Sa/So 17–22 Uhr.

O Semáforo: Ctra. do Faro s/n, Fisterra, Tel. 981 72 58 69, Fax 981 74 08 07, Nov. geschl. Das kleine, gepflegte 5-Zimmer-Hotel mit viel maritimem Blau liegt direkt am Kap und ist in einer ehemaligen Wetterstation untergebracht. Der Blick auf den Ozean und die Sonnenuntergänge sind ein Genuss. DZ 75–100 €.
Hotel Rustico Ínsula Finisterrae: A Ínsua 76, Fisterra, Tel. 981 71 22 11, 678 66 10 85, www.insulafinisterrae.com. Nettes Landhotel mit geschmackvoll eingerichteten Zimmern und Gemeinschaftsräumen, nur wenige Minuten vom Kap entfernt. DZ inkl. Frühstück 54–84 €.
Dugium: Rúa San Salvador 1, Fisterra, Tel. 981 74 07 80, 606 60 64 80, Fax 981 74 07 95, www.dugium.com, Nov.–15. März geschl. Ruhiges Landhotel im Tal von Duio wenige Kilometer nördlich der Ortschaft Fisterra. DZ inkl. Frühstück 55–65 €.
Hotel Arenal: Rua Cabello s/n, Tel. 981 74 06 44, 666 17 03 55, Fax 981 74 03 70, www.hotelarenalfinisterre.com. Das Hotel liegt direkt an der Hauptstraße, die Zimmer sind ordentlich, aber etwas hellhörig, insgesamt stimmt das Preis-Leistungs-Verhältnis. DZ 30–50 €.

Eine gute Auswahl an günstigen Fischlokalen und Bars findet sich am **Hafen** und an den **Stränden Langosteira** und **O Sardinero.**

O' Centolo: Bajada del Puerto s/n, Tel. 981 74 04 52, 22. Dez.–1. Feb. geschl. Das einfach eingerichtete Restaurant mit Bar serviert schmackhaft zubereitete Fisch- und Meeresfrüchtegerichte. Vom Speisesaal im ersten Stock überblickt man den Fischerhafen. Hauptgericht 15–25 €.

Tira do Cordel: Praia de San Roque 2, Tel. 981 74 06 97, www.tiradocordel.com. Das einfache Fischrestaurant liegt am Strand Langosteiro. María Carmen führt hier Regie und zaubert köstliche Gerichte. Das Menü inklusive Getränke mit Meeresfrüchten als Vorspeise und einem Fisch vom Grill kostet 20 €.

Cée und Corcubión

Reiseatlas: S. 1, A 2

In der tief eingeschnittenen Ría de Corcubión liegen die beiden benachbarten, fast schon miteinander verschmolzenen Ortschaften Cée und Corcubión. In **Cée** prägt in erster Linie die Industrie das Bild, darunter ein großes Steinkohlewerk.

Gefälliger präsentiert sich dagegen **Corcubión** auf der gegenüberliegenden Seite der Bucht. Der knapp 2000 Einwohner zählende Ort verfügt noch über eine weitgehend intakte Altstadt mit einigen schlichten Herren- und Bürgerhäusern. Zu den schönsten Gotteshäusern von Corcubión zählt die gotische **Kirche San Marcos,** deren Turm im 19. Jh. gleich von drei Blitzeinschlägen heimgesucht wurde. Etwas abseits vom Ortskern liegt die schlichte, romanische Kirche **San Pedro de Redonda** mit angeschlossenem Friedhof. Auf einer Anhöhe wacht das **Kastell Castillo del Cardenal** (17. Jh.) gemeinsam mit dem gegenüberliegenden Castillo del Cardenal in Cée über den Zugang zur Bucht.

Oficina de Turismo: Explanada do Porto 17, 15130 Corcubión, Tel. 981 70 61 63, www.corcubion.info, Di–Sa 11–15 Uhr.

Hostal Playa de Estorde: Playa de Estorde (5 km südwestl. von Cée), Tel. 981 74 55 85, Fax 981 74 63 02. Hübsch gelegen oberhalb des Strands Playa de Estorde mit einer Café-Terrasse mit Palmen und Meerblick und einem ansprechenden Restaurant (Menü für Hotelgäste 14 €). Die Zimmer sind funktional eingerichtet. DZ 50–70 €. Zum Hostal gehört der **Campingplatz Ruta Finisterre**. Pinien bieten viel Schatten, ein weiterer Pluspunkt ist der direkte Zugang zum Strand. Pro Person, Pkw, Zelt je 5 €.

Casa Lourido: Rúa Lires s/n, Lires (10 km nördl. von Corcubión), Tel. 981 74 82 03, Fax 981 74 83 48, www.casalourido.es. Die familiär geführte, ländliche Unterkunft liegt im kleinen Ort Lires. Kleiner Garten mit Schaukel und Rutschbahn für Kinder. DZ 36–45 €.

Baden: Die Hausstrände der beiden Ortschaften sind die zwei kleinen, geschützten Strände **Praia de Quenxe** und **Praia de Estorde,** die zum Baden auch sehr gut für Familien mit Kindern geeignet sind.

Bus: Busbahnhof, Cée, Die Busfirma Arriva (Tel. 902 27 74 82) fährt 3–4 x tgl. nach Santiago, fast stdl. nach A Coruña und 7–8 x tgl. zum Cabo Fisterra sowie zu diversen Zielen in der näheren Umgebung.

Carnota

Reiseatlas: S. 1, A 3

Von Corcubión geht es die Küstenstraße entlang weiter nach Carnota. Auf halber Strecke, bei **O Pindo,** lohnt sich ein Zwischenstopp, denn hier ragt der legendenumwobene ›Olymp der Kelten‹, der **Monte A Moa** (641 m) empor. Die einstige keltische Kultstätte weist rätselhaft geformte Gesteinsformationen auf und bietet einen herrlichen Blick über die Küstenlandschaft. Für den Aufstieg ist gutes Schuhwerk vonnöten. Hinter der Kirche Pindos beginnt der markierte Weg, der rund 1 1/2 Stunden in Anspruch nimmt.

Das kleine Küstendorf **Carnota** lockt viele Neugierige an. Der Grund dafür ist ein ***hórreo*** der Extraklasse. An sich sind Vorratspeicher, die wie die Steinkreuze zum typischen Bild eines galicischen Dorfes gehören, nichts Ungewöhnliches. Doch der 1768 erbaute *hórreo* von Carnota kommt auf eine stolze Länge von 35 m! Mit diesen Ausmaßen kann in ganz Galicien nur noch der *hórreo* im Nachbardorf Lira konkurrieren. Ganz unwillkürlich messen die Besucher den Speicher mit ihren Schritten ab. Der Speicher ruht auf 22 Stelzenpaaren: So werden gierige Nager ferngehalten und die Ernte wird vor Fäulnis geschützt. Die Ursprünge der *hórreos* gehen auf die Zeit der Kelten zurück. Deshalb findet sich auf fast allen Speichern neben dem christlichen Kreuz, das die Ernte schützen soll, auch eine pyramidenförmige *fica*, ein keltisches Fruchtbarkeitssymbol. Heute wird vor allem Mais in den Speichern gelagert. Der *hórreo* steht auf einer grünen Wiese in Nachbarschaft zu einem Taubenhaus und nur wenige Schritte entfernt von der Kirche Santa Colomba.

Oficina Municipal de Turismo: Praza San Gregorio s/n, 15293 Carnota, Tel. 981 85 70 32, www.concellocarnota.com, Mo–Fr 8.30–14.30

La Casona del Abuelo: Ctra. Igrexa 21, San Mamede de Carnota, Tel. 981 76 05 44, Fax 981 76 05 44, www.lacasonadela buelo.com. Komfortabel und blitzsauber. DZ 67–80 €.

Casa de Aldea San Cibrán: San Cibrán (10 km nördl. von Carnota), Pfarrgemeinde San Mamede de Carnota, Tel. 618 54 27 23, www.aldeasancibran.galeon.com. Das Landhaus mit 9 liebevoll eingerichteten Zimmern in schöner Umgebung ist ein idealer Ausgangspunkt für Wanderungen. DZ 45– 57 €.

Baden: Der 7 km lange Traumstrand von Carnota liegt in direkter Nachbarschaft des riesigen Erntespeichers und der Kirche Santa Colomba.

Der Horreo von Carnota ist mit 35 m Länge ein wahres Speichermonster

Rías Baixas

Reiseatlas S. 1, 9

Die Rías Baixas umfassen vier tief ins Land reichende Meeresbuchten im Südwesten Galiciens. Sie erstrecken sich vom Kap Fisterra bis zur portugiesischen Grenze. Zu den fjördähnlichen Rías gehören von Norden nach Süden: die Ría de Muros y Noia, die Ría de Arousa, die Ría de Pontevedra und die Ría de Vigo.

Die Küsten der **Rías Baixas** (span. Rías Bajas) sind weit sanfter als die der Rias Altas oder der Costa da Morte. Der Atlantik verhält sich hier vergleichsweise zahm, und in den geschützten Buchten laden herrliche Sandstrände zum Baden ein. Entsprechend gut ist es um die touristische Infrastruktur bestellt, zumal die Badeorte der Küste an den Wochenenden von den Einwohnern von Vigo und Pontevedra aufgesucht werden.

Muros

Reiseatlas: S. 1, A 3

Muros (10 000 Einw.) ist ein hübscher Fischerort mit einem betriebsamen Hafen, von dem Ausflugsboote aufbrechen, um die Ría und ihre Muschelbänke zu erkunden. Die Delikatessen aus dem Meer werden in einer der umliegenden Tavernen an der Hafenpromenade verkostet. Interessant zu beobachten ist, wie das reiche Sortiment an Fisch und Meeresfrüchten in der Auktionshalle (*lonxa*) angepriesen wird.

Altstadt

Die Altstadt von Muros versprüht Charme. Sie besteht aus soliden Granithäuser, gestützt auf mittelalterliche Arkaden, sowie einem Geflecht von Gassen und schmucken Plätzen. Vom Rathausplatz führt eine steile Gasse hinauf zur ehemaligen **Stiftskirche San Pedro,** die über einem romanischen Vorgängerbau im 15. Jh. erbaut wurde. Der barocke Turm wurde im 18. Jh. hinzugefügt. Das einschiffige Gotteshaus, dessen Gewölbe rustikale Gurtbogen tragen, strahlt Harmonie und schlichte Eleganz aus. Für Rätsel und Legendenbildung sorgt die sich in Form einer Schlange windende Säule des Weihwasserbeckens.

Virxe do Camiño

Gut ein Jahrhundert älter als die Peterskirche ist das **Kirchlein Virxe do Camiño** an der Ortsausfahrt in Richtung Noia. Einst gehörte die Kirche zu einem Hospital für Aussätzige. Die Madonna wird von den Fischern verehrt: Um ihren Schutz zu erhalten, bringen sie ihr kleine Fischerboote als Votivgaben dar.

i **Oficina de Turismo:** Curro da Praza 1, 11520 Muros, Tel. 981 82 60 50, www.muros.es, Juli–15. Sept. Mo–Fr 10–14, 16–19, Sa 10–15, So 11–14, 16–20 Uhr.

Hotel Rústico Punta Uía: Punta Uía, Pfarrgemeinde Esteiro (12 km östl. von Muros), Tel. 981 85 50 05, Fax 981 85 50 65, www.hotelpuntauia.com. Das im Dorf Uía gelegene Hotel ist von einer schönen Gartenanlage mit drei alten Getreidespeichern umgeben, ein Aussichtspunkt bietet einen herrlichen Ausblick über die Ría. 10 große, geschmackvolle Zimmer, 3 mit Balkon. Zum Haus gehören zwei Restaurants (3 Gänge à la carte 25–35 €). DZ 54–98 €.

Convento Padres Franciscanos: Louro (4 km westl. von Muros), Tel. 981 82 61 46, Fax 981 82 61 46, ofmlouro@yahoo.es, Okt.–Mai geschl. Das noch von Franziskanermönchen bewohnte Kloster in Louro öffnet seine Pforten in den Sommermonaten für Gäste. Die 25 Zimmer sind schlicht klösterlich eingerichtet, wer Ruhe und Erholung sucht, ist hier gut aufgehoben. DZ 38 €.
Jallambau Rural: Miraflores 51, Tel. 981 82 60 83, 605 94 02 34, www.jallambaurural.com. Oberhalb von Muros liegt das stilvolle Landhaus mit Blick auf die Bucht und den Hafen. Die 4 Zimmer sind schön eingerichtet, die Besitzer bemühen sich sehr um ihre Gäste. DZ 60–70 €.

Camping

Innerhalb der Klostermauern des **Convento Padres Franciscanos** (s. o.) findet sich ein idyllischer Campingplatz, Tel. 981 81 61 48. Pro Person, Pkw, Zelt 4,50 €.

Don Bodegon: Calle Porta dea Vila, Tel. 981 82 78 02. Das urige Restaurant war früher eine Fischpökelei. Hauptgericht 10–18 €. Eine reichhaltige Fischplatte für zwei Personen kostet 36 €.
A Esmorga: Paseo Bombé 5, Tel. 981 82 65 28. Das Lokal liegt an der Ortsausfahrt in Richtung Louro und bietet einen schönen Blick über den Hafen. Das Preis-Leistungs-Verhältnis ist gut, der Service aufmerksam. Hauptgericht 15–20 €.

Virgen del Carme: 16. Juli, eindrucksvolle Seeprozession zur Ehren der Patronin der Fischer.
San Pedro: 29. Juli, Fest des Fischerheiligen mit Umzügen und diversen folkloristischen Darbietungen.

Baden: Wenige Kilometer westlich von Muros finden sich attraktive, feinsandige Strände wie die **Praia de Louro** und die windgeschützte **Praia de San Francisco.**
Bootstouren: Fahrten mit Glasbodenbooten bietet das Unternehmen **Cruceros Costa Viva**, Tel. 686 19 20 31, 981 82 78 02, www.santia gohosteleria.com/costaviva. Die Ausflüge finden von der Karwoche bis Ende September statt. Sie starten 10, 13, 16.30, 18, 19, 20 Uhr, Mindestteilnehmerzahl 10 Personen. Im einstündigen Ausflug zum Preis von 12 € ist eine Verkostung von Miesmuscheln und galicischen Teigtaschen mit Ribeiro-Wein eingeschlossen.

Bus: Der Busbahnhof liegt an der Av. de Castelao s/n. Die Firma Monbus (Tel.

Mit der Autorin unterwegs

Verwunschene Keltensiedlung

Malerisch betten sich auf einen Felsvorsprung die Überreste der **Keltensiedlung Baroña.** Gleich daneben liegt der ›Keltenstrand‹, die **Praia de Arealonga,** die sich für ein erfrischendes Bad im Meer anbietet (s. S. 383).

Wanderdüne und Traumstrand

Der **Naturpark von Corrubedo** wartet mit dem längsten Dünenstrand Galiciens auf. Die **Praia de Ladeira** ist ideal für ausgedehnte Spaziergänge, hier kann man die Seele baumeln lassen. Die **Königin der Dünen** ist eine Wanderdüne von beachtlichen Ausmaßen (s. S. 384).

Das Dorf der *hórreos*

In dem hübschen Fischerdorf **Combarro** reihen sich rund 30 **Maisspeicher** nebeneinander an das Ufer der Ría (s. S. 392).

Zauberhafte Altstadt

Ein Gedicht ist die lebendige Altstadt von **Pontevedra,** ein Platz ist schöner als der andere. Zu Unrecht steht die Stadt ganz im Schatten von Santiago de Compostela (s. S. 393).

Naturparadies

Ein lohnender Bootsausflug führt zu den drei **Illas Cíes,** die Strände, Wälder und Vögel zu bieten haben. Sie sind Teil des Nationalparks (s. S. 401).

Am Hafen von Muros: Hier landen laufend Fischerboote an

981 82 60 28) bedient die Strecke Muros–Noia–Santiago. Die Busgesellschaft Finisterre fährt die Strecke Muros–Cée–A Coruña.

Noia

Reiseatlas: S. 1, B 3
Die Kleinstadt **Noia** (span. Noya, 15 000 Einw.) liegt in der idyllischen Bucht der Ría de Muros e Noia. Der Hafen, der einst das wirtschaftliche Rückgrat bildete, ist heute fast vollkommen versandet. Seine Glanzzeiten erlebte das Städtchen im Mittelalter als Bischofssitz; die günstige Lage an Handelsrouten und vor allem der Hafen sorgten für wirtschaftliche Prosperität.

Altstadt

Vorbei an der Flaniermeile **Alameda,** die vom **Rathaus** und dem benachbarten **Franziskanerkloster** (16. Jh.) geprägt wird, führt der Weg ins Zentrum der beschaulichen Altstadt. Einige stattliche, wappengeschmückte Häuser aus dem Mittelalter wie der **Pazo Dacosta,** die **Casa da Xouba** oder der **Pazo do Bispo** setzen Akzente.

Das Herz der Altstadt bildet die **Iglesia San Martiño** (15. Jh.) mit dem großzügigen Platz **Praza do Tepal.** Von ihrem romanischen Vorgängerbau ist noch das prächtige Hauptportal erhalten geblieben, auf dem die 24 Ältesten des Jüngsten Gerichts musizierend dargestellt sind – ein ganz klarer Bezug zum Pórtico de la Gloria der Kathedrale von Santiago de Compostela. Über dem Portal prunkt eine prächtige Rosette. Zur Zeit wird das Kircheninnere einer Generalsanierung unterzogen.

Santa María de Nova

Etwas weiter nördlich des Altstadtkerns steht die gotische Kirche **Santa María de Nova** umgeben von einem romantischen Friedhof.

Eine einzigartige Sammlung von Grabsteinen (der älteste geht auf das 10. Jh. zurück) befindet sich in der Kirche und um sie herum. Die Grabsteine schmücken Figurenreliefs und Wappen, alte Zunftzeichen und mitunter auch Jakobsmuscheln, die die Verstorbenen als Pilger ausweisen.

Oficina de Turismo: Av. de Rosalía de Castro s/n, 15200 Noia, Tel. 981 84 21 00, www.dicoruna.es/municipios/Noia/

Casa do Zuleiro: Brión de Arriba 52, San Xoán de Roo, Outes (14 km nördl. von Noia), Tel./Fax 981 76 55 31, www.casadozuleiro.com. Komfortables Landhaus mit Hydromassage-Bädern und Sauna. DZ inkl. Frühstück 60–75 €, Apartment 101 €.
Hotel Park: Calle Rio do Porto 25, Noia, Tel. 981 82 37 29, Fax 981 82 31 33, www.hotelpark.es. Das funktionale Hotel bietet einen ordentlichen Standard und liegt direkt in der Stadt. Parkplätze direkt vor dem Hotel. DZ 62–95 €.
Pesqueria del Tambre: Santa María Roo (4 km nördl. von Noia, Abzweigung von der C-543 bei km 26), Tel. 981 05 16 20, Fax 981 05 16 29, www.pesqueriadeltambre.com. Das nahe der Mündung des Río Tambre gelegene Hotel besteht aus vier ausgesprochen geschmackvoll eingerichteten Häusern, die um ein ehemaliges E-Werk im Jugendstil errichtet wurden. DZ 59–96 €.
Casa do Torno: O Torno 1, O Torno (1 km südl. von Noia), Tel. 981 84 20 74, 669 63 94 99, Fax 981 84 23 76, www.turgalicia.es. Im ländlichen Stil eingerichtet, vom Garten aus herrlicher Ausblick auf die Ría de Noia. DZ 47–60 €.
Camping
Camping Punta Batuda: (Kat. 1), Miñortos, Porto do Son, Tel. 981 76 65 42, www.puntabatuda.com. Der ganzjährig geöffnete, gut ausgestattete Platz liegt ca. 6 km südlich von Noia. Pro Person, Pkw, Zelt je ca. 5 €.

Alborés: Rúa Escultor Ferreiro 28, Tel. 981 82 01 52. Das Restaurant ist bekannt für seine Hausmannskost wie Eintöpfe und die typisch galicischen *empanadas* (Teigtaschen). Hauptgericht 10–17 €.
Tasca Típica Noia: Cantón 15, Tel. 981 82 18 42. Urige Kneipe in der Nähe der Kirche San Martín. Unter den Arkaden im Freien kann man an einfachen Holztischen sitzen. *Raciones* 2–4 €, unter der Woche gibt es ein Menü für 12 €.
Café Babilonia: Rúa do Cantón 8, Tel. 82 06 55. Café mit Terrasse an einem netten Platz in der Altstadt.

San Bartolomé: 24.–28. Aug., Fest zu Ehren des Stadtpatrons, einer der Attraktionen ist ein Pasteten-Wettbewerb.

Südwestlich von Noia finden sich einige attraktive Strände.

Bus: Der Busbahnhof liegt gegenüber der Alameda, Calle Pedra Sartaña s/n, Tel. 981 82 47 80. Es fahren ca. 6 x tgl. Busse nach Santiago und Muros.

Halbinsel Serra de Barbanza

Reiseatlas: S. 1, A/B 3
Auf einer landschaftlich reizvollen Strecke führt die C-550 von Noia um die **Halbinsel der Serra de Barbanza,** die sich zwischen der Ría de Muros y Noia und der Ría Arousa ins Meer schiebt.

Castro de Baroña

Ungefähr 5 km hinter dem lebhaften Hafen- und Badeort **Porto de Son** taucht rechter Hand die Abzweigung zur keltischen Siedlung **Castro de Baroña** auf. Hinter dem Wirtshaus O'Castro führt ein Pfad durch einen Pinienwald hinab zum Keltendorf und zum benachbarten, im Sommer gut besuchten Badestrand **Praia de Arealonga.** Wahrlich traumhaft thront das Dorf auf einen Felsvorsprung. Noch gut zu erkennen sind die Fundamente der Hütten, die auf runden Grundrissen basieren, und die Mauern, die die Siedlung vor Angreifern schützte. Die Lebensgrundlage der

Kelten, die sich hier um 2500 v. Chr. niederließen, war in erster Linie der Fischfang, aber sie betrieben auch Ackerbau und Viehzucht. Die Siedlung, die bis ins 5. Jh. n. Chr. bewohnt war, wurde 1933 freigelegt. In Porto do Son gibt es ein **Interpretationszentrum zu Castro Baroña,** das anhand von Fundstücken und Rekonstruktionen das Leben in dem Keltendorf veranschaulicht (Tel. 981 86 74 12, Juli–Sept. und 15.–30. Dez. tgl. 11–14, 19–21 Uhr, individuelle Besuche außerhalb dieser Zeiten nach telefonischer Anfrage möglich).

Naturpark von Corrubedo

Südlich des Fischerdorfes Corrubedo beim gleichnamigen Kap erstreckt sich die **Praia de Ladeira,** der größte Dünenstrand Galiciens. Das Gebiet um die Dünen und die Lagunen von Carregal und Vixán wurde 1992 als **Naturpark von Corrubedo** ausgewiesen, der gut 1000 ha umfasst. Die Königin unter den meist von der Vegetation gezähmten Dünen ist eine vor 2900 Jahren entstandene Wanderdüne. Sie ist 1300 m lang, 250 m breit und bis zu 20 m hoch. Von einem ausgewiesenen Parkplatz kurz vor Corrubedo führt ein Bohlenweg (15 Min.) zur Düne. Die Wege durch die Dünenlandschaft hindurch wurden mittlerweile gesperrt, um das fragile Ökosystem zu schützen. Alternativ bietet sich ein Spaziergang entlang der perlweißen Praia de Ladeira an.

Dolmen de Axeitos

Kurz vor der Ortschaft Oleiros, an der Zufahrtsstraße nach Corrubedo, führt ein ausgeschilderter Abstecher zum **Dolmen de Axeitos** in die Zeit der Megalithkultur. In einem Pinienwald formen tonnenschwere, etwas windschiefe Steinplatten ein gut erhaltenes Ganggrab. Vor rund 4000 Jahren fand hier vermutlich eine hochgestellte Persönlichkeit ihre letzte Ruhestätte.

i **Parque Natural Dunar de Corrubedo:** Centro de Recepción de Visitantes »Casa da Costa«, Ctra. O Vilar–Carreira s/n, 15967 Corrubedo (Ribeira), Tel. 981 87 85 32.

Padrón

Reiseatlas: S. 1, B 3
Die Geschichte des Apostels Santiago ist aufs Engste mit der Kleinstadt **Padrón** (9000 Einw.) verknüpft. Sie liegt rund 25 km südwestlich von Santiago de Compostela an der Mündung des Río Sar in den Río Ulla. Padrón blickt auf eine lange Historie zurück: Schon die Phönizier steuerten den Binnenhafen an, um das Gold und Silber der galicischen Minen zu verschiffen. Die Römer machten die Ortschaft zu ihrem wichtigsten Stützpunkt in Galicien und nannten den heute verlandeten Flusshafen Iria Flavia.

Jakobskirche und Altstadt

Auch heutzutage statten Jakobuspilger Padrón einen Besuch ab, schließlich ist das Städtchen der Ausgangspunkt der Heiligenlegende. So führt der Weg der Wallfahrer als Erstes entlang der schönen Plantanenallee, die parallel zum Río Sar verläuft, geradewegs zur **Iglesia de Santiago.** Ein Messdiener empfängt die Besucher und zeigt ihnen die berühmte römische Säule unterhalb des Hauptaltares. An dieser Säule *(pedrón)* soll das Boot mit dem Leichnam des Apostels Jakobus vertäut worden sein. Aus *pedrón* leitet sich der heutige Name der Stadt ab. Die Legende berichtet, dass seine Jünger Jakobus nach seinem Märtyrertod im Jahre 44 n. Chr. in Jerusalem in ein steuerloses Schiff legten, das von Engeln an die galicische Küste geleitet wurde.

Auf der anderen Seite des Río Sar erhebt sich auf einem Hügel die Kirche des Dominikanerklosters **Santa María del Carmen** (17. Jh.). Die lebhafte **Altstadt** von Padrón erstreckt sich rechter Hand der Jakobskirche, nette Geschäfte sowie ansprechende Restaurants und Kneipen warten auf Kundschaft.

Das kulinarische Aushängeschild sind die **Pimientos de Padrón,** wofür die Ortschaft in ganz Spanien bekannt ist. Die grünen Mini-Paprikaschoten brachten Franziskanermönche im 16. Jh. aus Mexiko mit. Die Zubereitung des schmackhaften Gerichtes ist denkbar einfach: Die Schoten werden in Olivenöl in der Pfanne angebraten und mit grobem Meersalz gewürzt. Zu Ehren der Schote findet jedes Jahr Anfang August ein großes Erntefest statt.

Berühmte Literaten

Zum Bekanntheitsgrad der Stadt tragen auch zwei literarische Größen bei: Der Nobelpreisträger **Camilo José Cela** (1916– 2002) und **Rosalía de Castro** (1837–1885), die bekannteste Dichterin Galiciens. Im Spanischen Bürgerkrieg kämpfte Cela auf der Seite Francos, später distanzierte er sich immer mehr von der Diktatur und geriet zusehends in Konflikt mit der Zensur. Sein bekanntester Roman »La Colmena« (Der Bienenkorb, 1951) beleuchtet die Madrider Nachkriegsjahre. 2001, ein Jahr vor seinem Tod, eröffnete Cela in seiner Heimatstadt die Stiftung **Fundación Camilo José Cela.** Sie liegt nördlich vom Stadtzentrum in Iria Flavia, genau gegenüber der Stiftskirche **Santa María de Adina** (18. Jh.) mit romanischem Hauptportal (11. Jh.). Untergebracht ist die Stiftung in der einstigen Residenz der Stiftsherren (18. Jh.). In den stattlichen Räumlichkeiten finden sich Manuskripte, Erstausgaben und Korrespondenz des Autors. Außerdem gehört zum Erbe Celas eine umfangreiche Bibliothek und eine interessante Gemäldesammlung mit Werken von Picasso, Miró und Zabaleta (Tel. 981 812 424, www.fundacioncela.com, span. u. engl. Führungen im Winter Mo–Do 11, 13, 17, Fr 11, 13, im Sommer Mo–Do 11, 12, 13, 17, 18, 19, Fr 11, 12, 13 Uhr, 8 €).

Schräg gegenüber dem Bahnhof von Padrón liegt das kleine, behagliche Landhaus, in dem die Dichterin Rosalía de Castro, die ›Stimme Galiciens‹, die letzten Jahre ihres Lebens zubrachte. Heute beherbergt das Anwesen die **Casa Museo Rosalía de Castro**. Das Museum macht den Besucher vertraut mit der bewegten Biografie der Autorin, die in ihren Gedichten die galicische Sprache zu neuem Leben erweckte. In ihren Werken beschwört sie die Melancholie und Einsamkeit Galiciens herauf, zentrale Themen sind Liebe und Tod (Tel. 981 81 12 04, Di–So 10–13.30, 16–19, So/So 11–14 Uhr, 2 €).

Oficina Municipal de Turismo: Av. Compostela s/n, 15900 Padrón, Tel. 627 21 07 77, Juli–Sept. 10–13, 16–20, Okt.–Juni Mo–Fr 10–13, 16–19 Uhr.

Casa Antiga do Monte: Boca do Monte, Lestrove-Dordro, Tel. 981 81 24 00, Fax 981 81 24 01, www.susavilaocio.es. Das von einer schönen Gartenanlage umgebene Anwesen liegt 4 km von Padrón entfernt in Richtung Lestrove. Elegant und mit Liebe zum Detail eingerichtet. DZ 64–96 €.

Hotel Rosalía: Matanga-Iria, Tel. 981 81 24 90, Fax 981 81 24 92, hotelrosalia@telefonica.net. Das angenehme, moderne Hotel liegt neben der Casa Museo de Rosalía de Castro. Nur das Vorbeirauschen der Züge durchbricht ab und an die Ruhe. DZ 48–62 €.

Pazo de Hermida: Rúa Trasmuro 21, Lestrove, Tel. 981 81 71 10, 646 77 06 15, Fax 981 81 71 17 ,pazodehermida.com. Das gediegene Landhaus mit großem Pool, und komfortabel eingerichteten Zimmern liegt ungefähr 4 km westlich von Padrón. DZ 46–87 €

Pension Jardín: Rúa Salgado Araujo 3, Tel. 981 81 09 50. Einfache kleine Pension in einem hübschen Steinhaus direkt am Stadtpark. DZ 35–45 €.

Günstige Restaurants und Cafés finden sich in der Altstadt von Padrón.

Chef Rivera: Enlace Parque 7, Tel. 981 81 04 13, Fax 981 81 14 54. Der Klassiker ist weithin bekannt für seine gehobene Küche, die ihren Preis hat. Die Spezialität ist der Seeteufel mit *pimientos de Padrón*. 3 Gänge à la carte 27–40 €.

A Casa dos Martínez: Rua Longa 7, Tel. 981 81 05 77, So, Mo, Di abends geschl. Gemütliches Lokal im Herzen der Altstadt mit frischer Küche. Gute Weinauswahl. 3 Gänge à la carte 25–30 €.

Semana Santa: In der Karwoche stehen feierliche Prozessionen auf dem Programm.

Festa do Pemento: erstes Wochenende im August, kulinarisches Fest rund um die berühmten kleinen Paprikaschoten aus Padrón.

Bahn: Der Bahnhof liegt östlich vom Zentrum gegenüber der Casa Museo von Rosalía de Castro. Gute Verbindungen 7 x tgl. nach Santiago und 8 x tgl. nach Vigo. Info: Renfe, Tel. 90 24 02 02.
Bus: Der Busbahnhof liegt in der Nähe des Stadtparks, d. h. in Richtung Iria Flavia. Die Busgesellschaft Monbus fährt nach Santiago de Compostela sowie A Coruña und steuert Ziele in der Umgebung von Padrón an.

Catoira

Reiseatlas: S. 1, B 3
Die kleine, südwestlich von Padrón liegende, eher unscheinbare Ortschaft **Catoira** am Ufer des Río Ulla gerät einmal im Jahr ins Rampenlicht. Alljährlich am ersten Sonntag im August findet hier ein großes **Wikingerfest** statt. Das zunächst nur lokal bekannte Fest zog rasch immer größere Kreise. Mittlerweile pilgern jedes Jahr um die 20 000 Wikingerfans nach Catoira. Wilde Nordmänner, zumeist Studenten aus Santiago, bekleidet mit Fellen und den typischen Wikingerhelmen, treffen unter ohrenbetäubendem Getöse mit einem nachgebauten Wikingerschiff am Hafen ein. Den Schauplatz für das darauf folgende Schlachtengetümmel liefert die Festungsruine Torres del Oeste, die der Erzbischof Gelmírez einst im 12. Jh. zur Sicherung des Hafens von Padrón errichten ließ. Einen versöhnlichen Abschluss bildet das anschließende große Festgelage.

La Batalla de Catoira: 1. So im Aug. Die nachgestellte Landung der Wikinger ist ein Spaß für kleine und größere Kinder!

Illa de Arousa

Reiseatlas: S. 1, A/B 4
Um zur Insel **Illa de Arousa** (span. Isla de Arousa) zu gelangen, passiert man zunächst das wirtschaftliche Zentrum der Ría de Arousa, die Hafenstadt **Vilagracía de Arousa** (30 000 Einw.), und den hübschen Fischerort **Vilanova de Arousa,** den Geburtsort des sozialkritisch-satirischen Schriftstellers Valle Inclán (1866–1936). Seit einigen Jahren verbindet eine 2 km lange Brücke die Insel mit dem Festland. Die feinen Sandstrände des etwa 7 km² großen Eilands ziehen die Sonnenhungrigen in den Sommermonaten in Scharen auf die Insel, der Campingplatz ist dann nicht selten ausgebucht. Nach dem betriebsamen Sommer kehrt die Ruhe zurück und Erholungssuchende kommen bei einsamen Inselspaziergängen auf ihre Kosten.

Im Süden der Insel liegt der **Naturpark Parque Natural de Carreirón.** Das geschützte Areal mit seinen Buchten, Dünen und Lagunen ist ein Refugium für Vögel.

Oficina de Turismo: Illa de Arousa, Av. Pa Ponte s/n, 36626 Illa de Arousa, Tel. 986 52 70 80, www.illadearousa.com.

Hotel Benalua: Rúa Méndez Nuñez s/n, Tel. 986 55 13 32, Fax 986 55 16 84. Das einzige Hotel der Insel bietet eher bescheidenen Komfort. DZ 30–38 €.
Camping
Camping Salinas: Praia de Xastelas s/n, Tel. 986 52 74 44. Der Platz liegt reizvoll am Strand, eine Bar und ein Supermarkt stehen für die Camper bereit. Pro Person 4,50 €, Pkw 4 €, Zelt 5 €.

Cambados

Reiseatlas: S. 1, B 4
Die kleine Hafenstadt **Cambados** (13 500 Einw.) ist das Herz des Albariño-Weinanbaugebietes. Der leicht fruchtige, frische Weißwein passt wunderbar zu Fisch und Meeresfrüchten und erfreut sich in ganz Spanien großer Beliebtheit. Kluniazenser-Mönche führten die edlen Reben im 17. Jh. aus dem Rheinland ein. Zahlreiche Bodegas öffnen ihre Pforten für Besucher. Am ersten Sonntag im August findet jedes Jahr ein rauschendes Weinfest statt. Wichtige wirtschaftliche Standbeine sind, neben der Weinherstellung und dem Tourismus, der große Fischereiha-

fen im Norden der Stadt sowie die Aufzucht von Muscheln.

Altstadt

Außer dem Rebsaft lockt in Cambados eine nette Altstadt mit beschaulichen Plätzen und etlichen Herrenhäusern Ausflügler an.Eine der ersten Anlaufstellen für Besucher ist die **Praza de Fefiñáns** mit der **Kirche San Benito** (18. Jh.). Ins Auge fällt das wuchtige Herrenhaus **Pazo Fefiñáns** mit seinen zinnenbekrönten Ecktürmen. Erbaut wurde es von José Pardo de Figueroa, der im 17. Jh. spanischer Botschafter am russischen Zarenhof war. Gegenüber dem *pazo* warten etliche Weinhandlungen auf Kundschaft.

An der Uferpromenade findet sich der ehemalige Adelspalasts **Pazo Bazán** (17. Jh.), in dem heute der Parador untergebracht ist. Das Herrenhaus war einst im Besitz der Familie Bazán, aus der die renommierte spanische Schriftstellerin **Emilia Pardo Bazán** (1851–1921) stammt. Sie erhielt als erste Frau in Spanien einen Lehrstuhl für Literaturwissenschaft an der Madrider Universität und engagierte sich für die Gleichberechtigung der Frauen, vor allem im Bildungsbereich.

Ein Abstecher führt über die Avenida da Pastora zu den südwestlich vom Zentrum gelegenen Überresten der **Kirche Santa Mariña de Dozo** (15. Jh.). Mitten in einem Friedhof trotzen hier romantisch-verwunschen einige Gewölbebogen, die Apsis sowie die Überreste von sechs Kapellen dem Verfall. Bei genauer Betrachtung sind noch die Spuren von verblichenen spätgotischen Wandmalereien zu erkennen.

Museen

Das bedeutendste Museum von Cambados ist das **Museo Etnográfico do Viño,** das sich mit der Geschichte und der Herstellung des Albariño-Weins befasst (Av. da Pastor 104, Tel. 986 52 61 19, Di–So 10–14, 16.30–19.30 Uhr, 3 €). Eine interessante Ausstellung zur galicischen Kultur und Lebensweise der Region zeigt das auf Initiative der Regionalregierung eingerichtete **Centro Comarcal Expo Salnés** (Praza da Calzada s/n, Tel. 986 52 60 13, Mo–Fr 10–20, Sa/So 11–20 Uhr, Eintritt frei).

i **Oficina de Turismo:** Av. de Galicia s/n, 36630 Cambados, Tel. 986 52 07 86, Sommer Mo–Fr 10–14, 16.30–20.30, Sa/So/Fei 10.30–14, 16.30–20.30, Winter Mo–Fr 10–14, 16.30–19.30, Sa/So/Fei 10.30–14, 16.30–19.30 Uhr.

Parador de Cambados: Praza da Calazada s/n, Tel. 986 54 22 50, Fax 986 54 20 68, www.parador.es. Stilvoll untergebracht in einem ehemaligen Herrenhaus aus dem 17. Jh. Hell und komfortabel eingerichtet, schöner Pool und Garten. DZ 115–145 €.
Pazo A Capitana: Rúa Sabugeiro 46, Tel. 986 52 05 13, Fax 986 54 22 43, www.pazoacapitana.com. Wunderbar restauriertes, ehemaliges Herrenhaus, die Besitzer sprechen Englisch und Französisch. Die Einrichtung folgt klassisch-aristokratischen Linien. DZ 75–97 €.
Casa Rosita: Av. de Villagarcía 8, Corvillón (Cambados), Tel./Fax 986 54 28 78, www.hrosita.com. Das Hotel liegt etwas außerhalb des Zentrums, bietet aber ordentlichen Komfort und ein recht gutes Restaurant (3 Gänge à la carte 35–40 €). DZ 54–72 €.
Pazo Carrasqueira: Sisán–Ribadumia (3 km südöstl. von Cambados), Tel./Fax 986 71 00 32, www.galicianet.com/pazocarrasqueira/index.htm. Das Anwesen liegt im Salnés-Tal im Örtchen Sisán, mitten im Albariño-Weinanbaugebiet. Ländlich-charmant eingerichtete Zimmer, Pool und eigene Bodega. Ideal für Ruhesuchende und Weinliebhaber. DZ 50–75 €.

Posta do Sol: Ribeira de Fefiñas 22, Tel. 986 54 22 85, 2. Jan.- u. Okt.hälfte u. Mi geschl. (außer Juli/Aug.). Zu den Spezialitäten des sympathischen Familienbetriebs gehören Fisch- und Meeresfrüchtegerichte. Sehr gut zubreitet werden auch die *empanadas* (Teigtaschen). 3 Gänge à la carte 28–34 €.
María José: Rua de San Gregorio 2, Tel. 986 54 22 81. Kleines, gemütliches Lokal. Exzellent schmeckt die Seezunge mit Jakobsmuscheln. Tagesgericht um 16 €.

A Casa da Leña: Praza Rodas 1, Tel. 986 52 10 71, Di geschl. Die im Herzen der Altstadt gelegene rustikale Tapabar bietet eine große Bandbreite an warmen und kalten Tapas. Tapa um 3 €, *ración* 6 €.

Das Touristenbüro erteilt Informationen über die Weingüter, die Besucher empfangen. Es werden auch **Weintouren** angeboten. Empfehlenswert ist beispielsweise der **Besuch der Bodega Palacio de Fefiñanes,** Praza de Fefiñanes, Tel. 986 54 22 04, www.fefinanes.com.
Katamaran: Im Sommer starten vom Hafen aus Bootstouren durch die Ría Arousa.

Fiesta del Vino Albariño: 1. Wochenende im Aug. Im Zentrum des Weinfestes steht der gute weiße Tropfen der Region. Konzerte und Feuerwerk sorgen zusätzlich für Stimmung.

Bus: Der Busbahnhof liegt in der Avenida de Galicia s/n. Die Busgesellschaft Monbus (Tel. 902 29 29 00, www.monbus.es) steuert unter der Woche 6 x tgl. Santiago de Compostela an, am Wochende nur 2 x tgl. Von und nach Pontevedra und Vilagracía de Arousa fährt fast stündlich ein Bus.

O Grove und Umgebung

Reiseatlas: S. 1, A/B 4
Der Charmefaktor von **O Grove** (span. El Grove, 11 000 Einw.), dem Hauptort der Halbinsel **Peninsula del Grove,** ist bis auf einige wenige Ecken nicht allzu hoch anzusetzen. Der Touristenort ist einfach zu schnell und ohne übergreifendes Konzept gewachsen. Bekannt ist O Grove für seinen vielen guten Fischlokale. Wer Interesse hat, mehr über den Alltag der Fischer zu erfahren, kann hier einen Tag lang beim Fischfang mithelfen.

Ohne Arbeitsaufwand kann man seine Kenntnisse über die Welt der Fische und anderer Meerestiere im **Acquariumgalicia** vertiefen. Das 1997 eröffnete Aquarium befindet sich auf der nahe gelegenen **Punta Moreiras.** Rund 15 000 Meerestiere tummeln sich in 18 Becken, die ihren natürlichen Habitaten nachempfunden sind. In gläsernen Zuchttanks wird dem Laien die Funktionsweise der Muschelbänke nahegebracht. (Tel. 986 73 15 15, www.acquariumgalicia.com, Sommer tgl. 10–21, Winter Fr–So/Fei 10–20 Uhr, Werktagsöffnungszeiten sind telefonisch zu erfragen, Erw. 9 €, Kinder 6 €.)

Illa da Toxa

Die kleine Insel **Illa da Toxa** (span. Isla de la Toja), die durch eine in edlem Weiß gehaltene Brücke mit O Grove verbunden ist, stellt eine Welt für sich dar. Hier verbringen die Reichen und Schönen ihren Sommerurlaub. Die Liste der Prominenten, die mit ihrem Besuch für einen gewissen Glamoureffekt sorgten, ist

Die Holzflöße vor der Küste der Illa da Toxa werden zur Muschelzucht verwendet

lang, darunter finden sich so klangvolle Namen wie der Baron Hans von Thyssen mit seiner Frau Carmen Cervera, der Schnulzensänger Julia Iglesias oder der Literaturnobelpreisträger Gabriel García Marquéz. Edle Hotels mit breit gefächertem Spa-Angebot, ein Golfplatz und ein Casino bieten Zerstreuung und Erholung. Die ganze Insel mutet wie eine herausgeputzte Parkanlage mit Hotels und Villen an, mitten darin findet sich die etwas kitschige Kapelle San Caralampio, die von oben bis unten mit Jakobsmuscheln verkleidet ist. Viel mehr hat das Inselreich nicht zu bieten.

i **Oficina de Turismo:** Praza do Corgo 1, 36980 O Grove, Tel. 986 73 14 15, www.turismogrove.com. Sommer, Karwoche Mo–Sa 10–20, So 10–14, Juni Mo–Sa 10–14, 16–19, Winter Di–Sa 10–14, 17–19 Uhr.

Das Angebot an Hotels ist ausgesprochen groß. Auf der **Illa da Toxa** gibt es vor allem Luxushotels im 4- bis 5-Sterne-Bereich. In **O Grove** finden sich auch Unterkünfte für den kleineren Geldbeutel.

Hespería Isla de la Toja: Isla de la Toja s/n Tel. 986 73 00 50, Fax 986 73 01 01, www.hesperia-isladelatoja.com. Modernes Hotel mit dem typisch minimalistischen, gediegenen Design der Hotelkette. In– und Outdoor Pool, Spa-Bereich, 9-Loch-Golfplatz. DZ 86 €.

Hotel Bosque Mar: Reboredo (3 km südwestl. von O Grove), Tel. 986 73 10 55, Fax 986 73 05 12, www.bosquemar.com. Sympathisches Hotel, die Zimmer sind freundlich eingerichtet.

Zum Hotel gehören zwei Swimmingpools (einer davon überdacht) und ein liebevoll angelegter Garten. 400 m trennen das Hotel von den Sandbuchten. DZ 81–113 €.

Hotel Mirador Cons da Garda: Rúa Area 33, San Vicente de O Grove (7 km südwestl. von O Grove), Tel. 986 73 84 93, Fax 73 82 87, www.hotelconsdagarda.com. Zu dem kleinen Hotel mit 12 angenehm eingerichteten Zimmern gehört ein Swimmingpool. Hunde sind erlaubt. DZ 65–75 €.

Camping

Paisaxe II: Praia de Area Grande, San Vicente de O Grove (7 km südwestl. von O Grove), Tel. 986 73 83 31, Fax 986 73 84 96, www.campingplayapaisaxe.com. Gepflegter Platz in Meeresnähe. Pro Person 7 €, Pkw 7 €, Zelt 8 €.

Moreiras: Ctra. O Grove–San Vicente, km 3 bei Reboredo, Tel. 986 71 36 91. Ein angenehm schattiger Platz neben dem Aquarium, und auch zum Strand ist es nicht weit, Restaurant mit Terrasse. Pro Pers./Zelt/Pkw 5,45 €.

Finisterre: Plaza del Corgo 2 B, O Grove, Tel. 986 73 07 48, So abends/Mo geschl. Das Restaurant am Hauptplatz bietet köstliche Fischeintöpfe zu erschwinglichen Preisen. 3 Gänge à la carte 33 €.

El Crisol: Rúa Hospital 10, O Grove, Tel. 986 73 00 29 Mo geschl, Juli/Aug. Mo mittags offen. Eine Empfehlung für Freunde der galicischen Küche. Zu den Spezialitäten des Traditionslokals gehören Reisgerichte, Fisch und Meeresfrüchte. 3 Gänge à la carte 18–39 €.

Taberna O'Pescador: Rúa Palbo Iglesias 7, O Grove. Gemütliches Gasthaus mit einfachen Holzbänken. *Raciones* 6–15 €.

Nuestra Señora do Carmen: 16. Juli, Fest mit Prozession in O Grove zu Ehren der Patronin der Fischer.

Romería da Nosa Señora da Lanzada: letzter Sa im Aug. Wallfahrt zur kleinen, auf einem Kap am südlichen Ende der Praia Lanzada liegenden Kapelle Santa María de la Lanzada. Ein ungewöhnliches Schauspiel ereignet sich um Mitternacht bei Mondenschein: Frauen, die bisher vergeblich auf Nachwuchs hofften, nehmen ein Bad im Meer. Neun Wellen sollen den gewünschten fruchtbarkeitsfördernden Effekt bringen. Die Wurzeln des Rituals gehen wohl auf heidnische Fruchtbarkeitskulte zurück.

Festa do Marisco: Am zweiten Oktoberwochenende findet ein kulinarisches Fest zu Ehren der Meeresfrüchte statt, wobei der Albariño-Wein nicht fehlen darf. Hinzu kommen Musik- und Tanzveranstaltungen.

Baden: Im Sommer locken die attraktiven Strände der Halbinsel sonnenhungrige Spanier in Scharen an. Die Perle unter den Stränden ist zweifellos die rund 7 km lange, feinsandige **Praia da Lanzada.** Sie erstreckt sich entlang der Meerenge, die die Halbinsel mit dem Festland verbindet, und wird alljährlich aufs Neue mit der blauen Umweltflagge ausgezeichnet.

Golfclub La Toja: Isla de la Toja, Tel. 986 73 01 58, www.latojagolf.com. 18-Loch-Platz.

Casino de A Toxa: Isla de la Toja s/n, Tel. 986 73 10 00, www.cirsa.com/casinos/la_ toja.

Bus: Die Busstation liegt in Hafenähe in der Rúa Beiramar. Die Busse der Firma Monbus (Tel. 902 29 29 00, www.monbus.es) fahren Ziele in der näheren Umgebung an. Das Busunternehmen La Unión (Tel. 902 15 87 78) fährt nach Pontevedra und mehrmals tgl. über Vilagracía nach Santiago sowie 2 x tgl. nach Vigo. Im Juli und August fahren Shuttle-Busse zu den Stränden.

Schiff: Vom Hafen legen Schiffe nach Cambados und Ribeira ab. Es werden auch diverse Touren mit Schiffen und Glasbooten durch die Ría de Arousa und die Illas Ciés angeboten. Zu den Anbietern gehören u. a.: Aquavisión, Tel. 986 73 29 68, Monroa, Tel. 986 73 00 32 und Baixas, Tel. 986 73 13 43.

Sanxenxo

Reiseatlas: S. 1, B 4

Nachtschwärmer werden sich in **Sanxenxo** (17 000 Einw.) nicht langweilen, das breite Spektrum an Bars, Restaurants und Disko-

Muschelparadies

Thema

Galicien gehört zu den führenden Muschelproduzenten der Welt. Im verhältnismäßig ruhigen Wasser der Rias können viele Muschelarten wie Mies-, Schwert-, Venus- und Herzmuscheln hervorragend gedeihen. Auch andere Delikatessen wie Austern und Entenmuscheln werden in den galicischen Gewässern erfolgreich kultiviert und geerntet.

In den Flussmündungen der Rías Baixas finden Miesmuscheln, die *mejilliones*, ideale Lebensbedingungen, denn das Phytoplankton, von dem sie sich ernähren, ist hier reichlich vorhanden. Die Grundlage der Aquakultur bilden die *bateas*, Flöße aus Eukalyptusholz, die auf dem Grund des Meeres verankert sind. Bis zu 500 10–15 m lange Seile hängen unterhalb eines solchen Floßes ins Wasser. Die Muschelbrut, *mejilla* genannt, wird in Netzen an den Seile fixiert. Nach einer Weile bilden die Muscheln ihren Bart aus und können sich so selbst am Seil festhalten. Nach 4–6 Monaten haben sie ihr Gewicht bereits verzehnfacht und können nach 15–18 Monaten geerntet werden. Bis zu 200 kg Miesmuscheln hängen dann an einem Seil – nur mithilfe eines Schiffskrans können die Fischer die schweren Seile aus dem Meer ziehen. Noch auf den Schiffen werden die Muscheln gereinigt und sortiert.

Jedes Jahr werden auf diese Art und Weise um die 250 000 Tonnen Miesmuscheln geerntet. Galicien ist damit der größte Produzent von Miesmuscheln in Europa. Die köstlichen Weichtiere erhielten 2006 als einziges Zuchtmeeresprodukt Spaniens eine geschützte Herkunftsbezeichnung. Alljährlich Ende Juli findet auf der Illa de Arousa ein großes Miesmuschelfest statt. Hier wetteifern die Köche um das beste Miesmuschel-Rezept, Nutznießer sind die Besucher der Fiesta.

Auch die edlen Austern reifen mittlerweile an den *bateas* heran. In Galicien wird die Sorte *ostrea edulis* gezüchtet. Wer sie im volkstümlichen Ambiente zu ausgesprochen zivilen Preisen genießen möchte, sollte die ›Austernmeile‹ von Vigo aufsuchen (s. S. 400).

Ebenfalls kultiviert werden in Galicien die kleinen, delikaten Herzmuscheln (*berberechos*), die würzigen Venusmuscheln (*almejas*) und die großen von Feinschmeckern sehr geschätzten Jakobsmuscheln (*vieiras*).

Eine weitere Delikatesse sind die Schwertmuscheln (*navajas*), die auch Messermuscheln genannt werden. Ihre Ernte ist recht mühsam und nicht ungefährlich. Ohne Sauerstoff tauchen die *navalleiros*, die Schwertmuschel-Sammler, bis zu 10 m in die Tiefe und graben mit bloßen Händen die länglichen Muscheln aus, die sich tief in den Sand eingegraben haben. 15 kg darf ein *navalleiro* pro Tag ernten; dafür muss er bis zu vier Stunden Arbeit investieren.

Noch weit riskanter ist die Ernte der Entenmuscheln *(percebes)*, die eigentlich keine Muscheln, sondern Krebse sind. Die *percebeiros* an der Todesküste, der Costa da Morte, lösen inmitten der starken Brandung die Tierchen mit einem Spatel von den steilen Klippen ab. Für die hochgeschätzte Delikatesse riskieren sie ihr Leben, denn ständig besteht die Gefahr, dass sie von der starken Brandung gegen die Felsen geschleudert werden. Gekocht werden die *percebes* nur in Wasser mit einem Lorbeerblatt und dann warm oder kalt verspeist. Dabei beißt man das feste rosige Fleisch einfach von der Schale ab, die die Form eines Entenschnabels hat – daher der Name.

theken stellt sogar die nahe Provinzhauptstadt Pontevedra in den Schatten.

Einst wurde der Ort als das Marbella des Nordens bezeichnet, mittlerweile hat jedoch weitgehend der Pauschaltourismus die Oberhand gewonnen. Baulich erinnert die Touristenhochburg an die Auswüchse der Badeorte der Costa del Sol in Südspanien. Dicht an dicht drängen sich hier die überwiegend gesichtslosen Hotel- und Apartmentbauten. Die Geschmäcker sind jedoch bekanntlich verschieden. Wer Sonne, Strand und Nightlife sucht, ist in Sanxenxo gut aufgehoben.

Rotilio: Av. do Porto 7, Tel. 986 72 02 00, www.hotelrotilio.com. Zentral am Hafen gelegener typischer Hotelkasten, die Zimmer sind aber angenehm hell mit Korbmöbeln eingerichtet. DZ 65–103 €. Einen guten Ruf genießt die Taberna de Rotilio. 3 Gänge à la carte 30 €.
Casa O Outeiro: Rúa O Outeiro 6, Outeiro, Pfarrgemeinde Dorrón (3,5 km nordöstl. von Sanxenxo), Tel./Fax 986 74 16 64, 986 74 16 91, www.casaruralouteiro.com. Die ländliche Unterkunft liegt abseits vom Trubel im Dorf Outeiro, zum Haus gehört ein rustikales Restaurant mit Terrasse. Die Besitzer sprechen Deutsch. DZ inkl. Frühstück 45–65 €.

Illa de Ons

Reiseatlas: S. 1, A 4; S. 9, A 1
Die Insel **Illa de Ons** (span. Isla de Ons) liegt am Anfang der Ría de Pontevedra und stellt so für die Bucht ein natürliches Schutzschild dar. Gemeinsam mit den weiter südlich gelegenen Illas Cíes und einigen weiteren kleinen Inseln bildet die Insel den noch jungen Nationalpark **Parque Nacional Illas Atlánticas** (s. S. 401). In den Sommermonaten herrscht ein reger Ausflugsverkehr, von den Häfen von Sanxeno, Bueu, Marín und Portonovo steuern Schiffe mehrmals täglich das Eiland an.

An der östlichen Küste, die der Ría zugewandt ist, liegen die Strände und die nur dünn besiedelte Ortschaft **Ons,** die sich aus mehreren Weilern zusammensetzt. Kontrastreich dazu die westliche Küste, die aufs offene Meer gerichtet ist: Sie prägt eine wilde, steile, von der See zerfurchte Felsküste. Die nährstoffreiche Küste ist ein Refugium für die unterschiedlichsten Meeresbewohner wie Krustentiere, Weichtiere und Fische. Ausgesprochen vielfältig präsentiert sich auch die Vogelwelt: große Möwenkolonien, Komorane und die seltene Trottellumme zählen zu den Inselbewohnern, etliche Zugvögel legen auf dem Archipel ein Gastspiel ein.

Der **Leuchtturm** wurde auf dem höchsten Punkt der Insel (128 m) errichtet und verschafft ein guten Überblick über das 414 ha große Eiland. Im Süden der Insel bietet die **Buraco do Inferno** (Höhle der Hölle) mit ihrem dumpfen Meeresrauschen ein beeindruckendes Naturschauspiel.

Wandern: Die Insel lässt sich auf verschiedenen **Wanderwegen** erkunden, fast schon obligatorisch ist der Weg zum Leuchtturm.

Fährverbindungen zur Illa de Ons bieten die Gesellschaften Cruceros Illas de Ons (Tel. 627 90 00 17, 986 32 09 53, www.crucerosillasdeons.com) ab Bueu an, von Sanxenxo, Marín und Portonovo fahren die Unternehmen Cruceros Rías Baixas (Tel. 986 73 13 43, www.crucerosriasbaixas.com) und Naviera Mar de Ons (Tel. 986 22 52 72 www.mardeons.com) in der Karwoche, den Maiwochenenden und in den Sommermonaten.

Combarro

Reiseatlas: S. 1, B 4
Der kleine, nur runde 10 km von Pontevedra entfernte Fischerort **Combarro** ist ein wirklich lohnendes Ausflugsziel. Hinter dem großen Platz am Hafen führt eine hölzerne Treppe zum alten Kern der Ortschaft. Die große Attraktion von Combarro sind die ***hórreos*** (Maisspeicher). Das Gros der rund 30 Speicher reiht sich direkt am Ufer der Ría aneinander – nirgendwo sonst in Galicien findet sich solch eine Ansammlung.

Zwischen den Speichern drängen sich Bars und Restaurants mit Meerblick. In den Souvenirgeschäften werden *hórreos* sowie die berühmten *meigas*, galicische Hexen, im Miniaturformat feilgeboten. Hübsche Gassen und eine Fischerkirche runden das Ortsbild ab. Ein kleiner Wehrmutstropfen ist allerdings der starke Besucheransturm. Wer es einrichten kann, sollte deshalb in der Woche und nicht am Wochenende hierher kommen.

Stella Maris: Ctra. de la Toja s/n, Tel. 986 77 03 66, Fax 986 77 12 04. Das kleine Hotel ist einfach, aber korrekt eingerichtet. Cafetería mit Meerblick. DZ 45–63 €.

13 Pontevedra

Reiseatlas: S. 1, B 4

Neben Santiago de Compostela zählt **Pontevedra** zu den städtischen Perlen Galiciens. Im Schutz der gleichnamigen Ría liegt die 80 000 Einwohner zählende Provinzhauptstadt im Mündungsbereich des Río Lérez. Was die Touristenzahlen anbelangt, steht Pontevedra zu Unrecht ganz im Schatten der großen Pilgermetropole.

Geschichte

Um die Entstehung der Stadt rankt sich, wie so häufig in diesen Gefilden, eine Legende: Als Gründer wird der griechische Held Teucros genannt, der wie Odysseus nach dem Trojanischen Krieg (um 1200 v. Chr.) übers Meer irrte und schließlich vor der galicischen Westküste vor Anker gegangen sein soll. Gesichert ist dagegen die Präsenz der Römer. Sie tauften die Stadt auf den Namen *Ad duo pontes* (zu den zwei Brücken), im Mittelalter wurde daraus *Pontis veteris* (Alte Brücke), woraus sich der heutige Name der Stadt ableitet.

Im Mittelalter erlebte die Hafen- und Fischerstadt als aufstrebende Handelsmetropole ihre Blütezeit. Die einflussreiche jüdische Gemeinde trug entscheidend zum Wohlstand der Stadt bei. Im 16. Jh. liefen von der Werft von Pontevedra prächtige Karavellen vom Stapel, etliche Expeditionen in die Neue Welt starteten vom Hafen. Die allmähliche Versandung des Hafens im 18./19. Jh. läutete den wirtschaftlichen Niedergang ein. Zwar entstand westlich der Stadt der **Ausweichhafen Marín,** aber an die großen Zeiten als Hafenstadt konnte Pontevedra trotzdem nicht mehr anknüpfen.

Stadtrundgang

Der alte Kern von Pontevedra versprüht mit seinen lauschigen Gassen und stimmungsvollen Plätzen viel Charme. Den Übergang zu den neueren Stadtvierteln markiert die **Praza da Peregrina**. Die elegant geschwungene barocke Fassade der **Iglesia de la Peregrina** (18. Jh.) ist das optische Herzstück der Plaza. Die Kirche ruht originell auf dem Grundriss einer Jakobsmuschel. Eine kunstvoll inszenierte Treppe führt ins Innere des Gotteshauses, wo vom Hauptaltar voller Anmut die Virgen Peregrina (Pilgerin Maria), die Schutzpatronin von Pontevedra, auf die Gläubigen herabblickt. Sie trägt die typischen Pilgerinsignien: den Pilgermantel mit fein bestickten Jakobsmuscheln, den Pilgerstab mit Kalabasse und den dazugehörigen Pilgerhut.

Nur ein paar Meter weiter liegt die großzügig angelegte **Praza da Ferrería** (Platz der Schmiede). Den beliebten Treffpunkt säumen einige Cafés und Restaurants, unter Magnolienbäumen laden schicke weiße Bänke zum Ausruhen ein. Die Westseite des Platzes nimmt die **Iglesia de San Francisco** (14./15. Jh.) ein, die gegenüber der elegant, verspielten Iglesia de Peregrina fast etwas schwerfällig wirkt. Das Portal (1229), ein Relikt des Vorgängerbaus, ziert eine prachtvolle Rosette. In der Apsis erinnert ein Grabmal an Don Payo Gómez Chariño. Der Admiral und Dichter ging als Kämpfer gegen die Mauren in die Geschichte ein, er war maßgeblich beteiligt an der Rückeroberung von Sevilla im Jahr 1248.

Von der Plaza führt die Wein- und Tapagasse Figueroa geradewegs zur heimeligen **Praza da Leña.** Der Name des Platzes erinnert daran, dass hier früher Reisigbündel und Brennholz (*leña*) verkauft wurden. Den Mittelpunkt des Bilderbuch-Platzes markiert ein barockes Wegekreuz. Gegenüber liegt das

Umzug der Riesenköpfe: ein typischer Anblick auf spanischen Dorffesten

wirklich sehenswerte Provinzmuseum, das **Museo Provincial de Pontevedra,** das sich auf drei nebeneinander liegende Anwesen verteilt. Das Museum brilliert mit einer breit gefächerten Sammlung, darunter herrliche Goldschmiedearbeiten aus der Keltenzeit und maritime Exponate. Die umfangreiche Azabache-Sammlung (dabei handelt es sich um tiefschwarze, stark polierte Gagatkohle) zeigt Heiligenstatuen, Schiffsmodelle und Schmuckstücke. Die interessante Gemäldegalerie des Museums präsentiert ein breites Spektrum von Kunstwerken, vertreten sind auch große spanische Meister wie El Greco, Francisco de Goya, José de Ribera, Bartolomé Estebán Murillo und Francisco de Zurbarán (www.museo.depo.es, Juni–Sept. Di–Sa 10–14, 16.30–20.30, So 11–14, sonst Di–Sa 10–14, 16–19, So 11–14 Uhr, Eintritt frei).

Hinter der Praza da Leña taucht gleich die nächste attraktive Plaza auf: die langgestreckte **Praza de Verduras,** wo einst Obst und Gemüse gehandelt wurden. Über die Calle Isabella II. führt der Weg zur **Basilika Santa María la Mayor.** Ende des 15. Jh. stiftete die Bruderschaft der Seeleute das Gotteshaus im Herzen des alten Fischerviertels. Die reich dekorierte Hauptfassade mutet wie ein überdimensioniertes Retabel an, sie wird dem Meister Cornelis de Holanda (Cornelius von Holland) zugeschrieben.

Etwas weiter südlich, knapp außerhalb des Altstadtbezirks, ragen an der neuzeitlich geprägten **Praza de España** die Überreste der **Kirche Santo Domingo** (14. Jh.) auf. Heute beherbergt das Areal das **Museo Arqueológico,** eine Dependance des Museo Provincial. Ausgestellt sind Funde aus der Vorgeschichte, der Römerzeit und dem Mittelalter (Juni–Sept. Di–Fr 10.15–13.45, 16.45–20.15, Sa 10.15–13.45 Uhr, sonst nach individueller Absprache mit dem Museo Provincial).

Oficina de Turismo: Calle General Gutiérrez Mellado 1, 36001 Pontevedra, Tel. 986 85 08 14, www.concellopontevedra.es, Sommer Mo–Sa 10–14, 16.30–19.30, So 10–14, Winter Mo–Fr 10-14, 16–20, Sa 10–12.30 Uhr.

Parador de Pontevedra Casa del Barón: Rúa Barón 19, Tel. 986 85 58 00, Fax 986 85 21 95, www.parador.es. Mitten im Zentrum, in einer verkehrsberuhigten Zone, liegt der in einem ehemaligen Adelspalast aus dem 16. Jh. untergebrachte Parador. Stilvolle Einrichtung mit aristokratischem Flair. DZ 115–140 €.

Ruas: Rúa Sarmiento 20, Tel. 986 84 64 16, www.turgalicia.es. Das kleine zentral gelegene Hotel in der Altstadt bietet einfache, solide Zimmer. Korrektes Preis-Leistungs-Verhältnis. DZ 45–65 €.

Casa Maruja: Av. Santa María 2, Tel. 986 85 49 01. Gut geführte Pension in zentraler Lage an der Plaza de España. DZ 35 €.

Außerhalb:

Casa Rural O'Pozo: Arnaiz Alonso C.B., A Graña 23, Borela (13 km nordöstl. von Pontevedra), Tel./Fax 986 76 32 50, www.opozo.com. Ruhiges Landhaus mitten im Grünen, man fährt in Richtung Carballedo, dann weiter nach Borela und folgt der Ausschilderung. Für die Gäste steht ein Salon zur Verfügung, die Zimmer sind mit schönen Holzmöbeln ausgestattet. Fahrradverleih. DZ 61 €.

Die **Tapameilen** von Pontevedra erstrecken sich zwischen der Plaza Peregrina und der Plaza Leña, eine gute Auswahl findet man in den Gassen Figueroa und San Sebastián sowie in der Calle San Nicolás in der Nähe des Paradors.

Casa Solla: Av. Siniero 7, San Salvador de Poio (2,5 km westl. von Pontevedra), Tel. 986 87 28 84, www.restaurantesolla.com, So ganz u. Mo/Do abends geschl. Modernes Design mit klaren, eleganten Linien machen den Reiz des unter Leitung von Pepe Solla stehenden Gourmetlokals mit innovativer Küche aus. Mehrgängiges Degustationsmenü 37 €.

Alameda de Doña Antonia: Soportales de la Herreria 4–12, Tel. 986 84 72 74, www.alamedadedonaantonia.com, Mo abends u. So geschl. Das Lokal ist eines der gastronomischen Aushängeschilder von Pontevedra. Vom ersten Stock aus bietet es zudem einen schönen Blick auf die Plaza. Aus der Küche kommen so ausgefallene Köstlichkeiten wie See-

teufel auf Ananas mit Pinienkernen oder Heilbutt auf Gemüse. 3 Gänge à la carte 27–44 €.
Rianxo: Plaza da Leña 6. Tel. 986 85 52 11, So geschl. Beliebtes Restaurant und Tapabar mit schmackhafter Regionalküche und fairen Preisen. 3 Gänge à la carte 15–24 €.
Café Central: Calle Peregrina 30, Tel. 986 89 62 96. Schönes Kaffeehaus mit großer Terrasse an der Ecke Rúa da Peregrina und Glorieta de Compostela.

Das **Nachtleben** spielt sich in Pontevedra um die Plaza Herrería und den umliegenden Gassen ab. Angesagt bei der Jugend sind die hippen Clubs im Urlaubsort Sanxenxo, Nachtbusse pendeln zwischen Pontevedra und Sanxenxo.

Die Haupteinkaufsmeile von Pontevedra ist die lebhafte **Calle de Michelena.** Hier finden sich Boutiquen und Schuhgeschäfte.
Mercado: Calle de la Sierra 4. Die Markthalle liegt in Flussnähe und hat vormittags bis gegen 14 Uhr geöffnet. Besonders eindrucksvoll sind die Auslagen mit Fisch und Meeresfrüchen.

Romería de San Beitiño de Lérez: 11. Juli, Wallfahrt zu Ehren des hl. Beitiño de Lérez, der bei Ausschlägen und Geschwüren helfen soll.
FestiClown: 14.–20. Juli, farbenfrohes Festival der Clowns und Komiker.
Fiesta de la Peregrina: Am 2. Sonntag im August startet das einwöchige Fest zu Ehren der Stadtpatronin. Auf dem Programm stehen Konzerte, Theatervorführungen, Feuerwerke und Stierkämpfe. Karten für die Veranstaltungen werden an der Kasse im Teatro Principal verkauft.

Bahnhof: Praza Calvo Sotelo s/n, Info: Renfe Tel. 902 24 02 02. Gute Verbindungen nach Santiago, La Coruña und Vigo.
Busbahnhof: Praza Calvo Sotelo s/n, Tel. 986 85 24 08, Busse fahren 10 x tgl. nach Sanxenxo und Cangas, alle 20 Min. nach Vigo und 10 x tgl. 10 nach Santiago.

Halbinsel Morrazo

Reiseatlas: S. 9, B 1
Die bergige **Península de Morrazo** ist zwischen die Ría de Pontevedra und die Ría de Vigo gebettet. Die 60 km lange Tour entlang der Küste lohnt sich schon wegen des Kaps **Cabo de Home,** der Naturschönheit Nummer eins der Halbinsel. Neben dem herrlichen Ausblick auf die **Cíes-Inseln** befinden sich entlang der Route auch einige paradiesische Strände.

Marín

Kurz hinter Pontevedra taucht die 25 000-Einwohner-Stadt **Marín** auf. Ihren Aufstieg als Hafenstadt verdankt sie der Versandung des Hafens von Pontevedra (ab dem 17. Jh.). Marín ist mittlerweile die drittwichtigste Hafenstadt Galiciens. Im Stadtbild geben die Neubauten den Ton an, noch etwas Fischerviertel-Flair weht um die bescheidene Barockkirche **Santa María do Porto.** In Marín trifft man auf viele schnittige Kadetten, sie erhalten ihre Ausbildung in der 1943 gegründeten Marineschule.

Bueu, Beluso und Hío

Von der Ortschaft **Bueu** starten Ausflugsboote zur Isla de Ons. Der Ort selbst hat bis auf eine ehemalige Konservenfabrik, die heute das **Museum der Seefahrtsgeschichte** beherbergt, nicht allzu viel zu bieten (Museo Massó, Montero Ríos s/n, www.xunta.es/conselle/cultura/patrimonio/museos/masso/, Di–Sa 10–20, So/Fei 10–14 Uhr, Eintritt frei). Vorbei am kleinen, schmucken Fischerhafen von **Beluso** führt eine Stichstraße zum unter Naturschutz stehenden **Cabo de Udra.**

Ein Abstecher von der Hauptroute führt hinauf in die kleine Ortschaft **Hío.** Der Stolz des Dorfes ist das filigran gearbeitete, steinerne Wegekreuz (*cruceiro*) vor der romanischen Kirche **San Andrés.** Der Bildhauer Ignacio meißelte es Ende des 19. Jh. aus einem einzigen Granitblock heraus. Unter Kunstkennern gilt es als das Prächtigste in ganz Galicien.

Von Donón zum Cabo de Home

Weiter in Richtung Cabo de Home passiert man die Ortschaft **Donón.** Vom Parkplatz an

Entenmuscheln: Ihr Geschmack ähnelt Krebsfleisch

der Ortsausfahrt führt rechter Hand ein Wanderweg (20 Min.) hinauf zum Aussichtsberg **Monte do Facho;** der kurze, aber knackige Aufstieg wird mit einem herrlichen Blick über die Ría de Pontevedra und die Illas Cíes belohnt wird. Zum Scheitelpunkt der Halbinsel, dem **Cabo de Home,** das gleich von zwei Leuchttürmen bekrönt wird, führt eine ungeteerte Piste. Diese reizvolle Ecke lässt sich gut mit dem Fahrrad erkunden. Idyllisch breiten sich die Illas de Cíes zum Greifen nah vor dem Kap aus. Weniger reizvoll ist der Weg über Cangas de Morrazo gen Osten, denn die Nordküste der Ría de Vigo ist stark verbaut.

Baden: Hinter Marín reihen sich die Strände bis zum Cabo de Udra förmlich aneinander. In einer kleinen Bucht mit Yachthafen liegt die attraktive, feinsandige **Praia de Aguete,** noch etwas weiter südlich erstreckt sich die familienfreundliche **Praia de Loira (Loureiro).** Das Wasser ist hier an vielen Stellen recht flach, sodass Kinder sich nach Herzenslust austoben können. Östlich vom Cabo de Home liegt der für Nudisten zugelassene Dünenstrand **Praia de Nerga y Barra.**

Bootsfahrten: Von der Ortschaft Bueu starten Ausflugsboote zur **Isla de Ons.**

Vigo

Reiseatlas: S. 9, B 1

Die touristische Attraktivität der Industrie- und Hafenstadt **Vigo** hält sich in Grenzen. Auf den ersten Blick schockiert der bauliche Wildwuchs, der in weiten Teilen das Stadtbild beherrscht. Dennoch findet man in Vigo einige reizvolle Plätze in der Altstadt, eine gepflegte Flaniermeile am Hafen und etliche Straßenzüge mit stattlichen Bauten aus der Zeit der vorletzten Jahrhundertwende. Als Pluspunkt kann die Stadt auch die reizvolle Lage am südlichen Ufer der Ría de Vigo für sich verbuchen. Vom Hafen bietet sich ein Ausflug zu den Cíes-Inseln (s. S. 401) an.

Wirtschaft

Vigo ist mit 300 000 Einwohnern die größte Stadt Galiciens. Politisch hatte sie sowohl gegenüber der Provinzhauptstadt Pontevedra als auch gegenüber der galicischen Hauptstadt Santiago das Nachsehen. Dafür ist Vigo ein ökonomisches Schwergewicht. Die Stadt besitzt den größten **Fischereihafen** Spaniens, hinzu kommt die dazugehörige verarbeitende Industrie. Eine gewichtige Rolle im Wirtschaftsgefüge spielt auch die **Automobilindustrie** mit einer großen Niederlassung der Firma Peugeot Citroën. Doch die Zeiten waren nicht immer so rosig, die Krise der **Werftindustrie** (1975–1985) traf Vigo besonders schwer. Der Kinofilm von Fernando León de Aranoa »Los lunes al sol« mit Javier Bardem in der Hauptrolle schilderte sehr eindrucksvoll die ausweglose Lage der Werftarbeiter. Ende der 1980er-Jahre erholte sich die Stadt und blickt heute wieder hoffnungsvoll in die Zukunft.

Stadtrundgang

Als Ausgangspunkt für einen Spaziergang durch die Altstadt oder eine Shoppingtour bietet sich die **Praza Porta do Sol** an, sie bildet das Bindeglied zwischen der Altstadt und der Neustadt. Ihr Erkennungszeichen: die Skulptur »El Sireno« des Bildhauers Francisco Leiro (1991). Das hybride Wesen, halb Mensch, halb Fisch, löste heftige Diskussionen aus.

Hinter dem Denkmal verläuft die verkehrsberuhigte Einkaufsmeile **Calle del Príncipe**. In entgegengesetzter Richtung führt der Weg in die Altstadt über die Praza de Princesa zur **Praza da Constitucíon.** Der intime kleine Platz lädt mit seinen Cafés und Restaurants unter den Arkaden zum Verweilen ein. Am Platz liegt das alte Rathaus, das heute als Kulturzentrum genutzt wird. Eine kleine, enge Gasse, die **Rúa dos Cesteiros** (Gasse der Korbflechter) geht von der Praza ab. Hier scheint die Zeit stehengeblieben zu sein: Vor den Geschäften sitzen die Frauen und flechten solide Körbe. Zum Flair der Gasse tragen auch einige kleine unprätentiöse Kneipen bei. Wenige Schritte entfernt erhebt sich eher unspektakulär die **Concatedral Santa María,** ein klassizistischer Bau aus dem 19. Jh.

Nicht verschwiegen werden soll an dieser Stelle, dass etliche Gassen der Altstadt und des Fischerviertel Berbés ein ziemlich trostloses Bild bieten. Viele der Häuser sind heruntergekommen, teilweise sogar komplett verlassen. Weite Teile des Ufers sind durch den riesigen Industrie- und Fischereihafen sowie die Werften verbaut.

Von seiner Schokoladenseite zeigt sich Vigo dagegen zwischen der grünen Uferpromenade **As Avenidas** mit Blick auf den attraktiven Sporthafen und der mit Kamelien und Magnolien bepflanzten Flaniermeile **La Alameda** (Praza da Compostela). Die besten Hotels der Stadt, Restaurants und Cafés befinden sich in dieser Ecke.

Aus der Vogelperspektive kann man die Stadt und den Hafen von der Verteidigungsanlage **Castelo do Castro** (17. Jh.) aus betrachten. Im Süden der Neustadt liegt der **Parque de Castrelos,** die grüne Oase der Stadt.

Museen

In einem Herrenhaus aus dem 17. Jh. wurde das **Museo Municipal Quiñones de León** untergebracht, das archäologische Funde aus der Region und eine hervorragende Sammlung zeitgenössischer galicischer Kunst zeigt (www.museodevigo.org, Parque de Castrelos s/n, Di/Do/Fr 10–13.30, 17–20, Mi 10–20, Sa 17–20, So 10–13.30 Uhr, Eintritt frei).

Südwestlich vom Zentrum in Richtung des gepflegten Hausstrands von Vigo **Praia Samil** liegt das 2002 eröffnete **Museo del Mar**. Thematisch befasst sich das Museum, zu dem auch ein Aquarium gehört, mit der Geschichte der Fischerei und der Seefahrt. (www.museodomar.com, Av. Atlantida 160, Juni–Sept. Di–Do 10–14, 17–22, Fr/Sa 10–14, 16–22.30, So 10–22, Okt.–Mai Di–Do 10–14, 16–20, Fr/Sa 10–22.30, So 10–21 Uhr, 3 €)

i **Oficina Municipal de Turismo:** Rua Teólfilo Llorente 5, 36202 Vigo, Tel. 986 22 47 57, www.turismodevigo.org. Mo–Fr 10–14, 16–19.30, So 10–14 Uhr.

AC Palacio Universal: Av. Cánovas del Castillo 28, Tel. 986 44 92 50, Fax 986 44 92 51, www.ac-hotels.com. 2006 eröffnet, elegantes Design bestimmt das Ambiente in dem ehemaligen Adelspalast aus dem 19. Jh. Ein Pluspunkt ist die Lage direkt gegenüber dem grünen Paseo Marítimo. DZ 70–120 €.

América: Rúa Palbo Morillo 6, Tel. 986 43 89 22, Fax 986 43 70 56, www.hotelamerica-vigo.com. Angenehmes Hotel mit moderner Ausstattung. Besonders reizvoll ist das Frühstück auf der Terrasse mit Blick über die Ría von Vigo. DZ inkl. Frühstück 88–100 €.

Puerta del Sol: Porta do Sol 14, Tel. 986 22 23 64, Fax 986 22 71 53, www.alojamientos vigo.com. Sympathisches Hotel in zentraler Lage, Zimmer mit mediterranem Touch, allerdings nicht sehr großzügig geschnitten. DZ 58–71 €.

Hostal Canaima: Av. de Garcia Barbón 42, Tel. 986 43 09 34, Fax 986 22 13 85. Die Zimmer des Hostals sind funktional eingerichtet, hoteleigene Garagenstellplätze. DZ 40–53 €.

Urige Lokale, wie die Bar Chavolas, Taberna Ramón oder A'Curuxa, finden sich in der **Rúa dos Cesteiros.** Eine gute Auswahl an Restaurants und Kneipen findet sich auch in der **Rúa Real,** der Hauptachse des Fischerviertels Berbés.

La Oca: Rúa Purificación Saavedra 8, Tel. 986 37 12 58, nur mittags geöffnet, Fr auch abends. Feine Küche mit galicisch-baskischem Einschlag. Die Spezialität des kleinen Lokals ist die köstliche Foie gras. 3 Gänge à la carte 30 €.

Bitácora: Rúa Carral 28, Tel. 986 43 96 99. Maritim dekoriertes Restaurant, das gute Paellas und Meeresfrüchte serviert. Menü 24 €.

La Pedrera: 1ª Trav. Santiago de Vigo 5, Tel. 986 22 45 25. Nett eingerichtetes Lokal an der Santiago-Kirche, im Eingangsbereich große Tapabar, Tapa 4–8 €. Die Spezialität des Restaurants ist ein Reisgericht mit Hummer für 2 Pers. für € 22, Menü um 10 €.

Rías Baixas: Av. República Argentina 2, Tel. 986 22 30 41. Bei den Einheimischen steht das Lokal hoch im Kurs. Die Preise sind niedrig und das Essen gut. Falls Sie keinen Platz bekommen: In der gleichen Straße Nr. 21 hat der Sohn einen sehr einfach eingerichteten Ableger eröffnet. Menü um 9 €.

Bar Chavolas: Rúa do Cesteiros 3, Tel. 986 22 50 02, Volkstümliche, schlichte Taverne. Hier sitzt man an einfachen Holztischen, lässt sich einen Ribeiro-Wein, den der Wirt selbst keltert, einschenken und bestellt dazu zum Schnabulieren ein paar leckere Tapas. Tapa 4–7 €.

Austern schlürfen

Ein Muss in Vigo ist die **Rúa da Pescadería,** eine Gasse parallel zum Hafen. Hier preisen die *ostreiras* (Austernverkäuferinnen) an ihren Stände, die bis gegen 15 Uhr geöffnet sind, frische, quicklebendige Austern an. Die Preise sind sehr zivil, die Austern werden vor Ort ausgeschlürft, dazu mundet ein Glas Albariño. Welch angenehm volkstümlicher Rahmen für die ansonsten so exklusive Delikatesse!

Haupteinkaufsstraße ist die verkehrsberuhigte **Rúa Principe,** weitere Shoppingmeilen sind die Rúa María Berdiales und die Gran Vía.

In der **Straße der Korbflechter** (Rúa do Cesteiros) reihen sich kleine Geschäfte mit traditionellen handgefertigten galicischen Korb- und Flechtarbeiten.

El Buen Vivir: Alfonso XIII 1, Tel 986 43 57 59. Vinothek mit der gesamten Bandbreite des galicischen Rebensaftes, in Bahnhofsnähe.

Faro Vilano: Plaza de la Iglesia 1, Tel. 986 43 24 87. Neben den berühmten Klöppelarbeiten von Camariñas bietet das Geschäft maritime Souvenirs und Keramik an.

Im Sommer tobt das Nachtleben von Vigo vor allem in den Clubs und Pubs der Playa Samil. In Vigo selbst trifft sich die Jugend in den Vierteln **Arenal** und **Berbés** sowie in der **Calle Lepanto.**

Baden: Südlich des Zentrums von Vigo liegt der beliebte **Hausstrand Samil,** der von einer 3 km langen Uferpromenade gesäumt wird. An diesen Strand grenzt die kleinere **Praia O Bao.**

Tauchen: Tauchkurse und Tauchexkursionen bietet das Unternehmen **Buceo Islas Cíes** an (Calle Torrecedeira 26, Tel. 986 29 05 89, www.buceoislascies.com).

Flug: Flughafen, Av. del Aeropuerto s/n, 10 km östlich von Vigo, Tel. 986 27 05 50, 986 26 82 00. Gute Inlandsverbindungen, tgl. Flüge nach Genf und Zürich. **Iberia-Büro:** Rúa Marqués de Valladares 13, Tel. 986 22 70 04.
Bahn: RENFE-BAhnhof, Praza da Estación s/n, Tel. 986 43 11 14. Stdl. Züge nach Pontevedra, Santiago und A Coruña, 4 x tgl. nach Tui, 7 x tgl. nach Ourense.
Bus: Av. de Madrid s/n, Tel. 986 37 34 11, www.vigobus.com. Die städtische Buslinie 7 fährt vom Zentrum zum Busbahnhof, stdl. nach Santiago; nach Pontevedra, Baiona und A Guarda alle 30 Min.
Fähre: Estación Marítima de la Ría, As Avenidas s/n, Tel. 986 43 77 77. Die Schiffe von Mar de Ons (Tel. 986 22 52 72, www.mardeons.com) fahren im Sommer bis zu 4 x tgl. zu den Cíes-Inseln (Fahrtzeit 45 Min.). Das ganze Jahr über gibt es alle 30 Min. Verbindungen nach Cangas.

14 Illas Cíes

Reiseatlas: S. 9, A 1
Die drei **Cíes-Inseln** und ihre Unterwasserwelt bilden ein faszinierendes Ökosystem. Seit 2002 formen sie gemeinsam mit den Inselgruppen von **Sálvora, Cortegada und Ons** (s. S. 392) den **Nationalpark Islas Atlánticas.** Im Westen der Inseln bestimmen Steilküsten von bis zu 100 m Höhe das Bild, auf der windgeschützten Seite finden sich Kiefer- und Eukalyptuswälder sowie herrliche Dünenstrände. Von Vigo, Baiona und Cangas de Morrazo legen in den Sommermonaten die Fähren zu den Cíes-Inseln ab. Allerdings ist der Zugang beschränkt, pro Tag dürfen nur 2200 Personen die Inselgruppe besuchen.

Die kleinste Insel **San Martiño** (oder Illa Sur) ist für Besucher gesperrt, damit die hier lebenden Vögel nicht gestört werden. Die beiden Inseln **Illa del Faro** (oder Illa del Medio) und **Illa de Monteagudo** verbindet die **Praia da Rodas.** Bei Flut bahnt sich das Wasser einen Weg zwischen den Inseln und überflutet so Teile des ausgedehnten Strands.

Die meisten Ausflüger zieht es direkt zu den herrlichen Stränden. Wer die **Vogelobservatorien** oder die **Leuchttürme** der Inseln aufsuchen möchte, erhält am Info-Punkt an der Bootsanlegestelle Rodas eine Karte zur Orientierung.

Oficina del Parque Nacional de las Islas Atlánticas: Calle Pintor Laxeiro 45, Bloque 1 Local 9, 36004 Pontevedra, Tel. 986 85 85 93.
Interpretationszentrum im Kloster San Estevo auf den Cíes-Inseln: Tel. 986 80 54 69.
Info-Punkt: an der Bootsanlegestelle Rodas. HIer gibt es eine Karte zur Orientierung.

Camping Islas Cíes: Tel. 986 43 83 58, Fax 986 44 72 04. Der Platz ist die einzige Möglichkeit, auf der Insel zu übernachten. Geöffnet Mitte Juni–Mitte Sept. Es empfiehlt sich, beim Ticketkauf für die Fähre einen Platz zu reservieren. Der Platz liegt ca. 2 km entfernt von der Anlegestelle in einem Pinienwald oberhalb des Lago de Cíes, d. h. ganz in der Nähe der Praia da Rodas. Der kleine Laden des Campingplatzes bietet nicht allzu viel Auswahl und ist naturgemäß etwas teurer als auf dem Festland. Pro Pers. 6 €, Zelt 7,50 €.

Baden: Auf der Ostseite der Inseln finden sich wunderschöne Dünenstrände mit feinem weißen Sand. Der längste ist der 1300 m lange Traumstrand **Praia da Rodas,** der bei Flut allerdings z. T. unter Wasser steht.

Fähre: Schiffsverbindungen mit Vigo 4 x tgl., (s. S. 401), mit Baiona 4–6 x tgl. (s. S. 402). Rechtzeitig reservieren!

Baiona

Reiseatlas: S. 9, B 1
Die liebenswürdige Küstenstadt **Baiona** (span. Bayona, 11 000 Einw.) lebt heute in erster Linie vom Tourismus. Sie liegt geschützt in einer weiten Bucht, die zwischen dem Monte Ferro und dem Monte Real verläuft. Für Badefreuden sorgt in der Bucht die

lang gestreckte, feinsandige **Praia de América.** 1493 lief im Hafen Baiona die Karavelle La Pinta ein. So erfuhren die Einwohner von Baiona als erstes in Europa, dass Kolumbus Amerika entdeckt hatte. Anlässlich der 500-Jahr-Feier der Entdeckung Amerikas wurde die **La Pinta** nachgebaut. Sie liegt nahe dem Kastell vor Anker und ist zu besichtigen.

Die Gassen und Plätze der seit 1993 unter Denkmalschutz stehenden **Altstadt** verströmen viel Atmosphäre. Auf der Halbinsel Monterreal wachte einst eine mittelalterliche Burg über Baiona. Im 16. Jh. errichteten der Conde de Gondómar auf den Ruinen des Kastells ein vornehmes Herrenhaus – heute logieren die Gäste des Paradors in dem Anwesen mit herrlichem Blick auf die Bucht von Baiona.

Oficina de Turismo: Paseo de la Ribera s/n, 36300 Baiona, Tel. 986 68 70 67, www.baiona.org, Juli/Aug. tgl. 10–15, 16–21, Jan.–März Mo–Sa 10–14, 16–21, sonst Mo–Sa 10–14, 16–20, So 11–14, 16–20 Uhr.

Parador de Baiona: Castello de Monte Real, Tel. 986 35 50 00, Fax 986 35 50 76, www.parador.es. Der Parador thront auf der Halbinsel Monterreal umgeben von alten Festungsmauern. Genuss pur bietet die herrliche Aussicht aufs Meer und die Illas Cíes. Fitnessraum, Tennisplatz, Swimmingpool. DZ 198 €.

Pazo de Mendoza: Rúa Elduayen 1, Tel. 986 38 50 14, Fax 986 38 59 88, www.pazodemendoza.es. Herrenhaus im Herzen von Baiona mit Blick auf die Uferpromenade. Ordentliche Zimmer. DZ 60–115 €.

Casa San Lourenzo: Camiño da Bouza Levada 27, A Granxa–Belesar (8 km nördl. von Baiona, über die A 9, Ausfahrt Baiona Norte in Richtung Sabarís, im Ort ist das noch 5 km entfernte Haus ausgeschildert), Tel./Fax 986 35 45 99, 678 37 11 00, www.casasanlourenzo.com. Mitten im grünen Hinterland von Baiona liegt das gemütliche, ruhige Landhaus. Ideal für Wandertouren. DZ 50–71 €.

Camping

Camping Bayona Playa: Ctra. Vigo–Baiona km 19, Tel. 986 35 00 35, Fax 986 35 29 52, www.campingbayona.com, ganzjährig geöffnet. Komfortabler, großer Platz direkt am Strand. Ausgestattet mit großem Pool, Supermarkt und Bar-Restaurant. Etwas sehr gedrängt wurden die neuen Holzbungalows aufgestellt. Pro Pers./Zelt/Pkw 7 €, Caravan 13 €.

Etliche günstige Lokale gibt es in der **Calle Ventura Misa.**

O Moscón: Calle Alférez Barreiro 2, Tel. 986 35 50 08, www.restaurantemoscon.com. Angenehmes Lokal mit guter Küche nicht nur aus dem Meer, auch auf den Punkt gebratene Fleischgerichte und hausgemachte Desserts. 3 Gänge à la carte 20–40 €.

El Candil: Calle San Juan 46, Tel. 986 35 74 93, www.restauranteelcandil.com. Altstadt-Restaurant mit stilvollem Ambiente. Frischer Fisch und Meeresfrüchte gehören zu den Spezialitäten des Hauses. 3-Gänge-Menü 15–35 €.

La Abadía: Calle Bernardo Vázquez 38–40, Playa América Nigrán, Tel. 986 36 79 58. Modernes, freundliches Lokal mit Bar. Tapa 7–12 €, Hauptgericht 15–25 €.

Arribada de la Carabela Pinta: 1. März, Feier zum Gedenken an die Rückkehr des Kolumbus-Schiffes La Pinta nach der Entdeckung Amerikas.

Auftrieb der Wildpferde: in den umliegenden Bergen von Baiona. Am letzten Maiwochenende in Valga bei Oia, am 1. Juniwochenende in Torroña und am 2. Juniwochenende in Mougás.

Fronleichnamsfest (Corpus Cristi): In mühevoller Kleinarbeit werden die Gassen der Altstadt mit bunten Blumenteppichen für die Prozession geschmückt.

Bus: Haltestelle Parada de Autobuses ATSA, Rúa Carabela Pinta s/n, Tel. 986 35 55 30. Jede halbe Std. fahren Busse nach Vigo, 2–3 x tgl. nach A Guarda.

Schiff: Naviera Mar de Ons, Tel. 986 22 52 72, www.mardeons.com. Von der Hafenmole fahren im Sommer 4–6 x tgl. Boote zu den Cíes-Inseln (s. S. 401), Fahrtdauer 45 Min. Rechtzeitig reservieren!

A Guarda

Reiseatlas: S. 9, A 2

A Guarda (span. La Guardia) bedeutet übersetzt ›Die Wache‹. Das Städtchen (10 000 Einw.) kontrollierte einst als südlichste Grenzfeste Spaniens die Zufahrt zum Río Miño, der die Grenze zu Portugal markiert. Heute herrscht ein reger Austausch mit dem Nachbarland, Grenzstreitigkeiten wurden längst ad acta gelegt.

Das sehr überschaubare alte Zentrum liegt hoch über dem Hafen rund um die Kirche **Santa María de Asunción** (16. Jh.). In Hafennähe steht das **Convento de San Benito** (16. Jh.), das heute als Hotel fortlebt. Am Hafen mit seinen bunten, teilweise gekachelten Fischerhäusern reihen sich die Bars und Tavernen aneinander. Berühmt ist A Guarda für seine köstlichen Langusten, dazu passt der Rosal-Wein aus der Region.

15 Monte de Santa Tecla

Der Zufall half: Straßenbauarbeiten förderten im Jahr 1913 eine der bedeutendsten keltischen Siedlungen Spaniens ans Tageslicht. Die archäologische Grabungsstätte liegt auf halben Weg hinauf zum 350 m hohen **Monte de Santa Tecla.** In dieser strategisch geschickten Position hoch über der Mündung des Río Miño errichteten die Kelten im 1. Jh. v. Chr. ihre gut mit Mauern gesicherte Siedlung. Anhand der zahlreichen archäologischen Funde konnte nachgewiesen werden, dass der Berg bereits in der Jungsteinzeit besiedelt war. Auf dem Areal von 700 x 300 m, das erst zu rund 50 Prozent freigelegt wurde, stehen dicht gedrängt die Grundmauern der

Richtig Reisen-Tipp: Wandern auf dem historischen Mühlenpfad bei Santa Tecla

Kurz vor Santa Tecla bietet sich die Gelegenheit für eine kurze, aber spektakuläre **Rundwanderung.** Die 4,5 km lange Tour mit mittlerem Schwierigkeitsgrad dauert etwa 2 Stunden. Ihren Ausgangspunkt erreicht man über die Nationalstraße N-550 von Tui nach A Guarda. In San Miguel de Tabagón folgen Sie dem Hinweisschild nach Muiños de Folón (aus A Guarda kommend gibt es noch eine weitere ausgeschilderte Zufahrt in El Rosal). Den Ausschilderungen weiter folgend, windet man sich ca. 15 Min. langsam durch Gärten und Dörfer aufwärts, bis man linker Hand zu einem kleinen schattigen Parkplatz gelangt. Ein paar Schritte oberhalb des Parkplatzes beginnt die durchgehend gut zweifarbig ausgeschilderte Wanderung.

Die erste Hälfte der Wanderung geht bergauf und ist deshalb etwas schweißtreibend. Sie führt zunächst durch einen kühlen Eukalyptuswald und dann an kleinen Wassermühlen entlang, an denen auch im Hochsommer das klare Wasser aus den Bergen vorbeiplätschert. Für den Aufstieg belohnt wird man mit einem grandiosen **Ausblick über das Mündungsgebiet des Miño,** der sich bis nach Portugal erstreckt.

Insgesamt passiert man auf diesem einzigartigen Mühlenpfad **67 Mühlen,** die bis ins 19. Jh. in Betrieb waren. Die ersten Mühlen wurden im 12. Jh. gebaut, die älteste heute noch erhaltene Mühle stammt aus dem Jahr 1702. 1996 wurden alle verfallenen Steinhäuschen restauriert; sie stehen seitdem unter Denkmalschutz.

Hauptsächlich wurde hier Korn zu Mehl verarbeitet, aber manche der Mühlen waren auch Walkmühlen für Leinen und Wolle. Lasttiere transportierten über Zickzack-Pfade die Rohstoffe. Dafür wurden domestizierte Wildpferde aus den galicischen Bergen eingespannt – die Karrenspuren sind noch heute zu sehen.

Der langsame Prozess des Mahlens hatte zur Folge, dass die Menschen viel Zeit an den Mühlen verbrachten, wovon zahlreiche Lieder Zeugnis ablegen. Die bekannteste traditionelle Liedform ist die *muiñera*, die das galicische Wort für Mühle *muiño* im Namen trägt.

kleinen keltischen Hütten. Die Anlage mutet wie ein einziges Labyrinth an. Die meisten Behausungen basieren auf einem runden Grundriss.

Um das Leben der Kelten greifbarer zu machen, rekonstruierten die Archäologen eine strohbedeckte **Rundhütte.** Im Zentrum der Hütte befand sich die Feuerstelle, geschlafen wurde auf Steinbänken oder Hängematten. Die Kelten lebten von der Landwirtschaft, betrieben aber auch Fischfang. Die Archäologen vermuten, dass in der Siedlung bis zu 3000 Menschen gelebt haben. Auf dem Gipfel des Berges präsentiert das **Museo Arqueológico Castro de Santa Tecla** die Grabungsfunde. Neben Exponaten aus der keltischen Zeit, finden sich auch Funde aus der Steinzeit und der Römerzeit (www.aguarda.com/museo/index.htm, Di–So 11–14, 16–19 Uhr, Eintritt frei).

Hinter dem Parkplatz führt der Weg hinauf zur urtümlichen **Kapelle der Santa Tecla** aus dem 16. Jh. Zweimal im Jahr nehmen Pilger aus Spanien und Portugal den schweißtreibenden Aufstieg dorthin auf sich. Die Fahrt zum **Gipfel** des Monte Tecla lohnt allein schon wegen des fantastischen Ausblicks über die Mündung des Miño und den Atlantik. In den Morgenstunden hängen häufig noch dichte Nebelschwaden über dem Fluss – umso größer der Aha-Effekt, wenn sie sich verziehen.

Oficina de Turismo: Rúa Plaza del Reloj s/n, 36780 A Guarda, Tel. 986 61 45 46, www.concellodaguarda.com, Juni–Sept. 10.30–19.30 Uhr.

Convento de San Benito: Plaza de San Benito s/n, Tel. 986 61 11 66, Fax 981 61 15 17, www.hotelsanbenito.es. Die Adresse für Nostalgie-Fans! Klösterliche Atmosphäre durchstreift noch immer die ehemalige Benediktinerabtei. Zum Charme des gediegenen Hotels tragen viele Antiquitäten, Gemälde und Heiligenstatuen bei. Hinzu kommen ein lauschiger Innenhof, eine Keramik-Ausstellung und eine Bibliothek mit kostbarem Bestand. DZ 60–115 €.

Camping

Camping Santa Tecla: Ctra. Tui–A Guarda, Salcidos (2 km östl. von A Garda), Tel. 986 61 30 11, Fax 986 61 30 63, www.campingsan tatecla.com, ganzjährig geöffnet. Großzügiger, bestens ausgestatteter Platz mit großem Pool, Supermarkt, Restaurant-Bar, Disco, Fahrradverleih. Pro Pers./Zelt/Pkw 5 €, Caravan 6 €.

Riveiriña: Av. del Puerto 28, Tel. 986 61 03 56. Das helle, freundlich geführte Restaurant liegt direkt am Hafen. Es bietet Meeresspezialitäten wie gratinierte Jakobs-

Im 1. Jh. v. Chr. lebten Kelten in Rundhütten auf dem Monte de Santa Tecla

muscheln, Tintenfische auf galicische Art, Langusten und vieles mehr. Menü 15 €.

Katamaran-Fahrten im Mündungsbereich des Río Miño, die Fahrten starten um 11.30 und um 17.30 Uhr vom Hafen Puerto de A Pasaxe (Camposancos) in La Guardia, die Dauer beträgt ca. 1 ¼ Std., Information und Reservierung unter Tel. 986 44 71 17, 609 76 83 24.

Festa da Lagosta: 1. Juliwochenende. Das kulinarische Fest zur Ehren der **Langusten** lockt auch mit umfangreichem Rahmenprogramm.

Romería de Santa Tecla: Am 2. Augustwochenende und am 23. Sept. finden die **Wallfahrten** zur Kapelle Santa Tecla statt. Die Augustwallfahrt ist verbunden mit farbenfrohen Trachtenumzügen, die Septemberwallfahrt schließt mit einem großen Sardinenfest im Park Cancelón ab.

Bus: Haltestelle Parada Praza Avelino Vicente, 3 x tgl. nach Baiona, etwa stdl. nach Vigo und Tui.

Galiciens Binnenland

Reiseatlas S. 2, 9/10

Auf ausländische Touristen trifft man im Binnenland von Galicien abseits des Jakobswegs eher selten. Dabei ist das Gebiet mit der imposanten Schlucht des Cañon del Rio Sil, den vielen abgeschiedenen Klöstern und Weilern und den pittoresken Altstädten von Tui, Ribadavia und Lugo ausgeprochen vielseitig.

Tui

Reiseatlas: S. 9, B 2

Das alte Städtchen **Tui** (span. Tuy, 17 000 Einw.) liegt auf einem Hügel oberhalb des Río Miño. Auf dem höchsten Punkt thront die Kathedrale, darunter breitet sich die hübsche Altstadt mit ihren kachelverzierten Häusern aus, ein Geflecht von steilen Gassen und Treppen. Vieles vom heutigen Leben der Stadt spielt sich in der Neustadt ab, aber der Trend, in die ›autofreundlichen‹, gesichtslosen Neubauten abzuwandern, scheint mittlerweile gebremst. Hoch her geht es in der Altstadt immer donnerstags, an den Markttagen, Parkplätze sind dann eine Rarität. Nette Restaurants, Kneipen und Cafés sorgen für Leben. Zu den lokalen Spezialitäten zählen Forellen (*trucha*), Glasaale (*anguila*) und Neunaugen (*lamprea*) aus dem Miño.

Geschichte

Der Legende nach soll Tui von dem Griechen Diomedes, einem Wegbegleiter von Odysseus und Helden von Troja, gegründet worden sein. Bis dato fanden sich jedoch keinerlei archäologische Anhaltspunkte für die Präsenz der Griechen in der Region. Namensgeber für Tui waren die Kelten. Unter den Römern blühte der Handel dank der Errichtung der Römerstraße auf, die Braga mit Astorga verband.

Im Mittelalter nutzten die portugiesischen Jakobspilger diese Route, um nach Santiago zu gelangen. Bereits im 4. Jh. etablierte sich Tui als einer der frühsten Bischofssitze des Landes. Nach dem Zerfall des römischen Imperiums erhoben im 5. Jh. die Sueben Tui zu ihrer Hauptstadt. Unter dem vorletzten Westgotenkönig Witiza (702–710) genoss die Stadt erneut den Status einer Königsresidenz. Die wiederholten Invasionen der Mauren (8. Jh.) und der Wikinger (11. Jh.) setzten ihr jedoch schwer zu. Erst Dank der Förderung von Doña Urraca (1065–1109), der Schwester von König Alfonso VI., blühte sie durch zahlreiche Schenkungen wieder auf.

Aufgrund der Grenzlage zwischen Kastilien und Portugal am Río Miño wurde Tui immer wieder Schauplatz von kriegerischen Auseinandersetzungen. Heute gehört dieses Kapitel längst der Vergangenheit an. Seit 1884 überspannt eine Brücke den Miño und verbindet so Tui mit dem portugiesischen Nachbarort Valença do Minho. Mit der EU-Mitgliedschaft der beiden Länder sind die Grenzen gefallen, zwischen den beiden Städten herrscht auf vielen Ebenen ein reger Austausch. Lange Zeit war es für die Spanier aufgrund der günstigeren Preise interessant, bei den portugiesischen Nachbarn einzukaufen, mittlerweile hat sich das Preisniveau jedoch weitgehend angeglichen.

Kathedrale

Die Hauptattraktion von Tui ist zweifellos die imposante **Kathedrale Santa María.** Ihr wehrhafter Charakter mit Zinnen, Wehrgängen und Türmen erklärt sich durch die Geschichte als Grenzfeste zu Portugal. Die Bauarbeiten begannen im Jahr 1120 und waren Mitte des 13. Jh. weitgehend abgeschlossen. Allerdings führte das Erdbeben von Lissabon im Jahr 1755 zu schweren Schäden, sodass im Inneren des Gotteshauses Stützbögen eingezogen werden mussten, um das Gebäude zu stabilisieren.

Die Schauseite der Kathedrale gilt als eines der großen Glanzlichter der spanischen Gotik. Das reich skulptierte **Hauptportal** zeigt unter einem schützenden Portikus im Tympanon die Anbetung der Könige und der Hirten. Noch im Stil der Romanik präsentiert sich dagegen das schlichte Nordportal.

Ganz nach dem Vorbild der Kathedrale von Santiago de Compostela basiert die Kathedrale von Tui auf einem Längs- und einem Querhaus mit drei Schiffen. Bei der Ausstattung sticht das kunstvoll gearbeitete **Chorgestühl** (17. Jh.) in der Capilla Mayor hervor. Auf den Rückenlehnen zeigen Reliefs Szenen aus dem Leben des Patrons der Seefahrer San Telmo.

Die **Kapelle des Stadtpatrons San Telmo** versteckt sich rechts hinter der Capilla Mayor. Sie birgt neben zahlreichen Reliquien des Heiligen die sterblichen Überreste des berüchtigten Inquisitors Diego de Torquemada (1444–1523). Die **Capilla de Santa Catalina** fungiert heute als Museum der Kathedrale, unter den Preziosen sind einige Barockaltäre, eine Jungfrau mit Kind von Juan de Juani (16. Jh.) und ein interessanter Kelch (15. Jh.), der aus einer Kokosnussschale gefertigt wurde.

Der **gotische Kreuzgang** wurde zwischen dem 13. und 15. Jh. hinzugefügt. Von hier aus führt der Weg hinauf auf den **Turm Soutomaior,** oben wartet ein interessanter Ausblick über die Stadt und den Miño bis nach Portugal (Okt.–März 9.30–13.30, 16–19, April–Sept. 9–14, 16–21 Uhr, 2 €).

Rund um die Kathedrale

Gegenüber der Kathedrale befindet sich das **Diözesanmuseum,** das in einem ehemaligen Pilgerhospital untergebracht ist. Neben sak-raler Kunst umfasst das Museum auch eine bemerkenswerte archäologische Sammlung, deren interessantestes Exponat ein Bronzehelm aus keltischer Zeit ist (tgl. 10–13, 16–19 Uhr, 3 €).

Östlich der Kathedrale erhebt sich das **Rathaus** von Tui. Die steile Gasse Misericordia führt hinab zur **Capilla de San Telmo** (18. Jh.), die im heiteren portugiesischen Ba-

Mit der Autorin unterwegs

Grenzgänger

Die **Grenzstadt Tui** bietet sich für einen Ausflug in die portugiesische Nachbarstadt **Valença do Minho** an. Der Weg dorthin führt über eine von **Gustave Eiffel** konstruierte **Eisengitterbrücke** (s. S. 408).

Aal und Neunauge

Diese Spezialitäten des Río Miño kommen in der unprätentiösen Traditionsgaststätte von Tui, dem **O Novo Cabalo Furado,** auf den Tisch. Durch die offene Küche können die Gäste sehen, wie ihr Gericht zubereitet wird (s. S. 408).

Weitblick

Die Mühen des Aufstiegs auf den 631 m hohen Gipfel **Pico San Xiao** im **Parque Natural del Monte Aloia** werden mit einem weiten Blick über das Tal des Río Miño belohnt (s. S. 408).

Weinprobe im Mittelalter

Der Streifzug durch **Ribadavia** kommt einer Zeitreise ins Mittelalter gleich. In den Kneipen der Altstadt kann man den süffigen **Ribeiro-Wein** kosten. Weinliebhaber werden beim Besuch der traditionsreichen **Bodega Adega Loural** auf ihre Kosten kommen (s. S. 411).

Auf der Mauer

Zum Pflichtprogramm gehört in **Lugo** der Spaziergang auf den römischen **Stadtmauern**. Er bietet herrliche Ausblicke auf die Altstadt und die Umgebung von Lugo (s. S. 418).

rockstil gehalten ist. Die Überlieferung berichtet, dass die Kapelle über dem Wohn- und Sterbehaus des Schutzheiligen San Telmo erbaut wurde.

In Richtung des spanisch-portugiesischen Grenzübergangs stößt man auf das Kirchlein **San Bartolomé de Rebordáns.** Erstmals urkundlich erwähnt wurde es bereits im 10. Jh., und gilt somit als die älteste erhalten gebliebene Kirche Galiciens. Grandios sind vor allem die archaischen Kapitelle, die in der prä- und frühromanischen Formensprache gehalten sind.

Ein lohnender Spaziergang führt über die 1844 von Gustave Eiffel konstruierte **Eisengitterbrücke** in die portugiesische Nachbarstadt **Valença do Minho.** Um sich vor den spanischen Nachbarn zu schützen, ließen die Stadtväter die Ortschaft im 17. Jh. von Sébastién de Vauban, dem Militärbaumeister von Ludwig XIV., befestigen. In der Altstadt schmücken hübsche kachelverzierte Häuser die Gassen.

Naturpark Monte Aloia

Eine Chance, Wildpferde zu sichten, besteht im **Parque Natural del Monte Aloia,** dem ältesten Naturpark Galiciens. Der saftig-grüne Park liegt rund 8 km nordwestlich von Tui. Lohnend ist der Aufstieg zum **Gipfel Pico San Xiao** (631 m), er bietet einen großartigen Panoramablick über das spanisch-portugiesische Tal des Miño. Sechs markierte Wanderwege mit unterschiedlichem Schwierigkeitsgrad durchziehen das 746 ha große Areal.

Oficina de Turismo: Edif. Área Panorámica, Colón 2, 36700 Tui, Tel./Fax 986 60 17 89, Mo–Fr 9.30–13.30, 16.30–18.30, Sa 10.30–12.30 Uhr.

Punto de información túristica: Rúa Colón 21, 36700 Tui, Tel./Fax 986 60 17 89, Sommer Mo–Fr 10–14, 17–19, Sa/So 10–14, 17–18.30, Winter Mo–Fr 9.30–13.30, 16.30–18.30, Sa 10–12 Uhr.

Centro de Interpretación da Natureza: Frinxo 37, Paozos de Rei, Tel. 986 68 50 95. Informationen zum Naturpark Monte Aloia und seinen Wanderwegen.

Parador de Tui: Av. de Portúgal s/n, Tel. 986 60 03 00, Fax 986 60 21 63, www.parador.es. Die Architektur des Parador ist eine gelungene Imitation eines typisch galicischen Herrenhauses. Ds oberhalb des Miño-Ufers gelegene Luxushotel bietet komfortable, großzügig geschnittene Zimmer. Eine grüne Oase bildet der Garten des Hauses. DZ 126–160 €.

Casa Recotoral de Areas: Areas (3,5 km südl. von Tui), Tel. 646 96 36 22, Fax 986 60 35 17, rectoralareas@terra. es. Das ländliche Gästehaus in Areas, einst Pfarrhaus (17. Jh.), steht direkt neben der kleinen Pfarrkirche. Die Zimmer sind funktional eingerichtet. Der Pfarrer, der das Gästehaus betreut, kümmert sich liebevoll um die Gäste. DZ 64–52 €.

Quinta do Ramo: Rúa Ramo 5, Forcadela-Tomiño (8 km südl. von Tui), Tel. 986 62 28 84, Fax 986 62 34 22, www.quintadoramo.com. Das sehr komfortable Landhaus in Forcadela besitzt 6 liebevoll eingerichtete Zimmer und ein in der Region beliebtes Restaurant. DZ inkl. Frühstück 72 €.

O Novo Cabalo Furado: Praza do Concello s/n, Tel. 986 60 12 15, So abends/Mo geschl. Die Küche liegt gleich im Eingangsbereich, so können die Gäste den Köchen bei der Arbeit über die Schulter schauen. Das schlicht eingerichtete Lokal ist der Klassiker von Tui, zu den Spezialitäten gehören Aal (*angulas*) aus dem Miño und Neunaugen (*lampreas*). Hauptgericht 10–18 €. Angeschlossen ist eine einfache Pension, DZ 50–60 €.

Viñoteca de García: Rúa Seixas 6, Tel. 630 82 44 98. Die moderne Vinothek serviert zum breiten Weinsortiment leckere Kleinigkeiten. Wein ab 3 €, Kleinigkeiten wie Tortilla 4,50 €, Käseteller 8,60 €.

Markttag ist donnerstags. Die Händler bieten in der Hauptstraße Calvo Sotelo Textilien, CDs, Unterhaltungselektronik etc. an. Der Obst- und Gemüsemarkt wird nur ein paar Meter weiter abgehalten.

Konditorei Monjas de Clausura: Rúa Monxas s/n, Tel. 986 60 04 22. Aus der Backstube der Nonnen kommen leckere Marzipanfischchen (*pececitos de almendra de las monjas encerradas*).

Fiestas de San Telmo: Eine Woche nach Ostern startet das 10-tägige Patronatsfest von Tui. Auf dem Programm stehen neben der Prozession Gottesdienste, Konzerte, Theateraufführungen, ein Feuerwerk etc. Am Sonntag nach dem Ostersonntag wird der kulinarischen Spezialität von Tui, dem Aal aus dem Miño, mit einem Fest gehuldigt.

Arrepions: Av. de la Concordia, Tel. 986 60 30 09, 608 60 30 09, www.arrepions.com. Das Unternehmen bietet Kanu- und Raftingtouren auf dem Miño sowie Kletter- und Wanderexkursionen an.
Club Náutico San Telmo: Baixada ao embarcadoiro 2, Tel. 986 60 24 64, www.cnsantelmo.com. Der Club bietet verschiedene Freizeitangebote im Bereich Wassersport, u. a. Wasserski und Segeln.

Bahn: Estación Guillarei, Renfe Tel. 902 24 02 02. Der Bahnhof liegt 3 km entfernt vom Stadtzentrum in Richtung Vigo, von hier fahren tgl. 5 Züge nach Ourense, 4 Züge nach Ribadavia, 6 Züge nach Vigo.
Bus: Die Busse fahren ab der Haltestelle an der Calle Calvo Sotelo stdl. nach A Guarda und Vigo.

Ribadavia

Reiseatlas: S. 9, C 1
Das Städtchen **Ribadavia** (5400 Einw.) ist das Zentrum der Weinanbauregion Ribeiro. Es liegt am Zusammenfluss des Río Avia mit dem großen galicischen Strom, den Río Miño. In der Altstadt angekommen, ist die etwas ernüchternde Zufahrt rasch vergessen.

Das Mittelalter lebt hier fort, es war die Blütezeit der heute recht ruhigen und beschaulichen Stadt. Damals lebte in Ribadavia eine der einflussreichsten **jüdischen Gemeinden** Spaniens. Die Juden ließen sich im Gefolge

Richtig Reisen-Tipp: Übernachten im Kloster San Clodio

Spiritualität und Ruhe durchziehen noch immer die Gemäuer des **Klosters San Clodio,** obwohl es längst weltlichen Zwecken zugeführt wurde. Mitten im Ribeiro-Weinanbaugebiet, auf halber Strecke zwischen Ribadavia und Carballiño, versteckt sich die mächtige Klosteranlage in dem noch ganz mittelalterlich geprägten Weiler San Clodio, der um das Kloster herum entstand. Seit 1999 fungiert das Kloster, nach einer umfassenden Sanierung durch die Regierung von Galicien als komfortables **4-Sterne-Hotel.** Die klösterlichen Gemächer zeichnet eine zurückhaltende Eleganz aus. Zum Lustwandeln stehen die beiden großzügig dimensionierten **Kreuzgänge** im Barock- und Renaissancestil zur Verfügung, die Küche verwöhnt den Gaumen der Gäste mit einer innovativen Küche und den guten Weinen der Region (Hotel Monumento Monasterio de San Clodio, San Clodio, Leiro, Tel. 988 48 56 01, Fax 988 48 56 04, www.eurostarshotels.com, DZ 78–98 €).

Die historischen Ursprünge des Klosters verlieren sich im frühen Mittelalter, die erste schriftliche Erwähnung der Abtei geht bereits auf das Jahr 928 n. Chr. zurück. Im 12. Jh. übernahmen dann die **Benediktiner** die Abtei. Sie engagierten sich, getreu ihrem Motto *ora et labora* (Bete und arbeite!) in der Landwirtschaft und der Viehzucht und verwandelten so das Tal des Río Avia in einen Garten Eden. Ein gutes Jahrhundert später ging das Kloster auf den **Zisterzienserorden** über. Die Lebensgrundlage des Klosters bildete fortan der **Weinanbau.** Für das gesamte Ribeiro-Anbaugebiet leistete der Orden wichtige Pionierarbeit. Heute erinnern die frisch gesetzten Weinstöcke im ehemaligen Klostergarten an den guten Klostertropfen der Zisterzienser.

des Königs García I. in Ribadavia nieder, der die Stadt im 11. Jh. zur Hauptstadt des Königreichs von Galicien machte. Im 14. Jh. stellte die jüdische Gemeinde fast die Hälfte der Einwohnerschaft von Ribadavia, ihre Domäne war der Weinhandel. Pioniere im Bereich des Weinanbaus waren die umliegenden **Klöster Oseiro, Melón** und **San Clodio** (s. S. 409). Endgültig vorbei mit dem friedlichen Zusammenleben der Kulturen war es jedoch spätestens mit dem Vertreibungsedikt der Katholischen Könige im Jahr 1492. In ihrer Not konvertierten viele Juden von Ribadavia zum katholischen Glauben – die einzige Möglichkeit, im Land zu verbleiben.

Stadtrundgang

Als Ausgangspunkt für eine Stadterkundung bietet sich die weitläufige **Praza Maior** an. Gegenüber dem Rathaus erhebt sich der einstige Sitz der Condes von Ribadavia (18. Jh.), im Erdgeschoß des Palais befindet sich das Büro der Touristeninformation, darüber das **Centro de Información Sefardí** (Öffnungszeiten wie Touristeninformation), ein Museum, das Aufschluss über das Leben der Juden von Ribadavía gibt.

Vom Rathaus führt eine Gasse hinab zur romanischen **Iglesia de San Juan** (12. Jh.), einst gehörte sie zum Ritterorden Los Caballeros Hospitalarios de San Juan de Jerusalem. Der Orden betreute in einem nahe gelegenen Hospital die Jakobspilger, die von der portugiesischen Stadt Braga nach Santiago aufbrachen. Nur ein paar Schritte weiter trifft man auf die **Iglesia de Santiago** (12. Jh.), die älteste Pfarrei von Ribadavia. Im Inneren birgt sie eine aus Stein gemeißelte Jakobsfigur, die der Schule des Meisters Mateo zugerechnet wird.

Unterhalb der Kirche liegt das thematisch breit gefächerte **Museo Etnolóxico**. Mittels historischer Trachten, Werkzeugen und anderen Gebrauchsgegenständen dokumentiert das Volkskundemuseum das alltägliche Leben iin Galicien zur Zeit der Urgroßväter (museoetnoloxico.ribadavia-blog.xunta.es, Di–Fr 11–14.30, 16–20, Sa/So 11–14.30 Uhr, Eintritt frei).

Oberhalb der Jakobskirche erstreckt sich die ehemalige **Judería.** das jüdische Viertel, um die Iglesia de la Magdalena. An dem gleichnamigen Platz befand sich vermutlich die Synagoge der Gemeinde. Von der Stadtbefestigung sind noch Teile der Ummauerung, drei Stadttore und die Überreste des Kastells **Castillo de los Condes de Ribadavia** (15. Jh.), erhalten geblieben.

Oficina de Turismo: Praza Maior 7, 32400 Ribadavia, Tel./Fax 988 47 12 75, www.ribadavia.com. Hochsaison Mo–Sa 10–15, 17–20, So/Fei 10.30–14.30, 17–20, Nebensaison Mo–Sa 9.30–14, 16–19, So 10.30–15 Uhr.

O Priorato: Reza, Pfarrgemeinde A Arnoia (3 km südl. von Ribadavia), Tel. 988 47 02 87, www.turgalicia. es. Das Landhaus mitten im Weinberg hat einen schönen Ausblick auf den Miño. Die Zimmer verströmen aristokratisches Flair. DZ 65 €.

Plaza: Praza Maior s/n, Tel. 988 47 05 76. Einfaches Hotel direkt am Hauptplatz von Ribadavia, dazu gehört ein Lokal, das günstige Menüs um 10 € anbietet. DZ 35 €.

Camping

Camping Leiro: Ctra. Ribadavia-Cea, km 10, Leiro (10 km nordwestl. von Ribadavia), Tel./Fax 988 48 80 36. Großzügig dimensionierter, gut ausgestatteter Platz mit einem recht guten Restaurant. Pro Person, Pkw, Zelt 4 €.

Taberna Papuxa: Porta Nova de Arriba, s/n. Uriges Weinlokal im Herzen der Altstadt, in der Nähe Praza Magdalena. Zum guten Ribeiro-Wein werden bodenständige Tapas angeboten. Tapa 5–10 €.

Konditorei Tafona da Hermínía: Trav. Porta Nova de Arriba 2, Tel. 988 47 10 04. Hier wird köstliches **jüdisches Gebäck** hergestellt.

Feria do Viño do Ribeiro: Ende April/Anfang Mai, fröhliches **Weinfest** und **Weinmesse.**

Festa da Istoria: letzter Samstag im Aug., Fest der Geschichte, auf dem die Bewohner

von Ribadavia das Mittelalter wiederaufleben lassen. Sie verkleiden sich in historischen Kostümen, christliche und jüdische Traditionen werden gleichermaßen gewürdigt. Zum Festprogramm gehören u. a. ein Markt mit Kunsthandwerk, ein Ritterturnier, eine nachgestellte jüdische Hochzeit und koschere sowie unkoschere Festgelage.
Virgen del Portal: Mitte Sept., Patronatsfest zu Ehren der Schutzpatronin.

In der Weinregion öffnen zahlreiche **Bodegas** ihre Tore für Besucher. Eine Liste ist über das Tourismusamt von Ribadavia erhältlich.
Bodega Adega Loural: Remoriño, Pfarrgemeinde A Arnoia (7 km südl. von Ribadavia). Die Bodega blickt auf eine Tradition von 300 Jahren zurück, Führungen bietet der Besitzer Xosé Villar nach tel. Voranmeldung an, Sa 19.30–21.30, So 12–13.30, Tel. 988 49 29 55, 609 76 02 61, Fax 988 49 24 83.
Adega Viña Costeira: Valdepereira s/n, Riabadavia, Tel 902 63 64 66, www.vinoribeiro.com. Die größte Bodega der Region, Führungen nach Voranmeldung.

Bus: Der Busbahnhof befindet sich an der Ponte San Francisco. Die Gesellschaft Auto Industrial/Castromil (Tel. 988 21 53 56) fährt ca. 4 x tgl. nach Vigo und Ourense.
Bahn: Der Bahnhof von Ribadavia liegt etwas außerhalb vom Stadtzentrum. Tel. 988 47 03 08. Es fahren tgl. an die 5 Züge nach Ourense und Vigo.

Ourense und Umgebung

Reiseatlas: S. 10, D 1
Die lebhafte Provinzhauptstadt **Ourense** (span. Orense) ist mit 108 000 Einwohnern nach Vigo und A Coruña die drittgrößte Stadt in Galicien. Ein Kontrast zur reizvollen landschaftlichen Umgebung bilden die wuchernden Neubauviertel, die sich um die schmucke Altstadt legen. Allzu viele Fremde zieht es nicht in die weit im Hinterland gelegene Stadt. Dafür begegnet man vielen Gallegos, die in den 1960er- und 70er-Jahren in Deutschland oder in der Schweiz gearbeitet haben.

Heute ist auch in dieser einst so ärmlichen Region niemand mehr gezwungen, sein Auskommen im Ausland zu suchen. Subventionen halfen der Stadt und der Region, wieder auf die Beine zu kommen. Wichtig für das Wirtschaftsleben ist vor allem die Nahrungsmittel- und die Weinindustrie, außerdem hat sich die Stadt in der Welt der Mode, vor allem dank des hier geborenen Designers Adolfo Domínguez, einen Namen gemacht.

Geschichte

Die Römer lockten das Gold des Río Miño und die wohltuenden heißen Schwefelquellen in das galicische Hinterland. Sie tauften die neu gegründete Stadt auf den vielversprechenden Namen Auriense (lat. *aurum* = Gold), die goldene Stadt. Die wichtigste Hinterlassenschaft aus der Römerzeit ist für Ourense die siebenbogige **Ponte Vello** (im 13. und 17. Jh. erneuert) über den Río Miño.

Als Hauptstadt des Königreichs der Sueben erlebte die Stadt im 5. und 6. Jh. ihre Blütezeit. Schwer gebeutelt wurde sie durch die wiederholten Einfälle der Mauren. Im späten Mittelalter stieg Ourense wieder zu einer blühenden Handelsstadt auf, nicht zuletzt dank ihrer großen jüdischen Gemeinde. Mit der Vertreibung der Juden Ende des 15. Jh. ging jedoch der erneute wirtschaftliche Niedergang einher.

Stadtrundgang

Die kommunikative Mitte von Ourense bildet die **Praza Maior**. Das Rathaus und stattliche Bürgerhäuser mit Arkadengängen säumen die unregelmäßig geschnittene Plaza. Direkt auf dem Platz im ehemaligen Bischofspalast (12. Jh.) zeigt das **Museo Arqueológico Provincial** (bis auf Weiteres wegen Renovierungsarbeiten geschlossen) regionale Funde aus prähistorischer, keltiberischer, römischer und suebischer Zeit.

Nur ein paar Meter weiter liegt die **Kathedrale San Martiño** (12./13. Jh.). Ihre ältesten Bauelemente gehen auf die Zeit der Romanik

Auf dem farbenfrohen Markt von Ourense findet sich die ganze Palette kulinarischer Köstlichkeiten Galiciens

zurück, sie wurde im Laufe der Jahrhunderte jedoch mehrfach umgestaltet. Im Kircheninneren verbirgt sich auf der Westseite das **Paradiestor** (Pórtico del Paraíso, 12. Jh.), eine exzellente Nachbildung des Pórtico de la Gloria der Kathedrale von Santiago de Compostela. Im zentralen Bogen finden sich die 24 Ältesten der Apokalypse mit den zeitgenössischen Musikinstrumenten. Im Gegensatz zum Vorbild blieb hier der Farbauftrag noch weitgehend erhalten, allerdings wurde im 19. Jh. stark nachgeholfen. Der reich skulptierte **Hauptaltar** (16. Jh.) stammt vom Meister Cornelis de Holanda, er vereint Elemente der Gotik mit denen der Renaissance. Im Zentrum des **Retabels** ist der Patron der Kathedrale, der hl. Martin von Tours abgebildet. Aufmerksamkeit verdient auch die barocke **Capilla del Santo Cristo.** Sie birgt eine sehr lebensnah gestaltete, gotische Christusfigur: Der geöffnete Mund und die extrem ausgemergelten Arme unterstreichen das Leiden Christi. Der Volksmund behauptet, dass der Bart und die Haare, beide aus Echthaar, nachwachsen würden (Mo–Fr 8–13.30, 16–20.30, Sa/So 8–13.30, 16.30–20.30 Uhr).

Im angeschlossenen **Diözesanmuseum** wird der Kirchenschatz präsentiert. Zu den kostbarsten Exponaten zählen ein Bischofsstab aus Elfenbein (12. Jh.) sowie ein Prozessionskreuz (16. Jh.), das dem Meister Enrique de Arfe zugeschrieben wird (Di–So 11.30–13, 16–19.30 Uhr).

Um die Kathedrale herum winden sich hübsche Gassen mit kleinen Geschäften, für das leibliche Wohl sorgen die zahlreichen

Tapabars. Stimmungsvolle Plätze wie die **Praza do Trigo** oder die **Praza da Magdalena** laden zum Ausspannen ein. Westlich der Praza Maior liegt am Rande der Altstadt der bunte **Markt** von Ourense mit einem Gewirr an Blumen-, Brot-, Obst- und Gemüseständen. Die Calle del Progreso führt in Richtung der heißen Schwefelquellen **As Burgas,** die schon die Römer zu schätzen wussten. Das 67 °C heiße Wasser sprudelt aus einem schlichten Brunnen und soll gegen Rheuma, Arthritis und diverse Hautkrankheiten helfen.

Kloster Santa María de Oseira

35 km nordwestlich von Ourense liegt das **Mosteiro de Santa María de Oseira** (von Ourense die N-525 in Richtung Santiago, nach ca. 24 km rechts in Richtung Oseira). Die altehrwürdige Anlage wird aufgrund ihrer Dimensionen als der Escorial Galiciens bezeichnet. Benediktinermönche gründeten im Jahr 1137 die abgelegene Abtei, die wenige Jahre später dem Zisterzienserorden unterstellt wurde. Nach einem verheerenden Brand wurde das älteste Zisterzienserkloster Galiciens in weit größerem Maßstab wiederaufgebaut.

Die zweitürmige Fassade der Klosterkirche präsentiert ein barockes Antlitz, im Inneren weht dagegen der Geist der Zisterzienser: Erhabene Dimensionen ohne überflüssigen Bauschmuck zeichnen das frühgotische Gotteshaus aus. Der **Chor** und sein Umgang erinnern an die Kathedrale von Santiago. Säulen, die sich wie Palmen auffächern, zeichnen die elegante **Sakristei** aus. Auf den geführten Rundgängen durch das Kloster stehen des Weiteren die drei **Kreuzgänge** (16.–18. Jh.), die **Bibliothek** und das **Klostermuseum** auf dem Programm. Ein beliebtes Mitbringsel ist der Eukalyptuslikör der Mönche, der bei Erkältungskrankheiten wahre Wunder bewirken soll (Besichtigung nur im Rahmen von Führungen möglich, Tel. 988 28 20 04, tgl. 9.30–12, 15.15–17.45 Uhr).

Kloster San Salvador

Das kleine Dorf **Celanova** 23 km südlich von Ourense entwickelte sich um das **Mosteiro de San Salvador**. 936 gründete der hl. Rosendo gemeinsam mit Mönchen des Klosters von Ribas de Sil die Benediktinerabtei. Von der ursprünglichen Klosteranlage ist im Klostergarten noch die stimmungsvolle mozarabische Kapelle San Miguel erhalten geblieben. Die heutige Abtei geht auf das 16. und 17. Jh. zurück. Opulente spätbarocke Altäre zieren die Klosterkirche. In silbernen Schreinen werden die **Reliquien** des hl. Rosendo und des hl. Torcuato gehütet (Führungen: April–Okt. Mo–Sa 11, 12, 13, 16, 17, 18, So/Fei 11.30, 13, 16, 17, 18, Nov.–März Mo–Sa 11, 12, 13, 16, 17, So/Fei 11.30, 13, 16, 17 Uhr, 1,20 €).

Santa Comba de Bande

Beim Stausee **Embalse de las Conchas,** rund 25 km südlich von Celanova, findet sich das

Kirchlein **Santa Comba de Bande** – eines der interessantesten Bauwerke westgotischer Architektur in Spanien. Im 7. Jh. erbaut, wurde es nach Zerstörungen durch die Mauren zwei Jh. später erneuert. Das Kirchlein basiert auf dem Grundriss eines griechischen Kreuzes und zeichnet sich aus durch ein raffiniertes Spiel mit dem Raum. Als typisches Bauelement der westgotischen Kunst tauchen Hufeisenbogen als stützende Elemente der Vierungskuppel auf, die Säulen zieren römische und westgotische Kapitelle (Besuch nur nach vorheriger Anmeldung, Tel. 988 44 30 01, ma nuela.bande@eidolocal.es, Eintritt frei).

Oficina de Turismo de Ourense: Calle Burgas 12, 32003 Ourense, Tel. 988 36 60 64, Fax 9888 25 33 34, www.ourense.es, Mo–Fr 9–14, 15–20, Sa/So 11–14 Uhr.
Oficina de Turismo de la Xunta de Galicia, Edifico Caseta do Legoeiro, Ponte Romana, Tel. 988 37 20 20, www.turismoourense.com.

G. H. San Martín: Av. Curros Enríquez 1, Tel. 988 37 18 11, Fax 988 37 21 38, www.gh-hoteles.com. Die Zimmer dieses zentral gelegenen Hotelklotzes sind wider Erwarten im klassischen Stil schön eingerichtet. DZ 128 €.
Pazo de Bentraces: Bentraces-Barbadás (5 km südl. von Ourense an der N-540), Tel. 988 38 33 81, Fax 988 38 33 81, www.pazo debentraces.com. In der einstigen Sommerfrische der Bischöfe (15.–18. Jh.) lässt es sich fürstlich logieren. Herrliche alte Holzdecken und gediegenes Mobiliar vereint mit modernem Komfort. DZ 104–145 €.
Zarampallao: Calle Hermanos Villar 19, Tel. 988 23 00 08, 988 23 08 19, www.zaram pallo.com. Gutes Mittelklassehotel mit empfehlenswertem Restaurant (3-Gänge-Menü 10–30 €). DZ 50 €.

Restaurante San Miguel: Rúa San Miguel 12, Tel. 988 22 12 45, www.restau rante-sanmiguel.com. Das renommierteste Lokal der Stadt bietet traditionelle galicische Küche mit einer reichen Auswahl an Fisch und Meeresfrüchten. 3 Gänge à la carte 32–45 €.
Adega San Cosme: Plaza de San Cosme 2, Tel. 988 37 18 00, So geschl. Nettes Lokal mit rustikalem Charme. Köstlich sind die Jakobsmuscheln *(vieiras)*, das Zicklein *(cabrito)* und die Lammkoteletts. 3 Gänge à la carte 25–36 €.
El Catador: Rúa Fornos 4, Tel. 988 22 28 91. Die Portionen sind reichhaltig und gut zubereitet. Der Tintenfisch schmeckt hervorragend, donnerstags steht immer ein leckerer Eintopf auf der Karte. Gutes Preis-Leistungs-Verhältnis. Hauptgericht 10–18 €.
Bar Orellas: Rúa da Paz 6, Tel. 988 22 50 39. In der populären, einfach eingerichteten Bar dreht sich alles ums Schwein – sei es als Dekoration oder auf der Speisekarte. Sie können hier beispielsweise Schweinsöhrchen oder Schweinsfüßchen probieren. Tapa 2–5 €.

Markt: unterhalb der Alameda. An einigen Ständen werden leckere, preisgünstige *empanadas* (Teigtaschen gefüllt mit Stockfisch oder Fleisch) verkauft.
Laura Rodríguez: Calle de la Libertad 3, in der Nähe der Kathedrale. Die Bildhauerin verkauft kunstvoll gearbeitete **Steinskulpturen**.
Adolfo Dominguez: Rúa Habana 56. Der renommierte **Designer** hat hier seine Wurzeln, seine Mode zeichnet eine elegante, klassische Linie aus.

Os Maios: 3. Mai, Frühlingfest mit viel Gesang und Tanz.
Fiestas de Ourense: 2. Junihälfte, Stadtfest mit breit gefächertem Programm.
El Magosto: 11. Nov., Tag des Schutzpatrons San Martiño. Noch lebendig ist der Brauch, an diesem Tag mit der Familie Esskastanien *(magostos)* zu sammeln. Sie werden geröstet und bei einem Glas Wein verzehrt.

Aventourocio: Av. de Buenos Aires 19, Local 1, Tel./Fax 988 61 89 20, 627 45 11 19. Das Unternehmen bietet ein breites Spektrum an **Outdoor-Aktivitäten** an, u. a. Mountainbike-Touren, Klettern und Bogenschießen.

Bahn: RENFE-Bahnhof, Plaza de la Estación s/n, Tel. 988 21 02 02. Etwa 8 x

tgl. nach Vigo, 2 x tgl. nach Santiago und León, bis zu 4 x tgl. über Lugo nach A Coruña.
Bus: Busbahnhof, Carr. Nacional Vigo–Madrid 1, Tel. 988 21 60 27. 6 x tgl. nach Santiago, Pontevedra und Lugo. Weitere Verbindungen nach A Coruña, Madrid und Barcelona.

Durch die Ribeira Sacra

Reiseatlas: S. 10, E 1
Die faszinierende Naturlandschaft der **Ribeira Sacra,** ein Areal von gut 700 km², teilt sich zwischen den Provinzen Ourense und Lugo auf. Die beiden wasserreichsten Flüsse Galiciens fließen hier zusammen: der Sil und der Miño. Tektonische Verschiebungen und die Kraft des Flusses formten die imposante Schlucht des **Cañón del Río Sil,** deren Wände bis zu 500 m steil abfallen. Schon früh lockte die abgeschiedene, schwer zugängliche Region Eremiten und Mönche an. Sie errichteten im Laufe der Zeit blühende Klöster wie San Estevo, Santa Cristina de Ribas de Sil, San Pedro de Rocas, Santa María de Xunqueira und Santa María de Montederramo. Diesem Umstand verdankt die Region ihren Namen: Ribeira Sacra (Heiliges Ufer). Ein enges, kurvenreiches Sträßchen (C-536) führt oberhalb des südlichen Ufers des Río Sil gen Osten. Eine Tour durch die Ribeira Sacra nimmt gut 1–2 Tage in Anspruch und ist nichts für Eilige.

Kloster San Estevo de Ribas de Sil

Erste Station ist das verborgene, reizvoll auf einer Terrasse oberhalb der Schlucht des Río Sil liegende **Mosteiro Santo Estevo de Ribas de Sil**. Mitte des 6. Jh. gründeten Benediktinermönche hier eine der ältesten Klosteranlagen Galiciens. Im 10. Jh. suchten neun

Grüne Hügel am Río Sil, kurz bevor er in den Río Miño mündet

Richtig Reisen-Tipp: Mit dem Katamaran durch die Schlucht des Río Sil

Eine gemütliche Alternative zur kurvenreichen Tour durch die Ribeira Sacra bietet eine Bootsfahrt auf dem Río Sil. Um die Anlegestelle Embarcadero de San Estevo zu erreichen, nimmt man von Ourense aus kommend die N-120 in Richtung Monforte de Lemos bis zur Mündung des Río Sil in den Río Miño bei Os Peares. Die Straße führt parallel zum Flussufer, kurz hinter der Staumauer liegt die Anlegestelle. Hier brechen die Katamarane zu ihrer eineinhalbstündigen Tour durch den Cañon auf.

Ein spektakuläres Naturschauspiel bieten die steil abfallenden, zerfurchten Felswände. Eindrucksvoll sind die steilen Terrassen der Weinbauern, von den kleinen Anlegestellen an den Ufern transportieren sie die geernteten Trauben ab. Von Boot aus ist auch das Kloster Santa Cristina de Ribas do Sil zu erkennen, das sich majestätisch auf einer Terrasse oberhalb des Flusses bettet. Die Tour verläuft flussaufwärts bis zur Anlegestelle San Fiz, dort wendet das Boot und kehrt zum Ausgangspunkt zurück.

Fähre: Der Fährbetrieb läuft vom 1. März–1. Dez., allerdings werden die Fahrten meist nur an den Wochenenden garantiert, ansonsten ist eine Mindestteilnehmerzahl von 15 Personen erforderlich. In der Hochsaison, der Karwoche und Juni–Sept. legen 6–7 Boote ab, in der Nebensaison 2. In der Regel sind am Wochenende die Abfahrten um 11.30 und 16 Uhr garantiert. Information und Reservierung über Viajes Pardo, Tel. 988 21 51 00, www.riosil.com. Erw. 11,50–14 €, Senioren/Kinder (4–11 J.) 7,90–11 €.

Bischöfe in der abgeschiedenen Abtei Zuflucht vor den Mauren, daran erinnern die neun Mitren auf dem Klosterwappen. Im gleichen Jahrhundert trieb der Abt Franquila die Erneuerung der Abtei voran.

Die romanische Klosterkirche geht auf das 12./13. Jh. zurück, wurde im Laufe der Jahrhunderte jedoch mehrfach umgewandelt. So präsentiert sich die Fassade im barocken Gewand, die Apsiden hingegen in feinster Romanik. Von den drei Kreuzgängen besticht vor allem der **Claustro de los Obispos** (Kreuzgang der Bischöfe). Romanik prägt die untere Ebene, während das obere Stockwerk im gotischen Stil erbaut wurde. Gut erhalten geblieben ist die Klosterküche mit einer eindrucksvollen Feuerstelle (tgl. 11–14, 16–20 Uhr).

Nach umfangreichen Sanierungsarbeiten beherbergt das Kloster seit 2004 einen Parador. Er bietet sich als Ausgangpunkt für Erkundungstouren in die Ribeira Sacra an.

Parada do Sil und Umgebung

Vom Kloster sind es 20 km bis zur Ortschaft **Parada do Sil,** die das Zentrum für die umliegenden Weiler bildet. Direkt an der Straße gewährt der Aussichtspunkt **Mirador de Cabezoas** einen herrlichen Blick auf die Schlucht des Río Sil, einen weiteren Panoramablick bietet der Mirador **Os Balcones de Madrid,** zu dem eine ausgeschilderter Abzweigung führt.

4 km unterhalb von Parada Do Sil verbirgt sich in einem Kastanienwald das sehenswerte kleine Kloster **Mosteiro Santa Cristina de Ribas do Sil.** Benediktiner gründeten im 9. Jh. das Kloster, das an Bedeutung für die Region nur vom Kloster San Estevo de Ribas do Sil übertroffen wurde. Neben der romanischen **Klosterkirche** (12. Jh.) sind auch noch Teile der Klosteranlage erhalten geblieben. Das **Portal** der Kirche brilliert mit einer kunstvollen romanischen Rosette. Der originelle pyramidale Abschluss des **Turms** erinnert an die Türme des Kreuzgangs der Kathedrale von Santiago de Compostela. (Tel. 988 20 80 10, Mo–Sa 11–13, 16–20, So 11–14, 17–20 Uhr.)

Gut 22 km nach Parada do Sil führt eine Abzweigung hinab zum Fluss in Richtung Doade und Monforte de Lemos. Weiter entlang der

C-536 gelangt man über das Weinanbaugebiet Teixeira in den Ort **Castro Caldelas,** der von einer Burg aus dem 12. Jh. überragt wird. Schon außerhalb der Ribeira Sacra liegt die lebhafte Ortschaft **A Pobra de Trives,** die Hotels werden vor allem im Winter von Skifahrern belegt. Südwestlich auf einer Höhe von 1778 m liegt Galiciens einzige Wintersportstation, die **Cabeza de Manzaneda.**

Parador de Santo Estevo: Santo Estevo de Ribas de Sil 1, Tel. 988 01 01 10, Fax 988 01 01 11, www.parador.es, Komfortables, klösterliches Ambiente bietet der 2004 eingeweihte Parador, herrlich ist der Ausblick von einigen Zimmern über die Schlucht des Río Sil. DZ 135–155 €.

A Casa da Eira: Alberguería 31 y 33, Santiago de Cerreda, Tel. 988 20 14 74, 696 74 94 93, Fax 988 20 14 74, www.acasadaeira.com, Das sympathische Landhaus liegt an der C-536 auf halber Strecke zwischen Loureiro und Parada do Sil in Alberguería. Die Zimmer sind hell und freundlich. Das Wirtspaar kocht auf Wunsch und verwendet Nahrungsmittel aus eigenem Anbau. DZ 57–64 €.

Camping

Camping Cañon do Sil: Rúa Castro s/n, Parada do Sil (ca. 2,5 km westlich von Parada do Sil), Tel. 988 26 95 44, 678 71 05 45. Der freundliche Platz bietet einige schlicht ausgestattete Bungalows, außerdem eine Bar und ein Restaurant. Verleih von Mountainbikes, Reitstunden möglich. Ganzjährig geöffnet. Pro Pers. 5 €, Zelt 4 €.

Lluis Grau: Cristosende 76 (14 km östl. von Parada do Sil), Tel. 988 20 74 04, www.lluisgrau.com, Aug. Di–So 11–13, 17–20 Uhr, sonst nach Voranmeldung. Der sympathische Katalane ist **Korbmacher.** Er hat im Dorf Cristosende ein kleines Geschäft, in dem er auch seit vielen Jahren Korbflechtkurse anbietet.

Galitur Sport: Rabacallos s/n, Parado do Sil, Tel. 988 26 58 30 (Hauptfiliale: Calle Progreso 60, 1° Dcha., Ourense, Tel. 988 26 95 44, 647 50 73 58, Fax 988 26 95 23), www.galitursport.com. Der Veranstalter bietet Kanu- und Raftingtouren auf dem Río Sil an, außerdem geführte Wanderungen und Mountainbiketouren.

Skifahren: Estación Invernal de Cabeza de Manzaneda, Tel. 988 30 97 67. Einzige Skistation Galiciens bei A Pobra de Trives.

Monforte de Lemos

Reiseatlas: S. 2, E 4

Die 20 000 Einwohner zählende Stadt **Monforte de Lemos** liegt 45 km nordöstlich von Ourense, am Río Cabe, einem Nebenfluss des Sil und hat einiges an historischer Bausubstanz zu bieten.

Das weltliche und geistliche Zentrum der Stadt bildete einst der Burgberg San Vicente, von dem aus die umliegende weite Ebene kontrolliert wurde. Von der Festung existiert noch der 30 m hohe Wehrturm **Torre da Homenaxe.** Imposant thronen auf dem Hügel das neoklassizistische Benediktinerkloster **Mosteiro de San Vicente do Pino** (17. Jh.) mit seinem herrschaftlichen Kreuzgang und der einstige **Palast der Grafen von Lemos** (16. Jh., nach einem Brand im 18. Jh. restauriert). Beide Gebäude wurden 2003 in einen Parador umgewandelt. In der Unterstadt, südwestlich vom Burgberg, befindet sich das großzügig dimensionierte, ehemalige Jesuitenkolleg **Colegio de Nuestra Señora de Antigua** (16. Jh.). Das Kloster, das im strengen Renaissancestil in Anlehnung an das Kloster El Escorial erbaut wurde, enthält eine Gemäldesammlung mit hochkarätigen Werken des Meisters El Greco. Im **Convento de Santa Clara** (17. Jh.) am rechten Ufer des Río Cabe befindet sich ein interessantes **Museum für sakrale Kunst** (Mo–Fr 9.30–14, 16–19, Sa/So 9–15 Uhr, Eintritt frei).

Parador de Monforte de Lemos: Plaza Luis de Gógora y Argote s/n, Tel. 982 41 84 84, Fax 982 41 84 95, www.parador.es. Der Parador auf dem Burghügel im ehemaligen Kloster San Vicente ist eine Topadresse. Die großzügig geschnittenen, luxu-

riösen Zimmer reihen sich um den Kreuzgang. Restaurant mit guter regionaler Küche (3-Gänge-Menüs ab 18 €). DZ 115–217 €.
Condes de Lemos: Praza de Estación 2, Tel. 982 40 03 19. Das Hotel bietet ordentliche Mittelklasse, es liegt direkt beim Bahnhof, zu Fuß ins Zentrum sind es gut 25 Minuten. DZ 55–60 €.

Lugo und Umgebung

Reiseatlas: S. 2, E 3
Der Stolz von **Lugo** sind die **römischen Stadtmauern**. Die Römer errichteten das Bollwerk im 3. Jh. n. Chr., um die Stadt Lucus Augusti vor dem Ansturm der Germanen zu schützen. 2005 adelte die Unesco die imposante Militärfestung, indem sie sie zum Welterbe erklärte.

Etwas abseits der touristischen Hauptrouten liegt die Provinzhauptstadt Lugo im Hinterland inmitten des galicischen Berglandes. Nichtsdestotrotz ist die 94 000 Einwohner zählende Stadt am breiten Miño ein wichtiger Verkehrsknotenpunkt mit exzellenten Verbindungen nach A Coruña und Madrid und bildet den lebendigen Mittelpunkt des noch immer weitgehend landwirtschaftlich geprägten Umlands. Dynamik verleihen der Stadt der Handel, der Ausbau des Dienstleistungssektors und die Universität. Das Herz von Lugo schlägt in der fest von den Mauern umgürteten Altstadt, deren Erscheinungsbild heute gehegt und gepflegt wird. Außerhalb der Stadtmauern herrscht dagegen weitgehend städtebaulicher Wildwuchs vor.

Stadtmauer

Nicht entgehen lassen sollten sich Besucher einen **Spaziergang auf der Mauerkrone**. Aus der Vogelperspektive lässt sich das Treiben in den Gassen, den Hinterhöfen und auf den Plätzen bestens verfolgen. Für viele Lugenser ist der rund 2 km lange aussichtsreiche Panoramaweg längst zum sonntäglichen Ritual geworden. Die Höhe der Mauern schwankt zwischen 8 und 12 m, von den 85 Türmen sind immerhin noch rund 50 erhalten geblieben. Pläne für die Stadterweiterung, die 1930 in Angriff genommen wurden, sahen den Abriss der Mauern vor – Gott sei Dank blieb es bei Gedankenspielen. Im Laufe der Jahrhunderte verschwand die Mauer jedoch zusehends aus dem Blickfeld, da viele Einwohner ihre Häuser direkt daran anbauten, um Baumaterial zu sparen.

Die Stadtväter griffen 1973 mit dem Programm *muralla limpia* (saubere, befreite Mauern) durch und ließen die Anbauten wieder entfernen. So präsentieren sie sich längst wieder in ihrer vollen Pracht. Zehn Stadttore gewähren heute Einlass in die Altstadt, von denen fünf allerdings erst Mitte des 19. Jh. geschaffen wurden, um die Stadt durchlässiger zu gestalten. Von der **Porta de Santiago,** von der der Apostel die Pilger als *matamoros* begrüßt, führt eine Rampe hinauf zur Stadtmauer.

Kathedrale

Wenige Schritte vom Stadttor entfernt erhebt sich die prächtige **Kathedrale Santa María** von Lugo. Für den Auftraggeber Bischof Pedro Peregrino war damals das Maß aller Dinge die Kathedrale von Santiago de Compostela. Er wollte, dass das Gotteshaus von Lugo sich an Glanz und Würde mit diesem Heiligtum messen konnte, und betraute 1129 den Architekten Raimundo de Monforte mit dem Bau der Kathedrale. Monforte orientierte sich am Grundriss der Kathedrale von Santiago und schuf ein dreischiffiges Gotteshaus auf der Basis eines lateinischen Kreuzes. Immer wieder auftretende finanzielle Engpässe führten dazu, dass sich die Bauarbeiten bis in die 2. Hälfte des 18. Jh. hinzogen, auf der Strecke blieb dabei die gestalterische Einheit des Bauwerks.

Eine Zeitreise in die Romanik bietet das **Nordportal** (12. Jh.). Geschützt durch einen Portikus thront auf dem Bogenfeld ein hoheitsvoller Christus in der Mandorla, darunter findet sich eine Konsole in der höchst fili-

Auf dieser römischen Mauer kann man um die Altstadt von Lugo spazieren

gran die Abendmahlsszene eingemeißelt wurde. Im Kontrast dazu steht die kühle, **klassizistische Hauptfassade** der Kathedrale. Im Inneren der dreischiffigen Bischofskirche dominiert der **Barock.** Der frühere, plateresko Hauptaltar des Holländers Cornelis de Holanda (1534) musste dem Zeitgeschmack weichen, der französische Architekt Charles de Lemaur gestaltete die Capilla Mayor im üppigen Barockstil um. Der alte, prächtige **Altar** wurde verteilt auf die beiden Flügel des Querhauses.

Hinter der Capilla Mayor im Chorhaupt thront in einer barocken Kapelle die Schutzpatronin von Lugo, Nosa Señora dos Ollos Grandes, eine Marienstatue aus Alabaster aus dem 12. Jh. Ihr Beiname »Unsere Liebe Frau mit den großen Augen« leitet sich von den großen mandelförmigen Augen ab. Die Ausgestaltung der Kapelle nahm Fernando Casa y Nova vor.

Rund um die Kathedrale

Auf der Nordseite der Kathedrale dominiert der wohlproportionierte spätbarocke **Bischofspalast,** ein einstöckiger Quaderbau des 18. Jh., die **Praza Santa María,** die sich in den Sommermonaten in eine Kulisse für Freilichtaufführungen verwandelt. Über die Rúa Bispo Basulto erreicht man den wohl stimmungsvollsten Platz von Lugo, die dreieckige **Praza de Campo,** die umgeben wird von mit Arkaden gesäumten Häusern. Im Mittelalter fungierte er als Marktplatz. Der ruhende Pool im Zentrum des Platzes ist ein kleiner Brunnen aus dem 18. Jh. In den Gassen rings um die Plaza laden nette Bars zu einem Glas Wein und Tapas ein.

Die schmale Gasse Rúa Nova führt zum ehemaligen Franziskanerkonvent, das heute das **Museo Provincial** beherbergt. Die interessante, breit gefächerte Sammlung des Museums bietet im Kreuzgang eine Ausstellung von römischen und mittelalterlichen Grabsteinen, römischen Mosaiken, Sonnenuhren und sakraler Kunst. Ein Höhepunkt ist die original erhalten gebliebene Küche des Konvents. Zu den Glanzlichtern im oberen Stockwerk des Kreuzgangs zählen die Vitrinen, in denen Goldschmiedekunst aus verschiedenen Jahrhunderten präsentiert wird. Der Stolz des Museums sind die wohlgeformten, keltischen *torques* – offene Halsreifen mit markanten Abschlüssen. Interessant ist auch die Ausstellung des Porzellans aus der Königlichen Manufaktur Sargadelos. (www.museolugo.org, Juli/Aug. Mo–Fr 11–14, 17–20, Sa 10–14, sonst Mo–Fr, 10.30–14, 16.30–20.30, Sa 10.30–14,16.30–20, So/Fei 11–14 Uhr, Eintritt frei.)

Mittelpunkt der benachbarten **Praza Santo Domingo** ist eine hohe Adlersäule, die an die Gründung der Stadt durch Kaiser Augustus erinnert. Die Rúa da Raiña mündet in die **Praza Maior,** der großzügige, lebhafte Platz ist die Seele des städtischen Lebens. Auf der Ostseite präsidiert das fotogene spätbarocke **Rathaus,** für Atmosphäre sorgen die zahlreichen Straßencafés und Restaurants am Platz.

Santa Eulalia

14 km westlich in Richtung Orense und weiter auf der kleinen Landstraße nach Friol führt der Weg vorbei an Wiesen und Äcker in das noch sehr urtümliche Dorf **Santa Eulalia.** Granithäuser und Maisspeicher bestimmen das Bild. Die eigentliche Attraktion ist jedoch das **Kirchlein Santa Eulalia de Bóveda.** Bevor es als christliche Kirche genutzt wurde, fungierte es vermutlich schon als Nymphäum, allerdings sind sich die Historiker bis heute über die ursprüngliche Funktion nicht ganz einig.

Unterhalb der Kirche wurde 1924 ein rechteckiger Raum mit einem Tonnengewölbe über einer Quelle freigelegt. So liegt die Interpretation als **Quellenheiligtum** nahe. Kunstvolle Malereien vor allem von Vögeln, die in einem geometrischen Pflanzengeflecht platziert sind, zieren die Wände und das Gewölbe.

i **Oficina de Turismo Municipal:** Praza Maior 27–29 (Galerías), 27001 Lugo, Tel. 982 23 13 61, Fax 982 23 13 61, Sept.–Juni 10–14, 16–19, Ostern/Juli–Aug. Mo–So 10–14, 16–20 Uhr.

Oficina de Turismo Provincial: Praza Maior s/n, Tel. 982 29 71 87, www.lugo.es.

Balneario y Termas de Lugo: Rúa Barrio del Puente s/n, Tel. 982 22 12 28, Fax 982 22 16 59, www.balneariodelugo.com. Das Kurhotel mit großer Gartenanlage liegt am Ufer des Río Miño. Die Zimmer sind funktional eingerichtet. DZ 68 €.
Méndez Núñez: Rúa Raiña 1, Tel. 982 23 07 11, Fax 982 22 97 38, www.hotelmendeznunez.com. Hotelklassiker im Herzen von Lugo, trotz der Renovierung 2004 herrscht ein eher antiquiertes Ambiente vor. DZ 64 €.
Alba: Praza Campo Castelo 31, Tel. 982 22 60 56, Ordentliche, zentral gelegene Pension. DZ 45–57 €.
Camping
Camping Beira Río: Ctra. Lugo–Santiago, km 0.4, Tel. 982 21 15 51. Kleiner Campingplatz in einem ruhigen Wohnviertel, zum Stadtzentrum eine knappe halbe Stunde Fußweg. Ordentliche Sanitäranlagen. Pro Person, Pkw 2,80 €, Zelt 3 €.
Agroturismo
Pazo de Vilabade: Vilabade (25 km westl. von Lugo auf der C-630 in Richtung Fonsagrada), Castroverde, Tel. 982 31 30 00, Fax 982 31 20 63, www.elpazo.com. Das gepflegte Landhaus im Weiler Vilabade war vermutlich mal eine Pilgerherberge. Das Haus besitzt nur 5 Zimmer, auf Wunsch wird auch aufgetischt. DZ 80–100 €.
Casa Grande de Camposo: Rúa Camposo 7, O Corgo (18 km südöstl. von Lugo, über die Autovia A-6 in Richtung Ponferrada), Tel. 982 54 38 00, Fax 982 54 39 37, www.camposo.com. Liebevoll eingerichtetes Landhaus mit hübschem rustikalem Restaurant (3 Gänge à la carte 15–20 €). DZ 60–84 €.

Im Umkreis der Kathedrale finden sich günstige **Tapalokale.**
La Barra: Calle San Marcos 27, Tel. 982 25 29 20, www.restaurantelabarra.com. So geschl. Für Genießer eine der ersten Adressen Lugos, die Küche setzt auf lokale Produkte. Die Einrichtung ist klassisch. 3 Gänge à la carte um 38 €.
España: Rua Teatro 10, Tel. 982 24 27 17, www.restespana.com, So abend und Mo geschl. Modernes Lokal, der Küchenchef Héctor López bringt innovative galicische Gerichte wie Rebhuhn-Taschen mit Feigensauce auf den Tisch. 3 Gänge à la carte 27–36 €.
Mesón de Alberto: Calle Cruz 4, Tel. 982 22 83 10, Fax 982 30 31 07, www.mesondealberto.com, So geschl. Das mehrfach ausgezeichnete Restaurant bietet galicische Küche. Leckere Kleinigkeiten bekommt man an der Bar. 3 Gänge à la carte 26–39 €, Tapa 3–10 €.
Outes: Calle Serra de Outes 86, Tel. 982 21 70 76. Alteingesessene Bar mit guten preisgünstigen Tapas. Bekannt ist das Lokal für seinen Tintenfisch *(pulpo feira)*. Tapa 3–10 €.

Die **Rúa de Progreso** ist die Einkaufsmeile der Altstadt, rund um die **Praza de España** finden sich Geschäfte mit **Kunsthandwerk**.
Markt: Di und Fr auf der Praza de Abastos.
Keramik: Im traditionellen Töpferdorf **Bonxe** (span. Bonge, 10 km nördl.von Lugo) kann man sich mit schönen Souvenirs eindecken.

Arde Lucus: 23.–24. Juni, Römerfest mit Markt, Theater- und Zirkusaufführungen sowie römischen Festgelagen.
La Milagrosa: 4.–10. Sept. Buntes Stadtfest in Viertel La Milagrosa.
Fiesta de San Froilán: 4.–12. Okt. Die Lugenser feiern ihr Patronatsfest mit prächtigen Umzügen und Tänzen. Auf dem Jahrmarkt stehen die Stände der *pulpeiros*, an denen *pulpo a feria* (Tintenfisch auf Jahrmarktsart) gereicht wird, hoch im Kurs.
Semana Internacional de Cine de Autor: 2. Septemberhälfte. Internationales Filmfestival.

Bus: Der Busbahnhof liegt recht zentral im Bereich der südlichen Stadtummauerung an der Praza da Constitutición s/n, Tel. 982 22 39 85. Das Busunternehmen Alsa bietet Verbindungen nach Oviedo, Santiago, Santander, Gijón und Irún an. Castromil fährt u. a. nach Montforte de Lemos oder Vigo.
Bahn: Der RENFE-Bahnhof liegt an der Praza Conde de Fontao s/n, Tel. 982 22 21 41.

Register

Der Haupteintrag ist **fett** hervorgehoben.

Der Haupteintrag ist **fett** hervorgehoben.

Der Haupteintrag ist **fett** hervorgehoben.

Register

Der Haupteintrag ist **fett** hervorgehoben.

Atlantischer Ozean
1 / 2
3 / 4
5 / 6
9 / 10
11 / 12
13 / 14
Rías altos
Cabo Ortegal
Costa da Morte
El Ferrol
A Coruña
(La Coruña)
Mondoñedo
Cee
Cabo Fisterra
Santiago de Compostela
Lugo
GALICIA
Río Miño
Costa Verde
ASTURIAS
Gijón
Oviedo
Cebreiro
Río Sil
Costa de Cantabria
Llanes
Santillana del Mar
Santander
Laredo
Torrelavega
CANTABRIA
Picos de Europa
Illas Cíes
Pontevedra
Vigo
Baiona
Ourense
(Orense)
Viana do Castelo
Braga
PORTUGAL
Porto
Ponferrada
León
Santiago de Peñalba
Astorga
Sahagun
Zamora
Carrion de los Condes
Burgos
Frómista
Quintanillas de las Viñas
Palencia
Santo Doming de Silos
Valladolid
Aranda de Duero
CASTILLA Y LEÓN
Salamanca
Madrid

Legende

- Autobahn mit Anschlussstelle
- Schnellstraße mit Anschlussstelle
- Fernstraße
- Hauptstraße
- Nebenstraße; Fahrweg
- Straße ungeteert; Fußweg
- Straße in Bau; Straße in Planung
- Straße für Kfz gesperrt
- Tunnel
- Eisenbahn
- Fähre, Schiffsverbindung
- Staatsgrenze; Provinzgrenze
- Nationalpark; Naturpark
- Sperrgebiet
- A-23 N-122 503 E-5 Straßennummern
- Hafen, Ankerplatz; Quelle
- Internationaler Flughafen
- Regionaler Flughafen
- Sehenswürdigkeit
- Archäologische Stätte; Kapelle
- Kloster; Klosterruine
- Kirche; Kirchenruine
- Burg; Burgruine
- Sendeturm; Leuchtturm
- Windmühle; Hütte
- Wasserfall; Höhle
- Berggipfel; Pass
- Seilbahn
- Museum
- Badestrand
- Campingplatz
- Aussichtspunkt

Reiseatlas Nordspanien

A
B
C
1
2
3
4
Oceano Atlántico
Costa da Morte
Cabo de San Adrián
Islas Sisargas
Praia Maior
Malpica de Bergantiños
Enseada de Barizo
Punta de Nariga
Enseada da Barda
Punta do Rocundo
Ría de Corme e Laxe
Riazor Orzán
Bastiagueiro
Mera
Ría de Coruña
Ría de Betanzos
Cabo Prior
A CORUÑA
Pastoriza
Oseiro
Viñas
Perillo
Cambre
Sigrás
Arteixo
Loureda
Tarrío
Lestón
Caión
Razo
Vilela
Barizo
Corme
Graña
Cores
Ponteceso
Tella
Pazos
Buño
Oza
Cabovilaño
Bertoa
A Laracha
Carballo
San Roque
Paradela
Carral
Cerdeda
Erbecedo
595 m
Enseada de Arou
Cabo Toste
Cabo Vilán
Laxe
Camelle
Arou
Xaviña
Boaño
Traba
Cándoas
Cabana
Cesullas
Cerdo
Baio
Agualada
Camariñas
Ría de Camariñas
A Ponte do Porto
Calo
San Martiño de Ozón
Muxía
Moraime
Enseada de Cuño
Cabo Touriñán
Touriñán
Nemiña
Morquitián
Vimianzo
Zas
Castrelo
Coucieiro
Berdeogas
Xallas de Castriz
Anxeriz
Pontepedra
Queixas
Xesteda
Ardemil
Ordes
Bazar
569 m
Encoro da Fervenza
Ría de Lires
Lires
Pereiriña
Baiñas
Dumbría
Cee
Buxantes
Olveira
Santa Comba
Bembirre
Viaño Pequeno
Corcubión
Brens
Pereira
Redonda
A Picota
San Vicezo
Río Xallas
Río Tambre
Fisterra
Cabo Fisterra
Arcos
Pino do Val
Portomouro
Sigüeiro
O Pindo
Quilmas
Caldebarcos
Encoro Barrié de la Maza
Negreira
Ría de Corcubión
Enseada de Ézaro
Outes
Santo Ourente de Entíns
Brión
Pedrouzos
Labacolla
O Pedrouzo
Jakobsweg
Carnota
O Freixo de Sabardes
A Serra de Outes
Bertamiráns
Ortoño
SANTIAGO DE COMPOSTELA
Lira
Serres
San Cosme de Outeiro
San Salvador de Bastavales
Turces
Louro
Muros
Esteiro
Portobravo
Sales
Noia
Dices
A Ramallosa
Avenida de Mestre Manuel Gómez
Porto do Son
Goiáns
Lousame
Padrón
Cira
Castro de Baroña
Noal
Tállara
Tallós
Carcacía
Balboa
Praia de Arealonga
685 m
Serra do Barbanza
Pontecesures
Río Ulla
Oca
Xuño
Crespón
Araño
Ponta Valga
Ría de Muros e Noia
Lampón
Rianxo
Catoira
A Estrada
Oleiros
Boiro
Dolmen de Axeitos
Leiro
Silleda
Corrubedo
A Pobra do Caramiñal
O Carril
Cuntis
Vilanova de Arousa
Sobrán
Caldas de Reis
Santa Lucía de Moraña
Ribeira (Santa Uxía)
Praia de Ladeira
Illa de Arousa
Vilagarcía de Arousa
Saiáns
Forcarei
Parque Natural Dunar de Corrubedo
Vixán
Aguiño
Currás
Ría de Arousa
Vilariño
A Lagoa
Cachafeiro
Illa de Sálvora
Cambados
Illa A Toxa
Mosteiro
Cerdedo
Soutelo
O Grove
Santo Antoniño
San Vicenzo
A Escusa
Castrelo
1014 m
A Lanzada
Dena
Poio
Xeve
Noalla
Vilalonga
Tenorio
A Chan
Montalvo
Sanxenxo
Combarro
Pontevedra
Beariz
Portonovo
Canelas
Silgar
Marín
Ponte Caldelas
Boboras
Illa de Ons
Ría de Pontevedra
Loira
Mogor
Tourón
Pazos de Arenteiro
Seixo
O Toural
A Lama
Portomaior
Beluso
Bueu
A Insua
Avión
Parque Nacional
Punta de Couso
Aldán
O Hío
Cobres
O Rial
Domaio
A Igrexa
Leiro
AG-55
E-70
AP-9
N-550
N-634
N-525
AP-53
N-640
N-541
E-1
9

1 cm = 8 km 1 : 800.000
0 10 km 20 km
D
E
F
Cabo Ortegal
Vixía de Herbeira
Cariño
San Andrés de Teixido
Morouzos
de Bares
Vila de Bares
O Vicedo
Ría de Esteiro
Ría de Cedeira
Chimparra
Serra da Capelada
A Pedra
Célticos
862
Porto do Barqueiro
Sacid
Portocelo
O Torno
Cubelas
Cedeira
566
Ortigueira
Espasante
Faro
Moras
Lieiro
San Cibrao
A Marosa
Portelo
Mera
Cuíña
Covas
Celeiro
Xove
Cervo
Sargadelos
Burela
Meirás
Aviño
A Vila da Igrexa
Campo del Hospital
Caión
Viveiro
Vilaboa
Lago
116
Val
Sedes
Abade
Grañas
Chavín
N-642
Cangas
Nois
Llas
San Bartolo-Altar
Balea-Benquerencia
As Pasadas
Covas
Gandara
Avenida do Marques de Figueiroa
Ourol
Rúa
Vilacampa
1
35F
34F
5
13
31F
Xubia
Neda
Fene
Perlío
27F
AG-64
A Igrexa
Encoro da Ribeira
540
Ferreira
Frexulfe
Budián
A Seara
Foz
San Cosme
Muras
San Martín de Mondoñedo
N-634
E-70
Riba
As Neves
San Juan de Caaveiro
As Pontes de García Rodríguez
Xistral
1033 m
Cabañas
Pontedeume
Perbes
AP-9
Río Eume
Cabreiros
Montouto
Viloalle
Lourenzá
Vilanova
12F
Miño
Rebordelo
Encoro do Eume
Xermade
861
Porto da Xesta
545 m
Mondoñedo
Trabada
E-1
2FB
O Consistorio
Momán
Santabaia
Abadín
N-640
Betanzos
Coiros de Arriba
568
565
560
Pazo de Irixoa
Vilalba
N-634
Touzas
Úbeda
As Rodrigas
Bres
A Pontenova
840
N-VI
Ponte Arango
Buriz
Alba
Moncelos
549
A Feria do Monte
Pastoriza
Cesuras
Castellana
E-70
540
535
A-6
529
Río Ladra
113
Muimenta
2
Teixeiro
N-634
Guitiriz
Baamonde
523
541
Trobo
Castro de Rei
Río Eo
Parga
517
Río Miño
Meira
O Chao de Pousadoiro
Santa María de Lurdes
Begonte
Quintela
Rixoán
Serra de Meira
Seixón
510
Castro
Mosteiro
841 m
Rábade
507
Martín
Sobrado
Roimil
Outerio de Rei
N-VI
N-640
Serra
A Fonsagrada
Pradairo
1029m
Fonteo
530
3
Corredoiras
Carballo
Friol
Cotá
Ombreiro
Dormeá
Branas
Santa Eulalia da Bóveda
497
Castroverde
Paradavella
Condes
Alta
493
530
A Lastra
Valdeferre
840
Souto
Lugo
Arzúa
Boente
Melide
Merlán
Ferreira
A Retorta
Burgo
O Cádabo
Brandeso
Salaia
N-640
Nadela
Encoro de Portodemburos
Monte de Meda
488
Vilar de Doñas
O Corgo
479
Penarrubia
A Proba
Palas de Rei
N-547
Guntín de Pallares
546
Río Miño
Serra do Ancares
469
461
ila de Cruces
Gonzar
A Pobra de San Xiao
Baralla
N-VI
456
San Román
Trebolle
Becerreá
451
540
Monterroso
N-640
Narón
Galegos
A-6
Agolada
Antas de Ulla
Portomarín
876 m
636
Vilaesteva
Sarria
Pacios
633
Zoó
Toldaos
As Nogas
N-640
Ventosa
Couto
Aldosende
Arsar
Taboada
Vilamaior
Teivilide
Triacastela
Nullán
Lalín
Portela
Insua
Encoro de Belesar
San Julián
Samos
Lamas
438
Pedrafita do Cebreiro
22
Rodeiro
Arcos
Oural
Jakobsweg
Freixo
N-525
Argozón
Segán
Currelos
Rubián
O Cebreiro
432
L
I
C
I
A
Gundriz
431
Liñares
Goo
O Castro
Chantada
A Cruz do Ingio
Vilarxoán
de Santo Domingo
810 m
Santa María la Real de Oseira
Bóveda
Escairón
Parque Natural O Courel
Seoane
Visuña
Vega de Valcarce
4
Piñor
A Barrela
Encoro dos Peares
546
Fornelas
Folgoso de Courel
Devesa da Roguera
1607 m
Irixo
O Castro de Ferreira
Monforte de Lemos
Villarrub
Cea
Vilamarín
Seara
Barxa de Lor
O Carballiño
N-540
A Peroxa
Brence
Maside
Cañón del Río Sil
Quiroga
Vilarchao
Fisteus
San Estevo de Ribas de Sil
N-541
Aguasmestas
A Forxa
N-525
N-120
10
Río Sil
San Clodio
San Amaro
Luintra
Ribeira Sacra
2

A
B
C
1
2
3
4
Mar Cantábrico
Costa Ve
A Marosa
Portelo
Burela
Cangas
Nois
Llas
San Bartolo-Altar
Balea-Benquerencia
As Pasadas
S. Miguel de Reinante
As Catedrais
Os Castros
Ría de Ribadeo
Foz
San Cosme
Martín
Mondoñedo
N-634
E-70
Ribadeo
Tapia de Casariego
Ortiguera
Playa de Otur
Cabo Pusto
Cabo Vidio
Valdre
La Caridad
Navia
Luarca
Canero
Ballota
Soto de Luiña
Castropol
Coaña
Embalse de Arbón
N-632
N-642
Lourenzá
Vilanova
Vegadeo
Lagar
Trelles
La Figal
Trevias
El P
Mondoñedo
Trabada
N-640
Balmonte
Rozadas
Villayón
Río Negro
219
N-634
Villavaler
Malleza
Puerto de la Garganta 905 m
Boal
Naraval
Alienes
Bres
Doiras
As Rodrigas
A Pontenova
12
Embalse de Doiras
Bárcena del Monasterio
La Espina
Salas
Astoriza
Illano
216
Obona
Tineo
Río Eo
Santa Eulalia de Oscos
Pesoz
Río Navia
Puerto del Palo 1146 m
219
Pola de Allande
217
Gera
216
Soto de los Infant
227
Ambás
Meira
O Chao de Pousadoiro
Vilardíaz
13
14
14
El Valle
15
Tebongo
Embalse de la Barca
Belmon
Serra de Meira
Vilamaior
Grandas de Salime
28
Martín
P R I N C I P A D
Onón
A Fonsagrada
Negueira
Cangas del Narcea
Corias
Almurfe
Tolinas
530
Embalse de Salime
Desfiladero del Teverga
Serra de Liñares
Monasterio del Coto
15
Carballo
La Riera
Parque Natural de Somiedo
Paradavella
Marentes
A Lastra
Valdeferreiro
Dou
Venta Nueva
Río Narcea
213
1869 m
Villar
Pola de Somied
O Cádabo
Centenales
Villacibrán
227
Larón
Monasterio de Hermo
Puerto de Leitariegos 1525 m
Puerto de Somiedo 1486 m
Penarrubia
A Proba
Rao
Río Ibias
461
Serra do Ancares
Cordillera Cantábrica
Degaña
N-VI
456
San Román
Piornedo
Miravalles 1969 m
15
Villager
626
Piedrafita
451
Espacio Natural Sierra de Ancares
Peranzanes
Villablino
Vilaesteva
A-6
631
Ermita de la Magdalena
Puerto de la Magdalena 1434 m
As Nogas
Palacios del Sil
Salientes
Nullán
Sierra de Ancares
Lumeras
Embalse de Matalavilla
438
Lamas
Pedrafita do Cebreiro
Porto de Pedrafita 1109 m
Porcarizas
Fabero
Páramo del Sil
Río Sil
Morias de Paredes
O Cebreiro
432
Catoute 2117 m
493
Jakobsweg
Gundriz
Liñares
431
Vega de Espinareda
Monte la Granda
631
Igüeña
Noceda
Andarras
Toreno
Ermita de Virgen de la Vega
Seoane
Visuña
Vega de Valcarce
Villafranca del Bierzo
Embalse de Bárcena
Folgoso de la Ribera
Boeza
Devesa da Rogueira 1607 m
Cacabelos
Villamecas
Courel
Villarrubín
407
400
399
394
A-6
364
Albares
Brañuelas
Río Porcos
Seara
N-120
N-VI
Bembibre
Torre del Bierzo
Carracedelo
Ponferrada
Río Boeza
Jakobsweg
Puerto del Manzanal 1225 m
Rubiá
Carucedo
11
Orellán
142
El Acebo

1 cm = 8 km 1 : 800.000

0 10 km 20 km

A
B
C
1
2
3
4
5
Mar Cantábrico
Costa Verde
Costa de
Lastres
Colunga
La Isla
Berbes
N 632
Ribadesella
Cueva de Tito Bustillo
del Fito
Sierra del Sueve
260
319
E-70
Barro
Nueva
Collia
N-634
Margolles
Posada
307
A-8
Llanes
Puertas de Vidiago
Bufones de Santiuste
Sevares
Parres
Cangas de Onís
115
Benia de Onís
Sierra de Cuera
1315 m
Bufones de Arenillas
Buelna
Pesués
San Vicente de la Barquera
Suances
Comillas
Santillana del Mar
El Pico
Tornín
114
La Franca
Colombres
272
Unquera
Los Llaos
131
Cuevas de Altamira
232
N-625
Covadonga
Carreña de Cabrales
114
A-8
181
Cueva del Soplao
E-70
135
249
244
Tanos
Lago de Enol
Lago de la Ercina
Arenas de Cabrales
N-621
Panes
Parque Nacional Picos de Europa
Picos de Europa
2596 m
Sotres
Desfiladero de la Hermida
Bustriguado
Treceño
Cabezón de la Sal
Las C
de B
Desfiladero de los Beyos
La Hermida
282
Puentenansa
182
180
Los Corrales de Buelna
Viego
Soto de Sajambre
Río Cares
Santa María de Lebeña
Cabuérniga
Río Saja
Cantabria
Mirador del Cable
Santa Marina
Puerto del Pontón
1290 m
Oseja de Sajambre
Mirador de Llesba
Camaleño
Potes
Peña Sagra
2046 m
El Tojo
Los Lares
Arenas de Iguña
Bárcena Mayor
Espinama
Santo Toribio de Liébana
Puente-Pumar
280
Parque Natural de Saja-Besaya
Cordillera Cantábrica
Mampodre
2190 m
635
N-625
Puerto de San Glorio
1609 m
Portilla de la Reina
Puerto de Piedrasluengas
1350 m
184
Alto Campóo
Puerto de Palombera
1260 m
N-611
Río Besaya
Embalse de Riaño
Riaño
N-621
Peña Prieta
2536 m
Pico de Tres Mares
2175 m
Espinilla
183
Fontibre
San Miguel de Aguayo
Las Salas
215
Espigüete
San Salvador de Cantamuda
Valdecebollas
Reinosa
136
171
133
2450 m
627
2136 m
Brañosera
Puerto de Monteviejo
1433 m
Besande
Barruelo de Santullán
Cervatos
Sabero
1835 m
Embalse de Camporredondo
Cervera de Pisuerga
Puerto Pozazal
987 m
Velilla del Río Carrión
A-67
Prado de la Guzpeña
626
626
626
Río Ebro
Santibáñez de la Peña
Cantoral
Dehesa de Montejo
Aguilar de Campóo
611
626
Guardo
La Vega de Almanza
Embalse de Aguilar
273
Castrillo de Valdelomar
Río Esla
Cebanico
Villalba de Guardo
Santana
Congosto de Valdavia
227
N-611
N-627
La Riba de Valdelucio
N-625
Fresno del Río
Río Pisuerga
Báscones de Ojeda
Prádanos de Ojeda
Almanza
615
Buenavista de Valdavia
13
Amaya

1 cm = 8 km 1 : 800.000
0 10 km 20 km

A
B
C
1
2
3
4
Mar Cantábrico
Cabo Matxixako
Costa Vasca
Golf von B
Armintza
San Pelaio
Plentzia
Bakio
Bermeo
Mundaka
Elantxobe
Ea
Lekeitio
Getxo
Sopelana
Algorta
Murueta
Mungia
Ispaster
Gernika-Lumo
Gernika de Arteaga
Ondarroa
Mutriku
Deba
DONOSTIA/ SAN SEBASTIÁN
Getaria
Zarautz
Zumaia
Museo Guggenheim
BO/BILBAO
Arizgoiti
Muxika
Zugaztieta
Markina-Xemein
Galdakao
Muntibar-Arbatzegi
Alzola
Aizarnazabal
Orio
Lasarte
Zestoa
Sodupe
Arrigiriaga
Amorebieta
Ermua
Eibar
Elgoibar
Azkoitia
Azpeitia
Llodio
Igorre
Parque Natural de Urkiola
Durango
Bergara
San Ignacio de Loyola
Villabona
Castillo y Elejabeitia
Puerto Urquiola 700 m
Elorrio
Zumarraga
Tolosa
Amurrio
PAÍS VASCO
Alto de Barazar 604 m
Arrasate/ Mondragón
Oñati
Legazpi
Ordizia
Beasain
Ciórraga
Orduña
Peña Gorbea 1481 m
Eskoriatza
Urbarri
Legutiano
Araotz
Arantzazu
1431 m
Betelu
Goppegui
Puerto de Arlaban 617 m
Aitzgorri 1549 m
Ergoiena
620 m
Lekunberri
Murguía
Puerto de Etxegarate 650 m
Aperregi
EUSKADI
Dolmen de Aizkomendi
Altsasu
Etxarri-Aranatz
Irañeta
Cuevas El Goro
Gordoa
Equilaz
Mendoza
Gazeo
Villanañe
Iruña-Veleia
Salvatierra
Olatzi (Burunda)
Lizzarraga
Tuesta
Subijana
VITORIA-GASTEIZ
Puerto Azáceta 895 m
Sierra de Urbasa
Añana
Opakua
Urdánoz
Puerto de Opakua
Puerto de Urbasa
Monasterio de Iranzu
Guembe
Treviño
Aquillo
Río Nervión
Río Oria
Río Ara
A-8
E-5
E-80
E-70
AP-1
AP-68
A-15
N-I
N-634
N-637
N-241
N-622
N-240
N-102
N-130
3101
2120
631
635
638
636
625
623
6322
627
2631
624
120
127
15
6

1 cm = 8 km 1 : 800.000
0 10 km 20 km

A
B
C
1
2
3
4
Illa de Ons
Parque Nacional de las Islas Atlánticas
Punta de Couso
Donón
Punta Subrido
Illas Cíes
Illa de S. Martiño
Cangas
Moaña
Pen. de Morrazzo
Bueu
Beluso
Aldán
O Hío
Portomaior
Loira
Seixo
O Toural
Touron
Caldelas
A Lama
A Insua
Cobres
O Rial
Domaio
Redondela
A Igrexa
Boboras
Pazos de Arenteiro
Avión
Avión 1151 m
Leiro
Ribadavia
Quins
Melón
Ría de Vigo
VIGO
Alcabre
A Fonte
Navia
Oia
Castrelos
Reguengo
Coruxo
Nigrán
Panxón
Ría de Baiona
Baiona
Cabo Silleiro
Punta Centinela
Belesar
Ramallosa
Gondomar
Pazos
Mondariz-Balneario
Santiago de Covelo
Mondariz
A Cañiza
Xinzo
O Porriño
San Salvador de Budiño
Ponteareas
O Castelo
Valeixe
San Roque de Crespos
Crescente
As Neves
O Pazo
Melgaço
São Gregório
Guillarei
R. Miño
Pazos de Reis
Tui
Salvaterra do Miño
Monção
Mougás
O Arrabal
Punta Langosteiro
Randufe
Santo Pedra da Torre
O Seixo
Valença do Minho
Cubalhão
Castro Laboreiro
Merufe
Tangil
PORTUGAL
Parque
O Calvario
Goián
Salcides
Vila Nova de Cerveira
Candemil
São Bento da Porta
Extremo
Aboim das Choças
1373 m
Serra da Peneda
Senhora da Peneda
Embalse
A Guarda
Camposancos
Santa Tecla 341 m
Caminha
Paredes de Coura
Rubiães
1415 m
Encoro de Lindoso
Vila Praia de Âncora
Cabração
Bico
Arcos de Valdevez
Nacional
Lobios
Moledo do Minho
VIANA DO CASTELO
823 m
Labrujó
Barrio
Montedor
Obracém
Montaria
Santa Comba
Bravães
Río Lima
Britelo
Lindoso
da
Torre
Lanheses
Ponte de Lima
Ponte da Barca
Madeala
Viana do Castelo
Darque
Facha
Queijada
Portela de Vade
Terras de Bouro
Campo do Gerês
Serra
Peneda-Gerês
Covide
Anha
Mazarefes
Capareiros
Freixo
Godinhanços
Caldelas
Gerês
Oceano
Balugães
Vila Verde
Rio Caldo
Bouro
Vieira do Minho 1256 m
Mar
Forjães
Marinhas
Carapeços
Prado
Amares
Río Cávado
Pinheiro
Esposende
Eira de Ana
Lama
Povoa de Lanhoso
Anjos
Ofir
Barcelos
Braga
Atlántico
Silveiros
BRAGA
Taipas
Aguçadoura
São Tiago de Antas
Várzea Cova
Fontainhas
Guimarães
Joane
Gandarela
Póvoa de Varzim
Fafe
Caldas de Vizela
Vila do Conde
R. Ave
Celorico de Basto
Bougado
Delães
Mosteiro Pombeiro
Felgueiras
Vila Chã
Santo Tirso
Paços de Ferreira
Muro
Vila Cova da Lixa
Lavra
Leça do Bailio
Praia Boa Nova
Lousada
Amarante
Ermesinde
Matosinhos
Vandoma
Paredes
Lomba
Valongo
Penafiel
Marco de Canavezes
PORTO
Gondomar
Oliveira do Douro
Aguiar de Sousa
Cabeça Santa
Freixo
Baião
Arcozelo
Crestuma
Alpendurada

D
E
F
2
1
3
4
11
Carballiño
Maside
N-541
N-540
N-525
N-120
A Peroxa
Vilarchao
Cañón del Río Sil
San Estevo de Ribas de Sil
Luintra
Ribeira Sacra
A Forxa
San Amaro
241
240
233
224
Miño
Toén
Ourense
O Pereiro de Aguiar
Parada de Sil
A Teixeira
O Castro de Caldelas
Brence
Aguasmestas
Río Sil
San Clodio
Fisteus
Rubiá
San Xoán de Río
Vilamartín
O Barco
A Rúa de Valdeorras
Larouco
636
Freixido
Candela
Barbadás
Alto do Couso
701 m
Esgos
536
Xunqueira de Espadanedo
540
Paderne de Allariz
Taboadela
Maceda
Alto do Rodicio
943 m
Montederramo
A Pobra de Trives
Manzaneda
1778 m
O Bolo
Encoro de Prada
A Merca
211
Río Arnoia
Baños de Molgas
Celanova
A Bola
Allariz
San Salvador
202
Xunqueira de Ambia
Rebordechao
Seixo
1707 m
Embalse de Bao
533
A Veiga
Alto de Covelo
1052 m
Sandiás
Vilar de Barrio
Sarreaus
Embalse das Portas
Viana do Bolo
Embalse de San Sebastián
Vilariño de Conso
Verea
Vilae de Santos
531
193
Río Limia
Bande
Xinzo de Limia
Forxa
188
Porto de Estivadas
849 m
Laza
Peña Nofre
1291 m
A Gudiña
Santa Comba de Bande
Pías
Portela de la Ca
1262 m
181
Os Blancos
Catrelo do Val
129
124
120
Alto do Cañizo
1085 m
Mugueimes
Cualedro
173
Monterrei
N-525
143
Ríos
A Mezquita
755 m
Tourem
Baltar
A-52
Verín
151
Cisterna
Larouco
1525 m
San Millan
Oimbra
160
Quiras
Molmenta
Padornelos
N-532
Vilardevós
Dine
Gestosa
Landedo
Montalegre
Meixedo
Soutelinho da Raia
Gralhós
Pedrario
Meixide
Vila Verde da Raia
Feces
São Vicente
Paradela
Río Tua
Erdosa
Vinhais
103
Vila Ponte
Arcos
A 24
103-5
Faiões
Curopos
PORTUGAL
Barragem do Alto Rabagão
Sapiãos
IP3
Chaves
Lebução
Rebordelo
Penhas Juntas
Bragança
Boticas
São Julião de Montenegro
Boucoães
Río Tuella
206
311
2
213
Viveiro
Pinho
Videla do Tâmega
Alverelhos
Sonim
Agrochão
Celas
1318 m
Torre de Dona Chama
Vidago
VILA REAL
Río Tâmega
Valpacos
Possacos
Edroso
Vale de Nogueira
Ribeira de Pena
Bornes de Aguiar
Carrazedo de Montenegro
BRAGANÇA
Mascarenhas
A 7
Macedo de Cavaleiros
Alfarela de Jales
Jou
Mirandela
IP 2
Parque Natural do Alvão
E 801
Lamas de Olo
Murça
Bornes
Chacim
IP 3
IP 4
E 82
Pópulo
Frechas
Sambade
216
Candedo
Abreiro
Trindade
Vila Real
A 24
São Martinho de Antas
Alfândega da Fé
Torgueda
Alijó
Río Tua
Samões
Vila Flor
Serra de Mogadouro
Mogadouro
Sabrosa
Parada
Junqueira
Carrazeda de Ansiães
Peso da Regua
Frio
E 802
Pinhão
IP 2
R. Douro
Ervedosa
Vilarinho
R. Sabor

A
B
C
3
10
1
2
3
4
Folgoso de la Ribera
Boeza
Villameca
Brañuelas
Río Tuerto
Río Porcos
Bembibre
Albares
Torre del Bierzo
A-6
364
N-VI
N-120
Ponferrada
Río Boeza
Jakobsweg
Puerto del Manzanal 1225 m
Molinaseca
El Acebo
Cruz de Ferro
Foncebadón
Combarro
Manjarín
142
Rabanal del Camino
Castrillo de los Polvazares
Santa Colomba de Somoza
Maragatería
Montes de León
Fisteus
Rubiá
Carucedo
Orellán
Ozuela
Río Meruelo
Vilamartín
O Barco
Las Médulas
Valdefrancos 1850 m
Bouzas
Compludo
A Rúa de Valdeorras
Sobradelo
N-536
Puente de Domingo Flórez
Peñalba de Santiago
Pobladura de la Sierra
536
Freixido
Candela
Casoio
O Bolo
Encoro de Prada
Lomba
Montes Aquilianos
Rabanal 1950 m
Teleno 2185 m
Santiago Millas
Corporales
533
A Veiga
Cordillera
Destriana
Tabuya del Monte
Alto de Covelo 1052 m
Peña Trevinca 2124 m
Encinedo
Bolo
Embalse de San Sebastián
Truchas
Quintanilla de Yuso
Morla
133
Sierra de la Cabrera
Escuredo
San Martín de Castañeda
Lago de Sanabria
Castrocontrigo
125
Pías
Ribadelago
Galende
Espadañedo
Justel
Ayóo de Vidriales
Portela de la Canda 1262 m
124
120
Puebla de Sanabria
Padornelo
53
92
Palacios de Sanabria
Donadillo
Molezuelas de la Carballeda
Peque
A Mezquita
Pedralba
75
A-52
N-525
Ungilde
925
111
Monbuey
Ríonegro del Puente
Moimenta
Correas 1276 m
Embalse de Cernadilla
Sandín
57
49
29
Landedo
Dine
Calabor
Portelo
Embalse de Valparaíso
Cional
N-631
Camarzana de Tera
Sierra de la Culebra
912
Villadeciervos
Carragosa
103-7
Peña Mira 1238 m
Río Sabor
Vinhais
103
Deilão
Mahide
Ferreras de Abajo
PORTUGAL
Figueruela de Arriba
Puerto de Sazadón 820 m
Babe
Penhas Juntas
Bragança
IP4
Milhão
Río Aliste
San Vicente de la Cabeza
206
Quintanilha
San Vitero
E 82
São Pedro de Serracenos
IP4
Trabazos
1012 m
Agrochão
Celas 1318 m
Grisuela
Puercas
San Martín de Tábara
Paredes
218
N-122
912
Alcañices
E-82
Losacio
Vale de Nogeira
Edroso
Pinelo
Vegalatrave
Fornillos de Aliste
Fonfría
Carbajales de Alba
Macedo de Cavaleiros
Izeda
Vimioso
IP 2
218
Parque
Campo de Víboras
Genísio
Villadepera
Chacim
Morais
Natural
Ricobayo
Algoso
Moralina
Sambade
216
219
Duas Igrejas
Teixeira
Natural
Emb. de Villalcampo
Villaseco
221
Serra de Mogadouro
Variz
Fariza
Río Duero
Mogadouro
de los Arribes
Sendim
Parada
do Douro
Bermillo de Sayago
Fadón
Bemposta
Fermoselle
Castelo Branco
Internacional
527
del Douro
Emb. de Almendra
Villar del Buey
Fresno

1 cm = 8 km 1 : 800.000
0 10 km 20 km
D
E
F
LEÓN
Villaquilambre
San Andrés del Rabanedo
La Virgen del Camino
Carrizo
Villadangos de Páramo
Marina del Rey
Hospital de Órbigo
Veguellina de Órbigo
Villar de Mazarife
Valdevimbre
Santa María del Páramo
La Bañeza
Villamañán
Roperuelos del Páramo
Laguna de Negrillos
Cazanuescos
Villamandos
Villaquejida
La Torre del Valle
Morales de Rey
Benavente
San Cristóbal de Entreviñas
Fuentes de Ropel
Mozar
San Esteban del Molar
Santovenia
Villafáfila
Villarin de Campos
Manganeses de la Lampreana
Puente de la Estrella Castrotorafe
Montamarta
Torres del Carrizal
Benegiles
Zamora
Morales del Vino
El Piñero
Villalazán
Venialbo
Valdefinjas
Toro
Villavendimio
Pozoantiguo
Vezdemárban
Malva
Belver de los Montes
Tiedra
Villalpando
Villamayor de Campos
Villanueva del Campo
Castroverde de Campos
Valderas
Belvis
Gordoncillo
Fuentes de Carbajal
Mayorga
Valencia de Don Juan
Cubillas de los Oteros
Santas Martas
Valdearcos
Villarente
Mansilla de las Mulas
Reliegos
Gradefes
Vegas del Condado
San Miguel de la Escalada
Saelices del Payuelo
Villamartín de Don Sancho
Villacintor
El Burgo Ranero
Bercianos del Real Camino
Castrotierra
Joarilla de las Matas
Albires
Melgar de Abajo
Saelices de Mayorga
Villagómez la Nueva
Bacilla de Valderaduey
Villalán de Campos
Cuenca de Campos
Villalón de Campos
Villacarralón
Boadilla de Rioseco
Villada
Santuario de la Peregrina
Sahagún
Ledigos
Calzadilla de la Cueza
Cervatos de la Cueza
Cisneros
Frechilla
Fuentes de Nava
Villarramiel
Villama de Cam
Ampudia
Montealegre
Medina de Rioseco
Villafrechós
Villabrágima
Tordehumos
Castromonte
La Santa Espina
Torrelobatón
Mota del Marqués
Pedrosa del Rey
Monasterio Santa Clara
Tordesillas
Velilla
Simancas
VALLADOLID
Villanubla
Wamba
Mucientes
La Mudarra
Corgos
•854 m
Viana de Cega
Serrada
Rueda
La Seca
Matapozuelos
Castroñuno
La Bóveda
Tudela de
Almanza
Cebanico
Villaverde de Arcayos
de Guardo
San Andrés de la Regla
Villacalabuey
Cea
Villarrodrigo de la Vega
Saldaña
Río Porma
Río Esla
Río Cea
Río Carrión
Río Sequillo
Río Valderaduey
Río Elsa
Río Duero
Canal de Campos
Jakobsweg
A-66
A-6
A-11
A-231
A-6
AP-71
E-70
E-82
N-120
N-601
N-621
N-625
N-630
N-610
N-525
N-VI
N 122
1
2
3
4
13
90
12

A
B
C
1
2
3
4
5
12
13
de Guardo
Almanza
Villamartín
Don Sancho
Villaverde de Arcayos
San Andrés de la Regla
Saldaña
Villacalabuey
Cea
Río Cea
Villarrodrigo de la Vega
Río Carrión
Buenavista de Valdavia
Báscones de Ojeda
Prádanos de Ojeda
La Vid
Alar del Rey
Amaya
1373 m
Humada
Sotresgudo
Villabasta de Valdavia
Herrera de Pisuerga
Río Pisuerga
Villota del Duque
Río Valdavia
Villanuño de Valdavia
Castrillo de Villavega
Naveros de Pisuerga
Ermita de San Millán
Monasterio de Santa María de la Vega
Osorno la Mayor
Villasarracino
Melgar de Fernamental
Sahagún
Santuario de la Peregrina
Ledigos
Calzadilla de la Cueza
Carrión de los Condes
Villalcázar de Sirga
Villasandino
Itero del Castillo
Sta. María del Manzano
San Antón
Castrojeriz
Jakobsweg
Meseta
Frómista
Melgar de Abajo
Villada
Cervatos de la Cueza
901 m
Cisneros
Villoldo
Piña de Campos
Támara
Boadilla del Camino
Pedrosa del Príncipe
Villacarralón
Villagómez la Nueva
Boadilla de Rioseco
Paredes de Nava
Ribas de Campos
Canal de Castilla
Amusco
Astudillo
Vallegera
Frechilla
Villalón de Campos
Fuentes de Nava
Laguna de Nava
Monzón de Campos
Río Arlanzón
Cuenca de Campos
Fuentes de Valdepero
Quintana del Puente
Villarramiel
Torquemada
Cobos de Cerrato
Villamartín de Campos
Palencia
Magaz
Ermita de Nuestra Señora de Garon
Río Sequillo
Canal de Campos
Ampudia
Baltanás
Antigüedad
Baños de Cerrato
Montealegre
Dueñas
Cevico de la Torre
854 m
852 m
Cevico Navero
Corgos
Cubillas de Cerrato
Hérmedes de Cerrato
Tórtoles de Esgueva
La Mudarra
Cigales
San Andrés
Mucientes
Amusquillo
Canillas de Esgueva
Cabezón
Villanubla
Villanueva de los Infantes
Villafuerte
Wamba
Jaramiel de Arriba
Roa
VALLADOLID
Olivares de Duero
Río Duero
Ermita de la Virgen de la Vega
Simancas
Ex Priorato de Duero
Tudela de Duero
Quintanilla de Onésimo
Peñafiel
Velilla
Viana de Cega
Aldemayor de San Martín
Montemayor de Pililla
Rábano
Tordesillas
Cogeces del Monte
Portillo
Serrada
Torrescarcela
Campaspero
Sacramenia
Fuentidueña
La Seca
Matapozuelos
Mojados
Vallelado
N-625
N-611
N-627
N-120
N-610
N-620
N-601
N-622
N-122
A-231
A-67
A-6
E-80
615
227
225
611
627
624
232
601
613
905
404
405
612
619
515
140
223
610

BURGOS
Miranda de Ebro
Briviesca
Pancorbo
Haro
Santo Domingo de la Calzada
Belorado
Villafranca-Montes de Oca
Jakobsweg
Nájer
Las Huelgas Reales
Miraflores
Lerma
Covarrubias
Santo Domingo de Silos
Monasterio de Santo Domingo de los Silos
Salas de los Infantes
Sierra de la Demanda
Sierra de Neila
Sierra de Urbión
Laguna Negra de Urbión
Embalse de Mansilla
Aranda de Duero
Ermita de la Virgen de la Nava
Peñaranda de Duero
Langa de Duero
San Esteban
El Burgo de Osma
Castillo de los Templarios
Parque Natural de las Hoces del Río Riaza
Capilla de
Río Ebro
Embalse de Sobrón
Río Oca
Río Arlanza
Río Duero
Montes de Oca
Oña
Frias
Poza de la Sal
Busto de Bureba
Cerezo de Riotirón
Casalarreina
Monasterio de Rodilla
Villaescusa
Rubena
Atapuerca
San Juan de Ortega
Arlanzón
Pradoluengo
Ezcaray
San Millán de la Cogolla
Valdezcaray
San Millán 2131 m
San Lorenzo 2262 m
Pineda de la Sierra
Riocavado de la Sierra
San Millán de Lara
Cuevas de San Clemente
Barbadillo del Mercado
Quintanar de la Sierra
Neila
Montenegro de Cameros
Duruelo
Vinuesa
Canicossa de la Sierra
Palacios de la Sierra
Castrillo de la Reina
La Gallega
Huerta del Rey
San Leonardo de Yagüe
Navaleno
Hontoria del Pinar
Puerto de Mojón Pardo 1234 m
Santa Maria de las Hoyas
Abejar
Cubilla
Calatañazor
Alcubilla de Avellaneda
Coruña del Conde
Caleruega
Arauzo de Miel
Espinosa de Cervera
Gumiel de Hizán
Gumiel de Mercado
Baños de Valdearados
Quemada
Berzosa
Barcebal
Boós
Torreandaluz
La Rasa
Fuentepinilla
Puerto Altos de Ayllón
Maderuelo
Fuentelcésped
Moradillo de Roa
Sarracin
Tardajos
Sotopalacios
La Nuez de Arriba
Puerto de Páramo de Mas 1050 m
Puerto de la Brújula 981 m
Puerto de la Pedraja 1130 m
Altotero 1176 m
Valdosa 1412 m
Sedano
San Felices
Tubilla del Agua
Lermilla
Rojas
Urrez
Bugedo
San Juan
Zael
Nebreda
Cilleruelo de Arriba
Oquillas
Quintanilla de las Viñas
San Pedro de Arlanza
Arcos
Los Tremellos
Mansilla de Burgos
Grañón
Cirueña
Ayabarrena
A-1 AP-1 AP-68 E-5 E-80 E-804 N-I N-120 N-122 N-232 N-234 N-623 N-627 N-124 N 110
CASTILLA
Hinoj
Fuentemizarra

VITORIA-GASTEIZ
Puerto Azáceta
895 m
Opakua
(Burunda)
Sierra de Urbasa
Monasterio de Iranzu
Tuesta
Subijana
Añana
Treviño
Aguillo
Argote
Arlucea
Maezto
Puerto de Opakua
1025 m
Puerto de Urbasa
927 m
Urdá
Guembe
Ozana
Miranda de Ebro
978 m
Zambrana
Berganzo
Briñas
Labastida
Puerto de Herrera
1100 m
Santa Cruz
1414 m
Acedo
Lizarra/ Estella
Monasterio Irache
Ayegui
Vilamaior de Monjardín
La Rioja Alavesa
Haro
Casalarreina
Briones
Biasteri
Laguardia
Elciego
Oion
Viana
Torres del Río
Los Arcos
Allo
Río Ega
Santo Domingo de la Calzada
Cenicero
Logroño
Grañón
Uruñuela
Fuenmayor
Huércanos
Navarrete
Mendavia
Sesma
Lerín
Lodosa
Cirueña
Nájera
Jakobsweg
Clavijo
Murillo de Río Leza
Río Ebro
San Millán de la Cogolla
Castroviejo
1491 m
Nalda
Ribafrecha
El Villar de Arnedo
Adrián
Valdezcaray
Río Iregua
Terroba
San Vicente de Robres
Anguiano
Torrecilla en Cameros
Sierra de la Demanda
2262 m
L A R I O J A
Barranco de la Canal
Arnedillo
Arnedo
Río Najerilla
Ortigosa de Cameros
Vadillos
Peña Portillo
Autol
Aldeanueva de Ebro
Villanueva de Cameros
Zarzosa
1456 m
Embalse de Mansilla
Enciso
Río Cidacos
Valdecevillo
Villarroya
Neila
Montenegro de Cameros
Yanguas
Era del Peladillo
Gravalos
Laguna Negra de Urbión
Puerto de Santa Inés
1753 m
Puerto de Piqueras
1710 m
Ayedo
1719 m
Cornago
Cintruénigo
Fitero
2228 m
Sierra de Urbión
Igea
San Pedro Manrique
Cervera del Río Alhama
Duruelo
Cebollera
2142 m
Sotillo del Rincón
Valloria
Puerto de Oncala
1454 m
Río Duero
Vinuesa
Almarza
Valdeprado
Valverde de Cervera
Valtojeros
El Royo
Navaleno
Embalse de la Cuerda del Pozo
Tera
Palacio renacentista
Magaña
Castilruiz
Garray
Almajano
Matute
1419 m
Matalebreras
Ágreda
Toledillo
Abejar
Cidones
Numancia
Sierra del Moncayo
Cubilla
Villaciervos
Soria
Puerto del Madero
1160 m
Olvega
2313 m
Calatañazor
Hinodejo
1375 m
Ojuel
Pinilla del Campo
Tardajos de Duero
Almenar
Cardejón
Borobia
Quintana Redonda
Boós
Torreandaluz
Tardelcuende
Río Izana
Cuba de la Solana
Gómara
Portillo de Soria
Ciria
Tejado
Fuentepinilla
Torrelapaja
Hortezuela
Matalma
Zárabes
Alto Cruz
Nepas

IRUÑA/PAMPLONA
NAVARRA
Parque Natural Las Bardenas Reales
Bardenas Reales
Embalse de Itoiz
Embalse de Yesa
Laguna de Pitillas
Reserva Nacional de los Valles
Foz de Arbayún
Sierra de la Peña
Montes de Castejón
El Castellar
Altos de la Reclisa
Sierra de Nava Alta
Loma Negra 646 m
Alto Laza 1129 m
Jakobsweg
Leyre
Castillo de Javier
Sangüesa
Sos del Rey Católico
San Juan de la Peña
Nuestra Señora de La Oliva
Castillo de Obano
Castillo de Santía
Ermita de N. S. de Sacho Abarca
Ejea de los Caballeros
Tudela
Tafalla
Tarazona
Borja
Veruela
Puente la Reina de Jaca
Santa María de Eunate
ARAGÓN
ZARAGOZA
Río Arba
Río Ebro
Río Jalón
Río Gállego
Río Aragón
Río Irati
Río Salazar
Río Esca
Valle del Roncal
Valle de Ansó
Valle de Hecho
Isaba
Roncal
Ansó
Jaca
Uncastillo
Sádaba
Luesia
Biel
Alagón
Utebo
Zuera
Tauste
Cortes
Mallén
Epila
La Muela
Villanueva de Gállego
AP-15
AP-68
A-21
A-23
A-2
N-121
N-232
N-240
E-804
E-7
D E F 8

Abbildungsnachweis
akg-images, Berlin: S. 31, 293
dpa Picture-Alliance, Frankfurt/M.: Titelbild (Avers)
F1 Online, Frankfurt/M.: Klappe vorn (Jiménez, AGE), Klappe hinten (Lawrence)
gettyimages, München: S. 10 (1), 280/281 (Castañeda), 9 (1), 374 (Richardson)
Göttlicher, Hamburg: S. 117
HB Verlag, Ostfildern/Renckhoff: S. 108, 134/135, 159, 170, 212/213, 228, 363, 379
Huber, Garmisch-Partenkirchen: S. 8 (1), 15, 90/91, 243, 244, 250/251, 288/289, 322 (von Dachsberg), 346/347, 356/357, 368/369, 382 (Gräfenhain), 311 (Hager),
laif, Köln: S. 3 (2), 7 (3), 303, 388/389, 398, 419 (Cover), 6 (2), 9 (2), 350, 404/405 (Gonzales), 52/53 (Hemispheres), 5 (1), 60/61, 81, 104/105, 162/163, 199, 219, 412/413 (Hilger), 138 (Knechtel), 41 (Lengler), 4 (1), 265, 317 (Modrow), 11, 195 (Tophoven), 76, 234/235 (Zahn)
look, München: S. 2 (1), 2 (2), 7 (1), 43, 46, 92/93, 115, 130/131, 153, 178/179, 188/189, 209, 252/253, 268/269, 278/279 (age fotostock), 6 (1), 7 (2), 220/221, 299 (Merz) 1 (2), 3 (1), 9 (3), 332/333, 394/395, 415 (Richter)
Mauritius, Mittenwald: S. 1 (3), 3 (3), 5 (2), 5 (3), 10 (2), 12/13, 24/25, 79, 143, 148/149, 185, 204, 258, 273, 328/329 (AGE), 57 (Botanica), 261 (imagebroker net), 1 (1), 28/29 (Nägele), 338 (Olbert), 306/307 (photononstop), 4 (2), 101, 122/123 (Warburton-Lee), 8 (2)
White Star, Hamburg: S. 237 (Steinert)

Kartografie
DuMont Reisekartografie, Fürstenfeldbruck

Umschlagfotos
Titelbild: Felsbögen an der Playa Cuevas del Mar, Asturien
Umschlagklappe vorn: Guggenheim-Museum, Bilbao, Umschlagklappe hinten: Glockenturm, Asturien

Über die Autorin: Marion Golder ist Reisebuchautorin und Studienreiseleiterin. Außerdem arbeitet sie als Stadtführerin in München.

Hinweis: Autorin und Verlag haben alle Informationen mit größtmöglicher Sorgfalt geprüft. Gleichwohl sind Fehler nicht vollständig auszuschließen. Alle Angaben erfolgen ohne Gewähr. Bitte schreiben Sie uns! Über Ihre Rückmeldung zum Buch und über Verbesserungsvorschläge freuen sich Autorin und Verlag:
DuMont Reiseverlag, Postfach 3151, 73751 Ostfildern, E-Mail: info@dumontreise.de

1. Auflage 2009

Grafisches Konzept: Groschwitz, Hamburg
Druck: Rasch, Bramsche
Buchbinderische Verarbeitung: Bramscher Buchbinder Betriebe